KB219842

종교 운동은 그 생성기에 그 운동의 핵이 형성된다. 예수 운동도 예외는 아니다. 예수 운동이 어떻게 출현했고(1권), 어떻게 자리를 잡아갔으며(2권), 어떻게 세계로 퍼져나가게 되었는지를(3권) 역사적으로 고찰하는 것은 신약학에서 필수적인 일이다. 그런데 과연 어떤 학자가 당시에 생성되고 해석되고 있던 모든 문서를 다루면서, 동시에 당시의 유대교와 헬라 철학과 일반 사회 문화와 정치를 이해하면서, 하나의 철학으로 역사를 써 내려갈 수 있을까? 이런 작업을 하려면 신약성서 자체와 연관 분야에 대한 지식을 섭렵해야 하고, 그것을 일관성 있게 해석할 수 있는 눈이 있어야 한다. 제임스 던 교수, 이분이야말로 이 책을 쓰기에 최적의 학자다. 그는 필생에 걸쳐 신약 문서 전체를 섭렵하여 연구했고, 당시의 성서 외 기독교 문헌과 일반 문화에 대한 해박한 지식을 가지고 있다. 세 권으로 된 대하 초기 기독교 역사서 중 제3권인 본서를, 신약성서 형성과정과 초기 기독교의 발전을 역사적으로 이해하려는 모든 이에게 필독서로 추천한다.

김동수 평택대학교 신약학 교수, 한국신약학회 회장 역임

제임스 D. G. 던이 기독교의 형성에 관련된 또 하나의 역작을 내놓았다. 이미 그는 『예수와 기독교의 기원』과 『초기 교회의 기원』을 통하여 예수의 죽음 후 70년까지 즉 예루살렘의 멸망까지 기독교의 형성에 관하여 탁월하게 해명하였다. 이번에는 본서를 통하여 70년부터 135년 즉 교부 이레니우스까지 기독교의 형성에 관한 또 하나의 야심 찬 연구를 시도하였고 누구도 근접하기 어려운 놀라운 결과를 만들었다. 초기 교회 시대의 후기 시기에 기독교는 어떻게 형성되었을까? 그 시기에 그리스도인들에게 유대인도 헬라인도 아닌 모호한 정체성을 해소하기 위하여 무슨 일이 일어난 것일까? 이러한 의문에 대하여 제임스 D. G. 던의 연구는 단연 독보적인 답을 제시하고 있다. 연구에는 방대한 정경 문헌은 물론이고 비정경 문헌이 광범위하게 사용되어 학문적 객관성과 균형성을 철저하게 유지하였다. 특히 본서는 초기 교부 시대에 기독교가 어떻게 그 정체성을 유지하였는지 구전의 사용에 특별한 주의를 기울임으로써 그 가치를 획기적으로 높였다.

김성규 웨스트민스터신학대학원대학교 신약학 교수

이 책은 제임스 던이 야심차게 기획했던 초기 기독교의 기원을 다룬 3부작의 책 중 마지막 결과물이다. 그는 『예수와 기독교의 기원』과 『초기 교회의 기원』을 통해 매우 복잡하고 어려운 초기 교회의 모습을 보여주었다. 본서 또한 초기 기독교의 정체성에 관한 심도 있는 내용을 유대인과 그리스인의 관점을 모두 포함하여 심도 있게 다룬다. 이 책은 초기 기독교의 기원을 연구하는 모든 사람들이 꼭 읽어야 할 필독서임이 분명하다.

신현태 장로회신학대학교 신약학 교수

제임스 던은 예수의 전승이 어떤 과정을 거쳐 유대교와 전혀 다른 "기독교"로 자리 잡게 되었는지 그 복잡했던 과정을 낱낱이 추적한다. 저자는 여러 문서를 면밀하게 분석하여 유대교와 기독교 사이의 공존과 결별이라는 신학적 아이러니를 자세히 설명하면서 예수의 사역, 죽음, 부활이 기독교의 정체성을 확립하는 독특성의 원천이었음을 밝힌다. 본서는 신약성서를 정확히 이해하는 데 필수 요소인 "유대교와 기독교 사이의 소원해진 이유"를 구체적으로 해명하여 독자들의 기대를 충족시킬 뿐 아니라 군더더기 없는 설명을 제공함으로써 이 분야의 교과서라는 학문적인 명예를 차지하게 될 것이다.

윤철원 서울신학대학교 신학대학원 신약학 교수

기독교는 어떻게 형성되었을까? 저자는 유대전쟁 이전엔 기독교라 부를 수 있는 집단은 없었고, 다만 유대 맥락에서 예수에 대한 다양하고 풍성한 기억들과 해석들이 있었을 뿐이라고 주장한다. 던은 구전 전통, 신약과 비정경적 문헌의 조사를 통해 예수가 어떻게 기억되고 후대는 그 기억을 어떻게 해석했는지의 과정을 연구한다. 초기부터 다양한 전략들을 구사한 여러 집단이 있었고, 이단 논쟁과 정리 과정을 통해 적당한 수준의 다양성과 통일성을 갖춘 기독교가 탄생했다는 것이다. 이 책은 평소 접하기 어려운 역사적 외부자료들을 보기 쉽게 정리하고 있고 상상력과 통찰력을 통해 독자들에게 어떻게 기독교가 형성되었는지를 보여주는 중요한 핵심자료다.

이민규 한국성서대학교 신약학 교수

세계적 신약학자인 제임스 던 교수의 『형성기 기독교의 통일성과 다양성』은 초기 기독교 형성기를 다룬 삼부작인 『예수와 기독교의 기원』, 『초기 기독교의 기원』에 이은 결론이다. 이 책은 아주 중요하지만 덜 알려진 시기인 기원후 70년 예루살렘 멸망에서부터 기원후 180년경까지, 최초기 기독교가 그 이후에 기억되고 수용되면서 유대교로부터 분리되고 이단들과 경쟁해가면서 기독교로서의 정체성을 확립했던 초기 기독교 형성사를 다룬 소중한 학문적 유산이다. 던 교수는 늘 그랬듯이 진보와 보수의 경계선에서 양쪽을 비판하면서 자신의 위치를 자리매김한다. 날카로운 통찰력, 풍부한 지식, 일관성 있는 논지로 연속성 속에서 다양하게 펼쳐지는 초기 기독교의 형성기에 대하여 쉽게 이해할 수 있도록 정리해주는 『형성기 기독교의 통일성과 다양성』은 신약학에 관심 있는 학자, 신학생, 목회자, 그리고 교회 지도자들이 꼭 읽어야 할 필독서다.

이상일 총신대학교 신약학 교수

제임스 던의 이 책은 형성기 기독교의 전승 과정을 다룬 3부작의 마지막 권에 해당되는 저서로 1세기 후반에서 2세기 말까지 예수의 생애와 유산이 신앙공동체 가운데 어떻게 기억되고 전승되어 갔는지를 추적한다. 연작의 1부가 복음서의 예수를 중심으로 생성기 기독교의 맹아를 다루었다면, 2부는 예수 이후 기원후 70년까지 초기 교회공동체의 성립과 발전 과정을 탐색했고, 이 책 3부는 기원후 70년부터 사도 이후 세대까지 포함하는 2세기 말까지 면면히 뻗어나간 기독교의 전개 과정을 섭렵하고 있다. 그 과정에서 무엇보다 유대교/유대주의와의 경계 설정이 중요시되며, 헬레니즘과의 만남에서 파생한 영지주의의 도전과 이에 대한 응전이 주된 관심사로 취급된다. 이 책은 그렇게 다양하게 펼쳐진 형성기 기독교의 마지막 단계에서 정체성을 다투는 그 격랑의 역사적 흐름을 단일한 "궤적"이 아니라 여러 "길" "경로"로 분기해나가면서 다시 교차하며 통합해 나간 "갈림길들"로 파악한다는 점에 역동적이고 탄력적인 통찰을 제시한다. 형성기 기독교의 발전을 신약성서 안과 밖을 아우르는 거시적인 시각에서 조망한 이 방대한 저작은 1세기 후반과 2세기에 생산된 다양한 고대 기독교 문헌의 내용들을 역사적인 맥락에서 이해하는 데도 요긴한 지적인 정보와 함께 넉넉한 도움이 된다. 이제 세상을 떠난 제임스 던 교수의 안식을 빌며 그와 이방인의 땅에서 딱 한 번 조우한 내 짧은 추억을 담아 이 책이 맺어왔고 앞으로 맺게 될 학문적 신앙적 열매 위에 축원의 마음 한 자락 얹어본다.

차정식 한일장신대학교 신학과 교수

제임스 던의 "형성기 기독교"의 3부작이 비로소 국내 독자에게 완전체로 성큼 다가왔다. 『예수와 기독교의 기원』·『초기 교회의 기원』·『형성기 기독교의 통일성과 다양성』 시리즈는 "유대인 역사적 예수"로부터 시작된 하나님 나라 선포가 어떻게 "그리스도교 교회공동체"의 예수 선포에 도달하게 되었는지, 신약성서를 비롯한 고대 문헌을 중심으로 1세기 중엽부터 2세기 후반까지 역사-문학-신학적 강줄기의 중심부와 주변부 양 궤적을 거시적이면서도 미시적으로 추적해 올라간 대작이 아닐 수 없다. 3부작의 마지막 작품을 다루면서 저자는 시종여일 기원후 70-180년의 환경 안에서 유대교와 기독교의 역동적 상관성에 집중한다. 그럼에도 마침내 결별할 수밖에 없었던 갈림길(들)의 정점에 나사렛 예수 그리스도의 복음 사건이 오롯이 자리 잡고 있음을 여실히 보여준다. 한편 역사적 예수에 뿌리박은 기독교의 정체성을 지속 가능한 복음의 메아리로 외치기 위해서라도 오늘의 그리스도인들/교회가 복음의 통일성을 어떻게 견지하고 복음의 다양성은 어떻게 포용해야 할지 우리의 컨텍스트를 고민하도록 도전한다. 저자의 다채로운 주장에 이견이 있을 수 있겠으나 학문적 통찰과 공헌에 의심이 있을 순 없다. 값싼 복음이나 얕은 설교에 식상한 신학생과 목회자라면 제임스 던의 3부작을 손에 잡고 자신의 골방에서 "학문적 자가격리" 기간을 가지라고 권하고 싶다. 이처럼 강력한 "신약학 백신"을 국내에서도 안전하게 맞을 수 있음이 목회와 신학에 큰 선물이라는 확신 때문이다.

허주 아세아연합신학대학교 신약학 교수, 한국복음주의신약학회 회장

여기서 우리는 성숙한 일류 학자가 수십 년간 연구하여 증류한 결실을 온전히 보게 된다. 제임스 던은 선배 학자만이 할 수 있는 방식으로 방대한 범위의 2차 및 1차 문헌을 살펴보며, 최고의 통찰을 종합하고, 모든 출처와 가설을 비판적으로 세심하게 평가하여 해당 주제에 대한 향후 작업의 기초가 될 박식한 걸작을 내어놓았다. 다양한 학자들과 정중하게 대화하면서도 이 작업은 때때로 자신의 주목할 만한 결론을 도출하며, 그런 과정에서 학문적 견해의 스펙트럼 전반에 걸친 기존의 가정에 도전한다.

크레이크 키너 애즈버리 신학교

이 상당한 책을 "필자 경력의 큰 작업에 대한 작별 인사"라고 부르는 제임스 던은 기원후 70년에 예루살렘이 멸망한 이후부터 2세기 후반에 이르기까지 기독교 정체성의 발전을 설득력 있게 다룬다. 『형성기 기독교의 통일성과 다양성』의 범위가 경외심을 불러일으키고 논의를 전개해가는 과정이 장엄하다. 자신의 기술을 새로운 차원으로 끌어 올리는 비할 데 없는 장인처럼 던은 그의 오랜 경력의 특징인 명확한 생각과 표현으로 자신의 임무를 완수한다. 이것은 전형적인 던의 감미로운 저작이자 빈틈없는 고별사다.

브루스 롱네커 베일러 대학교

자신의 대작을 마무리하면서 제임스 던은 최초의 예수 전통과 첫 유대인 추종자들이 그 전통을 다양하게 해석한 내용으로 인해 기원후 70년에서 200년까지 발전한 운동이 어떻게 형성되었고 또한 그 운동이 그런 내용을 어떻게 형성했는지에 대한 강력한 설명을 제공한다. 학생과 학자들 모두 공감하고 논쟁하며 배울 점을 많이 발견할 것이다.

J. R. 다니엘 커크 풀러 신학교

CHRISTIANITY IN THE MAKING

Volume 3

NEITHER JEW NOR GREEK

A Contested Identity

James D. G. Dunn

NEITHER
JEW
NOR
GREEK

예수 전승, 유대적 요소, 제자들이
기독교의 형성에 미친 영향

형성기 기독교의 통일성과 다양성

하권

제임스 D. G. 던 지음 | 이용중 옮김

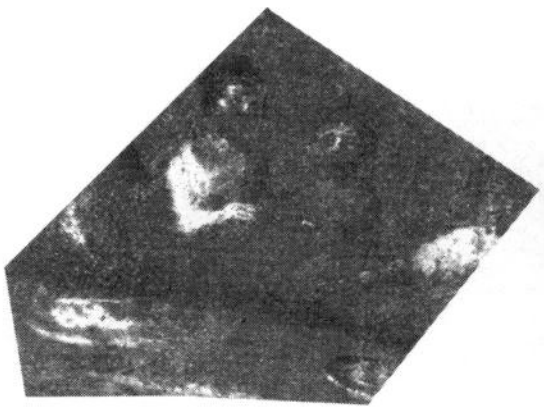

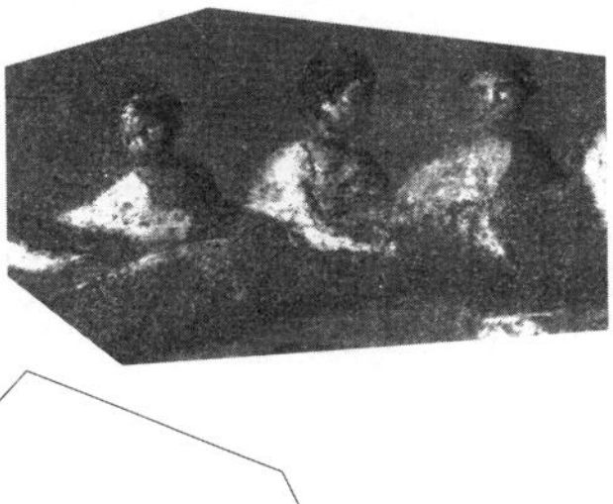

새물결플러스

미래를 짊어질 해나, 테이스, 줄리아, 샘, 바니, 메건, 알피에게

하권 목차

제12부 유대 기독교와 갈림길 809

제14부 첫 세대를 넘어 1197

상권 목차

제11부 여전히 기억되는 예수 299

NEITHER JEW NOR GREEK

제12부

유대 기독교와 갈림길

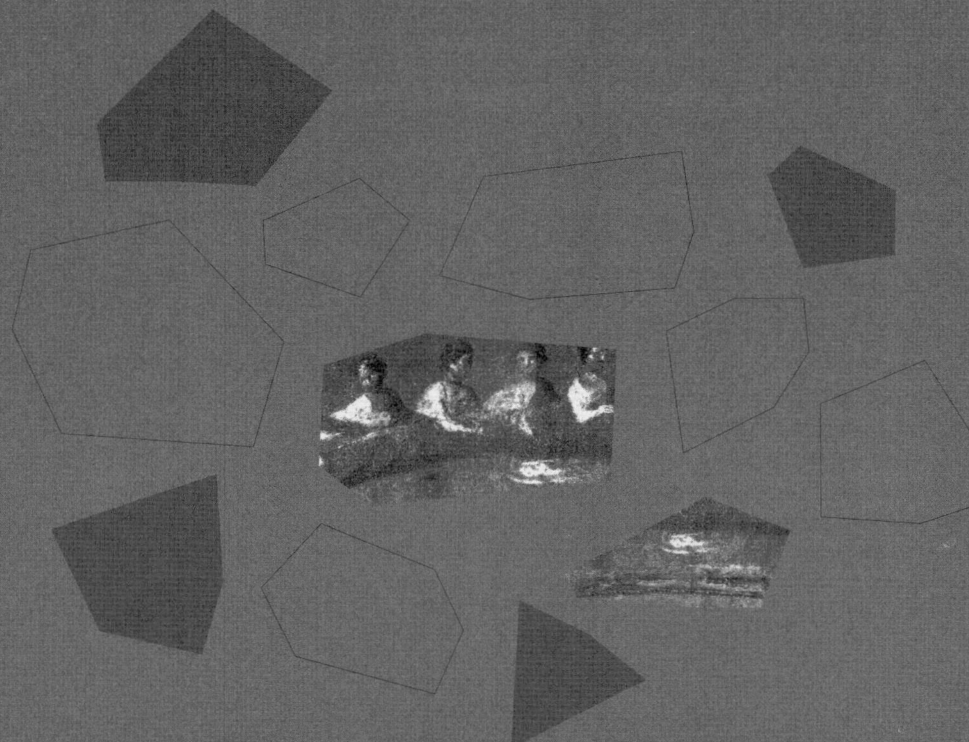

"유대 기독교"라는 제목에는 약간의 어폐가 있다. 매우 중요한 의미에서—최소한 기독교의 기원에 있어서, 그리고 기독교의 성격에 있어서 필수적으로—그것이 곧 기독교 자체이기 때문이다. 종종 시야에서 놓쳐버리는 한 가지 중요한 의미에서 "유대"라는 형용사는 매우 불필요하다. 유대인 메시아를 그 중심인물로 삼고 있고 그 성경이 주로 유대인들에 의해 기록된 기독교는 결정적으로 본질적인 의미에서 "유대적인" 것이 아닌 다른 것이 될 수가 없기 때문이다. 최소한 논란의 여지는 있지만, 오히려 이상한 것은 기독교가 그토록 빨리 그 유대적인 뿌리와 성격을 망각하고서 점점 더 국제적으로 변하고 성격 면에서 덜 유대적으로 변모해가면서 "유대 기독교"가 단지 기독교의 한 형태, 즉 시야에서 사라진 원시적인 형태가 되어버렸다는 점이다. 독특한 유대적 정체성을 점점 더 잃어버리게 된 것은 기독교의 처음 두 세기 동안의 가장 두드러진 특징 중 하나였다. 대체로 오늘날까지 기독교를 지배하게 된 모순적인 "반유대인"(*adversus Iudaeos*) 전승의 성장은 자기 모순적인 성격을 지니고 있다. 이 사실을 진지하게 고려하는 것은 유대인 대학살의 기억이 아직도 형언할 수 없이 생생한 이 시대에 여전히 21세기 기독교인들이 직면한 큰 숙제 가운데 하나다.

예수의 형제 야고보가 기독교의 첫 세대에 출현한 주요 인물 중 한 사람이었다면 그의 중요성, 그의 지속적인 중요성을 다시 표현하고 왜 "기독교"가 더 이상 "유대 기독교"로 정의될 수 없는지를 밝히는 것이 중요하다. 이것이 다음 두 장의 과제다.

45장

유대 기독교

45.1 서론

이미 암시한 것처럼(§38.3b) "유대 기독교"라는 용어는 유용하다기보다는 문제가 많다. 이 용어는 전통적으로 이레나이우스와 에피파니우스 및 그 밖의 초기 기독교 이단 연구가들이 일축한 "유대 기독교인" 분파를 가리키는 데 사용되었다. 그래서 이토록 혼란스럽고 오해의 소지가 많으며 그 용례의 역사로 인해 너무 많이 오염된 용어를 계속 사용하는 것이 무슨 소용이 있는지 의문스럽다.[1] 유대교적 기독교나 기독교적 유대교 같은 다른 용어들도 시도되었지만, 이런 용어들도 나름대로 문제점이 있고 그

1 이해를 돕는 다음 논문을 보라. J. C. Paget, 'The Definition of the Terms *Jewish Christian* and *Jewish Christianity* in the History of Research', in Skarsaune and Hvalvik, eds., *Jewish Believers in Jesus*, 22-52. 다음 책들도 함께 보라. S. C. Mimouni, *Early Judaeo-Christianity: Historical Essays* (Leuven: Peeters, 2012), 5-6장; Broadhead, *Jewish Ways of Following Jesus*, 2장.

것들이 대체한 용어만큼이나 혼란스럽고 논쟁을 초래할 수 있다.[2] 또 다른 대안적인 지시어로서 "예수를 믿는 유대인 신자"는 언뜻 보기보다 별 도움이 안 될 수도 있다. 이 말은 그러한 신자들이 그들의 유대인적인 생활 방식을 유지했는지 버렸는지를 불분명하게 남겨 두기 때문이다. 이는 바울 시대에 이미 분열을 초래하고 있었고(롬 14:1-15:6) 이그나티오스(*Magn.* 8.1-2; *Magn.* 10.1-3)에게는 훨씬 더 논쟁을 불러일으킨 문제였다.[3] 또한 결정적인 민족성의 표지("예수를 믿은 유대인")를 믿음이나 실천의 표지("예수를 따르는 유대인적인 방식")로 바꾸면,[4] 유대인식으로 살면서 예수를 믿은 이방인(하나님을 경외하는 자들)과 유대인의 기준들을 받아들인 기독

---

2 Daniélou는 유대 기독교를 헬라화된 기독교나 라틴 기독교와는 구별되며 근본적으로 "그 이미지가 그 시대의 지배적인 유대인의 사고 형식의 이미지, 즉 묵시적인 이미지로 특징지어지는" 기독교라는 정의를 가지고 연구했다(*Theology of Jewish Christianity*, 4). R. Murray가 쓴 영향력 있는 논문인 'Defining Judaeo-Christianity', *Heythrop Journal* 15 (1974), 303-10에서는 그와 대조적으로 "유대 기독교"(Judaeo-Christianity)는 기독교인이기도 한 유대인들에 관한 사회적 현상에 대해 사용해야 하는 반면 "유대교적 기독교"(Jewish Christianity)는 Daniélou의 이념적인 정의에 대해 사용해야 한다고 제안했다. 다음 글도 함께 보라. J. E. Taylor, 'The Phenomenon of Early Jewish Christianity: Reality or Scholarly Invention', *VC* 44 (1990), 313-34. Brown은 "유대 기독교인들과 그들의 이방인 회심자들" 네 집단을 다음과 같이 구별함으로써 실제 상황이 얼마나 복잡했을지 우리에게 상기시킨다. (1) "예수를 믿는 이들에 대해 **할례를 포함해서 모세 율법을 완전하게 준수할 것**을 주장한" 사람들; (2) 할례는 주장하지 않았지만 회심한 이방인들에게 **몇 가지 유대인의 규례**를 지킬 것을 요구한 사람들; (3) 할례도 주장하지 **않고** 유대인의 음식법("코셔")을 준수할 것을 요구하지도 **않은** 사람들; (4) 할례나 유대 음식법의 준수를 주장하지 않고 **유대인의 예배와 절기에 지속적인 의미는 없다고 본** 사람들(R. E. Brown and J. P. Meier, *Antioch and Rome: New Testament Cradles of Catholic Christianity* [London: Geoffrey Chapman, 1983], 2-8).

3 *Early Judaeo-Christianity*, 25-53에 번역된 Mimouni의 글 'Pour une définition nouvelle du judéo-christianisme ancien', *NTS* 38 (1991), 161-86에서는 "유대 기독교인"이라는 용어를 예수를 메시아로 믿고 계속해서 율법을 지킨 이들로 한정하기를 원했다(4, 51). 그러나 O. Skarsaune는 'Jewish Believers in Jesus in Antiquity — Problems of Definition, Method, and Sources', in Skarsaune and Hvalvik, ed., *Jewish Believers in Jesus*, 3-21에서 유대인의 생활 방식을 유지하지 않은 유대인 신자들도 포함시키기 위해 "예수를 믿는 유대인 신자"라는 용어를 선호한다(9).

4 Broadhead의 책 제목.

교인을 정의 속에 포함시킬 수 있지만,[5] 아마도 그 범주는 훨씬 더 혼란스러워질 것이다.[6] 따라서 "유대 기독교"라는 용어를 그 불충분함에도 불구하고 고수하는 것이 가장 간단한 길일 것이다. 이 용어가 기독교의 정체성의 핵심에 있는 다음과 같은 역설을 매우 간단하게 표현하기 때문이다.

- 대부분 비유대인적으로 변했고 전통적으로 유대인의 종교를 무시하고 이에 대해 적대적이었던 분파가 바로 유대인 분파다.
- 그 신성한 성경의 4분의 3 이상이 이스라엘의 성경, 히브리 성경과 그것의 그리스어 번역본(70인역)이다.
- 유대 기독교가 경배하는 하나님은 이들 성경의 하나님, 즉 이스라엘의 하나님이다.
- 유대 기독교가 찬미하는 구주는 예수 그리스도, 즉 메시아 예수이며, 최초의 기독교인들은 그를 이스라엘의 예언자들과 선견자들이 오래도록 고대한 하나님이 보내신 사자로 간주했다.
- 기독교회의 토대가 된 모든 사도는 유대인이었다.

첫 세대에 바울의 이방인 사역과 예수를 믿는 전통주의적 유대인 신자들이 바울의 사역에 대해 보인 반응에서 이미 분명히 드러난 다음과 같은 문제와 관련된 긴장은 "유대 기독교"라는 역설과 긴밀히 관련되어 있다.

- 민족성이나 실천이나 믿음에 의해 결정되는 정체성

---

5 Broadhead는 "유대교 개종자"에 관한 장을 포함시킨다(*Jewish Ways*, 10장). 참고. R. W. Longenecker, *The Christology of Early Jewish Christianity* (London: SCM, 1970), 3. 다음 책도 함께 보라. Mimouni, *Early Judaeo-Christianity*, 126–32.

6 Paget, 'Jewish Christianity', 733–42을 보라.

• 정체성을 정의하는 의식적 표지(할례, 세례)의 필요성과 역할
• 서로 다른 의식과 생활 방식을 자신들의 정체성의 표현으로 실행하는 집단들 사이의 교제의 조건

바울은 이 역설을 종합하고 이 긴장을 받아들이는 신자의 태도를 장려하려 애썼다. 그러나 그가 자신의 시도를 성공시키려는 실제적인 소망을 품고 있었는지에 관한 의문은 여전히 해결되지 않은 채로 남아 있고, 대부분의 증거는 이 의문에 대한 부정적인 대답을 암시한다. 바울의 신학은 사회적 관계와 관습을 능가할 수 없었다. 그렇다면 이 대목에서 그의 신학은 여전히 유효하거나 타당한가?

현재 우리에게 있어서 문제는 최초의 유대인 봉기가 비극적으로 실패한 뒤 2세기까지 똑같은 역설과 긴장이 효력을 발휘했는가 하는 것이다. 이 문제를 탐구하는 최선의 방법은 "유대 기독교"라는 제목의 다음과 같은 두 부분을 그에 상응하는 진지한 태도로 받아들이는 것이라고 필자는 주장한다.

• 유대교와 거리를 둔 기독교를 포함해서 기독교가 얼마나 **유대적인** 성격을 유지했는지를 고찰하는 일.
• 기독교 이단 학자들에게 이단으로 일축된 이들을 포함해서 메시아 예수를 믿은 유대인들이 얼마나 **기독교적인지**에 주목하는 일.

제11부에서와 마찬가지로 우리는 1세대 기독교에서 매우 결정적이었던 세력들의 지속적인 영향을 추적하기를 원한다. 이 경우 우리는 주된 긴장 관계 중 하나이며 아마도 1세대에서 가장 주된 긴장 관계가 바울과 야고보 사이의 긴장 관계였을 것이라는 점과, 예루살렘 교회가 "기독교적 유

대교"(바리새파 유대교나 에세네파 유대교와 같은 방식의 "유대교"도 "유대교"였다)로 가장 타당하게 묘사할 만한 종교의 핵심이자 주된 초점이었던 것으로 보인다는 점을 상기한다. 따라서 2세기까지 이어지는 야고보의 영향은 주된 관심사이다. 그가 대표한 기독교의 형태(예수-제자도)도 마찬가지다. 그렇다면 예루살렘과 유대(및 갈릴리)의 회중에게는 무슨 일이 일어났는가? 그리고 보다 넓게는 1세대 기독교의 유대적인 관심사와 강조점이 어떻게 70년 이후 시기와 2세기까지 이어졌는가?

45.2 야고보의 수수께끼[7]

a. 신약의 야고보

기억하겠지만 예수의 형제 야고보는 대략 40년부터 재판에 의해 처형될 62년까지 예루살렘에 있는 예수를 믿는 신자들의 공동체에서 중요한 인물이었다.[8] 야고보가 베드로보다 한발 앞서 예수를 믿는 (유대인) 신자들에게 지도자이자 "최고 책임자"로 인정받았다는 사도행전 15:13-21이 주는 인상은, 바울이 야고보를 "기둥" 같은 사도들(갈 2:9—야고보와 게바와 요한) 중 첫 번째로 언급한다는 점과 베드로가 "야고보에게서 온 어떤 이

7 야고보에 대해서는 특히 다음 책들을 보라. W. Pratscher, *Der Herrenbruder Jakobus und die Jakobustradition* (FRLANT 139; Göttingen: Vandenhoeck, 1987); J. Painter, *Just James: The Brother of Jesus in History and Tradition* (University of South Carolina, 1997); 또한 B. Chilton and C. A. Evans, eds., *James the Just and Christian Origins* (NovTSupp 98; Leiden: Brill, 1999); B. Chilton and J. Neusner, eds., *The Brother of Jesus: James the Just and His Mission* (Louisville: Westminster John Knox, 2001); D. R. Nienhuis, *Not by Paul Alone* (Waco: Baylor University, 2007), 121-50('James of Jerusalem in History and Tradition').

8 *Beginning from Jerusalem*, 210, 411, §36.1을 보라.

들"에게 순응하여 이방인 신자들과의 식탁 교제에서 물러간 사건에 대한 바울의 이야기(2:12)에 의해 확증된다. 고린도전서 15:3-8의 신앙고백적 진술에서 그리스도가 부활 후 야고보에게 나타나신 일에 게바에게 나타나신 일과 같은 권위의 정당성을 부여하기 위해 증인들의 두 번째 목록("야고보에게 보이셨으며 그 후에 모든 사도에게와"—15:7)이 첫 번째 목록("게바에게 보이시고 후에 열두 제자에게와 그 후에 오백여 형제에게"—15:5-6)을 보충하거나 심지어 그에 필적하는 것으로 구성되었을 가능성도 있다.[9] 거기에 갈라디아서 2:6의 삽입 어구, 안디옥 사건이 일어난 경위(2:12-16), 로마서 15:31과 사도행전 21:20-21 등에 함축된 야고보와 바울 사이의 긴장 관계가 더해진다. 신약 기록의 상대적인 조용함 속에서도 나타나는 모습은 최초의 기독교 운동 안에서의 상당한 정도의 파벌주의, 야고보가 그 일부가 된 파벌주의의 모습이다.

야고보의 저작으로 간주된 편지는 그가 예수를 믿은 디아스포라 유대인들 사이에서 매우 존경받았고 예루살렘의 예수 믿는 신자들 사이에서만큼 존경받았음을 암시한다. 실제로 야고보서는 야고보가 예루살렘을 순례 방문하는 디아스포라 유대인 신자들(과 그 밖의 유대인 순례자들?)에게 전한 가르침/설교로 구성되어 있다는 주장은 매우 그럴듯하다.[10] 그러한 편지가 그 독특한 유대적인 특성에도 불구하고, 그리고 특유의 기독교적 강조점의 결여에도 불구하고,[11] 높이 평가받고 신약 정경 속에 포함되었

---

9 Pratscher, *Herrenbruder*, 35-46의 논의를 보라. 이하의 Jerome, *de Vir. Ill.* 2과 *Gosp.Thom.* 12도 함께 보라.

10 *Beginning from Jerusalem*, §37.2c.

11 그러나 Niebuhr는 (개인적인 편지에서) 이 편지의 강한 서두(1:1 — "하나님과 주 예수 그리스도의 종"), 2:1에서의 강한 구원론적인 표현, 편지 안에 *pistis*가 매우 자주 등장한다는 사실(16회), 2:8-13에서 예수 전승을 강하게 사용한다는 점 등을 필자에게 상기시켰다(*Beginning from Jerusalem*, §37.2c도 함께 보라).

다는 사실[12]은 그 편지가 2세기와 3세기의 교회들을 통틀어 높이 평가받았음을 암시하는 것이 분명하다. 특히 우리는 디아스포라에게 보내진 편지(약 1:1)가 메시아 예수를 믿는 디아스포라 유대인들 사이에서 가장 귀하게 여겨졌을 것이고, 주로 이방인으로 구성된 더 넓은 범위의 교회들이 이 편지를 받아들인 것은 예수를 믿는 유대인 신자들이 주로 이방인으로 구성된 교회에 의해 진정으로 존중받았음을 의미하는 것이 분명하다고 추론할 수 있다. 이는 이 편지가 창세기 15:6에 대한 전통적인 유대인의 해석을 재주장하고 바울이 자신의 복음을 변호하면서 제시한 핵심적인 주장 중 하나를 제한함에도 불구하고(약 2:18-26) 사실이다.[13]

따라서 신약의 기록에서 야고보에 관해 풍기는 인상은 다소 혼란스럽고 여러 가지가 뒤섞여 있다. 이는 우리가 1세기 이후를 살펴볼 때 야고보에게 부여된 중요성이 훨씬 더 복합적이고 야고보 자신은 교부 문헌에서 완전히 무시되는 이유를 설명하는 데 도움이 될 것이다.

b. 교부 문헌상의 야고보

우리는 2세기 초의 헤게시푸스에게서 나온 에우세비오스의 긴 인용문, 야고보의 "의인"으로서의 성격과 그의 처형에 대한 광범위한 이야기를 이미 언급한 바 있다(*HE* 2.23.4-9, 13-18).[14] 예수가 부활한 뒤 야고보에게 나타나신 일에 대한 유일한 묘사는 "내가 최근에 그리스어와 라틴어로 번역했고 오리게네스가 자주 사용하는 '히브리인에 따른' 복음서라고 불

12 Kümmel, *Introduction*, 405-7의 요약적 논의를 보라. "오리게네스는 야고보서를 분명하게 사용하는 최초의 초기 신학자다"(Nienhuis, *Not by Paul Alone*, 55-60).

13 *Beginning from Jerusalem*, 1142-44을 보라.

14 *Beginning from Jerusalem*, 1088-89, 1093-95에서 인용되었다.

리는 복음서는 구주의 부활 이후를 기록하고 있다"고 말하는 히에로니무스에 의해 제시된다.[15]

> 주님이 제사장의 종에게 세마포를 주셨을 때 그는 야고보에게 가서 그에게 나타나셨다. 야고보는 주님의 잔을 마신 그 시간부터 주님이 잠자는 자들 가운데서 부활하시는 것을 볼 때까지 빵을 먹지 않겠다고 맹세했기 때문이다. 그 후에 곧 주님이 말씀하셨다. "상과 빵을 가져오라." 그러자 즉시 그것이 더해졌다. 주님은 빵을 가져다가 축복하시고 떼어 의인 야고보에게 주시며 말씀하셨다. "내 형제여, 너의 빵을 먹어라. 인자가 잠자는 자들 가운데서 부활했기 때문이다"(Jerome, *de vir.* ill. 2).

주목할 만한 것은, 야고보가 마지막 만찬에 참석했고 "주님의 잔을" 마셨으며 자기 형제의 제자가 되려는 야고보의 회심이 예수의 죽음과 부활 이전에 발생한 것이 분명하다는 이 말의 함의다. 이 말은 예수가 부활 이후 야고보에게 최초로 나타났다는 뜻도 포함하는가? 이는 아마도 고린도전서 15:7이 처음에는 고린도전서 15:5-6에 간직된 이야기와 달랐고 그 점에서 베드로와 야고보의 어떤 경쟁 관계를 암시하는, 사도들에게 사명을 위임하는 부활한 주님의 우선순위에 관한 이야기였음을 보여주는 또 다른 표시일 것이다.[16]

아마도 야고보에 대한 교부 문헌의 최초의 언급은 이레나이우스의 글에 나오는 언급일 것이다. 그는 사도행전 15장을 인용하면서 바울, 베드로, 야고보, 요한이 도달한 합의를 강조하며 사도들이 "모세 율법의 경

15 필자는 Vielhauer and Strecker, *NTA*, 1.178의 번역을 따른다.

16 Painter, *Just James*, 185-86.

륜에 따라" 양심적으로 행동하면서 율법이 동일한 한 분 하나님에게서 나온 것임을 보여주었다고 지적한다(*adv. haer.* 3.12.14-15). 논쟁적인 부분은 틀림없이 이 사도들 사이의 역사적 긴장 관계가 부당하게 악용되어 온 방식에 대한 이레나이우스의 반응과 특히 바울(과 기타 인물들)을 모세 율법과 대립시키려는 마르키온파의 시도에 대한 그의 거부를 반영한다. 사도행전 15장이 요구한 것처럼 야고보가 명시적으로 포함되어 있다는 점은 마르키온파적인 바울을 논박하기 위해 야고보를 끌어들인 한 흥미로운 예다. 테르툴리아누스도 이와 비슷하게 마르키온이 갈라디아서 2:13-14, 즉 베드로가 "복음의 진리를 따라 바르게 행하지 아니함"에 대한 바울의 비판을 사용하는 것에 대한 응답으로, 바울은 단지 "자신이 가르친 바와 다소 다르게 행동하는" 베드로의 일관되지 않은 태도를 질책했을 뿐이라고 주장한다(*adv. Marc.* 4.3).[17] 바울, 베드로, 요한 **그리고 야고보**가 모두 똑같은 복음을 가르쳤다고 주장하는 것은 명백히 결정적으로 중요한 일이었다.

에우세비오스는 (현재는 유실된) 그의 책 『개요』(*Hypotyposes*), 6권과 7권에서 알렉산드리아의 클레멘스의 말을 인용한다.

> 부활 이후 주님은 의인 야고보와 요한과 베드로에게 지식의 전승을 주셨고, 이들은 그것을 나머지 사도들에게 주었으며, 나머지 사도들은 그것을 70인

17 갈 2:11-14에 나오는 바울과 베드로 사이의 날카로운 대립과 바울이 정죄하는 말로 베드로를 책망하는 이야기는 다음 책에서 대표적으로 요약했듯이 교부들에게 적지 않은 골칫거리가 되었다. F. Overbeck, *Über die Auffassung des Streits des Paulus mit Petrus in Antiochien (Gal. 2, 11ff.) bei den Kirchenvätern* (1877; Darmstadt: Wissenschaftliche Buchgesellschaft, 1968). 다음 책도 함께 보라. A. Wechsler, *Geschichtsbild und Apostelstreit: Eine forschungsgeschichtliche und exegetische Studie* über *den antiochenischen Zwischenfall (Gal 2,11-14)* (BZNW 62; Berlin: de Gruyter, 1991).

에게 주었는데, 바나바도 그중 한 명이었다. 당시 두 명의 야고보가 있었는데, 한 명은 성전 꼭대기에서 내던져지고 축융공의 곤봉에 맞아 죽은 의인 야고보이고 다른 한 명은 참수형을 당한 야고보다(*HE* 2.1.3-5).

클레멘스의 글에서 흔히 그렇듯이 그는 스스로 "지식"에 대한 이야기와 (은밀한?) "지식의 전승"에 대한 생각에 기꺼이 손을 대는 모습을 보여주지만, 다시 그것을 단지 야고보만이 아니라 요한과 베드로에게서, 그리고 "나머지 사도들"에게서 비롯된 것으로 간주하려 애쓴다. 야고보는 또다시 베드로, 요한 및 나머지 사도들과 같은 무리에 속한 것으로 묘사된다.[18]

그러나 야고보가 주류 교회의 전승 안에서 보존된 주된 방식은 그를 교회의 발전하고 있는 교회론에 끼워 맞추는 방식, 즉 그에게 감독의 옷을 입히는 방식이었다.[19] 이 점은 대체로 "옛날 사람들이 그의 탁월한 미덕으로 인해 '의인'이라는 별명을 붙여주기도 했던" 예수의 형제 야고보가 예루살렘 교회의 주교 자리에 최초로 선출된 것으로 전해진다고 기록함으로써 자신의 교회사에 대한 중요한 기록을 시작하는 에우세비오스에 의해 가장 분명하게 나타난다(*HE* 2.1.2). 그는 계속해서 같은 취지로 클레멘스의 『개요』를 인용한다. "베드로와 야고보와 요한은 이전에 구주께 영예를 얻었기 때문에 구주의 승천 이후 영광을 위해 다투지 않고 의인 야고보를 예루살렘 주교로 선택했다"(*HE* 2.1.3). 이와 비슷하게 에우세비오스의 이야기가 야고보로 되돌아올 때 그 이야기에는 "예루살렘의 주교직을 사도들이 맡긴" 이가 바로 야고보였음을 상기시키는 내용이 있었

18 추가적으로 Pratscher, *Herrenbruder*, 186-99을 보라.
19 Pratscher, *Herrenbruder* 178-86을 보라.

다(*HE* 2.23.1). 그 후에 이 언급은 더 자세히 설명된다. "구주와 사도들에게서 예루살렘 교회의 감독직을 처음으로 받은 야고보의 성좌(聖座)는… 오늘날까지 보존되어 왔다"(*HE* 7.19).[20]

덧붙여 우리는 당연히 「야고보의 원시 복음」(*Protevangelium of James*)에 대한 언급도 포함시켜야 한다.[21] 이 문헌이 말하려 한 야고보는 예수의 형제, 즉 요셉이 이전 결혼생활에서 얻은 예수의 형(*Prot. Jas.* 17.1-2)임이 거의 분명하며, 야고보는 헤롯이 죽은 뒤에 이 이야기를 썼는데(25.1), 그렇게 되면 그는 예수보다 나이가 훨씬 더 많아질 것이다. 이 문헌을 야고보의 저작으로 간주하는 이유가 무엇이건 그렇게 간주하는 것 자체는 야고보가 마리아 숭배가 생겨난 집단 안에서 매우 존경받았음을 말해준다.

이 모든 것은 예수의 형제라는 야고보의 지위, 고린도전서 15:7, 사도행전이 증언하는 바와 같은 (주교로 성직화된) 예루살렘에서의 야고보의 역할에 대한 기억, 야고보의 경건함에 대한 전승, 야고보의 폭력적인 처형에 대한 기록 등에 의해 결정된 야고보에 대한 관심을 암시한다. 지속적인 관심사는 (짐작건대) 다른 곳에서 야고보에 관해 제기되고 있었던 주장들에도 불구하고 나머지 사도들과 의견이 일치하는 야고보에 대한 사도행전의 묘사가 유지되게 하는 것이었다. 그러나 그 외에는 야고보의 지속적인 영향력이나 야고보를 존경하거나 그를 자신들의 창시자나 지도자로 간주한, 헤게시푸스와 교부들이 대표한 여러 집단들 내의 한 파벌에

20 "「교회사」에서 분명하게 나타나는 것은 에우세비오스가 야고보의 영향력의 범위를 오직 한 곳, 즉 예루살렘으로 제한하려 한다는 사실이다"(S. Freyne, *Retrieving James/Yakov, the Brother of Jesus: From Legend to History* [Bard College, 2008], 23) — 즉 이는 틀림없이 유대 기독교인들이 야고보를 교회 전체의 주교로 높이는 데 대한 반응이다(이하의 내용을 보라). 야고보는 구주뿐만 아니라 사도들로부터도 주교직을 받았다는 에우세비오스의 주장도 동기는 그와 같았을 것이다. Painter, *Just James*, 154-56도 함께 보라.

21 앞의 §40 n. 251과 §44 n. 310을 보라.

대한 암시는 없다.[22]

c. 유대 기독교의 야고보

야고보는 교부들이 유대 기독교의 (이단적인) 분파들로 간주한 분파와 가장 명백하게 관련된 문헌들에서 더 강력한 모습으로 나타난다.

히에로니무스의 글에서 나온 이미 인용한 구절들에서 야고보는 "히브리인에 따른 복음"에 나오는 부활 이후의 그리스도의 출현에 대한 이야기에서 눈에 띄는 역할을 한다. 이 복음서와 마태복음이 무슨 관계였는지는 여전히 불분명하지만[23] 둘의 차이는 현저하다. 야고보는 신약의 어떤 복음서에서도 지나가는 말로 언급되는 경우 외에는 언급되지 않기 때문이다. 그러나 히브리인의 복음에서 야고보는 성만찬 상황에서 그에게 중요성이 부여되었음을 암시하는 한 본문에서 부활한 예수께 특별한 주목을 받는 인물로 선택된 것처럼 보인다.

에우세비오스(*HE* 4.22.8)에 따르면 가장 인상적인 것은 예수를 믿는 유대인 신자였던 헤게시푸스의 증언이다. 헤게시푸스에 따르면 "교회의 사명은 사도들과 더불어 주님의 형제 야고보에게 전달되었다(*HE* 2.23.4)." 이 말의 의미는 야고보가 예루살렘 공동체뿐만 아니라 온 교회의 지도자들 가운데서 "동료들 중 1인자"(*primus inter pares*)였다는 뜻일 것

---

22 Painter는 야고보에 대한 에피파니우스의 기록(*Pan.* 78.14.1-6; *Beginning from Jerusalem*, 1089 n. 46을 보라)과 관련해서 그는 "야고보를 부활 이후의 중요한 계시를 받은 자로서 그의 소명과 관련해서나 지속적인 은밀한 계시의 관점에서" 전혀 언급하지 않는다고 지적한다. "이단과 싸우는 투사인 에피파니우스의 관점에서 볼 때 이 주제는 야고보에 대한 그 자신의 논의에 있어서 받아들이기에는 적에게 너무 많은 것을 거저 주는 것이었다"(*Just James*, 213).

23 앞의 §40.4a을 보라.

이다.[24] 헤게시푸스는 계속해서 같은 구절(*HE* 2.23.4-9)[25]에서 야고보를 아마도 "의로운 분"이신 예수를 떠올리게 한다는 이유에서 "의인"으로 묘사할 뿐만 아니라,[26] 백성들을 보호하고 그들이 용서받도록 기도하는 제사장의 역할을 지닌 인물이자, 짐작건대 구원에 이르는 길이 그를 통해 가능해지는 "예수의 문"으로 묘사한다.[27] 헤게시푸스는 역사적 자료로서는 거의 신뢰할 만하지 않지만, 그의 이야기는 로마에 대항한 두 번의 유대인 봉기 기간에 유대인 신자들이 야고보를 매우 깊이 존경했음을 보여주는 듯하다.

이와 똑같이 눈에 띄는 것은 일반적으로 유대 기독교적인 문헌 내지 최소한 유대 기독교의 뚜렷한 특징들을 포함하고 있는 문헌으로 간주되는 4세기의 위(僞)클레멘스 문헌에서 발견되는 내용이며, 이런 특징들은 그 이전 시기에서 비롯된 것이다.[28] 여기서 주목할 만한 것은 클레멘스의 「설교집」의 서두를 장식하는 "야고보에게 보내는 베드로의 편지"(*Epistula Petri*)와 "야고보에게 보내는 클레멘스의 편지"(*Epistula Clementis*)이다. "베드로의 편지"는 다음과 같이 시작된다.

> 베드로가 거룩한 교회의 주교 야고보에게…내 형제여, 당신이 우리 모두의 상호 유익을 위해 애쓰는 것을 잘 알고 있는 나는 당신에게 내가 (여기에) 당신께 보내는 나의 설교집을 어떤 이방인에게도, 또 우리가 속한 집단의 어느 누구에게도 수습기 이전에는 전해주지 말 것을 간청합니다. 그러나 만일 그

24 Pratscher, *Herrenbruder*, 107-8.
25 *Beginning from Jerusalem*, 1088-89에서 인용.
26 마 27:19; 눅 23:47; 행 3:14; 7:52; 22:14; 벧전 3:18; 요일 2:1.
27 Pratscher, *Herrenbruder*, 110-21과 *Beginning from Jerusalem*, 1089에 인용된 Bauckham의 글도 함께 보라.
28 앞의 §40.6g을 보라.

들 중 누군가가 점검을 받고 합당하다고 여겨지면 당신은 모세가 그의 스승의 직분을 70인에게 넘겨준 것처럼 그 책들을 그에게 넘겨주어도 됩니다.

이어지는 내용 속에서 관심사는 "우리의 진리의 말씀"이 잘못 해석되고 왜곡될 것이라는 것이다.

이방인들 가운데서 어떤 이들은 나의 정당한 설교를 거부하고 나의 원수인 사람의 무법하고 터무니없는 교리를 선호했기 때문입니다. 그리고 실제로 어떤 이들은 내가 아직 살아 있는 동안에 온갖 종류의 해석으로 마치 내가 율법의 소멸을 가르치는 것처럼 나의 말을 왜곡하려 했습니다.…

야고보는 편지를 읽자마자 베드로의 요구에 응한다.

우리는 우리에게 보내진 그의 설교집을 무차별적으로가 아니라 오직 선생의 자리에 적합한 선하고 경건한 후보자, 할례받은 자로서 믿는 그리스도인인 사람에게만 전해주어야 합니다.…

그리고 거기서 그 책들을 전해줄 수 있는 조건에 관한 주의 깊은 지시가 뒤따른다.

다음의 "클레멘스의 편지"도 그와 비슷하게 "예루살렘에 있는 히브리인들의 거룩한 교회와 하나님의 섭리로 인해 곳곳에 잘 세워진 교회들을 다스리는 주교들 중의 주교이신 야고보와 더불어 장로들과 집사들과 다른 모든 형제들"에게 보내진다. 알려진 대로라면 클레멘스는 시몬 베드로가 자신에게 베드로의 후계자가 되도록 사명을 위임한 일을 언급하며, 베드로가 그 당시에 자신에게 베드로의 가르침을 요약한 것을 야고보에게 보내라는 요청과 함께 준 지시와 권면을 이야기한다.

이런 문헌들에서 야고보가 받는 존경은 분명하게 드러난다. 그는 감독으로서의 다스림이 예루살렘 너머까지 미치는 "주교들 중의 주교"다. 그는 "곳곳에 세워진 교회들을 다스린다."[29] 야고보를 사실상 "최초의 교황"으로 간주한 이들이 많았는가 하는 질문이 제기되는 것은 당연한 일이다.[30] 이 외에도 전체 교회가 야고보에게 예루살렘의 주교직을 부여하는 것은, 최소한 유대 기독교인 신자들의 주장을 인정하지 않고 역사적으로 정당화할 수 있는 하나의 타협으로 간주할 수도 있다. 베드로와 클레멘스의 차이도 분명하다. 베드로는 동등한 자격으로 글을 쓰고 클레멘스는 보다 하급자로서 글을 쓴다("내 주 야고보"; *Recog.* 3.74도 이와 비슷하다).

베드로와의 서신 교환에서 주목할 만한 것은 이방인(신자들)에 대한 경계심과 의심이며, 잠재적인 교사들로 간주되는 유일한 사람들은 예수를 믿는 유대인 신자들("할례 받은 자"와 "믿는 그리스도인")이다. 또한 "나의 원수인 사람", 즉 (클레멘스의 「인식」의 다른 곳에서 분명하게 드러나듯이) 바울은 베드로의 가르침을 마치 베드로가 "율법의 소멸을 가르치는" 것처럼 왜곡하는 그의 무법한 가르침 때문에 적대시된다. 이 모든 것은 우리가 바울과 사도행전을 통해 알게 되는 상황과 긴장 관계, 즉 야고보가 사실

29 *Recog.* 1.43도 주목해 보라 — 예루살렘 교회는 "야고보에 의해 가장 의로운 규례로 다스려졌고, 야고보는 주님에 의해 그곳에서 주교로 임명되었다"; 1.68 — 가야바는 야고보를 "주교들 중의 주교"라고 부른다.

30 H. J. Schoeps는 *Jewish Christianity*(ET Philadelphia: Fortress, 1969)에서 Theodor Zahn이 야고보를 "에비온파의 공상이 낳은 교황"이라고 불렀다는 점을 언급한다(40). 다음 글도 함께 보라. M. Hengel, 'Jakobus der Herrenbruder — der erste "Papst"?' (1985), *Paulus und Jakobus: Kleine Schriften III* (Tübingen: Mohr Siebeck, 2002), 549-82. 야고보를 *prōtopapa(s)*("최초의 교황")라고 지칭하는 유물일지도 모르는 에베소의 성 요한 교회에서 출토된 한 대리석 조각(*I. Eph.* IV.1290)과 관련해서 Painter는 "동방 교회가 로마에 있는 서방 교회로부터 나온 베드로의 대주교 지위에 대한 점증하는 주장에 직면해서 야고보의 이름을 최초의 교황으로 제시"했는가 하는 질문을 던진다(*Just James*, 113).

상 예루살렘 교회의 지도자로서 베드로를 계승했고, 야고보가 다스린 교회의 구성원이 모두(?) 예수를 믿는 유대인 신자들로서 바울의 이방인 사역과 율법에 대한 무시와 명예 훼손에 대해 깊은 의구심을 가졌다는 사실의 연장선으로 보인다.[31] 그 속에는 예수를 믿는 1세기 예루살렘 유대인 신자들의 공동체에서부터 위-클레멘스 문헌의 「설교집」에 반영된 개인들과 공동체들에 이르기까지 직접 이어지는 선을 그을 수 있다는 함의가 강하게 깔려 있다.

오랫동안 위-클레멘스 문헌의 「인식」(1.33.3-1.71.6) 속에 반영된 주요 출처로 간주된 「야고보의 올라감」(*Anabathmoi Iakōbou*)은 또 다른 매력적인 자료를 담고 있다.[32]

> 예루살렘에 세워진 하나님의 교회는 야고보를 통해 풍성하게 커지고 성장했으며 야고보는 주님에 의해 그곳에 주교로 임명되었고 가장 의로운 치리로 그곳을 다스렸다(1.44.3).

> 주교들의 수장 야고보(1.68.2).

야고보가 모든 사람과 대제사장에게 세례를 받도록 성공적으로 설득한 일은 그들이 "마술사에게 속았다"고 비난하는 "어떤 적대적인 사람"에 의해 방해를 받는다(1.69.8-1.70.2). 그 사람은 "주교 야고보에게 패배"했음에도 불구하고 폭력적으로 반응하며 살인적인 공격을 시작한다(1.70.3-

---

31 참고. 행 21:20-21; 갈 2:6, 11-14; 롬 15:30-31.

32 특히 Van Voorst, *The Ascents of James*를 보라. 필자는 그의 책에서 아퀼라의 루피누스(410년 사망)에 의한 4세기 말 또는 5세기 초의 라틴어 번역본에 대한 다음과 같은 번역을 인용한다. Jones, *An Ancient Jewish Christian Source* index 'James'도 함께 보라. 추가적으로 이하 §45.8d을 보라.

6). 혼란스러운 싸움이 벌어지는 동안 "그 적대적인 사람은 야고보를 공격하여 계단 꼭대기에서부터 그를 거꾸로 내던져" 거의 죽일 뻔했다(1.70.8). 사흘 뒤 백성들의 지도자이자 은밀한 형제인 가말리엘에게서 소식이 당도한다. 그는 "그 적대적인 사람이 대제사장 가야바에게서 예수를 믿는 모든 사람을 뒤쫓을 수 있는 권한을 받았고 대제사장의 편지를 가지고 다메섹으로 가서 거기서도 불신자들의 도움을 이용하여 신자들을 파멸시키려 한다"는 소식을 가져다주었다. "그가 특별히 다메섹으로 서둘러 간 또 다른 이유는 베드로가 그곳으로 도망쳤다고 믿었기 때문이다"(1.71.3-4).

여기에는 몇 가지 주목할 만한 특징이 있다.

- 야고보는 또다시 이 새로운 운동의 기원에 있어서 높은 지위를 가진 인물로 취급된다—"주님에 의해 임명된 주교", "주교들의 수장."
- 후자의 이야기는 사도행전 또는 사도행전이 사용한 자료들에서 직접 인용한 것이다—가말리엘(행 5:34-39), 다소의 사울에 의한 야만적인 박해와 예수를 믿는 신자들을 다메섹까지 뒤쫓으라는 가야바의 의뢰(행 8:3; 9:1-2).[33]
- 사울/바울은 명백히 이 "적대적인 사람"이며, 야고보에 대한 바울의 첫 반응은 예수를 "마술사"로 취급하는 유대인의 일반적인 무시로 변했고(Justin, *Dial.* 69.7; *b.Sanh.* 43a) 이미 그렇게 변해 있었던

---

33 추가적으로 F. S. Jones, 'An Ancient Jewish Christian Rejoinder to Luke's Acts of the Apostles: Pseudo-Clementine *Recognitions* 1.27-71', in Stoops, ed., *Apocryphal Acts*, 223-45을 보라.

태도를 취한다.[34]

- 바울의 야고보에 대한 (그 이후의) 적대감은 그 "적대적인 사람"이 야고보에게 하는 맹렬한 공격에서 미리 예고된다.
- 야고보가 그의 동포들 가운데서 복음 전도자로서 거두는 성공은 이 줄거리에 있어 필수적이며(사울/바울과의 갈등—*Recog.* 1.69.8-1.70.1) 아마도 (훗날) 바울이 그의 동포 가운데서 성공하지 못하는 것과의 대조를 암시하는 듯하다.[35]
- 야고보에 대한 바울의 적대감은 바울과 베드로 사이의 적대감과 짝을 이룬다. (앞서) "베드로의 편지"에 나오는 "나의 원수인 사람"은 역시 바울에 대한 암시임이 분명하며, 거기서 적대감은 야고보에게 편지를 쓰는 베드로와 관련해 당시의 관점에서 표현된다. 바울은 회심한 이후에도 여전히 "나의 원수"였다.

이 마지막 특징은 *Homilies* 17.18-19과 비슷한데 거기서 시몬 마구스라는 인물로 공격을 받고 있는 인물은 바울인 것이 매우 분명하며, 묵살되고 있는 것은 바로 부활하신 그리스도를 보았다는 바울의 주장이다(사도의 사명을 받았다는 바울의 주장도 마찬가지다). 베드로는 시몬 마구스에게 자신이 받은 계시에 대해 말하면서 마태복음 16:13-17을 명시적으로 언급한다.

> [거기서 그는] 계시는 가르침 없이 그리고 유령과 꿈이 없이 얻은 지식임을 배웠다.…밖에서 온 유령과 꿈에 의해 어떤 것을 선언하는 것은 그것이 계

---

34 G. N. Stanton, 'Jesus of Nazareth: a magician and a false prophet who deceived God's people', *Jesus and Gospel* (Cambridge University, 2004), 127-47.

35 이하 n. 285도 함께 보라.

시에서 나왔다는 증거가 아니라 진노에서 나왔다는 증거다.…[그 이유는 민 12:6-8에서 도출됨]…당신은 진노의 말은 환상과 꿈을 통해 전해지지만, 친구에게 하는 말은 원수에게 하듯이 수수께끼와 환상과 꿈을 통해서가 아니라 [모세에게 하듯이] 대면하여 겉모습을 보면서 전해진다는 것을 안다. 그러니 우리 예수가 환상 중에 당신에게 나타나 자신을 당신에게 알리시고 말씀하셨다면, 그것은 대적에게 진노하시는 분으로서 그렇게 하신 것이다 (17.18-19).

여기서 화자가 염두에 둔, 시몬 마구스로 가장한 인물은 분명 바울이며,[36] 화자가 공격하고 있는 사람은 박해하는 사울이 아니라 주님이 부활 후에 자기에게 나타나신 것을 근거로 자신은 사도의 사명을 받았다고 주장한 바울이다. 다시 말해 위-클레멘스 문헌은 바울과 대립하는 형태의 기독교를 대변하며, 바울을 야고보와 베드로 둘 다와 노골적인 적대 관계에 있는 것으로 묘사함으로써 그렇게 했다.[37] 앞으로 보게 되겠지만(48장) 베드로는 예수의 제자들 가운데서 최고의 존경을 받는다. 그러나 이 문헌은 또한 야고보와 베드로를 함께 긴밀하게 연결시키되 특히 둘을 바울과 적대적인 관계로 설정함으로써 연결시키려는 시도를 대변하므로, 자신이 사도라는 바울의 주장과 암묵적으로 바울의 이방인 사역 역시 공인되지 않은 잘못된 것으로 무시할 수 있다. 이러한 야고보와 베드로의 연합

---

36 이하 n. 296도 함께 보되 §48 n. 83도 함께 보라. 누가가 바울의 다메섹 도상 체험을 "하늘의 환상"(행 26:19)으로 묘사하고 있다는 점은 약간 흥미로운 일이다.

37 "…바울에 반대하지만 보편주의적 특징이 있고 제의에 반대하지만 율법주의적인 특징이 있으며 무엇보다도 야고보에 사로잡혀 있는 유대 기독교의 한 형태"(Wilson, *Related Strangers*, 153-54). 다음 글도 함께 보라. J. Wehnert, 'Antipaulismus in den Pseudoklementinen', in *Ancient Perspectives on Paul* (ed. T. Nicklas, A. Merkt, and J. Verheyden)(SUNT 102; Göttingen: Vandenhoeck, 2013), 234-62.

과 바울에 대한 일치된 반대는 짐작건대 야고보를 그들의 창시자이자 지도자로 간주한 유대인 신자들의 자기 이해와 자기 정당화에 있어서 필수적이었을 것이다.[38]

또한 간과하지 말아야 할 것은 「설교집」에서 바울과 시몬 마구스를 동일시할 때 그들은 영지주의 기독교라는 다소 다른 세계 속에 들어가기 시작했고 그 속에서 시몬 마구스가 강렬하게 등장했다는 점이다.[39] 이 점은 우리를 존경받는 야고보의 가장 수수께끼 같은 네 번째 측면으로 인도한다.

d. 영지주의의 야고보

나그함마디 문헌에서 나타나는 가장 흥미로운 특징 중 하나는 야고보가 매우 자주 등장한다는 점이다. 야고보는 「도마복음」에서 (주교만큼은 아니지만) 이미 인용한 전승들에서만큼 중요한 인물로 여겨진다. "제자들이 예수님께 말했다. '우리는 당신이 우리를 떠나실 것을 압니다. 누가 우리의 지도자가 되겠습니까?' 예수가 그들에게 말씀하셨다. '너희가 도달한 곳에서 너희는 의인 야고보에게 갈 것이다. 그를 위해 하늘과 땅이 생겨났기 때문이다.'"(*Gosp.Thom.* 12장). 여기서 우리는 「도마복음」이 그 이전의 전승이 베드로에게 부여한 지위를 실제로 차지한 사람은 야고보였다는 유대 기독교의 믿음에 의존했다는 암시를 얻을 수 있을 것이다.[40] 하지만 그렇다면 우리는 그리스도 어록 13이 어록 12의 뒤를 잇고 있으므로, 도

38 Schoeps, *Jewish Christianity*, 47-58; Pratscher, *Herrenbruder*, 126-50도 함께 보라.

39 앞의 §38.4a과 이하 §§48.5-6을 보라. 예를 들어 ps.-Clem. *Hom.* 18.1에서 시몬은 세상의 창조자가 가장 높은 신이 아니라고 주장한다.

40 Pratscher, *Herrenbruder*, 152.

마가 그의 은밀한 가르침으로 그 이전의 야고보의 권위를 대체했다는 의미가 이 속에 숨어 있다는 제안도 기억해야 한다.[41]

눈에 띄는 것은 다른 세 개의 나그함마디 문헌도 야고보의 저작으로 간주된다는 점이다. 「야고보의 비록」(*Apocryphon of James*)은 예수의 형제 야고보가 아마도 케린투스(이 이름은 판독하기가 어렵다)에게 썼을 편지로 표현된다.[42] 이 문헌은 스스로를 "주님이 나와 베드로에게 계시하신 은밀한 책"으로 소개하므로 은밀한 지식을 전달한다고 주장하는 영지주의 장르의 전형적인 예다. 야고보가 이 은밀한 가르침을 받는 사람으로 알려진다는 점[43]은 우리에게 다시 한번 야고보의 기억이 2세기 기독교(또는 기독교들)의 넓은 스펙트럼에 걸쳐 큰 경외의 대상이 되었으므로, 1세기의 예수 전승에서 벗어나는 가르침을 장려하기를 원했던 이들은[44] 야고보를 전반적으로 존경을 받은 인물로 간주했다는 사실을 말해준다. 또한 주목할 만한 것은 야고보와 베드로가 가까운 관계로 설정되는 방식인데, 이 역시 최초의 세대에서 예수와 가장 두드러지게 가까운 이 두 사람의 인정을 받았다는 주장을 하려는 전략을 암시한다.[45]

「야고보의 제1묵시록」(40.7a)에서 야고보는 주님의 형제로 인정받지만 시종일관 "랍비"라고 일컬어진다. 야고보 자신이 "의인 야고보"라고 불리며(32.2-4), 이는 "의인"이라는 야고보의 평판이 널리 퍼져 있었음을 확인시켜준다. 흥미롭게도 주님은 야고보에게 예루살렘을 떠나라고 명

41 앞의 §43 n. 274을 보라. 하지만 도마가 예수의 형제/쌍둥이(*Didymos*)이기도 했다면, 이는 예수의 두 형제에 대한 「도마복음」의 관점 속에 약간의 긴장이 있음을 의미할 수도 있다 (Painter, *Just James*, 163).

42 본문은 *NHL*, 29-37; Elliott, *ANT*, 673-81에 실려 있다.

43 다시 앞에서 인용한 알렉산드리아의 클레멘스의 글을 참고하라(Eusebius, *HE* 2.1.3).

44 앞의 §44.5b을 보라.

45 그러나 Painter는 「야고보의 비록」이 계속해서 "야고보를 돋보이게 하고 독보적인 지위에 올려놓는다"고 주장한다(*Just James*, 165-66).

하시며(25.15) 야고보는—62년에 처형되었다는 확실한 기록에도 불구하고—로마의 예루살렘 포위(36.16-19) 이전에 아마도 펠라로 피신하는 행렬에 합류한 것으로 나타난다. 가장 주목할 만한 것은 야고보가 은밀한 가르침을 전해줄 사람들 중에 아다이(Addai)가 포함되어 있다는 점인데, 이는 유대 기독교 전승과 영지주의적인 추론 사이의 그럴듯한 용광로나 교차로로서 시리아와의 또 다른 연관성을 나타낸다.[46] 야고보에 대한 표현이 약간의 유대 기독교적 특징을 반영한다는 점[47]은 2세기의 영지주의 체계에 약간의 유대 기독교적인 뿌리가 있었다는 주장을 뒷받침한다.

「야고보의 제2묵시록」(*Second Apocalypse of James*)에서는 "의인 야고보가 예루살렘에서 한 강론"이 야고보가 돌에 맞아 죽는 이야기로 끝나지만,[48] 그 외에는 영지주의적인 관점에서 생각하고 말하는 야고보를 묘사한다(§40.7b). 여기서도 가장 유의미한 특징은 야고보가 존경받고 권위 있는 인물로 간주되었다는 점이므로, 가르침을 그의 이름과 관련시키는 것은 그 가르침에 의인 야고보의 이름을 경외한 이들을 대상으로 한 더 폭넓은 호소력을 부여하려는 의도가 깔린 일이었을 것이다.[49]

게다가 히폴리투스에 따르면 나아센파(Naasenes)는 그들의 가르침을

---

46 이하 §45.8f을 보라.

47 A. Böhlig, 'Der Jüdische und judenchristlichen Hintergrund in gnostischen Texten von Nag Hammadi', in Bianchi, ed., *Le Origini dello Gnosticismo*, 109-40과 특별히 관련하여 Painter, *Just James*, 169-70, 특히 130-40.

48 *Beginning from Jerusalem*, 1095에서 인용함.

49 "유대 기독교 진영에서 특별히 중요한 위치를 차지한 야고보는 예수에게서 받은 특별한 계시의 소유자로 간주되며, 영지주의 전승 속에서 정경 전승에서의 베드로의 역할에 필적하고 아마도 그것을 능가할 역할을 부여받는다"(Hedrick, *NHL*, 269). Pratscher는 「야고보의 제2묵시록」에서 예수가 야고보에게 입맞춤을 하고(56.14-15) 야고보를 "내 사랑하는 자"라고 부른다(56.16; 57.5)는 점을 지적하며, 요한복음의 알려지지 않은 사랑받은 제자가 어떤 영지주의 집단의 알려진 사랑받은 제자가 된 것이 아닐까 생각한다(*Herrenbruder*, 168-69).

마리암네에게 전해진 주님의 형제 야고보의 가르침에서 비롯된 것으로 간주했다(*Ref.* 5.2).

따라서 야고보에 대한 영지주의의 관심은 바울에 대한 유대 기독교인의 반감을 반영하지는 않지만, 야고보를 베드로와 약간의 경쟁 관계로 설정하며 야고보에 대한 유대 기독교인의 높은 존경심을 어느 정도 반영한다. 그러나 영지주의적 야고보는 그 이전의 야고보 전승 속에서 어떤 근거도 주장할 수 없으며 은밀한 계시의 중재자, 즉 원형적인 영지주의자로서만 성공한다.[50]

따라서 야고보의 수수께끼는 다음과 같다.

- 그는 일반적으로 주 예수와 가깝고 최초의 예루살렘 교회의 주요 지도자로 기억되며 일반적으로 의로움으로 인해 존경을 받는다(의인 야고보).
- 그러나 예루살렘 교회에 대한 그의 지도력이 후대의 전제적인 감독제 모델에 따라 재구성된 것을 제외하면 야고보는 교부들에 의해 지속적인 영향력을 끼친 인물로 간주되지 않았다.
- 예수를 믿는 유대인 신자들 사이에서 야고보는 베드로와 더불어 교회의 점증하는 이방인 교인 수에 맞서 싸우는 투사로 간주되었다.
- 그리고 다소 놀랍게도 야고보는 보다 영지주의적인 가르침의 후원자이자 권위 있는 대변자로도 표현되었다.

이는 "전체 교회"의 공인된 대변인들이 야고보를 전적으로 그들 중 한

50 Pratscher, *Herrenbruder*, 176-77.

사람으로,[51] 베드로와 바울을 변호하려 한 만큼 변호해야 할 사람으로 인정하기를 꺼려했고, 결국 야고보는 2세기와 3세기에 모습을 드러내고 있었던 기독교를 대표하기에는 부족했으며 사실상 그를 신생 기독교의 유대 기독교 및 영지주의 분파에 양보해도 별로 후회스럽지 않았음을 암시한다.

45.3 예루살렘 교회에 무슨 일이 일어났는가?

예수를 믿는 신자들로 구성된 예루살렘 교회는 70년까지 지중해 동부에서 확고히 자리 잡은 모든 교회의 모교회였다. 그러나 예루살렘 교회는 또다시 사도행전 21:20-21이 우리에게 상기시켜 주듯이 전통주의적인 유대인의 새로 생겨난 신앙에 대한 이해와 실천의 중심지이기도 했다. 그래서 로마에 맞선 전쟁과 그 비극적인 결말의 결과로 예루살렘 교회에 어떤 일이 일어났는가 하는 문제는 이 장에서 제일 중요한 문제다. 우리는 『초기 교회의 기원』, §36.3에서 이 문제를 이미 살펴보았고 거기서 논의한 내용을 반복할 필요는 없다. "펠라로의 피신"에 대한 (예루살렘의 신자들 대부분이 예루살렘이 포위되기 전에 요단강을 건너 펠라라는 도시로 피난했다는) 전승은 이하에서 나사렛파 이단을 펠라와 관련지은 에피파니우스의 기록(*Pan.* 29.7.7-8)을 고려하여 다루어야 할 것이다. 그리고 예수를 믿는 유대인 신자들이 그 이후의 팔레스타인 랍비 전승에서 입증되는가 하는

51 P.-A. Bernheim, *James, Brother of Jesus* (London: SCM, 1997): "신약과 기타 전승들을 편견 없이 읽어보면 저절로 부각되는 야고보의 중요성은 베드로와 기타 사도들의 수위성과 잘 들어맞지 않는다"(271). 또한 Painter는 "초기 교회의 새롭게 생겨난 정통은 예수를 그의 동정녀 어머니인 마리아 외에는 [그의 가족] 모두에게서 고립시키는 경향이 있었다"고 지적한다(*Just James*, 151; 181도 함께 보라).

문제도 이하에서 다루어야 할 것이다. 우선 우리의 질문은 유대 전쟁 이후의 예루살렘과 관련이 있다.

여기서 우리는 거의 전적으로 에우세비오스의 글에 의존하지만 그의 글은 신뢰할 수 있는 이유를 거의 제시하지 않는다. 그는 꽤 자세한 기록을 제시하지만 출처를 알려주지 않으며 판단을 유보하는 말들을 약간 동반한다("~라는 이야기가 있다", "~라고도 한다", "옛 이야기").[52]

> 야고보가 순교한 직후 예루살렘이 함락된 뒤 사도들과 주님의 제자들 가운데 아직 살아 있었던 이들이, 인간적으로 말하자면 주님의 가족이었던 이들과 더불어 각지에서 함께 왔다는 이야기가 있다. 그들 중 많은 이들이 그 당시에 여전히 살아 있었고 그들 모두 누구를 야고보의 뒤를 잇기에 합당한 사람으로 판단해야 될지를 함께 상의했으며 모두가 만장일치로 복음서[눅 24:18]에서도 언급되는 글로바의 아들 시므온이 그곳 교구의 성직에 합당하다고 결정했다.[53] 그는 또한 구주의 사촌으로도 알려졌다. 헤게시푸스는 글로바가 요셉의 형제였으며 베스파시아누스가 예루살렘을 점령한 뒤 유대인들 가운데 왕족은 한 명도 남겨놓지 않도록 다윗의 가문에 속한 모든 사람을 샅샅이 찾아내라는 명령을 내렸으며, 이런 이유로 유대인들에게 또다시 매우 큰 박해가 가해졌다고 말하기 때문이다(*HE* 3.11.1-12.1).

> 도미티아누스는 다윗의 가문에 속한 사람들을 처형하라는 명령을 내렸고, 옛이야기에 따르면 어떤 이단자들이 (육신적으로 구주의 형제였다고 하는)

52 예수의 친형제들이 있었다는 점을 인정하기를 꺼리는 모습도 주목해 보라. 예를 들어 J. A. Brashler, 'Jesus, Brothers and Sisters of', *ABD* 3.819-20을 보라.

53 예루살렘 주교들의 목록과 특히 시므온에 대해서는 Bauckham, *Jude and the Relatives of Jesus*, 70-94을 보라.

> 유다의 손자들을 고발하여 그들이 다윗의 가문에 속하고 그리스도 자신과 관련이 있다고 말했다고 한다. 헤게시푸스는 이 사실을 정확히 다음과 같이 이야기한다. "당시 아직 주님의 가문에서 육신적으로 주님의 형제였던[54] 유다의 손자들이 살아남아 있었고 그들은 다윗 가문의 일원으로 고발당했다"(*HE* 3.19.1-20.1). (이 손자들은 자신들이 소박한 농부였음을 입증하며, 이야기는 계속 이어진다.) "그들은 그리스도와 그의 나라, 그 나라의 본질, 기원, 등장 시기에 관한 질문을 받았고, 그 나라는 세상의 나라나 세속적인 나라가 아니고 하늘의 천사들이 사는 나라이며, 그리스도가 산 자와 죽은 자를 심판하고 모든 사람에게 그의 행위에 따라 갚아주시기 위해 영광 가운데 오실 세상 끝에 그 나라가 임할 것이라고 설명했다. 이에 도미티아누스는 그들을 전혀 정죄하지 않고 무지한 사람들이라고 경멸하며 석방했으며 교회에 대한 박해를 멈추라고 명령했다. 그러나 그들은 풀려난 뒤 그들의 증언과 주님과의 관계로 인해 교회의 지도자들이 되었고 그 뒤로 트라야누스 때까지 이어진 평화 속에서 계속 살아 있었다"(*HE* 3.20.4-6).

에우세비오스는 계속해서 주님의 가문의 일원인 이 사람들이 트라야누스 시대까지 생존해 있었으며(98-107) "모든 교회에 완벽한 평화"가 있었던 시절에 "모든 교회를 감독했다"(*HE* 3.32.5-6)고 더 자세히 기록한다. 그러나 트라야누스 시대에 예루살렘 교회의 2대 주교였던 바로 그 글로바의 아들 시므온/시몬이—120세의 나이에!—순교했다. 에우세비오스는 여전히 헤게시푸스의 말을 인용하면서 시므온이 "어떤 이단자들"에게 다

---

54 야고보와 유다가 요셉과 마리아의 자녀(예수의 친형제)였는가 하는 오래된 질문에 대해서는 Bauckham, *Jude and the Relatives of Jesus*, 19-32과 여기 인용한 구절(30-32)과 Bernheim, *James, Brother of Jesus*, 1장을 보라.

윗의 자손이자 그리스도인이라며 고발당했고[55] "여러 날 동안 고문당하고" 마침내 십자가에 못 박혔다고 이야기한다(*HE* 3.32.1-6). 에우세비오스는 또 헤게시푸스가 "히브리인에 따른 복음서와 시리아어와 특히 히브리어로 된 글들을 인용하면서 자신이 히브리인들 가운데 회심했음을 보여주며 이 사실들을 기록되지 않은 유대인의 전승에서 나온 것으로 언급한다"고 말한다(*HE* 4.22.8).

에우세비오스의 이 모든 말이 신뢰할 만하다면,[56] 헤게시푸스는 예수를 믿는 유대인 신자들로 구성된 예루살렘 공동체의 70년 이후의 역사에 대한 좋은 증언을 제공해줄 수 있다. 에우세비오스에 따르면 헤게시푸스 자신이 예수를 믿는 유대인 신자였기 때문이다. 야고보의 자리를 사촌인 시므온이 이었다는 점[57]은 야고보가 예수의 형제였기 때문에 지도자의 역할을 얻었다는 암시와 확실히 잘 어울리며, 아마도 아들보다는 형제나 사촌을 통한 계승이라는 칼리프적인 전통을 이미 반영하고 있는 듯하다.[58] 도미티아누스 황제 앞에 끌려간 또 다른 형제인 유다의 손자들에 대한 그 이후의 이야기(80년대 말이나 90년대 초)는, 비록 언급되는 이들이 단

55 "어떤 이단자들"에 대해서는 이하의 내용을 보라. 그러나 시므온을 고발한 자들 스스로가 "유대인 왕족"의 일원으로 체포당했으므로(*HE* 3.32.4) Smallwood는 "시므온의 적들은 기독교를 받아들이지 않고 자신들에게서 관심을 다른 데로 돌리려 했으나 실패한 그와 같은 가문 사람들"이었다고 주장한다(*Jews*, 352).

56 이하 n. 61을 보라. "그 이전의 몇몇 전승들은 전설적이거나 있을 법하지 않은 자료를 포함하고 있지만 여전히 현대적인 비평 방법의 도움을 받으면 초기 기독교 역사의 재구성을 종합하는 데 도움이 되도록 사용될 수 있다"(G. F. Chesnut, 'Eusebius of Caesarea', *ABD* 2.675).

57 이러한 연대 추정은 기껏해야 혼란스러운 것일 뿐이다. 헤게시푸스에 따르면 베스파시아누스는 야고보를 처형한 직후에 예루살렘 포위 공격을 시작했기 때문이다(*HE* 2.23.18). 따라서 시므온이 언제 어디서 예루살렘 신자들의 지도자 역할을 떠맡았는지는 별로 분명하지 않다.

58 Bauckham, *Jude and the Relatives of Jesus*, 125-30의 논의.

순히 "교회[59]의 지도자들"이자 "무지한 사람들"[60]로 묘사되고 있지만, 권력 세습이라는 함의를 지니고 있다. 이것이 에우세비오스가 3세기 초의 율리우스 아프리카누스의 글에서 인용한 그 이전의 기록, 즉 "구주의 가문과의 연관성 때문에 '혈족'(*desposyni*)"으로 알려진 이들이 나사렛과 코카바의 유대인 마을에서부터 그 땅(팔레스타인)의 나머지 지역으로 돌아다니며 그들 가계의 족보에 대해 설명했다는 기록(*HE* 1.7.14)과 어떻게 관련되는지는 전혀 분명치 않다.[61] 그러나 적어도 예수를 믿는 유대인 신자들의 공동체가 최소한 120년대까지 팔레스타인에서 예수가 속한 가문의 지속적인 인도 아래 계속 번성했거나 적어도 존속했을 가능성은 있다.[62]

이보다 훨씬 더 흥미로운 것은 헤게시푸스가 "사람들(즉 예수를 믿는 유대인 신자들) 사이의…일곱 가지 이단"의 기원을 테부티스(Thebouthis)에게서 찾는다는 사실이다. "그는 주교가 된 적이 없었기 때문이다."

의인 야고보가 주님과 같은 이유로 순교한 뒤 주님의 사촌인 글로바의 아들

---

59 아마도 유대 지방의 예수를 믿는 유대인 신자들의 모임.

60 추가적으로 Bauckham, *Jude and the Relatives of Jesus*, 94-106을 보라.

61 추가적으로 Bauckham, *Jude and the Relatives of Jesus*, 60-70을 보라. "사실 예수의 친족은 우리가 자신 있게 갈릴리에 위치시킬 수 있는 유일한 초기 기독교 지도자들이다"(131). Bauckham은 계속해서 예루살렘과 갈릴리에는 서로 다른 형태의 기독교가 있었다는 명제에 이의를 제기한다(131-32). 고고학적 증거는 별 도움이 되지 않는다. J. Taylor는 'Parting in Palestine', in H. Shanks, ed., *Partings: How Judaism and Christianity Became Two* (Washington: Biblical Archaeology Society, 2013), 87-104, 312-17에서 이렇게 결론짓는다. "현재 갈릴리에 유대 기독교에 대한 고고학적 증거는 없다"(104). E. M. Meyers는 같은 책에 실린 글 'Living Side by Side in Galilee'(133-50; nn. 326-29)에서 주로 이후의 상황을 다루지만 "콘스탄티누스 이전에는 성지에 기독교가 존재했다는 구체적인 증거가 거의 없다"고 결론짓는다'(149).

62 예루살렘 주교들의 명단과 특히 시므온에 대해서는 Bauckham, *Jude and the Relatives of Jesus*, 70-94을 보라. Bauckham은 시므온에 대한 연구를 다음과 같이 끝맺는다. "따라서 시므온은 예루살렘 교회의 지도자였고 거의 40년 동안, 아마도 심지어 그보다 더 오래 유대 기독교에서 가장 중요한 인물이었을 것이다"(93).

시므온이 주교로 임명되었고, 그들 모두가 그를 추천한 것은 그가 주님의 또 다른 사촌이었기 때문이다. 이런 이유에서 그들은 그 교회를 처녀 교회라고 불렀다. 그 교회는 아직 헛된 메시지에 오염되지 않았기 때문이다. 그러나 테부티스는 주교가 된 적이 없었기 때문에 사람들 사이에서 자신이 속한 일곱 개의 이단으로 교회의 부패를 초래했다. 이 이단들 중에는 시몬파의 원조인 시몬, 도시테우스파의 원조인 도시테우스, 고르테우스파와 마스보테우스파의 원조인 고르테우스가 있었다. 이들로부터 메난드로스파와 마르키온파와 카르포크라테스파와 발렌티누스파와 바실리데스파와 사투르니누스파가 나왔다. 이들은 각기 그 나름의 독특한 방식으로 그들 나름의 견해를 제시하며, 이들로부터 하나님과 그리스도에 대한 그들의 해로운 교리로 교회의 통일성을 파괴하는 거짓 그리스도들과 거짓 예언자들과 거짓 사도들이 나온다(*HE* 4.22.4-6).[63]

이것은 바우어(Bauer)가 매우 날카롭게 이의를 제기한 전통적 견해, 즉 이단은 원래의 "처녀 교회"가 나중에 부패한 것이라는 에우세비오스의 견해의 초기적인 표현이다.[64] 헤게시푸스가 이단이 발생한 원인을 모교회의 구성원들에게서, 또는 아마도 더 정확하게는 모교회의 불만을 품은 구성원들에게서 찾는다는 점은 매우 인상적이다. 언급된 이단들은 대체로 대표적인 (주로 영지주의적인) 이단자들—시몬(마구스), 메난드로스, 마르키온, 카르포크라테스, 발렌티누스, 바실리데스, 사투르니누스—에게서 나온 이단이다. 그러나 사마리아인인 도시테우스가 유대인 이단자에 더 가까

63 에우세비오스는 계속해서 "유대인들 사이에 한때 존재했던 분파들"—"에세네파, 갈릴리파, 매일 세례파, 마스보테우스파, 사마리아파, 사두개파, 바리새파"—에 대한 헤게시푸스의 묘사를 인용한다.

64 앞의 §38.2을 보라.

운 인물로 묘사되고[65] 마스보테우스파도 유대인의 한 분파로 열거된다는 점[66]은 주목할 만하다. 그렇다면 헤게시푸스는 유대인 분파들과 초기 영지주의 유형이나 원시 영지주의 집단들 사이에 어떤 분명한 차이점도 발견하지 못한 것으로 보인다.[67] 헤게시푸스의 증언에 붙여야 할 모든 물음표에 대해 말하자면, 그러한 이야기들은 유대인의 영향이 그 이후로 단순히 영지주의 집단으로 묘사되는 집단들의 출현에 중요한 역할을 했을 가능성에 더욱 힘을 실어준다.[68] 어쨌든 전체 교회를 하나의 주된 흐름과 그 주된 흐름의 양편에서 각기 따로따로 갈라져 나가는 "유대 기독교"의 흐름과 "영지주의"의 흐름으로 묘사한다면 이는 매우 미심쩍은 묘사일 것이다. 기독교의 발전 과정은 그보다 훨씬 복잡했고 서로 분명하게 나누어

---

65 도시테우스에 관한 전승은 매우 혼란스러우며 한 명 이상을 가리킬 수 있다. 예를 들어, 위-테르툴리아누스는 그를 "유대교의 이단" 중 하나로서 "예언자들을 처음 거부하는 배짱을 가진 사마리아인 도시테우스"로 묘사하면서, 사두개파가 도시테우스의 오류의 "뿌리로부터" 일어났다고 한다(*adv. hær.* 1). 그는 세례 요한의 추종자로서 죽은 자의 부활을 부인한 첫 번째 사람으로 묘사된다(Ps.Clem., *Recog.* 1.54.1-3). 도시테우스와 시몬의 관계는 불분명하다. 시몬은 그 분파의 첫 번째 지도자였다(Ps.Clem., *Recog.* 2.8; *Hom.* 2.24). 오리게네스에 의하면, 도시테우스는 자신이 "모세가 예언한 그리스도" 및 "하나님의 아들"이라고 주장했다(*c.Celsum* 1.57; 6.11). 나그함마디 문헌은 도시테우스에게 주어진 계시인 'The Three Steles of Seth'(*NHL*, 7.5)을 포함한다. 또한 S. J. Isser, *The Dositheans: A Samaritan Sect in Late Antiquity* (SJLA 17; Leiden: Brill, 1976); A. D. Crown, *The Samaritans* (Tübingen: Mohr Siebeck, 1989), 41-43을 보라.

66 에피파니우스와 테오도레투스의 글에 나오는 고라테니에 대한 언급에서는 헤게시푸스에게서 알게 된 정보 이상의 정보는 얻을 수 없다. 주목할 만한 것은 언급된 이들 중 너무나 많은 이들—시몬, 도시테우스, 고르테우스(?), 메난드로스, 사투르니누스—이 이런저런 곳에서 사마리아인으로 지칭된다는 사실이다.

67 우리는 이하에서 시몬, 마르키온, 발렌티누스, 바실리데스에게 더욱 주목해야 할 것이다(특히 이하의 §46.6i과 §47.5b을 보라).

68 교부들의 견해에 따르면 케린투스와 에비온파는 긴밀히 관련되어 있었다(Irenaeus, *adv. haer.* 1.26.1-2; Hippolytus, *refutatio* Prol. 7.7-9; 7.34.1; 10.22.1; pseudo-Tertullian, *adv. omn. haer.* 3; Epiphanius, *anacephalaiosis* t.2 30.1; Jerome, *ep.* 112.13)—"케린투스와 그의 계승자 에비온"(Jerome, *adv. Luc.* 23). 사도 요한이 아시아에서 한 이단자를 피하기 위해 목욕탕에서 달려 나갔다는 그와 똑같은 이야기가 케린투스(Irenaeus, *adv. haer.* 3.3.4)와 에비온(Epiphanius, *anacephalaiosis* t.2 30.24.1-5) 둘 다와 관련해서 진술된다.

지는 뚜렷한 궤적이라기보다는 서로 어지럽게 교차하는 진흙길이다.[69]

우리는 이 대목에서 잠시 멈출 것이다. 2차 유대인 봉기가 끝나고 아일리아 카피톨리나가 세워진 뒤로 예루살렘 지역의 교회는 순전히 이방인들로만 구성되었던 것으로 보이기 때문이다.[70] 흥미롭게도 "일곱 이단"의 출현에 대한 헤게시푸스의 전언은 펠라에서 시작된 에비온파와 예루살렘의 신자들이 예루살렘이 포위되기 전에 펠라로 피신했다는 전승을 확인시켜주는 이후의 전언과 전혀 연결되지 않는다. 이러한 흥미로운 사실들을 강조하는 일 외에 다른 할 수 있는 일은 없으므로 우리는 이하에서 유대 기독교 "이단들"의 원천인 펠라에 대한 전승으로 되돌아갈 것이다.

45.4 신약의 유대 기독교 문헌들

1세기의 마지막 수십 년에 걸쳐 출현하기 시작한 기독교의 주류가 얼마나 유대적이었는지를 제대로 인식하려면 그 시기 동안 출현한 문헌들, 그 중에서도 당연히 신약 문헌에 특별한 관심을 기울여야 한다. 여기서 필자가 반복해서 강조하지 않을 수 없는 점은 "유대적"이라는 말을 어떤 별개의 갈래로 간주해선 안 되며 단순히 2세기와 그 이후까지 면면히 이어지는 주류에서 갈라져 나온, 심지어 변절한 갈래—**유대** 기독교적 "이단"이라는 오래된 의미에서의 "유대 기독교"—로 간주해선 더더욱 안 된다는 것이다. 보편적 기독교가 된 종교의 핵심적인 기본 문헌들은 또한 하

69 앞의 38장 n. 47을 보라.

70 Eusebius, *HE* 4.6.4; *ODCC* 869.

나부터 열까지 유대적이며 유대인의 성경과 신앙과 윤리에 너무나 깊이 뿌리박혀 있어서, 주류 기독교를 제2성전기 유대교와 직접적으로 연속된 것으로 묘사하고 보편적 기독교 그 자체를 유대 기독교로 묘사하는 것은 부정확한 묘사가 아니다. 기독교의 유대적 특성은 그 기독교 정체성의 필수불가결한 일부이기 때문이다.[71]

a. 신약 복음서

i. 마가복음

마가복음은 정경 사복음서 중에서 가장 덜 유대적인 복음서임이 거의 틀림없다. 그러나 마가복음에서조차 예수의 사역의 유대적 배경과 특성은 분명히 전제된다.

- 마가복음은 출애굽기 23:20과 이사야 40:3의 인용구와 함께 시작된다(막 1:2-3).
- 첫머리의 유대 지방의 배경과 그 이후 갈릴리 지방의 배경은 처음부터 분명해진다(1:5, 14, 28, 39).
- 회당에서의 사역에 대한 최초의 초점도 똑같이 분명하다(1:21, 39; 3:1; 6:2).
- 예수는 고침 받은 나병환자에게 제사장에게 가서 그런 경우에 관해 모세가 지시한 사항을 따르라고 요구하신다(1:44).
- 예수와 바리새인들의 안식일에 관한 논쟁은 안식일을 준수해야

71 "유대 기독교"는 "기독교의 시초부터 2세기 중엽까지의 '유대적 표현에 대한 모든 기독교 신학'"을 포괄하는 것이라는 Daniélou의 정의를 참고하고 비교해 보라(Mimouni, *Early Judaeo-Christianity*, 29).

하는지의 여부가 아닌 안식일을 어떻게 준수해야 하는가에 관한 논쟁이다(2:27; 3:4).

- 예수의 제자들은 모두 동료 유대인이며 그들 중 열두 명이 세워진 것은 (열두 지파에 대한) 명백한 상징적 표현이다(3:14-19).
- 자신이 왜 비유로 말하는지에 대한 예수의 설명은 이사야 6:9-10에서 도출된다(막 4:11-12).
- 예수는 회당 지도자의 딸에게 새 생명을 주신다(5:35-43).
- 예수는 자신을 예언자라고 칭하시며(6:4) 예언자로 널리 간주된다(6:15; 8:28).
- 예수는 바리새인들 및 서기관들과 논쟁하며 제자들에게 정결의 본질에 대해 가르치시면서 자기 입장의 정당성을 입증하기 위해 이사야 29:13을 인용하신다(7:1-23).
- 베드로는 예수가 이스라엘이 소망해온 "메시아"라고 고백한다(8:29).
- 예수는 산 위에서 모세 및 엘리야와 함께하여 암묵적으로 그들의 확인을 받으며, 엘리야가 (하늘에서) 올 것이라는 소망이 (암묵적으로) 세례 요한의 사역을 통해 실현되었다고 단언하신다(9:13).
- 예수는 바리새인들과 이혼에 대해 토론하면서 자기 견해의 정당성을 창세기 1:27과 2:24(막 10:6-8)을 근거로 입증하시고 영생을 유업으로 받으려면 무엇을 해야 하는지 묻는 사람에게 대답으로 (십)계명을 언급하신다(10:19).
- 예수는 맹인에게 "다윗의 자손"으로 환영받으시며(10:47, 48), 예수가 예루살렘에 입성하실 때 군중은 시편 118:25의 말씀으로 "주의 이름으로 오시는 이"로 영접한다(막 11:9).
- 예수는 이사야 56:7과 예레미야 7:11을 인용함으로써 "성전을 깨

끗이" 한 자신의 논란이 된 행동을 정당화하신다(막 11:17).

- 포도원 소작농의 비유에서 예수는 하나님의 포도원이라는 이스라엘의 이미지(사 5:1-7)를 취하여 시편 118:22-23에 대한 언급으로 그 비유의 심판적인 결과를 정당화하신다(막 12:10-11).
- 예수는 사두개인들에 맞서 죽은 자의 부활에 대한 바리새인의 소망을 인정하시고(12:18-27), 쉐마(신 6:4-6)의 우선성을 인정하시며(막 12:29-30), 레위기 19:18을 그다음으로 중요한 우선순위로 선택하시고(막 12:31), 제사보다 더 중요한 것인 사랑에 대해 호세아서 6:6을 상기시키신다(막 12:33).
- 예수는 제자들과 함께 유월절을 기념하기를 열망하시며 자신의 다가오는 죽음을 언약의 제사로 묘사하신다(14:12-15, 24).
- 대제사장 앞에서의 심문에서 예수는 자신이 메시아이며(14:61-62) "유대인의 왕"으로 십자가에 달린다고 주장하신다(15:26).
- 예수가 돌아가시자마자 성전 휘장이 위로부터 아래까지 둘로 찢어지며(15:38) 독자로 하여금 그 의미를 숙고하게 한다.[72]

마가는 자신이 이방인 기독교인 청중을 위해 글을 쓰고 있음을 잘 알고 있었다. 그는 예를 들어 일상적인 그리스어에서 "일반적인"이라는 뜻을 지닌 그리스어 단어 "코이노스"(*koinos*)가 그리스어를 사용하는 유대인 집단에서는 "더러운" 것, 즉 제의적으로 정결해지지 않은 것을 지칭하는 데 사용되는 용어였다는 점과 같은 자잘한 문제들까지 설명해 주어야 한다는 것을 알고 있었다(7:2). 다시 말해 마가는 예수의 사역이 지닌 유대적

72 구약, 특히 시편이 예수의 죽음에 대한 이야기의 형성에 끼친 영향에 대해서는 *Jesus Remembered*, 777-81을 보라. K. O'Brien, *The Use of Scripture in the Markan Passion Narrative* (LNTS 384; London: T & T Clark, 2010)도 함께 보라.

배경과 특성을 설명해 주어야 한다는 것을 알고 있었다. 마가는 배경이나 특성을 숨기거나 가리지 않았다. 그는 단지 이러한 유대적 배경과 특성이 예수 이야기에 있어서 필수적이라는 점을 당연시했다. 따라서 심지어 예수가 부정한 음식에 대한 율법을 무효화한 일(7:19), 이스라엘의 포도원에 대한 책임이 다른 이들에게 넘겨질 것이라는 예수의 경고(12:9), 성전이 파괴될 것이라는 예수의 예언(13:2, 14)도 예수를 그의 배경에서 해방시키거나 그의 사명의 성격을 부정하려는 시도가 아니라 전반적인 묘사에 대한 조건으로 간주되어야 했다.[73]

ii. 누가복음

누가복음과 누가-행전의 이방인적 성향은 훨씬 더 분명하며 누가복음 2:29-32에 나오는 시므온의 찬가에서부터 이미 분명히 표현된다. 그러나 누가는 예수의 인격과 사역의 유대인적 특성이 의심할 나위 없이 분명해지도록 훨씬 더 애를 쓴다. 예를 들면 다음과 같다.

- 누가복음 1-2장의 찬가들은 유대적 정서와 이제 곧 성취될 소망으로 가득하며 마리아의 찬가(*Magnificat*)에서 한나의 기도(삼상 2:1-10)에 대한 환기는 특히 주목할 만하다(눅 1:46-55).
- 세례 요한의 출생과 메시아이자 모세와 같은 예언자인 예수의 성장 과정에서 일어난 일이 하나님께서 아브라함에게 하신 언약의 약속의 성취라는 점은 각 책의 초반부에 강조된다(눅 1:72; 행 3:25).
- 예수는 할례를 받으셨고 정결예식을 위한 제물은 율법에 따라 드

73 이제 J. G. Crossley, 'Mark's Christology and a Scholarly Creation of a Non-Jewish Christ of Faith', in J. G. Crossley, ed., *Judaism, Jewish Identities and the Gospel Tradition: Essays in Honour of Maurice Casey* (London and Oakville, CT: Equinox, 2010), 118-51을 보라.

려졌다(눅 2:21-24).

- 바울이 사도행전 마지막에서 자신이 로마에서 옥에 갇힌 것은 "이스라엘의 소망으로 말미암아"(행 28:20) 된 일이라고 말할 수 있었던 것처럼, 시므온은 "이스라엘의 위로"(2:25)를 기다렸고 안나는 "예루살렘의 속량"(2:38)을 바라는 모든 사람을 대변했다.

다음의 예들도 마찬가지다.

- 예수는 이사야 61:1-2의 예언적 소망을 성취한 분이었다(눅 4:17-21).
- 예수는 이사야가 표현한 다가올 시대에 대한 소망을 성취하신다(7:22).
- 예수가 제자들을 "적은 무리"라고 부르시는 것(12:32)은 하나님의 양 무리라는 이스라엘에 대한 일반적인 이미지를 떠올리게 한다.[74]
- 예수는 전적으로 과거 예언자들의 사명이라는 배경 속에서 자신의 사명을 설정하신다(13:33-34).
- 예수는 열두 제자들이 "보좌에 앉아 이스라엘 열두 지파를 다스리게" 될 것이라고 예언하신다(22:30).
- 부활하신 그리스도는 예수께 일어난 일이 전적으로 예언적 기대와 일치한다고 설명하신다(24:25-27, 44-47).

사도행전에 관한 한 우리는 추가적인 예로 유다를 대체할 인물을 찾음으

74 *Jesus Remembered*, 511 n. 107을 보라.

로써 열두 사도를 회복시켜야 할 절실한 필요(행 1:20-26),[75] 다른 예언들의 성취(2:16-21, 25-28, 34-35 등), 바울의 경우와 마찬가지로 족장들과 맺어진 언약에 아브라함의 씨가 땅의 모든 족속에게 축복이 될 것이라는 약속이 포함된다는 점,[76] 이스라엘 안에 거류하는 외국인이라는 관점에서의 이방인 문제에 대한 해결책(15:14-20),[77] 바울이 바리새인들과 공유한 부활에 대한 소망으로 인해 재판을 받게 되었다고 정당하게 주장할 수 있었던 경위(28:6)[78] 등을 제시할 수 있다.

따라서 누가 역시 자신이 말하고 있는 이야기의 유대적 성격을 당연한 것으로 여긴다. 누가가 특별히 이방인의 유입과 관련해서 이 이야기를 한다는 점은 분명하다. 그러나 누가는 비유대인을 향한 이러한 전도를 전적으로 언약의 약속과 예언적 소망이 지닌 유대적 성격과 통합시키려 한다. 그 약속과 소망이 이방인 사역 속에서 실현된 것은 적절한 일이었다.

iii. 마태복음

마태복음의 경우 마태의 표현이 지닌 유대적 특성은 거의 논증할 필요가 없다. 마태복음은 복음서들 중에 가장 유대적인 복음서이기 때문이다.[79] 사실 마태가 예수 전승을 어떻게 다루었는지에 대한 논증(§42.3a)은 대체로 예수가 메시아이자 다윗의 자손으로서, 그리고 다양한 유대인 성경을 성취함으로써 이스라엘에 대해 갖는 의미에 관한 논증이었다(§42.3b). 우

75 누가가 유다의 사도직 교체를 서술하고 이를 통해 열두 사도의 복원을 가장 중요한 일로 간주했다는 점을 무시해선 안 된다(앞의 §42 n. 389를 보라).

76 바울이 갈 3:8에서 인용한 것처럼 창 12:3/18:18을 인용하고 있는 행 3:25을 보라.

77 *Beginning from Jerusalem*, 461-68을 다시 보라.

78 추가적으로 Keener, *Acts*, 1.473-77, 477-91을 보라.

79 Sim은 마태 공동체의 종교에 "기독교"라는 명칭을 붙이는 것은 잘못된 생각이라고 주장한다. "그들의 종교적 전통은 기독교적 유대교로 묘사하는 것이 가장 적절하다"(*Gospel of Matthew*, 299). 추가적으로 이하 §46.5b을 보라.

리는 마태만이 자신이 "이스라엘 집의 잃어버린 양"에게로 보냄을 받았다는 예수의 주장(10:6; 15:24)을 기록하고 있다는 점을 언급했다. 그리고 마태는 예수가 이스라엘의 유산에 대해 바리새인들과 논쟁을 벌이는 모습을 묘사하면서(42.3d) 예수 및 암묵적으로 마태가 속한 회중이 율법에 전적으로 충실했으며 진실로 바리새인보다 더 의롭다고 애써 주장한다(5:17-20). 마태가 예수를 새로운 모세의 모습과 영향으로 묘사하려고 결심했다는 추론은 그다지 심한 과장이 아니다.[80] 마태의 유대인적인 사고방식은 아마도 죄를 "빚"으로 보는 그의 관점과 그가 심판과 보상을 강조한다는 점—어떤 이들은 비기독교적이라고 간주할 만한 특성—에서 가장 분명하게 드러날 것이다.[81]

iv. 요한복음

요한복음에 관해서 말하자면 관점이 거의 마태복음만큼 분명하다. 역시 여기서 그 점에 대해 부연 설명할 필요는 거의 없을 것이다. 마태의 경우와 마찬가지로 요한이 예수 전승을 다룬 방식은 그와 매우 비슷한 이야기를 들려주기 때문이다(§43.1c). 그래서 예를 들어 요한이 예수는 메시아라고 주장할 수 있다는 점은 여전히 중요했다(1:41; 4:25-26).[82] 예수의 사역을 설명해 주고 이해시켜 주는 것은 바로 다음과 같은 이스라엘 역사에서의 선례들이다.

- 온 세상의 죄를 지고 가는 하나님의 (유월절) 어린양(요 1:29; 19:33-

80 앞의 §42 n. 223을 보라.

81 특히 N. Eubank, *Wages of Cross-bearing and Debt of Sin: The Economy of Heaven in Matthew's Gospel* (BZNW 196; Berlin: de Gruyter, 2013)을 보라.

82 요한이 예수를 "메시아"라고 부르는 유일한 신약 저자라는 점을 우리는 기억한다.

36).

- 자기를 믿는 모든 이들에게 영원한 생명을 주기 위한 인자의 높이 들림(요 3:14-15)을 예표하는, 광야에서 뱀에 물린 이들에게 생명을 주는 모세의 놋뱀(민 21:6-9).
- 예수가 주시는 생명수를 예표하는 야곱의 우물물(4:10-14)과 그에 수반된 "구원이 유대인에게서 남이라"(4:22)라는 요한의 독특한 주장.
- 모세는 예수에 대한 글을 썼고(5:46) 하늘에서 내려온 만나는 하늘에서 내려온 참 떡이신 예수를 예표했다(6:32).
- 이스라엘을 포도나무에 비유하는 친숙한 비유를 떠올리게 하는 자신은 "참 포도나무"라는 예수의 주장(15:1).

이러한 짧은 요약만 봐도 요한은 예수의 사역이 지닌 유대적 배경과 유대적 특성이 없이는 예수에 대해 생각할 수가 없었다는 사실이 분명해진다. 예수가 이스라엘의 소망을 성취하시는 분이 아니었다면 예수는 요한에게 아무것도 아니었을 것이다. 또는 최소한 요한은 예수가 지닌 의미를 풀어 설명할 수 없었을 것이다. 물론 요한과 특히 마태에 대해서는 해야 할 말이 더 있고 우리는 다음 장에서 이와 다른 각도에서 제시되는 자료를 살펴보기 위해 이 주제로 되돌아와야 할 것이다(§46.5).[83] 그러나 특히 지난 수십 년 동안 이 문헌들에 대한 너무나 많은 논의가 우리가 §46에서 되돌아올 주제인 유대교와 기독교의 결별, 더 정확히 말하면 반유대주의

83 요한복음과 영지주의의 관계는 물론 문제를 더 복잡하게 만든다. 예를 들어, Barrett는 "이 복음서는 유대교, 비유대교, 반유대교"를 포함한다고 지적하며 "요한복음은 영지와 반영지주의를 결합한다"고 말하면서 그러한 혼란을 드러낸다(*The Gospel of John and Judaism*, 71-72).

가 마태복음과 요한복음에 뿌리를 두고 있을 뿐만 아니라 표현되어 있는가 하는 문제로 지배되어 왔다.[84] 그래서 이 문헌들이 기독교를 유대교에서 분리시키는 데 어떤 역할을 했든 안 했든 그 자체는 성격상 철저히 유대적이었다는 점과 예수는 이스라엘의 메시아, 즉 이스라엘의 소망과 예언자들의 기대를 성취하는 자 외에 다른 존재가 될 수도 있다는 생각은 품은 적도 없다는 점을 분명히 하는 것이 중요했다.

b. 후기 바울 서신

바울 문헌에 속하는 바울 이후의 편지들을 살펴보면 바울의 사역과 함께 시작된 이방인 친화적인 흐름은 당시에 이미 기독교의 유대적인 기원에서 많이 멀어졌을 것이라는 가정에 빠지기 쉬울 것이다. 그러나 그것은 사실과 거리가 멀다.

i. 에베소서

에베소서부터 살펴보자면 우리는 에베소서가 비록 바울 이후에 기록되었지만, 바울이 유대인의 복음을 비유대인에게 전달하는 일을 우선적인 일로 삼았다는 가장 분명한 진술 가운데 하나를 제시한다는 점을 이미 언급했다.[85] 그렇더라도 우리는 에베소서의 공공연한 유대적 특성에 쉽게 놀랄지도 모른다. 이 점은 처음부터 분명하다.

- 수신자들은 서두의 몇 구절에서 "성도들"로 묘사되며(1:1, 4) 다른

---

84 이하 §46.5e을 보라.

85 *Beginning from Jerusalem*, §37.1.

어떤 바울 서신에서보다 "성도"에 대한 이야기가 더 많이 나온다 (10회).[86]

- 1:3-14의 축복에서는 예를 들면 "찬송하리로다",[87] "택하사",[88] "사랑하시는 자",[89] "그 뜻의 비밀",[90] "그 얻으신 것"[91] 등 시종일관 특징적인 유대적 언어를 사용한다.
- 그 뒤의 기도, 특히 1:17-19은 셈어적인 표현들—"영광의 아버지", "지혜와 계시의 영을 너희에게 주사 하나님을 알게 하시고",[92] "너희 마음의 눈을 밝히사",[93] "성도 안에서 그 기업의 영광의 풍성함",[94] "그의 힘의 위력으로 역사하심을 따라…베푸신 능력"[95]—로 가득하다.

이 가운데 어느 것도 단순히 유대인 성경에 대한 작위적인 혹은 심지어 배운 지식으로 깎아내릴 수 없다. 오히려 우리는 사고 과정이 독특한 유

---

86 "성도" = 이스라엘(예. 시 16:3; 34:9; 사 4:3; 단 7:18, 21-22; Tob. 8.15; Wisd. Sol. 18.9; 1QSb 3.2; 1QM 3.5; 10.10) — 바울의 호칭의 독특한 특징(고전 1:2; 고후 1:1; 빌 1:1; 골 1:2).

87 왕상 8:15; 1QS 11.15; 눅 1:68-75.

88 신 7:6-8; 14:2.

89 신 32:15; 33:5, 26; 사 44:2; 단 3:35 LXX; Sir. 45.1; 46.13.

90 단 2:18-19, 27-30; 및 추가적으로 R. E. Brown, *The Semitic Background of the Term 'Mystery' in the New Testament* (Philadelphia: Fortress, 1968).

91 출 19:5; 신 14:2; 26:18; 말 3:17.

92 참고. 사 11.2; Wis. 7.7; 1QS 4.3-5.

93 1QS 2.3; 11.3-6.

94 참고. 1QS 11.7-8; 유대인 성경에 친숙한 사람이라면 누구에게나 이 표현은 즉시 하나님의 기업으로서의 약속의 땅 이스라엘에 대한 특징적인 이야기를 상기시킬 것이다(예를 들어 W. Foerster and J. Herrmann, *TDNT* 3.759-61, 769-76을 보라).

95 참고. 사 40:26; 추가로 K. G. Kuhn, 'The Epistle to the Ephesians in the Light of the Qumran Texts', in J. Murphy-O'Connor, ed., *Paul and Qumran* (London: Chapman, 1968), 115-31.

대인의 사상과 관용구로 가득 찬 저자에 대해 이야기해야 한다.

이 편지의 후반부, 특히 권면 부분에 대해서도 마찬가지다. 여기에는 토라, 예언서, 성문서를 포함해서 20개가 넘는 70인역 인용구와 (강도가 서로 다른) 흔적들이 있다.[96] 여기서 또다시 우리는 문학적 기교에 대해서보다는 그 언어와 비유 자체가 유대인 성경에 대한 평생에 걸친 지식을 통해 형성된 생각과 말의 방식에 대해 더 많이 말할 수 있다.[97]

전반적으로 이 편지가 주는 인상은 외부가 아닌 내부에서 취한 태생적 (헬라파) 유대인의 관점인 것 같은 인상이다.[98] 이 점은 비유대인, 즉 이방인에 대한 저자의 뚜렷하게 유대인적인 태도에서 특히 쉽게 눈에 띈다. 염두에 있는 대상은 분명 이방인이다(2:11; 3:1). 그래서 기독교인이 되기 이전의 그들의 상태에 대한 묘사—그들을 잘못된 길로 이끌고 간 악한 세력(천사들)의 지배 아래(2:2)[99] "허물과 죄로 죽었던"(2:1, 5), "불순종의 아들들"(2:2; 5:6), "다른 이들과 같이 본질상 [하나님의] 진노의 자녀"(2:3), "너희가 전에는 어둠이더니"(5:8)—는 의미심장하다. "이방인"과 관련된 단어들이 태생적 유대인의 관점을 표현하고 있는—"허망한 것", "어두워지고", "하나님의 생명에서 떠나 있도다", "무지함", "방탕", "더러운 것"—4:17-19의 권면도 마찬가지다. 그러한 본문에서 저자는 꽤 자연스럽게 세상을 유대인의 눈으로 바라보는 사람으로서 말한다.

---

96 J. Barclay and J. Sweet, eds., *Early Christian Thought in Its Jewish Context* (Cambridge University, 1996), 130-144(여기서는 137)에 실린 필자의 'Deutero-Pauline Letters'의 내용. 필자는 에베소서와 목회 서신에 대한 여기서의 논의의 대부분을 이 글에서 가져왔다.

97 A. T. Lincoln, 'The Use of the OT in Ephesians', *JSNT* 14 (1982), 16-57도 함께 보라. 특히 엡 1:20-22에서 시 110:1과 8:6을 사용한 것과 엡 4:8에 나오는 시 68:18에 대한 인상적인 해석도 주목해 보라.

98 참고. 예를 들어 V. P. Furnish, 'Ephesians, Epistle to the', *ABD* 2.538-39; A. T. Lincoln, 'The Theology of Ephesians', in A. T. Lincoln and A. J. M. Wedderburn, *The Theology of the Later Pauline Letters* (Cambridge University, 1993), 73-166(여기서는 89-90).

99 참고. 특히 *Jub.* 15.31.

에베소서의 핵심 본문(2:11-22)은 바로 이런 맥락 안에서 가장 풍부한 의미를 얻는다. 이 본문의 관점은 또다시 전적으로 유대인적 관점이다. 독자들은 "육체로는 이방인이요…할례를 받은 무리라 칭하는 자들로부터 할례를 받지 않은 무리라 칭함을 받는 자들"(2:11)이다. 이전에 그들은 "그리스도 밖에 있었고 이스라엘 나라 밖의 사람이라. 약속의 언약들에 대하여는 외인이요 세상에서 소망이 없고 하나님도 없는 자"였다(2:12). 그에 상응하여 이제 그리스도의 복음에 응답한 이 이방인들이 받은 축복은 이스라엘과 똑같은 언약의 축복—평안, 아버지이신 하나님 앞에 나아감,[100] "외인도 아니요 나그네도 아니요 오직 성도들과 동일한 시민이요 하나님의 권속"(2:17-19)—이다. 공동체 전체로 옮겨진 하나님이 거하시는 장소로서의 (예루살렘) 성전이라는 상징적 표현(2:18-22)은 예를 들어 출애굽기 19:6, 레위기 26:11-12, 에스겔 37:27 등에 암시된 유대인의 이상과 완전히 일치하며 쿰란에서 발생한 비슷한 움직임에 필적한다(1QS 8-9).

이미 지적한 것처럼(§37.1) 저자는 예수를 믿는 이방인 신자들에게 그들도 이전에는 이스라엘에만 국한된 것으로 이해된 축복에 전적으로 참여한다는 점을 재확인시키기 위해 바울의 최우선순위를 잘 표현했다. "이방인들이" "함께 상속자[즉 유대인]"가 되었다는 "비밀"이 드러났다(3:6). 율법이 유대인을 이방인과 분리시키는 장벽을 나타내던 한에서 율법은 폐지되었고(2:14-15) 그 결과 이전에는 둘이었던 것(유대인과 이방인)이 이제 "한 새 사람"이 되었다(2:15). 이것은 민족적 이스라엘에 대한 이방인의 승리주의의 언어가 아니라 새로운 피조물이라는 더 큰 범주에 호소함으로써 보편화된 이스라엘에 관한 언어다(1:22; 4:22-24). 그러나 그

100 참고. 롬 5:2; 1QS 11.13-15.

것은 또한 이스라엘과 이스라엘의 축복이라는 범주의 관점에서가 아니면 자신을 이해할 수 없는 이방인 기독교의 언어이기도 하다.

ii. 목회 서신

이와 약간 대조적으로 목회 서신을 살펴보면 유대적 배경의 문제는 한두 단계 더 동떨어진 것처럼 보인다. 이방인에 대한 바울의 사도직에는 그 이전의 바울 서신에서 가졌던 핵심적 지위가 전혀 없다—"이방인의 스승"(딤전 2:7), "모든 이방인이 듣게 하려 하심이니"(딤후 4:17). 같은 주제에 대한 이전의 바울 서신의 설명에서 그토록 두드러졌던 "비밀"[101]은 어느 정도 보다 공식화되었다—"믿음의 비밀", "경건의 비밀"(딤전 3:9, 16). 디모데에게 보내진 두 편의 편지에서 다룬 도전들은 그 특성상 독특하게 유대적인 것은 아무것도 없는 것처럼 보인다—"신화와 끝없는 족보", "망령되고 허탄한 신화"(딤전 1:4, 20; 4:7), "지식"(딤전 6:20), "말다툼", "망령되고 헛된 말", "부활이 이미 지나갔다 함"(딤후 2:14, 16, 18), "어리석고 무식한 변론"(딤후 2:23). 그렇기는 하지만 우리는 또한 유대적인 요소들("유대인의 허탄한 이야기"—딛 1:14)이 초기 영지주의의 억측에 흡수되어 아마도 그 촉매제 역할을 했을 가능성이 많음을 상기해야 할 것이다.[102] 따라서 목회 서신이 그러한 잡동사니 속에 있는 여러 요소를 보다 많이 암시할 가능성을 분명 배제해선 안 된다.

이보다 더 인상적인 것은 로마서 2:12-16, 7:12-13과 13:3-4에서 율법에 부여된 긍정적인 역할을 떠올리게 하는, 디모데전서 1:7-9에 나오는 율법에 대한 긍정적인 태도—"율법의 선생이 되려 하나"(이는 그 자

---

101 롬 11:25; 골 1:26-27; 엡 3:3-6.
102 앞의 §39 n. 210을 보라.

체로는 선한 야망이다), "율법은…선한 것", "율법은…불법한 자…를 위함이니"—이다. "혼인을 금하고 어떤 음식물은 먹지 말라고 할" 이들에 대해 "음식물은 하나님이 지으신 바니…감사함으로 받을 것"이라고 경고하는 디모데전서 4:3-5과 거기에 동반된 고린도전서 7장, 10:25, 로마서 14:6의 흔적에 대해서만 우리는 기독교적 실천에 관해 율법과 씨름하는 유대인 바울의 보다 비판적인 감수성이 반영되어 있는 것을 볼 수 있다. 이와 비슷하게 디모데후서 1:9과 디도서 3:5에서 행위로 인한 것이 아닌 하나님의 자비로 인한 구원에 대한 이야기는 에베소서 2:8-9보다 훨씬 더 냉철하고 정형화된 것처럼 보인다. 이전의 바울 서신보다 다소 더 뚜렷하게 대조적으로 바람직한 목표로서의 "선한 행위"에 대한 강조는 목회 서신에서 일관되고 자주 등장하는 주제다.[103] 그러나 유대인 바울의 특징적인 점은 "모든 성경은 하나님의 감동으로 된 것으로 교훈과 책망과 바르게 함과 의로 교육하기에 유익하니"라는 디모데후서 3:16의 강한 확언이다.

우리는 디도서의 경우에만 독특한 유대인적 주제와의 관계에 대해 확신 있게 말할 수 있다.[104] 디도서 1:10-11에서 저자는 짐작건대 "유대인의 허탄한 이야기"와 "진리를 배반하는 사람들의 명령"(1:14)을 일축하는 말에서, 그리고 "율법에 대한 다툼"(3:9)에 대한 경고에서 또다시 염두에 있는 "할례파"를 크게 책망한다. 그 가르침이 혼합주의적이었더라도 그것은 성격상 주로 유대적이었고 (기독교인?) 유대인에 의해 전파되었다. 따라서 아마도 이 경우에 교회와 회당 사이의 갈등이 배경에 깔려 있

103 12회; 참고. 고후 9:8; 빌 1:6; 살후 2:17; 골 1:10; 엡 2:10.

104 목회 서신의 유대적인 특성은 흔히 간과되며, 서신에서 염두에 두고 있는 반대파의 (유대적인?) 특성에 대한 논의 속에 포함된다(예. Kümmel, *Introduction*, 378-79; Marshall, *Pastoral Epistles*, 46).

었을 것이다. 그것은 아마도 전혀 나누어지지 않은 것은 아니거나 적어도 이 시기에 중첩되는 방식으로 여전히 운영된 것이 분명한 다양한 가정 모임/회당/교회[105]에 매력을 느낀 추종자들과 동조자들(하나님을 경외하는 이들)[106]을 차지하려는 경쟁이었을 것이다. 3:1-3에 바울의 언어의 보다 실제적인 흔적이 있고 3:5-7에 저자가 독자들에게 원래 바울의 이방인 사역으로 인해 초래된 논쟁의 더 격렬한 불길 속에서 형성된 가르침을 상기시킬 필요성을 느꼈음을 암시하는, 바울의 구원론을 상기시키는 내용이 있는 것도 아마 그 때문일 것이다.

목회 서신의 기독론에 대한 논의는 §47.2a까지 뒤로 미룰 것이다. 그러나 여기서 우리는 목회 서신의 사고 체계와 언어가 어느 정도나 유대적인 범주에 무의식적으로 의존하고 있는지도 주목해야 한다. 디모데전서는 다음과 같은 몇 가지 예를 제공한다.

2:2 — 유대인 소수파가 보통 적대적인 당국의 지배 아래 디아스포라에서 몇십 년 동안 생존해 오면서 터득한 정치적 신중함의 표현.[107]

2:13-15 — 아담과 타락 내러티브의 사용(창 1-3장).

3:15 — 하나님의 거처로서의 공동체에 대한 유대적인 관점[108]과 이스라엘의 회중(*ekklēsia*)에 대한 70인역의 일반적인 언급을 상기시키는 "살아 계신 하나님의 교회(*ekklēsia*)"인 "하나님

105 초기 기독교인 집단들의 법적 지위의 문제에 대해서는 이하 §46 n. 53을 보라.

106 B. Chilton, 'The Godfearers: From the Gospels to Aphrodisias', in Shanks, ed., *Partings*, 55-71과 각주에 있는 그 이전의 참고문헌들을 보라(309-10).

107 참고. 스 6:10; 렘 29:7; Bar. 1.11; 롬 12:15-21.

108 *Beginning from Jerusalem*, §30.1.

의 집"에 대한 이야기.[109]

4:3-4 — 창세기 9:3과 1:31에 대한 분명한 암시.

5:18-19 — 신명기 25:4과 19:15의 인용.

6:7 — 욥기 1:21이나 전도서 5:15에서와 같은 진지한 일상적 지혜에 대한 숙고.

마찬가지로 디모데후서에서도 유대적인 범주들을 취한다. "바울"은 그의 조상들에 대해 긍정적으로 말한다(1:3). 그는 "택함 받은 자들을 위하여" 참는다(2:10). 그는 거룩한(즉 유대인의) 성경의 핵심적인 중요성을 확언한다(3:15-16). 그리고 몇몇 구절은 성경상의 유대적인 언어와 주제를 사용한다.

- 2:7 — 잠언 2:6.
- 2:19 — 다시 이사야 28:16과 더불어 민수기 16:5, 이사야 26:13.
- 3:8 — 얀네와 얌브레(출 7:11, 22; 참고. CD 5.18-19).
- 3:11 — 시편 34:19, *Pss. Sol.* 4.23.
- 3:15 — 시편 119:98.
- 4:8 — Wis. 5.16.
- 4:14 — 시편 62:12, 잠언 24:12 등.
- 4:17 — 시편 22:21, 1 Macc. 2.60.

유대적인 범주들과 신앙에 대한 그와 같은 긍정적인 확언은 디도서에서도 분명히 나타난다. 수신자들은 "하나님이 택하신 자들"(1:1)이다. 그리

109 앞의 에베소서에 대한 내용(§45.4b)을 보라.

스도 안에서의 하나님의 구원 행위의 목적은 "모든 불법에서 우리를 속량하시고 우리를 깨끗하게 하사 선한 일을 열심히 하는 자기 백성이 되게" 하시는 것이었다(2:14).[110] 그리고 3:4-7의 찬가 비슷한 본문에는 전형적으로 유대적인 표현의 다양한 흔적이 있다.[111] 이 모든 점에 있어 여기에 1차 유대인 봉기의 참사에서 살아남은 보다 광범위한 유대교와의 여전히 살아 있는 관계가 나타나는지는 말하기가 불가능하다. 그러나 언어는 단순히 물려받은 기독교적 전승이더라도 그러한 유산이 그토록 철저하게 유대적인 특성을 간직하고 있으며 그 언어가 그토록 본능적으로 사용되고 있다는 점은 여전히 의미심장하다. 그렇게 표현된 기독교는 여전히 하나부터 열까지 유대적이다.

c. 신약의 나머지 부분

여기서 우리는 주로 히브리서, 유다서, 요한계시록에 초점을 맞출 것이다.

i. 히브리서

히브리서의 유대적인 특성을 입증할 필요는 거의 없어 보인다. 그런 특성은 꽤 명백해 보이기 때문이다. 그러나 이 편지는 신약에서 최초로 분명한 반유대교 정서를 표현하는 편지로 간주할 만하므로(46.5d), 이 편지만의 매우 유대적인 특성을 제대로 인식하는 것이 그만큼 더 중요하다.

신약의 다른 어떤 문헌보다도 히브리서는 유대인(구약) 성경에 대한

---

110 출 19:5; 신 7:6; 14:2; 시 130:8; 겔 37:23과의 유사점은 분명하다. H. Preisker, *TDNT* 6.57-58을 보라.

111 특히 신 9:5; 시 31:21; 욜 2:28; Wis. 1.6.

빈번하고 반복적인 사용과 언급을 중심으로 구성되어 있다.[112]

1:5a	시 2:7	6:14	창 22:17
1:5b	삼하 7:14	7:1-2	창 14:17-20
1:6	신 32:43	7:4	창 14:20
1:7	시 104:4 LXX	7:17	시 110:4
1:8-9	시 45:6-7 LXX	7:21	시 110:4
1:10-12	시 102:25-27 LXX	8:5	출 25:40
1:13	시 110:1 LXX	8:8-12	렘 31:31-34
2:6-8	시 8:4-6 LXX	9:20	출 24:8
2:12	시 22:22 LXX	10:5-9	시 40:6-8
2:13a	사 8:17, 12:2	10:16-17	렘 31:33-34
2:13b	사 8:18	10:28	신 17:6
3:5	민 12:7	10:30	신 32:35-36
3:7-11	시 95:7-11	10:37-38	합 2:3-4
3:15	시 95:7-8	11:18	창 21:12
4:3	시 95:11	11:21	창 47:31

112 필자는 Nestle-Aland[26]과 Nestle-Aland[28]에서 확인된 인용구들을 따랐다. 인용이나 언급의 회수 계산에 있어서의 차이에 대해서는 예를 들어 Lane, *Hebrews*, 1.cxvi을 보라. Schnelle는 (오로지 70인역에서 인용한) 구약 본문에 대한 35회의 직접 인용과 약 80회의 언급이 있다고 계산한다(*History*, 375). "성경에 대한 해석은 분명 히브리서를 이해하기 위한 열쇠다"(Koester, *Introduction*, 273-4). 다음 책들도 함께 보라. Attridge, *Hebrews*, 23-5; Koester, *Hebrews*, 115-8. 둘 다 추가적인 참고문헌이 있다; A. Gheorghita, *The Role of the Septuagint in Hebrews: An Investigation of its Influence with Special Consideration to the Use of Hab 2:3-4 in Heb 10:37-38* (WUNT 2.160; Tübingen: Mohr Siebeck, 2001); A. Rascher, *Schriftauslegung und Christologie im Hebräerbrief* (BZNW 153; Berlin: de Gruyter, 2007).

4:4	창 2:2	12:5-6	잠 3:11-12
4:5	시 95:11	12:26	학 2:6, 21
4:7	시 95:7-8	12:29	신 4:24, 9:3
5:5	시 2:7	13:5	신 31:6
5:6	시 110:4	13:6	시 118:6

유대인 성경의 이와 같은 집중적인 용례들은 저자가 그리스도에 대한 믿음을 어느 정도나 이스라엘의 가장 심오한 소망과 전통에 의존하며 이를 성취하는 것으로 간주했는지를 부각시킨다.[113] 그리스도와 그리스도가 행한 일의 의미에 관해 제시된 주장들은 하나부터 열까지 유대적이며, 모든 제사나 다른 어떤 제사 개념이나 실제에 의존하고 있는 것이 아니라 전적으로 이스라엘의 예배, 전승, 소망을 전제로 하고 있다.

- 히브리서 1:1-3은 초기 지혜 기독론의 고전적인 표현으로 제2성전기 유대교에서 발견되는 신적인 지혜와 로고스에 대한 사고와 관련된 지식과 그러한 사고의 영향을 반영하고 있다.[114]
- 1:5-14: 천사보다 훨씬 우월한 분이신 아들(예수). 이는 전적으로 앞에서 언급된 유대인 성경에 근거를 두고 있는 논증이다.[115]
- 2:5-18: 시편 8:4-6과 인간("사람, 인자")이 예수 안에서만 완전히 실현된다고 해석하는 이 본문의 언급. 시편 8편이 말하는 인간을 초월하는 존재로서가 아니라, 예수의 고난과 죽음이 인간에게 구

113 Koester, *Hebrews*, 56-57도 함께 보고 76-77, 109-15, 119-22을 참고하라.

114 앞의 §39 n. 241을 보라. 추가적으로 필자의 *Christology*, §25.3을 보라.

115 K. L. Schenck, 'A Celebration of the Enthroned Son: The Catena of Hebrews 1', *JBL* 120 (2001), 469-85도 함께 보라.

원을 제공하도록 예수와 인류의 연대("아브라함의 씨")를 보증하는 것으로 해석됨.

- 2:17-3:2: 이 편지의 주된 주제—"백성의 죄를 속량"(2:17)할 대제사장이신 예수—에 대한 최초의 언급.
- 3:1-6: 종인 모세보다 하나님의 집에서 더 많은 영광을 얻기에 합당한 아들이신 예수.
- 3:7-4:11: 구원 과정의 원형으로 간주된 이스라엘의 광야 방황,[116] 창조의 일곱째 날로 상징화되고(4:4) 이스라엘이 약속의 땅에 완전히 들어간 것이 아니므로(4:5) 현 세대가 "들어가도록" 지금도 열려 있는(4:6-11) "안식", 첫 번째 여호수아가 미치지 못한 부분을 완성하는 새로운 여호수아(*Iēsous*)로서의 예수(4:8).[117]
- 4:14-5:10: 아론 가문의 제사장 직분이라는 기본적인 모델에 따른 그리스도의 대제사장 직분(5:1-4). 그러나 예수는 "하나님께 멜기세덱—창세기 14:18-20과 시편 110:4의 신비로운 멜기세덱—의 반차를 따른 대제사장이라 칭하심을" 받으셨다(5:10).
- 6:13-20: 지성소로 들어가는 소망으로서 대제사장의 역할과 연결된, 아브라함이 받은 자손에 대한 약속(6:14). 지성소에는 이스라엘의 대제사장이 해마다 단 하루, 즉 속죄일에만 들어갈 수 있다.
- 7:1-10: 아브라함이 멜기세덱에게 십일조를 바쳤다는 사실은 멜

116 Käsemann은 *The Wandering People of God*에서 이 주제에 초점을 맞추었다.

117 B. Whitfield는 *Joshua Traditions and the Argument of Hebrews 3 and 4*(BZNW 194; Berlin: de Gruyter, 2013)에서 히 2장(천사들과 대제사장)에서 이 편지의 대제사장으로서의 예수라는 주제와 어울리지 않는 것처럼 보이는 히 3-4장의 모세와 이스라엘의 광야 체험으로 넘어가는 단락 전환에 대한 단서는 민 13-14장에 나오는 여호수아(*Iēsous*)에 대한 암시와 이 이름이 제공하는 슥 3장의 여호수아(*Iēsous*)와의 연결고리에 있으며, 후자는 이렇게 해서 하나님의 면전에 있는 대제사장이라는 주제와 다시 이어지는 연결고리를 제공한다는 Rendel Harris의 주장을 받아들인다.

기세덱의 제사장 직분이 레위의 제사장 직분보다 우월함을 나타내며, 레위는 아브라함의 자손으로서 사실상 멜기세덱에게 십일조를 바친 일 속에 포함되었다.[118]

- 7:11-28: 레위/아론 계열의 제사장직과 멜기세덱의 제사장직의 대조. 예수만이 멜기세덱의 제사장 직분을 맡을 자격이 있다. 즉 그는 영원하시고(7:3, 16, 23-24) 죄가 없으시며 따라서 먼저 자신의 죄에 대해 제사를 드릴 필요가 없으시다(7:21).
- 8:1-5: 하늘의 성소(하나님의 실제 임재)의 불완전한 모형에 불과한 이스라엘의 지상 성소.
- 8:6-13: 역시 불완전하지만(8:7) 이제 예수가 중보자가 되시는 약속된 새 언약으로 대체된 첫 번째 언약.
- 9:1-28: 속죄제를 끝없이 반복해서 드려야 할 필요성이 입증하는 불완전성(9:6-7, 25). 그러나 그리스도는 자기 피를 가지고 하늘의 지성소로 들어가셨으므로 그의 속죄제(그의 죽음)는 단번에 영원히 유효하다(9:11-12, 24).
- 10:1-25: 그리스도 안에서 장차 올 것의 그림자에 불과한 율법과 이스라엘의 제사 제도(10:1), 정결케 하고 온전케 하는 단번의 제사인 그리스도의 희생적 죽음과 하늘로 올라가심(10:12-18). 그렇게 정결케 된 모든 이들이 하늘 성소로 들어가는 것이 가능해짐

---

118 히브리서가 그 사상의 독특한 일부분으로 간주될 수 있는, 멜기세덱에 대한 유대인의 사상(쿰란, 필론, 요세푸스)에 대해서는 다음 참고문헌들을 보라. F. L. Horton, *The Melchizedek Tradition: A Critical Examination of the Sources to the Fifth Century A.D. and in the Epistle to the Hebrews* (SNTSMS 30; Cambridge University, 1976), 2장; G. L. Cockerill, 'Melchizedek without Speculation: Hebrews 7.1-25 and Genesis 14.17-24', in R. Bauckham, et al., eds., *A Cloud of Witnesses: The Theology of Hebrew in Its Ancient Contexts* (LNTS 387; London: T & T Clark, 2008), 128-44.

(10:19-22).

- 10:26-39: 성경에서 도출해낸 배도에 대한 경고.
- 11:4-12:2: 아직 경주하고 있는 이들에게 "구름 같이 둘러싼 허다한 증인들"을 제시하는 믿음의 사람들은 전적으로 이스라엘 역사에서 호명된다.[119]
- 12:3-13:16: 새 언약은 그들을 (지상이 아닌) 하늘의 예루살렘으로 인도한다는 주장을 뒷받침하는, 이스라엘의 성경과 역사에서 뽑아낸 다른 권면들.

요컨대 이 편지는 자신의 구원관 전체가 이스라엘의 성경과 제사에 의해 결정된 어떤 이가 쓴 것이 분명하다. 그가 제시하는 그리스도는 전적으로 이스라엘의 제사장직, 성소, 제사 제도가 제공하는 옷을 입고 있다. 그리스도는 이스라엘의 가장 심오한 제의적 열망과 소망을 충족시킬 자격이 있는 분, 그럴 자격이 있는 유일한 분으로 묘사된다. 구원의 조건은 전적으로 이스라엘의 제사를 전제로 한다. 히브리서는 신약에서 가장 유대적인 문헌 중 하나다. 그리고 히브리서는 십중팔구 예루살렘의 제사, 곧 그들을 매료시키며 저자의 논증과 간청에 대해 출발점과 기초를 제공해준 바로 그 예루살렘 제사의 특징에 깊은 매력을 느꼈거나 지금까지 그것에 의존해온 이들을 위해 기록되었을 것이다(§39.3c(ii)). 저자가 제사를 시대에 뒤떨어진 것으로 간주했다는 사실(8-10장)은, 「클레멘스1서」가 어떤 지침이 된다면, 구약의 제사가 기독교 사역의 패턴으로 간주된 서방에서

---

119 M. Bockmuehl은 'Abraham's Faith in Hebrews 11', in Bauckham et al., eds., *Hebrews and Christian Theology*, 364-73에서 이렇게 말한다. "예수 자신 외에는 이 편지의 어느 곳에서도 새 언약의 믿음에 대한 아무런 본보기도 제시하지 않는다.…믿음의 본보기를 예루살렘이나 안디옥이나 로마의 사도적인 교회들이 아닌 오로지 구약에서만 취한다"(365-66).

히브리서가 느리게 받아들여진 한 요인이었을지도 모른다.[120]

ii. 나머지 신약 서신들

우리는 『초기 교회의 기원』, §37.2에서 이미 언급한 내용을 반복하기보다는 야고보서에 대해 조금 더 말할 필요가 있다. 즉 신약에 포함되었음에도 불구하고 "이 편지는 매우 특징적으로 유대인적이고 매우 두드러지지 않게 기독교적이다." 그 장에서 필자는 특별히 야고보서가 특히 잠언, 「집회서」, 「솔로몬의 지혜」에서 뽑아낸 유대인의 지혜 전승—예수의 지혜의 가르침 전체가 포함되어 있는 지혜—에 얼마나 깊이 뿌리를 두고 있는지를 보여주었다. 예를 들어 바울과 비교해 볼 때 주목할 만한 것은 율법을 실천하는 일에 대한 전형적인 유대인의 강조를 포함한 유대인의 율법에 대한 매우 긍정적인 태도다. 실질적인 정경에 야고보서를 포함시킨 교회는 분명 야고보서의 유대인적인 특성과 유산을 소중히 여겼다.

베드로전서는 바울과 훨씬 더 가깝지만 디아스포라에 흩어져 사는 이들에게 쓴 편지라는 야고보서에서와 같은 의미가 역시 분명히 드러난다(벧전 1:1). 대다수의 결론과 마찬가지로[121] 이 편지가 의도한 수신자들이 이방인 신자들이었다면(참고. 특히 4:3) 그 점은 베드로전서에 있어서 기독교적 정체성이 곧 유대적인 정체성이었음을 입증하는 데 여전히 매

120 Brown은 히브리서가 로마에 보내졌지만 로마 교회에 열렬히 받아들여진 적은 없었을 가능성이 크다고 생각한다(Brown and Meier, *Antioch and Rome*, 143-49). 이하 n. 148도 함께 보라.

121 현대 주석가들 사이의 일치된 견해이다. 예를 들어 다음 책들을 보라. D. G. Horrell, *1 Peter* (New Testament Guides; London: T & T Clark, 2008), 47-48; D. F. Watson and T. Callan, *First and Second Peter* (Paideia; Grand Rapids: Baker Academic, 2012), 7-8. *Beginning from Jerusalem*, §37.3c에서 필자는 베드로전서가 유대인 신자들을 위해 기록되었다고 주장했다.

우 효과적이다.[122] 베드로전서에서 기독교 신앙이 유대인의 성경에 근거를 두고 있다는 점은 신약의 다른 여느 곳 못지않게 분명하며, 특히 그리스도는 이스라엘 예언의 성취이며 예언자들이 고대한 구원을 가져온다는 강한 주장에 있어서 그러하다(1:10-11). 유대인 성경에서 나온 매우 분명한 인용구들과 유대인 성경을 암시하는 어구들[123]은 모세 오경, 예언서, 성문서에 대한 덜 분명한 다수의 암시 어구들에 둘러싸여 있다.[124] 그리스도를 믿는 그들의 믿음과 그에 따른 삶에 대한 가르침은 그들의 유대적인 유산에서 나왔고 유대적인 성격을 지니고 있었다.

이보다 훨씬 더 인상적인 것은 유다서가 그 모든 경고의 예들을 유

---

122 특히 다음 참고문헌들을 보라. R. Feldmeier, *Die Christen als Fremde: Die Metaphor der Fremde in der antiken Welt, im Urchristentum und im ersten Petrusbrief* (WUNT 64; Tübingen: Mohr Siebeck, 1992); L. Doering, 'First Peter as Early Christian Diaspora Letter', in K.-W. Niebuhr and R. W. Wall, eds., *Catholic Epistles and Apostolic Tradition* (Waco: Baylor University, 2009), 215-36, 441-57.

123 특히 다음 구절들을 주목해 보라.

1:16	레 11:44-45; 19:2	2:22	사 53:9
		2:24-25	사 53:4-6, 12
1:24-25	사 40:6-8	3:10-12	시 34:13-17
2:3	시 33:9 LXX	3:14-15	사 8:12-13
2:6	사 28:16	4:8	잠 10:12
2:7	시 117:22 LXX	4:14	사 11:2
2:8	사 8:14	4:18	잠 11:31
2:10	호 1:6, 9; 2:25	5:5	잠 3:34
2:12	사 10:3	5:8	시 22:14

124 J. H. Elliott는 *1 Peter* (AB 37B; New York: Doubleday, 2000)에서 (반복적인 암시와 축자적인 어구를 포함해서) 대략 46개의 구약 인용구와 암시 어구를 열거한다. "이 편지는 기독교의 형제애로 계승된 고대의 유산을 예증하고 그 긍정과 권면의 메시지에 대한 성경적이고 따라서 권위 있는 근거를 제시하기 위해 다양한 구약의 본문, 모티프, 주제를 사용한다"(12-17). "구약에 대한 언급과 구약에서 나온 모티프들이 너무나 풍부해서 사실상 베드로전서의 모든 이미지는 구약 문헌에서 뽑아낸 것이다"(P. J. Achtemeier, *1 Peter* [Hermeneia; Minneapolis: Fortress, 1996], 12). Achtemeier와 Elliott가 언급하는 추가 참고문헌 중에서 특히 W. L. Schutter, *Hermeneutic and Composition in First Peter* (WUNT 2.30; Tübingen: Mohr Siebeck, 1989)를 보라.

대인의 역사에서 끌어온다는 점이다.[125]

- 5절 — 광야 세대의 멸망(민 14:29-37).
- 6절 — 반역한 천사들(창 6:1-4).
- 7절 — 소돔과 고모라(창 19:4-25).
- 9절 — 마귀와 맞서 싸우는 큰 용사이자 마귀를 꾸짖는 자인 천사장 미가엘(단 10:13, 21; 슥 3:2).[126]
- 11절 — 가인, 고라, 발람(창 4:8; 민 16, 22-24장).
- 12절 — 비 없는 구름(잠 25:14).
- 13절 — 거친 물결(사 57:20).
- 14절 — 에녹(창 5:21-22).
- 14절 — 수많은 거룩한 자들과 함께 오시는 주님(신 33:2).
- 16절 — 자랑하는 말(단 11:36 Theod.).
- 16절 — 편파적인 판단(레 19:15).
- 18절 — 조롱하는 자들(*empaiktēs*)에 대한 예언(사 3:4).
- 23절 — 불에서 꺼낸 나무 조각(암 4:11; 슥 3:2).
- 23절 — 더러운 옷(슥 3:4).

---

125 "유다서는 아마도 신약에서 발견할 수 있는 쿰란의 페샤림 방식으로 된 형식적 해석의 가장 정교한 본문을 포함하고 있는 편지일 것이다.…그러한 해석은 특히 초기 팔레스타인 지역 교회에서 활발했음이 분명하다"(Bauckham, *Jude and the Relatives of Jesus*, 233). "신약에는 그 집중도 면에서 독특한, 고대 유대교 전통의 눈에 띄는 용례가 있다"(Schnelle, *History*, 420; 420-21도 함께 보라). Neyrey, *2 Peter, Jude*, 32-36도 함께 보라.

126 유다가 9절에서 「모세 승천기」를 인용했다는 전승은 퀴지쿠스의 겔라시우스(5세기)에게까지 거슬러 올라간다. 예를 들어 H. F. D. Sparks, *The Apocryphal Old Testament* (Oxford: Clarendon, 1984), 600-1을 보라. 유 16은 *T.Moses* 7.7, 9을 반영한 것일지도 모른다. 자세한 논의는 Bauckham, *Jude and the Relatives of Jesus*, 5장을 보라.

특별히 흥미로운 것은 후기 제2성전기 유대교에서 영향력이 있었던 에녹 전승에 대한 지식과 거기서 받은 영향을 보여주는 증거들이다.[127]

유다서	「에녹1서」	유다서	「에녹1서」
4절	참고. 48.10	14절	60.8
6절	10.4-6; 12.4	14-15절	1.9
13절	참고. 18.15-16	16절	참고. 5.4

여기에 또다시 권면의 유대적 특성과 초기 기독교 회중들이 소망한 것들과 두려워한 것들을 보여주는 흔적들이 있다. 유다가 야고보처럼 예수와 긴밀히 관련된 인물로 여겨졌다면(§39.3e(i)), 이는 예수 자신의 가르침과 예수의 가까운 친족들의 가르침이 지닌 강한 유대인적 특성이—이 편지가 점점 넓은 범위의 교회들에 의해 점점 더 높이 평가되고 2세기 후반에 더 강화된 정경화 과정 속에 포함될 만큼 확실히 긴—1세기의 마지막 수십 년과 2세기 처음 수십 년 동안 특히 소중히 여겨졌음을 의미할 것이다.

유다서는 야고보서보다 더 뚜렷하게 기독교적이지만(예수가 명시적으로 6번 언급됨), 그럼에도 불구하고 그처럼 분명하게 유대적인 문헌이 그처럼 분명하게 수용될 수 있었고, 비록 많은 이들에게는 제2정경에 더 가까운 지위를 얻었지만, 신약 정경의 일부가 될 수 있었다는 점은 의미심장하다. 그처럼 분량도 적고 중요하지 않게 보이는 편지가 그러한 수준으로 광범위하게 수용되었다는 것은 유다서의 독특한 유대적 성격에 대한 초기 기독교의 광범위한 인정을 입증한다. 유다서가 어디에서 비롯되었든 유다서는 그 출처이자 그것을 소중히 여긴 초기 기독교 공동체들이 지닌

127 Bauckham, *Jude and the Relatives of Jesus*, 137-41도 함께 보라.

유대적인 특성의 강도를 입증한다.[128]

베드로후서에 관해서는 이 서신이 "고별사"나 "유언"으로서 지닌 매우 유대적인 특성,[129] 매우 유대적 편지인 유다서에 대한 의존성(§39.3f), 특히 이 편지가 전통적으로 유대적인 종말론적 소망과 두려움을 활용하는 비슷한 방식,[130] 이 서신과 마태복음의 다소 가까운 관계를 언급하는 것으로도 충분할 것이다.[131] 신약 문헌들의 유대인적 특성은 가장 나중에 나온 문헌에까지 미친다.

구약이 요한 서신에 끼친 영향은 보다 덜 분명하다. 요한복음이 지닌 뚜렷한 유대적 특성을 고려하면 요한 서신에 보다 분명한 유대적 특징이 결여된 것은 놀라운 일이다.[132] 아마도 가장 중요한 특징은 "예수"는 "그

128 A. Gerdmar, *Rethinking the Judaism-Hellenism Dichotomy: A Historiographical Case Study of Second Peter and Jude*(CBNTS 36; Stockholm: Almqvist & Wiksell, 2001)도 함께 보라.

129 Bauckham, *Jude, 2 Peter*, 131-34.

130 Bauckham, *Jude, 2 Peter*, 138-40; "벧후 3:5-7, 10, 12, 13에서 형벌의 수단으로서 물로 벌하는 최후의 심판인 홍수와 불 심판의 관계는 다음 문헌들에 유사 본문이 있다. *Life of Adam and Eve* 49.3; Josephus, *Antiquities* 1.70-71; *SibOr* 4.172ff.; 5.155ff., 512ff.; *1 Enoch* 83.3-5" (Schnelle, *History*, 430).

131 Schnelle는 변화산 사건 이야기(벧후 1:17/마 17:5) 및 베드로라는 인물에 대한 공통된 흥미를 지적하고, 벧후 2:6/마 10:15(소돔과 고모라), 벧후 2:21/마 21:32("의의 길"), 벧후 2:22/마 7:6(개와 돼지)을 추가적인 예로 언급한다. 그는 베드로후서의 저자가 마태복음의 유대적 기독교에 대해 소상히 알고 있고 "마태의 신학을 전면적으로 옹호한다"(177)는 P. Dschulnigg, 'Der theologische Ort des Zweiten Petrusbriefes', *BZ* 33 (1989), 161-77의 평가를 인용한다(*History*, 429-30).

132 "구약을 19회 인용하는 요한복음과 대조적으로 요한1서에서는 단 하나의 구약 인용구도 발견되지 않는다. 사실 요일 3:12에 나오는 가인에 대한 언급이 이 서신에서 구약에 대한 유일한 암시다"(Schnelle, *History*, 456). 요한2서와 요한3서에 대해서도 마찬가지다. E. E. Ellis는 *The Old Testament in Early Christianity*(Grand Rapids: Baker, 1992)에서 요한 서신에서 단 세 구절—요일 2:18, 2:28, 5.20—만을 언급하지만, 셋 다 구약에 대한 암시로 언급하지는 않는다. 구약에 나오는 표현의 몇 가지 흔적(요일 1:9/참고. 신 32.4; 요일 3:5/참고. 사 53:4-5, 9, 11-12; 요이 8/참고. 룻 2:12)은 있을지 모르지만, 이런 구절들은 단순히 초기 기독교의 용례를 반영하는 것일 수도 있으며, 엄밀한 의미에서의 이런 성경들에 대한 직접적 의존 관계를 의미하는 것은 아니다.

리스도", 즉 여전히 하나의 칭호로서의 그리스도라는 믿음이 이 서신들이 대변하는 공동체에게 지속적으로 결정적인 의미를 지니고 있었다는 점(요일 2:22; 5:1; 요이 9)과 예수가 여전히 "의인"으로 기억된다는 점일 것이다.[133]

iii. 요한계시록

우리가 고찰해야 할 마지막 신약 문헌은 마태복음, 요한복음, 로마서, 히브리서, 야고보서, 유다서와 더불어 신약 문헌 중에서 가장 유대적인 문헌 중 하나이자 이 문헌의 배경이 된 유대적인 분위기를 표현하고 있는 요한계시록, 즉 요한의 묵시록이다. 이 문헌이 하나의 "묵시록", 즉 일반적으로 육안으로는 보이지 않지만 천사의 중재를 통해 선견자에게 드러난 천상의 실재에 대한 기록이며, 정확히 말해서 신약에서 유일한 묵시록이라는 사실은 즉시 이 문헌의 배경을 제2성전기 유대교의 묵시 전승 안에 포함시킨다. 요한계시록의 이전 모델은 다니엘서와 에녹의 묵시록이었다.[134] 요한계시록이 1세기의 마지막 수십 년 동안에 출현했다는 점은 이 문헌들을 모두 예루살렘 성전의 파괴가 초기 유대교에 초래한 위기를 암시하며 표현하는 「에스라4서」나 「바룩2서」와 같은 반열에 올려놓는다. 실제로 이 두 고전적인 유대 묵시록(「에스라4서」와 「바룩2서」)과 마찬가지로 요한계시록도 신약에서 로마에 대항한 제1차 유대 전쟁의 파멸적인 절정이 그리스도를 믿은 초기 유대인 신자들에게도 위기를 불러왔다는 사실을 보여주는 가장 좋은 증거일지 모른다. 또한 「에스라4서」, 「바룩2서」와 마찬가지로 다니엘서도 성전의 상실로 인해 가장 괴로움을 겪은 이들 사

133 요일 2:1, 29; 3:7; 그리스도를 언급하는 초기의 방식(행 3:14; 7:52; 22:14; 약 5.6).
134 요한계시록의 다소 기괴한 이미지도 유대 묵시록들의 특징이다. 추가적으로 예를 들어 *ABD* 1.279-88에 실린 'Apocalypses and Apocalypticism'에 관한 논문들을 보라.

이에서 믿음과 소망의 회복을 위한 준거점이자 자원이 되었다.

가장 인상적인 것은 요한계시록의 기독론이 그보다 이전의 묵시록적인 언어와 범주들의 영향을 상당히 많이 받았다는 점이다. 맨 처음에 나오는 "인자 같은 이"에 관한 환상은 전적으로 다니엘 7:9, 13에서 얻은 것이지만, 에스겔 1:24, 26, 8:2과 다니엘 10:5-6에서도 얻은 것이다.[135]

> 요한계시록 1:12-16: "…**인자 같은 이**가 발에 끌리는 옷을 **입고** 가슴에 **금띠**를 띠고 **그의 머리와 털의 희기가 흰 양털 같고 눈 같으며 그의 눈은 불꽃 같고** 그의 발은 풀무불에 **단련한 빛난 주석 같고 그의 음성은 많은 물소리와** 같으며…"

> 다니엘 7:9, 13: "내가 보니 왕좌가 놓이고 옛적부터 항상 계신 이가 좌정하셨는데, 그의 옷은 **희기가 눈 같고 그의 머리털은 깨끗한 양의 털 같고** 그의 보좌는 **불꽃이요** 그의 바퀴는 타오르는 **불이며**…내가 또 밤 환상 중에 보니 **인자 같은 이**가 하늘 구름을 타고 와서 옛적부터 항상 계신 이에게 나아가…"

> 다니엘 10:5-6: "그때에 내가 눈을 들어 바라본즉 **한 사람이** 세마포 옷을 **입었고** 허리에는 우바스 **순금 띠**를 띠었더라.…**그의 눈은 횃불 같고** 그의 팔과 발은 **빛난 놋**과 같고 **그의 말**소리는 **무리의 소리와 같더라**."

> 에스겔 1:24-27: 하나님의 병거 보좌에 대한 환상에서 에스겔은 **"많은 물소**

135 Beale, *Revelation*, 220-22; 또한 297-301, 366-69도 함께 보라. 이하의 인용구에서 강조된 부분은 구약 본문에서 빌려오거나 확실하게 영향을 받은 어구들을 강조한 것이다.

리와도" 같은 생물들의 날갯소리를 들었고 "그 보좌의 형상 위에 **한 형상이 있어 사람의 모양" 같았다**. "내가 보니 그 허리 위의 모양은 **단 쇠** 같아서 그 속과 주위가 불 같고…"

에스겔 8:2: "내가 보니 **불 같은** 형상이 있더라. 그 허리 아래의 모양은 **불** 같고 허리 위에는 광채가 나서 **단 쇠** 같은데"

여기서 매우 인상적인 것은 요한이 그의 이미지를 전적으로 유대 묵시 문헌에 나오는 하늘의 환상에 대한 풍부한 자료에서 가져왔다는 점이다. 그리고 그렇게 하면서 요한이 그러한 환상에서 보이는 영광스러운 천사적 존재에 대한 사색에 완전히 몰입했다는 점이다. 이 영광스러운 천사들은 하늘의 사자일 뿐만 아니라 신적인 임재의 위엄을 표현했고 어느 정도 하나님을 대변하는 역할을 했으므로,[136] 영광스러운 천사와 하나님 자신 사이에 약간의 혼동이 생기는 것은 불가피했다.[137] 요한은 그러한 혼동을 주저하지 않고 이용했다. 높임 받은 예수에 대한 요한의 묘사는 "옛적부터 항상 계신 이"에 대한 묘사인 다니엘 7:9과 "인자 같은 이"에 대한 묘사인 다니엘 7:13을 함께 사용한 것이다. 요한은 병거 보좌를 타신 이에 대한 주저하는 듯한 에스겔 1:24-27의 묘사와 영광스런 천사에 대한 에스겔 8:2과 다니엘 10:5-6의 비슷한 묘사도 함께 사용했다. 따라서 요

136 혼동이 생길 가능성은 "주의 천사"의 현현에 대한 초기의 이야기들(예. 창 16:7-13; 출 3:2-6; 23:20-21)로 거슬러 올라가며 *Apoc. Ab.* 10.3에 나오는 영광스러운 천사 "야호엘"(아마도 야웨와 엘로힘이 결합된 존재)이 그러한 예를 잘 보여준다. *Apoc. Zeph.* 6.11-15과 이하 §49 n. 126도 함께 보라.

137 특히 C. Rowland, 'The Vision of the Risen Christ in Rev. 1.13ff.: The Debt of an Early Christology to an Aspect of Jewish Angelology', *JTS* 31 (1980), 1-11을 보라. *The Open Heaven: A Study of Apocalyptic in Judaism and Christianity*(London: SPCK, 1982)도 함께 보라.

한은 주저하지 않고 요한계시록 10:1의 "힘센 천사"를 비슷한 언어로 묘사하거나 "어린양"이 하나님의 보좌에 함께 앉았음을 암시했다(7:15-17; 22:1, 3).[138]

그리스도를 언급하는 다른 주된 방식들도 똑같이, 그리고 똑같이 분명하게 유대적인 이미지와 용례에서 파생된다. "유다 지파의 사자"이신 그리스도(계 5:5)는 창세기 49:9을 암시하며 "다윗의 뿌리"이신 그리스도(계 5:5; 22:16)는 이사야 11:1, 10에 대한 암시다. 요한에게 있어서 두 본문은 모두 그리스도의 묵시적 의미가 유다의 최상의 모습에 대한 표현이자 이스라엘의 메시아적인 소망의 성취로서 갖는 의미임을 보여준다.[139] 이보다 더 두드러진 것은 예수를 "어린양"(*arnion*)으로 지칭하는 28회의 언급이다. 그와 같은 동물의 이미지는 비록 보통 메시아와 관련해서는 친숙하지 않지만 묵시 문학에서는 친숙한 이미지다. 그러나 이 이미지는 그 죽음이 희생 제사로 간주되는 이에 대한 비유로서—이 이미지는 5장에서 "일찍이 주임을 당한 것" 같은 어린양으로 소개된다(5:6, 12)—이스라엘의 제사 전통에 깊이 뿌리박혀 있었다. 그러나 문맥 속에서 등장하는 것은 연약한 희생자의 이미지가 아니다. 이 어린양은 "일곱 뿔과 일곱 눈"이 있는 것으로 묘사되며(5:6), "뿔"은 (단 7:7-8, 11-12에서와 같이) 왕권을 가리키는 친숙한 상징이고, "일곱 눈"은 스가랴 4:10을 암시하며 하나님의 전지하심을 상징하기 때문이다. "어린양"을 지칭하기 위해 보다 친숙한 "암노스"(*amnos*)가 아닌 "아르니온"(*arnion*)이라는 단어가 선택된 것도 요한이 "숫양"이라는 의미를 염두에 두었음을 암시할 수 있다. 요한계시록의 어린양은 하나님의 보좌를 공유하며 심판을 행하고(6:16) 원수들을

138 추가로 이하 §49.5a을 보라.

139 추가적으로 Aune, *Revelation*, 1.350-51을 보라.

정복하기 때문이다(17:14).[140]

다른 대부분의 신약 문헌들처럼 요한계시록도 구약에 크게 의존하고 있다.[141] 요한계시록의 가장 인상적인 특징 중 하나는 요한이 특히 에스겔에 많은 빚을 지고 있다는 점이다.

- 4:6-9 — 하나님의 보좌 주위의 네 "생물"(겔 1:5-11).
- 7:2-4 — 하나님의 심판에서 보호해주는 하나님의 표지 또는 인(겔 9:3-6).
- 10:9-10 — 두루마리를 먹으라는 명령(겔 3:1-3).
- 11:1-2, 21:9-21 — 성전을 측량하라는 명령과 예루살렘에 대한 측량(겔 40-42장).
- 18:1-19:2 — 바벨론을 "큰 음녀"로 묘사함(참고. 겔 23, 27장).
- 20:8 — 곡과 마곡(겔 38-39장).

요한은 "새로운 에스겔"로 묘사되어도 무방하다.[142]

요컨대 요한은 묵시록을 쓰면서 자신의 글을 단지 유대 묵시 전승의 (기독교적) 각색만이 아닌, 예루살렘 멸망의 여파로 제2성전기 유대교에서

140 어린양은 *1 Enoch* 90에서 마카비 가문에 대한 이미지로 사용된다. 추가적으로 Aune, *Revelation*, 1.353-54, 367-73; Beale, *Revelation*, 350-57을 보라.

141 "선견자의 주요 출처는 구약에 의해 제공된다. 그의 저작은 광범위한 본문들에 대한 엄청난 수의 암시와 흔적으로 특징지어진다. 계 1:7; 2:27; 4:8; 6:16; 7:16, 17; 11:11; 14:5; 15:3, 4; 19:15; 20:9; 21:4, 7에서는 단편적인 인용과 심지어 구약의 직접 인용도 발견된다. 인용과 암시는 부분적으로 70인역이나 다른 그 이후의 번역본들의 영향을 받았지만, 흔히 히브리어 또는 아람어 본문에 대한 저자 자신의 지식을 반영하고 있다. 에스겔, 이사야, 예레미야, 다니엘, 시편이 계속해서 언급된다"(Schnelle, *History*, 531). Charles, *Revelation*, 1.lxv-lxxxvi; Beale, *Revelation*, 76-99의 상세한 분석을 보라.

142 *Jewish Annotated New Testament* (New York: Oxford University, 2011), 473에 나오는 D. Frankfurter의 표현이다.

출현한 주된 사고의 흐름의 일부로 간주한 것이 분명하다. 요한의 저작이 초기 기독교의 미래에 관한 위기 내지 임박한 위기에 대한 기독교적 응답이었다면, 그것은 또한 유대인의 소망과 정체성에 관한 훨씬 더 심각한 위기에 대한 유대인의 응답이기도 했다.[143]

요약하자면 70년 이후의 신약 문헌에 대한 이 연구에서는 다음 두 가지 특징이 가장 뚜렷하게 부각된다. 첫째는 이 문헌들이 표현하는 언어와 사고 형태와 강조점들의 일관된 유대적 특성이다. 이러한 문헌들을 정경으로 간주하는 기독교는 이 문헌들이 표현하는 기독교의 유대적 특성을 인정하고 긍정하지 않을 수 없으며 반드시 그렇게 해야만 한다. 2세기 기독교가 유대교와 거리를 두기 시작했다면 바로 그 기독교가 야고보서, 유다서, 요한계시록과 같은 문헌들을 받아들일 수 있었고 실제로 받아들였다는 점은 더욱 더 의미심장하다. 기독교의 유대적인 뿌리와 유대적인 성격은 어떤 이들이 이를 아무리 불편하게 여겼더라도 무시하거나 논박할 수 없는 것이다.

또 다른 특징은 대체로 기독교의 유대적인 특성에 대한 이러한 인정과 사실상의 긍정이 이스라엘 종교를 부인하거나 부정하는 주장으로 이루어진 것이 아니라는 점이다. 한 가지 예외는 틀림없이 히브리서일 것이고, 앞으로 살펴보겠지만 제2성전기 유대교의 다른 계승자들과의 논쟁은 특히 마태복음과 요한복음에 분명히 나타난다(§46.5). 그러나 그 유산의 유대적인 성격은 결코 논란거리가 아니며 그 유산에 대한 기독교의 소유권 요구는 이스라엘의 성경 속에 깊이 뿌리를 두고 있다. "갈림길"(46장)

143 Schüssler Fiorenza는 자신이 계시록에 대한 연구를 시작했을 때는 "대다수의 학자들이 이 책이 약간만 편집된 유대인의 묵시록에 불과하다는 데 동의"했고 "따라서 계시록의 신학은 진정으로 기독교적인 신학이라기보다는 유대적인 신학으로 여겨졌으며, 그렇기 때문에 초기 기독교인의 신학과 삶에 대한 재구성에 있어서 별 의미가 없는 것으로 여겨졌다"고 말한다(*Revelation*, 25).

에 대한 이후의 논의에서 기독교의 이러한 핵심적 특징을 결코 경시해선 안 된다.

45.5 2세기 기독교 문헌의 유대적인 특성

2세기 기독교 문헌의 유대적인 특성은 1세기(신약) 문헌에서와 같이 일관되지는 않지만, 중요한 몇몇 경우에는 그에 못지않게 분명하다.

a. 「클레멘스1서」

「클레멘스1서」는 이전의 다른 어떤 기독교 문서보다도 성경(구약)을 더 광범위하게 인용한다. 3장부터 57장까지 다양한 암시는 말할 것도 없고 거의 모든 장에 인용구(흔히는 긴 인용구)가 등장한다.[144]

「클레멘스1서」	인용구	「클레멘스1서」	인용구
3.1	신 32:15	15.5	시 31:18
4.1-6	창 4:3-8	15.5-6	시 12:4-6
4.10	출 2:14	16.3-14	사 53:1-12
6.3	창 2:23	16.15-16	시 22:6-8
8.2	겔 33:11	17.2	창 18:27
8.4	사 1:16-20	17.3	욥 1:1

144 Grant and Graham, *First and Second Clement*, 101-3과 Lona, *erste Clemensbrief*, 46에는 비슷한 목록이 있다. 추가적으로 Lona, 42-48을 보라.

10.3	창 12:1-3	17.4	욥 14:4-5(LXX)
10.4-5	창 13:14-16	17.5	출 3:11, 4:10
10.6	창 15:5-6	17.6	?
12.1-7	수 2장	18.1	삼상 13:14
13.1	렘 9:23-24	18.2-17	시 51:1-17
13.4	사 66:2	20.7	욥 38:11
14.4	잠 2:21-22	21.2	잠 20:27
14.5	시 37:35-37	22.1-7	시 34:11-17, 19
15.2	사 29:13	22.8	시 32:10
15.3	시 62:4	23.3-4	?
15.4	시 78:36-37	23.5	사 13:22(LXX), 말 3:1
26.2	시 28:7	36.5	시 110:1
26.2	시 3:5	39.3-9	욥 4:16-18; 15:15; 4:19-5:5
26.3	욥 19:26		
27.5	Wisd. 12.12	42.5	사 60:17(LXX)
27.7	시 19:1-3	46.2	?
28.3	시 139:7-8	46.3	시 18:25-26
29.2	신 32:8-9	48.2-3	시 118:19-20
29.3	신 14:2, 민 18:27	50.4	사 26:20, 겔 37:12
30.2	잠 3:34	50.6	시 32:1-2
30.4-5	욥 11:2-3(LXX)	52.2	시 69:30-32
32.2	창 22:17, 26:4	52.3	시 50:14-15
33.5	창 1:26	52.4	시 51:17
33.6	창 1:28	54.3	시 24:1
34.6	단 7:10, 사 6:3	56:3-4	잠 3:12
35.7-12	시 50:16-23	56.5	시 141.5

36.3	시 104:4	56.6-15	욥 5:17-26
36.4	시 2:7-8	57.3-7	잠 1:23-33

클레멘스는 고린도 교회 내의 "급진주의자들"의 파벌주의를 책망하면서 이스라엘의 성경에서 가장 설득력 있는 예들, 바람직한 예와 타산지석이 되는 예—가인에게 살해당한 아벨, 야곱과 요셉, 모세, 질투의 피해자인 아론과 미리암, 파벌 간의 질투의 예인 다단과 아비람(4장), 노아와 요나(7장), 에녹, 노아, 아브라함, 롯, 라합(9-12장), 엘리야와 엘리사 및 에스겔, 아브라함, 욥, 모세(17장), 다윗(18장), 아브라함, 이삭, 야곱(31장), 다니엘과 풀무불 속에 던져진 세 명의 유대인(45장), 또한 모세에게 반역한 자들과 바로(51장), 그리고 또다시 모세(53장), 마지막으로 유딧과 에스더(55장)의 예—를 든다.

그는 성경, 특히 성문서(시편, 욥기, 잠언)의 전범위에 매우 정통했던 인물이다. 이 성경은 이스라엘의 성경이지만, 클레멘스는 단순히 이 성경이 자신의 성경, 그의 교회의 성경이라는 점을 기정사실로 받아들인다. 그는 거기에 이스라엘의 좋은 예와 나쁜 예의 역사와 로마와 고린도에 있는 그리스도인들의 좋은 예와 나쁜 예의 역사 사이에 직접적인 연속성이 있다는 점을 전적으로 자명한 사실로 간주한다. 그것은 그들의 역사이기도 하다. 마찬가지로 클레멘스는 자신이 글을 쓸 때 함께했던 자들과 그 글의 수신자들을 "부름 받은" 이들(서문), 하나님의 "사랑을 받은 자들",[145] "하나님이 택하신 자들",[146] 에스겔이 말한 "거룩한 자들"(8.3)로 간주하는데, 이 모든 용어는 특징적으로 하나님의 백성 이스라엘에 대해 사용된

145 *1 Clem.* 1.1; 7.1; 12.8 등.

146 *1 Clem.* 1.1; 2.4; 6.1; 49.5; 58.2; 59.2.

다. 이 모든 표현에는 그리스도인들이 이스라엘 민족에게만 해당되는 언어(와 정체성)를 이어받았거나 하나님의 목적에 있어서 이 모든 족장들, 선지자들, 현자들을 어떤 식으로든 대체했다는 의미가 담겨 있지 않다.[147]

클레멘스는 그가 강조하고자 하는 기독교와 관련하여 가장 중요한 몇 가지 면에서, 이스라엘의 제사장 계층과 제사 의식에서 자신의 교회론을 도출하며(40-41장), 또한 이스라엘과의 연속성 속에 기독교적 사역이 이스라엘의 제사 의식의 연장으로 포함되어 있다고 간주한다.[148] 그리고 여기에는 성전의 상실과 더불어 새롭게 부상하고 있던 기독교가 그 시대의 종교들 속에서 매우 친숙한 제사장적인 제사 의식과 다른 종교적 형태를 취할 수도 있다는 어떤 생각도 없었다. 그리고 비록 그는 히브리서를 알고 있었고 사용한 것으로 보이지만, 이 주제에 대해 히브리서의 가르침에 전혀 관심을 기울이지 않았다![149]

요컨대 「클레멘스1서」는 이 시기의 거의 어떤 저자보다도 기독교의 유대적 특성에 대해—이스라엘의 역사 속에 깊이 뿌리박힌 기독교의 기원과 기독교적 권면과 징계의 주요 출처로서의 이스라엘 성경에 대해—더 많이 인식하고 있다.[150]

---

147 유대교는 "이 서신에서 완전히 폐기되어 있다"(10)는 W. K. Lowther Clarke, *The First Epistle of Clement to the Corinthians*(London: SPCK, 1937)의 견해는 근거가 없으며 지나간 시대의 견해다.

148 "「클레멘스1서」는 왜 예루살렘의 예배와 예배를 관장하는 사람들 속에서 하나님이 정하신 질서를 그토록 찬미하며 강조하는가[*1 Clem.* 40.1-5; 41.2]? 42장은 이에 대한 분명한 답을 제시한다. 즉 기독교인의 사역 속에도 하나님이 정하신 그와 비슷한 질서가 있기 때문이다"(Brown and Meier, *Antioch and Rome*, 170에 나오는 Brown의 견해).

149 "클레멘스는 장로들을 성찬식(이는 한 번도 언급되지 않는다)을 주재하는 이들로 간주하거나 그들을 사제라고 부르지는 않지만, 그의 저작은 기독교적 제사로서의 성찬식에서 주교, 장로, 집사가 그들의 역할을 중심으로 기독교의 대제사장, 제사장, 레위인으로 묘사될 때까지 2세기 내내 하나로 합쳐져 발전한 1세기 말의 경향을 반영한다"(Brown and Meier, *Antioch and Rome*, 171에 나오는 Brown의 견해; 176-83도 함께 보라).

150 K. Beyschlag는 *Clemens Romanus und der Frühkatholizismus*(Tübingen: Mohr Siebeck,

b. 「디다케」

「클레멘스1서」와 달리 「디다케」는 초기 기독교 성경(구약)에서 나온 광범위한 인용을 중심으로 구성되어 있지 않다. 그러나 이 문헌은 예수 전승(§44.2f)을 전형적인 유대교의 지혜 및 윤리와 혼합하여 광범위하게 사용한다는 점에서 야고보서와 매우 비슷하다. 즉 「디다케」는 예수 전승을 전통적인 유대적 가르침이 자연스럽게 연장되고 확대된 것으로 취급한다.[151]

이 점은 이 책의 권면을 "두 길, 생명의 길[1-4장]과 죽음의 길[5장]" 사이의 선택(1.1)으로 제시함으로써 즉시 분명해진다. 이는 윤리적 선택지를 제시하는 독특한 유대적 방식으로서,[152] 아마도 모세가 광야의 이스라엘 백성 앞에 삶과 죽음, 축복과 저주의 선택지를 제시하며 그들에게 살 수 있도록 생명을 선택하라고 촉구한 데서 기원한 듯하다(신 30:19). 예레미야 21:8에서도 이미 이를 두 길, 생명의 길과 죽음의 길 사이의 선택으로 바꾸어 놓았다. 그리고 대표적으로 시편 1:6에서는 "의인의 길"과 "악인의 길"을 대조한다.[153] 그러나 유대 사상에서 이 모티프―"빛의

1966)에서 「클레멘스1서」의 저자는 "로마 기독교에 흔적을 남긴 헬라파 유대인의 변증적 전승에 의존했다"고 주장했다(Schoedel, 'Apostolic Fathers', 460).

151 J. Weiss는 *Earliest Christianity*(1937; New York: Harper Torchbook, 1959)에서 1-6장의 세례식 교리문답을 "유대적인 요구 조건―그 기반은 유대인의 개종자 교리문답이다―과 예수의 말씀의 결합"으로 보았다(2.558). M. Del Verne, *Didache and Judaism: Jewish Roots of an Ancient Christian-Jewish Work* (London: T & T Clark, 2004): "사실 「디다케」 속에 있는 어떤 제도들은 단지 전형적으로 유대적인 제도들을 새로운 기독교적 환경에 맞게 고치거나 치환한 것에 불과한 것처럼 보인다"(75-76).

152 Kraft, *Barnabas and the Didache*, 4-16, 134-62; Niederwimmer, *Didache*, 48-63, 83-88; 그리고 특히 H. van de Sandt and D. Flusser, *The Didache: Its Jewish Sources and Its Place in Early Judaism and Christianity* (Assen: Van Gorcum, 2002), 1-190을 보라. "*Did.* 6:2-3의 저자는 토라 준수의 영역 안에 머물러 있는 일단의 유대 기독교인을 대표하는 인물이었다. 토라 전체를 준수하는 것은 하나의 이상이지만, 본문은 '주님의 멍에 전체'를 다 짊어질 수 없는 이들에 대해 관용적인 태도를 보여준다"(269).

153 예를 들어 시 119:29-30; 139:24; 잠 4:18-19; 14:12; 15:9-10도 이와 유사하다.

길을 걷는" 이들과 "어둠의 길을 걷는" 이들의 대조(1QS 3.20-21)—의 중요성을 일깨워준 사건은 바로 사해 두루마리 사본의 발견이었다.[154] 생명으로 인도하는 좁은 문/어려운 길과 멸망으로 인도하는 넓은 문/쉬운 길에 대한 예수 전승의 대조(마 7:13-14)도 같은 전승을 사용하고 있다. 실제로 나사렛 분파의 최초의 자기 호칭 중 하나가 쿰란 공동체의 자기 호칭 중 하나와 비슷하게 "그 길"(행 9:2)이었다는 사실[155]은, 두 분파 모두 스스로 자신들 앞에 놓인 선택 가능한 길들 사이에서 결정적인 선택을 했다고 생각했음을 암시한다. 두 길 사이의 선택으로서의 명시적인 삶/죽음, 빛/어둠 사이의 선택은 유대 전승의 영향도 보여주는 문헌들에서 초기 기독교의 권면이 지닌 하나의 일정한 특징이 되었다.[156]

「디다케」의 유대적인 성격은 처음부터 분명하다.[157]

- 생명의 길은 이렇게 시작된다. "첫째로 너를 지으신 하나님을 사랑하며 둘째로 네 이웃을 네 자신같이 사랑하라"(1.2). 신명기 6:5과 레위기 19:18이 예수가 표현하신 방식(막 12:29-31 및 병행 본문)으로 의도적으로 결합된 것은 틀림없이 의식적이고 의도적인 것

---

154 특히 다음 문헌들도 함께 보라. *1 Enoch* 94.1-4; *2 Enoch* 30.15("두 길 — 빛과 어둠"); *T. Asher* 1.3; *T. Ab.* 11.2-3; *Sib. Or.* 8.399-401; 또한 W. Michaelis, '*hodos*', *TDNT* 5.48-65; SB 1.461-64에 나오는 랍비 문헌의 유사 본문. "두 길에 대한 가르침과 현재 '훈육 지도서'(*Manual of Discipline*)에 있는 그와 분명히 유사한 본문 속에 독특한 기독교적 언어가 부재하다는 점을 감안하면, 일반적으로 이 모든 문헌의 바탕에 깔려 있는 문헌은 원래 유대 문헌이었을 것으로 여겨진다"(Ehrman, *Apostolic Fathers*, 408). Schoedel, 'Apostolic Fathers', 467; Draper, *Didache in Modern Research*, 13-16도 함께 보라.

155 *Beginning from Jerusalem*, 13-14과 nn. 59, 61을 보라.

156 특히 *Barn.* 18.1–20.2; *Apostolic Constitutions*, 7. 다음 글도 함께 보라. Barnard, 'The Dead Sea Scrolls, Barnabas, the *Didache* and the Later History of "The Two Ways"', *Studies*, 87-107.

157 「디다케」의 유대 기독교적 특성에 관해서는 처음부터 폭넓은 의견 일치가 있었다 (Draper, *Didache in Modern Research*, 8-10).

이었다.

• 1장의 나머지 부분에서 예수 전승이 뒤섞인 내용은 2장에서 "가르침의 두 번째 계명" 속에 합쳐지고 2장은 출애굽기 20:13-17에 대한 부연 설명으로 구성되어 있으며, 아마도 마태복음 19:18과 5:33을 의도적으로 반향하는 듯하다.

• 3장에서의 우상숭배에 대한 경고는 전형적으로 유대적이며, "온유하라. 온유한 자가 땅을 유업으로 받을 것이기 때문이다"(3.7)라는 권면은 아마도 마태복음 5:5과 시편 37:11에서 나온 것인 듯하다.

• 생명의 길을 따르라는 권면은 "주의 계명을 버리지 말고 네가 받은 것을 지켜 거기에 더하거나 빼지 말라"는 호소에서 절정에 이르는데(4.13), 여기에 나타나는 신명기 4:2(참고. 12:32)의 흔적은 의도적인 것이었음이 분명하다.[158]

• "우상에게 제물로 드려진 음식"에 대한 경고와 관련된 "만일 네가 주의 멍에 전체를 짊어질 수 있다면 너는 완전해질 것이다"라는 권면(6.2)은 율법의 멍에에 대한 유대인의 사고를 암시하며[159] 아마도 야고보의 영향을 암시하는 듯하다.[160]

• 한 주에 두 번 금식하라는 권면은 심지어 그들의 관행을 "외식하는 자"의 관행과 구별하려는 시도—월요일과 목요일이 아닌 수요

---

158 Niederwimmer, *Didache*, 145.

159 Draper는 이 점을 다음과 같이 강조한다. "유대 기독교적인 분위기에서 '주의 멍에'는 토라를 가리키며 '완전'하게 된다는 것은 이방인 회심자의 할례를 포함한 유대교로의 완전한 회심을 가리킬 가능성이 커 보인다"(*NIDB* 2.122). 비교. H. Lietzmann, *A History of the Early Church* (4 vols.; Cleveland and New York: Meridian, 1961): "「디다케」는 모세 율법에서 전적으로 자유로운 기독교의 한 유형에 대해 가능한 한 가장 분명한 윤곽을 제시한다.…이 문헌은 예수를 보다 고상한 윤리의 스승이자 유대교를 이긴 자로 찬미한다"(1.205)—이 견해는 앞의 n. 147에 나오는 Lowther Clarke의 견해와 같은 것으로 분류되어야 한다.

160 Bernheim, *James, Brother of Jesus*, 263.

일과 금요일(8.1-2)![161]—까지 허용하는, 유대인의 관행에 대한 의식적인 유지를 보여준다(참고. 마 6:5). 또한 하루에 세 번 주기도문으로 기도하라는 권면(8.3)은 전통적인 유대인의 영적 규율을 떠올리게 한다.[162]

- 이와 똑같이 의미심장한 것은 성찬에 관한 지침 속에 있는 다음과 같은 몇 가지 유대적인 모티프다. "우리 아버지여, 우리는 다윗의 거룩한 포도나무, 당신의 아들로 인해 당신께 감사드립니다. 당신은 이를 당신의 아들 예수를 통해 우리에게 알려 주셨습니다"(9.2); "거룩하신 아버지, 우리는 당신의 거룩하신 이름으로 인해 당신께 감사드립니다.…오 전능하신 주님! 당신은 당신의 이름을 위해 만물을 창조하셨고 인간들이 당신께 감사드리도록 인간들의 원기 회복을 위해 음식과 음료를 주셨습니다"(10.2-3);[163] 9.4과 10.5에 있는, 열방 가운데 흩어진 이들의 모임을 위한 이스라엘의 기도[164]의 흔적(신 30:3-5); 하나님께 반복적으로 영광 돌림(9.2, 3, 4; 10.2, 4, 5); 유대인의 기도 언어의 사용("다윗의 하나님께 호산나")과 고린도전서 16:22("마라나타! 아멘")의 흔적 속에 남아있는 아람어의 지속적인 사용.[165]
- 거짓 예언의 위험성에 대한 인식(11장)은 예언에 대한 고대 유대인

---

161 이하 §46 n. 261을 보라.

162 Jeremias, *The Prayers of Jesus*, 69-72.

163 "학계의 폭넓은 일치된 견해에 따르면 이 성찬식 기도는 유대인의 식사 기도인 비르카트 하-마존(Birkat Ha-Mazon)에 접목된 것이다"(van de Sandt, ed., *Matthew and the Didache*, 8); Wilson, *Related Strangers*, 226-27 및 추가로 228-29.

164 *Shemoneh 'Esreh* 10에서와 같은 기도다.

165 *Did*. 9-10장에서 성찬은 이전과 같이(참고. 행 20:7; 유 12; 벧후 2:13) 식사라는 상황 속에서 이루어진다(참고. *Did* 10.1과 고전 11:25).

의 경험과 보다 최근의 기독교적 경험을 함께 반영한다.[166]

- 아마도 가장 인상적인 것은 13-14장에서 이스라엘이 제사장을 위해 준비해야 할 것(첫 열매)과 말라기 1:11, 14의 인용구를 통해 정당화된 "그들은 너희의 대제사장이기 때문이다"(13.3)라는 예언자에 대한 제사적인 이미지의 순서가 뒤바뀌어 있다는 점일 것이다. 예언자는 제사장을 대체했지만 (제사장을 뒷받침해야 할) 그와 관련된 의무는 지속적인 효력을 지니고 있었다.

따라서 「클레멘스1서」의 경우와 같이 그 각 장 속에 초기 기독교인들의 윤리적 원칙, 예전적 관행, 사역 경험을 반영하고 있는 「디다케」는 이들이 독특한 유대적 사고방식을 지니고 있었고 본능적으로 유대인의 율법과 전통에 의존했다는 분명한 증거를 제시한다. 더군다나 「디다케」는 그 성격에 있어 매우 유대적이어서 "유대적"이라는 범주와 "기독교적"이라는 범주가 「디다케」가 대변하는 공동체들에 있어 분리된 범주였는가, 그 공동체들이 이 두 범주를 서로 구별하려는 생각이 있었을까 하는 의문을 불러일으킨다. 사실 「디다케」는 아마도 그 시기의 다른 어떤 문헌보다도 "유대 기독교"라는 호칭에 적합한 문헌일 것이다.[167]

166 전형적으로 왕상 13장과 22장, 예레미야의 자기 의심(렘 20:7). 초기 기독교에서는 마 7:15; 살전 5:19-22; 요일 4:1; Hermas, *Mand.* 11.7, 11, 16을 보라.

167 Del Verne는 「디다케」가 "기원후 1세기에 시리아-팔레스타인 지방과 아마도 안디옥 지역에서 '기독교적 유대교'와 당대 유대교의 조류들이 '동거'했음을 문헌적으로 뒷받침한다"고 결론짓는다(*Didache and Judaism*, 266). G. Vermes, *Christian Beginnings from Nazareth to Nicaea AD 30-325* (London: Allen Lane, 2012): "「디다케」는 사도행전의 처음 열두 장에서 묘사된 교회와 별반 다르지 않고 그보다 교리적으로 훨씬 덜 발달된 다소 원시적이고 미성숙한 형태의 유대 기독교를 상상한다"(137).

c. 「바나바 서신」

「클레멘스1서」와 다소 비슷하게 「바나바 서신」은 성경(구약)을 광범위하게 인용하고 사용한다(아래의 표를 보라).[168]

앞에서 언급한 것처럼 「바나바 서신」의 마지막 장들(18-20장)은 "두 길"에 관한 권면의 또 다른 예를 제공하며, *Did*. 1-6장을 바탕으로 하고 있거나 최소한 같은 자료를 사용했을 것이다. 즉 매우 유대적인 가르침의 패턴을 보여준다.[169]

그러나 이하에서 보게 되겠지만 「바나바 서신」이 이 본문들에 덧붙이는 논쟁적인 설명은 「클레멘스1서」와는 다르다. 하지만 그러한 요소로 인해 우리가 「바나바 서신」이 성경을 자기 것으로 인정하고 자신의 가르침을 성경에서 직접 이끌어내며 토라의 다섯 두루마리와 대예언서들과 시편을 똑같이 수월하게 사용한다는 명백한 사실에 눈을 감아선 안 된다. "바나바"가 전달하려 한 지식(1.5)은 성경(에 대한 바른 이해) 속에 담겨 있었다. 그가 성경에 의존한 것은 성경이 지식의 원천이었기 때문이다.[170] 사실 성경이 제공해준 토대와 원천이 없었다면 그는 할 말이 별로 없었

---

168 Kraft, *Barnabas and the Didache*, 179-81, 184-5; Hvalvik, *Struggle*, 336-41에 실린 표도 함께 보라.

169 앞의 n. 152-154을 보라. "「바나바 서신」은 「디다케」보다 유대인 교리문답을 기독교적으로 수정한 흔적을 더 적게 보여주며, 따라서 유대적인 원본과 더 밀접하게 관련되어 있다"(Koester, *Introduction*, 2.279).

170 "과거의 사건들—즉 유대 종교사의 사건들—은 지금 일어나고 있는 일과 앞으로 일어날 일에 대한 열쇠를 쥐고 있다(1:7; 5:3; 17:1-2을 보라). 「바나바 서신」 곳곳에서 **기독교적인** 소망을 묘사하기 위해 사용하는 언어 자체가 직접적이고 철저하게 하나님과 이스라엘의 관계를 나타내는 언어에 뿌리를 두고 있다"(Kraft, *Barnabas and the Didache*, 33); "바나바가 '성경'을 그의 가장 높은 유일한 권위로 여겼다는 데는 의심의 여지가 있을 수 없다"(Hvalvik, *Struggle*, 103-5). 여기서 "성경"은 특별히 미래를 내다보는 예언으로서의 성경이다(108-9); "저자에게 핵심적인 문제는 **성경에 대한 바른 해석**이다"(204).

을 것이다.

그러나 그 성경은 다른 이들의 성경이기도 했으므로 「바나바 서신」은 성경이 기독교를 예시하는 것으로 이해될 수 있고 이해되어야 한다는 점을 확증할 필요를 인식했다. 따라서 저자는 7.3-8.1과 12장에서 모형론을 광범위하게 사용했다. 즉 이삭의 희생제사, 속죄일 의식의 아사셀 염소, 붉은 암송아지 제사(민수기 19장), 놋뱀 등은 모두 예수의 희생제사의 모형이다.[171] 그가 아브라함의 식솔로 할례받은 것으로 추정한 318명에 대한 그의 수비학적인 해석도 이와 비슷하다(9.8). 18은 "예수"(*Iēsous*)의 첫 두 글자인 "I"(=10)와 "E"(=8)으로 이루어져 있고 300은 십자가의 표시인 "T"로 표현된다(9.8). 정결과 부정의 법에 대한 그의 영적인 해석도 마찬가지다. 즉 부정한 짐승을 피하는 것은 돼지나 칠성장어나 산토끼나 하이에나와 같은 사람들을 피하는 것을 의미한다. 모세는 이런 가르침을 "성령 안에서" 준 것이며 사실 음식에 대해서 말하지는 않았다(10장).[172] 물론 그렇게 해서 「바나바 서신」은 다루기 힘든 구약 본문들을 영적이거나 풍유적으로 해석하는 방법으로 다루는 후대의 기독교적인 기법을 앞서 보여주었다. 그러나 그렇더라도 「바나나 서신」은 이스라엘 성경이 초기 기독교에서도 계속해서 얼마나 중요했는지를 분명히 보여준다. 그리고 실제로 저자가 회심한 이방인이었다면(§40.1f(i)), 그가 신봉한 기독교가 그 유대적인 유산을 (그로 인해 다소 당혹스러웠더라도!) 그토록 의식했고 실제로 그 유산을 수용하는 데 열심이었다는 점은 더더욱 인상적이다.[173]

---

171 Hvalvik, *Struggle*, 114-19도 함께 보라.

172 Wilson, *Related Strangers*, 129-31; Hvalvik, *Struggle*, 119-22도 함께 보라.

173 Horbury는 바나바와 유스티누스의 저작들을 "유대 문헌의 기독교적인 세부 항목으로 적절히 배치할 수 있는" "기독교 문헌 못지않은 유대 문헌"으로 간주한다('Barnabas', 345).

「바나바 서신」	구약
2.5	사 1:11-13
2.7	렘 7:22
2.8	슥 8:17
2.10	시 51:17
3.1-5	사 3-10
4.4	단 7:24
4.5	단 7:7-8
4.7	출 31:18, 34:28
4.8	출 32:7
4.11	사 5:21
5.2	사 53:5, 7
5.4	잠 1:17
5.5	창 1:26
5.12	슥 13:7
5.13	시 22:20, 16
5.14	사 50:6-7
6.1-2	사 50:8-9
6.2-3	사 28:16
6.3	사 50:7
6.4	시 118:22, 24
6.6	시 22:16, 118:12
6.6	시 22:18
6.7	사 3:9-10
6.8	출 33:1, 3
9.5	렘 9:26
9.8	창 17:23, 14:14
10.1	레 11:7-15; 신 14:8-14
10.2	신 4:10, 13
10.4	레 11:13-16
10.5	?
10.6	레 11:6
10.7	?
10.10	시 1:1
10.11	레 11:3, 신 14:6
11.2-3	렘 2:12-13
11.4	사 45:2-3
11.5	사 33:16-18
11.6-7	시 1:3-6
11.10	겔 47:12
12.1	4 Ezra 4:33, 5:5
12.2	참고. 출 17:8-13
12.4	사 65:2
12.6	레 26:1
12.7	민 21:8
12.9	출 17:14
12.10	시 110:1
12.11	사 45:1

6.12	창 1:26, 28
6.13	?
6.13	출 33:3
6.14	겔 11:19
6.16	시 42:4
6.16	시 22:22, 25
6.18	창 1:28
7.3	레 23:29
7.4	참고. 레 16
7.6-8	레 16:7-10, 20-22
9.1	시 18:44
9.1	참고. 사 33:13
9.1	사 33:13, 렘 4:4
9.2	신 5:1, 시 34:12, 사 50:10
9.3	사 1:2, 10
9.3	사 40:3
9.5	신 10:16
13.2	창 25:21-23
13.4	창 48:11, 9
13.5	창 48:14, 19
13.7	창 15:6, 17:4
14.2	출 24:18, 31:18
14.3	출 32:7-19
14.7	사 42:6-7
14.8	사 49:6-7
14.9	사 61:1-2
15.1	신 5:12
15.2	참고. 렘 17:24-25
15.3	창 2:2-3
15.4	시 90:4
15.8	사 1:13
16.2	사 40:12, 66:1
16.3	참고. 사 49:17
16.5	참고. *1 En.* 89.54-56

d. 「클레멘스2서」

「클레멘스2서」는 (구약) 성경,[174] 특히 이사야서[175]를 많이 사용한 설교문이므로 어느 정도 주목할 만하다. 예를 들어 이사야 54:1을 "우리"와 관련시키는(*2 Clem.* 2) 이 구절에 대한 「클레멘스2서」의 첫 번째 해설은 쿰란에서 출토된 하박국서에 대한 해설과 비슷하다. 또한 의미심장한 것은 「클레멘스2서」가 야고보서나 「디다케」와 다소 비슷하게 예수 전승도 권면을 위한 자료라는 점을 당연시한다는 사실이다.[176] "[예언자의] 책들과 사도들"은 교회를 위한 공동의 권위 있는 전거(典據)다(14.2).[177]

e. 나머지 사도 교부들

나머지 사도 교부들은 그들 믿음의 유대적인 특성이나 성경(구약)에 대한 그들의 의존성을 보여주는 그러한 좋은 예를 제공하지 않는다. 아마도 그들 자신의 특정한 우선순위와 그들이 글을 쓴 상황은 유대적인 자료를 사용해야 할 어떤 구체적인 자극도 주지 않았을 것이다.

---

174 앞의 §44 n. 118 및 Grant and Graham, *First and Second Clement*, 133-34을 보라. "이 저작의 중요성은 이 저작이 바로 2세기 초의 다소 평범한 기독교적인(본질적으로 유대 기독교적인) 삶과 사고를 반영하고 있다는 점에 있다"(Grant and Graham, 110).

175 *2 Clem.* 2.1-3(사 54:1), 3.5(사 29:13), 7.5(사 66:24), 13.2(사 52:5), 14.1(렘 7:11), 15.3(사 58:9), 16.3(말 4:1; 사 34:4), 17.4(사 66:18), 17.6(사 66:18, 24). 또한 「클레멘스2서」는 계명을 지키는 일의 중요성을 자주 강조하지만, 그 계명은 "주(예수 그리스도)의 계명"이다(3.4; 4.5; 6.7; 8.4; 17.3, 6).

176 다시 앞의 §44.2i을 보라.

177 Koester는 자주 반복되는 Hans Windisch의 다음과 같은 설명을 인용한다. "「클레멘스2서」의 신학적 토대는 간략히 진술하자면 당대 유대교의 관점에서 이해된 공관복음의 기독교다"(*Introduction*, 2.235).

- 비록 이그나티오스의 간헐적인 성경 인용구들이 그의 성경 지식과 성경은 권위 있는 가르침을 제시한다는 그의 전제를 입증하는 충분한 증거를 제공하기는 하지만, 그는 자신이 쓴 편지를 받은 교회들의 주교의 지위를 강화하는 데 주로 관심이 있었다.[178]
- 폴리카르포스는 「빌립보인에게 보내는 편지」에서 그들의 믿음이 "오래전부터 분명히 나타난" 사실을 기뻐하면서 글을 시작하며 (*Phil.* 1.2) 믿음과 율법의 행위에 대한 보다 전형적인 바울의 대조보다는 에베소서 2:8-9("행위가 아닌 믿음으로 구원받음")을 떠올리게 한다(1.3). 하나님의 계명[179]과 의[180]에 대한 그의 반복적인 강조는 독특한 유대적인 특징이며 그들이 "거룩한 성경으로 잘 훈련받았다"는 그의 언급(12.1)은 성경(구약 성경)의 근본적인 중요성을 전제함을 시사한다.[181]

---

178 *Eph.* 5.3(잠 3:34); 15.1(참고. 시 33:9); *Magn.* 12(잠 18:17); *Trall.* 8.2(참고. 사 52:5); 빌라델비아 주교는 "현악기에 맞추어진 수금처럼 계명에 맞추어져" 있다는 이유로 칭찬을 받는다(*Philad.* 1.2); "우리는 또한 예언자들을 사랑해야 한다. 그들의 선포가 복음에 선행했기 때문이다"(5.2; 9.2); "예언자들의 말"과 "모세 율법"은 권위 있는 가르침이다(*Smyrn.* 5.1; 7.2). 그러나 다소 놀랍게도 동료 주교 폴리카르포스에 대한 이그나티오스의 권면에서는 구약의 권면을 전혀 사용하지 않는다. Daniélou는 이그나티오스를 유대 기독교의 대표자로 간주했지만(*Theology*, 39-43) Schoedel은 일종의 유대 묵시록(*Ascension of Isaiah*)에 뿌리를 두고 있는 *Eph.* 19을 제외하면 "이그나티오스에게서 구체적으로 유대 기독교적인 면은 거의 발견할 수 없다"고 결론짓는다(*Ignatius*, 16). 보다 흥미로운 것은 이하 §46에 나오는 이그나티오스의 공헌이다.

179 *Phil.* 2.2; 3.3; 4.1; 5.1; (6.3).

180 *Phil.* 2.3; 3.1, 3("의의 계명"); 4.1; 5.2; 8.1; 9.1, 2.

181 그는 성경 본문들을 자연적인 반사 작용으로 암시하고 사용한다—6.1(잠 3:4), 10.2(잠 3:28), 10.3(Tob. 4.10), 10.3(사 52:5). Schoedel은 시편, 잠언, 이사야, 예레미야, 에스겔, 토비트의 흔적들을 발견한다(*Polycarp*, 5). 이와 대조적으로 「폴리카르포스의 순교」는 구약을 사용하려는 시도를 전혀 하지 않는다. O. Skarsaune는 Skarsaune and Hvalvik, eds., *Jewish Believers in Jesus*, 505-67에 실린 'Evidence for Jewish Believers in Greek and Latin Patristic Literature'에서 폴리카르포스 자신이 유대인이었다고 주장한다(522-24). Hartog, *Polycarp's Epistle to the Philippians*, 226-31도 함께 보라.

- 그러나 헤르마스의 「목자서」는 (유대) 성경을 전혀 인용하지 않으며,[182] 특히 시편과 지혜 문헌에 대한 간헐적인 암시만 찾아볼 수 있을 뿐이다.[183] 이 책의 저자는 "계명"을 매우 중시하며("명령"이라고 알려진 부분은 열두 계명에 대한 해설로 이루어져 있다)[184] "두 길"에 대한 전승의 영향을 받은 것이 분명하지만, 피상적이고 다소 단순하게 율법과 율법에 순종할 수 있는 방법에 대한 바울과 같은 고뇌를 전혀 의식하지 않는다.[185] 따라서 우리는 성경적 전승이 그에게 미친 영향에 대해 말할 수는 있지만,[186] 지금까지 살펴본 문헌들이 그에게 미친 영향에 대해서는 별로 깊이 있게 말할 수 없다.
- 보존된 파피아스의 단편들에서 우리가 얻을 수 있는 정보는 별로 없다. 파피아스에 대한 교부들의 언급이나 그의 글에서 나온 인용문은 거의 모두 기독교 초창기에 대한 그의 증언에 초점을 맞추고 있기 때문이다. 그러나 다가올 시대의 넉넉하고 초자연적인 풍성함에 대한 그의 추측(Irenaeus, *adv. haer.* 5.33.3)이 *2 Bar.* 29.5-6에서 발견되는 내용과 매우 비슷하며 그가 창조와 낙원에 대한 이야기를 그리스도와 교회를 가리키는 것으로 해석한 인물로 기억된다

---

182 명백하고 직접적인 유일한 언급은 유실된 묵시 문헌인 「엘닷과 모닷의 책」에 대한 언급이다(*Vis.* 2.3.4).

183 Lake, *Apostolic Fathers*, 2.6-305의 난외에 실린 목록을 보라. Snyder는 절반이 시편에서 나온 약 50개의 암시를 찾아낸다(*Shepherd of Hermas*, 161-62).

184 "명령"은 "대체로 전통적인 유대 자료로 구성되어" 있고 "비유들"은 "유대적인 기원을 가진 것이 분명한 비유 모음집을 바탕으로 한다"(Koester, *Introduction*, 2.259). "「목자서」는 유대교에 큰 빚을 지고 있다는 점에도 점점 더 많은 이들이 동의한다.…그러나 「목자서」에 있어서 유대교의 중요성은 과장된 것일지도 모른다"(Schoedel, 'Apostolic Fathers', 470).

185 사실 통속적인 이교도적 표현이 헤르마스에게 더 많은 영향을 끼쳤다(Lampe, *Paul to Valentinus*, 227-31).

186 Osiek, *Hermas*, 25.

는 점은 아마도 특별한 의미가 있을 것이다.[187] 여기에 함축된 의미는 그의 사고방식이 대체로 성경(구약)에 의해 결정되었다는 것이다.[188]

요컨대 (유대인) 성경이 몇몇 사도 교부들의 사상과 가르침에 있어 핵심적인 위치를 차지했고 다른 사도 교부들에게도 중요한 것으로 여겨졌음은 분명하다. 이 단계에서는 성경적 사고방식과 유대적 사고방식은 거의 동의어였으며 (단지 바리새인의 후예들만이 아니라) 일반적으로 유대인뿐만 아니라 기독교인들도 성경(기독교인들에게는 구약이 된 성경)을 믿음과 도덕적으로 책임 있는 삶을 위한 핵심적인 문헌으로 충분히 그리고 자유롭게 사용했다. 이러한 기독교는 적어도 그런 의미에서는 여전히 매우 유대적이었다.

f. 아리스티데스의 「변증」(*Apology*)

아리스티데스는 「변증」에서 유대인과 기독교인을 구별되는 실체로 묘사하므로, 우리는 그의 글에서 유대적인 영향의 증거를 많이 기대해선 안 된다.[189] 또한 그 이전의 유대적인 논쟁에 뿌리를 두고 있는 것이 분명한 관점인 그의 우상숭배에 대한 비판(*Apol.* 3, 13)과 하나님의 단일성에 대한

---

187 Anastasius of Sinai(7세기), *Contemplations on the Hexamaron* 1, 7(Ehrman, *Apostolic Fathers*, 110-13에서 인용).

188 "파피아스의 사상이 지닌 유대 기독교적인 본질 또한 강하게 강조되었다"(Schoedel, 'Apostolic Fathers', 472).

189 "후대의 기독교인들은 성경에서 인용한 구절을 보기를 좋아했지만, 아리스티데스는 아무 구절도 제시하지 않았다"(Grant, 'Aristides', *ABD* 1.382). 그러나 「베드로의 설교」는 짧은 인용구 안에서도 성경을 몇 차례 언급하며 "우리는 성경[의 증언] 없이는 아무 말도 하지 않는다"고 말한다(Clement of Alexandria, *Strom.* 6.15.128).

주장(13장)에서 그가 유대적인 논증과 주장에 의존하지 않거나 거기서 받은 명백한 영향을 전혀 보여주지 않는다는 점은 인상적이다. 반면 기독교인의 윤리적 진실성에 대한 그의 묘사는 십계명에 명시적으로 의존하지는 않으면서도 의존하고 있는 것이 사실이다.

g. 「디오그네투스에게 보내는 편지」

「디오그네투스에게 보내는 편지」는 아리스티데스와 다소 비슷하게 기독교인들을 "새로운 사람들(*genos*) 또는 생활 방식"으로 간주하며(1) 비유대인과 비기독교인의 우상숭배를 묵살하지만, 역시 우상숭배에 대한 오래된 유대적인 논박의 분명한 영향은 거의 또는 전혀 없다. 이 편지에는 시편 146:6의 인용구에 가까운 구절(3.4)과 "지식의 나무"와 "낙원 한 가운데 있는 생명나무"의 긴밀한 근접성에 대한 흥미로운 고찰이 있다(12.3-8). "율법에 대한 경외"와 "예언자들의 은혜"는 "복음서의 믿음", "사도들의 전통", "교회의 은혜"와 함께 차례대로 나열된다(11.6).[190] 또한 작자는 아무도(심지어 모세도) 하나님을 본 적이 없다는 근본적인 유대적 관점을 상기시키며(8.5; 출 33:20-23) "주님의 유월절"에 대한 언급으로 끝을 맺는다(12.9). 그러나 기독교의 유대적인 분위기는 기껏해야 암시적인 것일 뿐이다.

190 대다수의 학자들은 문체와 내용 면에서의 (3-4장에 나오는 유대인에 대한 부정적인 태도와의) 차이로 인해 11-12장은 1-10장의 저자와 다른 저자가 쓴 글이라는 결론을 내리게 되었다(Ehrman, *Apostolic Fathers*, 2.123-24; Jefford, *Diognetus*, 43-51).

h. 순교자 유스티누스

그러나 순교자 유스티누스는 그와 매우 다르다. 예수는 그리스도라는 그의 믿음이 성경에 확고히 뿌리를 두고 있고 성경과 전적으로 부합되는 것으로 입증될 수 있었다는 점이 가장 중요했다. 트리포가 그에 대해 말하듯이, "당신은 그것[성경]에서 당신의 증거를 도출하기를 갈망한다"(*Dial.* 56.16). 그가 트리포에게 주장한 것은 그리스도에 대한 그의 주장이 "성경에 명백히 선포되어 있다"는 것이었다(76.6). 그는 "우리는 두려운 마음으로 성경에 부합되게 이야기하려고 노력한다"고 주저함 없이 단언한다(82.3). 성경은 "하나님의 말씀"이다(58.4).[191] 따라서 첫 번째 「변증」에서 그가 (구약의) 예언들이 그리스도에 대해 말한다는 점을 입증하는 데 우선순위를 부여하는 것은 당연한 일이다(*1 Apol.* 32-42, 48-53). 그러나 유스티누스는 특히 「트리포와의 대화」(*Dialogue with Trypho*)에서 기독교 신앙은 전적으로 성경을 통해 입증되고 뒷받침되며 유대인이 (예수) 그리스도가 성경이 고대해온 분임을 인정하지 않는 잘못을 저질렀다는 점을 입증하기 위해 최대한 노력한다.[192] 그 증거는 너무나 강력하므로 필

---

191 예를 들면 *Dial.* 58.1; 65.2; 67.3; 68.1; 73.6; 80.1도 함께 보라. Shotwell, *Justin Martyr*, 1-2장도 함께 보라.

192 "유스티누스는 「변증」의 구약 해석에서는 '증언 자료'를 기독교인들이 이미 택한 본문들과 함께 사용한 반면, 「트리포와의 대화」에서는 유대인들이 전해준 본문을 사용했다. 그는 증언 본문은 신뢰할 만한 반면 나머지 형태의 본문(들)은 훼손되었다고 생각했다. 그가 「트리포와의 대화」에서 유대인들이 그리스도에 대한 예언을 본문에서 삭제했다고 주장했을 때 그는 유대인들의 본문 형태를 자신이 소유한 기독교 성경과 비교한 것이다"(Grant, 'Justin Martyr', *ABD* 3.1133-34, O. Skarsaune, *The Proof from Prophecy: A Study in Justin Martyr's Proof-Text Tradition*[NovTSupp 66; Leiden: Brill, 1987]을 인용하면서 한 말. Horbury, 'Barnabas', 337-38; Wilson, *Related Strangers*, 270-71도 함께 보라). "유스티누스의 구약 인용구에 나오는 여러 특별한 해석들이, 그리스어 본문이 히브리어 본문의 추가적인 발전 과정과 더 가깝게 일치하게 된 유대적인 본문 수정의 전통에서 비롯되었다는 점이 최근에 입증되었다"(Koester, *Introduction*, 2.342). "그(유스티누스)는

자는 첫째 날의 대화였던 것으로 보이는 내용(1.1-74.3)만 언급하고[193] 인용구 외에 다른 많은 언급은 무시하며 트리포의 말로 간주되는 인용구들은 포함시키지 않을 것이다.

「트리포와의 대화」	인용된 성경 구절
11.1	신 5:15
11.3	사 51:4-5, 렘 31:31-32
12.1	사 55:3-5
13.2-9	사 52:10-54:6
14.4-7	사 55:3-13
15.2-6	사 58:1-11
16.1	신 10:16-17, 레 26:40-41
16.5	사 57:1-4
17.2	사 5:18-20
19.2	렘 2:13
19.3	창 5:24
19.6	겔 20:12, 20
20.1	출 32:6, 신 32:15
20.6	신 32:20
21.2-4	겔 20:19-26
22.2-5	암 5:18-6:7
22.6	렘 7:21-22
22.7-10	시 50편

구약의 '하가다'를 기독교의 '하가다'를 사용하는 방식과 같은 방식으로 사용한다. 사실 그는 '하가다' 자료를 랍비들이 '하가다'를 사용하는 것과 정확히 같은 방식으로 자신의 자료 속에 통합시킨다"(Shotwell, *Justin Martyr*, 89). 추가적으로 Skarsaune, *Proof from Prophecy*를 보라.

193 앞의 §40.2e n. 136을 보라.

22.11	사 66:1
23.4	창 17:14
24.2	사 26:2-3
24.3-4	시 128:4-5, 사 2:5-6, 렘 3:17, 사 65:1-3
25.1-5	사 63:15 – 64:12
26.2-4	사 62:10 – 63:6
27.2-3	사 1:23; 3:16
27.4	신 32:20, 사 29:13
28.2	렘 4:3-4
28.3	렘 9:25-26
28.5	말 1:10-12
31.2-7	단 7:9-28
32.3	단 7:25
32.5	렘 4:22, 사 29:14
32.6, 33.1-2	시 110편
33.1	사 6:10
34.1	시 19:7
34.2-6	시 72편
36.2	렘 4:22
36.3-6	시 24편
37.1	시 47:5-9
37.2-4	시 99편
38.3-5	시 45편
39.1	왕상 19:10, 14, 18
39.4	시 68:18
39.5	사 5:21, 29:18
41.2	말 1:10-12
42.1	시 19:4
42.2	사 53장

43.3	사 53:8
43.5-6	사 7:10-16
44.2	겔 14:20
44.3	사 66:23-24
49.6	민 27:18
49.8	출 17:16
50.3-5	사 40:1-17
52.2	창 49:8-12
52.4	사 1:8
53.3	슥 9:9
53.4-5	시 45:6-11
53.6	슥 13:7
55.3	사 1:9
56.2	창 18:1-3
56.6	창 18:14
56.7	창 21:9-12
56.12	창 19:23-25
56.14	시 110:1; 시 45:6-7
56.17-18	창 18:13-14, 16-17, 20-23
56.19-21	창 18:33-19:1, 10, 16-25
58.4-5	창 31:10-13
58.6-7	창 32:22-30
58.8-9	창 35:6-10
58.11-13	창 28:10-19
59.2	출 2:23, 3:16
60.4	출 3:2-4
61.3-5	잠 8:22-36
62.1	창 1:26-28
62.3	창 3:22

62.5	수 5:13-6:2
63.2	사 53:8, 창 49:11
63.3	시 110:3-4
64.4	시 99:1-7
64.6	시 72:1-19
64.8	시 19:1-6
65.4-6	사 42:5-13
66.2-3	사 7:10-16
68.4	사 53:8
68.6	사 7:14
69.5	사 35:1-7
70.2-3	사 33:13-19
71.3	사 7:14
72.2	렘 11:19
73.1-74.2	시 96편

유스티누스의 성경 지식 구사 능력은 「트리포와의 대화」 전체에 걸쳐 분명히 나타난다. 그는 긴 본문들, 예를 들면 시편 전체를 자주 인용한다. 그는 아벨, 에녹, 노아, 롯, 멜기세덱 같은 이들은 "할례 없이도" 하나님을 기쁘시게 했다는 점(*Dial.* 19-3-4)과 하나님은 이스라엘의 제사나 성전을 칭찬하거나 필요로 하지 않으신다는 사실을 입증하는 성경 본문이 있다는 점을 충분히 지적할 수 있다.[194] 그는 족장 내러티브에서 하나님의 사자와 하나님 사이의 모호한 관계를 이용하여[195] 그리스도와 하나님의 존

194 겔 20:19-26, 암 5:18-6:7, 렘 7:21-22 및 시 50편을 길게 인용하는 *Dial.* 21-22과 말 1:10-12을 인용하는 *Dial.* 117.1.

195 창 18:31-32; 출 3:2-4; 수 5:13-6:2.

재가 그 모호함을 설명해준다는 주장을 펼치고,[196] 창조 내러티브의 "우리"를 기독론적으로 설명하며(창 1:26-28; *Dial.* 62.1-3), 명시적인 지혜 기독론을 전개하기 위해 잠언 8:22-36을 사용한 최초의 인물이다(*Dial.* 61, 129). 그는 히브리어 본문이 이사야 7:14이 "처녀"를 가리킨다는 70인역의 독법을 뒷받침하지 않는다는 (트리포의) 반론에 응수한 최초의 인물이다(*Dial.* 67.1; 71.3; 84.1-4).[197] 그리고 십자가와 관련해서 시편 22편에 대한 그의 긴 해설은 인상적이다(*Dial.* 97.3-106.4). "당신은 성경을 가까이 함으로써 사려 깊게 처신하기 위해 최선을 다한다"는 유스티누스에 대한 트리포의 인정(80.1)은 이처럼 그럴 만한 이유가 있다. 기독교가 이스라엘의 고대 종교에 매우 깊이 뿌리박혀 있고 그리스도가 유스티누스로 하여금 기독교를 위해 그의 플라톤주의를 버리도록 설득한 성경과 매우 많이 부합된다는 것은 명백히 사실이었다.

요컨대 유스티누스는 기독교와 이스라엘 종교의 필수불가결한 연속성을 입증하기를 간절히 바랐다.[198] 유스티누스와 트리포는 같은 하나님을 예배했다(11.1). 예수가 다윗과 같은 민족 출신이라는 점에는 의심의 여지가 없었다(45.4). 유스티누스는 "매일 어떤 이들(유대인들)이 [여전히] 그분의(하나님의) 그리스도의 이름으로 제자가 되고 있다"고 주장할 수 있었다(39.2). 유스티누스는 이스라엘 종교의 다양한 특징적인 요소들 속에서 기독교적인 믿음과 실천의 모형들을 발견했다(40-42). 유스티누스 자신이 단언하듯이 "율법을 통해 하나님께 대한 참된 예배와 예수의 사도들에 의해 예루살렘에서부터 나온 말씀을 알게 된 우리는 야곱의 하나님

---

196 *Dial.* 56, 58, 60.4; 62.4-5; 125.5; 126-29; *1 Dial.* 63도 마찬가지. D. C. Trakatellis, *The Pre-existence of Christ in the Writings of Justin Martyr* (Harvard Dissertations in Religion 6; Missoula: Scholars, 1976), 2장도 함께 보라.

197 Horner, *Listening to Trypho*, 158-62도 함께 보라.

198 앞의 n. 173과 Wilson, *Related Strangers*, 274-78을 보라.

이자 이스라엘의 하나님이신 분께 피신했다"(110.2).[199]

i. 아테나고라스

아테나고라스는 「그리스도인을 위한 간청」에서 이스라엘의 종교와 성경 속에 있는 기독교의 오래된 기원을 입증하는 데는 관심이 없었다. 그러나 그는 모세, 이사야, 예레미야, 기타 예언자들, 피리 연주자가 피리 속에 숨을 불어넣는 것처럼 성령의 영감을 받은 이들에 대한 자신의 호소가 그의 유명한 수신자들에게 영향력을 갖게 될 것임을 당연하게 생각한다. 그는 하나님의 단일성에 대한 자신의 믿음을 뒷받침하기 위해 이사야서를 인용하며(*Plea* 9)[200] 잠언 8:22에서 로고스에 대한 언급을 발견하지만(10), 잠언 21:1을 스쳐 지나가듯이 인용한 것(*Plea* 18)을 제외하면 유대 사상은 더 이상 언급하지 않으며 호메로스의 저작은 그보다 훨씬 더 많이 인용한다(특히 18, 21). 그의 「부활론」은 어느 대목에서도 성경을 사용하지 않으며 사실 신약에서 인용한 단 하나의 구절(고전 15:54)만 포함하고 있다(*Res.* 18).

j. 테오필로스

테오필로스는 6일 동안 세상을 창조하신 하나님에 대한 긴 묘사(2.10-18)와 낙원, 타락 및 타락의 결과에 대한 이야기(2.19-31)에서 하나님은 그분

199 타티아노스는 유스티누스의 제자였지만 모세가 호메로스와 다른 존경받는 철학자들과 영웅들보다 앞섰다는 주장 외에는 이스라엘의 성경 속에 있는 기독교의 깊은 뿌리에 대해 유스티누스와 같은 관심을 보이지 않았다(*Address*, 36-41).

200 사 43:10-11; 44:6; 66:1; 41:4도 사용함.

이 하신 일을 통해 알려지신다는 점(1.6-7)을 입증하면서[201] 다른 어느 곳에서도 발견할 수 없는 설명을 제시하며[202] "거룩한 예언자들의 신성한 성경"을 훨씬 더 자주 사용했다(*Autolycus* 1.14). 율법과 예언자들로부터 도출된 일련의 신앙고백적인 주장들과 교훈들(2.34-35)[203]은 시인들과 철학자들의 가르침 속에서 어느 정도 확증된다(2.36-38). 기독교인들에게 제기된 거짓된 고발(성적인 문란함과 식인 행위—3.4)에 대한 친숙한 일축과 신들에 관한 일반적인 믿음을 폄하하며 비교하는 내용(3.5-8) 이후에, 주로 "하나님의 한 성령의 영감을 받은" "거룩한 성경"에서 도출된 기독교적 가치와 행위에 대한 긍정적인 주장(3.9-14; 여기서는 3.11, 12)이 뒤따르며[204] 복음서의 가르침은 그와 전적으로 동일한 것으로서 곳곳에 산재해 있다(3.13, 14).[205] 철학자들의 불확실한 추측과 대조적으로 테오필로스는 "우리[그리스도인]는 진리를 알며" "하나님의 성령께 가르침을 받은 거룩한 예언자들에게 가르침을 받았다"고 주장하며, 계속해서 홍수(3.18-19)와 모세와 솔로몬 성전의 고대성(3.20-22), 예언자들이 그리스의 어떤 저술가보다도 시대적으로 앞선다는 점(3.23-26)을 설명하는 데 아무 주저함이 없었으며, 기독교 신앙이 새롭거나 최근에 생겨난 믿음이 아니라 오래되고 참된 믿음임을 입증한다. 그 이유는 바로 이 믿음이 "예언서"의

---

201 욥 9:9; 시 135:7; 33:6.

202 Grant, *Greek Apologists*, 157-61도 함께 보라. *After the New Testament*(Philadelphia: Fortress, 1967)에 실린 글 'Theophilus of Antioch to Autolycus'에서 Grant는 "그의 성경 해석 속에 있는 거의 모든 내용이 유대인의 하가다 문헌에 있는 내용과 비교될 수 있다"고 평한다(136).

203 출 20:14-17; 잠 4:25; 신 4:19; 사 42:5-6; 45:12; 40:28; 렘 10:12-13; 51:17-18; 시 14:1, 3; 합 2:18.

204 출 20:3-4, 12-17; 23:6-8; 22:21; 사 55:6-7; 겔 18:21-23; 사 31:6; 렘 6:9; 사 1:16-17; 58:6-8; 렘 6:16; 호 12:6; 욜 2:16; 슥 7:9-10; 잠 4:25; 마 5:28, 32; 잠 6:27-29; 사 66:5; 마 5:44, 46; 6:3.

205 앞의 §44.3e을 보라.

믿음이기 때문이다(3.29).

k. 사르디스의 멜리토

사르디스의 멜리토는 분명 자신의 성경을 알고 있었다. 에우세비오스는 알려진 최초의 "공인된 구약성경 목록"으로 보이는 목록을 담고 있는, 자신의 저술 중 한 권의 서문을 인용하면서 "옛 문헌들에 대한 정확한 사실을 알고자" 하는 그의 형제 오네시무스를 격려하고 그에게 "우리 구주에 관한 율법과 예언자들의 글에서 뽑은 인용문"을 보낸다(*HE* 4.26.12-13).[206] 「유월절에 대하여」에서 멜리토는 유월절에 관한 규정을 자세히 언급하며(*Peri Pascha* 11-15) 이집트의 장자의 죽음에 대한 우울한 묵상이 그 뒤에 이어진다(16-29). 멜리토는 인간의 창조와 타락을 기술하며(47-48) 똑같이 우울한 마음으로 그것이 인류에게 끼친 파괴적인 결과에 대해 묵상한다(49-56). 그는 아벨, 이삭, 요셉, 모세, 다윗의 생애 속의 사건들에서 그리스도의 고난에 대한 예언을 발견하며(59, 69), 자신의 요점을 부연 설명하면서 다양한 성경을 인용한다.[207] 그의 주된 요점은 이미 언급했듯이 유월절과 구약에 나오는 다른 다양한 사건과 인물들이 그리스도와 그의 희생적인 죽음의 모형이라는 것이다. 멜리토는 모형의 지속적인 가치를 중시하지는 않지만(§46.6h), 그에게 그리스도와 (유대인의) 성경에 대한 자신의 믿음과 유월절과 관련된 그리스도의 죽음의 신비에 대한 기독교적 이해에 있어 모형에서 도출할 수 있는 중요한 교훈들 사이의 연속성

206 70인역을 언급하기는 하지만 그가 덧붙인 구약 문헌 목록(*HE* 4.26.4)에는 히브리어 성경의 문헌들만 포함된다.

207 신 28:66(61); 시 2:1-2(62); 렘 11:19(63); 사 53:7(64); 시 35:12, 4과 사 3:10(LXX)(72).

을 입증하는 것은 중요한 일이었다는 데는 의문의 여지가 없다.[208]

I. 이레나이우스

성경, 즉 구약 성경에 대한 이레나이우스의 의존성을 문헌으로 입증하거나 예를 들어 보여줄 필요는 거의 없다.[209] 이레나이우스는 자신의 논적들도 성경을 사용하고 있었다는 점과 특히 비유는 잘못 해석되기 쉽다는 점을 잘 알고 있었지만(*adv. haer.* 2.27-28), 분명하지 않은 내용은 언제나 분명한 내용을 통해 해석해야 한다고 주장한다(2.28.3). 발렌티누스주의자들과 마르키온주의자들을 반박하는 핵심적인 주장 속에서 그는 "만유의 하나님이자 주님이라고 불리시며 또한 모세에게 '나는 스스로 있는 자'(출 3:14)라고 말씀하신 분 이외에" 다른 하나님은 없다는 점과 아브라함, 이삭, 야곱, 이스라엘의 하나님은 우리 주 예수 그리스도의 아버지라는 점을 입증하기 위해 구약을 반복적으로 사용할 수 있었다(*adv. haer.* 3.6). "만물을 만드신 분만이 마땅히 '하나님'과 '주'라고 불리며(3.8.3)… 어떤 인간의 지성도 그분을 꿰뚫어볼 수 없다. 실로 그런 시도를 하려는 것은 어리석은 일일 것이다(2.25.4). 그와 같은 어떤 시도도 무한한 퇴행의 오류와 무익함으로 귀결된다(1.16.3; 4.19.1)."[210] 구약 성경이 하나님 아

208 멜리토는 1-65장에서 "신비"라는 단어를 16회 사용한다.

209 Osborn은 A. Benoit가 'Ecriture et tradition chez S. Irénée', *RHPR* 40 (1960), 33에서 *adv. haer.*에 나오는 구약에 대한 언급은 629회지만, 신약에 대한 언급은 1,065회라는 사실을 발견했다고 말한다(*Irenaeus*, 162 n. 1).

210 Osborn, *Irenaeus*, 28-29과 추가적으로 27-34, 52-57: "이레나이우스는 영지주의자들의 일관된 논리 부족을 공격했다. 모든 것을 포용하시는 한 하나님은 이성적인 제1원리를 제공하셨다. 이레나이우스는 인간이나 하나님에 대한 어떤 주장이라도 자기모순에 빠지지 말 것을 요구했다. 하나님은 가장 높고 모든 것을 포용하는 실체이므로 하나님 외에 다른 하나님은 있을 수 없다(2.1.2)"(34); "이레나이우스는 예수가 기묘한 미지의 하나님에게서 받은 메시지를 가져왔다고 주장하는 영지주의와 마르키온주의의 주장에 맞서 성

들의 강림과 수난을 예언했다는 사실은 구약이 동일하신 한 하나님의 영감을 받은 것이라는 분명한 징표다(4.10). 이레나이우스의 태도는 기독교인들을 "주의 성경"으로 양육하시려는 하나님의 바람을 나타내기 위해 그가 에덴동산에서 하나님이 준비하신 것을 활용하는 방식 속에 잘 나타나 있다. "교회는 이 세상에서 동산(*paradisus*)으로 심겨졌기 때문이다. 따라서 하나님의 영은 이렇게 말씀하신다. '너는 동산의 모든 나무의 열매를 자유롭게 먹어도 좋다'(창 2:16). 즉 너희는 주님의 모든 성경의 열매를 먹으라"(*adv. haer.* 5.20.2). 이레나이우스에게서 우리는 유대인의 성경이 기독교인의 성경으로 변화되는 모습을 본다.[211]

m. 14일파(Quartodecimans)

소아시아에는 구주의 유월절(마지막 만찬) 절기를 음력 14일(니산 월 14일)에 지키는 전통이 있었는데, 이날은 유월절 어린양이 죽임을 당하는 날(출 12:6)이자 요한복음에 따르면 예수가 마지막 만찬을 기념하신 날이다. "따라서 그날이 무슨 요일이든 간에 그날에는 금식을 끝낼 필요가 있었다"(Eusebius, *HE* 5.23.1). 다른 곳에서의 관행은 그것이 니산 월 14일과 어떻게 연결되든지 일요일(부활절 주일)에 금식을 끝내는 것이었다. 14일파의 관행은 사도 요한에서 비롯된 것으로 여겨졌고, 요한의 설명에 따르면 예수는 유월절 어린양이 죽임을 당하는 "유월절의 준비일"에 십자가에

자는 성부를 눈에 보이게 한다고 주장한다. 예수 그리스도 안에는 새로운 하나님이 존재하는 것이 아니라 유일한 참 하나님의 새로운 표현이 존재한다"(112); *invisibile filii pater, visibile autem patris filius*(*adv. haer.* 4.6.6).

211 "이레나이우스는 기독교 성경의 첫 번째 분명한 증거를 제시한다"(Osborn, *Irenaeus*, 162; 추가적으로 8장을 보라).

못 박히셨다(요 19:14)(그래서 요 19:36에서는 출 12:10, 46[LXX]을 인용한다).[212] 그리고 이 관행은 폴리카르포스와 멜리토의 강력한 지지를 받았다. 로마 주교 빅토르가 14일파를 탄압하려 했을 때 이레나이우스는 그를 날카롭게 꾸짖으며 관습의 다양성을 용인해야 한다고 평화적으로 간청한 이들 중 한 사람이었다(*HE* 5.24.11-18).[213] 요점은 물론 마지막 만찬(기독교의 성찬식도 마찬가지로)[214]과 예수의 죽음[215]의 유월절적인 성격을 고수하는 2세기 기독교인들의 상당히 큰 집단이 존재했다는 것이다.

요컨대 사도 교부들과 변증가들은 기독교 신앙의 유대적인 특성을 여전히 대체로 기정사실로 받아들였고, 유대교와 다른 기독교의 독특성에 대한 의식이 점점 커져갔다는 점은 그들의 저작 속에서 분명히 드러나지만, 그들이 인용한 성경이 유대인의 성경이었다는 점을 부정하려는 시도는 전혀 없었다.

45.6 제2성전기 유대교의 유산

기독교는 랍비 유대교보다 더 진정으로 제2성전기 유대교의 계승자였다는 주장은 언뜻 보면 말이 안 되는 것처럼 보일 것이다. 두 번의 유대인 봉기의 재앙으로부터 서서히 발전했고 오늘날까지 계속 유대교의 고전

---

212 유대인의 하루는 해가 질 때 시작되었으므로 마지막 만찬과 십자가형은 같은 날 발생했을 것이다. 예수가 십자가에 달린 시점에 대한 공관복음과 요한복음의 설명의 차이에 관한 논의를 보려면 Barrett, *John*, 48-51을 보라.

213 Wilson, *Related Strangers*, 235-41을 더 자세히 보라.

214 바울 또한 "우리의 유월절 양"으로 "희생"되신 "그리스도"를 언급한다(고전 5:7).

215 "훗날 14일파는 독립된 교회로 조직되었다. 그들은 5세기까지 하나의 분파로 살아남았다"(*ODCC* 1355).

적인 패턴이 된 랍비 유대교는 대부분의 사람들에게 제2성전기 유대교의 분명한, 더 정확히 말해서 유일한 계승자인 것처럼 보일 것이다. 우리가 살펴본 것처럼 랍비 유대교뿐만 아니라 초기 기독교도 이스라엘의 성경에 규범적으로 표현된 바와 같은 이스라엘 종교의 진정한 계승자임을 명백히 주장할 수 있다. 그러나 시리아의 지배와 헬레니즘의 만연한 영향에 대한 마카비 가문의 저항으로부터 출현한 유대교의 진정한 계승자는 의심할 나위 없이 랍비 유대교다.

하지만 제2성전기 유대교는 바울이 기독교인이 되기 이전에 속한 바리새파 유대교보다 더 다양했다.[216] 사두개파 유대교는 그와 다른 집단이었고 70년 이전 시대의 보다 표준적인 유대교로 간주해야 한다. 에세네파 유대교는 70년 이전 분파주의 유대교의 가장 분명한 예였다. 또한 묵시적 유대교와 디아스포라 유대교도 설명하기가 더 어렵기는 하지만 마찬가지로 달랐다. 초기 기독교, 즉 나사렛 분파도 그와 경쟁하는 몇몇 대안적 분파들과 여러 가지 점에서 중첩되는 제2성전기 유대교의 또 다른 형태로 묘사하는 것이 적절하다.[217]

이 단락의 첫머리에서 언급한 주장에 힘을 실어주는 결정적인 요소는, **상황이 달랐다면 사라졌을지도 모르는 이 다양한 제2성전기 유대교의 유산의 매우 많은 부분을 보존한 것이 랍비 유대교라기보다는 기독교였다는 점**이다. 랍비 유대교는 (특히) 그 이전에 있었던 바리새파의 할라코트(유대교의 관례 법규집—역주)와 전승에 크게 의존했지만 실질적으로

216 신약은 갈 1:13-14에서 *Ioudaismos*라는 단어를 단 두 번만 사용하고 있다는 점을 기억해야 할 것이다. 거기서 바울이 언급하고 있었던 것은 현대 역사가들이 "제2성전기 유대교"라고 부르는 것의 다양성이 아니라 기독교를 믿기 이전의 바울이 헌신했고 회심의 결과로 부정했던 열심당 및 분리주의 바리새파 유대교였음이 분명하다. 추가적으로 *Beginning from Jerusalem*, §25 및 §29.2a을 보라.

217 이 점은 *Beginning from Jerusalem*에서 반복적으로 강조된다(예. 16-17, 238-40).

그 이상은 아니었다. 그리고 기독교는 사두개파나 에세네파의 전승에 아무런 관심이 없었다. 그러나 70인역을 보존한 것은 바로 기독교였으므로, 기독교와 랍비 유대교를 구별해주는 한 가지 특징은 양자의 공통된 성경이 보존되고 사용된 형태—기독교인들에게는 70인역, 랍비들에게는 히브리어 성경—가 되었다.[218] 필론과 요세푸스가 쓴 가장 위대한 유대 문헌들이 오늘날 우리에게 알려진 이유는 랍비들이 이 문헌들을 보존하고 필사하며 계속해서 연구했기 때문이 아니라, 초기 기독교인들이 이 문헌들을 귀중하게 여겼기 때문이다. 의심할 나위 없이 필론은 로고스를 창조와 계시 속에 나타난 하나님의 자기표현으로 보는 그의 광범위한 로고스 개념을 통해 초기 기독론에 영향을 끼쳤고[219] 실제로 "최초의 기독교 신학자"로 불렸다.[220] 또한 예수에 대한 요세푸스의 간략한 언급들[221]은 예수가 "메시아였고" "셋째 날에…다시 살아나셔서" 제자들에게 나타나셨다는 (요세푸스에 의한!) 확고한 증언을 제시하기 위해 쉽게 풀어 설명할 수

---

218 한 가지 전형적인 실례는 사 7:14의 그리스어 번역에 관한 유스티누스와 트리포 사이의 의견 불일치다. 유스티누스는 70인역의 번역(*parthenos* –"동정녀"')을 옹호했고, 트리포는 히브리어 *'almâ*("젊은 처녀")를 아퀼라, 심마쿠스, 테오도티온의 일치된 번역어인 그리스어 *neanis*("어린 소녀")로 번역하는 것이 더 정확하다고 주장했다(*Dial.* 67.1; 71.1-3; 84.1-4). 추가적으로 M. Hengel, *The Septuagint as Christian Scripture* (Edinburgh: T & T Clark, 2002), 특히 43-44을 보라. 아마도 2세기에 출현한 듯한 대안적인 그리스어 역본인 아퀼라, 심마쿠스, 테오도티온 역본이 유대교와 기독교의 중첩의 산물이었는지는 논쟁의 여지가 있다(에우세비오스는 심마쿠스를 에비온파라고 부르며[Eusebius, *dem. evang.* VII.1; *HE* 5.17; 또한 Theodoret, *prol. lib.* 2] 테오도티온과 아퀼라는 "둘 다 유대인 개종자"라고 부른다[*HE* 5.8.10]; 또한 Jerome, *in Hab.* 3.10-13; 아우구스티누스에 따르면 어떤 이들은 나사렛파를 심마쿠스파라고 불렀다[*contra Faustum* 19.4]). 그들은 아마도 대부분의 유대인들이 더 잘 받아들일 수 있는 히브리어 성경에 대한 그리스어 번역어를 찾아내려는 시도를 대변했을 것이다. 참고. J. M. Dines, *The Septuagint* (London: T & T Clark, 2004), 81-93.

219 예를 들어 J. N. D. Kelly, *Early Christian Doctrines* (London: A & C Black, 21960), 19-22을 보라.

220 G. E. Sterling, *EDEJ*, 1069.

221 *Jesus Remembered*, 141을 보라.

있는 말로 보였을 것이다(*Ant.* 18.63-64).[222] 보통 유대 위경으로 불리며 그 중 일부는 쿰란에서처럼 보다 널리 중시되기도 한 다른 문헌들은 기독교 일각에서 더욱 직접적으로 영향력을 갖게 되었다. 그와 같은 가장 분명한 예는 「에녹1서」로 수집된 에녹 문서인데, 그 영향력은 일부 신약 본문에 분명히 나타나며,[223] 이 문서는 「에녹의 책」으로 에티오피아 정교회의 정경의 일부가 되었다.[224]

이보다 훨씬 더 흥미로운 것은 초기 기독교인들이 몇몇 유대 문헌을 그들 자신의 창작물을 위한 견본으로 사용한 증거들이다.[225]

- 초기 교회의 예배 및 성직 규정에 관한 지침서인 4세기의 「사도 헌장 및 법전」(Apostolic Constitutions and Canons) 7권과 8권은 예수

---

222 그 부연 설명된 이야기는 보통 Eusebius가 *HE* 1.11.7-8에서 증언하는 "플라비우스의 증언"(*Testimonium Flavianum*)으로 알려져 있다. 예를 들어 S. Mason, *Josephus and the New Testament* (Peabody: Hendrickson, 22003), 226-36과 추가적으로 H. Schreckenberg, 'The Works of Josephus and the Early Christian Church', in L. H. Feldman and G. Hatai, eds., *Josephus, Judaism and Christianity* (Leiden: Brill, 1987), 315-24을 보라.

223 예를 들어 마태복음은 심판 때 "영광의 보좌에 앉으신 인자"를 상상하는데, 이는 *1 Enoch* 62:5; 69:29(참고. 45:3; 55:4; 61:8; 62:3)을 상기시킬 수도 있을 것이다. 추가적으로 J. Theisohn, *Der auserwählte Richter: Untersuchungen zum traditionsgeschichtlichen Ort der Menschensohn der Bilderreden des äthiopischen Henoch* (Göttingen: Vandenhoeck, 1969), 6장을 보라. 앞의 유다서에 관한 내용(n. 125)도 함께 보라.

224 특히 M. A. Knibb, 'Christian Adoption and Transmission of Jewish-Pseudepigrapha: The Case of 1 Enoch', *JSJ* 32 (2001), 396-415, reprinted in M. A. Knibb, *Essays on the Book of Enoch and Other Early Jewish Texts and Traditions* (Leiden: Brill, 2009), 56-76을 보라. 「에녹1서」는 *Eerdmans Commentary on the Bible*(ed. J. D. G. Dunn and J. W. Rogerson, 2003)에 기독교회의 정경의 일부로 포함되었다.

225 이어질 내용에서 필자는 특히 다음 글에 의존했다. Charlesworth, 'Christian Additions to the Apocryphal Writings.' 다음 참고문헌들도 함께 보라. Wilson, *Related Strangers*, 97-98, 107-8; T. Elgvin, 'Jewish Editing of the Old Testament Pseudepigrapha', in Skarsaune and Hvalvik, eds., *Jewish Believers in Jesus*, 278-304. 그는 *Lives of the Prophets*(2.8-9, 12-13에서 가장 분명하게 나타나는 기독교적 내용), *Fourth Baruch*(기독교적인 덧붙여진 결말—9.14-32), *Apocalypse of Abraham* 29.3-13에 삽입된 기독교적인 내용도 검토한다.

그리스도, 그의 출생, 십자가형, 주의 날, 교회 등에 대한 언급을 삽입함으로써 헬레니즘 시대의 회당 기도에 크게 의존했다는 점이 일반적으로 인정된다. 그 밖에도 그 기도에는 독특한 유대적인 특성이 있으며 그 출현 시점은 빠르면 2세기 중엽까지 추정할 수 있을 것이다.[226]

- 「12족장의 유언」은 너무 기독교화된 나머지 기독교 이전의 형태를 복원하기가 거의 불가능하다. 그럼에도 불구하고 쿰란에서 발견된 레위와 납달리의 유언의 단편들이 존재한다는 점 때문에 이 기독교 문헌은 그 이전의 유대 문헌 내지 그러한 모델을 바탕으로 했을 가능성이 매우 크며, 그 유대 문헌의 메시아적인 개념들은 (*T. Levi* 17과 *T. Jud.* 24.1에서와 같이) 기독교적인 부연 설명에 분명한 연결고리와 자극을 제공해주었다.[227]
- 「이사야의 순교와 승천」 1-5장은 「이사야의 순교」라는 적절한 제목이 붙은 문헌이며, 그중에서 3:13-4:22은 명백히 기독교적인 내용이 삽입된 부분이라는 점도 일반적으로 인정된다. 순교 이야

226 「사도 헌장」의 창작 과정에서 삽입되었을 듯한 기독교적인 내용을 분명히 언급하고 있는 D. A. Fiensy and D. R. Darnell, 'Hellenistic Synagogal Prayers', *OTP* 1.671-97을 보라. Charlesworth는 삽입된 부분이 보여주는 자기 정의는 "이 기도를 계속해서 암송한 유대 기독교인 공동체가 절대다수의 유대인들과 분리됨에 따라 전적으로 논쟁적인 정의가 되었을 것"이라고 지적한다('Christian Additions', 33). 다음 책도 함께 보라. Wilson, *Related Strangers*: "흥미롭게도 유대교는 이단으로, 유대인들은 그리스도를 죽인 자들로 일축된다"(102).

227 본문은 *OTP* 1.775-828에 나오는 H. C. Kee에 의한 본문이다. 「12족장의 유언」에 대한 가장 저명한 연구자는 M. de Jonge였다. 그의 'Patriarchs, Testaments of the Twelve', *ABD* 5.181-86을 보라. Charlesworth는 부정할 수 없을 만큼 기독교적인 열 개의 본문을 언급한다('Christian Additions', 36-40). "이 증거는 유대인과 이방인이 뒤섞인 공동체에 속해 있는 유대 기독교인 가필자(또는 저자)나 바르 코크바 봉기 직후에 이방인 형제들에게 문호를 개방한 유대 기독교인 공동체를 암시한다"(Elgvin, 'Jewish Editing', 292; 기타 참고문헌, 286 n. 22). Wilson은 "그들의 무제한적인 보편주의"를 언급한다(*Related Strangers*, 105-7).

기는 마카베오 가문의 순교자들에 대한 기록(2 Macc. 7)으로 인해 낯익은 이야기였고, 히브리서 11:37은 이사야가 톱에 잘려 처형되었다는 이야기(*Martydom* 5.14)에 대한 암시를 담고 있다. 따라서 유대 문헌인 「이사야의 순교」는 1세기 말엽에 통용되었을지도 모르며 그때 기독교적인 내용이 이미 삽입되었을 수도 있다.[228]

- 「에스라4서」의 처음 두 장과 마지막 두 장은 「에스라4서」에 덧붙여진 기독교적인 내용으로 간주하는 것이 가장 타당하며, 처음 두 장은 「에스라5서」, 마지막 두 장은 「에스라6서」로 지칭하는 것이 보다 적절하다.[229] 「에스라4서」는 보통 그 연대를 대략 기원후 100년으로 추정하며 이 문헌이 하나님께서 왜 자기 백성을 그들의 원수의 손에 넘기셨는가 하는 문제와 씨름하고 있다는 점은 아마도 편집자에게 호소력 있게 다가왔을 것이다. 「에스라5서」는 아마도 「에스라4서」에 의해 촉발된, 2차 유대인 봉기의 경험에 대한 의견으로서 출현했을 것이다.[230] 자기 나름의 정체성을 모색하고 있는 기독교에서 두 번의 유대인 봉기의 재앙이 벌어진 원인을 이스라엘이 언약을 지키지 않은 데서 찾고(*4 Ezra* 2.5-7; 15.25) 에스라를 바울과 다소 비슷하게 이방인들에게로 향하는 인물로 묘사하는 것(1.24; 2.33-34)은 하나의 매력적인 선택지였을 것이다. 그러나 이 문헌이 대변하는 이들은 계속해서 고전적인 예언적 책망을 반복하고, 그들 자신을 족장들과 예언자들이 그들에게 인도자로 주

---

228 M. A. Knibb, 'Martyrdom and Ascension of Isaiah', *OTP* 2.143-76(여기서는 149); Wilson, *Related Strangers*, 99-101; Elgvin, 'Jewish Editing', 292-93. 내용 삽입에 대해서는 Charlesworth, 'Christian Additions', 41-46을 보라.

229 이 문헌 전체는 신약 외경에서 "에스드라2서"로 등장한다. 필자는 그 모든 언급된 본문을 「에스라4서」(=「에스드라2서」)로 인용할 것이다.

230 Stanton, '5 Ezra', 262-63; Elgvin, 'Jewish Editing', 301.

어진 이스라엘의 역사 속에 두며(1.38-40; 2:18), 독특한 유대적인 관점에서 그들 자신을 하나님의 계명과 교훈을 지키는 이들로 정의했다(1.24; 2.20-22; 16.76).[231]

- 「시빌라의 신탁」은 고대 세계에서 인기 있는 장르로서 인류에게 닥칠 것으로 예언된 화와 재앙에 대한 일종의 정치적 선전용 경고였다.[232] 유대인 저자들은 기원전 2세기에 이 장르를 사용하기 시작했다. *Sib. Or.* 3-5권과 11권은 그 가장 분명한 예다.[233] 이 문헌 속에 삽입된 기독교적인 내용은 적당하지만,[234] 1권은 원래의 유대 신탁을 기독교적으로 개작한 것으로 보이며[235] 2권은 유대적인 원본에 의존하고 있긴 하지만 아마도 기독교적인 작품인 듯하다.[236] 1권과 2권에 대한 기독교적인 편집은 그 시점을 늦어도 기원후 150년 이전으로 추정해야 할 것이다.[237]
- 우리는 여기서 아마도 「솔로몬의 송시」를 추가해야 하겠지만, 그 이유는 이 송시가 그 이전의 한 유대 문헌을 기독교적으로 수정하거나 각색한 것이기 때문이 아니다. 더 정확히 말하면 「솔로몬

---

231 Wilson, *Related Strangers*, 92, 95-97; Charlesworth, 'Christian Additions', 46-48도 함께 보라. 가장 분명한 기독교적 특징은 에스라의 환상 속에서 "그들이 세상 속에서 고백한 하나님의 아들"로 확인되는 "키가 큰 젊은이"에 대한 언급이다(*4 Ezra* 2.43-47).

232 16세기의 노스트라다무스의 『예언』도 이와 비슷한 매력을 불러일으켰다.

233 J. J. Collins, 'Sibylline Oracles', *ABD* 6.3-4.

234 Charlesworth는 3권—*Sib. Or.* 3.776—과 5.256-59에 덧붙여진 기독교적인 두 부분만을 언급한다('Christian Additions', 48-49).

235 그리스도의 성육신과 생애에 관한 마지막 부분(1.324-400)은 분명히 기독교적인 첨가된 내용이다. Wilson, *Related Strangers*, 102-3; 103-5도 함께 보라.

236 J. J. Collins, 'Sibylline Oracles', *OTP* 1.317-472(여기서는 330). 특히 O. Wassmuth, *Sibyllinische Orakel 1-2: Studien und Kommentar*(AJEC 76; Leiden: Brill, 2011)를 보라. *Sib. Or.* 6권과 7권은 명백히 기독교적인 작품이지만 8권에는 유대적인 밑바탕이 있을지도 모른다(Collins, *ABD* 6.5).

237 Collins, *OTP* 1.331-32.

의 송시」는 쿰란 찬송시와 「솔로몬의 시편」은 물론이고 추가적인 쿰란 시편과 마찬가지로 (구약의) 시편에서 주로 영감을 얻은 것으로 보인다. 우리에게 똑같이 흥미로운 것은 「솔로몬의 송시」가 영감 면에서 분명 기독교적이며 성자, 메시아에 대해 자주 말하고 있고(§40.1j) 요한복음의 흔적이 특히 뚜렷하게 드러난다는 점이다(§49.6). 또한 (*Odes* 10.5 및 29.8에서처럼) 이방인에 대한 어느 정도의 반감도 존재한다. 따라서 「솔로몬의 송시」는 십중팔구 예수를 믿는 유대인 신자가 썼을 것이다.[238]

이 모든 사실에 있어서 주목할 만한 것은 초기 기독교인들이 유대적인 특징이 뚜렷한 문헌과 친숙했으며 단지 친숙하기만 한 것이 아니라 이 문헌들이 그들의 문헌이기도 하다는 의식이라고 할 만한 의식도 지니고 있었다는 점이다. 이 문헌들이 기독교인들에 대해 가진 적실성과 가치는 부연 설명과 첨가를 통해 쉽고 자연스럽게 발휘될 수 있었다. 이와 같은 유대 문헌들이 이방인 신자들에게 이르게 된 매개체는 십중팔구 유대인 신자들이었을 것이고, 유대인 신자들은 여전히 유대인 공동체의 일부와 긴밀한 관련이 있었을 것이며, 메시아 예수에 대한 그들의 특정한 믿음을 자신들의 유대적인 신앙의 자연스러운 산물이자 연장으로 간주했다. 전적으로 기독교적인 저작으로 간주되는 2세기 초의 저작들(필자는 특히 「디다케」를 염두에 두고 있다)은 그와 같은 예수를 믿는 유대인 신자 집단, 즉 그 이후에 이단으로 간주되었을지도 모르는 집단의 저작으로 간주해야 한다는 주장도 똑같이 가능하다.[239]

---

238 Emerton, *AOT* 684. 이하 §49.6과 §50.1e도 함께 보라.

239 참고. Mimouni, *Early Judaeo-Christianity*, 82, 161-69. 또한 Mimouni는 바나바를 유대 기독교인으로 간주하지만(197-213), 그럴 경우 우리는 알렉산드리아의 보다 헬라화된 유

눈에 띄는 또 다른 특징은 앞에서 언급한 저작들이 꽤 넓은 범위의 나라들에서 나온 것처럼 보인다는 점이다(이집트의 필론, 로마의 요세푸스, 헬레니즘 시대의 회당 기도, 시리아에서 나온 듯한 「12족장의 유언」, 아마도 팔레스타인에서 나왔을 「이사야의 순교」와 「에스라4서」, 이집트와 프리기아와 시리아 등 다양한 곳에서 나온 것으로 간주되는 「시빌라의 신탁」). 그 결과로 이 문헌들이 유대인 신자들이 서방 디아스포라 전역에 널리 퍼졌고 유대 기독교가 기독교 자체의 독특한 정체성의 비옥한 못자리였다는 점을 입증할 가능성이 크다.

45.7 "미님"(minim)

예수를 믿는 유대인 신자들과 관련해서 아마도 가장 매력적인 증거는 "미님"일 것이다. 많은 랍비 전승들이 "미님", 즉 랍비들이 못마땅해하거나 적대적인 태도를 취한 사람들을 언급한다. 비록 어떤 이들은 로마인들을 포함한 비유대인이 표적이었다고 생각하지만, "미님"은 보통 랍비들이 재구성한 유대교를 따르지 않는 유대인들로 여겨졌다. 그들이 "미님"으로 지칭된 이유 또한 논란거리다. 그들은 단순히 랍비들이 길러내고자 애쓴 공동체적 기풍을 저해하는 것으로 간주된 비동조자에 불과했는가?[240] 아니면 교리적인 문제가 쟁점이 되어 랍비들이 그들과 다른 견해를 거짓되고 자신들의 유대교를 위협하는 것으로 간주하여 일종의 정통 신앙을 강요했는가? 최소한 "미님" 중에 다수를 기독교인으로 간주하고

대교의 영향을 받았고 팔레스타인의 랍비 유대교에 더 집중적으로 초점을 맞추는 것에 반발하는 다른 종류의 "유대 기독교"를 상상해야 할 것이다.

240 특히 A. Schremer, *Brothers Estranged: Heresy, Christianity, and Jewish Identity in Late Antiquity* (Oxford University, 2010).

그들을 랍비들과 분리시킨 문제들이 초기 기독교인들이 더 담대하게 말하게 된 예수에 대한 믿음이었다고 보려는 강한 경향이 있어 왔다.[241] 이 주제의 이러한 측면에 대해서는 §46에서 다시 다룰 것이다. 여기서 할 일은 단지 "미님" 중에 최소한 많은 이들이 실제로 기독교인, 즉 예수를 믿는 유대인 신자였다는 점과 랍비 문헌의 언급은 2세기 시리아-팔레스타인 지역에 그와 같은 예수를 믿는 유대인 신자들이 많았다는 분명한 증거를 제시한다는 점을 입증하는 것이다.[242]

가장 분명한 증거는 *Tosefta Hullin* 2장에 나오는 두 본문인데, 이 두 본문은 대체로 보편적으로 기독교인을 지칭하며 랍비화된 유대인 공동체 속에 예수를 믿는 유대인 신자들이 존재했다는 증거를 제시하는 것으로 인식된다.

> 뱀에 물린 랍비 엘르아살 벤 다마와 예수 벤 판테라의 이름으로 그를 고치러 온 케파르 사마의 야곱에 관한 사건이 있었다. 랍비 이스마엘은 벤 다마의 치료를 허락하지 않았다. 이스마엘이 벤 다마에게 말했다. "벤 다마, 당신의 치료를 허락하지 않겠소!" 그러자 벤 다마가 이스마엘에게 말했다. "그가 나를 고칠 수 있다는 증거를 당신에게 보여주리다." 그러나 벤 다마는 결국 죽기 전에 그 증거를 보여주지 못했다. 랍비 이스마엘이 말했다. "벤 다마, 그대는 복된 사람이요. 평안히 눈을 감았고 현자들의 담을 헐어버리지 않았으니

241 이에 대한 고전적인 자료집은 R. T. Herford, *Christianity in Talmud and Midrash*(London: Williams & Norgate, 1903)이다. (예수를 믿는 유대인 신자가 아닌) 예수 자신에 대한 언급에 대해서는 35-96, 344-60을 보라. 더 자세한 참고문헌은 P. S. Alexander, 'Jewish Believers in Early Rabbinic Literature (2d to 5th Centuries)', in Skarsaune and Hvalvik, eds., *Jewish Believers*, 659-709(여기서는 659 n. 1)과 Schremer, *Brothers Estranged*를 보라.

242 "모든 '미님'이 다 유대 기독교인은 아니지만, 유대 기독교인은 일부 랍비들이 보기에 분명 '미님'이었던 것으로 보인다"(Broadhead, *Jewish Ways*, 290).

말이오. 무릇 현자들의 담을 허는 자에게는 성경에 '담을 허는 자는 뱀에게 물리리라'고 말씀한 바와 같이 재앙이 닥칩니다"(*t. Hull.* 2.22-23).[243]

"미누트"로 인해 체포된 랍비 엘리에셀에 관한 사건이 있었다. 사람들이 그를 재판정에 끌고 왔다. (이 사건은 기각되었다.) 엘리에셀은 법정을 떠날 때 "미누트"로 인해 체포된 것을 괴로워했다. 그의 제자들이 그를 위로하러 찾아왔지만, 그는 위로를 받아들이지 않았다. 랍비 아키바가 찾아와 그에게 말했다. "랍비여, 당신이 더 괴로워하지 않게 한 말씀 드려도 되겠습니까?…아마도 '미님' 중에 한 사람이 당신에게 말해준 '미누트'의 가르침이 마음에 드셨나 보군요." 엘리에셀이 아키바에게 말했다. "맙소사, 당신 말을 들으니 생각이 나는군요. 언젠가 제가 세포리스의 거리를 거닐다가 케파르 시크닌의 야곱을 만난 적이 있습니다. 그가 예수 벤 판티리의 이름으로 '미누트'의 가르침을 말해주었는데 그것이 제 마음에 들었습니다. 저는 '미누트'의 말 때문에 체포당했습니다. 제가 '네 길을 그에게서 멀리하라. 그의 집 문에도 가까이 가지 말라'(잠 5:8; 7:26)는 토라의 말씀을 어겼기 때문입니다"(*t. Hull.* 2.24).[244]

나사렛 예수는 랍비 전승에서 명백히 예수 벤 판테라/판티리(또는 벤 스타다)라고 불렸고 예수의 아버지는 판테라 또는 스타다라고 알려진, 다른 곳에서는 알려지지 않은 인물(로마 병사?)로 여겨졌다.[245] 이 본문은 갈릴

243 Herford, *Christianity*, 103-8(및 병행 본문 역본); 여기서와 그다음 인용문에서 필자는 Schremer의 번역을 따랐다(*Brothers Estranged*, 87-88).

244 Herford, *Christianity*, 137-45 (및 병행 본문 역본); Bauckham, *Jude and the Relatives of Jesus*, 106-21.

245 Herford, *Christianity*, 36-40. 그러나 Broadhead의 조심스러운 입장을 주목해 보라(*Jewish Ways*, 286-7). 추가적으로 Wilson, *Related Strangers*, 186-9을 보라.

리 지역의 촌락들에 예수의 이름으로 행동하거나 가르치는 사람들—즉 예수를 믿는 유대인 신자들—이 존재했다는 점을 확인시켜준다. 이 본문에 등장하는 이들은 두 사람 다 서로 다른 마을 출신의 야곱이라는 사람이었다. 두 사람은 분명 이 본문에서 염두에 둔 공동체의 일원으로 마을 공동체의 다른 이웃들과 자유롭게 대화하고 그들에게 도움을 줄 수 있었다.[246] 이와 똑같이 흥미로운 것은 이 두 본문에서 예시된 랍비들이 그런 신자들이 끼칠 수 있는 영향에 대해 보이는 우려다. 전자의 사례에서의 우려는 토라를 중심으로 둘러친 담(구전 "할라코트")이 무시당하거나 무너지고 있다는 우려였다. 후자에서 언급된 "미누트"는 예수의 이름으로 전해진 가르침이었다. 여기서의 우려는 120-140년 기간의 주요 랍비 중 두 사람(이스마엘과 아키바)의 우려로 간주되며, 이는 랍비들의 담쌓기가 랍비들과 예수를 메시아라고 믿은 동료 유대인들 사이의 선 긋기이기도 하며 그 과정이 140년대에 이미 상당히 진척되었다는 사실을 암시한다.

랍비들이 예수에 대한 기독교인들의 주장을 불쾌하게 여겼다는 가장 설득력 있는 증거는 "두 권세 이단"이다. 이 또한 §46.4c에서 더 자세히 살펴볼 것이다. 여기서 강조할 요점은 단지 "하늘에 두 권세"가 존재한다는 주장을 부정하기 위한 가장 분명한 표적이 이미 빌립보서 2:10-11에서와 같이 예수가 하나님 우편으로 높임을 받으셨고 신적이거나 반(半)신적인 영광을 허락받으셨다는 기독교인들의 주장이라는 점이다. 이

246 L. H. Schiffman, *Who Was a Jew? Rabbinic and Halakhic Perspectives on Jewish-Christian Schism* (Hoboken: Ktav, 1985): "탄나임들은 최초의 기독교인들을 별도의 종교적 공동체를 구성하는 이들로 간주하지 않았다"(51-52). R. A. Pritz, *Nazarene Jewish Christianity: From the End of the New Testament Period Until Its Disappearance in the Fourth Century* (Jerusalem: Magnes, 1988): "야곱은 단순히 한 개인 이상의 존재로 간주되었을 것이다. 그는 70년 이후의 유대인 공동체들이 팔레스타인에서 자주 접했을지도 모르는 유대 기독교인 전도자-치유자를 대표하는 전형적인 인물이다"(107).

미 요한복음 5:18과 10:33의 증거를 고려하면 (앞에서 말한 것과 같은) "두 권세"에 대한 주장을 맹렬히 비난한 이들이 기독교인들에 대한 반박을 목표로 삼았다는 점, 그리고 여기서 그보다 더 중요한 사실로 시리아-팔레스타인 지역의 유대인 공동체 안에 예수에 대해 그러한 주장을 하는 유대인들이 있었다는 점을 부정하기 어렵다.

여기서 특히 흥미로운 것은 그 뒤로 히에로니무스가 랍비들에게 저주를 받은, 회당에서 활동한 "미나이인들"(="미님")을 언급할 수 있었다는 사실이다.

> 스스로 기독교인이라고 주장하는 에비온파에 대해서 내가 무슨 말을 하겠는가? 지금까지 동방의 모든 회당의 유대인들 사이에 한 분파(*haeresis*)가 존재하는데, 이 분파는 "미나이인들(의 분파)"(*Minaeorum*)이라고 불리며 지금까지 바리새인들에게 정죄를 당하고 있다. 그들은 보통 나사렛파라고 불린다. 그들은 동정녀 마리아에게서 태어난 하나님의 아들 그리스도를 믿고 본디오 빌라도에게 고난을 당하고 다시 살아나신 분이 바로 그분이라고 말하며, 우리 또한 그분을 믿는다. 그러나 그들은 유대인인 동시에 기독교인이 되기를 바라지만 그들은 유대인도 아니고 기독교인도 아니다(*Ep.* 112.13).

히에로니무스는 팔레스타인에서 오랜 세월을 보냈으므로—생애의 마지막 30년을 베들레헴 근처의 한 은둔처에서 보냈다—그의 언급은 약속의 땅 가까이에 있었던 큰 유대인 공동체들 속에 예수를 믿는 신자들이 상당히 포함되어 있었다는 추가적인 좋은 증거다. 그들 모두가 공개적인 "미님"이었고 랍비들이 양성하려 애쓴 유대교를 훼방하는 "미님"으로 간주되었는가? 아니면 공개적이지도 않고 유대교를 방해하지도 않았지만, 여전히 예수를 자신들의 유대교에 대한 적절한 표현으로 믿는 신자인 다른 이들도 존재했는가? 랍비 전승과 히에로니무스의 언급에서 특히 중요한 것은 "미님"(=예수를 믿는 유대인 신자들)이 4세기 말에 이르기까지 시리아/팔레스타인의 유대인 회당에서 계속해서 활동했음을 암시하는 증거들이다.

45.8 예수도 추종한 유대인들

순교자 유스티누스의 「트리포와의 대화」에서 가장 흥미로운 특징 중 하나는 소아시아의 기독교인들이 바울을 괴롭힌 상황과 비슷한 상황, 즉 예수를 그리스도로 믿는 두 부류의 유대인 신자들이 존재하는 상황에 직면했다는 그의 증언이다. 한편에는 계속해서 율법을 준수하기를 희망하지만, 이방인 신자들도 율법에 따라 살아야 한다고 주장하지는 않은 사람들이 있었다. 유스티누스는 트리포에게 그들은 구원받을 것이라고 장담했고 "모든 면에서 한 가족이자 형제로 그들과 교제"하는 것을 상상한다(*Dial.* 47.1-2). 다른 한편으로 유스티누스는 예수를 믿으면서 이방인 신자들에게 자신들(유대인 신자들)처럼 계명을 지킬 것을 강요하는 유대인 신자들은 받아들일 수 없었다. 그러나 그는 그들도 예수는 그리스도라는 믿음을 버리지 않으면 구원받을 수 있음을 부정하려 하지 않았다(47.3-4).[247]

유스티누스가 마음속에 그린 상황은 기독교 이단 연구가들이 유대 기독교 분파—에비온파, 나사렛파, 엘케사이파—로 간주한 분파들에 대해 이후의 교부 문헌들이 제공하는 보다 복잡한 자료를 미리 보여주는

247 참고. Paget, 'Jewish Christianity', 756-57.

것처럼 보인다. 우리는 그러한 운동들에 대한 교부 시대 저자들의 언급에 전적으로 의존하는데, 그들이 이런 운동들에 대해 보인 적대감은 그들의 증거를 얼마나 신뢰해야 하는가 하는 문제를 매우 불분명하게 만든다. 이미 논의한 바 있는(§40.4a) 유대 기독교 복음서들인 「히브리인에 따른 복음」, 「나사렛파 복음」, 「에비온파 복음」에 관한 혼란과 불확실성은 이 문제를 분명히 보여준다. 히에로니무스 자신도 나사렛파가 에비온파를 가리키는 또 다른 이름이라고 생각했다(*Ep.* 112.13).[248] 그러나 우리는 최소한 이런 이름들로 알려진 예수를 믿는 유대인 신자들의 집단이 존재했다고 확신할 수 있다. 따라서 이 증거는 그것이 2세기의 유대 기독교에 대해 어떤 추가적인 정보나 단서를 제공하는지 알아보기 위해 최소한 요약적인 방식으로라도 검토해야 한다.

a. 에비온파

"에비온파"라는 말은 "가난한 사람들"을 지칭한다는 일반적인 인식이 있지만,[249] 어떤 이들은 그들이 에비온이라는 창시자의 이름을 따서 그렇게

---

248 이 말은 앞에 §45.7에서 인용되었고 A. F. J. Klijn and G. J. Reinink, *Patristic Evidence for Jewish-Christian Sects* (NovTSupp 36; Leiden: Brill, 1973), 200-1에 더 자세히 인용되어 있다. 오리게네스는 조상들의 율법을 떠났다며 예수의 추종자들을 비난한 켈수스의 오류를 다음과 같이 지적한다. "그는 예수를 믿는 유대인 신자들이 그들 조상들의 율법을 떠나지 않았다는 사실을 알지 못했다. 그들은 율법에 따라 살아가기 때문이다…"(*c. Celsum* 2.1). 히에로니무스는 우리에게 자신은 "히브리인들 가운데 믿는 형제"에게 히브리어를 배웠다고 말한다(특히 125.12). Wilson, *Related Strangers*, 89-90 및 143-59도 함께 보라.

249 예를 들면 Origen, *de princ.* 4.3.8; similarly *c. Celsum* 2.1; Jerome, *in Es.* 66.20. "에비오님"(*Ebionim*)은 유대적인 배경에서는 긍정적인 단어다. "에비온파라는 이름은 어떤 점에서 경건한 가난한 자를 가리키는 오랜 유대 전통과 관련된 것이 분명하다"(R. Bauckham, 'The Origin of the Ebionites', in P. J. Tomson and D. Lambers-Petry, eds., *The Image of the Judaeo-Christians in Ancient Jewish and Christian Literature* [WUNT 158; Tübingen: Mohr Siebeck, 2003], 162-81). Bauckham은 특히 시 37:11을 언급하면서 이를 마

불렸다고 생각하며,[250] 이 호칭을 그들의 빈약한 이해력을 가리키는 말로 받아들이는, 이해할 만한 경향도 있다.[251] 에피파니우스는 에비온의 설교가 그리스도를 믿는 신자들(나사렛파?)이 예루살렘이 함락된 뒤 예루살렘에서 피신한 데가볼리 지방의 도시인 페레아의 펠라에서 시작되었음을 알려주며(*Pan.* 30.2.1, 7),[252] 히에로니무스는 에비온파의 소재지를 확고하게 시리아로 못 박았지만,[253] 에피파니우스는 에비온이 아시아와 로마에서 설교한 적도 있다고 가르쳤다.[254]

5:3-5의 "가난한 자"와 연관시켰고 쿰란 문헌(3Q171 2.9)에서 이를 자기 호칭, 즉 "가난한 자들의 회중"으로 해석했다. *Ascents of James*, 1.62.2은 "'가난한 자들'이라는 에비온파의 자기 호칭, 마태복음의 8복 강화의 첫머리에서 나온 이 호칭의 유래를 보존한 문헌일 것이다…"(177-80). 그러나 "에비오님"(*Ebionim*)을 "예루살렘 성도 중 가난한 자들"(롬 15:26)과 관련시키려는 시도는 전혀 없다. O. Skarsaune, 'The Ebionites', in Skarsaune and Hvalvik, *Jewish Believers*, 419-62(여기서는 421, 424-27)의 견해도 이와 비슷하다. 다음 참고문헌들도 함께 보라. Wilson, *Related Strangers*, 148-49; S. Häkkinen, 'Ebionites', in Marjanen and Luomanen, *Companion*, 247-78.

250 예를 들면 Tertullian, *de praes. haer.* 32.3-5; 33.11; Epiphanius, *Pan.* 30.1.1 — 분파들은 보통 그들의 창시자의 이름을 따라 불렸다(Justin, *Dial.* 35.6). "고대인들이 이 사람들을 에비온파라고 부르는 것은 꽤 적절했다. 이들은 그리스도에 대해 빈약하고 보잘것없는 견해를 갖고 있었기 때문이다"(Eusebius, *HE* 3.27.1). M. A. Jackson-McCabe, 'Ebionites and Nazoraeans: Christians or Jews?', in Shanks, ed., *Partings*, 187-205: "이 에비온은 결국 전승 속에 늘 등장하는 인물이 되었겠지만 그런 사람은 존재한 적이 없다는 점은 거의 확실하다"(190).

251 예. Origen, *de princ.* 4.3.8; Eusebius, *HE* 3.27.6; Epiphanius, *Pan.* 30.17.1, 3; 30.18.1; Jerome, *in Esaiam* 1.3.

252 Schoeps는 펠라를 "에비온파 신앙의 얍니아"라고 부른다(*Jewish Christianity*, 28). 펠라 전승의 역사적 가치에 대해서는 Wilson, *Related Strangers*, 145-48을 보라. 확증하는 고고학적 증거의 부족에 대해서는 P. Watson, 'The Christian Flight to Pella? The Archaeological Picture', in Shanks, ed., *Partings*, 73-86, 310-12을 보라.

253 Jerome, *de situ et nom. loc. hebr. liber* 112; 또한 Eusebius, *onomasticon* 172, 1-3. "교부들이 사용한 그리스어 단어가 아람어에서 유래했다는 점은 에비온파가 주로 아람어를 사용하는 지역에서 살았다는 사실을 보여준다"(Bauckham, 'Origin', 177).

254 Epiphanius, *Pan.* 30.18.1("키프로스에서도"); 참고. Jerome, *ep.* 112.13(에비온파는 "동방의 모든 회당 곳곳에 있는 유대인들 사이에서" 발견할 수 있었다). A. Schmidtke는 *Neue Fragmente und Untersuchungen zu den judenchristlichen Evangelien*(Leipzig: Hinrichs, 1911)에서 "에피파니우스가 아시아와 로마를 언급하면서 그가 케린투스에 대해 알고 있는 어

에비온파에 대한 최초의 언급은 이레나이우스의 *adv. haer.* 1.26.2에 나온다.[255] "에비온파라고 불리는 이들은 하나님이 세상을 지으셨다는 데 동의한다.…그들은 마태복음만을 사용하고 사도 바울을 거부하면서 바울은 율법에서 떠난 배도자라고 말한다.…그들은 할례를 행하고 율법에 따른 관습을 고수하며 유대적인 생활 방식을 실천하고 심지어 예루살렘을 마치 하나님의 집인 양 사모한다." 이레나이우스가 초점을 맞춘 특징들은 그 이후의 관련 문헌에도 등장한다.[256] 예를 들어 히폴리투스는 "그들은 자신들은 율법에 따라 의롭다 함을 받는다고 말하고 예수도 율법을 실천함으로써 의롭다 함을 받았다고 말하며 유대적인 관습에 따라 산다"고 기록했다(*refutatio* 7.34.1).[257] 오리게네스는 "그리스도의 이름을 받아들인 것처럼 보이지만, 그럼에도 불구하고 에비온파처럼 육신적 할례의 규칙을 받아들여야 한다고 믿는 이들"이 존재한다고 말한다(*hom. in Gen.* 3.5). 그리고 히에로니무스는 "유대인들 가운데서 자신을 위해 율법을 준수해야겠다고 결심하는 헤비온의 덫"에 대해 이야기한다(*ep.* 112.16).[258] 에우세비오스는 에비온파가 안식일을 준수했지만 주일도 "구

떤 사실을 에비온에게 전가하고 있음을 설득력 있게 보여주었다"(Skarsaune, 'Ebionites', 451).

255 필자는 이어지는 인용문을 Klijn and Reinink, *Patristic Evidence for Jewish-Christian Sects*에서 인용했다.

256 특히 *adv. haer.* 3.15.1. Broadhead는 에비온파에게 속한 것으로 간주되는 믿음과 실천을 요약적으로 정리한 유용한 표를 만들었다. 그러나 그는 또한 "에비온파의 주장은 영지주의자들의 주장처럼 온갖 종류의 독과 오물과 이단을 흘려보내는 넓은 늪"이라고 말한다(*Jewish Ways*, 197-98, 199-202, 205-6).

257 다음 문헌들도 함께 보라. Justin, *Dial.* 67.2; Tertullian, *de prae. haer.* 32.5; Origen, *hom. in Gen.* 3.5; Eusebius, *HE* 3.27.2. "우리는 에비온파의 교리에서는 예수가 완전한 율법 준수로 인해 메시아로 세워지도록 선택받았다고 주장했다고 확신할 수 있다"(Skarsaune, 'Ebionites', 435).

258 에피파니우스는 "그들이 장로와 *archisynagōgoi*(회당장 — 역주)를 두고 있고 그들의 교회를 교회가 아니라 회당이라고 부르며 그리스도에게 명목상으로만 경의를 표한다"는 사실에 주의를 환기시킨다(*Pan.* 30.18.2).

주의 부활을 기념하는 날"로 기념했다고 말한다(*HE* 3.27.5).[259] 또한 오리게네스는 에비온파가 "바울의 편지들을 받아들이지 않는다"고 말하며(*c. Celsum* 5.66),[260] 이와 비슷하게 에우세비오스도 에비온파가 "그들이 율법에서 떠난 배도자라고 부르는" 사도의 모든 서신을 거부했다고 말한다(*HE* 3.27.4; Theodoret, *prol. lib.* 2.1도 마찬가지). 히에로니무스도 그와 비슷하게 그들이 "바울을 율법을 범한 자라는 이유로 거부했다"고 말한다(*Matth.* 12.2).[261]

보다 혼란스러운 것은 에비온파의 기독론이다. 가장 흔한 기록은 에비온파가 예수는 "우리와 똑같은 방식으로 남자와 여자에게서 태어났다"고 믿었다는 것이다.[262] 그러나 오리게네스는 에비온파 내의 두 가지 견해, 즉 예수는 신적인 영에 의해 마리아를 통해서만 태어났다는 견해뿐만 아니라 마리아와 요셉에게서 태어났다는 견해도 인정한다(*Matth.* 16.12; 또한 *c. Celsum* 5.61). 에우세비오스도 그와 비슷하게 여러 종류의 에비온파

259 기본적인 예배일이 안식일에서 주일로 바뀐 과정은 우리가 인정하고 싶은 정도보다 더 불분명하다. 참고. 계 1:10; *Did.* 14.1; Ignatius, *Magn.* 9.1; *Gos.Pet.* 35, 50. Wilson은 간단하게 다음과 같은 사실을 시인한다. "안식일에서 주일로의 변화가 어떻게 발생했는지 우리는 모른다." 그러나 그는 "점진적인 변화…가 아마도 가장 이치에 부합할 것"이라고 생각하며, "기독교인들이 안식일을 버리면서 모세의 기본적인 명령 중 하나를 버렸다는 불가피하지만 거북한 인식"을 언급하며 결론짓는다(*Related Strangers*, 232-35).

260 또한 오리게네스는 "육신에 따른 하나의 이스라엘과 성령에 따른 또 다른 이스라엘이 존재한다"고 주장함으로써 에비온파가 마 15:24("나는 이스라엘 집의 잃어버린 양 외에는 다른 데로 보내심을 받지 아니하였노라")에 호소하는 것에 이의를 제기했다(*de princ.* 4.3.8).

261 에피파니우스에 따르면 에비온파는 바울이 그리스인이었는데 예루살렘으로 갔으며 제사장의 딸과 결혼하기를 원했고 결혼을 위해 개종자가 되어 할례를 받았으나 구혼을 거부당했기 때문에 화가 나서 할례와 안식일과 율법을 공격하는 글을 썼다고 주장했다(*Pan.* 30.16.9).

262 Origen, *hom. in Luc.* 17; 또한 *in epist. ad Titum*; Irenaeus, *adv. haer.* 5.1.3; Tertullian, *de virg. vel.* 6.1; *de carne Chr.* 14; Eusebius, *HE* 5.17; *de eccl. theol.* I.14; Epiphanius, *Pan.* 30.2.2; 51.2.3; Jerome, *de. vir. ill.* 9, 54.

신앙이 있었다고 말한다. 어떤 이들은 "주님이 동정녀에게서 성령으로 태어났음을 부정하지 않았지만…그가 하나님이시고 '말씀'이며 '지혜'이심을 고백하는 것은 거부했다"(*HE* 3.27.3). 에피파니우스는 에비온의 추종자들이 (엘크사이의 영향을 받아?) 그리스도는 "또한 만물보다 먼저 창조된 최초의 인간 아담이고 영이며 천사들보다 위에 계시는 만유의 주"라며 "그리스도에 대해 다르게 생각하기 시작했다"고 주장한다(*Pan.* 30.3.3-5; 또한 John Damascene, *de haer.* 30).[263] 테오도레토스도 이와 비슷하게 에비온파는 "주 예수 그리스도가 요셉과 마리아에게서 태어났고 인간으로서 미덕과 순결함에 있어 다른 모든 사람을 능가했다"고 말했지만 "같은 이름을 가진 또 다른 집단"은 "구주이신 주님이 동정녀에게서 태어났다고 말한다"는 점을 언급한다(*prol. lib.* 2).[264]

교부 문헌의 자료는 이처럼 매우 혼란스러우며, 비록 가이사랴에서 오랜 세월을 보낸 오리게네스와 베들레헴 부근에서 말년을 보낸 히에로니무스[265]는 유대인 신자들에 대한 직접적인 지식이 있었겠지만, 대체로는 에비온파 집단들에 대한 개인적 경험이나 그들과의 의사소통은 거의 없었음을 암시한다.[266] 그러나 우리는 특히 시리아에는 그런 집단들이 존재했다는 점을 분명 기정사실로 여길 수 있다. 증거상으로는 그들이 사도

263 추가적으로 Klijn and Reinink, *Patristic Evidence*, 33-34을 보라.

264 Jackson-McCabe, 'Ebionites and Nazoraeans', 197도 함께 보라.

265 Mimouni는 히에로니무스를 "당대의 다양한 형태의 유대 기독교인들과 매일 접촉하며 살았던 인물"로 묘사한다(*Early Judaeo-Christianity*, 124).

266 "유대 기독교에 대한 교부들의 관찰은 큰 역사적 가치가 없다. 저자는 보통 그보다 앞선 저자의 글을 베끼거나 그 이전의 여러 저자들이 쓴 글을 짜깁기한다"(Klijn and Reinink, *Patristic Evidence*, 67; 또한 Skarsaune, 'Ebionites', 461). "에피파니우스가 「파나리온」을 쓰고 있었을 무렵 유대 기독교 운동은 이미 주변적 현상이 된 지 오래였고, 그들은 분명 전체 교회에 아무런 위협이 되지 않았다"(J. Verheyden, 'Epiphanius on the Ebionites', in Tomson and Lambers-Petry, eds., *The Image of the Judaeo-Christians*, 182-208(여기서는 205).

행전 21:20에 언급된 야고보와 예수를 믿는 유대인 신자들의 정식 후계자인 것처럼 보인다.[267] 즉 그들은 실제로 유대인의 생활 방식(할례와 율법 준수)을 유지하고 바울과 그의 율법 없는(또는 율법을 경시하는) 이방인 선교에 대한 그 이전의 반감을 강화시킨 유대 기독교인이었던 것처럼 보인다. 에비온파의 대다수가 최소한 최초(2세기)의 단계에서 예수는 마리아와 요셉의 자연 발생적인 아들, 즉 트리포가 신봉한 믿음과 부합되는 메시아라고 믿었다면(Justin, *Dial.* 48.4; 49.1; 67.2), 우리는 신약의 증거에 따르면 디아스포라뿐만 아니라 팔레스타인에서도 최초의 교회들에서 이미 확고히 자리 잡은 고기독론을 일찍부터 받아들이기를 거부한 어떤 집단을 머릿속에 떠올려야 한다. 어쨌든 우리는 "에비온파"를 단일한 집단으로 생각하는 것을 피하고 서방 디아스포라 곳곳에 널리 흩어진 에비온파를 상상하기 전에 신중한 태도를 취해야 한다.[268] 그보다 오히려 우리는 예수를 메시아로 간주했지만 아마도 대체로 서로에 대해 독립적이었고 자신들이 예수 안에서 발견한 의미를 강조하기 위해 다양한 방법들을 사용했던, 특히 시리아-팔레스타인 지역의 (매우) 다양한 유대인 집단들을 상상해야 한다. 그들은 아마도 같은 지역에 있는 보다 기독교적인 특징이 뚜렷한 집단들보다 유대인 공동체 및 회당과 더 깊이 융합되었을 것이고, 보다 뚜렷한 형태의 기독교로 갈라져 나오기보다는 여전히 다양했던 2세기 유대교 내의 하위 분파에 더 가까웠을 것이다.

요컨대 에비온파는 2세기의 유대교와 기독교의 스펙트럼을 가로질러 여전히 존재했던 것이 분명하며 그 스펙트럼 가운데 어디엔가 서 있

267 J. Willitts는 'Paul and Jewish Christians in the Second Century', in Bird and Dodson, eds., *Paul and the Second Century*, 140-68에서 행 21:20과 후대의 바울의 대적들 사이에 너무 단순하게 연속성을 도출해내는 해석을 경계한다(147-49).

268 "특히 로마 제국 서부 지역에서 교부들은 유대 기독교인 에비온파와 아무런 개인적 접촉을 하지 않은 것처럼 보인다"(Häkkinen, 'Ebionites', 253).

는 연속적 실체를 잘 보여준다. 그들은 히에로니무스의 말에 따르면 유대인인 동시에 기독교인이 되기를 원했지만, 랍비들과 기독교 지도자들에 의해 "유대인도, 기독교인도 아닌" 존재—"절반은 기독교인, 절반은 유대인인 이단의 괴수 에비온"(*in Gal.* 3.13-14)—로 간주되었다(*ep.* 112.13).

b. 나사렛파[269]

나사렛파에 관한 교부들의 증언은 신뢰할 수 없는 에피파니우스(예. *Pan.* 19.5.1, 4; 29.6.1)[270]와 나사렛파 복음을 확실히 잘 알고 있었던 히에로니무스의 증언(§40.4a)에 거의 전적으로 국한되어 있다. 이 이름 자체에 관해서 에피파니우스는 예수가 나사렛 출신이었기 때문에 "나사렛 사람"(*Nazōraios*)으로 알려져 있었다는 사실을 잘 알고 있었고, 나사렛파는 "그리스도 때문에"(29.6.7-8) 이 이름을 받아들였으며,[271] 또한 "모든 기독교인은 한때 나사렛파라고 불렸다"고 추론했다.[272] 이는 분명 또 다른 증거, 즉 이스라엘 땅에서 최초의 예수 믿는 신자는 "나사

---

269 이 이름에는 서로 다른 철자법—*Nazarēnoi*(Eusebius, *onomasticon* 138, 24-25); *Nazōraioi* (*Pan.* 19.5.4)—이 존재한다. 그러나 *Nasaraioi*(Epiphanius, *Pan.* 19.5.1)를 *Nazōraioi*와 혼동해선 안 된다(Pritz, *Nazarene Jewish Christianity*, 17-18, 45-47). 어떤 현대 주석가들은 "나사렛 사람"이라는 용어를 일관되게 사용하기를 선호하는데, 다음 참고문헌들의 전문적인 연구에서는 특히 더 그렇다. Pritz, *Nazarene Jewish Christianity* 및 Paget, 'Jewish Christianity', 760-61.

270 Verheyden은 "*Pan*. 29의 나사렛파는 아마도 상당한 정도로 에피파니우스의 상상력의 산물일 것"이라고 생각한다('Epiphanius', 184). 다음 글의 견해도 이와 비슷하다. P. Luomanen, 'Nazarenes', in Marjanen and Luomanen, eds., *Companion*, 279-314: "*Panarion* 29에 묘사된 바와 같은 나사렛파 이단은 순전한 허구다"(308).

271 Tertullian, *adv. Marc.* 4.8; Eusebius, *onomasticon* 138, 24-25; Jerome, *de situ* 143도 이와 비슷하다.

272 *Pan.* 29.1.3; 29.6.2, 5; Jerome, *de situ* 143도 이와 유사.

렛 이단"(*Nazōraioi*)으로 알려졌다는 사도행전 24:5,[273] "비르카트 하 미님"(*birkat ha-minim*)의 발전된 형태에는 "나사렛파"(*notzrim*)에 대한 저주가 포함되어 있다는 점,[274] "나사렛파"는 시리아 기독교인들을 지칭하는 확고한 명칭이 되었다는 점,[275] "노츠림"은 중세 시대 이래로 랍비 유대교에서 기독교인들을 지칭하는 표준적인 용어였다는 점[276] 등과 연결된다.

에피파니우스는 다음과 같은 몇 가지 세부적인 정보를 제시한다.[277]

- "태생적으로 그들은 유대인이며 율법에 헌신하고 할례에 찬성한다"(29.5.6).
- "그들은 오직 예수의 이름만 듣고 사도들의 손으로 행해진 신적인 표적들을 본 뒤에 예수를 믿었다"(29.5.6).
- "실제로 그들은 다른 어떤 존재도 아닌 전적으로 유대인으로 남았다"(29.7.1).

---

273 "나사렛파라는 명칭이 처음에는 예수의 모든 유대인 추종자들에게 적용되었다는 점에 주목하는 것이 중요하다.…이 이름이 사도행전이 기록된 시점과 [에피파니우스의] 「파나리온」이 기록된 때인 376년 사이"의 현존하는 기독교 문헌에 전혀 등장하지 않는다는 점을 고려할 때 이 점을 염두에 두어야 한다'(Pritz, *Nazarene Jewish Christianity*, 15; 및 44-45).

274 아래 §46.4b을 보라. Epiphanius가 전하는 바에 따르면 유대인들은 "하루에 세 번 '하나님이 나사렛파를 저주하시기를(*epikatarasai*) 바란다'"라고 말한다(*Pan.* 29.9.2; 참고. Jerome, *ep.* 112.13; *in Amos* 1.11-12; *in Es.* 5.18-19; 52.4-6).

275 *Beginning from Jerusalem*, 15 n. 67을 보라.

276 W. Kinzig, 'The Nazoraeans', in Tomson and Lambers-Petry, eds., *Image of the Judaeo-Christians*, 463-87(여기서는 471). Pritz는 예수 "하-노츠리"가 바빌로니아 탈무드에서 다섯 번 언급되며 "하-노츠림"인 기독교인은 두세 번 더 언급된다는 점을 지적한다(*Nazarene Jewish Christianity*, 95-102). 다음 글들도 함께 보라. Herford, *Christianity*, 344-47; M. de Boer, 'The Nazoreans: Living at the Boundary of Judaism and Christianity', in Stanton and Stroumsa, eds., *Tolerance and Intolerance in Early Christianity and Judaism*, 239-62(여기서는 247-52); Luomanen, 'Nazarenes', 279-314.

277 Pritz는 *Panarion* 29 전체를 인용한다(*Nazarene Jewish Christianity*, 30-35, 그리스어 본문 — 113-19). Luomanen, 'Nazarenes', 288-89, 293-96도 함께 보라.

- 그들은 "유대인들 사이에서와 같이 율법의 가르침에 따라 산다"(29.7.2).
- "그들이 그리스도를 믿는다는 사실 외에는 그들에게서 어떤 잘못도 찾을 수 없다"(29.7.2).
- "그들은 또한 죽은 자의 부활을 받아들이며…한 하나님과 그의 아들 예수 그리스도를 선포한다"(29.7.3).
- "그들은 히브리어에 통달해 있고" 성경을 히브리어로 읽는다(29.7.4).
- "오직 이런 면에서만 그들은 유대인 및 기독교인과 다르다. 그들은 그리스도에 대한 믿음 때문에 유대인들에게 동의하지 않는다. 그들은 율법, 할례, 안식일, 기타 몇 가지 일에 있어 훈련을 받았기 때문에 기독교인들에게 동의하지 않는다"(29.7.5).
- "그들은 그(그리스도)가 마리아에게서 성령으로 말미암아 태어났다고 단호히 선언한다"(29.7.6).
- "유대인으로서 그들은 예수가 그리스도이심을 선포한다"(29.9.3). 그러나 에피파니우스는 그들이 "단지 유대인일 뿐"이라고 일축한다(29.9.1).
- "그들은 마태복음 전체를 히브리어로 가지고 있다"(29.9.4).
- 게다가 히에로니무스는 나사렛파(*Nazaraei*)를 "옛 율법을 준수하는 일을 중단하지 않는 방식으로 그리스도를 받아들이는" 사람들로 간략히 묘사한다(*in Es.* 8.11). 그러나 그는 또한 그들이 바울은 사도들 중에 마지막이었고 (그의) 복음 전파는 온 세상에 이르렀다고 단언했다는 점도 언급한다(9.1).[278]

278 Pritz, *Nazarene Jewish Christianity*, 64-65. 나사렛파에 대한 히에로니무스의 견해에 대해

• 아우구스티누스는 "나사렛파는 하나님의 아들이 그리스도라고 고백함에도 불구하고 기독교인들이 사도전승을 통해 육신적으로 지키지 말고 영적으로 이해하라고 배운 옛 율법의 모든 것을 지키는" 반면, "에비온파는 그리스도는 한 인간에 불과하다고 말하기도 한다"는 점을 언급한다(*de haer.* 9-10).

또한 에피파니우스는 "이 나사렛파 이단이 코일레 시리아 지방의 베뢰아에 존재"하며(Jerome, *de vir. Il.* 3도 유사)[279] "모든 제자들이 예루살렘에서 펠라로 탈출하여 살았을 때 시작되었다"고 주장한다(*Pan.* 29.7.7-8). "거기서 나사렛파 이단이 시작되었다"(29.7.8).[280]

나사렛파에 대한 에피파니우스의 관점, 에피파니우스 이전의 나사렛파에 대한 침묵, 나사렛파/"노츠림"에 관한 증거 등에 의해 제기되는 문제는 이렇게 표현할 수 있다. 나사렛파는 언제 "이단"이 되었는가? 이 호칭은 일반적으로 기독교인에 대해 사용되었고 구체적으로는 예수를 믿는 유대인 신자들이 옹호한 호칭 중 하나였는가? 유스티누스가 긍정적으로 말한(§45.8a) 유대 그리스도인들은 다른 사람들에 의해 "나사렛인/나사렛파"라고 불렸거나 스스로를 그렇게 불렀는가?[281] 에피파니우스의 말

서는 추가적으로 다음 글을 보라. Luomanen, 'Nazarenes', 296-307.

279 "히에로니무스는 기원후 4세기 말에 시리아에서 활동한 예수의 유대인 추종자들에 대한 증거를 제시한다"(Broadhead, *Jewish Ways*, 174).

280 다음 글도 함께 보라. Luomanen, 'Nazarenes', 289-91. 혼란스럽게도 에피파니우스는 "나사렛파 이단(*Nazōraioi*)은 그리스도 이전에 존재했다"고 믿었는데(29.6.1), 이는 아마도 나사렛파를 삼손과 세례 요한과 같은 나실인(*Naziraioi*)과 (그 이전에 이 두 용어를 구별했음에도 불구하고[29.5.6-7]) 혼동한 결과일 것이다(30.1.3). Jackson-McCabe는 다음과 같이 신랄하게 지적한다. "1세기 이래로 존재했다고 하는 나사렛파 '이단'에 대한 언급이 왜 이런 4세기 말의 저작들에서만 갑자기 등장하는지는 의문이다"('Ebionites and Nazoraeans', 198).

281 "대부분의 측면에서 나사렛파는 주류 기독교인 집단처럼 보인다"(Wilson, *Related*

을 진지하게 받아들이더라도 실제로 나사렛파의 유일한 특징은 그들이 계속해서 율법을 준수했다는 (그리고 히브리어로 된 성경을 읽었다는) 점인 것처럼 보인다. 그러나 아마도 나사렛파는 바울을 통한 믿음의 확산에 대해 긍정적이었고 이방인 신자들이 율법을 지키는 것을 기대하지 않았을 것이다.[282] 랍비 전승에서는 안식일 다음날이 "노츠림"(*notzrim*)의 날이었다고 말한다.[283] 비록 율법에 대한 헌신(과 독특한 유대적인 생활 방식의 유지)은 나사렛파가 이단으로 간주되기에 충분한 이유였던 것으로 보이지만, 나사렛파의 기독론은 예수의 동정녀 탄생에 대한 복음서의 증언에 충실했고, 에피파니우스나 히에로니무스 같은 기독교 지도자들의 반대를 초래하지 않았던 것으로 보인다.[284] 그들이 계속해서 새로운 유대인 종파와 관련한 최초의 이름 중 하나("나사렛파")로 알려졌기에 우리는 이들이 신약문헌에서 분명히 드러나는 신학 및 기독론의 발전에 저항했고 예수를 믿은 최초의 유대인 신자들의 기본적인 믿음에서 계속 발전해갈 필요나 이유를 발견하지 못했다고 추론할 수 있다.[285] (시리아를 제외하면) 발전하고

Strangers, 156).

282 Pritz, *Nazarene Jewish Christianity*, 64-65, 109; Kinzig, 'Nazoraeans', 476-78. 마태복음이 특성상 바울보다는 베드로적인 특징을 지닌 이방인 선교에 대해 증언한다는 점은 주목할 만하다(참고. Schnelle, *History*, 225).

283 Herford, *Christianity*, 171-73.

284 Paget은 히에로니무스가 나사렛파의 이사야 주석을 사용한 것은 그가 나사렛파에 더 호의적이었음을 암시한다고 지적하며('Jewish Christianity', 761), Broadhead는 히에로니무스가 동일한 나사렛파 주석을 사용한 데서 어떤 비판의 낌새도 발견하지 못한다(*Jewish Ways*, 171).

285 "베드로나 야고보와 관련된 유대 기독교 유형의 한 경직된 형태"(Paget, 'Jewish Christianity', 761). Luomanen, 'Nazarenes', 279-81에서 검토된 그 이전의 견해들도 함께 보라. Jackson-McCabe는 그의 "에비온파와 나사렛파"에 대한 연구를 다음과 같이 끝맺는다. "고대 내내 그런 집단들이 존재했다는 점은 유대교와 기독교가 어떤 단일하고 최종적으로 결정적인 사건의 결과나 본질적으로 다른 종교의 거침없는 내적인 힘의 불가피한 결과로 인해 둘로 갈라진 것이 아니라는 사실을 강조한다. 사실 역사적 사건에 대한 해석과 '유대교'와 '기독교'라는 용어 속에 그러한 본질적이고 정적인 실재가 깔려 있다

있던 기독교가 "나사렛파"라는 이름을 대체로 버렸을 때 그들이 그 이름을 계속 유지한 것은 1세기 예루살렘/팔레스타인 교회와의 직접적인 연속성에 대한 주장으로 간주될 수 있다.[286] 그리고 그 이름이 시리아 기독교와 관련해서 유지되었다는 사실은 시리아 기독교의 유대적인 특성이 지닌 힘(과 원시성)을 암시한다.

c. 엘케사이파(Elkesaites)

엘케사이파를 유대 기독교 분파의 명단에 포함시켜야 하는지에 대해서는 약간의 불확실성이 있다. 에피파니우스는 그들을 전형적인 유대인으로 간주하지 않았기 때문이다(*Pan.* 53.1.4). 그들은 삼프사이파(Sampsaeans) 또는 오사이파(Ossaeans)라고도 알려졌으며 에비온파와 연관되었다.[287] 그러나 에우세비오스는 그들이 "모든 성경의 특정 부분을 거부"하며 "구약성경 전체와 복음서 부분"은 사용하지만 "사도 문헌은 완전히 거부한다"는 사실을 알려준다(*HE* 6.38). 테오도레토스(*prol. lib.* 2.7)는 그들이 에피파니우스(*Pan.* 30.3.3-5)와 다마스쿠스의 요한(*de haer.* 30)이 에비온파의 견해로 간주한 것과 비슷한 견해를 가진 것으로 간주한다. 에피파니우스는 그들의 소재지를 "남은 자"가 아직 있었던(19.2.2) 사해 맞은편의 펠라 지역으로 파악하며(*Pan.* 19.1.2; 53.1.1), 다마스쿠스의 요한은 "그들이 아직도

는 개념 그 자체가 유대인과 기독교의 정체성을 나타내는 지속적인 수사의 일부다. '종교들'은 특정한 집단들이 그러는 것만큼 서로 갈라지지 않는다"(205).

286 학자들이 주장하는 나사렛파(또는 에비온파)와 예수를 믿은 원래의 예루살렘 신자들 사이의 연속성이 펠라 전승에 의존하는 것은 아니지만, 후자는 분명 그 연속성에 역사적 근거가 있다는 주장을 강화시킨다. 다시 *Beginning from Jerusalem*, §36.3을 보라. Pritz, *Nazarene Jewish Christianity*, 122-27도 함께 보라.

287 Epiphanius, *ancoratus* 13.5; *Pan.* 19.2.2; 30.3.2; 53.1.1; Augustine, *de haer.* 10, 32; John of Damascus, *de haer.* 30.

사해 위의 아라비아 지역에 살고 있다"고 전한다(*de haer.* 53).

이 이단은 "엘크사이"나 "엘크사이오스" 또는 "엘카사이"나 "엘케사이"라고 불리는 어떤 스승에게서 비롯된 것으로 간주되며(Theodoret, *prol. lib.* 2.7), 그는 트라야누스 황제 시대에 그와 다른 이름을 가진 분파들이 생겨난 뒤 얼마 지나 그 분파들에 가담한 것으로 보이며 아마도 그들의 기독론에 영향을 끼쳤을 것이다(Epiphanius, *Pan.* 19.1.4; 다음 부분들도 함께 보라. 19.5.4; 30.3.2; 30.17.5).[288] 히폴리투스는 "율법에 대한 그의 명백한 집착"에 대해 말하며(*refutatio* Prol. 9.4), 에피파니우스에 따르면 "그는 비록 유대인들 사이에서 종파를 창시했고 유대인의 사고방식을 지니고 있었지만 율법에 따라 살지는 않았다"(*Pan.* 19.1.5). 그의 영향력은 한 책에서 비롯된 것으로 간주되며[289] 엘케사이파는 그 책이 "하늘에서 떨어졌다"고 말하고(Eusebius, *HE* 6.38) 그 책에서 (거짓) 예언자는 "놀랍고 형언할 수 없는 큰 신비"를 드러냈다(*Pan.* 19.15.2; 추가적으로 19.3-4을 보라).[290] 에피파니우스에 따르면 그의 가문 출신의 두 자매가 콘스탄티누스 시대에 이르기까지(19.2.5) 높이 추앙받았다("신으로 숭배되었다").

엘케사이파, 삼프사이파, 오사이파 등으로 다양하게 알려진 집단들

---

288 Klijn and Reinink, *Patristic Evidence*, 29-30, 33. 그러나 Skarsaune는 에피파니우스가 엘크사이를 에비온파의 주요 스승으로 거론한 것은 그 자신이 꾸며낸 이야기라고 생각한다('Ebionites', 452-53). Pritz, *Nazarene Jewish Christianity*, 36-37; Wilson, *Related Strangers*, 149-50도 함께 보라.

289 Hippolytus, *refutatio* 9.13.1; 10.29.1; Epiphanius, *Pan.* 19.1.4; 53.1.3. 또한 F. S. Jones, 'The *Book of Elchasai* in Its Relevance for Manichaean Institutions', *Aram* 16 (2004), 179-215을 보라.

290 히폴리투스와 에피파니우스의 글에 포함된 단편들은 예루살렘을 향해 기도할 것과 안식일을 준중할 것을 주장하지만, 또한 부정함을 씻기 위한 두 번째 세례를 주장하며 제사와 사제의 의식을 거부하기도 한다. J. Irmscher, 'The Book of Elchasai', *NTA*, 2.685-90과 추가적으로 G. P. Luttikhuizen, 'Elchasaites and Their Book', in Marjanen and Luomanen, eds., *Companion*, 334-64을 보라.

은 아마도 기원후 처음 몇 세기에 보통 어떤 예언적이거나 몽상적인 인물의 자극 내지 영감을 받아 생겨난 여러 종교적인 신앙과 실천들의 도가니를 보여주는 좋은 징표이며, 그런 집단들은 한 곳 또는 그보다 많은 특정 지역에서 많은 추종자를 얻었고 제한된 기간 동안만 번성했다.[291] 또한 이 집단들은 유대 기독교적인 독특한 특징을 지닌 신앙과 실천이 그러한 용광로, 즉 보다 공인된 종교들의 주변부에서 활동하며 회당과 교회 모두에 혼란과 문제를 일으켰다고 거론된 집단들의 일부였음을 일깨워 준다.

d. 위(僞)클레멘스 문서

실제로 *Recog.* 1.27-71에서 확인할 수 있는 자료가 위-클레멘스 문서의 밑바탕에 깔려 있다면(§40.6g), 이는 예수를 믿는 유대인 신자들의 특징으로 묘사할 수 있는 관점에 대한 소중한 증거가 된다.[292] 이 문서의 가장 두드러진 특징은 다음과 같다.

- 야고보에 대한 존경 — "예루살렘에 세워진 하나님의 교회는 야고보를 통해 크게 번성하고 성장했으며, 야고보는 주님에 의해 교회에서 주교로 임명되었고 가장 의로운 치리로 교회를 다스렸다"(43.3; 및 66.2, 5; 68.2; 70.3)[293]

---

291 G. Hällström and O. Skarsaune, 'Cerinthus, Elxai and Other Alleged Jewish Christian Teachers or Groups', in Skarsaune and Hvalvik, eds., *Jewish Believers*, 488-502(여기서는 496-502)도 함께 보라.

292 Stanton은 제안된 자료의 제목인 "예수를 믿는 유대인 신자들을 위한 변호(An Apologia for Jewish Believers in Jesus)"를 선호한다('Jewish Christian Elements', 317-23).

293 우리는 *Homilies*의 맨 처음에 나오는 위-클레멘스 문서인 *Epistula Petri*와 *Epistula*

• 기독론의 핵심은 예수가 모세가 예언한 예언자(36.2; 40.4; 41.2; 43.1-2; 44.5-6; 58.3; 69.5), 그 이전에 아브라함과 모세에게 나타났던 참된 예언자(33.1-2; 34.4), (영원하신) 그리스도(44.2, 4; 52.3; 59.3; 60.4; 63.1; 69.3), 성육신한 하나님의 아들(45.4; 60.7; 63.2; 69.6-7 — 두 신/하나님이 아님)로서 다시 오실 것이라는 확신이었다(49.2-5).[294]

• 세례(54.1; 55.3; 69.8)는 삼위 하나님의 이름으로 시행해야 한다(63.3; 69.5).

• 믿지 않는 유대인(43.1-2; 53.1) 및 사마리아인들(57.1-5)과 세례 요한의 제자들(60.1-4) 사이의 분명한 구별 의식과 거리감. 쟁점은 예수의 의미이며 예수가 마술사였다는 비난이 언급되고 일축된다(42.4; 58.1-2; 70.2). 세례받은 신자들은 "믿지 않는 나라와 장소 그 자체에 임박한 전쟁의 파괴에서 해를 입지 않고 보존될 것"이다. "그러나 불신자들은 그 장소와 나라에서 추방될 것이다"(39.3 라틴어).

• 제사에 대한 거부는 주목할 만하다(36.1; 37.2-4). "예수는 대제사장이 죄를 위해 피운 불을 세례의 은혜로 끄신 분이다"(48.5; 54.1).[295]

• 야고보와 논쟁한 뒤 야고보를 계단 꼭대기에서 내던져 죽도록 내버려두었고(70.1-8) 그 후에 대제사장 가야바에게 예수를 믿는 모

---

*Clementis*에서 이미 야고보에 대한 큰 존경을 주목해 보았다(§45.2b).

294 참고. Schoeps, *Jewish Christianity*, 65-73. "참된 예언자"이신 예수는 *pseudo-Clementines*의 기본적인 기독론적 주장이다(*Hom.* 3.20, 49; *Recog.* 1.16; 5.10; 8.59; 10.51). "*Recognitions*는 의식적으로 논쟁을 (예수가) 그 유일한 예언자인가 하는 기독론적인 질문으로 제한시킨다는 점은 주목할 만하다"(1.50.7)(Broadhead, *Jewish Ways*, 271).

295 Skarsaune는 제사에 반대하는 비판이 바나바와 유스티누스의 글에 나오는 비판보다 더 원시적임을 보여준다(*Proof from Prophecy*, 296-98, 316-18).

든 사람을 박해할 임무를 받고 다메섹으로 갔으며 "베드로가 그 곳으로 피신했다고 믿었기 때문에"(71.3-4) 그곳으로 서둘러 갔던 "어떤 적대적인 사람"으로 사울/바울이 소개된다는 점도 주목할 만하다.[296]

- 그러나 다소 놀랍게도 "아브라함에게 보인 숫자가 다 차도록"(불신자들로 남은 자들을 대신하여) 이방인들이 부름을 받아야 한다는 인식이 존재한다(42.1; 50.2; 64.2).[297]

동료 유대인들에 대한 태도는 아마도 64.1-2에 가장 잘 요약되어 있을 것이다. 하나님은 "너희가 제사를 드릴 때가 끝난 뒤에도 제사를 드리는 것에 대해 훨씬 더 진노하신다. 바로 이 때문에 성전이 파괴될 것이고 그들은 거룩한 곳에 멸망의 가증한 것을 세울 것이다. 그 뒤로 너희를 분리한 분열을 치유하기 위한 증언으로서 복음이 열방에 알려질 것이다."

여기에는 명백히 예수를 믿는 유대인 신자들의 관점을 표현하는 글[298]이 대체로 클레멘스와 베드로 사이의 긴 대화(44.4-71.6) 속에 들어

---

296 "바울은 그의 이방인 선교 때문이 아니라 오히려 유대인 지도자들과 예루살렘 사람들의 회심을 위한 그의 개입으로 인해 반대를 받고 있다"(Broadhead, *Jewish Ways*, 273). Luedemann은 *Recog.* 1 자료에 대한 관점을 다음 한 문장으로 요약한다. "바울은 야고보가 예루살렘에 있는 유대인 공동체 전체를 기독교 진영으로 회심시키는 데 성공하지 못했다는 사실에 대한 비난을 당하고 있다"(*Opposition to Paul*, 184). 위-클레멘스 문서의 다른 곳에 있는 바울에 대한 적대감도 다시 주목해 보라(앞의 §45.2c을 보라). Stanton, 'Jewish Christian Elements', 315-17도 함께 보라. Willitts는 자료의 증거를 평가하는 데 있어서 주의를 촉구한다('Paul and Jewish Christians in the Second Century', 163-64).

297 할례에 대한 태도와 할례가 모든 신자에게 요구되는 것인지의 여부는 불분명하다(Paget, 'Jewish Christianity', 763). 그러나 "이스라엘을 대체하되 이스라엘 안에 있는 믿지 않는 유대인들만을 대체하는 이방인 교회에 대해서는 의문의 여지가 없다"(Stanton, 'Jewish Christian Elements', 320).

298 "예수를 믿는 유대인 신자 공동체가 '세워진 이야기'…이 '변증'은 예수를 믿는 유대인 신자들에 대한 가장 중요한 증거 가운데 하나다"(Stanton, 'Jewish Christian Elements', 322). 다음 글도 함께 보라. A. Y. Reed and L. Young, 'Christianity in Antioch: Partings in

있는데, 이 글은 초기 예루살렘 교회가 제사장 권력자들 및 바리새인들과 예수에 대해 벌인 논쟁을 상기하거나 표현한다. 흥미롭게도 (다시 세워진) 열두 사도의 구성원들은 각자 이 논쟁에서 적극적인 역할을 하는 것으로 묘사/기억되지만,[299] (대)주교 야고보가 절정의 변증을 제시하며(68.3-69.8) 사울/바울이라는 인물의 공격을 촉발시킨다. 또한 이 문헌은 마태복음(삼위 하나님의 이름으로 베푸는 세례, 마 28:19)[300]과 사도행전 또는 누가 자신이 사용한 전승들(가말리엘—행 5:34-39; *Recog.* 1.65.2-3;[301] 사울이 대제사장에게 받은 다메섹으로 가라는 명령—행 9:1-2; *Recog.* 1.71.3-4)[302]을 알고 있고 사용한다. 성전의 파괴와 믿지 않는 유대인들의 유배에 대한 언급(1.39.3; 64.1)은 135년 이후의 관점을 암시하는 반면, 세례 받은 신자들의 보존에 대한 언급(39.3)은 펠라로의 피신에 대한 전승을 상기시키는 것일지도 모른다.[303] 비록 사울/바울을 야고보를 공격하는(그리고 베드로를 찾아내는) "적대적인 인물"로 묘사한 것은 보다 이전의 반감을 보여주는 더 예리한 흔적이긴 하지만, 보다 대담한 기독론과 이방인 복음화에 대한 긍정적인 태도는 우리가 나사렛파에 대해 알게 된 사실에 더 가까워 보인다. 그리고 성전 제사에 대한 거부는 초기 예루살렘 신자들과 그들의 계승자들이

Roman Syria', in Shanks, ed., *Partings*, 105-32; nn. 317-26(여기서는 124-31).

299 마태(*Recog.* 55.4), 안드레(56.2), 세베대의 아들들인 야고보와 요한(57.3), 빌립(59.1), 바돌로매(59.2), 알패오의 아들 야고보(59.4), 레바이우스(59.7), 가나안인 시몬(60.3), 바라바(60.5), 도마(61.3); 베드로는 *Recognitions*에서 클레멘스에 대한 베드로의 가르침의 일부인 45.1 이후의 주요 화자다.

300 Jones, *Ancient Jewish Christian Source*, 140.

301 가말리엘은 "우리의 믿음 안에 있는 은밀한 형제"로 묘사된다(65.2; 66.4).

302 Jones, *Ancient Jewish Christian Source*, 141.

303 Van Voorst, *Ascents*, 100-101. Stanton, 'Jewish Christian Elements', 320은 앞의 책의 견해를 반박한다. 문헌 자료 자체에는 대략 5천 명으로 이루어진 한 무리가 여리고로 내려갔다고 기록되어 있다(71.2).

성전 파괴에 어떻게 반응했는지를 암시할 수도 있다.[304] 그러나 예수를 믿는 나머지 유대인 신자 집단에 대한 교부들의 묘사를 가지고 간단한 올가미를 찾는다면 이는 실수일 것이다. 우리는 2세기에 예수에 대한 믿음과 신생 랍비 유대교(믿지 않는 유대인들) 및 이방인 교회에 대한 태도와 그들과의 관계에 있어서 다양했던 상당히 많은 유대인 신자들이 있었다는 추가적인 증거들에 만족해야 한다.[305]

e. 2세기의 유대 기독교

앞에서 검토한 거의 모든 증거는 2세기 이후의 증거지만,[306] 기독교의 기원("나사렛파")과 이후의 "유대 기독교" 사이의 연속성에 대한 기본적인 가정을 고려하면 "유대 기독교"가 2세기에 강력하게 등장했다고 추론하는 것은 전적으로 적절하다. 의심할 여지 없이 예수는 메시아라고 믿었고 율법 준수에 대한 지속적인 헌신과 독특한 유대적인 생활 방식의 유지를 통해 보다 광범위한 기독교 내부에서 구별되거나, 또는 기독교와 구별된 상당한 수의 유대인들이 존재했다. 그들은 틀림없이 자신들의 할례 시행,

---

304 "이 문헌 자료는 제사가 그들 자신의 시대에 더 이상 시행되지 않는다는 사실에 당혹감을 느끼는 유대 그리스도인들을 위한 변증을 제시한다"(Stanton, 'Jewish Christian Elements', 320).

305 *Circuits of Peter*를 위-클레멘스 문서의 기초 자료로 규정할 수 있다면(§40 n. 341), 음식 규정은 행 15장의 사도 교령을 상기시키며 예수와 바리새인들의 논쟁은 여전히 살아 있는 쟁점이었다는 증거가 존재한다는 점에 주목해야 할 것이다(Jones, 'Jewish Christianity', 321-25).

306 우리는 보통 3세기 전반의 저작으로 추정되며 그리스어로 기록되었을 것으로 여겨지지만 고대 시리아어로만 알려져 있는 *Didascalia Apostolorum*을 덧붙일 수 있을 것이다. Strecker는 이 문헌을 시리아 북부에서 "유대 기독교가 '보편 교회의 신앙(Catholicism)'보다 우월한 지배적인 '정통'의 지위를 차지했음"을 입증하는 유대 기독교 문헌으로 간주한다('Jewish Christianity', 254-57).

안식일과 유월절 준수, 율법에 대한 계속적인 순종이 단순히 예수에 대한 기억에 충실하고자 하는 일, 스승의 본을 따르는 제자가 할 일이라고 주장했을 것이다(마 10:24-25).[307] 그리고 대부분의 기독교에서 그리스어만 통용되었을 때 그들이 히브리어로 된 예수 전승을 알았고 사용했으며 히브리어 복음서를 계속해서 사용했다는 사실[308]은, 그들 기원의 원시성과 예루살렘 교회의 "히브리인들"과 직접적으로 이어지는 연속성을 주장하려는 그들의 **실질적인** 결심을 강조한다.[309] 그들은 야고보를 매우 높이 평가했을 것이고, 사도행전 21:20에서 표현된 태도 및 의구심과의 직접적인 연속성이 상정될 수 있을 것이다. 최소한 상당히 많은 이들이 바울과 관련된 전개를 적대감을 가지고 바라보았을 것이 거의 확실하다. 그것은 율법에 따라 살려는 그들의 열심의 자연스러운 논리적 귀결일 것이다.[310] 그러나 기독론의 측면에서 우리는 더 다양한 의견을 머릿속에 그려야 한다. 많은 이들이 메시아 예수는 단지 다른 모든 이들과 똑같이 잉태되고 태어난 한 인간에 불과하다고 주장했다. 어떤 이들은 마태복음과 누가복음의 탄생 이야기, 즉 예수는 성령으로 말미암아 마리아에게서 태어났다는 이야기를 받아들였다.[311] 또 어떤 이들은 케린투스[312]나 기타 사람들의 이름과 연관된 보다 사변적인 체계의 영향을 받은 것으로 보인다.

---

307 Broadhead, *Jewish Ways*, 249.

308 앞의 §40.4a과 §44.4d을 보라.

309 참고. 행 6:1; 고후 11:22; 빌 3:5.

310 14세기의 히브리어로 된 마태복음이 초기 유대인의 마태복음 형태를 반영한다면, 마 28:19-20의 지상 명령이 생략된 것은 아마도 의미심장한 사실일 것이며 이방인의 복음화를 염두에 두지 않으려는 태도를 암시할 것이다(Evans, 'Jewish Christian Gospel Tradition', 267-70).

311 참고. 세비야의 이시도레: "나사렛파는 그리스도가 하나님이라고 말한다.…에비온파는 그리스도가 (단지) 인간이라고 말한다.…"(*de haer. lib.* 10-11).

312 이레나이우스는 케린투스파가 유대 기독교인들이었다고 생각한 것으로 보인다. 그러나 Klijn and Reinink, *Patristic Evidence*, 3-19을 보라.

이러한 자료를 예수를 그리스도로 믿은 유대인 신자들 중에는 두 부류가 있었다는 유스티누스의 주장(*Dial.* 47.1-4)과 상호 연관시키면, 우리는 유스티누스가 보다 편안하게 대한 유대인 신자들을 나사렛파와 동일시하고, 보다 강경한 유대적인 노선을 주장한 이들을 에비온파와 동일시할 수 있을 것이다.[313] 그러나 우리는 또한 보다 영지주의적으로 예수의 의미를 평가하려는 시도의 영향을 받은 (또는 그런 시도에 기여한) 유대 그리스도인들이 분명히 있었다는 점도 상기해야 한다. 어쨌든 우리는 예수 믿는 유대인 신자들 사이에 신앙의 폭넓은 스펙트럼이 있었다고 생각해야 한다. 또한 우리는 어떤 종류의 획일적이고 체계적인 "유대 기독교"도 가정할 수 없으며 오히려 그들 나름의 가정 모임을 형성하거나 보다 분명하게 기독교인의 가정 교회들, 또는 보다 색다른 추론을 선호하는 집단들과 교제하면서 여전히 회당에서 활동하던 유대 그리스도인들이 있었다고 추론해야 한다.

"유대 기독교"에는 무슨 일이 일어났는가? 가장 그럴듯한 결과(그러나 자료의 희소성을 감안하면 이는 개연성이 그리 크지 않다)는 두 가지다. 동정녀 탄생을 받아들인 유대 그리스도인들을 향한 보다 큰 공감은 시리아에서는 여전히 지배적이었고 다른 곳에서는 결국 아마도 보다 특징적인 기독교에 흡수되었을 유대 기독교의 한 형태(나사렛파)를 암시한다. 반면 그리스도는 평범하게 태어난 인간이었다고 주장한 유대인 그리스도인들은

---

313 참고. Skarsaune, 'Ebionites', 439-40. 그는 또한 오리게네스(*c. Celsum* 2.1)가 율법을 지킨 모든 유대인 신자들을 에비온파로 간주한 것처럼 보인다고 지적한다(443). 그러나 동정녀 탄생을 믿은 이들은 아마도 나사렛파였을 것이다(Pritz, *Nazarene Jewish Christianity*, 21-22, 28). Mimouni, *Early Judaeo-Christianity*, 55-69과 Broadhead, *Jewish Ways*, 181-87도 함께 보라. 이 증거는 Bauckham에게는 나사렛파가 70년 이전의 예루살렘 교회와 가장 직접적인 연속성을 지닌 집단이었고 "에비온파는 아마도 2세기의 어느 시점에 유대 기독교의 믿음을 수정함으로써 유대 기독교를 개혁하려는 시도로 시작되었을 것"임을 의미한다('Origin', 172-75). Kinzig, 'Nazoraeans', 481의 견해도 이와 비슷하다.

마침내 랍비 유대교의 확산되는 영향에 흡수되었을 가능성이 더 크다.

20세기 후반기 수십 년 동안 벌어진 가장 흥미로운 사태 전개 중 하나는 "유대 기독교"(예수는 메시아라는 점을 받아들였지만 자신들의 유대인으로서의 정체성을 간직하고 유대인의 생활 방식을 유지하고자 한 유대인들), 메시아를 믿는 유대인, 예수를 옹호하는 유대인의 재출현이었다.[314] 아이러니하게도, 그러나 전적으로 이해는 되지만 안타깝게도, 처음 몇 세기에 유대인으로도 기독교인으로도 간주되지 않았던 유대인 그리스도인들처럼 이후대의 유대인 그리스도인들도 유대인과 기독교인 모두에게 의절을 당한다. 그러나 2세기의 예수 믿는 유대인 신자들이 그들이 없었다면 너무나 쉽게 시야에서 사라져 무시되었을 유대인과 기독교인 사이의 연속성을 유지하는 필수적인 연결고리였다면,[315] 그리고 그들이 실제로 예수 자신의 사역과 예루살렘 기독교의 최초의 형태로 이어지는 더 강력한 연결고리를 간직했다면, 오늘날의 예수 믿는 유대인 신자들이 하나님의 백성 내부의, 그들 사이에서의 전(全) 기독교적인 대화로서 유대인과 기독교인의 대화를 되살려낼 수 있는 가능성을 놓쳐선 안 된다.

f. 시리아 기독교

우리는 시리아 기독교, 또는 최소한 (에데사에 초점을 맞춘) 동부 시리아 기독교가 가장 지속적인 형태의 유대 기독교로 간주되어야 하는 정도를 고찰하지 않고 이 단락을 끝마칠 수는 없다. 혹자는 당연히 안디옥을 언급

---

314 특히 다음 책을 보라. D. Rudolph and J. Willitts, eds., *Introduction to Messianic Judaism: Its Ecclesial Context and Biblical Foundations* (Grand Rapids: Zondervan, 2013).

315 그러나 Mimouni는 다음과 같이 결론짓는다. "유대 기독교가 단지 '회당과 교회 사이의 연결고리'(Strecker) 역할만 했다고 생각하는 것은 더 이상 가능하지 않다"(*Early Judaeo-Christianity*, 433).

할 수도 있을 것이다.[316] 안디옥 사건(갈 2:11-14)에서 베드로가 바울에게 거둔 "승리"는 십중팔구 그렇게 보이듯이[317] 안디옥의 신흥 기독교가 지닌 전통적인 유대적 성격을 강화시켰을 것이다. "사도 교령"이 안디옥에서부터 세워진 교회들로 확산된 것으로 보인다는 점(행 15:23)은 안디옥 교회가 "기독교인"의 새로운 신앙에 대한 야고보의 해석과 실천을 촉진하는 영향력 있는 중심지가 되었음을 확증해줄 것이다.[318] 또한 우리는 2세대 기독교 문헌 중 몇 가지, 특징적으로 유대 기독교적인 문헌들은 매우 자연스럽게 안디옥과 연관된다는 점도 언급했다(마태복음, 「디다케」, 「솔로몬의 송시」).[319] 이그나티오스의 편지는 분명 안디옥에서 서로 충돌하는 흐름들 사이에 그리스도에 대한 가현설적인 관점들이 있었음을 암시하지만(*Trall.* 10.1), 유대인들과의 상호 교류 또는 경쟁(*Magn.* 8.1; 10:3; *Philad.* 6.1)이 아마도 보다 지배적인 관심사였을 것이다. 이러한 긴장이 이그나티오스가 "기독교"를 정의하는 데 도움이 되고 있었다는 사실[320]은 "기독교"와 "유대교"에 모두 관여한 사람들 대다수에게는 이 두 흐름이 여전히 서로 중첩되었기 때문에 그 긴장이 매우 컸음을 의미한다.[321] 또한 우리는 안디옥의 테오필로스가 아우토리쿠스(Autolycus)에게 보낸 변증서에 매우 유대적인 특성이 있다는 점도 기억해야 한다.[322] 안디옥 주교 세라피온(2세기 말)도 언급해야 한다. 비록 지금까지 남아 있는 그의 저작은 단

316 M. Slee, *The Church in Antioch in the First Century CE: Communion and Conflict*(JSNTS 244; London: Sheffield Academic Press, 2003)를 보라.

317 *Beginning from Jerusalem*, §27.6.

318 추가적으로 *Beginning from Jerusalem*, §27.6을 보라.

319 *Didache*와 *Odes*에 대해서는 §40.1e과 j을 보라.

320 이하 §46.6a을 보라.

321 Brown and Meier, *Antioch and Rome*, 46-51, 53-55에 실린 Meier의 글도 함께 보라. 추가적으로 Meeks and Wilken, *Jews and Christians in Antioch*; M. Zetterholm, *Formation of Christianity in Antioch*(London: Routledge, 2003)을 보라.

322 앞의 §45.5j을 보라.

몇 개의 단편들에 불과하지만 그는 "그의 시대의 주요 신학자 중 한 사람"[323]이었기 때문이다.

그러나 보다 흥미로운 드라마가 더 먼 동쪽에 있는 에데사에서 펼쳐지고 있었다. 에우세비오스에 따르면 예수의 메시지는 매우 일찍부터, 더 정확히 말하면 예수의 승천 직후에 에데사에 이르렀다.[324] 에우세비오스는 자신이 에데사의 기록 보관소에서 발췌하여 고대 시리아어에서 번역했다고 주장하는 두 편의 편지를 인용한다. 첫 번째 편지는 "유프라테스 강 너머에 있는 나라들 가운데 유명한 군주"인 아브가르 왕이 보낸 편지다. 그는 심각한 질병을 앓고 있었는데 "약도 약초도 쓰지 않는" 예수의 치유에 대한 이야기를 듣고 예수에게 와서 자기를 고쳐 달라고 간청하는 편지를 써 보냈다(*HE* 1.13.6-9). 두 번째 편지는 자신에게 주어진 사명을 완수해야 하기 때문에 오는 것은 거절하지만, 자신(예수)이 "일으킴을 받은" 뒤에 한 제자를 보내 그를 고쳐주겠다고 약속하는 예수의 편지다(1.13.10). 에우세비오스는 계속해서 예수가 승천하신 뒤 유다 도마가 70인의 한 사람인 다대오[325]를 에데사에 보낸 경위를 서술하는, 역시 고대 시리아어로 된 첨가된 이야기를 인용한다. 많은 사람들을 고친 다대오는 아브가르의 부름을 받아 그도 고쳤고 다음 날 백성들에게 생명의 말씀을 전해주겠다고 약속했다(1.13.11-22). 에우세비오스는 그의 두 번째 책에서 다대오의 선교를 요약하면서 이렇게 결론짓는다. "그날부터 지금까지

---

323 *ODCC* 1485.

324 H. J. W. Drijvers, 'The Abgar Legend', *NTA*, 1.492-99을 보라. 그는 이 메시지에 반(反)마니교적인 목적이 있었다고 주장한다.

325 이 언급은 눅 10:1에 대한 언급이지만, 마 10:3도 다대오를 열두 제자의 한 사람으로 언급한다. "열두 제자의 한 사람인 다대오에 대한 전설은…시리아 해안의 하미디야 주변 지역과 베이루트 및 아르와드와 관련이 있고 에데사와는 아무런 관련이 없다"(Drijvers, *NTA*, 1.494).

에데사인들의 도시 전체가 그리스도의 이름에 바쳐졌다"(2.1.6-7).[326]

당연하게도 바우어(Bauer)로 하여금 에우세비오스의 기독교 역사에 대한 도전을 시작하게 한 것은 바로 이렇게 그리스도의 복음이 그처럼 이른 시점에 전파되었다는 사실이다(문헌에서 제시된 시점은 대략 예수가 십자가에 못 박힌 해인 30년이다—1.13.22).[327] 바우어는 아브가르의 전설을 "4세기 초 이전에는 나타날 필요가 없는, 현실과 아무런 관련이 없는 순전한 날조"[328]라고 생각했고, "기독교는" 150년 이후 그리 멀지 않은 시점에 "정통"이 아닌 "이단"인 "마르키온주의의 형태로 처음 확립되었다"고 주장했다.[329] 바우어는 도마 문헌 중에 오직 「도마행전」만 알고 있었다. 그러나 「도마복음」과 「의심자 도마의 서」도 당연히 포함하는 나그함마디 사본의 출현과 더불어 초기 시리아 동부 기독교의 도마 문헌적인 성격을 그 이전 단계로 소급하는 것이 하나의 매력적인 대안이 되었다.[330] 도마가 실제로 에데사 기독교를 창시한 인물로 표현될 수 있거나 실제로 그런 인물이었다면, 시리아 동부 기독교의 원래 형태가 도마 문헌에서 발견되는 혼합주의적인 형태와 같은 종류였다는 바우어의 결론은 여전히 유효할 것이다.[331]

기독교의 한 형태가 에데사에 얼마나 빨리 도달했는지는 현재 말하기가 불가능하다. 에데사는 유프라테스강 동쪽 기슭에 위치해 있었고 실

---

326 앙카라(?)에서 나온 4세기의 한 비문은 에데사 시를 하나님께 바치는 야고보에 대해 이야기하는 것처럼 보인다(*NDIEC* 2.203-6).

327 Bauer, *Orthodoxy and Heresy*, 1장.

328 "역사적 허구지만 순전한 공상은 아니다"(Drijvers, *NTA*, 1.494).

329 Bauer, *Orthodoxy and Heresy*, 11, 29.

330 §40.4b과 §40 n. 326도 함께 보라.

331 Koester는 Bauer의 명제를 수정하면서('*GNOMAI DIAPHOROI*', 126-43) 이렇게 결론짓는다. "도마는 이 지역에서 주목할 만한 정통의 영향이 형성되기 이전에도 토착적인 시리아 기독교의 권위의 근거였다"(133).

질적으로 로마와 파르티아 사이의 국경 지역에 있었지만, 그럼에도 불구하고 기독교적인 사상과 가르침의 영향은 아마도 이른 시기의 안디옥과의 무역 관계를 통해 에데사에 도달했을 것이다. 그러나 에데사를 수도로 하는 오스로에네가 166년에 로마의 속국이 되었을 때 비로소 아람어/고대 시리아어를 사용하는 기독교의 한 형태가 에데사에 확고히 자리 잡았을 것이다.[332] 역사적 사실이 무엇이건 도마와 시리아 기독교의 긴밀한 관계와 도마 문헌의 특성은 시리아 동부 기독교가 그 형태에 있어서 에우세비오스가 기꺼이 인정했을 만한 정도보다 훨씬 더 혼합주의적이었음을 강하게 암시한다는 점에는 변함이 없다.[333] 여기에 이런저런 명칭—영지주의, 마르키온주의, 마니교, 또는 심지어 유대 기독교—을 붙이려는 시도는 별 도움이 되지 않을 것이다. 우리가 고찰하고 있는 대상은 획일적이거나 동질적인 체계가 아니기 때문이다. 오히려 에데사 기독교가 지닌 도마 문헌적인 성격은, 그것이 상황을 묘사하는 공정한 방식이라면, 예수와 "예루살렘에서 시작된" 기독교로 그 기원을 추적할 수 있는 영향력이 시리아 동부에서 기독교의 기원이었던 혼합주의적인 복합체의 한 요소에 불과했음을 암시한다.[334]

---

332 F. C. Burkitt, *Early Eastern Christianity*(London: John Murray, 1904)에 따르면 에데사에 대한 유대 기독교적인 복음화는 2세기 후반에 시작되었다. 다음 책의 견해도 이와 비슷하다. W. S. McCullough, *A Short History of Syriac Christianity to the Rise of Islam* (Chico: Scholars, 1982), 9. 다음 글도 함께 보라. K. E. McVey, 'Edessa', *ABD* 2.284-87.

333 얼마나 관련이 있는지는 불분명하지만 여기서 관련이 있는 것은 영지주의적인 경향이 있다고 간주할 수 있는 타티아노스(앞의 §40.2f)가 10세기에 이르기까지 시리아 교회에서 매우 중시되었으며 그의 「디아테사론」은 "명백히 많은 시리아 교회들이 5세기 초까지 사용한 표준적인 복음서였다"는 사실이다(Petersen, 'Tatian the Assyrian', 153-55).

334 에데사의 바르다이산(c. 155-222)의 가르침은 매우 혼합주의적이었던 것으로 보이므로 그는 이 점의 또 다른 실례가 될 것이다(K. E. McVey, 'Bardaisan of Edessa', *ABD* 1.608-10). 추가적으로 다음 글을 보라. N. Denzey, 'Bardaisan of Edessa', in Marjanen and Luomanen, *Companion*, 159-84.

특히 흥미로운 것은 「도마복음」에 관한 에이프릴 디코닉(April DeConick)의 명제다. 디코닉은 대부분의 서구 학자들이 정교회 기독교에 대해 잘 알지 못한다는 점을 언급하면서 "「도마복음」은 어떤 후대의 포괄적인 '영지주의' 이단이나 어떤 초기의 지혜 기독교의 목소리를 대변하기는커녕 그 지역의 가장 오래된 문헌에서 묘사된 것과 같은 초기 시리아 기독교와 꽤 일치한다"고 평한다. 디코닉은 타티아노스의 「디아테사론」과 위-클레멘스 문서에서 사용된 역본들과 유사점을 지닌 도마 어록의 일부분(그녀가 말하는 이른바 「도마복음」의 "핵심 복음" 안에 있는)도 언급하면서, 이는 어떤 "새로운" 또는 "독특"하거나 "실종된" 기독교를 암시하는 것이 아니라고 주장한다.[335] "또한 「도마복음」 공동체는 이전에 알려지지 않았던 어떤 학파나 일탈적인 집단이나 자기 규정적인 교회도 아니다. 오히려 이 공동체는 궁극적으로 동방 정교회가 된, 기독교 전통의 큰 흐름 속에 있는 한 작은 흐름을 대표한다. 그것은 복원할 수 있는 최초의 형태의 시리아 동부 기독교의 목소리다."

따라서 에우세비오스가 헤게시푸스를 "일곱 이단"의 기원을 70년 이후 예루살렘 교회의 초창기에서 찾은 인물로 기록했다는 사실(*HE* 4.22.4-6)은, 그의 아브가르 전설에 대한 너무 성급한 주장보다도 유대 기독교가 동쪽으로 확산될 때 그 특성이 어떻게 발전했는지에 대한 보다 정확한 묘사일 것이다. 동방의 아시리아 교회와 나바테아 기독교는

335 DeConick, *Recovering the Original Gospel of Thomas*, 238-43(240-41, 242에서 인용). § 40 n. 205도 함께 보라. Asgeirsson, et al., *Thomasine Traditions in Antiquity*('On the Brink of the Apocalypse: A Preliminary Examination of the Earliest Speeches in the Gospel of Thomas', 93-118)에 실은 기고문에서 DeConick은 그녀가 말하는 이른바 핵심 「도마복음」에 담긴 묵시적 기대와 기독론적인 사상은 예루살렘의 보수적인 기독교적 유대교와 관련된 전승 및 후대에 에비온파에 의해 발전한 전승과 가장 유사해 보인다고 평한다(117).

동쪽으로 퍼져나간 유대 기독교의 다른 표현일지도 모른다. 특히 「도마복음」적인 기독교는 아마도 중동 지방의 영성과 종교 속에 얼마나 많은 다양한 요소들과 경향들이 있었는가 하는 점과, 이 지역의 신생 기독교가 이러한 영향에서 벗어나거나 전혀 영향을 받지 않은 것이 아니라 오히려 구원을 향한 이러한 열망과 추구가 얼마나 영향력이 있었는지를 입증하는 또 다른 표지로 간주되어야 할 것이다. 그리고 특히 우리는 (요한뿐만 아니라—§49) 도마를 1세대 기독교의 3대 거두에 포함시킬 필요가 있다는 점에 주목해야 한다. 도마와 그의 이름과 관련된 전승들은 너무나 명백하게 시리아 동부와 그 너머에서 거대한 영향력을 발휘했기 때문이다.

45.9 결론

"유대 기독교"의 다양한 난제들을 풀려는 시도보다 더 중요한 것은 기독교의 유대적인 특성에 대한 인정이다. 대부분의 기독교 역사서에 있어서 "유대적인"이라는 말과 "기독교적인"이라는 말은 대조적이고 어떤 경우에는 심지어 대립적인 용어, 즉 "유대교"와 "기독교"의 형용사에 해당되는 말로 간주되어 왔다. 그러나 서력기원 이후 내내 "유대적인"이라는 말은 결코 단순히 민족을 지칭하는 말이 아니었다. 1세기와 2세기에 "유대적인"이라는 말은 "유대교"보다 더 범위가 넓은 말이었다. 기독교가 그 유대적인 기원—유대인 메시아, 유대인 사도들, 유대인 성경(구약),[336] 이스라엘의 하나님(유대인과 이방인의 한 하나님—롬 3:29-30)—을 망각하거

336 많은 기독교 예배에서 구약 낭독 순서가 자주 생략될 때 이런 일이 쉽게 일어난다.

나 무시하거나 축소시키거나 폄하하거나 부정하지 않는 것은 기독교의 자기 정체성에 있어서 중요한 일이다. 그러나 유대교가 기독교의 유대적인 특성을 인식하고 예수는 유대인이 기대한 메시아이며 유대인뿐만 아니라 이방인을 위한 복음이 곧 아브라함을 통해, 또는 아브라함으로 인해 축복이 열방에 임할 것이라는 아브라함이 받은 언약적 약속의 성취라는 기독교의 주장이 지닌 유대적인 특성에 진지하게 관심을 갖는 것도 중요한 일이다.

구체적으로는 다음과 같은 특징들이다.

1. 예수의 형제 야고보는 전통적으로 존중받아 온 것보다 훨씬 더 존중받아야 한다. 야고보는 예수의 혈족으로서 최초의 기독교가 예수와 맺은 가장 긴밀한 연결고리 가운데 하나다. 그러나 기독교적인 관점에서 그는 너무나 자주 바울의 허수아비 같은 대적으로 취급되어 왔다. 그러한 경향은 뒤바뀌어야 하며 야고보는 다른 두 1세대 지도자들인 베드로와 바울에게 부여된 것과 동등한, 훨씬 더 많은 명성과 존경을 받아야 한다.[337] 야고보의 진실성과 영향력은 2세기 기독교의 넓은 범위에 걸쳐 인정되었고 그가 쓴 것으로 간주되는 편지는 기독교를 창시한 공동체의 초기 신앙에 대한 신뢰할 만한 표현으로 존중받았다.
2. 마찬가지로 로마나 비잔티움(또는 비텐베르크나 제네바나 캔터베리)이 아닌 예루살렘이 기독교의 모교회로 재확인되어야 한다. 기독교와 예수의 직접적인 관계를 확인시켜 주는 것은 특히 야고보가 이

337 Schoeps는 심지어 이렇게 주장했다. "우리가 말할 수 있는 한, 기질적으로 중재자인 예수의 형제 야고보는 교회의 통일성의 보증인이었다. 그의 죽음과 함께 분열의 시대가 시작되었다"(*Jewish Christianity*, 20).

끌어간 예루살렘 교회다.

3. 최초의 기독교 문헌(신약과 2세기 기독교 문헌의 대부분)이 지닌 유대적인 특성은 당혹스러운 것으로 간주할 것이 아니라—특히 유대인의 성경(구약)이 기독교에 대한 그들의 정의와 이해에 있어서 어느 만큼이나 필수적인지를—분명히 인정하고 강하게 동의해야 하는 것이다.
4. 유대교와 기독교 사이의 간극이 너무 오랫동안 너무나 깊어졌을 때, 유대교와 기독교는 더 광범위한 제2성전기 유대교의 표현과 특성을 (랍비) 유대교보다 기독교가 얼마나 받아들이고 거기서 풍성한 유익을 얻었는지 인식해야 한다. 특히 필론이 헬라화된 유대교와 나사렛 분파 사이뿐만 아니라 발전하는 헬라화된 기독교 사이에 놓은 가교는 유대인과 기독교인의 대화를 강화할 수 있는 추가적인 가능성으로 인해 재확인되고 탐구돼야 한다.
5. 아마 무엇보다도 "미님"과 "노츠림", 나사렛파와 에비온파에 대한 평가[338]는 재고되어야 할 것이다. 정체성이 형성되고 논쟁이 되고 있던 곳에서 선명한 변별점들에 초점이 맞춰지고 분명하게 표시된 경계선이 그어졌던 것은 이해할 만한 일이다. 그러나 서로 다른 정체성이 오래전에 확고해지고 경계선이 이제는 긍정적이기보다는 제약이 더 많은 것으로 드러나면, 결국 자신들이 그 사이의 공간을 진실함과 경의로 메울 수 있다고 생각한 집단들이 들어설 여지가 있다고 충분히 주장할 수 있을 것이다.
6. 마찬가지로 "유대 기독교"에 대한 긍정적 평가가 서방 기독교와

338 "2세기와 3세기의 에비온파 신앙에는 정통 교회 전체의 전통에서 배제된 원시 기독교의 보수적인 초기 형태가 있다"는 Schoeps의 결론은 여전히 숙고할 만한 가치가 있다(*Jewish Christianity*, 108).

동방 기독교 사이에 제공할 수 있는 연결고리는 새롭게 고려될 필요가 있고, 그것이 초교파적 존중과 상호 이해를 증진시킬 가능성도 더 깊이 탐구해볼 필요가 있다.

7. 특히 오늘날 메시아를 믿는 유대인들의 재출현은 정죄와 이단 규탄의 역사를 반복하지 말아야 한다는 굳은 결심과 더불어 그와 비슷한 존중과 이해의 증진을 위한 기회로 간주해야 한다.

46장

갈림길

46.1 이 장에서 사용할 이미지

"유대교"와 "기독교"는 앞으로 살펴볼 내용에서 주된 요소는 아니었다는 점을 처음부터 우리 스스로에게 상기시킬 필요가 있다. 이 두 용어는 우리가 살펴보는 문헌에서 거의 등장하지 않는다. "유대교"는 신약(갈 1:13-14)과 이그나티오스의 글(*Magn.* 8.1; 10.3; *Phil.* 6.1)에서 겨우 두 번 등장하고 "기독교"도 이그나티오스의 글에서만 등장한다.[1] 요점은 단순히 의미론적인 요점이자 시대착오적인 술어의 문제가 아니다. 오히려 요점은 우리가 기원후 처음 두 세기의 "유대교"와 "기독교"를 이미 분명하게 정의된 두 실체이자 서로 분명하게 구별된 것으로 간주하는 일을 피해야 한다는 것이다. 우리가 살펴보는 시대의 대부분 기간 동안 "제2성전기 유대교"의 후예들은 로마에 대항한 세 번의 실패한 봉기의 충격으로 인해 휘

1 이하 n. 7을 보라.

청거리고 있었다.[2] 기원후 70년의 재앙 이후 야브네에서 개최된 랍비들의 총회에서 실질적으로 시작된 랍비 유대교는 우리가 살펴보는 시대 내내 이제 겨우 스스로를 확립하고 팔레스타인 밖에 있는 유대 회당에 자신의 특성을 각인시키려는 시도를 하기 시작하고 있었다. 신생 기독교와 가장 관련성이 많은 서방 디아스포라의 "유대교"는 여전히 "헬라화된 유대교"였고 아직 온전한 랍비 유대교는 아니었으며, 제2성전기 "유대교"에 이미 반영된 디아스포라 유대교의 다양성이 염두에 있었다.[3] 그리고 이스라엘 종교와 포로기 이후 유대 지방의 유산에 대해 이미 분명한 연속성의 선이 그어졌던 태동기의 기독교에서 그처럼 다양하게 소유권이 청구된 유산 안에서 "기독교"를 구별되는 실체로 표시할 선은 비록 때로는 대담하게 그어지기도 했지만 아직은 잠정적으로 그어지고 있었다. 랍비 유대교와 디아스포라 유대교의 관계를 정의하는 일에 관한 문제는, 기독교적인 측면에서는 특히 그러한 똑같은 유산 중에서 얼마나 많은 부분을 자기 몫으로 요구하며 그것을 어떻게 요구해야 하는가에 관한 논쟁을 포함해서 예수를 믿는 유대인 신자와 이방인 신자 사이의 관계를 정의하는 문제와 짝을 이루었다.

따라서 특히 이 장에서는 우리가 서로 관련이 있는 이미 잘 정의된 두 종교를 다루고 있는 것이 아니라는 점을 상기해야 한다. 또한 우리는 민족적으로, 종교적으로, 문화적으로 서로 구별되는 사람들의 두 집단을

---

2 이하 §46.3을 보라.

3 특히 다음 책들을 보라. P. Trebilco, *Jewish Communities in Asia Minor* (SNTSMS 69; Cambridge University, 1991); J. M. G. Barclay, *Jews in the Mediterranean Diaspora from Alexander to Trajan (323 BCE – 117 CE)* (Edinburgh: T & T Clark, 1996); M. H. Williams, *The Jews among the Greeks and Romans: A Diasporan Sourcebook* (London: Duckworth, 1998); E. S. Gruen, *Diaspora: Jews amidst Greeks and Romans* (Cambridge: Harvard University, 2002); 참고. Feldman, *Jew and Gentile in the Ancient World*.

다루고 있는 것도 아니며, 심지어 여러 사례에서 서로 그렇게 많이 구별되는 것으로 드러나지 않은 서로 다른 의식(할례, 세례, 공동 식사)의 변별적 특성을 다루고 있는 것도 아니다. 우리가 다루고 있는 대상은 정도의 차이는 있지만 모두 (구약) 성경에 대한 의존성을 인정하고 모두 자기 정체성의 근거를 이 같은 성경에 두고 있으며 모두 그러한 정체성을 보다 분명하게 정의할 방법을 찾고 있는 사람들의 다양한 몇몇 집단이다. 기독교인들에게 있어서는 예수 그리스도와 그분의 가르침, 죽음, 부활의 의미에 관한 주장들이 물론 핵심적인 주장이었지만, 그런 주장들이 성경에서 구체화된 전통과 무관한 것은 아니었다. 결과적으로 예수께 초점을 맞추거나 예수에게서 비롯된 믿음과 실천을 그 특성상 철저히 유대적/성경적인 것으로 정당화할 필요성은 우리가 살펴보는 시대 내내 "유대인"과 "기독교인" 사이의 대화에서 본질적인 부분이었다.

여기서 상당히 중요한 결과가 즉시 뒤따른다. 즉 "갈림길"이라는 이미지는 유용하기보다는 오해의 소지가 많다는 것이다. 우리는 이미 이 이미지가 촉발시킨 불만을 언급한 적이 있고(앞의 §38.3a), 여기서는 가장 핵심적인 점들만 상기하면 된다. 무엇보다도 "갈림길"이라는 이미지의 불충분한 점은 역사적 실제가 하나의 길("유대교")이 두 개의 길("기독교"와 랍비 "유대교")로 갈라지는 것이나 분명하게 규정된 두 종교를 "갈라놓는" 하나의 사건으로 정확하게(또는 적절하게) 표현된다는 이 이미지의 가정이다. 그러나 이 연구서의 앞부분에서 언급했듯이[4] 제2성전기 유대교로 표현하는 것이 더 나은 1세기 초의 유대교는 단 하나의 "길"이나 단일한 실체가 아니었다. 제2성전기에는 유대인들이 추구한 여러 "길들"이 있었다. 그들은 모두 한 이스라엘의 하나님을 고백했고 이스라엘은 하나님의 택

4 *Jesus Remembered*, §9.

함 받은 민족이라고 믿었으며 그들의 유대적인 민족적 정체성을 기념했고 전심으로 토라에 순종했으며 (예루살렘) 성전과 제사의 핵심적 위치를 인정했다.[5] 그러나 그들은 다양한 방식으로 그렇게 했다. 이러한 공통된 믿음에 대한 그들의 표현은 서로 달랐다. 그들의 믿음만큼, 또는 그보다 더 중요한 그들의 실천도 상당히 다양했다. 너무나 다양해서 유대인 학자들을 비롯한 많은 학자들은 이 시기에 관해서는 "유대교들"(복수형)에 대해 논의하는 것이 더 정확하다고 생각한다.[6] 이러한 유대교들 중 몇 가지—특히 사두개파, 바리새파, 에세네파—는 잘 알려져 있다. 그러나 에녹과 관련된 일련의 문헌들, 묵시주의자들, 신비주의자들, 헬라파 유대인들, 디아스포라 유대교에 의해 대변되며 "그 땅의 백성"과 사마리아인들을 포함하는 다른 갈래 내지 방향도 존재했다. 제2성전기 유대교의 유대교는 유대교가 언제나 그랬듯이 분파적이었다.

이와 마찬가지로 골치 아픈 문제는 1세기에 일어나고 있었던 사태에 대해 "기독교"라는 용어를 사용하는 것이다. 이 단어는 2세기 초까지는 등장하지 않으며, 우리가 말할 수 있는 한 안디옥의 이그나티오스가 처음 만들어낸 말이기 때문이다.[7] 언어학적으로 말하자면 "기독교"는 1세기에는 아직 존재하지도 않았다. 하지만 물론 이는 그리스도 예수를 믿

---

5 *Partings*, §2에서 필자는 "제2성전기 유대교의 네 기둥"을 유일신 사상, 선택, 토라에 초점을 맞춘 언약, 성전에 초점을 맞춘 땅으로 묘사했다.

6 예를 들면 S. Sandmel, *The First Christian Century in Judaism and Christianity* (New York: Oxford University, 1969), 2장, 'Palestinian Judaisms'; J. Neusner, et al., ed., *Judaisms and Their Messiahs at the Turn of the Christian Era* (Cambridge: Cambridge University, 1987); A. F. Segal, *The Other Judaisms of Late Antiquity* (Atlanta: Scholars, 1987); J. Murphy, *The Religious World of Jesus: An Introduction to Second Temple Palestinian Judaism* (Hoboken, NJ: Ktav, 1991), 39.

7 Ign. *Magn.* 10.1-3; *Rom.* 3.3; *Phil.* 6.1; *Mart. Pol.* 10.1; *Beginning from Jerusalem*, §20 nn. 6, 120에서 이미 언급한 바 있다. 추가적으로 §38 n. 34에 나오는 Niebuhr, '"Judentum" und "Christentum"'을 다시 보라.

는 신자들이 한동안 "그리스도인"이라고 불렸다는 사실(행 11:26)에서 비롯된 자연스러운 발전 과정이었다. 『초기 교회의 기원』, §20에서 이미 지적한 바와 같이 사도행전에서 예수의 추종자들의 운동은 하나의 "이단(sect)"(행 24:14; 28:22), "나사렛 이단"(24:5)이라고 불린다. 의미심장하게도 이 단어는 유대인 역사가 요세푸스가 사두개파, 바리새파, 에세네파 등의 "분파들"(sects)에 대해 사용하는 것처럼 사도행전에서도 사용하는 단어다.[8] 다시 말해 사도행전은 예수에 의해 고취된 이 이른 시기의 운동을 말기 제2성전기 유대교를 구성하며 그 일부였던 분파 내지 파벌 중의 하나로 간주했다.

이와 똑같이 의미심장한 것은 메시아 예수를 믿는 최초의 신자들이 "그 길에 속한" 사람들로 묘사된다는 사실이다.[9] 이 이미지는 분명 행동을 어떤 길을 따라 걷는 것(*hālak*)으로 묘사하는 히브리어의 관용구를 반영하고 있으며, 바울이 계속해서 사용했고 그리스 사상에서는 흔히 볼 수 없는 수사적 표현이다.[10] 따라야 할 바른 길에 대한 이러한 강조는 사람들이 특정한 상황에서 어떻게 행동해야("걸어야") 하는지를 결정하는 (기록된 토라에서 유래한) 규칙/판결이 "할라카"(Halakhah)라는 바리새인/랍비의 관점 속에 훨씬 더 강하게 반영되어 있다.[11] 쿰란 분파는 이 단어를 사도행전에 나타나는 것과 거의 같은 방식으로 사용했다.[12] 쿰란 분파는 그들 자

---

8 행 5:17; 15:5; 26:5; Josephus, *War* 2.119-66; *Ant.* 18.11-15.

9 행 9:2; 및 19:9, 23; 22:4; 24:14, 22도 함께 보라. 참고. 18:25-26; 벧후 2:2; 이 내용은 아마도 고전 12:31에 반영된 듯하다. 여기서 필자는 *Beginning from Jerusalem*, 13-14의 내용을 반복해서 언급했다.

10 필자의 *The Theology of Paul the Apostle* (Grand Rapids: Eerdmans, 1998), 643 nn. 82-84을 보라.

11 추가적으로 G. G. Porton, 'Halakah', *ABD* 3.26-27; S. Safrai, 'Halakha', in S. Safrai, ed. *The Literature of the Sages* (CRINT II.3.1; Assen: van Gorcum, 1987), 121-209을 보라.

12 특히 1QS 9.17-18, 21; 10.21; CD 1.13; 2.6에서의 절대적 용법("그 길")을 주목해 보라.

신을 "완전한 길(*derek*)로 걷는" "행위(*derek*)가 완전한 자"로 간주하기를 좋아했다.[13] 다시 말해 쿰란이 유대인이 되는 "길들" 중 하나이며 다양한 제2성전기 유대교의 구성 요소 중 하나였던 것처럼, 예수로부터 생겨난 운동도 이스라엘 백성의 언약적 의무를 삶으로 실천하는 또 다른 "길"로 간주되었다.[14]

"갈림길"의 이미지에 의해 제기되는 문제는 2세기에서 4세기 사이(그리고 그 이후)에 유대교의 규범적 표현이 된 랍비 유대교가 제2성전기 유대교의 다양한 표현들과 어떻게 관련되는지가 분명하지 않거나 최소한 단순히 가정될 수 없다는 사실로 인해 더욱 복잡해진다. 이하에서 언급하겠지만 랍비들은 마땅히 바리새인들의 직접적인 후예로 간주할 수 있다. 그러나 그들은 제2성전기 유대교의 나머지 형태들, 유대인이 되는 다른 길들의 후예인가?[15] 그리고 4세기에 로마 제국의 국가 종교가 된 기독교는 "나사렛 이단", (예수의) "그 길"의 사람들의 직접적인(그리고 유일한) 후예인가? 각 경우에 직접적이고 선형적인 관련성이 존재했는가? 각 경우에 곁길이나 우회로 없이 4세기의 결과로 이어진 하나의 길이 있었는가? 아니면 여러 길들이 여기저기로 꾸불꾸불 이어져 있었는가?[16] 그 길들은 산산이 흩어져 있었는가? 각 경우에 우리는 큰 그림 안에서 "유대 기독교"를 어떻게 연관시키는가?[17] 다른 길들은 1세기에 등장하는 길

---

13 1QS 4.22; 8.10, 18, 21; 9.5.

14 우리는 이미 초기 기독교의 권면은 특히 "두 길, 즉 생명의 길과 사망의 길"(*Did.* 1.1)의 대조에 있어서 쿰란과 공통점이 있었다는 점을 언급한 바 있다. 앞의 §45.5b을 보라.

15 앞의 §45.6을 보라.

16 Lieu는 "어지럽게 교차하는 진창길"이라는 이미지를 선호한다('"The Parting of the Ways"', 119/29). Martin Goodman은 'Modelling the "Parting of the Ways"'에서 다른 모델들을 이미지로 표현하는 것은 실제적이지 않다는 것을 인정하면서도 9가지 서로 다른 모델을 생각해낸다(*Judaism in the Roman World: Collected Essays* [Leiden: Brill, 2007], 175-85).

17 §45에서 논의한 문제.

(들) 속에 합쳐졌는가? 또다시 이미 살펴본 대로 영지주의 기독교의 문제가 즉시 고개를 든다.[18]

물론 고대 말에서 중세 초에는 이미 서로 구별되는 두 실체—기독교와 유대교—가 존재했다. 따라서 그때는 이미 모종의 분열(들)이나 갈라짐(들)이나 결별(들)이 발생한 뒤였다.[19] 이러한 분열/갈라짐/결별을 어떻게 묘사할 것인가? 사실 어떤 단일한 이미지를 가지고 그와 같은 복잡한 역사적 과정이나 발전을 충분히 묘사할 수는 없다.[20] 아마도 사용하기에 가장 단순한 이미지는 옷의 일부가 시간이 지남에 따라 뜯겨져 나가는 과정, 옷이 "닳아 없어지는" 상황에서 풀어지기 시작하는 실, 또는 무거운 바닷물이 배의 금속판에 견딜 수 없는 압력을 가할 때 대갈못이 튀어나오는 현상 등일 것이다. 그러한 이미지는 여전히 불충분하지만, 유대인과 (특히 유대인 그리스도인들을 포함한) 예수 믿는 신자들 사이의 압력과 긴장에 맞춰진 초점은 무엇이 서로 다른(그리고 반대되는) 두 정체성의 등장을 초래한 조화될 수 없는 특징들이 되었는지를 조명해줄 가능성이 가장 커 보인다. 그리고 예수의 추종자들과 관련해서 바리새파 유대교(기원후 30-70년)와 랍비 유대교의 시초(기원후 70-100년)에 대한 우리의 지식은 너무 일천하기 때문에 랍비 문헌을 인용할 때 우리는 편하게 여겨지는 수준 이상으로 거의 전적으로 기독교 문헌에 의존해야 할 것이다.

---

18 이 문제는 이미 §43에서 제기되었다.

19 앞의 §38 nn. 41-43을 보라.

20 필자가 *The Partings of the Ways between Christianity and Judaism*(London: SCM, 1991)에서 복수형("결별들")을 사용한 것이 언제나 제대로 인식된 것은 아니지만, 'Preface to the Second Edition' (2006)도 함께 보라. 앞의 §38.3a에 나오는 이전의 논의도 다시 보라.

46.2 초기의 압력과 긴장

우리는 앞선 두 권의 책에서 "기독교"로 알려지게 된 종교의 최초 시기를 추적했었다. 그러나 어떤 이들은 유대교와 기독교의 분열을 그 시기 동안 이미 발생했거나 그 시기에 일어난 일로 인해 불가피하게 되었다고 간주한다는 점은 기억할 만하다.

a. 예수의 죽음과 부활

전통적인 기독교적 관점은 대다수의 유대인들이 예수를 거부한 것이 그들 자신이 거부당하는 결과를 초래했다는 것이다.[21] 한편으로 어떤 이들은 십자가형과 부활(또는 예수가 죽은 자들 가운데서 부활했다는 최초의 주장들)이 이미 대체로 처음부터 결정적인 요소였다고 주장하곤 했다.[22] 또 어떤 이들은 예수의 부활에 대한 최초의 주장들이 지닌 묵시적 차원을 강조하면서, 이를 통해 기독교가 바울의 유대 기독교인 대적들이 한 주장 외에는 과거의 이스라엘과 아무런 구원사적인 연속성 없이 처음부터 매우 다른 지평 위에서 출현한 것으로 간주되었음을 말하려고 하는 것처럼 보였다.[23]

---

21 A. von Harnack, *The Expansion of Christianity in the First Three Centuries* (ET London: Williams & Norgate, 1904): "유대인들은 예수를 거부함으로써 그들의 소명을 부인했고 그들 자신의 존재에 치명타를 날렸다"(81-82); Broadhead, *Jewish Ways*, 354에서 인용.

22 예를 들면 C. A. Evans는 'Root Causes of the Jewish-Christian Rift from Jesus to Justin', in S. E. Porter and B. W. R. Pearson, eds., *Christian-Jewish Relations through the Centuries* (JSNTS 192; Sheffield Academic, 2000), 20-35에서 이렇게 주장한다. "많은 유대인들에게 있어서 근본적인 난제는 예수가 죽임을 당했고 하나님의 나라가 실현되지 못했다는 단순한 사실이었다"(23). "우리는 기독교를 그것이 존재한 한두 해의 전환기 동안에만 유대교의 한 분파라고 말할 수 있다"(Hagner, *New Testament*, 390).

23 특히 J. L. Martyn, *Galatians* (AB 33A; New York: Doubleday, 1997) 및 *Theological Issues*

두 번째 잠재적 "결별"은 보통 예수의 죽음이 최초의 기독교 진영에서 하나의 제사일 뿐만 아니라 예루살렘에서의 다른 모든 속죄제를 불필요하고 효력이 없게 만든 제사로 간주되었다는 믿음[24]—이후 히브리서에서 매우 강력하게 발전된 논증—과 연결된다.

세 번째 잠재적 "결별"은 사도행전 6-7장에 따르면 스데반에 대한 사법상의 사적인 폭력 행사 이후의 박해로 옹호될 수 있다.[25] 스스로 인정한 주요 "박해자"인 다소의 사울(갈 1:23)은 분명히 자신의 정책의 원인을 "이전에 유대교에 있을 때"(1:13-14)의 바리새파적인 "열심"에서 찾았다. 그러나 우리는 열정적 바리새인인 사울에게 있어서 "유대교"는 그의 박해 정책이 대제사장과 바리새파(?)의 지지를 아무리 많이 얻었더라도 그 시대의 유일한 "유대교"가 아니었으며 제2성전기 유대교 전체는 확실히 아니었다는 점을 이미 언급했다. 그의 박해 정책은 제2성전기의 최악의 파벌주의를 보여주는 한 극단적인 예였다.

얼마나 빨리 "길들이 갈라졌는지"가 주제인 앞에서의 어떤 내용도 그 "길들"이 이 처음 시기에 이미 "갈라졌다"는 증거를 제시하지는 않는다. 『초기 교회의 기원』(§23.5)에서 언급한 대로 최초의 예루살렘 신자들은 속죄제를 포함한 성전 제사에 계속해서 참여했다. 모든 제사를 종결시키는 한 제사 문제는 아직 대두되지 않았다.[26] 어쨌든 우리는 성전의 지위

---

in the Letters of Paul (Edinburgh: T & T Clark, 1997).

24 예를 들어 J. Ådna, *Jesu Stellung zum Tempel: Die Tempelaktion und das Tempelwort als Ausdruck seiner messianischen Sendung* (WUNT; Tübingen: Mohr Siebeck, 2000): 예수의 죽음은 "많은 사람을 위한 속죄의 죽음으로서 단번에 성전의 제사 제도를 대체하며 폐지시킨다"(429).

25 Wander는 행 6:1의 대치가 이미 이후의 유대인과 기독교인의 분리를 "결정적으로 예표"한다고 생각한다(*Trennungsprozesse*, 130). 행 6:1이 예수 이단의 최초의 구성원들 사이의 긴장을 언급한다는 사실은 "갈림길"의 갈등이 유대인과 기독교인 사이의 관계 속에서 생겨난 것 못지않게 원시 기독교 내부의 긴장이기도 했다는 최초의 암시다.

26 추가적으로 앞에서(§42 n. 349) 언급한 필자의 'When Did the Understanding of Jesus'

와 역할이 이미 쿰란 분파에 의해 의문시되었고 그들은 자신들의 공동체를 예루살렘의 부패한 성전에 대한 대체물로 간주했다는 점을 상기해야 한다.[27]

더구나 역시 앞에서 언급했듯이 예수를 믿는 유대인 신자들은 66-70년의 유대인 봉기 이전에는 예루살렘에서 대체로 평온한 상태를 계속 유지했다. 기독교와 제2성전기 유대교가 결별할 위험성보다는 예루살렘에 있는 유대인 신자들과 바울의 선교 사이에 "갈림길"이 생겨날 위험성이 더 컸다. "결별"의 긴장감은 처음에는 "기독교"와 "유대교" **사이에서보다** 최초의 기독교 **내부에서** 더 많이 경험되었다. 대다수 학자들은 최초의 기독교가 처음에는 제2성전기 유대교 내의 한 분파, "나사렛 이단"(행 24:5, 14)의 역할을 했다는 점을 받아들이므로, 그 두 길이 갈라질 것인가 또는 갈라져야 하는가 하는 문제는 결코 그 첫 세대 동안에는 분명한 결론을 도출할 수 있는 문제가 아니었다. 그리고 이 점은 두 번째 책인 『초기 교회의 기원』의 연구 결과를 통해 분명히 확증되었다.

b. 이방인에게 열린 기회

제2성전기 유대교의 체제 안에서 그다음으로 분명한 경향은 이 새로운 분파의 구성원 자격이 비유대인에게로 확대된 것이었다. 민족성은 언제나 유대인, 즉 아브라함의 (육신적인) 씨, 아브라함과 이삭과 야곱에서부

Death as an Atoning Sacrifice First Emerge?'를 보라.

27 특히 CD 3.12–4.12; 4QFlor. 1.1-7과 추가적으로 다음 책들을 보라. B. Gärtner, *The Temple and the Community in Qumran and the New Testament* (SNTSMS 1; Cambridge: Cambridge University, 1965), 2장과 3장; G. Klinzing, *Die Umdeutung des Kultus in der Qumrangemeinde und im NT* (Göttingen: Vandenhoeck & Ruprecht, 1971), 2부.

터 내려오는 혈통의 정체성의 핵심이었기 때문이다.[28] 비유대인은 유대인(개종자)이 됨으로써 그러한 계보 속에 흡수될 수 있었고, 널리 퍼져 있던 소망은 이방인 순례자들이 말세에 시온으로 몰려올 것이라는 소망이었다.[29] 그러나 유대인의 정체성, "유대인(*Ioudaios*)"이 되는 것의 핵심 요소가 "유대"(*Ioudaia*)라는 지리적 실체였던 것처럼, 제2성전(과 그 이후) 유대교의 핵심 요소도 민족상의 유대인이었다. 바울은 이 점을 잘 알고 있었고(갈 2:15) "유대인" 및 "이스라엘"의 정의를 바꾸어 민족상의 유대인이 아닌 이들도 포함시키려 했다. 즉 "유대인"은 하나님을 향한 내적인 성향을 가리키는 말이지 육신적인 어떤 것을 가리키는 말이 아니라는 말이다(롬 2:28-29). 그리고 "이스라엘"은 하나님께 부름 받은 이들을 가리켰고 여기에는 유대인뿐만 아니라 이방인도 포함되었다(롬 9:6-12, 24).[30] 그러나 바울은 그러한 재정의에 성공했는가?[31] 그가 이 일에 성공할 수 있었는가? 자신의 선교 전략(고전 9:19-23—유대인에게는 유대인처럼, 율법 밖에 있는 자들에게는 율법 밖에 있는 자처럼)에 대한 바울의 변호가 찬탄의 대상이 된 만큼 폄하도 많이 받았다는 것은 이해할 만한 일이다. 그러나 문제는

28 특히 Schiffman, *Who was a Jew?*; 및 S. Cohen, *The Beginnings of Jewishness: Boundaries, Varieties, Uncertainties* (Los Angeles: University of California, 1999)를 보라.

29 시 22:27-28; 86:9; 사 2:2-4 = 미 4:1-3; 사 45:20-23; 56:6-8; 66:19-20, 23; 렘 3:17; 습 3:9-10; 슥 2:11-12; 8:20-23; 14:16-19; Tob. 13.11; 14.6-7; *1 En.* 10.21; 90.30-36; *Sib. Or.* 3.715-19. 추가적으로 J. Jeremias, *Jesus' Promise to the Nations* (London: SCM, 1958), 56-62; T. L. Donaldson, 'Proselytes or "Righteous Gentiles"? The Status of Gentiles in Eschatological Pilgrimage Patterns of Thought', *JSP* 7 (1990), 3-27; 및 *Judaism and the Gentiles: Jewish Patterns of Universalism (to 135 CE)* (Waco: Baylor University, 2007)을 보라.

30 추가적으로 필자의 *Romans* (WBC 38, 2 vols.; Dallas: Word, 1988), 127-28, 546-49을 보라.

31 주된 할례는 마음의 할례라는 이에 수반되는 주장(롬 2:28-29; 빌 3:3)에는 몇 가지 좋은 성경적 선례가 있었지만(신 10:16; 렘 4:4; 9:25-26; 겔 44:9), 그것은 바울의 주된 유대인 대화자들에게는 "유대인"과 "이스라엘"에 대한 바울의 재정의만큼이나 별 소용이 없었을 것이다.

이방인의 유입이 그 자체로 필연적으로 나사렛 분파의 특성을 바꾸고 주류 유대교와 제2성전기 유대교의 다양성으로부터의 분리를 가속화했는가 하는 것이다. 바울 자신은 분명 자신의 사명을 "이방인에게 빛"이 되는 야웨의 종의 사명과 같은 것으로 보았고, 마찬가지로 이방인들을 향한 메시아 예수의 복음을 아브라함 안에서 모든 민족이 복을 받을 것이라는 아브라함이 받은 약속의 성취로 보았다(갈 3:8).[32] 그러나 그러한 변증이 적지 않은 그의 동료 유대인들을 설득시킨 적이 있는가? 설령 그렇더라도 (구성원 면에서 이방인들이 점점 많아지는) 예수 분파가 제2성전기 유대교로부터(또는 그 내부에서) 분리되는 일은 바울의 생애 동안에는 일어나지 않았다. 그리고 바울이 예루살렘의 성도들 가운데 있는 가난한 이들을 위해 대체로 이방인으로 구성된 교회들로부터 헌금을 모으는 일에 크게 성공했다는 사실은, 예루살렘에서의 실제 헌금 전달 과정이 약간의 미스터리 속에 가려져 있기는 하지만,[33] 바울 자신이 유대인과 이방인 신자 사이의 긴장이 더 심각해지지 않도록 하겠다고 굳게 결심했음을 보여주는 충분한 징표다.

우리는 결국 기독교와 유대교를 분리시킨 긴장이 예수 운동 **내부의** 긴장이기도 했다는 점을 이미 언급한 바 있으므로, 이방인의 수용은 그 자체로 예수 분파에게 있어서 결정적인 요소는 아니었다는 점을 우리 자신에게 상기시키는 것이 유익하다. 야고보와 같은 보다 전통주의적인 유대인 신자들도—최소한 사도행전 15장에 따르면—이방인 신자들을 언약 백성 안에 포함시킬 준비가 되어 있었던 것으로 보이기 때문이다.[34] 따라서 민족성은 장벽이나 한계점이 결코 아니었다. 심지어 할례도 예수 운동

32 *Beginning from Jerusalem*, 533-36.

33 *Beginning from Jerusalem*, §33.4, §34.1e.

34 *Beginning from Jerusalem*, §27.3e.

그 자체 안에 있는 주도적인 유대인 신자들에게는 성패를 좌우하는 문제가 아니었던 것으로 보인다(갈 2:7-9). 가장 전통주의적인 유대인 신자들과 바울 사이에는 유대인 특유의 율법을 무시할 수 있는가에 관해서 분명 심각한 긴장이 있었지만,[35] 바울 자신은 복음과 율법을 상호 배타적으로 대립하는 것으로 보지 않았다. 그와 달리 바울은 믿음과 성령과 사랑을 율법을 성취하기 위한 열쇠로 보고[36] 하나님의 계명을 지키는 일을 여전히 가장 중요한 일로 보았다(고전 7:19).[37]

보다 결정적인 한계점은 아마도 보통 말하는 바울의 복음이나 신학이나 선교라기보다는 그가 세우거나 이방인 선교의 일부로 간주한 디아스포라 교회들 안에서 그가 격려한 실천이었을 것이다. 바울은 고린도와 로마에서 모두[38] 그러한 유대인의 양심을 별로 존중하지 않은 다수의 이방인을 포함하여 전통주의적인 유대인과 이방인을 모두 포용하는 단일한 공동체들을 세우려 했기 때문이다. 바울은 그러한 전통주의적인 유대인들이 자신의 양심의 가책을 유지할 권리를 옹호했지만, 자신은 그러한 양심의 가책은 더 이상 필요하지 않다고 생각한다는 점을 분명히 했다. 바울은 양심의 가책이 덜한 이들에게 양심의 가책이 더 심한 이들을 위한 여지를 남겨두기 위해 기꺼이 자신의 자유를 제한할 것을 촉구했다. 그러나 그러한 공동체들은 어떤 지역 회당과도 동반자로 잘 지내기는 어렵다고 생각했을 것이 분명하다. 골로새서 2:16-23에는 이 점을 보여주는 강력한 암시가 있는데, 이 구절에 따르면 지역 회당은 기독교인 회중을 이스라엘의 유산을 요구할 어떤 권리도 없는 이들로 간주한 것으로

---

35 예. 갈 2:11-14; 행 21:21.

36 롬 3:27-31; 8:1-4; 갈 5:6.

37 추가적으로 *Theology of Paul*, 8장을 보라. 루터파가 복음과 율법을 날카롭게 대립시키는 것은 여태껏 그렇게 생각해온 것처럼 바울의 편지에 확실히 근거한 것이 아니다.

38 고전 8, 10장; 롬 14:1-15:6.

보인다.[39] 그리스도 안에서 "유대인이나 헬라인은 더 이상 없다"고 주장하는 것은 좋은 일이었지만(갈 3:28), 자신들의 정체성을 "유대인"으로 간주한 이들에게 그 결과로 발생한 압력과 정체성의 훼손은 너무나 벅찼을 것이다. 바울의 교회들이 점점 더 이방인 교회가 되어갈수록 점점 덜 유대적인 교회로 변해가는 것은 필연적인 일이었을까?[40]

c. 새로운 이름

"그리스도인"이라는 명칭이 유대인과 기독교인 사이의 점증하는 차이 내지 유대인과 기독교인의 분리의 증거를 제시할 때, 예수를 믿은 최초의 신자들인 나사렛 이단의 정체성은 어느 정도로 분명해졌는가? 그러한 정체성 표지의 창출과 사용은 "결별"에 어느 정도로 기여했는가?

언뜻 보기에 "그리스도인"이라는 이 새로운 분파의 명칭(행 11:26)은 특별히 그것이 그 "그리스도인"이 "유대인"과 구별되고 다른 존재로 간주되었음을 의미했다면 의미심장한 명칭일 것이다. 그러나 역시 『초기 교회의 기원』에서 언급한 것처럼, 이 이름("크리스티아노이")은 안디옥에 있는 로마 당국이 헤롯 당("헤로디아노이")이나 로마 황제를 추종하는 파벌 혹은 로마 황제의 가솔들인 황제 당("카이사리아노이")을 본보기로 삼아 만들어낸 말인 것이 거의 확실하다. "그리스도인"이 그런 이름으로 불린 것은 그들이 "그리스도" 일당, "그리스도"의 추종자, 그리스도 당의 일원으

---

39 필자의 *The Epistles to the Colossians and to Philemon* (NIGTC; Grand Rapids: Eerdmans, 1996), 29-33을 보라.

40 참고. 특히 W. Meeks, *The First Urban Christians: The Social World of the Apostle Paul* (Yale University, 1983), 97, 168; J. M. G. Barclay, '"Do We Undermine the Law?" A Study of Romans 14.1–15.6', in J. D. G. Dunn, ed., *Paul and the Mosaic Law* (WUNT 89; Tübingen: Mohr Siebeck, 1996), 287-308(여기서는 303-8).

로 인식되었기 때문이다.[41] 그렇게 불린 사람들은 유대인과 구별되는 "기독교인"은 아니었을 것이다. 오히려 이 말은 이방인 신자들을 포용한 유대 회당 공동체나 그 하위 집단, 즉 유대인과 이방인을 함께 일컫는 말이었을 것이다. 로마 당국의 관점에서 볼 때 그들의 변별점은 그들의 인종이 아니라 메시아/그리스도 예수에 대한 그들의 헌신이었다.

여기서도 우리는 아마도 49년에 발생한 것으로 보이는, 클라우디우스 황제가 유대인들을 로마에서 추방한 사건을 고찰할 필요가 있다. 이 사건에 대한 수에토니우스의 유명한 언급(이 추방은 크레스투스와 관련된 소요에 대한 클라우디우스의 대응이었다)[42]은 이 소요 사태가 로마에 있는 유대인 공동체 안에서, 아마도 로마에 있는 여러 회당 중 한 곳 이상의 회당의 구성원들 사이에서 벌어졌고, 동료 유대인들 중 일부와 논쟁을 일으키거나 그들의 기분을 상하게 한 메시아/그리스도 예수를 믿는 유대인 신자들에 의해 초래되었을 것임을 암시한다. 어떤 이들은 49년의 추방이 예수 믿는 신자들과 로마 회당의 분리를 가져왔다고 생각한다.[43] 그러나 사도행전 18:2을 고려하더라도 메시아 예수를 믿은 유대인들만 추방을 당했음을 암시하는 내용은 전혀 없다. 추방당한 이들은 유대인으로서 추방을 당했다. 그리고 바울은 그 뒤로(57년경) 이방인뿐만 아니라 유대인도 포함한 로마 신자들에게 편지를 썼다. 로마서 16장에서 바울이 이름을 거론하며 문안 인사를 하는 이들 중 절반 정도는 출생지가 동방이었을 것이고 유대인이었을 가능성이 매우 크다.[44] 또한 로마서 14:1-15:7

---

41 *Beginning from Jerusalem*, 303-6.

42 Suetonius, *Divus Claudius*, 25.4; 다시 필자의 *Beginning from Jerusalem*, 58-60을 보라.

43 예를 들면 Schnelle는 49년의 추방이 "기독교 공동체와 회당 사이의 최종적 분리를 성취했다"고 말한다(*History*, 112). S. Spence, *The Parting of the Ways: The Roman Church as a Case Study* (Leuven: Peeters, 2004), 117.

44 Lampe, *From Paul to Valentinus*, 167-70; 필자는 바울이 오로지 이방인 청중에게만 글을

은 로마에서 추방된 보다 전통주의적인 유대인 신자들이 클라우디우스가 죽은 뒤 로마로 돌아오고 있었고, 클라우디우스의 칙령의 영향을 받지 않았기에 이 새로운 운동의 다수를 형성하고 있던 보다 진보적인 이방인 신자들에게서 냉대나 푸대접을 받고 있는 상황을 반영하는 것처럼 보인다.[45] 바울이 로마에서 지낸 기간에 대한 알쏭달쏭한 기록(행 28장)에 대해서 말한다면, 누가가 바울이 로마에 마지막으로 들어가서 투옥된 과정에 대한 서술 속에 예수 믿는 신자들을 명시적으로 포함시키지 않은 점을 이해할 수 있는 유일한 이유는, 예수 믿는 신자들이 로마에 있는 유대인 공동체와 바울의 지속적인 접촉에 대한 서술 속에 포함되어 있었다는 것이다(28:17-24).[46] 바울이 로마서를 썼을 때 못지않게 그가 로마에 이르러(60년) 거기서 2년 동안 살았을 때도 로마에서는 예수 믿는 신자들의 집단과 회당 사이에 여전히 긴밀한 관계가 있었던 것으로 보인다.

그다음으로 가능한 틈새는 "그리스도인"이라는 명칭이 명시적으로 사용된 것과 관련이 있다. 필자는 로마의 대화재 이후인 기원후 64년에 네로 황제가 로마의 그리스도인들을 박해한 사건에 대한 타키투스의 서술을 말하고 있는 것이다. 타키투스에 따르면 네로 황제는 (그가 방화범이라는) 자신에 대한 의심을 다른 데로 돌리려는 시도로 "그들의 악덕으로 인해 혐오의 대상이 된 한 부류의 사람들을 범인으로 몰았고 계획적으로 극도로 잔혹하게 처벌했으며 군중은 그들을 그리스도인이라고 불렀

썼다고 주장하는 A. A. Das, *Solving the Romans Debate*(Minneapolis: Fortress, 2007)와는 생각이 다르다.

45 필자는 다음 글의 영향력 있는 주장을 따른다. W. Wiefel, 'The Jewish Community in Ancient Rome and the Origins of Roman Christianity', *Judaica* 26 (1970), 65-88, reprinted in K. P. Donfried, ed., *The Romans Debate* (Peabody, MA: Hendrickson, 1991), 85-101. 필자의 *Beginning from Jerusalem*, 923-29과 추가 참고문헌도 함께 보라.

46 *Beginning from Jerusalem*, 1002-9.

다"(*Annals* 15.44.2). 대다수 학자들은 타키투스의 묘사에서 그리스도인들이 이미 로마의 회당과는 구별되는 집단으로 널리 인식되었다고 추론한다.[47] 그러나 이 언급은 오히려 그럴듯한 희생양을 찾고 있었던 네로의 대리자들이 시중의 풍문을 통해 그리스도인들에 대해 알게 되었음을 암시한다.[48] 그들이 유대인과 구별되는 "그리스도인"으로 간주되었다거나 유대인 회당이 박해를 조장하는 데 어떤 역할을 했다는 암시는 전혀 없다.[49] 그리스도인들에 대한 초기의 비난(인류에 대한 증오, 무신론)이 유대인들에게 일반적으로 씌워진 혐의였다는 사실[50]과 술피키우스 세베루스(5세기 초)가 몇 년 뒤에 티투스가 "유대인과 기독교인의 종교[단수형]를 더 완벽하게 박멸하기 위해"(*Chronicle* 2.30.7)[51] 예루살렘 성전을 파괴하기로 결

47 E. A. Judge는 'Judaism and the Rise of Christianity: A Roman Perspective', *TynB* 45 (1994), 355-68에서 로마서는 "유대인과 기독교인 사이의 관계에 대해 알지 못했던 것으로 보인다"고 지적하며 "초기 단계부터 사회적으로 명확한 분리가 있었다고 가정해야 한다"고 추론한다(366). 특히 Spence의 책(*Parting*, 119-37, 170; 하지만 235-37도 함께 보라); G. Jossa, *Jews or Christians? The Followers of Jesus in Search of Their Own Identity* (WUNT 202; Tübingen: Mohr Siebeck, 2006), 133-35; 및 Cook, *Roman Attitudes*, 2장도 함께 보라.

48 빌 1:12-18에 언급된 듯한 복음 전도 활동의 급증은 점점 더 많은 사람을 이 운동에 끌어들였을 것이며—타키투스는 "군중이 그리스도인(*Chrestianos*)이라고 부른" "엄청나게 많은" 사람들을 언급한다(*Annals* 15.44.2)—대중들이 대체로 이 운동에 대해 더 알게 되도록 했을 것이라고 쉽게 상상할 수 있다.

49 E. M. Smallwood는 *The Jews under Roman Rule from Pompey to Diocletian*(Leiden: Brill, 1981)에서 "그리스도인"에 대한 비난에 유대인이 관여한 일이 있었는지 논의한다(218-19). 그러나 Luz는 (개인적인 편지에서) "희생양"이 된 사람들은 나머지 유대인들이 아니라 "그리스도인"이었으므로 그들이 로마 회당에 속한 이들이었든 아니었든 그들은 곧 알아볼 수 있을 만큼 구별되는 집단이었다고 지적한다. "네로 치하에서 유대인들은 여전히 평안한 상태에 있었지만, 그리스도인들은 박해를 받았다."

50 *Beginning from Jerusalem*, 57 n. 23. 또한 Jossa는 타키투스가 그리스도인들에 대해 제기한 "인류에 대한 증오"에 관한 비난(*Ann.* 15.44.4)이 그가 유대인들에 대해 제기하는 비난(*Hist.* 5.5.1)과 똑같은 비난이라는 점을 지적한다(*Jews or Christians?*, 134).

51 아마도 타키투스가 이 기록의 출처일 것이다(Stern, *GLAJJ* 2.64-67) — 타키투스의 『편년사』의 사본은 16권에서 그의 기록이 유대인 봉기가 발발하기 전인 66년에 이르렀을 때 끊겨 있다.

심했다고 기록할 수 있었다는 사실[52]은, 외부인의 관점에서 보면 유대인의 종교와 기독교인의 종교는 비록 다르기는 하지만 아직 분리된 것은 아니었음을 암시한다.

여기서도 우리는 서로 다른 집단에 속한 예수 믿는 신자들의 법적 지위가 어떠했는지 질문해볼 필요가 있다. 로마 당국은 허가받지 않은 단체, 즉 자발적인 결사(*collegia*)를 의심의 눈초리로 바라본 것으로 악명 높았다. 유대인 회당은 공인된 예외였고 그들의 집회와 민족적 관습에 대한 권리는 허용되었다. 회당 내에서 특정한 이익 집단이 발전하는 현상은 의심의 눈초리를 받지 않았고, 심지어 로마 당국은 특정한 회당 공동체와의 불화도, 누가가 기록한 고린도에서의 유명한 사건(행 18:12-17)과 같이, 유대인과 유대인 사이의 내적인 분쟁으로 간주할 가능성이 컸다. 수도 로마라는 매우 민감한 배경 속에서 이방인을 포함한 그리스도인들이 속한 새로운 집단들이 회당이 누리는 법적 지위 아래에서 보호를 받고 그들 자신에게 우호적이지 않은 관심을 끄는 것을 피하고자 하는 동기는 더욱 더 컸을 것이다.[53] 그러한 방침은 분명 바울 자신이 로마에 보낸 편지의 수신자들에게 촉구했던 평화주의적인 사회적 방침(롬 12:14-13:7)과 일치했을 것이다. 그리고 로마 당국이 초기 기독교인들을 별개의 실체로 인식했더라도 그것이 우리에게 상당수/대부분의 초기 기독교인들의 정체감

---

52 Jossa, *Jews or Christians?*, 134 n. 27에 언급됨. 기록은 다음과 같이 계속 이어진다. "그 종교들[복수형]은 비록 서로 상반되지만 같은 창시자에게서 비롯되었다. 그리스도인들은 유대인에게서 나왔고(*Christianos ex Judaeis*) 뿌리가 뽑히면 자손들은 쉽게 사라질 것이다." 이러한 모호성("종교"/"종교들")은 그 시기에 출현한 기독교적 정체성이 혼란스러운 동시에 혼란을 일으켰음을 암시한다. "그리스도인"은 유대인과 같았는가? 아니면 서로 별개였는가? 이방인 개종자들은 유대인 분파의 구성원이 되었는가?

53 추가적으로 필자의 'The Legal Status of the Earliest Christian Churches', in M. Zetterholm and S. Byrskog, eds., *The Making of Christianity: Conflicts, Contacts and Constructions*; Bengt Holmberg FS (Winona Lake: Eisenbrauns, 2012), 75-93을 보라.

에 대해 많은 정보를 주지는 못할 것이다.

요컨대 70년 이전 시기의 유대 공동체 안에는 예수를 믿는 유대인 신자들과 다른 유대인들 사이에 많은 긴장과 압력이 있었다는 증거가 있다. 그러나 70년(『초기 교회의 기원』의 마지막 시점) 이전에 예루살렘이나 그 밖의 다른 곳에서 이미 발생한 바와 같은 유대인과 기독교인의 결별에 대한 분명하고 명시적인 언급은 존재하지 않는다. 30-70년에 대다수의 유대인들은 분명 예수가 메시아라는 선포를 받아들이기를 거부했지만, 그들이 동료 유대인 신자들을 더 이상 "유대인"이 아닌 "그리스도인"으로 간주했다는 징표는 없다. 그리고 이방인들이 새로운 분파로 유입됨으로써 유대인들에게 어떤 문제가 생겼다면 유대인들은 그러한 회심자들을 단지 개종자의 지위에 아직 이르지 못한, 일탈적인 하나님을 경외하는 자들(God-fearers)로 간주할 수도 있었을 것이다.

그러나 70년대 이후 기독교와 유대교의 결별에 대한 간단한 질문은 새로운 복잡성을 얻는다. 이 문제는 이스라엘과 유대인에 대한 로마의 정책, 유대교 내부의 발전, 초기 기독교 문헌의 증거라는 세 가지 항목 아래 다루는 것이 가장 좋을 것이다.

46.3 모든 것을 바꾸어놓은 로마

어떤 식으로 생각하더라도 기원후 70년의 재앙, 로마에 대항한 "(1차) 유대인 전쟁"의 실질적인 종결과 예루살렘의 멸망은 유대교와 기독교 사이의 "갈림길"로 향하는 과정의 성격 전체를 바꾸어놓았다. "기독교"가 그 속에서 출현하기 시작한 "유대교" 그 자체가 그 이전의 갈등과 압력을 필연적으로 가중시킨 자기 정의의 과정을 시작했다. "기독교"는 사실상 모교회를 잃었고 예루살렘과 이스라엘 땅은 자신의 정체성을 규정하려는 "기독교"의 노력의 결정적인 발전 과정에서 거의 또는 전혀 역할을 하지 못했다. 이런 부분들이 본 장의 두 가지 주요 탐구 영역이다. 즉 70-180년 시기에 "유대교"와 "기독교"의 정체성 형성의 발전, 특히 이러한 발전 과정이 상호작용했을 때의 발전 과정과 구체적으로 양쪽 모두에서 정체성 형성 과정이 각자 어느 정도나 상대방과 거리를 둠으로써 결정되었는지가 본 장의 주요 탐구 과제다. 그러나 먼저 우리는 이러한 발전 과정과 거리 두기가 발생한 정치적 배경을 설정하면서 그러한 정치적 배경 설정이 발전 과정에서 모종의 역할을 할 수밖에 없었다는 점을 염두에 둘 것이다.[54]

a. 예루살렘 성전의 상실

70년에 있었던 대규모의 예루살렘 파괴[55]는 유대인들에게 시대의 분수령이 된 결정적 타격이었다.[56] 예루살렘은 기원전 63년에 폼페이우스에게 점령당한 이래로 유대인의 독립적인 지배를 받은 적이 없었지만, 헤롯 왕조와 대제사장 가문에 의한 통치는 대부분의 기간 동안 유대인의 지배가 일상생활을 규제하는 데 있어서는 여전히 대체로 효력이 있었음을 의미했다. 그러나 70년 이후로 예루살렘의 실효적 지배는 더 이상 유대인

54 Wilson, *Related Strangers*, 3-10도 함께 보라. 그는 이 시기 동안 유대인들에 대한 로마의 태도(11-19)와 그 이후 로마 사회에서 유대인과 그리스도인에 대한 로마의 태도를 검토한다(20-25, 25-33, 33-35).

55 예루살렘의 파괴는 "미래에 그곳을 방문할 사람들에게 그곳에 사람이 살았던 적이 있었다고 믿을 만한 아무런 근거를 남기지 않을 만큼" 철저했다(Josephus, *War* 7.3).

56 "역사가에게도 70년은 한 시대의 끝이다. 요새의 함락에 대한 요세푸스의 기록 외에는 70년 이후 팔레스타인의 연속적인 역사는 없다…"(Smallwood, *Jews*, 331).

의 통제 아래 있지 않았고[57] 놀라울 만큼 여러 지배자—로마, 비잔틴, 회교도, 십자군, 맘루크 왕국, 오스만 제국, 영국—의 교체를 겪었으며, 거의 19세기가 다 지나서야 비로소 유대인들은 다시 한번 예루살렘에 대한 완전하고 독립적인 지배력을 얻었다(1967).[58] 따라서 이 열아홉 세기가 지난 뒤에 재건된 이스라엘 국가가 그 수도인 예루살렘에 대한 완전한 지배권을 보유하기로 그토록 굳게 결심한 것은 놀랄 일이 아니다. 그 정책이 로마 시대 이후로 팔레스타인으로 알려지게 된 지역에 거주해온 사람들의 권리를 사실상 전혀 인정하지 않지만 말이다.

그러나 예루살렘의 파괴와 유대 지방의 황폐화는 거기서 더 멀리 떨어져서 살아가는 유대인들에게는,[59] 심지어 갈릴리에 사는 유대인들에게도,[60] 그리 심각한 일이 아니었다. 전쟁을 방지하려 애썼던 아그립바 2세는 그가 다스리는 작은 지역들(디베랴, 타리카이아이, 아빌라, 리비아스-율리아

---

57 J. Choi, *Jewish Leadership in Roman Palestine from 70 CE to 135 CE*(Ancient Judaism and Early Christianity 83; Leiden: Brill, 2013)를 보라. 그는 "유대 속주에 대한 지배력을 얻지 못하고 이로 인해 1세기 말 어느 시점에 사라져버린" 헤롯 가문의 왕들을 염두에 두고(210-11) "70년 이후의 유대에는 어떤 지배적인 유대인 지도자도 없었으나 가능한 후보들은 여럿 있는 권력 공백 상태였다"고 결론지었다(220); "제사장들—특히 대제사장들—은 과거의 영예를 되찾지 못했다"(211); 랍비들의 영향력은 "매우 제한적이었고 십중팔구 그들의 추종자들 사이에서만 존재했다"(211). 추가적으로 4장 'The Extent of the Realization of Jewish Ideals of Leadership between 70 CE and 135 CE'를 보라.

58 S. S. Montefiore, *Jerusalem: The Biography*(London: Phoenix, 2011)를 보라. 시몬 바르 코크바가 2차 유대인 봉기 기간(132-135)에 얼마 동안 예루살렘에 대한 지배력을 획득했는지는 분명치 않다.

59 G. Alon, *The Jews in Their Land in the Talmudic Age* (2 vols.; Jerusalem: Magnes, 1980, 1984), 1.5-8, 59-64; L. I. A. Levine, 'Judaism from the Destruction of Jerusalem to the End of the Second Jewish Revolt: 70-135 C.E.', in H. Shanks, ed., *Christianity and Rabbinic Judaism: A Parallel History of Their Origins and Early Development* (Washington: Biblical Archaeology Society, 22011), 139-66: "문화적·경제적·사회적으로 예루살렘과 그 주변 지역 밖에서의 유대인의 생활은 예루살렘 멸망 전후 시대 사이에 별로 심각한 방해를 받지 않았다"(141).

60 예를 들면 세포리스는 여전히 로마에 충성했다.

스)에 대한 통치권을 유지하는 것을 허락받았고 더 많은 영토를 허락받았으며,[61] 전쟁에 반대한 유대인들(그러한 유대인들은 많았다)은 여전히 예루살렘에 왕래할 수 있었다.[62] 유대교에 있어서 더 근본적인 손실은 성전의 파괴였다. 성전의 상실로 인한 고통은, 아마도 70년 이후 수십 년 동안 저작 활동을 한 것으로 보이며 그들의 애가의 배경을 기원전 587년에 있었던 첫 번째 성전 파괴로 설정한 묵시록 저자들이 가장 절절하게 표현했다. 예를 들어 「바룩2서」에는 이런 대목이 나온다.

> 내 눈이 샘이 되고
> 내 눈꺼풀이 눈물의 샘이 되었다면 좋으련만.
> 내가 시온에 대하여 어떻게 슬퍼하며
> 예루살렘에 대하여 어떻게 탄식할까?
> 지금 내가 엎드려 있는 곳에서
> 대제사장들은 제사를 드렸었고
> 그 위에 향기로운 유향을 올려놓았었노라.
> 그러나 이제 우리가 자랑스러워하던 것이 먼지가 되었고
> 우리 영혼이 흠모하던 것이 재가 되었도다(*2 Bar.* 35.2-4 *OTP*).[63]

그러한 고통은 별로 놀랄 일이 아니었다. 성전은 이스라엘 종교와 제2성전기 유대교의 핵심이었기 때문이다. 성전은 하나님이 자기 이름을 두시

---

61 Schürer, *History*, 1.477-78. M. Goodman, *Rome and Jerusalem: The Clash of Ancient Civilizations* (London: Penguin, 2007): "새로운 황제 체제와 아그립바의 개인적인 관계는 유별나게 가까웠다"(458-9); Levine, 'Judaism', 144-45도 함께 보라.

62 "랍비 문헌에서의 이와 관련된 언급들은 많은 유대인의 땅이 사적 소유로 남았거나 곧 전환되었다는 인상을 준다"(Smallwood, *Jews*, 341-43).

63 다음 문헌들도 함께 보라. *Apoc. Abr.* 27; *4 Ezra* 3.1-3, 28-36; *4 Bar.* 3.

기로 작정하신 장소, 유대인의 안녕과 구원이 달려 있는 하나님과 인간의 만남과 제사의 구심점이었다.[64] 물론 처음에는 성전이 재건될 것이라는 강한 소망이 있었으나, 민족적 종교에 대한 로마의 일반적인 존중을 감안하면 특이하게도 베스파시아누스는—아마도 두 번째 성전이 고취시킨 열심당의 열정으로 인해 충분한 경각심을 얻어—성전 재건을 허락하지 않았다.[65] 그러나 포로기 이후 유대인들이 첫 번째 성전 파괴 이후 성전을 재건했다는 점을 고려하면 유대인들은 똑같은 일이 다시 일어날 것이라는 소망을 품지 않을 수 없었다. 아마도 100년경에 집필된 듯한 「바룩 2서」는 또다시 그러한 소망의 예를 보여준다. "그리고 잠시 후 그때에 시온은 재건될 것이며 제사가 회복될 것이며 제사장들은 다시 그들의 섬기는 일로 되돌아올 것이다. 그리고 열방은 다시 와서 시온을 높일 것이다. 그러나 이전만큼 충분히 높이지는 않을 것이다"(*2 Bar.* 68.5-6 *OTP*).

우리는 이미 「바나바 서신」과 관련해서 재건된 성전에 대한 기대감의 환기가 로마에 대항한 2차 유대인 전쟁(132-135년) 발발의 한 요인이 되었을 가능성을 살펴보았다.[66] 하드리아누스가 바르 코크바 반란의 여파로 예루살렘 땅을 완전히 파괴하고 그곳에 새로운 도시인 아일리아 카피톨리나를 건설하며 유대인의 성전이 있던 곳에 유피테르 카피톨리누스에게 바치는 신전을 지으려는 계획을 추진했다는 사실은 그러한 소망에 치명타를 가했을 것이 분명하다. 오늘날 예루살렘 자체는 다시 유대인의

---

64 *Jesus Remembered*, 287-88; 및 추가적으로 *Partings of the Ways*, §2.4. "성전의 파괴는…그의[유대인의] 종교의 관습을 특히 공동체적 의식의 분야에서 불가능하게 만들었다.…커다란 공백이다"(Alon, *The Jews in Their Land*, 1.50).

65 Smallwood, *Jews*, 345-48도 함께 보라. "고대의 종교적 관습이라는 배경 속에서 이러한 거부의 심각함과 그것이 유대인들에 대해 특별한 편견을 드러낸 정도는 강조할 만하다.…제국 내의 다른 모든 이들은 그들의 조상들이 신성화한 방식으로 계속해서 자유롭게 예배할 수 있었다"(Goodman, *Rome and Jerusalem*, 449, 463-64).

66 앞의 §40.1f을 보라.

수중에 들어왔지만, 성전이 있던 자리에 있는 이슬람교의 성소인 바위 사원, 곧 하람 알-샤리프의 존재는 예측 가능한 미래에 유대인의 성전이 재건될 것이라는 어떤 전망도 현실적으로 배제시킨다.[67]

디아스포라 유대교가 70년의 대재앙에 어느 정도 영향을 받았는지는 우리가 바라는 만큼 분명하지 않다. 로마에 맞선 이 전쟁에서 초기에 안디옥의 유대인들은 지역 주민들에 비해 훨씬 유대인화된 다수의 "하나님을 경외하는 자들"과 함께 극심한 수난을 당했고 70-71년에는 많은 공공건물을 파괴한 심각한 화재를 일으켰다는 죄명으로 기소되었다(Josephus, *War* 7.41-62).[68] 팔레스타인에서 재앙을 피해 도망친 유대인 극단주의자들("시카리")은 알렉산드리아와 키레네에서 소요를 일으키려 했지만 큰 성공을 거두지는 못했다(*War* 7.409-19, 437-41).[69] 그러나 다른 곳, 특히 로마[70]와 소아시아에 있는 대규모 유대인 공동체에서 소요가 일어났다는 증거는 없다. 유스티누스의 「트리포와의 대화」가 좋은 증거라면, 그의 증언은 아시아의 유대인들은 한창 진행 중이던 2차 유대인 전쟁에도 영향을 받지 않았고 잘 지낼 수 있었다는 증언일 것이다.[71] 그러나 앞으로 살펴보게 되겠지만 베스파시아누스가 모든 유대인에게 부과한 "유

---

67 그러나 앞으로 살펴보게 되겠지만(§46.4a), 성전의 상실은 유대교에 있어서 처음에 분명히 그렇게 보였을 만큼 충격적이지는 않았다.

68 Smallwood, *Jews*, 358-64을 보라.

69 Smallwood, *Jews*, 366-71; Goodman, *Rome and Jerusalem*, 461-62. 알렉산드리아에서 일어난 소요에 대한 대응에는 240년 이상 번영했던, 나일강 삼각주 남단의 레온토폴리스에 있었던 유대인 성전의 파괴가 포함되었다(Josephus, *War* 7.421, 433-36).

70 아그립바 2세의 누이 베레니케가 로마에서 티투스의 정부가 되었다는 사실(Cassius Dio 66.15.3-5; 66.18.1 [*GLAJJ* 2.378-79]; Schürer, *History*, 1.479; Smallwood, *Jews*, 385-88)은 그 지역의 유대인들에게는 틀림없이 사태를 완화시켜 주었을 것이다. 그리고 로마의 유대인들은 계속해서 황제의 후원을 받은 요세푸스를 비난할 만큼 충분히 자유를 누렸다(Josephus, *Life* 428-29; Goodman, *Rome and Jerusalem*, 463).

71 앞의 §40.2e을 보라.

대인세"의 영향은 모두가 받았을 것이다.

우리는 예루살렘의 그리스도인들이 70년의 대재앙의 영향을 얼마나 많이 받았는지 이미 언급했다(§45.3). 그러나 다른 기독교인들의 교회가 받은 영향은 알아내기가 훨씬 더 어렵다. 예루살렘의 파괴에 대한 분명한 암시가 있는(마 22:7-8) 마태복음의 혼인 잔치 비유(마 22:2-14)를 제외하면 예루살렘과 성전의 파괴에 대한 암시와 개연성 있는 간접적 언급만이 존재할 뿐이다. 특히 유대인들에게 닥친 재앙과 성전 파괴에 대한 「에스라4서」와 「바룩2서」처럼 가슴을 찢는 기독교인의 애가는 없다. 이는 예루살렘 함락과 성전 파괴가 디아스포라의 예수를 믿는 신자 집단들 가운데 별로 깊은 인상을 남기지 못했음을 의미한다. 이는 아마도 그들이 예루살렘의 제사와 지리적으로 멀리 떨어져 있을 뿐만 아니라, 헬레니즘의 영향을 지속적으로 받은 결과—예수의 죽음을 이해하는 방식을 제시하는 것으로서의 제사 외에는—영적으로도 동떨어져 있었기 때문일 것이다. 1차 유대인 봉기가 실패한 뒤 디아스포라 유대인 공동체들의 역사는 불분명하므로,[72] 그들이 새로 출현한 랍비 유대교의 영향을 받기 이전에,[73] 예루살렘 함락과 성전의 상실에 대한 기독교인의 무관심이 서방 디아스포라에서 유대인과 기독교 사이의 관계를 결정하는 데 있어 하나의 중요한 요소였는지도 불분명하다. 그러나 이 대목에서도 "유대인세"(*fiscus Judaicus*)는 아마도 중요한 역할을 했을 것이다.

---

72 115-17년에 북아프리카에서 일어난 유대인 봉기는 제외다(이하 §46.3c을 보라).

73 그러나 이 일이 3세기 이전에 발생했다고 가정할 수는 없다. 앞의 §38 n. 51을 보라.

b. 유대인세

유대인세는 유대인 봉기가 실패로 돌아간 뒤에 베스파시아누스 황제가 부과한 세금으로서 종전의 성전세(두 드라크마)에 해당하며 모든 유대인 남자들이 납부해야 했지만 이제는 (예루살렘 성전은 파괴되었으므로) 로마에 있는 유피테르 카피톨리누스의 신전에 납부해야 했던 세금이었다 (Josephus, *War* 7.218).[74] 그렇게 함으로써 베스파시아누스는 전쟁으로 인해 많이 줄어든 국고를 다시 채워 넣는 동시에 유대 민족을 적절히 처벌하며 예루살렘 성전이 재건되는 모습을 보고 싶지 않은 자신의 의사를 뒷받침할 수 있었다. 널리 지지받은 성전세 납부가 디아스포라 유대인들에게 유대감을 형성시키는 중요한 의무였으므로 그러한 처벌이 로마의 디아스포라 유대인을 포함한 모든 유대인에게 매우 우울한 상황이었음이 분명하지만, 플라비우스 왕조의 처음 두 황제(베스파시아누스와 티투스) 이래로 상황은 더 심각해졌다. 도미티아누스 황제 치하(81-96년)에서 이 세금은 엄격하게 시행되었고 "극도로 강력하게"(*acerbissime*) 징수되었기 때문이다.[75] 즉 수에토니우스에 따르면 과거에는 세금을 면제받았던 사람들이 이제 세금을 내지 않을 수 없게 되었다. 수에토니우스는 그 영향을 받은 이들을 "자신들의 기원을 은폐하고 유대인에게 부과된 연공을 바치지 않은 이들뿐만 아니라 자신의 신앙을 공개적으로 인정하지 않은 채 지금껏 유대인으로 살아온 이들"(*Domitian* 12.2), 즉 유대교로 개종한 이방

---

74 Schürer, *History*, 2.271-72; Smallwood, *Jews*, 371-78 — "성전세는 해방된 노예들과 개종자들을 포함해서 20세에서 50세 사이의 남자들만 납부했다. 그런데 이 새로운 형태의 세금은 3세부터 남녀 모두 납부할 수 있었다.…납부 의무의 확대는 과거에 예루살렘에서 성전에 납부된 세금의 총액을 4배로 늘려놓았다"(373-74).

75 도미티아누스의 권력 장악에 대해서는 Goodman, *Rome and Jerusalem*, 464-68을 보라.

인들과 비종교적인 유대인들로 규정한다.[76] 카시우스 디오(Cassius Dio)는 도미티아누스 치하에서 "유대인의 풍습에 빠졌던" 많은 이들이 무신론의 혐의로 "유죄 선고를 받고" 가혹한 처벌을 받았다는 점을 확증해준다(*Historia Romana* 67.14.2).[77] 이는 아마도 자신들의 유대인으로서의 정체성을 부정(자신들의 기원을 은폐)하려 애쓰고 있었던 예수 믿는 유대인 신자에게도 충격으로 다가왔을 것이다.[78] 그러나 이는 예수 믿는 많은 유대인 신자들에게는 세금 납부를 피하기 위해 자신들이 유대교로 개종했다는 점을 부정하고 자신을 보다 분명하게 비유대인으로 구별하려는 강한 동기를 부여했을 것이 거의 확실하다.

이 문제는 더 복잡해졌다. 도미티아누스의 계승자 네르바가 96년에 유대인세를 개정함으로써 도미티아누스의 인기 없는 조치를 철회하고, 디오에 따르면, 노예와 자유민이 다른 사람들을 "유대인의 생활 방식을 받아들였다고"(68.1.2) 고발하도록 허용하는 관행을 일소했기 때문이다. 네르바가 발행한 주화는 이렇게 천명하고 있다. "유대인세와 관련된 악의적인 고발은 사라졌다"(*Fisci Iudaici calumnia sublata*).[79] 요점은 네르바의 개혁이 유대인의 정체성을 긍정하기를 원하는 이들과 자신이 유대인임을 부정하고자 하는 이들 모두에게 새로운 기회를 부여했고 후자는 거

76 본문과 더 자세한 내용은 *GLAJJ* 2.128-30에 실려 있다. 추가적으로 다음 참고문헌들을 보라. Smallwood, *Jews*, 376-78; M. Goodman, 'Nerva, the *fiscus Judaicus* and Jewish Identity', *JRS* 79 (1989), 40-44; 및 추가적으로 M. Heemstra, *The Fiscus Judaicus and the Parting of the Ways* (WUNT 2.277; Tübingen: Mohr Siebeck, 2010). "수에토니우스가 실제로 유대인의 삶을 살고 있었지만 세금을 피하기 위해 그 사실을 공개적으로 인정하기를 거부했던 사람들을 묘사하고 있다는 점에는 거의 의심의 여지가 있을 수 없다(Cook, *Roman Attitudes*, 124).

77 본문은 *GLAJJ* 2.379-80에 실려 있다.

78 Heemstra, *Fiscus Judaicus*, 2장의 자세한 논의를 보라.

79 "이 주화는 세금 그 자체가 아닌 그와 관련해서 발생한 잘못된 고발(*calumnia*)의 폐지를 기념하고 있다"(Smallwood, *Jews*, 378).

짓된 비난에서 벗어났다는 것이다. 개종자들과 심지어 유대교에 동화되기를 바란 "하나님을 경외하는 이들"도 세금을 납부할 수 있었다. 그러나 세금을 내기를 꺼려한 이들은 비록 그들의 종교는 특성상 매우 유대적이었지만(이방인 그리스도인) 세금 면제를 요구함으로써 그들의 유대인적인 뿌리를 부정할 수 있었다. 기독교인과 유대인의 정체성을 분리시키려는 그와 같은 자극은 아마도 길게는 10년까지 지속되었을 것이고, 소(小) 플리니우스(*Ep.* 10.96)[80]는 말할 것도 없고 2세기 초의 로마인 저술가 타키투스(*Ann.* 15.44.2)와 수에토니우스(*Life of Nero* 16.2)도 (비기독교인의 저술에서는 처음으로) "그리스도인"을 분명히 확인할 수 있는 구별된 집단(유대인과 비슷한 종교적 실천가이면서도 유대인세를 납부하지 않는 이들)으로 언급할 수 있었는지를 설명하는 데 도움이 될 수 있을 것이다.[81] 아마도 그 당시 로마 당국이 보기에 그리스도인들의 법적 지위를 최종적으로 유대인들의 법적 지위와 구별되게 만든 것은 아이러니하게도 경제적 측면과 과세의 문제였을 것이다.

80 *Beginning from Jerusalem*, §21.1e에 전문이 인용되어 있지만 유대인은 언급되어 있지 않으므로 여기서는 관련성이 덜하다(소 플리니우스의 「편지」(Epistles)는 *GLAJJ* 속에 포함되어 있지 않다). Cook, *Roman Attitudes*, 4장도 함께 보라.

81 "96년 이래로 로마 당국은 기독교인들을 인식할 수 있었다. 기독교인들은 배타적인 일신론자들이었고 유대인세를 내지 않았기 때문이다"(Heemstra, *Fiscus Judaicus*, 196). "플리니우스가 기독교인들에 대해 취한 법적 조치에 대해 트라야누스에게 편지(*Ep.* 10.96-97)를 쓰던 때인 기원후 112년에는 로마인들이 보기에 그들의 뚜렷한 정체성에 대해서는 의심의 여지가 없었다"(Wilson, *Related Strangers*, 16). M. H. Williams는 'Jews and Christians at Rome: An Early Parting of the Ways', in Shanks, ed., *Partings*, 151-78에서 다음과 같이 결론짓는다. "사실상 로마에서 유대인과 기독교인의 결별은 기원후 2세기 초에 완결되었다"(177).

c. 115–117년의 유대인 반란

트라야누스 시대에 키레나이카와 이집트에서 있었던 유대인 반란에 대해 언급하지 않을 수 없는데,[82] 그 기원과 원인은 전혀 분명치 않으며 카시우스 디오(68.32.1-3)[83]와 에우세비오스(*HE* 4.2.1-5)[84]가 제공하는 짧은 기록만 남아 있다. 이집트에서 유대인과 그리스인 사이의 인종적 갈등[85]—특히 알렉산드리아에는 그리스인과 유대인 사이에 오랜 긴장의 역사가 있었다—은 로마에 대한 노골적인 유대인 반란으로 폭발한 것으로 보인다.[86] 이 갈등은 필연적으로 민족주의적 차원을 띠게 되었고, 유대인 적대자들은 독립을 추구하며 아마도 이집트를 통해 약속의 땅으로의 귀환을 성취하려는 의도를 품었을 것이다.[87] 로마의 진압은 여느 때와 같이 무자

---

82 Schürer, *History*, 1.529-34. M. P. Ben Zeev, *Diaspora Judaism in Turmoil 116/117 CE* (Leuven: Peeters, 2005)의 자세한 논의를 보라.

83 *GLAJJ* 2.385-89에 본문과 주석이 실려 있다.

84 Dio는 키프로스에서의 심각한 소요 사태도 언급하며, 에우세비오스는 북아프리카의 반란과 관련된 메소포타미아에서의 극심한 유대인 탄압을 언급한다. 후자와 유대 지방에서의 심각한 혼란/동요에 대해서는 Ben Zeev, *Diaspora Judaism*, 8장과 9장을 보라. 그는 이 시기의 유대인 반란들은 파르티아에 대한 로마의 정책을 방해하여 메소포타미아의 유대인들이 로마 세계 밖에 머물 수 있게 하는 데 도움이 되었다고 결론짓는다(264-66).

85 Dio는 키레네에서 22만 명, 키프로스에서 24만 명의 이방인이 죽었다고 기록한다(68.32.2). "깜짝 놀랄 만한 사상자 숫자는 과장된 것일지도 모른다. 그러나 동시대인들에 의한 논평은 극단적 폭력이 저질러졌다는 점을 확인시켜 준다"(Goodman, *Rome and Jerusalem*, 477-79).

86 115-17년의 반란에 대한 가능한 설명은 "모두 로마 제국의 유대인들이 로마의 통치를 싫어했다는 1차적인 가정에 바탕을 두고 있다.…로마의 유대교 공격에 대한 유대인의 불만이 억압적인 국가 종교에 대한 전쟁으로 표출되었다면 이는 놀랄 만한 일이 아닐 것이다"(Goodman, *Rome and Jerusalem*, 480).

87 Smallwood의 자세한 분석을 보라(*Jews*, 15장; 여기서는 397). W. Horbury는 'The Beginnings of the Jewish Revolt under Trajan', in P. Schäfer, ed., *Geschichte — Tradition — Reflexion: Festschrift für Martin Hengel*. Vol. I, *Judentum* (Tübingen: Mohr Siebeck, 1996), 283-304에서 이 반란은 처음부터 메시아 사상의 영향을 받았다고 주장한다(295-303).

비했다("죽임당한 자들의 피가 멀리 키프로스까지 바다를 더럽힐 만큼의 학살").[88] 이 사건들은 유대인들과 그들의 이웃 및 통치자들 사이에 어떤 긴장이 있었는지를 냉혹하게 일깨워주는 증거를 제공한다. 이는 비록 다른 곳에서는 폭발하지 않았지만(알렉산드리아는 언제나 일촉즉발의 화약고였다) 많은 디아스포라 유대인 공동체의 한 특징이었음이 분명하며, 틀림없이 팔레스타인에서 벌어진 2차 유대인 전쟁의 발전 과정에 기여했을 것이다.[89] 그 결과 이전에는 많았던 키레나이카와 알렉산드리아(그리고 키프로스)의 유대인 공동체들은 그 수와 중요도 면에서 급격히 쇠퇴했다.[90] 디오에 따르면 키프로스에서는 어떤 유대인도 발을 들여놓도록 허락되지 않았고 "그들 중 누군가가 폭풍으로 인해 해변으로 떠밀려오면 그는 죽임을 당했다"(68.32.3).

우리에게 흥미로운 것은 예수 분파가 초기에 키프로스로 확산되었고(행 13:4-12; 15:39) 2세기 초에는 알렉산드리아에 어느 정도 영향을 끼쳤을 것이 분명한데도 기독교인들이 북아프리카와 키프로스의 소요 사태에 대한 이러한 기록들 속에 어디서도 언급되지 않는다는 사실이다.[91] 기독교인에 대한 그러한 언급 부족은 단순히 기록의 간략함 때문일 수도 있지만, 유대인 혁명가들이 기독교인들을 공격했다면 에우세비오스가 그 사실을 언급했을 것으로 예상해볼 수 있을 것이다. 그렇지 않다면 거기서

---

88 Smallwood, *Jews*, 404; Levine, 'Judaism', 159.

89 Schürer, *History*, 1.529-34; Smallwood, *Jews*, 421-27도 함께 보라. "로마인들에 관한 한 제국의 어느 지역에 있는 유대인들 사이의 불만은 베스파시아누스가 70년에 유대교에 대해 적대적인 정책을 채택한 이래로 로마인들이 일관되게 보여준 바와 같이 필연적으로 다른 지역에 있는 유대인들도 의심의 눈초리를 받게 했다"(Goodman, *Rome and Jerusalem*, 481).

90 Smallwood, *Jews*, 409-12, 414-15.

91 5세기 초의 Orosius, *Historiarum Adversum Paganos* 7.12.6-8에 나오는 훨씬 더 짧은 언급 속에서도 마찬가지다.

도출할 수 있는 유일하게 분명한 추론은 기독교인들이 아직 (대다수의 유대인들에 의해) 이미 유대인 공동체와 구별되는 집단으로 간주되지 않았다는 것이다.[92] 기독교인들이 "그리스인"과 동일시되었다는 (따라서 그리스인에 대한 유대인의 폭력을 겪었다는) 대안적 추론은 덜 그럴듯하다. 유대인 혁명가들은 그러한 기독교인들을, 전자가 독특한 유대인의 유산으로 간주했을 만한 유산에 대해 후자가 펼친 주장에 비추어, 특별히 가증스러운 자들로 간주했을 것이 거의 분명하기 때문이다. 그러나 이 반란에서 그와 같은 특징에 대한 암시는 없다.

d. 132–135년의 바르 코크바 반란

에우세비오스가 증언한[93] 유대 지방에서 메시아를 참칭하는 자들이 일어나 또 다른 문제를 일으킬 가능성에 대한 팔레스타인의 로마인 통치자들 사이에서의 지속적인 의심과 북아프리카에서의 반란은, 제국의 권력자들이 유대인 문제를 다루는 데 있어서 살얼음판을 걷는 기분을 느꼈을 것이 분명하다는 충분한 증거다.[94] 이미 제시한 대로(§40.1f) 하드리아누스는 130년에 유대 지방을 방문하는 동안 예루살렘 옛 땅에 새로운 도시(아일리아 카피톨리나)를 건설하고[95] 70년에 파괴된 예루살렘 성전이 있던 자리

---

92 R. A. Kraft and A. M. Luijendijk, 'Christianity's Rise after Judaism's Demise in Early Egypt', in Shanks, ed., *Partings*, 179-85도 함께 보라.

93 앞의 §45.3을 보라.

94 70년 이후 유대와 시리아-팔레스타인 지역에 대해 임명된 총독들은 70년 이전의 기병대 출신 전임자들과 다른 원로원 계급 출신의 훨씬 더 역량 있는 인물들이었다. 총독 목록은 Schürer, *History*, 1.514-19; Smallwood, *Jews*, 546-57을 보라

95 "131년에 주조된 것으로 추정되는 아일리아 카피톨리나에서 나온 한 동전의 발견은 충돌이 시작되기 전부터 이 도시에 대한 계획이 한창 진행되고 있었음을 보여주기 때문에 디오의 설명을 뒷받침한다"(Levine, 'Judaism', 163).

에 제우스에게 바치는 신전을 세우려는 뜻을 계획하거나 발표했을 것이다. 이것이 이스라엘의 성전이 회복되기를 바라는 유대인의 열망에 대한 응답이었는지, 아니면 헤롯 성전의 회복을 열망하는 반작용의 파도를 불러일으켰는지를 우리가 알아낼 필요는 없다(참고. *Barn.* 16.1-4). 그러나 성전 제사의 부재에 대한 끝없는 불만과 이방인의 성전이 헤롯 성전의 회복이라는 꿈의 실현을 불가능하게 만들 것이라는 일체의 기미가, 어떻게 유대인의 의분이라는 타들어가는 불꽃을 새로운 반란의 불길이 되도록 부채질한 강한 바람이 되었는지를 상상하기란 어렵지 않다.[96]

이 반란은 유명한 랍비 아키바(Akiba)를 포함한 어떤 이들이 "별의 아들"(민 24:17)인 바르 코크바, 즉 메시아로 간주한 시몬 벤 코시바(Simon ben Kosiba)가 이끌었다.[97] 아키바의 메시아적인 지위 부여를 일축한 이들은 그를 오히려 바르 코지바(bar Koziba), 즉 거짓의 아들(=거짓말쟁이)이라고 불렀다.[98] 반란은 처음에는 성공적이어서 반란 후 4년째까지 항목별로 분류되는 동전들과 문서들은 "이스라엘의 해방"을 표방하고 반란 지도자를 "이스라엘의 '나시'(군주)"로 명명하고 있다.[99] 반란은 팔레스타인 전역을 휩쓸고 아마도 팔레스타인의 경계선 너머까지 퍼져나간 듯하며,[100] 너

96 앞의 §40 nn. 66, 67과 추가적으로 Smallwood, *Jews*, 432-36; Goodman, *Rome and Jerusalem*, 483-88을 보라. "아일리아 카피톨리나는 유대인들이 정착하여 '문명화'될 수 있는 그리스의 한 도시가 아니라 유대인들을 배제시켜야 할 이방인들이 거주하는 로마 식민지로 다시 세워져야 했다"(485).

97 하지만 Levine은 바르 코크바의 지도력에 있는 메시아적인 요소에 대해서는 의문이 제기되었다는 점을 지적한다('Judaism', 161-62).

98 Schürer, *History*, 1.543-44 nn. 130, 131.

99 Smallwood, *Jews*, 439-40, 441, 443-44.

100 "유대 지방 전체가 동요했고 유대인들이 도처에서 소요의 조짐을 보이며 로마인들에 대한 큰 적대감이 표면으로 드러나고 있었다.…외부의 여러 나라들도 이득을 얻으려는 열망으로 그들과 동참하고 있었고 거의 온 땅이 이 문제로 인해 동요하고 있었다고 말해도 좋을 만했다"(Cassius Dio 69.13.1-2; 자세한 주석이 달린 *GLAJJ* 2.391-405 및 Goodman, *Rome and Jerusalem*, 488-90을 보라).

무 심각해서 하드리아누스 자신이 한동안 반란을 진압하는 임무를 떠맡았을 정도였다.[101] 예루살렘 자체가 반란군에게 점령당했는지는 여전히 불분명하다.[102] 예루살렘은 제10군단의 본영이었고 바르 코크바가 예루살렘을 한동안 지배했더라도 예루살렘은 방어벽이 전혀 없었으므로 어떤 강력한 로마군 병력에도 전적으로 취약했다.[103] 그렇지 않았더라도 로마인들은 반란군의 요새와 은신처에 대한 무자비한 함락을 통해 반란을 그 필연적인 결말로 서서히 몰고 갔다.[104] 마지막 전투는 예루살렘 남서쪽 베데르의 견고한 산중 요새를 두고 벌어졌고 요새는 하드리아누스 재위 18년(기원후 134/135년)에 점령되었다. "포위 공격이 오랜 기간 지속된 후 반란군은 기근과 갈증으로 인해 최후의 파멸에 몰렸고, 그들의 광기를 선동한 자는 그가 받아 마땅한 형벌을 받았다"(*Eusebius, HE* 4.6.3).

반란은 반란군과 메시아 예수를 믿는 유대인 신자들 사이의 어떤 유대 관계도 산산 조각냈을 것이 분명하다.[105] 아키바를 따라 바르 코크바를 메시아로 인정한다는 것은 그들에게 불가능한 일이었을 것이다.[106] 3

101 Smallwood, *Jews*, 450-51.

102 "주조된 화폐에서 한 제사장(제사장 엘레아자르)이 부각된 것은 분명 성전과 성전 제사를 회복하려는 반란군의 목표와 관련이 있었다"(Smallwood, *Jews*, 440-41, 443).

103 Schürer, *History*, 1.550-51; Goodman, *Rome and Jerusalem*, 490-91도 함께 보라.

104 "유대 지방 전체가 실제적으로 사막이었다. 50개의 요새가 파괴되었고 985개의 마을, 58만 명의 유대인(?)이 전쟁으로 쓰러졌으며 질병이나 기아로 쓰러진 이들도 무수히 많았다"(Schürer, *History*, 1.553, Cassius Dio 69.14.1-2을 인용하며). 이 반란의 후기 단계에 대한 Smallwood의 설명을 보라(*Jews*, 451-57).

105 Horbury는 바나바와 유스티누스의 문헌에 증언된 대로 기독교인들이 유대인의 소망과 로마에 대한 적대감에 크게 공감한 사실은 처음에는 바르 코크바 반란군이 유대인 신자들의 지원을 바라도록 고무시켰을 것이고, 유대인 신자들이 지원하지 않았을 때는 반란군의 분노를 고조시켰을 것이라고 지적한다('Barnabas', 338-39). 다음 글의 견해도 이와 비슷하다. 'Messianism Among Jews and Christians in the Second Century', in *Messianism Among Jews and Christians: Twelve Biblical and Historical Studies* (London: T & T Clark, 2003), 275-88(여기서는 287).

106 "기독교인들이 그들의 메시아를 부인하지 않으면 이 운동에 참여할 수 없었던 것은 바

년 내지 4년 동안 반란을 일으키고 유지하게끔 한 열정은 예수를 믿는 유대인 신자들이 반역자나 배도자로 간주되었음을 의미했을 것이 거의 분명하다.[107] 그러나 팔레스타인의 유대인들에게는 결과가 훨씬 더 나빴다. 아일리나 카피톨리나가 세워지면서 유대인들은 그들의 과거의 수도에서 있을 자리가 없었다. 이방인 식민지 이주자들이 그들의 자리를 차지했다. "그때부터 어떤 유대인도 예루살렘 지역에 들어가는 것이 허용되지 않았다. 그곳에서 눈에 띄는 유대인은 누구든 사형에 처해졌다."[108] 거기에는 예수를 믿는 유대인 신자들도 포함되었을 것이다. 단지 유대인만이 아니라 예수를 믿는 유대인 신자들도 더 이상 예루살렘을 그들의 본부이자 영적인 고향으로 간주할 수 없었다. 그와 대조적으로 비유대인 신자들은 틀림없이 예루살렘에 정착할 수 있는 기회를 잡았을 것이다. 예루살렘 교회는 그 구성과 성격 면에서 전적으로 이방인 교회가 되었다(Eusebius, *HE* 4.6.4). 이 모든 것이 로마의 디아스포라 유대인 공동체와 그들 주변의 기독교인들과 그들과의 관계에 끼친 영향은 불분명하다—우리는 유스티누스가 이 반란이 진행되고 있는 와중에 트리포와 대화를 나누었다는 사실을 기억한다.[109] 그러나 팔레스타인에서의 관계에 관한 한 비록 대다수 랍비들이 바르 코크바를 바르 코지바라고 부르기를 선호했지만 "별의 아

로 이 운동의 메시아적인 성격 때문이었다"(Schürer, *History*, 1.545). R. Bauckham은 'Jews and Jewish Christians in the Land of Israel at the Time of the Bar Kochba War, with Special Reference to the *Apocalypse of Peter*', in Stanton and Stroumsa, eds., *Tolerance and Intolerance*, 228-38에서 팔레스타인의 예수 믿는 유대인 신자들이 성전 재건이라는 바르 코크바의 핵심적인 목표에 반대했다는 증거를 *Apoc. Pet.* 16에서 발견한다(232-35). Wilson, *Related Strangers*, 6-7; Broadhead, *Jewish Ways*, 277-78의 주장도 이와 비슷하다.

107 순교자 유스티누스에 따르면 바르 코크바는 "기독교인들이 예수 그리스도를 부인하고 신성을 모독하는 말을 내뱉으려 하지 않으면 그들에게만 잔인한 형벌을 가해야 한다는 명령을 내렸다"(*1 Apol.* 31.6).

108 Schürer, *History*, 1.553.

109 유스티누스는 *1 Apol.* 47과 *Dial.* 16, 25에서 예루살렘의 황폐화를 언급한다.

들"의 영도 아래 일어난 반란과 그 결과는 모두 거의 치유할 수 없는 깊은 상처를 남겼을 것이 분명하다.

e. 반란 이후 로마의 정책

심오한 중요성을 지닌 몇 가지 상징적인 사건들, 특히 예루살렘과 성전이 있던 곳에 대한 "갈아엎기"[110]와 유대인들이 예루살렘에 들어오는 것을 금지하고 그와 같은 상황에서는 보기 드물게 속주의 이름을 유대에서 시리아 팔레스티나로 바꾸기로 한 하드리아누스의 결정은 한 시대의 종말을 나타냈다.[111] 그러나 여러 가지 면에서 실패한 반란의 가장 고통스러운 결과는 하드리아누스가 할례를 거세와 동등한 야만적인 풍습으로 금지한 일이었다.[112] 할례는 셈 계통의 민족들 사이에서 보다 널리 시행되었지만, 이 금지령이 특별히 유대교를 겨냥한 것이었다는 점은 의심하기 어렵다.[113] 할례는 유대인의 매우 핵심적인 정체성 표지로 이해되었기 때문이다. "할례의 금지는 유대인들이 생각하기에 유대교 그 자체에 대한 금지나 마찬가지였다."[114] 이 금지령은 그 후 아마도 유대인이 소요를 일으킨 또 다른 시기가 지난 뒤 안토니누스 피우스(138-161년)에 의해 철회되었고, 로마 당국은 유대인의 전통을 용납하고 그들의 종교적 의식을 허용하지 않으면 끝없는 골칫거리에 직면하게 될 것이라는 점을 인식했다.

---

110 "아마도 예루살렘의 완전한 파괴를 나타내기 위해…온 도시를 쟁기로 갈아엎고, 심지어 유피테르가 야웨를 대체한다는 상징으로 성전이 있던 곳마저도 쟁기로 갈아엎었을 것이다"(Smallwood, *Jews*, 459).

111 Smallwood, *Jews*, 463-64; Goodman, *Rome and Jerusalem*, 493-94.

112 Schürer, *History*, 1.536-39; Wilson, *Related Strangers*, 7-8.

113 유감스럽게도 Schürer, *History*, 1.539-40의 견해와 다르다. Smallwood, *Jews*, 429-31, 465도 함께 보라.

114 Schürer, *History*, 1.555; Smallwood, *Jews*, 465.

그러나 랍비 유대교가 획기적으로 발전하도록 길을 열어준 것은 바로 정치적 실체인 이스라엘의 실질적인 소멸이었다.[115] 너무나 확실하게 입증된 로마에 대한 반란의 무익함은 그 후 지속된 평화의 시기에 랍비들이 유대교를 재창조해야 하는 그들의 최고의 사명에 집중할 수 있게 해 주었다.

46.4 유대교의 발전과 유대교 내의 여러 발전

70년 이전에 이 문제는 우리가 예수를 믿는 신자들과 제2성전기 유대교의 결별에 대해 말할 수 있는가, 또는 말해야 하는가 하는 문제였다. 그러나 예루살렘 성전의 파괴, 즉 제2성전기 유대교의 사실상의 종말과 함께 이 문제는 필연적으로 다른 것으로 바뀐다. 이 문제가 더 이상 제2성전기 유대교로부터의 결별에 관한 문제가 아니라면, 이 문제는 무엇으로부터의 결별인가라는 문제로 달리 표현되어야 한다.[116] 이를 보완하는 질문은 물론 이 결별이 최소한 부분적으로라도 유대교 내부에서부터 조장되었다면 그것은 무엇으로부터 결별하고 있었는가 하는 질문이다. 한 번에 하나씩 차례대로 살펴보자.

---

115 Schürer, *History*, 1.555.

116 Wilson이 지적하듯이 "한 가지 일반적인 오류는…랍비식의 유대인이 곧 유대교라고 가정하는 것이다"(*Related Strangers*, 170).

a. 랍비 유대교의 시작

70년에 발생한 예루살렘 파괴의 여파로 예루살렘을 종교적 중심지로 다시 세우려는 시도는 전혀 없었던 것으로 보인다. 성전이 부재한 상태에서 그러한 주된 동기는 결여되었다. 또한 135년의 추가적인 파괴 이후 유대인들은 예루살렘에 정착하는 것이 금지되었다. 초점은 그 대신 야브네라는 해안가 마을로 옮겨졌다. 랍비 전승에 따르면 요하난 벤 자카이(Yohanan ben Zakkai)는 70년의 재앙에서 살아남았고 베스파시아누스에게 유대 지방 해안 근처의 야브네(얌니아)에 일군의 토라 학자들을 불러 모으는 것을 허락받았다.[117] 랍비 유대교를 통해 지나고 나서 보면 이 회합은 훗날 야브네 학회로 알려지고 더 훗날에는 "야브네 회의"로 알려진 성전 없는 기독교를 재건하려는 시도의 시작을 알리는 사건이었다.[118] 그러나 기원후 70년(74년 초까지 마사다에서 계속된 반란)의 여파로 얼마나 많은 일이 실제로 그곳에서 이루어졌는지는 (야브네의 율법 학자단에 대한 사실처럼) 많은 논란거리다.[119] 이미 노인이 된 요하난의 자리는 가말리엘 2세가 계승했고, 가말리엘 2세는 명백히 바르 코크바 반란 초기에 랍비 아키바와 마찬가지로 사형 선고를 받을 만큼 위협적인 존재로 간주되어 한

---

117 J. Neusner, *A Life of Yohanan ben Zakkai* (Leiden: Brill, 21970); 및 *First Century Judaism in Crisis*, Part III; Alon, *The Jews in Their Land*, 5장; Schürer, *History*, 1.525-26; 2.109-10. 에세네파와 사두개파가 70년 이후 시기에 그와 같은 존재로 살아남았는가, 그랬다면 어느 정도나 살아남았는가 하는 문제에 대해서는 M. Goodman, 'Sadducess and Essenes after 70 CE', in *Judaism in the Roman World*, 153-62을 보라.

118 J. P. Lewis, *ABD* 3.634-37.

119 P. Schäfer, 'Die sogenannte Synode von Jabne: Zur Trennung von Juden und Christen im ersten/zweiten Jh. n. Chr.', *Studien zur Geschichte und Theologie des Rabbinischen Judentums* (Leiden: Brill, 1978), 45-64; Saldarini, *Matthew's Christian-Jewish Community*, 216 n. 11의 기타 참고문헌.

동안 옥에 갇혀 있다가 고문을 받아 죽었다.[120] 그 뒤로 훗날 2세기에 랍비 학자들의 학교는 갈릴리의 세포리스로 옮겨졌고 그다음에는 대체로 바르 코크바 반란이 초래한 대대적인 파괴의 영향을 받지 않은 디베랴로 옮겨졌다.

유대교의 이러한 재구성에 있어 중요한 요소는 성전에서 토라로의 전환이었다. 제2성전기 유대교를 복원이 불가능하도록 파괴한 것은 예루살렘 성전에서 드리는 제사의 중단이었다. 이 점은 생각보다 그렇게 명백하지 않았다. 랍비들이 마치 성전 제사가 아직도 시행되고 있는 것처럼 성전 제사의 시행에 대한 결정을 계속해서 내렸기 때문이다.[121] 비록 요세푸스와 70년 이후의 기독교 저작들이 모두 성전 제사를 언급하면서 비슷하게 과거 시제를 사용했다는 점에 주목해야 하지만, 아마도 이는 랍비들이 그들 자신을 곧(또는 결국) 회복될 종교의 패턴에 대한 법을 제정하는 존재로 간주했기 때문일 것이다.[122] 그러나 이제 실제적인 초점은 토라에 있었고 그 원동력은 성전 없이도 번성할 수 있는 유대교를 만들어내는 일, 즉 달력을 결정하고 예전을 "랍비화"하면서[123] 과거에 제사장들이

---

120 Smallwood, *Jews*, 465-66.

121 Schürer, *History*, 1.521-23; Alon, *The Jews in Their Land*, 1.114-8. "사실 기원후 200년 무렵에 편집된 미쉬나에서 발견할 수 있는 제사에 대한 자세한 규정들은 그 시기에도 랍비들이 성전은 재건될 수 있고 재건될 것이라고 기대했거나 최소한 그렇게 소망했음을 전제로 한다.…이 당시에 어떤 평범한 유대인이든 제사 중단을 바람직한 일로 여겼다는 증거는 조금도 없다. 그와 반대로 모든 유대인은 '우리 시대에 신속하게' 다시 제대로 하나님을 예배할 수 있기를 간절히 고대하고 있었다"(Goodman, *Rome and Jerusalem*, 448-49, 카디쉬 기도를 상기시키면서).

122 앞의 §39 n. 258을 보라. 거기서 언급한 것처럼 히브리서에서 성전 파괴를 언급하지 않은 사실이 더 이상 이 편지의 저작 시기가 70년 이전이라는 분명한 증거가 되지 못한다는 점을 의미하는 것은 바로 이런 약간은 놀라운 관습이다. Levine은 (기원후 약 80년에 기록을 남긴) 제4의 무녀(the Fourth Sibyl)나, 가(假)-필론의 (그가 1세기 말의 저작으로 언급하는) *Liber Antiquitatum Biblicarum*도 예루살렘 성전의 파괴에 대해 아무런 특별한 관심을 보이지 않는다는 점을 지적한다('Judaism', 145).

123 야브네에서의 일차적인 관심사 중 하나는 명백히 절기의 날짜를 확정하고 이를 통해 제2

수행한 의무를 이어받고, 제2성전기의 후기 수십 년 동안에[124] 이미 바리새인들이 특히 잘 발전시킨 할라카에 관한 결정들(구전 토라)[125]을 모으고 확대하는 일이었다. 이러한 결정들은 2세기 말에 예후다 하"나시"(족장/방백)의 지도 아래 미쉬나에 기록된 논쟁과 정리를 거친 결정들이었다. 그 과정에서 유대교는 제사의 종교에서 율법 준수의 종교로 바뀌었고, 거기서 핵심적인 사역은 더 이상 제사장의 사역이 아닌 랍비의 사역—"선한 행실과 기도가 최소한 신학적 효과의 측면에서는 성전 제사의 자리를 차지한 새로운 유대교"[126]—이었다.

제2성전기 유대교 내의 다른 분파들에게 일어난 일은 그보다 훨씬 더 분명하지 않지만, 쿰란은 68년에 로마인들에 의해 파괴되었고 그곳에서의 재정착은 결코 이루어지지 않았으며, 막후에서 권력을 행사하던 사두개인들의 지배와 영향력은 70년의 재앙으로 인해 치명적으로 약화되었다. 그러나 성전을 잃어버렸음에도 제사장들은 지역 사회에서 그들의 전통적인 지위를 유지한 것이 (그리고 그들의 전통적인 권리가 존중받기를 기대한 것이) 거의 확실하다.[127] 마을 장로들은 여전히 권위를 유지했고 회당들

성전기 유대교를 괴롭혀온 달력에 관한 논쟁을 해결하는 것이었다(Alon, *The Jews in Their Land*, 1.108-12).

124 Alexander, 'Jewish Believers', 671-76. 알려진 요하난의 결정은 "범위 면에서 매우 제한되었고 전반적으로 유대인의 삶에 있어서 주변적"이었는데, 이는 아마도 70년의 충격이 흡수되는 데 꽤 많은 시간이 걸렸고 그가 전통적인 관습들을 채택할 수 있는 기회가 제한적이었기 때문이었을 것이다. 그러나 가말리엘의 개혁은 특히 예전상의 문제, 기도, 휴일, 달력에 있어서 보다 광범위했던 것으로 보인다(Levine, 'Judaism', 148-58). 가말리엘에 대해서는 Alon, *The Jews in Their Land*, 1.119-24도 함께 보라.

125 우리는 할라코트(토라가 일상생활에 어떻게 적용되는지를 보여주는 것)의 발전이 기원후 1세기 초에 이미 진행되고 있었다는 점을 알고 있다. *Jub*. 2.17-33; 50.8-12; CD 10.14–11.18은 모두 안식일 율법이 할라카상으로 얼마나 많이 정교해졌는지를 보여주며, 4QMMT B는 초기 랍비들에게 일상적인 삶의 일부가 된 종류의 관심사들을 보여주는 좋은 예를 제공한다.

126 Goodman, *Rome and Jerusalem*, 448.

127 Alon, *The Jews in their Land*, 1.101.

은 여전히 지역 공동체 지도자들에 의해 다스려졌다.[128] 70년 이후에 사두개인과 에세네파가 완전히 사라졌을 가능성은 별로 없다.[129] 제2성전기 유대교의 묵시적이고 신비주의적인 갈래들도 (비록 70년 이후의 유대교를 형성하는 데 있어서 그들의 영향력은 아마도 미미했겠지만) 여전히 존재했다. 그러나 장기적인 중요성을 지닌 요소는 야브네의 랍비들과 그들의 계승자들이 유대교의 정체성을 보다 면밀하게 그들의 토라 해석에 부합되도록 정의하려는 의도적인 방침을 따른 것처럼 보인다는 점이었다. 그들은 틀림없이 자신들이 단지 유대교가 언제나 지녔어야 하는 마땅한 모습을 분명히 밝혔을 뿐이라고 생각했을 것이다. 그러나 그들을 따르지 않은 이들은 발전하고 있던 랍비 유대교에서 사실상 배제되었다. 사두개인이 바리새인 및 에세네파와 더불어 번성했고, 디아스포라 유대교에 이스라엘 본토에 거주하는 이들과의 폭넓은 협력 관계가 있었으며, 묵시적이고 신비주의적인 갈래들이 존재할 여지가 있었던 유대교의 다양성은 보다 일관되고 지속 가능하며 보다 제한적인 자기규정에 도달하려는 신생 랍비 유대교의 시도 속에서 대체로 상실되었다.

요하난 벤 자카이, 가말리엘 2세, 예후다 하나시가 유대인의 기념 의식에서 아무리 존경을 받았더라도 랍비 유대교가 하루아침에 출현한 것은 아니라는 점은 서력기원 이후 처음 몇 세기의 유대인 공동체와 유대교에 대한 연구에서 반복적으로 강조된다.[130] 그 점을 강조하기 위해서라

---

128 M. Goodman, *State and Society in Roman Galilee, AD 132-212* (Totowa: Rowan & Allanheld, 1983). "처음 두 세기 동안…어떤 증거도 회당에 대한 랍비들의 지배를 암시하지는 않는다"(Saldarini, *Matthew's Christian-Jewish Community*, 13).

129 M. Goodman, 'Sadducees and Essenes after 70 CE', *Judaism in the Roman World: Collected Essays* (Leiden: Brill, 2007), 13장.

130 예. Wilson, *Related Strangers*, 19. "랍비들이 재판관으로 묘사되는 구체적인 경우들은 거의 모두 매우 제한된 영역의 종교적인 율법—정결함, 음식법, 맹세의 취소, 가뭄이 들었을 때 금식 의무 준수 등—과 관련되어 있었고, 랍비 문헌 자체가 중립적으로 '아메 하아레

면 기독교인들은 그들 자신의 성인전 전승에 대해서만 생각해 보면 된다. 또한 야브네, 세포리스, 디베랴에서 발전해온 유대교의 패턴을 시리아-팔레스타인 밖의 유대인 공동체들이 신속하게 받아들인 것도 아니었다.[131] 기독교인 공동체들이 접한 로마 디아스포라의 유대교는 아직 랍비 유대교가 아니었다.[132] 이 모든 사실은 태동기의 기독교가 이 과정에서 어떻게 되었는가 하는 문제를 보다 흥미롭게 만든다. 신생 랍비 유대교가 나사렛 분파와 신생 기독교에 대해 보인 태도는 랍비 유대교가 제2성전기 유대교의 나머지 갈래들에 대해 보인 태도와 거의 분리될 수 없기 때문이다. 나사렛 분파는 단순히 신생 랍비 유대교가 부정한 제2성전기 유대교의 또 다른 갈래에 불과했는가? 또는 이 문제를 보다 도발적으로 표현하자면 이렇다. 랍비 유대교가 제2성전기 유대교의 나머지 형태들과 효과적으로 분리되었다는 점을 감안하면 랍비 유대교는 제2성전기 유대교의 유산을 정당하게 (그리고 배타적으로) 요구할 수 있는 유일한 제2성전기의 분파였는가? 실제로 랍비 유대교의 출현 그 자체가 "결별"에 있어서 결정적인 요소였는가?

츠'(정결과 십일조에 관한 랍비들의 명령을 이행하지 않는 이들)라고 불리거나 보다 적대적인 관점에서 '미님'(이단자들)이라고 불린 많은 유대인들이 랍비들의 결정을 무시했다는 점을 전제로 하고 있다"—M. Goodman, *The Roman World: 44 BC — AD 180* (London: Routledge, 1997), 313-14.

131 앞의 §39 n. 122을 보라.

132 Pritz는 히에로니무스의 *in Es.* 8.14에서 나타나는 2세기의 유대인 지도자들의 이름을 나사렛파가 친숙하게 알고 있었다는 사실은 "나사렛파가 랍비 유대교와 여전히 친밀한 관계를 유지하고 있었음이 분명하다"는 점을 암시한다고 지적한다(*Nazarene Jewish Christianity*, 58-62). Broadhead, *Jewish Ways*, 167-68의 견해도 이와 비슷하다.

b. "비르카트 하-미님"(Birkat ha-Minim)

야브네에 모인 랍비들이 기독교를 그들이 재구성한 유대교에서 배제하는 조치를 취했음을 보여주는 가장 흥미로운 증거는 "비르카트 하-미님", 즉 "아미다"(Amidah)라고도 알려진 열여덟 가지 축복 기도인 "셰모네 에스레"(*Shemoneh 'Esreh*)의 열두 번째 축복 기도 속에 삽입된 "이단자들에 대한 축복(또는 저주)"이다.[133]

> 배교자들에게는 아무런 소망이 없을 것이며, 우리 시대에 그 오만한 왕국이 속히 뿌리가 뽑히기를 바라나이다. 나사렛파와 이단자들(*minim*)은 속히 멸망하기를 바라나이다. 그리고 그들이 생명책에서 지워지기를 바라나이다. 그들이 의인들과 함께 기록되지 않기를 바라나이다. 오만한 자들을 낮추시는 주님, 당신을 송축하나이다.

바빌로니아 탈무드(*b. Ber.* 28b)[134]에는 랍비 가말리엘이 야브네에서 랍비 학회의 수장이었던 시기 동안(80년경–115년경) 작은 자 사무엘(Samuel the Small)이 "미님"과 관련된 축복 기도를 지었다는 취지의 전승이 있다. 이는 요한복음 9:22에서 언급된 메시아 예수를 믿는 신자들이 회당에서 쫓겨난 사건[135] 및 유스티누스가 트리포에게 반복적으로 언급하는 "너의 회당에서 그리스도를 믿는 자들을 저주하는 일"[136]과 관련이 있었다. 예수의 추종자가 아무도 "셰모네 에스레"를 암송하는 데 참여할 수 없었던 이

---

133 Wander는 대부분의 신약 연구가 유대교와 기독교의 결별을 "비르카트 하-미님" 속에서 실질적으로 입증된 것으로 간주한다고 논평한다(*Trennungsprozesse*, 3).

134 Herford, *Christianity*, 125-37.

135 이하 §46.5c을 보라.

136 이하 n. 309을 보라.

유는 이 열두 번째 축복 기도가 자기 자신과 그의 동료 기독교인들에게 저주를 선포하는 일이 되었을 것이기 때문이다. 이것이 이르면 1세기의 80년대부터 사실이었다면, 그것은 유대인이 기독교인을 유대인과 분리시키고 예수를 믿는 유대인 신자들이 계속해서 유대인, 즉 유대인 공동체에 용납되는 구성원 역할을 하는 것을 불가능하게 만들기 위해 취한 조치임을 보여주는 첫 번째 증거가 될 것이다.

기독교인에 대한 구체적인 언급("노츠림")은 후대에 "비르카트 하-미님"에 첨가된 내용이었을 가능성이 크므로 이 문제는 어려운 문제다. 열두 번째 축복 기도에 대한 수정은 아마도 나중에 이루어졌을 것이고 기독교인(나사렛파)에 대한 명시적인 언급이 원래 표현의 일부였는지는 매우 의심스럽다.[137] 그렇더라도 이 전승은 아마도 제2성전기 유대교의 다른 형태들, 대체로 유대교에 대한 바리새파와 다른 이해 및 실천으로 묘사할 수 있는 형태들, 즉 "미누트"(*minut*)라고 불리게 된 이해와 실천 및 이를 실천하는 "미님"(*minim*)을 받아들일 수 없는 것으로 간주하겠다는 초기의 야브네에 모인 랍비들의 결정을 반영하는 듯하다.[138] 게다가 요한

---

137 이제 Boyarin, *Border Lines*, 67-73; R. Langer, *Cursing the Christians? A History of the Birkat Haminim* (Oxford University, 2011), 1장을 보라. 둘 다 특히 P. W. van der Horst, 'The Birkat ha-minim in Recent Research', in *Hellenism-Judaism-Christianity: Essays on Their Interaction* (Kampen: Pharos, 1994), 99-111을 포함한 추가적인 참고문헌을 싣고 있다. Wilson은 "기독교인에 대한 언급(*notzrim*)이 처음부터 존재했다면 이 저주 기도는 십중팔구 '비르카트 하-노츠림'(*Birkat ha-notzrim*)이라고 불렸을 것"이라고 지적한다(*Related Strangers*, 180; 추가적으로 179-83을 보라).

138 "비록 훨씬 후대에 이르러서야 비로소 입증되지만, 이단자들에 대한 저주가 기원후 1세기 말-2세기 초에 랍비들의 후원 아래 '아미다' 속에 도입되었다는 바빌로니아 탈무드의 기록의 기본적인 정확성을 받아들일 만한 강력한 근거가 존재한다"(Alexander, 'Jewish Believers', 674). Alexander는 또한 랍비 유대교의 "아미다"의 형태가 회당 예배에 주기도문을 도입하려 하는 유대 기독교인들에 대한 반응이었을 수도 있지 않을까 하는 의문을 제기한다(674). "랍비 유대교 측과 유대 기독교인들 사이의 싸움은 아마도 회당에서 치러졌을 것이다"(676).

복음 9:22은 메시아 예수를 믿는 신자들을 쫓아내겠다는 회당 유력자들의 어떤 공식적인 결정을 암시하며, 유스티누스의 「트리포와의 대화」는 분명 2세기 중엽에 있었던 예수와 그의 추종자들 모두에 대한 적극적인 비난(저주)을 암시한다. 따라서 명시적으로 기독교인들을 겨냥한 "비르카트 하-미님"의 등장 시기는 불분명하더라도, 이 전승은 랍비 유대교의 초기 지도자들이 한편으로는 그들과 그들이 재구성한 유대교와 다른 한편으로는 기독교인들 사이를 구분하는 분명한 선을 그으려 했다는 느낌을 강하게 더해준다.[139] 만일 우리가 이런 맥락에서 이 결별에 대해 제대로 말할 수 있다면 그것은 유대인의 입장에서도 기독교인의 입장 못지않게 적극적으로 추구한 결별이었다.[140] 또한 랍비들이 모든 기독교인을 "노츠림"이라고 불렀다면,[141] 그것은 기독교인들이 유대교 이단이라는 랍비들 편에서의 인식이 되었다. 적어도 "미님"과 "노츠림"은 상당히 많은 유대인들이 유대교를 재구성하려는 랍비들의 시도에 저항했다는 분명한 증거라는 점은 언급할 만하다.

---

139 특히 W. Horbury, 'The Benediction of the *Minim* and Early Jewish-Christian Controversy', *JTS* 33 (1982), 19-61 및 *Jews and Christians in Contact and Controversy*, 2장과 240-42을 보라. 참고. Mimouni, *Early Judaeo-Christianity*, 133-57; Broadhead, *Jewish Ways*, 290-96.

140 Horbury는 유대인의 통일성을 유지하려는 관심이 초기부터 공동체적인 관용에 한계를 부과했다고 지적하고(바울의 박해, 고후 11:24, 요 9:22) "비르카트 하-미님"은 그러한 한계와 일치했을 것이라고 주장한다(*Jews and Christians*, 11-13).

141 Kinzig, 'Nazoraeans', 484-86. "랍비들이 보기에 기독교인들은 하늘에 있는 '두 세력'의 존재를 신봉하는 보다 폭넓은 이단적인 경향의 일부였다"(Wilson, *Related Strangers*, 194).

c. "미님"으로서의 기독교인

"민"(*min*)은 교회 대 분파라는 전형적인 사회학적 패턴에서 "분파주의자"—즉 지배적이고 주류이며 공식적으로 인정받는 집단(교회)과 대비되는 소수파, 보다 좁은 범위에 집중된 집단(분파)—를 가리킨다. "미님"은 주류 집단이 주류에 순응하지 않는 이들의 집단에 대해 사용하는 말로서, 그런 집단 주위에 재빨리 모여드는 "배교자" 내지 "이단자"라는 함의를 지닌 경멸적인 말이다. 로마 당국으로부터 어느 정도 인정을 받은 대표적인 유대교인 ("미님"이나 "미누트"라는 표현을 사용했던) 랍비 유대교의 관점에서 볼 때, 재구성되고 있는 유대교에 순응하지 않거나 반대한 이들은 곧 "미님"이었다. 랍비들은 한동안 (팔레스타인) 유대인들의 다수를 대변하지 않았지만, 그럼에도 불구하고 그들은 2세기의 팔레스타인 유대교 안에서 가장 조직화된 집단이었고 그들 자신을 규범적인 유대교를 표현하는 이들로 간주했다.[142] 그러한 임무의 필수 요소는 순응하지 않는 유대인들을 외부자로, 곧 "미님"으로 범주화하는 일이었다. 아이러니하게도 70년 이전의 유대교에서 칭송받았던 "분리주의"는 70년 이후의 유대교에서는 반대와 배교의 표시로 간주되게 되었다. 이스라엘은 (전형적으로 레 20:24-26에서와 같이) 스스로를 하나님을 위해 구별되고 (다른) 민족들과 분리될 의무를 지닌 존재로 이해했었다. 그리고 바리새인들은 "분리주의자"(*perushim*)로 여겨졌고 스스로를 그렇게 여겼기 때문에 그런 이름으로 불렸다.[143] 그러나 한편으로 바리새인의 가장 직접적인 계승자들이 그들

142 *Brothers Estranged*에서 Schremer는 기독교의 대립되는 주장들과 직면한 산물이 랍비 유대교였다는 주장, 즉 2세기 기독교의 범위와 영향력을 지나치게 높이 평가하는 주장에 대해 타당하게 이의를 제기한다(추가적으로 122-24을 보라).

143 *Beginning from Jerusalem*, 472 nn. 248, 249을 보라.

자신을 주류로 간주할 수 있는 그와 정반대되는 상황에서, "미누트"를 규정하는 한 특징은 유대교의 새로운 자기표현에 순응하지 못하거나 순응하기를 거부하는 것으로 여겨졌고, (랍비) 유대교로부터의 분리, 즉 따라서 "미누트"로 간주되었다.[144] "페루쉼"(*perushim*, 분리주의자)은 "미님"에 대해 사용되는 용어 중 하나가 되었다![145]

랍비들은 틀림없이 랍비 유대교 외의 모든 이견과 파벌주의를 "미누트"라고 지칭했을 것이다. 그러나 유대인들만이 "미님"으로 지칭되었다는 점[146]과 "미님" 가운데서도 눈에 띄는 이들은 예수를 믿는 유대인 신자들이었다는 점[147]은 문헌 자료 속에 충분히 분명하게 드러난다. 우리는 이미 이에 대한 가장 분명하며 2세기 전반에 나온 증거인 *t. Hull.* 2.22-24

---

144 특히 Schremer, *Brothers Estranged*, 2-3장이 그러한 견해를 표현한다. 이 경멸적인 말은 "랍비들이 이스라엘 공동체에 속하지 않는다고 주장하고 싶어 하는, 랍비들에 반대하는 자들을 지칭한다"(Alexander, 'Jewish Believers', 668; 677-79도 함께 보라). 다음 글도 함께 보라. M. Goodman, 'The Function of Minim in Early Rabbinic Literature', in P. Schäfer, ed., *Geschichte — Tradition — Reflexion; Festschrift für Martin Hengel:* Vol. I, *Judentum* (Tübingen: Mohr Siebeck, 1996), 501-10, reprinted in *Judaism in the Roman World*, 163-73.

145 Alexander, 'Jewish Believers', 666-67.

146 *Shem. R.* 19.4에서 "미님"은 할례를 받은 것으로 가정된다. R. Berachjah에 따르면 그들이 힌놈의 골짜기(Gehinnom)로 내려가기 전에 그들이 받은 할례는 지워졌다(Herford, *Christianity*, 191-92). Herford가 지적하듯이 "[팔레스타인에서는] 4세기 말까지도 할례를 받은 유대 기독교인들이 있었다는 점에 주목하는 것이 중요하다"(192).

147 Wilson, *Related Strangers,* 6장('Jewish Reactions to Christianity')의 논의를 다시 보라. Alexander는 기독교에 대한 랍비 문헌에서의 상대적 침묵은 기독교에 대한 관심 부족(랍비들은 거의 전적으로 그들의 내향적인 관심사에만 집중했다)이나 (기독교를 효과적으로 무시하려는) 논쟁적 방편으로 해석할 수 있다고 생각한다. 그럼에도 불구하고 그는 "기독교의 부상이 랍비 문헌의 '침묵'에도 불구하고 70년 이후에 유대교의 발전에 결정적인 영향을 끼쳤다"고 결론짓는다. "노츠림"(나사렛파)이라는 구체적인 용어는 랍비 문헌에서 드물게 사용된다('Jewish Believers', 660-61, 665, 666, 668). Schremer의 책(*Brothers Estranged*, 8)도 함께 보라. 그는 "미님"에 대한 언급 가운데 어느 것도 "기독교인을 지칭하는 것으로 이해할 필요는 없다"고 반복적으로 주장한다(예. 79, 86, 88). 그러나 해석학적 판단은 "명확하다"거나 "의심의 여지가 없다"거나(104) "가능하지만 입증할 수 없는"(107) 판단에 속한 것이 아니라 확률적인 판단이다.

을 언급한 적이 있다(§45.7). 이 구절들에서 눈에 띄었던 것은 예수의 이름으로 행동하거나 가르치는 일이 그 자체로 "미누트"로 간주되었다는 점이다. 예수는 명백히 "미누트"의 창시자 내지 그에 대한 책임이 있는 자로 간주되었다. 예수 믿는 신자와 이야기를 하는 모습이 목격되는 것만으로도 이단으로 고발될 위험을 감수하는 일이었다. 따라서 대체로 정의상 예수의 어떤 추종자든, 예수 믿는 어떤 신자든 "민"으로 간주되곤 했다.

기록된 복음서들이 2세기 전반기에 더 많이 인정받고 알려지게 되었다는 점을 감안하면(§44.8), "길리오님"(*gilyonim*)과 "시프레 미님"(*sifrei minim*), 그리고 이미 정경이 된 성경들과 관련된 그것들의 지위에 관하여 보존되어 온 랍비들의 결정에 주목하는 것은 특별히 흥미로운 일이다. 핵심적인 문제는 전자가 "손을 더럽혔는가"(즉 영감을 받고 신성한 것인가) 하는 문제와 이것들을 (정경적인 가치를 지닌 것으로서) 불길에서 구해야 하는가 하는 문제였다.[148] 비록 이 점은 논란거리이긴 하지만 "길리오님"은 흔히 기독교의 복음서들로 여겨지며,[149] "시프레 미님"은 아마도 최소한 기독교인의 저작들, 또는 구체적으로 기독교의 토라 두루마리를 포함했을 것이다.[150] 어쨌든 이러한 결정들은 아마도 많은 유대인들이 기독교인이 쓴 문헌들을 읽고 높이 평가한 듯한 기간이 있었음을 입증한다.[151] 즉 그들은 아마도 기독교인의 저작을 「집회서」와 같은 범주에 속하는 것으로 간주했을 것이다. 이러한 저작들을 금지하기 위해 「집회서」를 중요한 저

148 *t. Yad.* 2.13; *t. Sabb.* 13(14).5; in Herford, *Christianity*, 155-61.

149 "길리오님은 '유앙겔리온'("복음")이라는 단어에 대한 의도적인 변형으로 가장 그럴듯하게 설명된다(참고. *b. Sabb.* 116a)"(Alexander, 'Jewish Believers', 681). Hengel, *Septuagint*, 44-45의 견해도 이와 비슷하다.

150 Alexander, '"Parting"', 11-15; 'Jewish Believers', 679-82.

151 앞 §45.6에서 언급한 유대 기독교인들의 저작을 유대인들은 어느 정도나 가치 있게 여기고 사용했을까?

작으로 간주한 이들은 바로 지도자들이었다. 이는 아마도 그들이 이런 저작들의 가르침 중 일부에 반대했기 때문이겠지만 단순히 이런 저작들을 기독교인들이 썼기 때문일 수도 있다.

여기서 우리는 랍비들이 히브리어 정경을 마무리한 것에는 이단에 반대하려는 동기, 즉 기독교에 반대하려는 동기가 있었을 것이라는 점을 덧붙여야 할 것이다. "길리오님"(복음서)뿐만 아니라 「집회서」를 포함한 구약의 묵시 문헌들도 그것이 아무리 많이 사용되었더라도 영감을 받은 저작으로 간주해선 안 되었다.[152]

"미님"에서 기인한 것으로 간주된 주요 "이단" 중 하나는 랍비들이 자연히 하나님의 단일성(일신론)에 대한 부정으로 간주한, 하늘에 두 권세가 존재한다는 믿음이다.[153] 이러한 믿음의 뿌리는 묵시 문헌에 나오는 환상 속 천상의 여행에서 보이는 영광스러운 천사적인 존재에 대한 사고와 추측인 것으로 보인다. *Apoc. Ab.* 10.3에 나오는 천사의 이름인 야오엘(Yaoel)은 아마도 출애굽기 23:20-21에서 유래한 듯하다.[154] 이러한 사상에 동기가 된 주요 본문은 에스겔의 환상에서 나타난 하나님의 병거 보좌(겔 1장)와 이사야(사 6장) 및 다니엘의 환상(단 7장; 10:5-6)이다. 실제로 요하난 벤 자카이 자신이 병거가 등장하는 장인 에스겔서 1장에 큰 흥미를 느꼈고 이 장에 대해 묵상했을 것임을 암시하는 흔적들이 있다(*t. Hag.* 2.1 및 병행 본문).[155] 높임을 받은 인물, 특히 에녹에 대한 억측은 (*1 Enoch*

---

152 Hengel, *Septuagint*, 44-47.

153 A. F. Segal은 *Two Powers in Heaven: Early Rabbinic Reports about Christianity and Gnosticism* (Leiden: Brill, 1977)에서 핵심적인 구절들—*Mekhilta of R. Simeon b. Yohai* p.81 pars.; *Mekhilta Bahodesh* 5; *b. Hagigah* 15a; *Genesis Rabba* 1.14 pars.; *Sifre Deuteronomy* 379; *Sifre Zuta Shalah* 15.30 (2-5장)—을 검토한다.

154 특히 I. Gruenwald, *Apocalyptic and Merkabah Mysticism* (Leiden: Brill, 1979); Rowland, *The Open Heaven*을 보라.

155 Neusner, *Yohanan ben Zakkai*, 134-40; Gruenwald, *Apocalyptic*, 75-86; Rowland, *Open*

71.14에서 이미) 이와 긴밀하게 관련되어 있다.[156] 가장 흥미로운 것은 "동산(*pardes*)에 들어간 네 명의 현자"에 대한 전승이다(*t. Hag.* 2.3-4 및 병행 본문). 그들 중 한 명은 이단의 우두머리로 기억된다. 그는 하늘에 대한 환상 속에서 큰 보좌 위에 앉아 있는 영광스런 존재(Metatron)를 하늘의 두 번째 권세로 착각하고 이로 인해 하나님의 단일성을 부정했기 때문이다.[157] "두 권세 이단"의 출발점 중 하나는 다니엘 7:9에 나오는 복수의 보좌에 대한 억측이었던 것으로 보인다.[158] 네 명 중 또 다른 한 명인 랍비 아키바도 두 번째 보좌를 차지한 인물에 관한 억측으로 인해 책망을 받은 것으로 기억된다.[159]

이토록 불안하게 하는 이 사건이 방금 언급한 예수를 믿는 "미님" 신자들과 같은 시기인 2세기의 처음 몇십 년과 관련되어 있다는 점은, 예수에 대한 초기 기독교의 사고가 두 권세를 믿는 "미누트"에 대해 랍비들이 일축한 표적 중 하나였을 것임을 암시한다. 이 새로운 분파의 초창기부터 예수는 현재 하나님 우편의 두 번째 보좌 위에 앉아 계신 분으로 경배받았기 때문이다(시 110:1).[160] 또한 랍비들이 "두 권세 이단"으로 간주한 이단을 주창하는 자들의 가장 분명한 후보는 아마도 기독론을 발전시키고 있었던 기독교인들일 것이다. 이 "이단"이 영지주의[161]나 로마의 황제

Heaven, 282-305을 보라.

156 다음 책들은 사고의 범위에 대한 편리한 고찰을 제시한다. L. W. Hurtado, *One God One Lord: Early Christian Devotion and Ancient Jewish Monotheism* (Philadelphia: Fortress, 1988); A. Chester, *Messiah and Exaltation: Jewish Messianic and Visionary Traditions and New Testament Christology* (WUNT 1.207; Tübingen: Mohr Siebeck, 2007).

157 *b. Hag.* 15a; *3 Enoch* 16.

158 Segal, *Two Powers*, 33-67, 148-49.

159 *b. Hag.* 14a; *b. Sanh.* 38b.

160 *Beginning from Jerusalem*, 218-21을 보라.

161 Segal은 이 문제를 다루면서 "기독교의 성경 해석에 대한 반대가 극단적인 영지주의적 성경 해석에 선행했다.…모든 최초의 전승들 속에서 이 두 번째 형상은 언제나 보완적

숭배[162]를 염두에 두었다는 대안적인 가설은 자료와 잘 부합되지 않는다. "미님"은 정의상 거의 유대인이었고 이 "이단"은 신적인 현현과 신적 섭리에 대한 유대인의 사고에서 발전된 것으로 보이며, 여러 신적인 권세들이 존재한다는 주장보다 하늘에 두 번째 신적 권세가 존재한다는 주장(또는 암시)으로 인해 그러한 경고가 제기된 것으로 보이기 때문이다.[163] 특히 하늘에 하나님 외에 또 다른 권세—즉 주 예수 그리스도—가 존재한다는 주장으로 인해 표적이 될 수 있었던 이들은 바로 기독교인들이었다.[164] 따라서 아마도 우리는 이 두 권세를 믿는 "미누트"를 예수에 대한 2세기 기독교의 가르침과 동일시할 수 있을 것이다. 우리는 특히 기독교인 변증가들의 글에서 분명하게 표현된[165] 강한 로고스 기독론을 생각해볼 수 있겠지만, 앞으로 보게 되듯이 요한복음에는 예수에 대한 초기의 기독론적인 주장들이 1세기 말 이전에 랍비 유대교의 적대감을 불러일으키고 있었다는 증거가 있다(§46.5c).[166]

인 형상으로 간주되며, 이는 하나님의 이름을 지닌 한 신적인 조력자에 대한 개념이 이단으로 발전한 기본적인 개념임을 암시한다"고 결론짓는다(*Two Powers*, 262). 그 외에는 Schremer, *Brothers Estranged*, 84을 보라.

162 Schremer, *Brothers Estranged*, 특히 5장; "미누트"에 대한 랍비 유대교의 담론은 로마의 압도적인 승리로 인해 초래된 위기에서 탄생했다(1장).

163 "랍비들이 다신론적인 이교 신앙을 염두에 두었을 가능성은 희박하다. 이교도들이 유대인의 성경을 자세히 인용함으로써 유대인들에게 이교 신앙을 변호했을 것이라는 상상은 신뢰할 만하지 않다. 오히려 우리는 히브리어 성경의 다양한 신현이 신적인 권세들의 복수성에 대한 증거였다고 주장했을 법한 유대인 집단들을 찾아봐야 할 것이다.… '두 권세'라는 정확한 표현은 매우 정확해 보인다. 실제로 문제는 일신론이다"(Alexander, 'Jewish Believers', 685; 하지만 701-4도 함께 보라).

164 Herford는 하늘에 있는 두 권세에 대한 교리는 그리스도와 하나님의 관계에 관한 히브리서의 가르침을 설명한 유대인의 묘사라고 결론지었다(*Christianity*, 264-66).

165 Justin, *1 Apol.* 5, 12, 21-23, 32, 36, 46, 63(Minns and Jarvis, *Justin*, 61-66을 보라); Tatian, *Address* 5, 7, 13; Athenagoras, *Plea* 4, 6, 10, 12, 18, 24, 30; Theophilus, *Autolycus* 2.10, 22.

166 참고. Ashton, *Understanding*, 158.

여기서 언급할 만한 것은 기독교의 발전하고 있던 로고스 기독론을 유대교의 (타르굼의) 멤라 신학과 매우 비슷한 것으로 간주해야 한다는 대니얼 보야린(Daniel Boyarin)이 최근에 제기한 주장이다.[167] 그는 실제로 "로고스 신학(과 그로 인한 삼위일체설)은 나누어진 양편의 이단 학자들의 활동을 통해서만 유대교와 기독교의 차이로 나타난다"고 주장한다. 랍비 신학은 하나님에 대한 전통적인 로고스(또는 멤라) 교리였던 것을 한 이단, 더 정확히 말해 그 이단, 원형적인 "하늘에 있는 두 권세" 이단으로 지목하기로 작정했고, 이를 통해 사실상 기독교에 이단이라는 딱지를 붙였다. 기독교인 이단 학자들은 유일신론과 그리스도 양태론을 "유대교"라고 부름으로써 이단으로 지목했다.[168] 이 주장은 도발적이지만 처음 몇 세기 동안의 다소 혼란스러운 기독론 논쟁들과 의미가 잘 통한다.[169] 현재 더 중요한 것은 그것이 초기 기독론은 하나님과 그분의 주요(천사적인) 대리자들에 대한 제2성전기 말의 사고가 확대된 것이며, 랍비들로 하여금 하나님의 단일성에 대한 보다 분명한 이해로 되돌아가게 한 것은 바로 그러한 확대, 특히 예수에 대해 제기되고 있었던 주장들이었다는 견해를 뒷받침한다는 점이다. 더구나 보야린의 말이 옳다면 기독교와 유대교의 분리는 양쪽에서 모두 초래되었고 양쪽의 이단 학자들은 자신들을 제2성전기 유대교의 다른 가장 직접적 계승자인 상대편과 구분해주는 분명한 경계선을 그음으로써 자신들의 정체성을 밝히려 했다.

---

167 Boyarin, *Border Lines*, Part II. Boyarin이 논쟁에 기여한 부분의 의미에 대해서는 앞의 § 38.3a을 보라.

168 Boyarin, *Border Lines*, 92, 145-46. Hurtado에 대한 그의 반응은 주목할 만하다. "나는 이위일체론이 특별히 기독교적인 것이 아니며 이위일체론과 예수의 연관성만이 기독교적인 것이라고 믿는다"(283 n. 97).

169 *Christology in the Making*(London: SCM, [2]1989 = Grand Rapids: Eerdmans, 1996)의 서문(xxx-xxxi)에 나오는 필자의 발전된 사고를 참고하라.

더 자세한 정보와 많은 논란을 가져온 측면들이 무엇이건 여기에는 결별까지는 아니더라도 최소한 기독교와 유대교의 정체성을 형성해가던 이들 편에서 각자 자기 자신을 상대방과 구별함으로써 정체성을 형성하려는 의식적인 관심을 보여주는 추가적인 증거가 있는 것으로 보인다.[170]

46.5 신약 문헌들

우리는 기독교의 측면에서 70년 이후 시기에 신생 기독교와 신생 유대교 사이의 압력과 긴장에 대해 무엇을 배울 수 있는가? 사실 신약 문헌의 대부분은 그 저작 시기가 1세기의 마지막 몇십 년에 걸쳐 있다. 따라서 이 문헌들은 그 속에서 기독교의 유대적인 기반과 그 발전해가는 정체성 사이의 추가적인 중요 지점들을 암시하는 증거들을 찾을 수 있는 가능성이 보이는 자료다. 우리가 살펴본 대로 이러한 신약 문헌들은 대부분 매우 유대적인 특성을 지니고 있다. 야고보서는 "흩어져 있는 열두 지파"에게 보내진다(약 1:1). 베드로전서도 그와 다르지 않게 "흩어진 나그네/택하심을 받은 자들"에게 보내진다(벧전 1:1). 이 스펙트럼의 반대쪽 끝에 있는 요한계시록에서 서머나와 빌라델비아의 교회들에 보내진 편지는 "자칭 유대인이라" 말하지만 "실상은 유대인이 아니요" "사탄의 회당"인 이들(계 2:9; 3:9)을 경멸적으로 언급하며 최소한 같은 도시에 있는 이 특정한 교회들과 회당들 사이의 심각한 불화를 암시한다.[171] 하지만 바울 문

---

170 Wilson의 최종적인 "개관"도 함께 보라(*Related Strangers*, 285-301). 필자는 필자의 *Partings of the Ways* (1991)(*Related Strangers*, 285-86)에 대한 그의 비판에 대해 *Partings* 제2판(2006) 서문, 특히 xviii-xxi에서 답변했다.

171 필자는, 여기서 염두에 있는 이들이 "유대 기독교인 이단자들"이었을지도 모른다고 주장하는 Koester의 견해(*Introduction*, 2.253)와 그들은 이방인 유대교 개종자들이었다고

헌의 마지막을 구성하는 부분인 목회 서신에서 이방인을 위한 유대인의 복음에 관한 바울의 주장으로 인해 촉발된 문제들은 대체로 과거 속으로 사라진 것으로 보인다. 그러나 두 종교의 결별이라는 문제의 핵심에 있는 주제들은 다른 신약 문헌들에서 훨씬 더 생생한 주제였다는 많은 증거가 있다. 우리는 사도행전, 마태복음과 요한복음, 히브리서에 초점을 맞출 것이다.[172]

a. 사도행전

사도행전을 보면 누가는 "유대인들"을 전반적으로 "하나님의 뜻과 구원에 구제 불능일 만큼 저항하는" 자들, "예수를 살인한 자들", "본성적으로, 선천적으로 난폭하고 하나님의 뜻과 목적에 반대하는" 자들로 묘사한다는 주장을 제기할 수 있다.[173] 또한 사도행전의 연설들에서 유대인들은 예수의 죽음으로 인해 지탄을 받으며[174] 내러티브 본문에서는 기독

주장하는 Wilson의 견해에 동의하지 않는다(*Related Strangers*, 162-63). 그러나 Satake, *Offenbarung*, 159-60을 보라. Satake는 또한 "서머나(2:9)와 빌라델비아(3:9)에서 있었던 회당과의 충돌이 기독교인 공동체들의 회당으로부터의 분리와 독립이 오래전에 발생한 일은 아니었다는 추정을 가능케 한다"고 지적한다(103). 그와 동시에 우리는 어린양의 피로 그 옷을 씻은 14만 4천 명이 "이스라엘 자손의 각 지파 중에서 인침을 받은"(계 7:4, 14 및 21:12) 이들로 확인된다는 점에 반드시 주목해야 한다. 특별히 P. L. Mayo, *"Those Who Call Themselves Jews": The Church and Judaism in the Apocalypse of John*(PTMS 60; Eugene, OR: Pickwick, 2006)을 보라. 그는 요한이 교회를 하나님의 새로운 영적인 이스라엘로 간주했다고 주장한다. Satake, *Offenbarung*, 104-7과 이하의 §49.5b도 함께 보라.

172 Wilson, *Related Strangers*, 2장('Jews and Judaism in the Canonical Narratives' — Mark, Matthew, Luke-Acts and John)도 함께 보라. 필자는 이어지는 내용을 'From the Crucifixion to the End of the First Century', in Shanks, ed., *Partings*, 2장(여기서는 45-51)에서 인용했다.

173 특히 Sanders, *Jews in Luke-Acts*, 49, 54, 63; "유대인을 향한 기독교인의 적의는 공적인 문제가 된다"(Wilson, *Related Strangers*, 71).

174 특히 행 2:36; 4:10; 5:30; 10:39; 13:27-28.

교 선교에 대해 적대적인 것으로 자주 묘사되는 것이 사실이다.[175] 그러나 "유대인"에 대한 언급 중 다수는 바울이 복음을 전파한 곳들의 유대인 공동체—안디옥(13:45, 50)이나 이고니온(14:4)이나 데살로니가(17:5)나 고린도(18:12, 14)나 에베소(18:28)의 "유대인"—에 대한 언급이다. 그 외에 유대인들에 대한 다양한 긍정적인 언급들, 특히 바울의 메시지를 믿고 그 메시지에 긍정적인 반응을 보인 유대인들,[176] 고넬료와 아나니아(10:22; 22:12)처럼 남들에 대해 좋게 말하는 유대인들에 대한 긍정적인 언급이 있다. 또한 바울은 자신의 유대인으로서의 정체성을 긍정한다("나는 유대인이라"—21:39; 22:3). 따라서 누가의 사도행전을 반유대적인 문헌으로 정당하게 묘사할 수 있는지는 의문스럽다. 예수를 십자가에 못 박은 책임을 로마인들에게서 옮겨 전적으로 성전의 유력자들에게 돌리려는 시도는 흔히 말하는 유대인에 대한 적대감에서 생겨난 것이라기보다는 (로마의 권력에 대한 비판을 피하려는) 변증적 전략에 더 가까웠다. 또한 유대인들이 (항상 그런 것은 아니지만) 종종 처음에 그들의 회당에서 전파된 메시지에 반대하는 일에 앞장섰다는 묘사는 아마도 종종 발생한 일에 대한 불공평한 일반화는 아니었을 것이다.[177]

이 문제를 아마도 가장 날카롭게 제기하는 것은 사도행전의 마지막 장면(로마에서 가택 연금을 당한 바울)일 것이다. 즉 이 장면이 바울과 그의 동료 유대인들 사이의 결정적인 최후의 결별을 나타내며 복음이 이제 오로지 이방인들을 위한 것으로만 간주되는가(행 28:28) 하는 것이다.[178] 그

---

175 행 14:2, 19; 17:5, 13; 18:6; 20:19; 28:19.

176 행 13:43; 14:1; 21:20; 28:24.

177 추가적으로 필자의 'The Question of Anti-semitism in the New Testament Writings', in Dunn, ed., *Jews and Christians*, 177-211(여기서는 187-91)을 보라.

178 이 역시 다음 논문에서 "누가는 유대인들을 무가치한 존재로 인식했다"는 Haenchen의 평가(278)를 자주 인용하는 Sanders가 주장하는 바와 같다. E. Haenchen, 'The Book

러나 그렇게 주장한다면 이는 누가가 사도행전 15장에서 부각시켰고 그가 기독교 회중 안에서 장차 있을 유대인과 이방인의 교제로 나아가기 위한 길로 제시한 듯한 유대인과 이방인의 교제의 문제에 대한 해법에도 영향을 끼칠 것이다.[179] 더구나 누가는 사도행전 28장 이전에 두 군데(13:46-47; 18:6)에서 이방인으로의 방향 전환에 대해 언급하며 두 경우 모두 바울은 먼저 그 지역의 유대인 회당에서 설교하는 일반적인 관행을 계속 이어간다. 바울(또는 누가!)이 그 마지막 장면에서 자신의 전략을 바꾸고 있었음을 암시하는 내용은 없다. 오히려 누가는 바울을 "우리 조상의 관습"(28:17)과 "내 민족"(28:19)에 대해 긍정적으로 말하며 자신의 투옥을 "이스라엘의 소망으로 말미암아"(28:20) 된 일이라고 말하는 것으로 묘사한다. 사람들의 귀와 눈이 닫힌 상태에 대한 판단을 내리는 이사야 6:9-10의 인용구(28:26-27)는 이사야 자신에 대한 사명 위임의 일부로 등장했다는 사실도 이 문제와 무관하지 않다. 이사야는 그 뒤로 그 백성에게 계속해서 예언함으로써 사명을 수행했다. 그리고 누가는 우리가 기억하기로는 바울이 로마에서 보낸 시간에 대한 기록을 바울이 로마의 유대인들과 나눈 사회적 교제와 소통으로 한정했다(28:17-28). 따라서 마지막 구절들(28:30-31, 바울이 "자기에게 오는 사람을 다 영접하고 하나님의 나라를 전파하며 주 예수 그리스도에 관한 모든 것을 담대하게 거침없이 가르치더라")에 함축된 의미는, 바울에게 찾아온 "모든" 사람에는 바울이 처음 도착했을 때 더불어 연락을 주고받았던 사람들이 포함되었으리라는 것이다.[180] 따라서 누가의 그림은 반복되는 유대인의 완고함에도 불구하고 유대인과

---

of Acts as Source Material for the History of Early Christianity', in L. E. Keck and J. L. Martyn, eds., *Studies in Luke-Acts* (Philadelphia: Fortress, 1966), 258-78.

179 *Beginning from Jerusalem*, 461-69.

180 사도행전이 28:26-28이 **아니라** 28:30-31로 끝난다는 점에 주목하는 것도 이와 무관하지 않다.

이방인 모두에게 복음을 전하는, 지금껏 계속되었고 앞으로도 계속되어야 할 사명과 전적으로 일치한다.[181]

사도행전의 한 가지 흥미로운 특징은 특히 베자 사본(D)이 좋은 예를 보여주듯이 보통 "서방 본문"으로 일컬어지는 본문에 나타나는 것과 같은 사도행전의 상당히 세련된 본문이다. 서방 본문이 개정된 본문이든 가필된 본문이든 우리에게 중요한 점은 이 본문이 많은 서방 교회들이 소유하고 사용했던 사도행전 본문이었다는 점이다.[182] 서방 본문이 나온 시기는 보통 2세기로 추정되며 2세기 전반일 가능성이 매우 크다.[183] 여기서 서방 본문이 우리의 논의와 관련된 점은 서방 본문의 "반유대주의적인 경향"으로 묘사되어 온 경향이다.[184] 이는 어느 정도 과장된 진술일 수도 있다. 서방 본문은 단순히 그 이전의 본문에 이미 존재했던 경향들을 강화한 것일 수도 있다.[185] 다시 말해 서방 본문은 어떻게 사도행전 끝

181 추가적으로 필자의 'The Question of Anti-semitism', 191-95과 *Beginning from Jerusalem*, 1006-9(둘 다 추가 참고문헌이 있다); Keener, *Acts*, 1.459-91을 보라.

182 서방 본문은 그리스어에서 번역된 구 라틴어 번역본에서 가장 분명하게 그 존재가 입증되며 키프리아누스, 테르툴리아누스, 이레나이우스를 포함한 2세기와 3세기의 일부 기독교 저술가들의 글에서 발췌한 인용문에도 등장한다.

183 J. H. Ropes, *The Text of Acts* (= Vol. III of *BCAA*, 1926), ccxliv-ccxlv; C. Tuckett, 'How Early Is "the" "Western" Text of Acts', in T. Nicklas and M. Tilly, eds., *The Book of Acts as Church History* (BZNW 120; Berlin: de Gruyter, 2003), 69-86; J. Rius-Camps and J. Read-Heimerdinger, *The Message of Acts in Codex Bezae: A Comparison with the Alexandrian Tradition* (LNTS , 4 vols.; London: T & T Clark, 2004-2009), 1.10.

184 특히 E. J. Epp, *The Theological Tendency of Codex Bezae Cantabrigiensis in Acts* (SNTSMS 3; Cambridge University, 1966), 2장; 및 'Anti-Judaic Tendencies in the D-Text of Acts: Forty Years of Conversation', in Nicklas and Tilly, eds., *The Book of Acts as Church History*, 111-46. Epp은 자신의 주장을 다음과 같이 요약한다. "D-본문은 유대인들과 그들의 지도자들을 예수에 대해 보다 적대적인 이들로 묘사하며 B-본문보다 그들에게 예수의 죽음에 대한 더 큰 책임을 돌린다.…D-본문은 유대인의 반응과 유대교 및 그 제도들이 새로운 신앙에 대해 갖는 중요성을 최소화한다.…D-본문은 유대인들, 특히 그들의 지도자들을 사도들에 대해 더 적대적인 이들로 묘사하며 사도들을 더 맹렬하게 박해하는 자들로 묘사한다"(*Theological Tendency*, 165-66).

185 C. K. Barrett는 'The Acts and the Origins of Christianity', *New Testament Essays* (London:

에서 중단된 채로 남겨진 기독교인과 유대인 사이의 대화가 2세기 내내 계속되고 있었는지를 보여주는 징표일 수도 있다. 그것은 2세기가 흘러감에 따라 기독교인 저술가들의 글에서 두드러지게 된 유대교에 대한 직설적인 일축[186]이라기보다는 제2성전기 유대교의 "분파들" 사이의 파벌적인 논쟁[187]에 더 가까웠는가? 이 상황의 정확한 세부 내용이 무엇이든 서방 본문이 유대인에 대한 보다 부정적인 태도의 표현을 강화했다는 사실은 분명 2세기가 흘러감에 따라 대화가 점점 더 껄끄럽게 변해가고 있었음을 의미한다.

b. 마태복음

보다 흥미로운 것은 마태복음이다. 이 책에 대해서는 마태가 담장 안에서(*intra muros*) 썼는지 담장 밖에서(*extra muros*) 썼는지, 즉 자신과 자신의 공동체를 여전히 80년대 유대교 안에 속한 존재로 간주했는지, 아니면 이미 유대교의 담장 밖에 있는 존재로 간주했는지에 관한 오래 지속된 논쟁이 있었다.[188] 마태복음 저작 시기가 70년 이후임을 감안하면 이 문제

SPCK, 1972), 101-15에서 이렇게 논평한다. "서방 본문의 주된 경향은 단지 과장하는 경향이다. 편집자는 사도행전에 새로운 경향을 도입한다기보다는 이미 존재했던 경향들을 더 분명하고 더 도드라지게 만든다"(104).

186 이하 §46.6을 보라.

187 "베자 사본에서 강화된 유대인 개인과 유대인의 제도들에 대한 부정적인 비판은 무엇보다도 1세기의 유대인들에게 의미심장했던 말들로 전달된다.…사도행전과 더 구체적으로 이 책의 베자 본문은 성경의 예언자들이 유대인에게 적대적이었던 것과 마찬가지로 유대인에게 '적대적'이다(그리고 그들의 비난의 맹렬함과 집요함이 "반유대적"이었다고 말하는 것은 별로 이치에 맞지 않는다)"(Rius-Camps and Read-Heimerdinger, *Message*, 1.38).

188 특히 Stanton, *A Gospel for a New People* Part II: 'The Parting of the Ways', 특히 5-6장과 124-31을 보라. "마태 공동체는 아직도 자신을 유대교와 대비하여 정의하고 있는 외부자들(Extra-Muros)이다"(Stanton, *ANRW* II.25.3 1914-15, 1921). M. Konradt, *Israel, Kirche und die Völker im Matthäusevangelium*(WUNT 215; Tübingen: Mohr Siebeck, 2007)

는 다음과 같이 달리 표현할 수 있다. 마태복음은 신생 랍비 기독교 주위로 이미 세워지기 시작했던 벽, 즉 "현자들의 울타리"(*t. Hull.* 2.23) 안에서 기록되었는가? 아니면 마태 공동체는 이미 그 벽 바깥에 있었고 길 건너편이나 모퉁이 반대편에 따로 떨어져 있는 (훨씬 더 안정된) 회당을 비난하던 (안디옥의 뒷골목에 있는) 어떤 교회였는가?[189] 이와 같은 문제를 확실하게 파악하는 데 있어서의 어려움은 분명하다. 기독교 역사 내의 잦은 분열은 이와 똑같은 문제를 제기한다. 로마 가톨릭, 정교회, 개신교, 오순절 교파는 모두 같은 종교의 일부인가? 아니면 실제로 서로 다른 종교들인가? 제7일 예수 재림교와 모르몬교는 또 어떤가? 수니파 회교도와 시아파 회교도 사이의 잦은 내부 경쟁도 그 이전 몇 세기 동안의 기독교 교파들의 그와 비슷한 경쟁처럼 똑같은 문제를 제기한다. 어떤 종교 내부의 한 하위 집단 내지 파벌의 초점 및 자기를 규정하는 주된 표지가 같은 종교 안에 있는 것으로 알려진 또 다른 하위 집단 내지 파벌의 초점 및 자기를 규정하는 주된 표지와 달라질 때, 우리는 실제로 두 파벌에 대해 이야기해야 하는가? 아니면 서로 다른 두 종교에 대해 이야기해야 하는가?

이 경우에 마태 공동체가 이미 유대교에서 분리되었다는 견해가 지닌 주된 문제점은 이 견해가 이미 분명하게 정의된 "유대교", 즉 어떤 경계가 분명한 정체성을 전제하는 것처럼 보인다는 점이다. 그러나 본 장의 첫머리에서 언급한 것처럼(§46.1) 마태가 그에 대해 반발할 수 있는 "유대교"는 (아직) 분명하게 정의되지 않았다. 이 점은 여기서의 논의에 매우 중요하므로 충분히 다시 언급할 만하다. 1세기의 마지막 수십 년 동안

도 함께 보라.

189 Davies는 "비르카트 하-미님"이 바리새인/랍비에 대한 마태의 적대감의 배후에 깔려 있다고 주장한다(*Sermon on the Mount*, 275-82). Overman, *Matthew's Gospel and Formative Judaism*, 48-56도 함께 보라.

에는 아직 분명하게 정의된 "유대교"와 "기독교"는 없었고 하나님(이스라엘의 하나님)에 대한 자신들의 종교적 헌신을 더 온전히 유지하고 실천하려 애쓰는 매우 다양한 범위의 종교적인 유대인들만 있었다. 마태 공동체(들)는 이런 유대인들 가운데 있었고 비록 비유대인 선교에 보다 헌신적이었지만, 모든 민족을 제자로 삼아야 할 그들의 사명은 유대인을 배제하지 않았으며 이스라엘의 회복과 이방인 개종자들이 시온으로 몰려오는 종말론적 사건에 대한 그들 소망의 일부였을 것이다.[190]

마태복음의 경우에는 고려해야 할 다양한 요소들이 있다. 마태복음 23장에 나오는 "서기관과 바리새인"에 대한 맹렬한 논박은 마태가 이 글을 쓰고 있었던 교회(들)와 70년 이후 유대교를 재구성하려 하던 랍비들 사이의 첨예한 분열을 암시하는가? 아니면 우리는 오히려 흔히 이와 똑같이 신랄했던 제2성전기의 논쟁들의 연장에 대해 말해야 하는가? 또한 "그들의 회당"에 대한 마태의 반복된 (마태복음 특유의) 언급은 마태 자신이 글을 쓰고 있는 교회(들)와 회당 사이에 예리하게 거리 두기를 하고 있음을 의미하는가? 아니면 이 언급들은 단지 제자들이 방문하고 있는 마을이나 지역에 있는 사람들의 회당(들)[191]에 대한 언급이거나 "우리의 회당"과 구별되는 "그들의" 또는 "너희의 회당"(10:17; 23:34)에 대한 언급인가?[192] "그들의 회당"에서 채찍질을 당할 것이라는 전망(10:17; 참고. 23:34)은 마태의 청중이 그와 같은 형벌을 가할 수 있는 회당의 권위를 계속해서 인정했음을 의미한다(참고. 고후 11:24).[193] 마태는 또한 "그들의 서

190 앞의 §42 n. 291도 함께 보라.

191 마 4:23; 9:35; 12:9; 13:54.

192 예수 믿는 신자들의 모임을 야고보는 "회당"이라고 부른다(약 2:2).

193 Hummel, *Auseinandersetzung*, 30-31; Hummel이 보기에도 이와 비슷하게 "성전세 납부[17:24-27]는 유대 공동체에 대한 의식적인 소속감의 표현이다"(32). 159-61도 함께 보라. "1세기의 마지막 수십 년간에 등장한 '그들의 회당'에 대한 마태의 격렬한 비

기관들"(7:29)에 대해 말하지만 8:19과 23:34에서 서기관은 긍정적인 관점에서 묘사되며 13:52은 아마도 마태가 자신을 서기관이라고 지칭하는 구절일 것이다.[194] 따라서 이 대조는 또다시 단순히 "그들의 서기관들"과 "우리 서기관들" 사이의 대조일 수도 있다. 다시 말해 이러한 표현은 서로 공격을 주고받거나 상대방에 대해 다소 경멸적으로 말하는 "담장 안의" 하위 집단 내지 파벌들의 표현에 불과할 수도 있다.

그보다 눈에 띄는 것은 유대 민족 전체가 하나님께 버림받았음을 의미하는 것처럼 보이는 구절들이다.[195] 그러나 첫 번째 관련 성구(8:11-12)는 또다시 제2성전 시대의 파벌주의 내에서 나온 경고, 즉 다른 파벌들이 그들의 언약의 의무를 배반하고 있고 하나님이 총애하시는 민족에 속하는 그들의 지위를 잃어버릴 위험에 처해 있다는 경고를 더 연상시킨다.[196] 두 번째 관련 성구(21:43)는 마태가 분명히 밝히는 대로 대제사장들과 서기관들을 겨냥한 말씀이며(21:45) 백성의 지도자들이 그들의 의무를 저버리고 있다는 전형적인 예언자적 경고다.[197] 그리고 마지막 두 구절(22:7-8; 23:37-39)은 백성에 대한 말 그대로의 거부라기보다는 70년의 대재앙에 대한 암시로 더 쉽게 이해할 수 있다.[198]

판을 예수 시대에 있던 유대교의 기성 질서와의 결별로 이해할 수는 없다. 오히려 그것은 신학적 의미와 사회적 의미를 함께 지닌 갓 만들어진 새로운 질서의 배경과 격동 속에서 생겨났다"(L. M. White, 'Crisis Management and Boundary Maintenance: The Social Location of the Matthean Community', in D. L. Balch, ed., *Social History of the Matthean Community: Cross-Disciplinary Approaches* [Minneapolis: Augsburg Fortress, 1991], 211-47[여기서는 217]).

194 앞의 §39 n. 99을 보라.

195 특히 마 8:11-12; 21:43; 22:7-8; 23:37-39.

196 예를 들어 필자의 'Pharisees, Sinners and Jesus', in *Jesus, Paul and the Law* (London: SPCK, 1990), 61-86(여기서는 73-77); 및 *Jesus Remembered*, 528-32을 보라.

197 Sim, *Gospel of Matthew*, 148-49.

198 추가적으로 필자의 'The Question of Anti-semitism', 207-8을 보라.

요점을 다시 강조하자면 마태복음에서의 정죄는 이스라엘에 대한 정죄가 아니라 이스라엘의 지도층에 대한 정죄이며, 이스라엘의 지도층에 대한 에스겔의 이와 비슷한 정죄(겔 34장)를 떠올리게 한다.[199] 버림을 받을 것이라는 몇 번의 경고는 이스라엘에 대한 그 이전 예언자들의 경고를 상기시킨다(예. 암 9:7-8). 심지어 악명 높은 마태복음 27:25("백성이 다 [빌라도에게] 대답하여 이르되 그 피를 우리와 우리 자손에게 돌릴지어다")조차 백성을 잘못된 길로 이끈 "대제사장들과 장로들"(27:20)의 실패에 대한 암시에 더 가깝고 하나님이 이스라엘과 맺은 언약의 조항들—"죄를 갚되 아버지로부터 아들에게로 삼사 대까지 이르게 하거니와"[200]—을 상기시킨다. 우리는 제2성전기 유대교의 다양한 파벌들 사이의 내분의 특징인 책망, 격렬한 비난, 무시는 오늘날의 대화에서 익숙한 수준보다 훨씬 더 독설로 가득했다는 점을 잊어선 안 된다.[201] 그리고 다비드 플루서(David Flusser)가 지적했듯이 "마태복음 23장에 나오는 바리새인에 대한 예수의 유명한 독설의 모든 모티프는 랍비 문헌에서도 발견된다."[202]

보다 긍정적인 측면에서 우리는 예컨대 마태가 예수가 자신의 사명을 이스라엘에 국한된 것으로 간주하셨다는 강한 어조를 유지했다는 점

199 추가적으로 Saldarini, *Matthew's Christian-Jewish Community*, 3장; Sim, *Gospel of Matthew*, 118-23을 보라. 참고. 마태의 "반유대적 비판"에 대한 Stanton의 분석(*A Gospel for a New People*, 6장).

200 출 20:5; 34:7; 민 14:18; 신 5:9. 추가적으로 필자의 'The Question of Anti-Semitism', 208-9; Saldarini, *Matthew's Christian-Jewish Community*, 32-34을 보라. Overman은 27:25과 삼상 26:9 및 삼하 1:16의 눈에 띄지 않은 유사점들에 주의를 환기시킨다(*Matthew's Gospel*, 151 n. 3). H. Kvalbein은 'Has Matthew Abandoned the Jews?', in Ådna and Kvalbein, eds., *Mission*, 45-62에서 "율법에서는 '온 백성'이 저주나 사형에 관여하는 것이 중요하다"고 지적한다(50-51).

201 L. T. Johnson, 'The New Testament's Anti-Jewish Slander and the Conventions of Ancient Polemic' *JBL* 108 (1989), 419-41: "동시대 유대인의 비난을 기준으로 보면 동료 유대인들에 대한 신약의 비방은 놀랍도록 온건하다"(441).

202 필자의 *The Partings of the Ways* (2006), 213 n. 82에서 인용.

을 상기해야 한다(마 10:5-6; 15:24).[203] 마태는 예수가 율법이나 율법 정신에 대한 신실함에 있어서 바리새인들의 신실함을 능가한 경건한 유대인이었다는 점을 다른 어떤 복음서 저자보다도 강하게 주장한다(5:17-20).[204] 마태는 어느 정도 예수를 새로운 모세로 제시하며[205] 마지막 "지상명령"의 확대된 선교는 "**모든** 민족"에 대한 선교다(28:19).

따라서 마태가 대변했거나 위하여 글을 쓴 공동체들이 유대교의 갓 생겨난 70년 이후 랍비 지도자들과 서로 다투고 있었다는 점은 꽤 분명하며 일반적인 의견 일치를 보인다.[206] 그렇지만 분명치 않은 것은 이것이 집안 논쟁이고 여러 바리새인들과 예수 자신의 의견 불일치의 연장이며 제2성전기 유대교를 망쳐놓은 파벌적 논쟁에서 드물지 않은 일련의 의견 불일치의 일부였는가, 우리가 예수 믿는 신자들을 회당에서 내쫓고 대적하는 랍비들에 대해 말할 수 있는가, 그들에게 심지어 그렇게 할 수 있는 권력이나 권위가 있었는가 하는 것이다. 사실 마태 자신도 명백히 예수를 유대교 주위로 그을 수 있는/그어야 하는 경계선 안에 전적으로 속해 있는 분으로 묘사해야 할 강한 동기가 있었다. 여기에는 여전히 예수를 위해 동료 유대인들의 마음을 얻겠다는 그의 소망이 함축되어 있다. 마태 자신에 관한 한 이 논쟁은 여전히 담장 안(*intra muros*)에서의 논쟁이었다.[207] 마태와 그의 교회에 있어서 이 문제는 최종적으로 대답되지 않았

---

203 Luz는 (개인적인 편지에서) 10:23을 특별히 언급한다. 이스라엘에 대한 선교는 재림 때까지 계속된다(그의 *Matthäus*, 2.113-7도 함께 보라)! §42 n. 290에 인용된 마 18:17도 함께 주목해 보라.

204 마 5장의 반(反)명제들은 율법에 대한 비판이 아니라 율법을 심화시킨 것이다(추가적으로 §42.3d을 보라).

205 앞의 §42 n. 223을 보라.

206 특히 Davies, *Sermon on the Mount*, 256-315의 견해가 그러하다. 야브네의 중요성에 대해서는 Overman, *Matthew's Gospel*, 38-43도 주목해 보라. Luz는 요하난과 마태 사이의 몇 가지 눈에 띄는 유사점들을 지적한다(*Matthäus*, 1.98-99).

207 A. F. Segal은 'Matthew's Jewish Voice', in Balch, ed., *Social History*, 3-37에서 "마태복음

다. "그 백성"이 예수가 죽은 자들 가운데서 부활하셨다고 믿게 될 가능성이 아직 있었다(27:64). 예수의 빈 무덤에 대한 이야기는 마태 시대까지 유대인들 사이에서 여전히 회자되고 있었다(28:15). 마태에게 있어서 교회는 여전히 이스라엘 "교회"(*ekklēsia*)와 연속선상에 있었다(16:18; 18:17). 예수의 열두 제자는 여전히 보좌에 앉아 이스라엘 열두 지파를 심판할 것으로 기대되었다(19:28). 마태는 아마도 여전히 복음을 이스라엘 집의 잃어버린 양들에 대한 소망으로 제시했을 것이다(10:5-6).[208] 그는 여전히 예수의 율법에 대한 성취와 해석을 제자들을 위한 지침으로 간주했다(5:17-20). (야브네의) 랍비들은 마태의 교회를 외부인들로 간주했더라도, 마치 제2성전기 유대교의 분파들(바리새인, 사두개인, 에세네파)처럼,[209] 그리

에서 발견되는 바리새인에 대한 적대감은 기독교인들이 유대인 공동체와 회당에서 벌어지고 있는 일에 여전히 관심이 있었고 여전히 그곳에서 발견되었으며 회당 안팎에서 기독교인 바리새파에게서 들은 몇 가지 입장들로 인해 몹시 화가 났다는 하나의 증거를 제시한다"고 주장한다(35).

208 Stanton은 마태가 예수와 세례 요한의 유사점들을 중시한다고 지적한다(*Gospel for a New People*, 81). 이는 세례 요한이 예수보다 유대 공동체 안에서 보다 보편적으로 존경받았기 때문일까?

209 Dunn, 'The Question of Anti-semitism', 209; 예를 들면 Kilpatrick, *Origins*, 6장의 견해도 이와 비슷하다. Bornkamm: "이스라엘과의 싸움은 여전히 여전히 이스라엘 자체의 벽 안에서의 싸움이다"(*Tradition and Interpretation in Matthew*, 39). Kümmel: "그의 반대는 [유대교에 대한 반대가 아니라] 믿지 않는 유대교에 대한 반대다"(*Introduction*, 117). Schnelle: "한동안 이방인 선교에 참여했던 진보적인 헬레니즘 시대의 디아스포라 유대인 공동체"(*History*, 221; 추가적으로 236-37을 보라). 최근의 자세한 연구들에 대해서는 특히 Overman, *Matthew's Gospel and Formative Judaism*, 141-61; Saldarini, *Matthew's Christian-Jewish Community*, 특히 2장; Sim, *Gospel of Matthew*, 142-63 — "유대인의 내부적인 논쟁…마태 공동체의 종교는 기독교가 아니라 유대교였다"(163); J. D. Kingsbury는 Balch, ed., *Social History*에 실린 논문들의 전반적인 일치된 의견을 이렇게 요약한다. "마태 공동체를 유대교 내의 한 분파로 간주하는 것이 가장 타당하다"(265). "마태는 그의 복음서의 기독교인이 아닌 유대인 독자를 고려하지 않는다"는 Luz의 반대되는 판단은 그 역시 마태 공동체의 "이중적 정체성" 내지 "분열된 정체성"으로 인식하는 것에 충분한 비중을 두지 않는다(*Matthäus*, 1.96-98). 두 세계를 공유한 한 공동체에 대한 Hagner의 묘사가 아마도 진실에 더 가까울 것이다(*Matthew*, lxix-lxxi). 그는 새 포도주와 가죽부대에 대한 예수의 말씀에서 마태가 "둘이 다 보전되느니라"(마 9:17)(lxxi)라는 결말 부분

고 자신들에게 (다르게) 계시된 이스라엘의 운명에 대한 새로운 이해와 부합되게 이스라엘을 재구성하기를 희망하는 이들처럼,[210] 마태는 여전히 명백하게 자신을 내부자로 간주했고 자신의 교회를 아마도 아직 스스로를 이스라엘 종교 내의 한 "분파"로 이해하는 여전히 담장 안에 있는(*intra muros*) 존재[211]로 간주했다. 랍비 유대교의 규정적/배타적인 벽이 세워지고 있었지만, 그 벽은 여전히 완성과는 거리가 멀었다. "갈림길"에 대한 압력은 야브네의 랍비들 쪽에서 나오고 있었다. 그러나 70년 이후의 랍비들이 어떤 결과를 가져오기를 원했든 마태 자신에게 있어서 그 두 길은 아직 갈라져 있지 않았다.

c. 요한복음

마태복음보다 훨씬 더 흥미로운 것은 요한복음이다.[212] 요한은 의도적으로 이스라엘 종교의 전통적인 표상들을 시대에 뒤떨어진 것으로 묘사하

을 덧붙인다는 점을 언급한다.

210 이는 아마도 현대 기독교와의 관계에 있어서 모르몬교 공동체보다 현대의 제7일 예수 재림교 공동체와 더 비슷할 것이다. "마르틴 루터가 로마 가톨릭에 맞서 이의를 제기하기 시작했을 때 그에게 새로운 교회를 세우려는 의도는 없었다. 그러나 그렇다고 그의 공격이 덜 강력한 것이 아니었다"(Davies and Allison, *Matthew*, 1.23).

211 A. J. Saldarini, 'The Gospel of Matthew and Jewish-Christian Conflict', in Balch, ed., *Social History*, 39-61: "공동체의 일원이 아닌 사람은 집단에서 벗어날 수 없다.…마태가 집단에서 벗어난 것은 규범적 유대교와의 불일치 때문이 아니라 그가 다수파에 맞선 소수파였기 때문이며 다른 많은 유대인 운동보다 더 근본적으로 전통의 방향 전환을 권고하기 때문이다"(48-50).

212 광범위한 논의는 R. Bieringer, et al., eds., *Anti-Judaism and the Fourth Gospel*(Assen: Royal Van Gorcum, 2001)을 보라. 예를 들어 R. A. Culpepper는 'Anti-Judaism in the Fourth Gospel as a Theological Problem for Christian Interpreters'(68-91)에서 "요한은 철저하게 유대적인 동시에 뚜렷하게 반유대적"이라고 결론짓는다(90). 그러나 S. Motyer는 'The Fourth Gospel and the Salvation of Israel: An Appeal for a New Start'(92-110)에서 제4복음서가 예수를 반대한 이 유대 지방의 유대인들을 증오했다는 혐의를 받는 것이 타당할

는 것처럼 보인다. 특히 요한은 논란이 일어난 예수의 말씀("너희가 이 성전을 헐라 내가 사흘 동안에 일으키리라")을 "성전된 자기[예수의] 육체"에 대한 언급으로 해석하며, 제자들은 이 사실을 예수가 부활하신 뒤에야 비로소 깨닫는다(요 2:19-22). 그 의미는 분명하다. 예수의 최초의 제자들이 보기에 예수 자신이 성전을 대체했다는 것이다. 예수가 유대인의 정결 예식을 위해 남겨놓은 물을 질 좋은 포도주로 변화시키신 그 앞의 이야기도 마찬가지 맥락이다(2:6-10). 이와 비슷하게 사마리아 여인과의 만남에서 야곱의 우물에서 길은 물은 예수가 여자에게 제공하시는 생명의 물과 비판적으로 대조된다(4:6-15). 그리고 특히 위대한 생명의 떡에 관한 강론에서 예수는 모세보다 훨씬 더 빛을 발하신다. 모세는 일시적인 양분을 제공하는 떡을 주었을 뿐이지만 예수는 친히 세상에 생명을 주는 하늘에서 내려온 떡이기 때문이다(6:32-35, 48-51, 58). 그러나 이 모든 것은 이스라엘 자신의 권한과 미래에 대한 소망 안에서 이루어진 주장들인가? 따라서 이 주장들은 이스라엘의 표상들에 대한 경멸, 예수 운동이 그 기원이 된 유대교로부터 거리를 두는 일로 해석해야 하는가? 아니면 그것은 오히려 예수 안에서 이스라엘의 예언적 비전과 소망의 성취를 발견하라는 요한 시대의 유대인들을 향한 권유인가?

이 문제는 요한의 "유대인"에 대한 이야기에 의해 첨예하게 제기된다. "유대인"은 예수에 대해 적대적인 이들로 자주 묘사되는데, 특히 요한복음 8장에서 "유대인"은 예수에게 아브라함의 자녀가 아닌 마귀의 자녀라는 혹평을 듣는다(8:39-44). 요한의 관점에서 볼 때 "유대인"은 예수 및 그의 제자들과 분명하게 구별되어야 한다는 점과 요한복음의 예수 믿는 신자들과 유대인 사이에서 길은 이미 서로 갈라졌다는 점을 여기

수는 없다고 주장한다(107-8).

서 쉽게 추론할 수 있다.[213] 그러나 반영된 상황은 그리 명확하지 않다. 우선 여러 본문에서 "유대인"은 유대인 권력자들을 지칭하는 한 가지 방식인 것으로 보인다.[214] 또한 다른 많은 관련 성구에서 "유대인"은 유대인/일반 백성, "무리"를 가리키는 것처럼 보인다.[215] 요한복음의 중심 부분과 관련해서 특히 눈에 띄는 것은 이 유대인의 무리가 예수와 그의 정체와 그를 믿어야 할 것인지의 여부를 두고 의견이 갈리며 그들 중 일부는 명백히 그렇다고 믿게 된다는 점이다.[216] 이 부분에서는 "유대인"/무리가 서로 나누어지고 예수에 관해 아직 마음을 정하지 못했다는 강한 인상을 준다("유대인"="유대인" 가운데 있는 "무리"=권력자들과 제자들).[217] 이 모든 점들은 요한이 "유대인"(권력자들)은 예수와 그의 제자들과 대립했지만 "유대인"(무리)은 아직 설득할 수 있는 여지가 있었다는 생각을 여전히 사실로 간주했는가 하는 질문을 불러일으킨다.[218]

213 Wilson은 "18-19장에서 예수의 죽음에 대해 일차적인 책임이 있는 자들을 묘사하기 위한 '유대인'이라는 말의 음험하고 무차별적인 용도"를 지적한다(*Related Strangers*, 75; 및 80).

214 요 5:10, 15, 16, 18; 7:1, 13; 8:48, 52, 57(?); 9:18, 22; 10:31, 33; 11:8. 요 5:15; 7:13; 9:18, 22; 11:8에서 그들 자신이 유대인인 개인(들)은 "유대인"과 구별된다.

215 요 6:41, 52; 7:11-12, 15, 31, 35; 8:22, 31; 10:19, 24; 11:19, 31, 33, 36, 42, 45, 54; 12:9, 11.

216 요 6:52; 7:11-12, 31, 35, 40-44; 10:19; 12:11, 17-19; 12:34. 다음 책도 함께 보라. Lincoln, *John*, 70-72.

217 이른바 "표적의 책"(3-12장)은 그리스도의 불화를 일으키는 효과, 빛 비췸의 필연적인 효과(3:19-21)였던 단계적으로 확대되는 분리(*krisis* — 3:19; 5:22, 24, 27, 29, 30; 7:24; 8:16; 12:31)와 분열(*schisma* — 7:43; 9:16; 10:19)의 과정을 제시할 목적으로 구성되어 있다고 지적한 이는 바로 C. H. Dodd였다(*Interpretation*, 352-53). 다음 참고문헌들도 함께 보라. Ashton, *Understanding*, 229-32; M. Theobald, 'Das Johannesevangelium — Zeugnis eines synagogalen "Judenchristentums"?', *Studien*, 204-53(특히 225-26).

218 최근의 논의와 참고문헌은 W. E. S. North, '"The Jews" in John's Gospel: Observations and Inferences', in J. G. Crossley, ed., *Judaism, Jewish Identities and the Gospel Tradition: Essays in Honour of Maurice Casey* (London: Equinox, 2010), 206-26을 보라. 그녀는 요한의 어법이 "자신이 속한 집단을 대안적이고 신뢰할 만한 유대교의 형태로 장려하려는 그의 욕구에서 비롯된 것"이라고 결론짓는다(221). Von Wahlde는 이 복음서의 첫 번

이 문제는 "아포쉬나고고스"(*aposynagōgos*, "회당에서 쫓겨난")라는 단어에 대한 요한복음의 독특한 용법으로 인해 새롭게 제기된다. 맹인의 부모는 "이미 유대인들이 누구든지 예수를 그리스도로 시인하는 자는 출교하기로 결의하였으므로 그들을 무서워"했다(9:22). "관리 중에도 그를 믿는 자가 많되 바리새인들 때문에 드러나게 말하지 못하니 이는 출교를 당할까 두려워함이라"(12:42). 예수의 제자들은 회당에서 쫓겨날 것을 예상해야 한다(16:2).[219] 이미 언급했듯이 이러한 독특한 요한복음의 특징은 "비르카트 하-미님" 즉 "이단자들에 대한 축복(또는 저주)"이 70년 이후 랍비 권위자들에 의해 이미 선포되었다는 가설을 초래했다.[220] 이 가설은 무엇보다도 기독교인에 대한 구체적인 언급("노츠림")이 십중팔구 "비르카트 하-미님"에 후대에 덧붙여진 것이기 때문에 문제가 많다.[221] 그렇더라도 랍비 유대교의 창시자들이 예수를 믿는 유대인 신자들을 일찍부터 "미

째 판에서 "유대인"은 "유대 사람들"을 가리킨 반면 두 번째 판에서 "유대인"은 "공식적인 유대교"를 가리켰다고 주장한다(*Gospel and Letters of John*, 1.51-52, 70-73, 145-49). Bieringer, et al., eds., *Anti-Judaism*에는 여섯 개의 논문이 "유대인"이라는 주제에 할애되어 있다. 예를 들면 H. J. de Jonge는 'The "Jews" in the Gospel of John'(239-59)에서 요한이 논쟁을 벌이는 유대인들은 요한의 고기독론에 공감하지 않는 기독교인이라고 주장한다(258). 또 M. C. de Boer는 'The Depiction of "the Jews" in John's Gospel: Matters of Behavior and Identity'(260-80)에서 "'유대인'은 자신들이 진정으로 유대적인 정체성을 결정하는 자라고 주장하는 이들이며, 이런 주장은 요한 문헌에 등장하는 유대 기독교인들로 하여금 비록 그들도 그들 나름의 방식으로 모세와 이스라엘의 성경에 충실하려고 애썼지만 예수의 유대인 제자들로서 스스로 '유대인'이라는 명칭을 버리게 한 주장이었다"고 결론지으면서 또한 나사렛파도 그렇게 한 것으로 보인다고 지적한다(279과 n. 64).

219 70년 이전의 팔레스타인에서 예수 믿는 신자들을 회당에서 그와 같이 쫓아냈다는 증거는 없다는 점을 상기하는 것이 적절할 것이다. J. Bernier는 *Aposynagōgos and the Historical Jesus in John: Rethinking the Historicity of the Johannine Expulsion Passages*(Leiden: Brill, 2013)에서 출교에 관한 요한복음의 구절들은 예수의 생애 동안 발생한 사건들을 묘사한 것일 수도 있다는 믿기 어려운 주장을 한다.

220 앞의 §46.4b을 보라. "비르카트 하-미님"이 요 9:22의 배후에 깔려 있다는 명제는 Martyn, *History and Theology in the Fourth Gospel*에 의해 영향력 있게 진술되었다. Wengst, *Bedrängte Gemeinde*, 5장도 함께 보라.

221 앞의 n. 137을 보라.

님"으로 간주했을 가능성은 있다.[222] 어떤 회당의 유력자들이 (시리아-팔레스타인에서) 이미 1세기 말 이전에 자신들이 다스리는 회당에서 예수 믿는 유대인 신자들을 쫓아내는 조치를 취하고 있었다는 요한복음 9:22의 증언을 인정하기 위해 "비르카트 하-미님"이 랍비들의 회당에서 언제 어떤 형태로 말해졌는가 하는 문제를 해결할 필요는 없다. 요한복음 9:22의 역사적 배경이 아무리 국지적이더라도 이 구절은 결별을 향한 초기의 압력이 주로 유대인/랍비 유력자들 쪽에서 나왔다는 또 다른 징표를 제시한다.

이 점에 있어 요한복음의 또 다른 가장 관련성 있는 특징은 70년 이후의 (요한복음에서 언급된) 유대인 권력자들이 예수 믿는 유대인 신자들과 관련해서 그토록 강하게 반대한 것은 무엇인가에 관한 강한 암시다. 서두 단락에서 언급된 주장들에 대한 부정적인 반응은 분명 추론할 수 있다.[223] 그러나 요한복음을 보면 어떤/많은 유대인들에게 한계점이 된 것처럼 보이는 것은 바로 예수에 대한 기독교인들의 주장이었던 것이 분명하다. 이 점은 다음 두 구절에서 가장 분명하다.

- 요한복음 5:18. 이 구절에서 "유대인들"이 예수를 죽이고자 한 것은 예수가 "하나님을 자기의 친아버지라 하여 자기를 하나님과 동등으로" 삼았기 때문이다.
- 요한복음 10:30-31. 이 구절에서 "유대인들"은 "나와 아버지는 하나"라고 주장하는 예수에 대한 반응으로 돌을 들어 예수를 치려 한다.

---

222 앞의 nn. 138, 139을 보라.

223 특히 요 5:10, 16, 18; 7:1을 주목해 보라.

예수에 대한 초기 기독교의 믿음이 초래한 그 이전의 모든 긴장에 있어서는 어떤 것이든 유대 권력자들에게서 그와 같은 살벌한 반응을 불러일으킨 증거는 없다.[224] 그러나 여기서 예수의 추종자들이 예수에 대해 제기하고 있는 주장들이 처음으로 하나님의 단일성, 곧 하나님은 한 분이라는(신 6:4) 근본적인 유대인의 신조("쉐마")를 위협하는 요인으로 인식된 것으로 보인다.[225]

최초의 기독교인들이 제기한 예수에 대한 주장이 왜 요한복음에 나타나는 70년 이후의 반응보다 유대인 당국의 부정적인 반응을 낳지 않았는가 하는 것은 충분히 제기되지 않은 질문이지만, 이는 앞에서 기독교인들이 "미님"으로 간주되게 된 주된 이유로 언급된 내용을 통해 답변이 되었을 것이다(§46.4c). 요한의 기독론의 너무나 많은 부분이 신적 현현과 신적 섭리에 대한 제2성전기 말의 유대인적 사고라는 배경 속에서 가장 잘 고려될 수 있기 때문이다.[226] 특히 다음과 같은 점들을 주목해 보라.

- 요한복음 1:1-18의 지혜/로고스 기독론은 본질적으로 유대인의 지혜 전승의 지혜 신학(잠 8장; Sir. 24; Bar. 3-4) 및 필론의 로고스 신학과 같은 종류다.[227]
- 인간의 형상으로 나타나신 하나님(겔 1:26)은 인간의 몸으로 나타

224 바울의 기독론에 대한 부정적인 반응은 고전 1:23에 나타나 있고 갈 3:13에 암시되어 있다. 고전 8:4-6에 나오는 예수는 주님이라는 바울의 주장에 연이은 "쉐마"에 대한 주장에는 어떤 부정적인 반응도 나타나거나 암시되어 있지 않다(*Beginning from Jerusalem*, 339-40, 579-80, 804-5을 보라; *Did the First Christians Worship Jesus?*, 113-16도 함께 보라).

225 Theobald, 'Das Johannesevangelium', *Studien*, 249-51의 견해도 이와 비슷하다.

226 필자의 *Partings*, §11.6과 그 이전의 필자의 'Let John Be John: A Gospel for Its Time', in P. Stuhlmacher, ed., *The Gospel and the Gospels* (Grand Rapids: Eerdmans, 1991), 293-322을 보라.

227 필자의 *Christology*, 6-7장과 앞의 §43.1c(3)을 보라.

나신 하나님(요 1:14, 18)에 대한 사상과 크게 동떨어져 있지 않다.

- 요한복음 3:13은 묵시록적 환상이나 신비주의적 체험을 통한 천상의 여행에서 계시를 받았다는 주장을 직접적으로 반박하는 것처럼 보인다.[228]
- 인자의 강림/승천(3:13; 6:62)은 *Similitudes of 1 Enoch* 37-31과 *4 Ezra* 13에서도 나타난 바와 같이 다니엘 7:13-14에 의해 자극받은 사고의 연장이다.
- "하나님께서 보내신 이"(6:29) 예수라는 모티프는 "세상에 오실 그 선지자"(6:14)라는 주제를 이용하고 있지만 전통적인 모세와 예언자의 역할을 초월한다.[229]
- 요한복음의 유명한 "나는 ~이다"라는 말씀들[230]과 (요 8:58과 같은) 예수의 선재성에 대한 주장들은 "지혜"의 "나"에 대한 주장들에 친숙한 사람이라면 누구에게나 이상하게 들리지 않았을 것이다.[231]

따라서 요한복음의 기독론은 당시의 유대교에 생소했던 신학적 사고를 표현한 것이 아니었다. 더 정확히 말해서 예수 믿는 신자들의 사고가 그 이전의 사고의 흐름을 너무 멀리 밀어붙인 것이다.[232] 묵시적 환상이나 신비주의적 관행에서 비롯된 계시에 관한 주장들에 대한 랍비들의 반응에

---

228 이 점은 H. Odeberg, *The Fourth Gospel* (Uppsala, 1929), 72-98에서 처음 언급되었다.

229 추가적으로 W. A. Meeks, *The Prophet-King: Moses Traditions and the Johannine Christology* (NovTSupp 14; Leiden: Brill, 1967); Bühner, *Der Gesandte und sein Weg*를 보라.

230 앞의 §43 n. 7을 보라.

231 예를 들어 Brown, *John*, 1.cxxii-cxxv; Scott, *Sophia and the Johannine Jesus*, 3장; McGrath, *John's Apologetic Christology*, 특히 5장을 보라.

232 *4 Ezra* 8.20-21은 하나님의 보좌를 눈으로 보고 묘사할 수 있다는 주장을 직접적으로 겨냥한 것으로 보인다(Rowland, *Open Heaven*, 54-55). 또한 미쉬나(*m. Hag.* 2.1; *m. Meg.* 4.10)에는 하나님의 병거를 묘사한 장(겔 1장)에 관한 명시적인 경고가 있다.

는 요한복음에서 제시된 기독론에 대한 반응도 포함되었다. 그리고 70년 이후의 랍비들로 하여금 이들 예수 믿는 유대인 신자들은 "미님"이며 결과적으로 그들을 회당에서 쫓아내야 한다고 결정하게 만든 주된 요소는 아마도 예수에 대해 제기된 기독론적인 주장이었을 것이다. 그때에도 아직 이 문제는 최종적인 것이 아니었다. 이미 말한 대로 2세기의 기독론 논쟁들은 최소한 부분적으로는 자신을 상대방과 대비시켜 정의하려 했던 기독교와 유대교 사이의 논쟁이었을 가능성이 매우 크기 때문이다.[233] 여기서 요점은 요한복음의 이러한 반응이 이미 1세기 말 이전에 진행되고 있었다는 점을 내비친다는 것이다.

d. 히브리서

마지막으로 우리는 히브리서를 고찰해야 한다. 이 편지의 주요 주제는 두 가지다. 히브리서는 이스라엘이 광야에서 배회하는 동안 모세가 하늘에 있는 신적인 임재 속으로 들어가는 길의 모형과 그림자로 세우도록 명령받은 성막과 제사 제도를 제시한다. "이 산에서 네게 보인 양식대로"[234] 성막을 설치하라는 모세를 향한 지시는, 매우 자연스럽게 지상의 대응물들이 단지 불완전한 모형,[235] 즉 "장차 올 좋은 일"의 그림자(히 10:1)[236]로서 드러내는 원형을 이루고 있는 천상의 이데아 세계에 대한 플라톤의

233 앞의 §46.4c을 보라. Schnelle는 Hengel의 지지를 받아 초기의 "유대적인 환경과의 충돌은… 요한복음이 기록되던 **당시** 상황에서는 요한 학파에게 어떤 결정적인 역할도 하지 못한다"고 주장한다(*History*, 480). 그러나 요한복음 전승에서 기독론적인 주제들로 바뀐 그 이전의 논쟁들은 요한 공동체의 당시 상황에서 분명 결정적인 역할을 했다.

234 출 25:40; 참고. 대상 28:19.

235 히 8:5; 9:23-24.

236 앞의 §39.3c을 보라.

개념과의 관련성을 암시했다. 히브리서에서 특히 염두에 둔 것은 대제사장이 하나님의 임재가 가장 실제적으로 존재하는 곳인 성막 안의 지성소로 들어갈 수 있는 1년 중에 유일한 날인 속죄일의 의식이었다(레 16장). 여기서 히브리서 저자의 주장은 분명하다. 지상의 유대인의 제사와 속죄일 의식 속에서는 단지 모형과 그림자에 불과했던 것이 그리스도와 그의 죽음과 하늘로 올라가심에서 일어난 일을 통해 실제로 발생했다는 것이다(히 9:6-14). 즉 예수는 진짜 대제사장이었고 예수의 죽음은 진짜 속죄일의 제사였으며 그가 하늘로 올라가신 것은 하나님의 임재 그 자체로 들어가는 것이었다(9:24-26; 10:10-12). 예수의 제사장 직분은 유일무이한 것—제사장의 반열, 신비로운 인물인 멜기세덱의 반차(창 14:17-20; 시 110:4), "아버지도 없고 어머니도 없고 족보도 없고 시작한 날도 없고 생명의 끝도 없어…항상 제사장으로" 있는 이(히 7:3)만이 충족시킬 수 있는 제사장 반열—이었다. 따라서 오직 하나님의 아들 예수만이(1:2-3) 그런 제사장 직분에 대한 자격을 갖추었다. 이는 그의 제사가 그와 비슷하게 영원한 성격을 가졌음을 의미했고, 그 제사가 성취한 일이 단번에(*hapax*) 이루어졌고 언제나 유효함을 의미했다(9:26-28). 이는 다른 모든 제사는 쓸데없게 되었고 더 이상 필요하지 않았음을 의미했다(9:8-10; 10:1-4). 그리스도가 진짜 지성소인 하나님의 하늘 보좌 앞으로 들어가신 것은 하나님의 임재 그 자체로 들어가는 길이 단번에 활짝 열려서 그리스도의 뒤를 이어 오는 모든 사람이 더 이상 제사장의 중재 없이 스스로 "은혜의 보좌 앞에 가까이 나아갈" 수 있게 되었음을 의미하기 때문이다.[237]

---

237 히브리서의 독자들이 이제 은혜의 보좌로, 하나님께로, 천상의 실체로, 각자 스스로 휘장을 지나 지성소까지 하늘의 예루살렘으로 "가까이 나아갈"(*proserchesthai*) 수 있게 되었다는 사실(히 4:16; 7:25; 10:1, 19-22; 11:6; 12:22; 및 6:19-20; 7:19; 9:24)은 이 편지의 논증과 간청을 요약해준다.

§39.3c에서 언급한 대로 이 편지의 기록 시기는 논란의 대상이다. 이 편지는 예루살렘 성전의 상실을 슬퍼하는 유대인 신자들을 위해("히브리인들에게") 쓰인 것처럼 보이지만,[238] 아마도 처음에 유대교의 성전 의식으로 인해 유대교에 매력을 느낀 이방인들인 "하나님을 경외하는 자들"을 위해서도 쓰였을 것이다. 이 점은 히브리서 저자가 성막에 초점을 맞추는 이유를 설명해줄 것이다. 저자는 성전이 파괴되었다는 점을 근거로 자신의 주장을 펼치지 않는다. 저자는 성전 이전의 성막과 성막의 뒤를 이은 두 성전 모두에 적용된 성경적 기초와 지시 사항들로 돌아간다. 그렇게 함으로써 저자가 지리적 장소와 그곳에서 벌어진 일과 관련해서 아무런 방해도 받지 않고 전적으로 초점을 맞출 수 있었던 것은 바로 제사장 및 제사 제도에 대한 성경의 청사진이었다. 저자가 관심을 가진 예루살렘은 하늘의 예루살렘뿐이었다(12:22).

이것이 예수가 초래한 일과 전통적인 유대교 사이의 관계에서 갖는 중요성은 상당히 컸다. 저자는 예루살렘 제의의 역할을 과거의 것, 모형에 불과한 것, 더 정확히 말하면 천상의 실체에 대한 불완전한 모형이자 그림자인 것으로 제한함으로써 사실상 전통적 제의를 이미 끝나버린 케케묵은 것으로 일축해버렸다. 그리스도의 제사는 이스라엘의 전통적 제의가 단지 그에 대한 준비만 했을 뿐인 진짜 실체였다. 그리스도는 하늘에 계신 하나님의 임재 속으로 들어가는 길을—혼자서만 지성소로, 그것도 1년에 단 한번만 지성소로 들어갈 수 있었고 그 후에는 들어온 휘장 뒤로 물러나야 했던 이스라엘의 대제사장과는 극명하게 대조되게—다른 이들이 뒤따라 "가까이" 나아갈 수 있도록 단번에 영원히 여셨다. 결과적으로 그처럼 만족스럽지 못한 1년에 한 번만 있는 의식을 끝없이 되풀이

238 앞의 §39 n. 260을 보라.

할 필요는 없었다. 이스라엘이 고대해온 "새 언약"[239]이 이제 발효되어 첫 번째 언약을 "낡아지게" 만들었으며 "낡아지고 쇠하는 것은 없어져" 갈 것이다(8:13). 그리스도는 모든 제사장, 제사장 계층의 모든 반열을 불필요하게 만드셨다(다른 누구도 멜기세덱의 제사장직에 적합한 조건을 갖출 수는 없을 것이다). 그리스도의 희생제사는 희생제사가 지속되는 것을 불필요하게 만들었다. 히브리서가 전파한 기독교는 성막과 성전의 유대교를 대체했다.

대다수 주석가들에게 있어서 이러한 일관된 논증은 2세기부터 유대교에 대한 주류 기독교의 태도가 된 "대체론"의 첫 신호음처럼 들렸다.[240] 쟁점은 특히 방금 앞에서 사용된 단어들보다 보통 더 강력한 단어들로 번역되는 히브리서 8:13에 집중되었다. "새 것(언약)에 대해 말씀하시면서 그는 첫 번째 것(언약)을 **폐기된** 것으로 만드셨다. **폐기되었고** 점점 낡아져가는 것은 거의 **파괴**되었다."[241]

그렇지만 히브리서를 그처럼 신랄하고 경멸적인 방식으로 읽어야 하는가?[242]

1. 이 비판은 초점의 폭이 너무 좁으며, 고대의 성막 제사에 대한 지

---

239 히 7:22; 8:7-12; 9:15; 12:24.

240 이하 §46.6에서 특히 「바나바 서신」과 사르디스의 멜리토에 관한 부분(§§46.6b 및 h)을 보라. "저자의 부정적 자극이 독자들로 하여금…유대교는 기독교에 의해 초월되었으므로 기능을 상실했다는 분명하고 단호한 판단을 형성하게 했다는 데는 의심의 여지가 거의 있을 수 없다"(Wilson, *Related Strangers*, 122-23).

241 BDAG 155, 751(강조는 덧붙여진 것임); Attridge의 다음과 같은 번역과 비교해 보라. "새 언약에 대해 말씀하시면서 그는 첫 번째 것을 낡아진 것으로 만드셨고 낡아지고 오래된 것은 거의 사라져간다"(*Hebrews*, 225).

242 이어질 내용에서 필자는 특히 R. B. Hays, '"Here We Have No Lasting City": New Covenantalism in Hebrews', in Bauckham, et al., eds., *Hebrews and Christian Theology* 151-73에 의존했다.

시사항과 그 실행, 그리고 암묵적으로 제2성전기 유대교의 예루살렘 제의에 초점이 맞추어져 있다. 이 비판은 이스라엘의 음식법을 호되게 비난하고 있는지도 모르지만(13:9),[243] 할례나 율법에 대한 바울의 비판이나 유대 지도자들에 대한 마태의 논박과 비슷한 것은 전혀 없다. "대체론" 또는 대체 신학이, 이 편지를 받는 이들을 응원하는 "구름 같이 둘러싼 허다한 증인들"(12:1)을 구성하는 이들이 바로 이스라엘의 믿음의 영웅들(11:4-40)인 그런 "경주를 하라"는 요청을 묘사하는 가장 타당한 방식인가?

2. 예루살렘 제의에 대한 비판은 그 시대 유대교의 여러 조류 안에서 별로 보기 드문 것이 아니었다.[244] 쿰란 공동체는 특히 예루살렘 제의를 너무나 부패해서 자기네 분파의 예배에서 경험되는 천사 숭배에 참여하는 것에 비하면 무시할 수 있는 것으로 간주했다.[245] 또한 야브네의 랍비들은 성전이 있었던 곳이 황폐한 상태로 남아 있는 동안 예루살렘의 희생제사에 대한 대안을 제시할 필요가 있음을 재빨리 간파했다.[246] 따라서 알렉산드리아 유대인과 유대인 묵시록 저자들도 모두 인정하고 잠재적으로 매력적이라고

243 그러나 Attridge, *Hebrews*, 394-96을 보라.

244 Hays('No Lasting City', 154 n. 9)는 다음 글을 인용한다. S. J. D. Cohen, 'The Significance of Yavneh: Pharisees, Rabbis, and the End of Jewish Sectarianism', *HUCA* 55 (1984), 27-53: "유대 분파주의의 한 가지 일반적인 특징은 예루살렘 성전에 대한 논박이다. 즉 성전 구역은 부정하고 성전 제사는 불경하며 성전의 제사장들은 위법한 자들이라는 것이다"(43).

245 특히 C. Newsom, *The Songs of the Sabbath Sacrifice*(Atlanta: Scholars, 1985)를 보라.

246 *Fathers According to Rabbi Nathan* A4에 따르면 요하난 벤 자카이는 "이스라엘의 죄악에 대한 속죄가 이루어진 이곳이 황폐해지다니!"라며 성전의 파괴를 슬퍼하는 랍비 요슈아와 만났을 때 이렇게 대답했다. "내 아들아, 슬퍼하지 말라. 우리에게는 이와 같이 효과적인 또 다른 속죄가 있다. 그것이 무엇이냐? 그것은 곧 성경에서 '나는 인애를 원하고 제사를 원하지 아니하며'(호 6:6)라고 말하는 대로 인자한 행실이다." Neusner, *Yohanan ben Zakkai*, 113-14; Levine, 'Judaism', 152도 함께 보라.

느낄 만한 표현으로 이루어진 1세기 말의 성전 제사에 대한 비판과 더 나은 대안의 제시를 마치 2세기 중엽의 기독교 문헌인 것처럼 해석해선 안 된다.[247] 이제 예루살렘 제의에 맞서 정립될 새로운 것에 대한 비전은 제2성전기 말 유대교의 분파주의 안에서도 독특했지만, 여전히 예루살렘 성전을 자신들의 믿음과 종교적 실천의 중심으로 바라보던 모든 이들에게 당시 요구되었던 재평가의 필수적인 일부로 간주될 수 있었고 또 스스로를 그렇게 간주할 수 있었다.

3. 히브리서 저자는 "새 언약"에 대한 약속을 근거로 내세우면서 예레미야 31:31-34을—새 언약의 약속은 "이스라엘 집"과 맺어진 것이며 "나는 그들에게 하나님이 되고 그들은 내게 백성이 되리라"(8:10)는 약속이라는 사실을 포함하여—길게 인용한다. 저자는 어느 대목에서도 새 언약이 더 이상 (민족적) 이스라엘과의 언약이 아님을 암시하지 않는다.[248] "히브리서는 어디에서도 유대 민족이 하나님의 다른 새로운 백성으로 대체되었음을 암시하지 않는다."[249] 히브리서 저자는 오랫동안 예시되어 온 실재의 연장, 실현,

247 Hays, 'No Lasting City', 162.

248 Hays는 심지어 이렇게까지 주장한다. "히브리서 전체에 퍼져 있는 '새로운 출애굽'이라는 이미지에 비추어 보면 히브리서가 유대인의 '회복 종말론'의 한 형태를 제시하고 있을 가능성이 더 커 보인다."…"히브리서 저자는 예레미야와 마찬가지로 대체론자다"('No Lasting City', 161-62, 165). Luz는 (개인적인 편지에서) 히브리서가 새 언약에 대해서는 말하지만 새로운 하나님의 백성에 대해서는 말하지 않는다는 점은 자명하며 중요하다고 생각한다.

249 Hays, 'No Lasting City', 154; "쿰란 문헌은… 한 유대인 분파주의 공동체가 그들 자신의 가르침과 실천의 체계를 다른 유대의 해석적 대안들에 대비하여 기술하기 위해 '새 언약'이라는 표현을 사용한 것에 대한 분명한 선례를 제공한다"(161). CD 6.18-19; 8.20-21; 19.33-34; 20.11-13을 보라. Hays는 S. Lehne, *The New Covenant in Hebrews* (JSNTS 44; Sheffield: JSOT, 1990), 43-54의 논의를 언급한다.

(비록 이스라엘의 성경이 이스라엘로 하여금 그에 대해 준비시킨 것이긴 하지만) 오래도록 신성시된 관습에 대한 변화된 관점을 기대하지만, 사실 유대인의 이스라엘이 또 다른 (이방인의) 이스라엘로 "대체" 되는 것을 기대하는 것은 아니다.

4. 이 문제는 8:13에 대한 번역으로 요약될 수 있다. 히브리서 저자는 예루살렘 제의를 "폐기된 것", 또는 단순히 낡은 것—**새** 언약에 대한 논리적인 반의어지만 예레미야의 어조 이상으로 경멸적인 어조는 동반하지 않은 것—으로 간주했는가? 그는 예루살렘 성전의 제의적 관습이 "거의 다 파괴"되거나 거의 "사라질" 상황에 와 있음을 표현하거나 암시했는가? "파괴"는 물론 70년 이후의 상황에서는 별로 부적절한 말이 아닐 것이다. 그러나 해롤드 애트리지(Harold Attridge)는 신약에서는 여기서만 사용된 이 단어(*aphanismos*)가 "더 이상 사용되지 않는 법을 나타내는 전문적인 법적 언어를 상기시킨다"고 지적한다.[250] 그렇다면 이 단어는 단지 옛것과 새것을 대조하는 또 다른 방식일 수도 있다. 이스라엘 집이 오랫동안 고대해 온 새로운 것이 왔을 때 옛것은 버려질 수 있다. "그것은 지상의 것, 일시적인 것의 영역에 속한다."[251] 새로운 것의 완전한 유효성을 접했을 때 누가 옛것을 고수하기를 원하겠는가? 이스라엘의 제사에 담긴 소망과 이상이 실현되었다는 주장은 그 제사에 대한 무시인가? 아니면 율법의 개별적인 계명들에 대한 (마 5장에 따른) 예수의 가르침처럼 그 제사의 가장 심오한 의미 속으로 파고 들어가는 것인가? 그 주장은 야브네의 랍비들이

---

250 Attridge, *Hebrews*, 228-29; 추가적으로 J. Moffat, *Hebrews* (ICC; Edinburgh: T & T Clark, 1924), 111.

251 Weiss, *Hebräer*, 447.

이제는 소멸된 성전 제사에 대해 반응한 방식과 원리적으로 그렇게 크게 달랐는가?

우리는 유대교와 대립되는 기독교라는 전통의 배경에서 이른 시기부터 읽혀 왔지만 그런 전통이 확고해지기 전에 기록되었고 예루살렘 성전 제사에 대해 매우 반감이 많고 경멸적인 글로 읽히기를 의도하지 않았을지도 모르는 어떤 문헌을 어떻게 읽어야 하는가?[252] 히브리서가 여전히 제사장과 제사의 이미지와 토라의 성막에 대한 청사진을 이용했다는 사실(히 8:5)은 저자와 그의 편지의 수신자들이 살았던 정신적·사회적 세계가 얼마나 유대인적인 세계였는지를 상기시키는 증거이며, 토라의 언어와 관습이 저자에게 그가 예수와 그의 죽음과 높아지심의 의미에 대한 자신의 믿음을 표현하기 위해 필요로 한 언어를 제공했다는 점을 상기시키는 증거이기도 하다. 이 편지가 읽히게 된 방식은, 이것이 곧 의도된 독법이라고 진지하게 주장할 수 있는 독법을 상쇄하는가? 성전의 파괴가 자신들의 죄 사함에 대한 확신(그들의 양심)에 대해 갖는 의미[253]를 놓고 씨름하던 전통주의적인 유대인들은, 전통적이지만 이제는 폐기된 제사가 형상화한 천상의 실재에 대한 관점의 전환을 매우 불쾌하게 생각했을까? 그럼에도 불구하고 히브리서의 사도성에 대한 의심이 서방에서 몇 세기 동안 남아 있었다는 사실[254]은, 많은 기독교인들이 여전히 너무나 쉽게 기독교의 근원적인 신앙과 관습으로 간주되던 것에 대한 경멸적인 태도로 생각될 수 있는 태도에 대해 불편함을 느꼈음을 뜻할 수 있다. 그리고 아이

252 "신약에 나오는 진술들이 그 문맥에서 분리되어 반유대적으로 잘못 해석된 이후 시대에서만이 비로소 기독교의 반유대주의에 대해 이야기하는 것이 적절하다"(Lane, *Hebrews*, 1.cxxvi).

253 앞의 §39 n. 260을 보라.

254 예를 들면 von Campenhausen, *The Formation of the Christian Bible*, 232-33을 보라.

러니하게도 기독교 자체가 제사를 드리는 한 제사장에 초점을 맞추게 된 종교로 되돌아갔다는 사실 역시 히브리서의 비전이 많은 기독교인들에게도 큰 불안감을 안겨주었음을 의미할 수 있다.

e. 기독교의 반유대주의?

앞에서 검토한 자료의 대부분이 많은 이들에게 신약이 반유대적(anti-Jewish)이거나 심지어 반유대주의적(anti-semitic)인지, 혹은 그런 관점과 태도를 명시적으로 드러내는지에 관한 의문을 불러일으켰다는 점을 알아차렸을 것이다.[255] (바라건대) 이 논의는 그 질문에 대한 긍정적인 대답의 적절성을 반박하기에 충분한 고려 사항들을 제시한다. 핵심적인 고려 사항은 이러한 몇 가지 1세기 말 문헌을 (그 전후의 기독교 문헌과 마찬가지로) 그 역사적 배경 속에서 보는 것이 대단히 중요하다는 점이다. 오랜 적을 멸시하고 경멸적으로 혹평하는 확고부동한 두 제도(또는 민족 집단 내지 종교)와, 같은 유산 안에서 출현하기 시작하여 서로에 대한 관계 속에서 자신의 정체성을 분명히 하려 애쓰는 두 집단 사이에는 엄청난 차이가 있다. 이 경우에 적용되는 것은 물론 후자다. "기독교"와 "(랍비) 유대교"로 알려지게 된 두 종교가 그들의 독특한 정체성을 지니고 갓 출현하기 시작한 시점에서의 비난과 욕설은 제2성전기 유대교의 다양한 파벌들 사이의 날카로운 긴장의 특성을 더 많이 지니고 있다. 신약에 대해 제기되는 반유대인 내지 반유대주의의 혐의가 기독교인들에게 주는 당혹감은 신약 문헌의 역사적 성격과 배경이 잊히거나 무시될 때 비로소 생겨난

255 필자의 'The Question of Anti-semitism' 및 그곳의 참고문헌을 다시 보라.

다.[256] 예를 들어 요한계시록 2:9("사탄의 회당")이 크리소스토모스 같은 인물이 회당을 귀신의 처소로 정죄하는 구실이 되거나[257] 오늘날 기독교의 설교들이 요한복음 8:44과 같은 본문을 영원한 "하나님의 말씀"으로 받아들이고 따라서 "유대인"에 대한 지속적인 심판으로 받아들인다면, 반유대인 및 반유대주의 정서의 원인은 본문이 아닌 설교자에게서 찾는 것이 마땅할 것이다.

요컨대 1세기 말 기독교 문헌(70년 이후의 신약 문헌)에는 예수 믿는 유대인 신자들과 1차 유대인 봉기의 파국에서 살아남은 나머지 유대인들 사이에 있던 압력과 긴장을 보여주는 징표가 많이 있다. 거기에는 기독교인들이 그리스도 예수에게 일어난 일에 비추어 믿음과 실천에 대한 새로운 이해를 요구했지만 스스로를 아직 제2성전기 유대교에서 주어진 조건과 범주 안에서 활동하는 것으로 간주한 분명한 징표들이 있다. 그리고 야브네의 랍비들이 제2성전기의 다른 분파주의자들뿐만 아니라 예수를 믿는 유대인 신자들도 점점 더 소외시키고 배제하는 유대교에 대한 재정의 과정을 시작한 몇 가지 징표도 있다. 그러나 갈림길(또는 기독교의 반유대주의)에 대해 말하는 것은 이 이미지를 충분히 받아들일 수 있다 하더라도 이 단계에서는 전혀 타당하지 않다.

256 다음 책에 실린 필자의 기고문을 언급해도 좋을 것이다. Bieringer, et al., eds., *Anti-Judaism and the Fourth Gospel* – 'The Embarrassment of History: Reflections on the Problem of "Anti-Judaism" in the Fourth Gospel', 47-67. Ulrich Luz, 'Anti-Judaism in the Gospel of Matthew as a Historical and Theological Problem: An Outline', *Studies in Matthew*, 243-61에 담긴 섬세한 고찰도 함께 보라.

257 Chrysostom, 'Homily 1 Against the Jews', 6(Meeks and Wilken, *Jews and Christians in Antioch*, 97-98에 있음).

46.6 2세기 기독교 문헌

사도 교부들과 변증가들을 살펴볼 때 곧바로 눈에 띄는 한 가지 특징이 있다. §43과 §44에서는 예수 전승의 영향에 관해서 논의할 거리가 많이 있었다. §45에서도 문헌들에 담겨 있는 기독교의 관점이 지닌 유대적인 특성에 관해서도 언급할 내용이 많이 있었다. 그러나 갓 생겨난 기독교와 갓 생겨난 (랍비) 유대교 사이의 긴장과 단절의 증거로 주의를 돌리면 그 증거는 훨씬 더 제한적이다. 예를 들면 「클레멘스1서」는 고린도의 신자들 사이의 내부적인 문제들을 다루는 일에 전적으로 할애되어 있다. 클레멘스는 "유대인"을 한 번도 언급하지 않으며, "이스라엘"에 대한 그의 언급은 전부 역사적인 언급이다. 「클레멘스1서」는 로마와 고린도의 교회들이 활동하고 있었던 1세기 말의 배경을 어느 정도 반영하고 있는 것이 분명하므로(§40.1a), 유대인들과의 관계나 유대 기독교인과 이방인 기독교인 사이의 관계가 이러한 배경 속에서 하나의 요소였다는 어떤 증거도 없다는 것은 적잖이 흥미로운 점이다. 이와 비슷하게 헤르마스의 「목자서」도 로마에서 있었던 것이 거의 확실한 사회적 충돌의 상황을 반영하고 있지만,[258] 역시 유대인들과의 관계나 유대 기독교인과 이방인 기독교인의 관계가 하나의 요소였다는 증거는 없다. 물론 이러한 침묵을 근거로 그러한 관계들이 긍정적이었다거나 교회와 회당이 화목하게 지내며 그 구성원들이 두 곳 모두에서 활동했다고 추론할 수는 없다. 그러나 양자가 서로 결별하고 있었거나 로마에서는 어쨌든 회당과 교회가 경쟁 관계 내지 서로를 노골적으로 무시하는 관계였다는 어떤 증거도 없다는 점을 고려할 때, 우리는 이제 살펴보게 될 증거, 곧 기독교인들에게는 유대인이

258 Lampe, *Paul to Valentinus*, 90-99; 및 추가적으로 앞의 §40.1g.

"타자"가 되고 적대감과 대결이 명백히 나타나는 형상에 대해 성급하게 결론을 내리기 전에 잠시 숨을 고르며 신중히 생각할 필요가 있다.

사도 교부 문헌에서 우리는 이그나티오스의 편지들 중에 두 편과 「바나바 서신」에만 초점을 맞추면 된다. 폴리카르포스의 편지는 이그나티오스의 나머지 편지들과 마찬가지로 현재의 탐구에 아무런 보탬이 되지 않는다. 「폴리카르포스의 순교」에서 특히 "유대인"이 폴리카르포스의 화형에 동참한 일에 대해 비난하는 것은 사실이며(13.1; 17.2; 18.1), 이는 분명 서머나에서 회당과 교회 사이에 얼마나 큰 불화와 적대감이 있었는지 보여주지만, 그것은 바울의 선교에 대한 사도행전의 기록에서 "유대인"이 보여준 적대감을 상기시키며 그 기록과 마찬가지로 이를 디아스포라 유대인들이, 보편적이고 광범위하게 인정되듯이, 기독교와 관계를 끊은 것으로 일반화해선 안 될 것이다.[259] *Did.* 8.1-2에서는 "외식하는 자들"을 언급하면서 분명 유대인의 관행(월요일, 목요일마다 금식하는 일)을 염두에 두고 있고, 그와 너무나 비슷한 기독교의 관행(수요일과 금요일의 금식)을 전통적인 유대교의 유사한 관행과 구별하고 싶어 했던 유대인 그리스도인들의 바람을 보여준다. 그러나 이 구절은 분명 마태복음 6:5, 16을 인용하고 있으므로 이를 "반유대적인 비판"[260]으로 묘사하는 것은 다소 지나친 표현이다. 마태복음의 "야유하는 말"인 "외식하는 자"라는 단어

259 앞의 §46.5a을 보라. *Martyrdom*에서 (금요일에 있었던) 폴리카르포스의 체포를 언급하면서 요 19:31의 흔적인 듯하며(Schoedel, *Polycarp*, 60-61) 예수를 거부한 사건과 특성상 유사한 폴리카르포스에 대한 거부를 암시하지만, 그럼에도 불구하고 유대적인 관점에서 사고하고 있음을 보여주는 "준비일"(7.1; *Did.* 8.1에서도 마찬가지)과 "큰 안식일"(8:1)이라는 유대적인 단어들을 사용한다는 점은 아마도 의미심장한 일일 것이다. Hartog, *Philippians*, 226-31도 함께 보라. Paul Trebilco는 필자에게 C. R. Moss, *Ancient Christian Martyrdom: Diverse Practices, Theologies and Traditions*(Anchor Yale Bible Reference; New Haven: Yale, 2012)를 주목하게 해 주었다. Moss는 폴리카르포스의 순교에 유대인이 관여한 것이 역사적인 사실인지 의문을 제기한다.

260 Ehrman, *Apostolic Fathers*, 409.

가 사용된 것은 마태복음에서와 같이 노골적인 비판이라기보다는 더 많은 공간을 확보하기 위한 경쟁을 암시한다.[261]

변증가들에게는 보다 많은 관심을 기울일 필요가 있지만, 그렇더라도 아리스티데스, 「디오그네투스에게 보내는 편지」, 순교자 유스티누스, 사르디스의 멜리토, 이레나이우스 등에만 관심을 기울이면 된다. 다른 변증가들 중에서 타티아노스의 반유대주의 문제는 (*Diatessaron* 51.15에서와 같이) 예수의 십자가 처형에 대해 유대인들에게 지나친 책임을 지운 문제로 제한되며, 이는 단순히 정경 복음서들과 사도행전 앞부분의 설교(행 2:23; 3:14-15 등)에서 이야기를 진술하는 방식을 반영한다. 타티아노스의 「말」(*Address*)에서 유대인은 그가 모세의 우선성을 입증하려 하는 와중에 나오는 짧은 역사적 언급들에서만 언급된다(*Address* 36-38). 히에라폴리스 주교 아폴리나리우스의 저작 중에는 『유대인에 대한 논박』(*Against the Jews*)이라는 두 권의 책이 있었다(Eusebius, *HE* 4.27.1). 히에라폴리스에는 강력하고 안정된 유대인 공동체가 있었기 때문에[262] 상황은 멜리토가 사르디스에서 마주한 상황과 비슷했을 것이고, 아폴리나리우스의 비판과 관련된 계기와 효과도 멜리토의 그것과 비슷했을 것이다(이하 §46.6h을 보라). 아테나고라스는 이 논의에 기여할 것이 아무것도 없다. 기독교인과 유대인의 관계는 그가 쓴 저서들과 관련이 없었다. 앞으로 살펴보게 되겠지만 (45.5j), 테오필로스는 구약을 광범위하게 인용하나 자신이 기독교에 생소한 어떤 것을 받아들였다거나 유대인들에게 구약을 허용하지 않는다는 의식이 전혀 없이 인용한다.[263]

---

261 Vermes는 「디다케」의 경우에 "다른 이들"은 예수를 믿는 다른 유대인 신자들이었다고 주장한다. 그는 "「디다케」의 '외식하는 자들'은 바리새인의 관습에 여전히 집착한 유대 기독교인들이었을 것"이라고 추측한다(*Christian Beginnings*, 140-41).

262 Grant, *Greek Apologists*, 86을 보라.

263 유대인에 대한 그의 언급은 순전히 역사적인 언급이며(3.9, 20 22, 25, 29), 그는 요세푸스

a. 이그나티오스

우리의 논의와 직접적으로 관련 있는 구절들은 이그나티오스의 「마그네시아인에게 보내는 편지」와 「빌라델비아인에게 보내는 편지」에서 발견된다.

> *Magn.* 8.1-2 — 아무 소용없는 거짓된 견해나 오래된 우화들에 속지 마십시오. 우리가 오늘까지 유대교에 따라 살아왔다면 이는 우리가 하나님의 은혜로운 선물을 받지 못했음을 인정하는 것입니다. 대부분의 신령한 예언자들은 예수 그리스도에 따라 살았기 때문입니다.

> *Magn.* 9.1 — 그러므로 예전 방식에 따라 산 이들은 새로운 소망에 이르렀고 더 이상 안식일을 지키지 않고 주의 날에 따라 살고 있습니다.

> *Magn.* 10.1-3 — 이런 이유로 우리는 그분의 제자이니 기독교에 따라 사는 법을 배웁시다. 이 이름 외에 다른 이름으로 불리는 자는 누구든 하나님께 속하지 않은 사람이기 때문입니다. 그러므로 오래되고 상한 나쁜 누룩을 치우고 새 누룩이신 예수 그리스도께로 돌아서십시오.…예수 그리스도를 선포하면서 유대교를 실천하는 것은 이상한 일입니다. 기독교가 유대교를 믿은 것이 아니라 유대교가 기독교를 믿은 것이기 때문입니다. 기독교 안에서 하나님을 믿는 모든 혀가 함께 모였습니다(참고. 사 66:18).

의 저작을 알고 있었고 이를 추천하는 관점에서 말한다(3.23).

> *Philad.* 6.1 — 그러나 누구든 유대교를 여러분에게 해석해준다면 그의 말을 듣지 마십시오. 할례받은 사람에게서 기독교에 대해 듣는 것이 할례받지 않은 사람에게서 유대교에 대해 듣는 것보다 낫기 때문입니다.

여기서 다음과 같은 몇 가지 특징에 주목할 필요가 있다.

- 이미 앞에서 언급했듯이 이것은 우리에게 알려진 "기독교"라는 단어의 최초 용례다. 갈라디아서 1:13-14을 제외하면 이는 기독교 문헌에서 "유대교"라는 용어의 최초 용례이기도 하다. 이그나티오스는 분명히 서로 다른 두 종교 체계에 대해 생각할 수 있었고 이 둘을 서로 구별할 수 있었다. 이 사실의 중요성은 이그나티오스가 (그리스도인이 처음으로 그렇게 지칭된 곳인) 안디옥 출신이었고[264] 소아시아 전역을 여행하고 있었다는 사실로 인해 고조된다.
- 이그나티오스는 기독교인들이 이제껏 "유대교에 따라 살았다는 점"(*Magn.* 8.1)과 기독교인이 된 유대인들이 그에 따라 그들의 종교적 관행을 바꾸었다는 점을 염두에 두고 있었다(9.1). 유대교가 기독교를 믿은 것이다(10.3).
- 그는 기독교인들이 "유대교를 실천"하기를 원한다는 점(*Magn.* 10.3), 즉 기독교인인 유대인이 그들의 유대적인 관습을 계속 유지하고 이방인 기독교인이 (여전히) 유대교에 매력을 느낀다는 점을 우려했을 것이다.[265] 그러나 그것은 상황을 잘못된 방향으로 이해

264 행 11:26. 필자의 *Beginning from Jerusalem*, 303-6을 보라.

265 C. K. Barrett, 'Jews and Judaizers in the Epistles of Ignatius', *Essays on John*, 133-58; Wilson, *Related Strangers*, 163-65의 논의를 보라. Barrett는 "유스티누스의 입장에서 유대

한 것이었다. "기독교가 유대교를 믿은 것이 아니다." 기독교를 믿은 것이 바로 유대교였다.[266]

- 그는 이방인 기독교인들이 유대교에 대해 탐구하지 않도록 설득하고, 특히 그들이 이미 유대교의 매력에 굴복한 다른 이방인들(유대주의자들)에게 이끌리지 않도록 설득하기를 원했다. 그와 동시에 그는 기독교를 믿는 유대인이 (이방인 기독교인들보다) 기독교에 대해 더 잘 알고 있다는 점을 기꺼이 인정했다(*Philad.* 6.1).
- "유대교"에 대한 그의 태도는 부정적이었지만("거짓된 견해"[*heterodoxiai*], "오래된 우화들", "예전 방식",[267] "오래되고 상한 나쁜 누룩") 강하게 적대적이지는 않았다.[268]

기독교인들이 그들의 유대인 풍습을 이방인 기독교인에게 강요하려 했던 그 이전의 상황을 추적하는 것"이 가능하다고 생각했다(*The Gospel of John and Judaism*, 68). Wilson은 유대주의자들이 전반적으로 유대교를 권장하고 있었는지 의문을 제기한다. "더 정확히 말하면 유대주의자들은 성경에 대한 독특한 관점을 갖고 있었고 특히 기독교의 믿음 중에 자신들이 성경에서 발견할 수 없는 것은 무엇이든 반박하려는 경향이 있었다(*Philad.* 8:1-2; 9:1)"(165). P. J. Donahue는 'Jewish Christianity in the Letters of Ignatius of Antioch', *VC* 32 (1978), 81-93에서 이그나티오스는 야고보가 제시한 본보기를 계속해서 따르는 기독교인들에 직면했다고 주장했다. Sim은 이그나티오스의 유대 기독교인 대적들은 그 이후의 마태 공동체의 구성원들이었다고 주장하지만(*Gospel of Matthew*, 272-86) 유대인을 "유대주의자"로 묘사하는 것은 그 단어의 원래 용법을 거의 반영하지 않는 것이다(*Beginning from Jerusalem*, 473-74).

266 "그리스도를 고백하는 것과 '유대인식으로 사는' 것은 이그나티오스가 보기에 상호 배타적인 것이다"(Koester, *Introduction*, 2.286).

267 R. M. Grant, *Ignatius of Antioch* (R. M. Grant, ed., *The Apostolic Fathers*, Vol. 4; London: Nelson, 1966): "'오래된' 또는 '구식이 된' 것을 가리키는 단어들은 이그나티오스의 글에서 오직 이곳(*Magn.* 8.1; 및 9.1; 10.2)과 *Eph.* 19.3에서만 등장한다. 그는 분명히 유대교를 복음의 '새로움'(*Magn.* 9.1; *Eph.* 19.2-3)과 대비되는 '오래된 것'의 주된 표현으로 간주한다"(62). 예언자들은 "예수 그리스도에 따라" 살았기 때문에(*Magn.* 8.2) 높이 평가받는다("가장 신령한 선지자들").

268 그러나 Barrett는 "이그나티오스 자신은 유대주의자들을 신학적으로보다 사회학적으로 정의하기가 더 쉽다고 생각한다"는 다소 당혹스런 견해를 밝히면서 이그나티오스가 대변한 교회가 신학에서 벗어나 사회학에 빠져서 "[유대인에 대한] 일반적인[즉 전반적으로 부정적인] 헬레니즘적 태도를 취했다"고 비난한다('Jews and Judaizers in the Epistles of

여기서 드러나는 사실은 2세기 초에 (시리아와 아시아에) 유대교와 기독교는 결합된 종교이고 "기독교"는 "유대교"의 후예이자 가까운 친족이며 실제로 그 둘은 한 종교의 두 가지 형태라는 인식이 널리 퍼져 있었다는 것이다.[269] 그러나 이그나티오스는 "유대교"와 "기독교"를 이처럼 서로 긴밀히 관련된 종교로 보고 중첩되는 관행을 허용하는 것을 더 이상 받아들일 수 없었고 "유대교"와 "기독교" 사이에 분명한 경계선을 긋고 싶어 했다.[270] 이그나티오스는 "기독교"가 "유대교"에서 시작되었고 교회라는 한 몸은 유대인과 이방인으로 구성되었으며(*Smyrn.* 1.2) 유대인 신자들이 기독교를 가장 잘 이해한다는 점을 기꺼이 인정했다. 그러나 "유대교"와 "기독교"를 같은 꼬투리 안에 들어있는 두 완두콩으로 본 (많은) 기독교인들은 그러한 인식에서 비롯된 행동을 하지 않도록 설득되어야 한다. 작은 가정 교회의 구성원들은 오랜 전통을 가진 높이 평가받는 회당의 의식들과 절기들이 지닌 매력을 거부해야 한다. "유대교"를 동경하는 것은 곧 그들이 받은 은혜의 가치를 평가 절하하는 것이었다. "기독교"는 "유대교"가 동경하기만 한 "새로운 소망"이었다. 요컨대 이그나티오스

Ignatius', 155).

269 Mimouni는 이그나티오스의 편지를 받은 기독교인 공동체들이 "여전히 (특히 소아시아에서) 로마 디아스포라의 유대인 공동체들의 모델에 따라 운영되었다"고 추론한다. "즉 이교도 출신인 개종자들과 동조자들의 마음을 끈 유대인 출신의 핵심적인 기독교인들이 있었다"는 것이다(*Early Judaeo-Christianity*, 94).

270 T. A. Robinson, *Ignatius of Antioch and the Parting of the Ways: Early Jewish-Christian Relations*(Peabody: Hendrickson, 2009)도 함께 보라. 이그나티오스의 태도는 최소한 부분적으로는 그가 안디옥에 남겨놓은 상황에 대한 반응일 수도 있다. 안디옥에서 유대인과 기독교인의 관계는, 안디옥 사건(갈 2:11-14)에서 바울이 아마도 실패한 이후, 여전히 긍정적인 관계였던 것으로 보인다(참고. Meeks and Wilken, *Jews and Christians in Antioch*, 18). 즉 이그나티오스는 그러한 긍정적인 관계에 대해 부정적으로 반응했을지도 모르며, 그가 안디옥을 떠난 것은 안디옥 교회에는 마음이 놓이는 일이었을지도 모른다. 참고. C. Trevett, *A Study of Ignatius of Antioch in Syria and Asia Minor* (Lewiston: Mellen, 1992), 60-1. 절대적 감독제를 이그나티오스가 힘써 옹호한 것도 같은 반응의 일부였을지 모른다.

의 글에서 우리는 기독교를 유대교와 더 분명하게 구별함으로써 기독교를 정의하려는 기독교 지도자들의 시도가 시작되었음을 볼 수 있다. 유대교를 쌍둥이 종교로 간주한 기독교인들과 유대교(또는 유대인)와 대비되는 기독교의 정체성을 정의하고 싶어 한 지도자들 사이의 이러한 긴장은 2세기 내내, 그리고 그 이후까지 자주 나타난다. 참으로 경쟁을 통해 확립된 정체성이었다.

b. 「바나바 서신」

「바나바 서신」에 이르면 상황은 더 심각해진다.

> 2.4-6 — 그는 모든 예언자들을 통해 우리에게 자신에게는 제사나 모든 번제나 정기적인 제사가 전혀 필요 없음을 보여주셨습니다. 그는 어느 구절에서 이렇게 말씀하고 계시기 때문입니다. "주님이 말씀하신다. '너희의 무수한 제물이 내게 무엇이냐? 나는 온갖 번제에 배불렀고 어린양의 기름을 원하지 않노라.…내 마당을 더 이상 밟지 말라…너희의 월삭과 안식일을 견딜 수 없노라'"(사 1:11-13). 그래서 그는 이런 것들을 우리 주 예수 그리스도의 새로운 법으로 무효화하셨습니다.…

> 4.6-8 — 계속 죄를 지으면서도 언약은 그들의 것인 동시에 우리의 것이라고 말함으로써 어떤 사람들과 비슷해지지 마십시오. 언약은 우리의 것이기 때문입니다. (출 31:18과 32:7을 인용하면서) 그러나 그들은 마침내 언약을 상실했습니다.…모세는 이를 알고 두 돌판을 손에서 던졌습니다(출 32:19). 그러자 그들의 언약은 박살났습니다. 그의

사랑하시는 자 예수의 언약이 우리 마음속에서 인침을 받도록…

4.14 — 이스라엘은 그와 같은 표적과 기사가 그 안에서 일어난 뒤에도 버림받았습니다.

5.7-8 — (주님은) 지상에 계신 동안 자신을 위해 조상들에게 주어진 약속을 지키고 자신이 지상에서 새로운 백성을 준비하고 계신 것을 보여주기 위해 스스로 고난을 받는 것을 허락하셨습니다.…게다가 주님은 이스라엘을 가르치시고 그와 같은 표적과 기사를 행하시는 동안 그들에게 복음을 전파하시고 그들을 깊이 사랑하셨습니다.

6.16 — 우리는 주님이 (젖과 꿀이 흐르는) 좋은 땅으로 인도하신 자들입니다.

9.1, 4, 9 — 주님은 우리 마음에 할례를 행하셨습니다.…그러나 그들이 믿었던 할례도 무효화되었습니다. 주님이 할례는 육체의 문제가 아니라고 말씀하셨기 때문입니다. 그러나 그들은 그분의 법을 어겼습니다. 한 악한 천사가 그들에게 지시했기 때문입니다.…그분의 언약이라는 심긴 선물을 우리 안에 두신 분은 이 모든 일을 알고 계셨기 때문입니다.

10.2 — "내가 나의 의로운 요구로 이 백성과 한 언약을 세울 것이다"(참고. 신 4:10, 33). 그러므로 하나님의 계명은 음식을 피하는 문제가 아니라 모세가 성령으로 말한 것입니다.

10.12 — 우리는 주님이 원하시는 대로 올바른 방식으로 계명을 알고 있는 이들로서 말합니다. 이런 이유로 주님은 우리가 이런 것들을 이해할 수 있도록 우리의 들음과 우리의 마음에 할례를 행하셨습니다.

11.1 — 물에 대해서는 이스라엘이 죄 사함을 가져오는 세례를 전혀 받아들이지 않을 것이라고 기록되어 있습니다.

14.1-7 — ("언약은 우리를 위한 것인가 그들을 위한 것인가"라는 질문[13.1]에 대한 응답으로) 그는 언약을 주셨지만, 그들은 자신들의 죄 때문에 언약을 받기에 합당치 않았습니다.…그래서 모세는 언약을 받았지만 그들은 합당치 않았습니다.…모세는 종으로서 언약을 받았지만 주님은 우리를 위해 고난을 견디심으로써 기업의 백성인 우리에게 친히 언약을 주셨습니다. 그 사람들은 죄로 완전히 가득해지고 우리는 언약을 상속받은 주 예수를 통해 언약을 받게 하시기 위해 주님이 나타나셨습니다. 그분은 이 목적을 위해, 즉 그가 나타나실 때 그분의 말씀으로 우리와 언약을 맺으시기 위해 준비되셨습니다.…"내가 너를 백성의 언약으로 열방의 빛으로 주었노라.…"(사 42:6).

여기서도 다음 몇 가지 특징에 주의를 기울일 필요가 있다.

• 「바나바 서신」에는 "우리"와 "그들"을 구분하는 분명한 태도[271]와 유대인인 "그들"을 기독교인인 "우리"와 (거리를 두기보다는) 구별하

271 예. 2.9; 3.1-3; 4.6; 8.7; 10.12; 14.4-5; 15.8-9. Hvalvik, *Struggle*, 113, 137-40도 함께 보라.

려는 의도적인 시도가 있다.[272]

- 성전 제사에 대한 반감(2.4-6)은 물론 피상적인 예배에 대한 예언자의 책망(사 1:11-13)과 일맥상통한다. 그러나 이는 둘 다 일부 유대 기독교인들의 제사에 대한 거부와 유사하며,[273] 성전이 없는 것에 점점 익숙해진 랍비 유대교와도 크게 다르지 않다. 또한 이 편지의 성전 제사에 대한 적대감의 정도는 성전이 재건될 가능성에 대한 반응을 반영하고 있는지도 모른다(16장).[274]
- 「바나바 서신」의 공동체 구성원들이 이스라엘의 전통적 종교를 전적으로 수용할 만큼 매력을 느끼고 있다는 진심 어린 우려가 있다. 하나님은 "[사 58:3-10을 길게 인용한 뒤] 우리가 그들의 율법에 대해 초심자/개종자가 되어[275] 파선하지 않도록 미리 우리에게 모든 것을 분명히 밝히셨습니다"(3.6).[276]
- 이스라엘에 대한 태도는 다소 애증이 엇갈린다. 이스라엘은 "버림"받았지만(4.14), 하나님은 그들 가운데서 표적과 기사를 행하셨고 "그들을 깊이 사랑"하셨다(5.8). 기독교인은 "이스라엘"—"우리는 주님이 (젖과 꿀이 흐르는) 좋은 땅으로 인도하신 자들입니다"(6.16)—인가, 아니면 "새로운 백성"(5.7)인가?[277]

---

272 그러나 우리는 「바나바 서신」에서는 결코 "유대교", "유대인", "기독교" 또는 "기독교인" 등의 용어를 사용하지 않는다는 점을 기억해야 한다.

273 Ps-Clem., *Recog.* 1.36.1; 37.2-4; 앞의 §45.8e n. 295을 보라.

274 앞의 §40.1f(iii)을 보라.

275 §40 n. 55을 보라.

276 "기독교인이 유대인에 동화되는 것에 대한 두려움"(Horbury, 'Jewish-Christian Relations in Barnabas', 323-27). 추가적으로 Paget, *Barnabas*, 56-58을 보라.

277 Paget은 「바나바 서신」의 저자가 "유대인과 기독교인 모두와 관련해서 *laos*("백성")를 사용하는 유일한 사도 교부라는 Skarsaune의 견해(*Proof*, 332)를 언급한다(*Barnabas*, 59 n. 305; 참고. Hvalvik, *Struggle*, 144).

• 이스라엘은 언약을 받았지만[278] "합당치 않았기" 때문에(14.4) "마침내 언약을" 잃어버렸다(4.7).[279] 그러나 「바나바 서신」에서 "언약은 그들의 것인 동시에 우리의 것"이라고 말하는 것이 악한 짓이라고 말할 때(4.6-7), 저자가 한 말—"주님이 기업의 백성인 우리에게 친히 언약을 주셨습니다"(14.4)—이 기독교인들이 이스라엘의 언약, 즉 동일한 언약(14.4)[280]을 이어받았다는 뜻인지, 또는 저자가 염두에 둔 것이 또 다른 언약—"그의 사랑하시는 자 예수의 언약"(4.8), "그의 언약이라는 심겨진 선물"(9.9)—인지는 그렇게 분명하지 않다. 예수를 통한 연속성의 흐름—"우리가 언약을 상속받은 주 예수를 통해 언약을 받게 하시기 위해"(14.5)—은 분명히 존재한다. 또한 "우리와의 언약"은 "백성의 언약"으로 제시되며, 이사야서의 "종"도 그 속에서 "열방의 빛"(사 42:6)이 된다(14.7).[281] 따라서 동일한 언약이든 새로운 언약이든 요점은 그 언약이 역시 "열방의 빛"이 될 이스라엘의 언약적 운명과 직접적인 연속선상에 있고 그 운명의 성취라는 것이다.[282]

---

278 Paget은 "언약"이라는 단어가 「바나바 서신」에서는 13-14회 등장하고 나머지 "속사도" 문헌에서는 두 번만 등장한다고 지적한다(*Barnabas*, 59).

279 「바나바 서신」은 출 32:19에 나오는 두 돌판이 산산 조각난 일만 언급하고 출 34장에 나오는 새로운 두 돌판이 만들어졌다는 기록은 무시한다. "한 백성으로서 이스라엘의 역사는 시내산에서 시작되고 끝난다"(Hvalvik, *Struggle*, 146; 및 추가적으로 154-57).

280 「바나바 서신」은 "하나의 언약이 존재한다는 관점을 고수하고 그 한 언약을 정확하게만 해석한다면 바른 법을 담고 있는 것으로 간주하며 그 언약은 기독교인의 소유가 아닌 다른 것이라는 생각에 강하게 반대한다"(Paget, *Barnabas*, 196). Paget은 「바나바 서신」의 언약 신학과 쿰란의 언약 신학 사이에서 강한 유사점들을 발견하며(196-200) 예컨대 "둘 다 공유된 언약에 대한 어떤 개념에도 강하게 반대한다"고 결론짓는다(199). 그러나 그는 히브리서의 언약 신학과의 차이점들도 언급한다(218-20, 225).

281 참고. Hvalvik, *Struggle*, 148-52.

282 "언약이라는 주제의 반복, 공동 상속의 개념을 선호한 기독교인들에 대한 암시, 이스라엘을 향한 언약에 대한 근본적인(그리고 비성경적인) 부정—이 모든 것들은 이 문제가 단순히 때 지난 문제나 이론적인 문제나 심지어 성경적인 문제가 아니라 이미 교회에 침투

- 연속성은 할례에 대한 언급에 의해서도 강하게 나타난다. 초점을 육체의 할례에 맞추면 그것은 할례의 의미를 잘못 이해하는 것이다(9.4).[283] 중요한 것은 그리스도인들이 받은 마음의 할례다(9.1; 10.12).
- 마찬가지로 율법의 계명도 음식과 관계된 것으로만 이해하면 이는 그 계명들을 잘못 이해한 것이다(10장). 의식에 관한 율법은 결코 문자적으로 해석해선 안 되었다—"모세가 성령으로 말했다"(10.2). 마음에 할례를 받은 이들의 관점은 그 속에서 의로운 삶에 대한 가르침을 발견한다(10.12).[284]

「바나바 서신」에 사용된 자료는 대부분 유대교가 계속해서 (잠재적인) 이방인 개종자들을 끌어들이고 있었던 한 시기를 반영한다(3.6). 우리는 어떤 안정된 유대인 공동체를 상상해야 하며, 그에 비해 보다 새로운 기독교인들의 운동은 영향력과 사회적 존경이 훨씬 덜했다. 이스라엘 종교에 속한 기독교의 기원이라는 문제는, 19세기에서 20세기로 넘어가는 전환기에 학자들이 주장한 것처럼, 단순히 학문적인 문제가 아니라 지역의 유대인 공동체의 보다 분명한 주장과 정체성에 직면하여 갓 생겨난 (독특한) 정체성을 정의하고 변호하는 문제였다.[285] 이스라엘에 관한 신학이 대체

하여 교회를 어지럽힌 긴급하고 절박한 문제였음을 암시한다"(Wilson, *Related Strangers*, 138).

283 *Barn.* 9.4에서는 갈 3:19(천사들을 통해 명해진 율법)을 명백히 전적으로 부정적인 방식으로("한 악한 천사가 그들에게 지시했기 때문입니다") 해석했다.

284 "…실제로 **참된 율법**이며 이스라엘에 만연한 모세 율법에 대한 부정확하고 문자적인 (제의적인) 해석과의 대조를 통해서만이 '새로운'…'우리 주 예수 그리스도의 새로운 법'(2.6)"(Kraft, *Barnabas and the Didache*, 34).

285 특히 Paget, *Barnabas*, 52-66을 보라. 「바나바 서신」은 "저자가 글을 보내는 기독교 공동체에 다수파인 유대인 공동체와 대비되는 분명한 정체성을 부여하려 애쓰고 있다"(69).

론을 지향하고 있다는 인상을 피하기는 어렵지만,[286] 「바나바 서신」은 그 표현에 있어서 비난이나 경멸의 어조라기보다는 이스라엘이 "결국 언약을 상실"했다는 점을 유감스럽게 여긴다.[287] 이 편지의 이스라엘에 대한 태도는 예배와 의로운 삶의 보다 심오한 실체를 깨달으라는 예언자적인 요구에 뿌리를 두고 있다. 그리고 이 편지가 대변하는 기독교에 대한 이 편지의 주장은 이스라엘의 소망이 새 언약에 대한 것인지, 아니면 첫 언약의 더 완전한 실현에 대한 것인지에 관한 이스라엘 고유의 신학에 대한 모순된 감정과 이방인의 빛이 되어야 할 이스라엘의 사명을 어떻게 성취해야 하는지에 대한 역시 모순된 감정을 반영한다. 과거 이스라엘의 종교적 관행에 대한 많은 예언자적 책망의 예리함을 고려하면, 「바나바 서신」은 단순히 이스라엘을 더 이상 하나님의 사랑과 목적 안에서 한 자리를 차지하는 것으로 간주할 수 없는 존재로 일축하는 사람보다는 여전히 이스라엘에게 그 운명을 상기시키고 이방인 기독교의 발전을 이스라엘의 운명의 성취로 간주하는 것에 더 관심이 있는 사람의 목소리로 들릴 수 있다.[288]

286 Horbury는 "유대인 공동체로부터의 분리라는 기독교적인 용인된 의식은 대략 1세기 말에서부터 문헌들, 특히 「바나바 서신」에서 처음으로 분명하게 감지할 수 있는 것으로 보인다"고 논평한다'(*Jews and Christians*, 11-13). 「바나바 서신」이 수신자들 가운데 있는 "유대주의적인" 경향과 싸우고 있었다거나 유대교를 그 자체로 하나의 위협으로 인식했다고 생각하는 이들에 대해서는 Paget, *Barnabas*, 52 nn. 267, 268을 보라. 다른 이들은 「바나바 서신」의 "반유대주의"를 사소한 것으로 취급한다(52-53). 앞의 §40 n. 66도 함께 보라.

287 "유대인에 대한 「바나바 서신」의 묘사는 '죄'와 '오류'라는 두 가지 개념에 (초점을 맞추고 있다)"(Hvalvik, *Struggle*, 141). Hvalvik은 「바나바 서신」이 "대체 신학"을 표현한다는 점을 부정한다. "교회는 유대인의 자리와 지위를 이어받은 것이 아니라 유대 민족을 위해 **의도된** 자리를 얻었다"(147).

288 Horbury는 (*Jews and Christians*, ed. Dunn에 실린) "바나바 서신과 순교자 유스티누스의 글에서 드러나는 유대인과 기독교인의 관계"('Jewish-Christian Relations in Barnabas and Justin Martyr')에 대한 자신의 논문을 다음과 같이 시작한다. "그 '길들'은 여기서 고찰한 저자들에 있어서는 이미 갈라졌다"(315). Vermes, *Christian Beginnings*, 148-52의 견

c. 「에스라5서」(*5 Ezra*), 「시빌라의 신탁」(*Sibylline Oracles*)

유대 문헌을 기독교적으로 편집하거나 내용을 첨가한 저작들 중에서 우리는 「에스라5서」와 「시빌라의 신탁」을 특히 주목해야 한다.[289]

「에스라5서」는 특성상 분명히 유대적이며 아마도 기원에 있어서 유대 기독교적인 문헌이겠지만, 이 문헌의 경고는 성경의 예언자들이 전형적으로 경고하는 내용을 능가한다.

- *4 Ezra* 1.25 — "너희가 나를 버렸으므로 나도 너희를 버리겠다. 너희가 내게 자비를 구할 때 나는 너희에게 아무런 자비도 베풀지 않겠다."
- *4 Ezra* 1.30-31 — "나는 너희를 나의 임재에서 쫓아낼 것이다. 너희가 내게 헌물을 바칠 때 나는 너희에게서 얼굴을 돌릴 것이다."
- *4 Ezra* 2.10 — "내 백성에게 내가 그들에게 이스라엘에게 주려 했던 예루살렘 왕국을 줄 것이라고 말하라."

이스라에 대한 책망과 거부는, 이스라엘에 내린 심판을 야웨의 징계로 설명하고 죄인들에게 내려진 멸망과 구별되는 것으로 설명하는 다른 성경 이후의 유대 문헌들과 눈에 띄게 다르다. "주님께서는 우리에게서 자비

해도 이와 비슷하다. "유대교 내의 바울과 마태복음의 복잡한 문제들은 독설을 퍼붓고 희화화를 하는 문제가 되어버렸다"(King, *Gnosticism*, 41). 그러나 Horbury는 이렇게 결론짓는다. "하지만 2세기의 배경 속에 놓인 「바나바 서신」과 유스티누스의 저작은 기독교적 유산에 대한 기여에도 불구하고 기독교적 문헌 못지않게 유대적 문헌이다. 이 문헌들은 그 반유대주의에도 불구하고 또 부분적으로는 그로 인해 유대인 정치 조직의 압도적인 영적 능력을 입증하며 유대 문헌의 기독교적인 하위 분야로 적절하게 분류될 수 있다"('Barnabas', 345).

289 앞의 §45 nn. 229, 234, 235을 보라.

의 손길을 거두지 않으신다. 비록 우리에게 징벌을 내리신다 하더라도 그가 그의 백성을 버리시는 것이 아니다"(2 Macc. 6:16).[290] 예수를 믿는 유대인 신자들은 그들 자신을 하나님의 백성이지만 이스라엘과는 다른 존재로 간주하기 시작했다.[291]

「시빌라의 신탁」의 개정판에서 가장 주목할 만한 구절은 아마도 *Sib. Or.* 1.365-75과 1.387-400일 것이다. 거기서 예수의 죽음은 "가슴과 마음이 악한 광기에 상하여" "가증한 입술로 해로운 말을 토해내는" 이스라엘의 책임으로 돌려진다(1.365-66, 368-69). 그 결과 "히브리인들은 나쁜 수확물을 거두고" "그들의 땅에서 쫓겨나 방황하고 살육당할 것이며 그들의 곡식에 많은 독보리를 섞을 것이다"(1.387, 395-96).[292] *Sib. Or.* 6.21에서 이스라엘 땅은 "소돔의 땅"이라고 불린다.[293] 여기에는, 예수 믿는 유대인 신자가 표현한다면, 이스라엘에 대한 환멸과 더 이상 어려움 없이는 "유대 기독교인"이라고 불릴 수 없는 "히브리인"과의 거리 두기를 나타내는 적대감이 존재한다.

이 두 문헌에서는, 저자들이 이스라엘의 실패에 대한 그 이전의 유대인 내부의 한탄과 성토에 의존하여 그들의 공동체를 이전에는 자기들의 정체성의 필수 요소였던 많은 것에서 멀어지게 함으로써 자신들의 정

290 징계받고 있는 이스라엘과 심판/멸망을 당하고 있는 불경건한 자/죄인의 구별은 *Psalms of Solomon*(3.4-12; 7.1-10; 8.23-34; 13.5-12)과 *Wisdom of Solomon*(11.9-10; 12.22; 16.9-10)의 독특한 주제다.

291 "'다가올 백성'에 의한 이스라엘의 대체는 「에스라5서」의 주요 주제다"(Stanton, '5 Ezra', 260). Stanton은 「에스라5서」가 "교회와 이스라엘의 분리의 궁극성"(262), "교회와 이스라엘의 완전한 분열"(268)을 강조했지만, 교회 공동체는 "최근의 최종적 분열에도 불구하고 이스라엘과의 연속성을 확립하는 데 주로 관심이 있었다"(270)고 생각한다.

292 "편집자는 자기 자신을 이스라엘과 분명히 구분한다. 그는 이스라엘에 대해 지독한 증오를 품고 있다.…"(Charlesworth, 'Christian Additions', 50).

293 "편집자는 여기서 자신을 유대교에서 멀리 벗어난 기독교의 한 형태와 동일시한다"(Charlesworth, 'Christian Additions', 51).

체성을 확립하려 애쓰지만, 이스라엘과의 관계 단절에 대한 의식을 감지할 수 있다.

d. 아리스티데스

아리스티데스의 가장 눈에 띄는 특징은 그가 유대인과 기독교인을 (구별되는) 두 "부류의 사람들"로 분명히 구분한다는 점이다(*Apol.* 2). 그는 하나님에 대한 유대인의 인식을 모든 민족들의 인식보다 진실에 더 가까운 것으로 칭찬하지만, "그들의 예배가 그 드려지는 방식으로 인해—그들이 안식일과 월삭과 무교절과 큰 금식일을 기념할 때와 같이—하나님이 아닌 천사들에게 드려지며, 금식과 할례와 고기를 정결케 하는 일을 그들이 완벽하게 지키지 않는다"는 이유에서 유대인을 비판한다(*Apol.* Syriac 14).[294] 여기에는 유대인에 대한 약간의 존중은 있지만,[295] 기독교가 "메시아 예수"로부터 시작되었고 "히브리 민족에게서" "한 히브리인 처녀로부터" 태어났다는 그의 단언에도 불구하고 기독교가 유대인의 옛 종교에 무언가를 빚지고 있다는 점에 대한 인정은 없다(*Apol.* 2). 그가 쓴 글은 매우 유대적인 기독교의 유산에 대한 어떤 개념이나 최소한 그 유산을 기꺼이 인정하려는 자세가 없는 한 이방인의 글이다.

294 여기서 그리스어 역본은 오히려 그들(유대인)이 하나님의 아들을 배신한 것과 그리스도가 하나님의 아들이라는 사실을 부정한 것에 초점을 맞춘다.

295 「변증」은 또한 족장들과 이집트에서의 시간(Syriac 2)과 모세에 의한 이집트로부터의 구원(Greek 14)에 대한 지식을 분명히 보여준다.

e. 「베드로의 설교」[296]

알렉산드리아의 클레멘스의 글에서 발췌한 내용처럼 보이는 글로 판단하건대 「베드로의 설교」가 기독교인을 그리스인 및 유대인과 구별하려 했다는 것은 분명하다. 기독교인은 그리스인과 유대인의 "낡은 방식"이 아니라 "그리스도에 의한 새로운 방식으로", "새로운 방식으로, 세 번째 형태로" 하나님을 예배한다(*Strom.* 6.5.39-41).[297]

> 우리는 성경에서 주님이 어떻게 말씀하시는지를("보라, 내가 호렙산에서 너희 조상들과 맺은 언약과 같지 않은 새 언약을 너희와 맺겠노라") 발견했다. 그는 우리와 새 언약을 맺으셨다. 그리스인들과 유대인들의 방식은 오래되었지만 우리는 제3의 인류 안에서 새로운 방식으로 그분을 예배하는 이들, 곧 그리스도인이기 때문이다. 내가 생각하는 대로 그분은 유일하신 한 하나님이 그리스인들에게는 이방인의 방식으로, 유대인에게는 유대인의 방식으로, 우리에게는 새롭고 영적인 방식으로 알려지셨음을 분명히 보여주셨기 때문이다.…이 세 민족은 세 가지 본성을 가정하도록 시간에 의해 분리된 것이 아니라, 정확히 말하면 한 주님의 서로 다른 언약들로, 한 주님의 말씀에 의해 훈련을 받았다.

이 글은 매우 공평하고 관대한 조건을 표현한다. 그러나 그리스 종교는 순전히 우상숭배라는 폄하는 그와 맞먹는 유대인의 예배에 대한 무시와

---

296 앞의 §40.2c을 보라.

297 이 구절은 "기독교적인 자기 정체성 의식에 대한 가장 분명한 주장 중 하나와 이것이 다른 대안들에 대한 폄하를 통해 강화되는 방식을 담고 있다"(Wilson, *Related Strangers*, 93).

짝을 이룬다.[298]

> 유대인들이 예배하듯이 그분께 예배하지 말라. 그들은 자신들만이 하나님을 알고 있다고 생각하지만 하나님을 알지 못하며 천사들과 천사장들, [달력의] 달과 [하늘의] 달을 섬기고 있기 때문이다. 달이 보이지 않으면 그들은 첫 번째 안식일이라고 불리는 안식일을 기념하지도 않고 월삭도, 무교절도, 절기도, 대속죄일도 지키지 않는다.[299]

여기서 스스로를 그 가장 가까운 이웃들에게서 멀리 떼어 놓음으로써 자기 정의에 도달하려는 기독교의 시도는 이미 그리스인도 유대인도 아닌 기독교인이라는 제3의 인류에 대한 개념에 이르고 있다. 그와 같은 자기 구별은 바울에 의해 예고되었다고 말할 수 있겠지만,[300] 바울은 이 새로운 실체를 유대인과 그리스인으로 구성된 것으로 보았다.[301] 여기서의 자기표현은 명백히 그 모체이거나 친족 관계에 있는 종교를 폄하함으로써만 이루어질 수 있다. 그와 같은 비판은 쿰란이 자기를 정당화하며 제2성전기 주류 유대교를 비판한 것과 크게 다르지 않다. 차이점은 그와 같은 비판이 본질적으로 제2성전기 유대교의 범위 안에 있었고 "다수의 백성들과의 의식적인 거리 두기"였다는 점이다(4QMMT C7). 그러나 여기서의 거리 두기는 기독교인의 유대인과의 거리 두기다. 이스라엘에 대한 관심은 로마서 10:14-21에서 드러난 바울의 관심을 상기시키지만,[302] 같은

298 「베드로의 설교」에서는 예수의 "죽음과 십자가와 유대인들이 그에게 가한 나머지 고문들(*kolaseis*)"도 언급한다(*Strom.* 6.15.128).

299 Origen, *On John*에서도 같은 구절을 인용한다(Elliott, *ANT*, 24).

300 고전 1:22-23; 10:32.

301 고전 1:24; 참고. 엡 2:14-16.

302 "그러므로 베드로는 주님이 사도들에게 이렇게 말씀하셨다고 말한다. '그때 이스라엘에

장에서 바울이 표현한 강렬함과 실존적 고뇌는 없다.

f. 「디오그네투스에게 보내는 편지」[303]

「디오그네투스에게 보내는 편지」 역시 아리스티데스나 「베드로의 설교」와 다소 비슷하게 기독교인을 유대인과 분명하게 구분한다. "기독교인들은 유대인들처럼 예배하지 않는다"(3.1). 또한 아리스티데스나 「베드로의 설교」처럼 우상숭배에 대한 비판 뒤에 유대인의 예배에 대한 비판이 이어지며 여기서 후자는 전자와 별로 다르지 않은 것으로 간주된다.[304] 4장에서 유대인은 할례와 관련한 그들의 "알라조네이아"(*alazoneia*, "자랑, 교만")로 인해,[305] "하나님은 안식일에 어떤 선을 행하는 것도 금지하신다는 하나님에 대한 거짓말"(4.3)로 인해, 그리고 "우스꽝스럽고 논할 가치도 없는 금식과 월삭 절기의 위선"(4.1), "유대인의 천박한 어리석음, 기만, 야단법석, 오만"(4.6)으로 인해 거듭 조롱을 받는다.[306] 여기서도 바울과 같은 인물의 이의 제기는 유대인의 근본적인 정체성 표지에 대한 폄하적인 무시로 바뀌었다.[307]

서 누구든 회개하고 내 이름으로 하나님을 믿으면 그의 죄는 용서받을 것이다. 아무도 우리는 듣지 못했다고 말하지 못하도록 12년 뒤에 세상으로 나아가라'"(*Strom.* 6.5.43).

303 앞의 §40.2d을 보라.

304 "자신들은 피와 기름의 제사와 모든 번제를 드리고 있으며 이로 인해 이러한 경외심의 표시로 그분께 영광을 돌리고 있다고 생각하는 자들은 내가 보기에 귀먹은 신들에게 똑같은 영광을 돌리는 자들과 전혀 다르게 보이지 않는다.…"(3.5).

305 "살을 잘라내는 일을 마치 자신들이 그로 인해 하나님께 특별히 사랑을 받는 것처럼 자신들이 택함 받은 것에 대한 증거로 자랑하는 것은 조롱할 가치도 없는 일이다"(4.4).

306 "「바나바 서신」과 「디오그네투스에게 보내는 편지」에서는 유대교에 대한 혐오감이 너무 격렬해서 한 걸음만 더 나갔다면 저자들은 영지주의나 마르키온파의 이원론에 빠졌을 것이다"(Lightfoot, *Clement*, 1.9).

307 M. F. Bird, 'The Reception of Paul in the *Epistle of Diognetus*', in Bird and Dodson, eds., *Paul and the Second Century*, 70-90: "「디오그네투스에게 보내는 편지」의 바울 신학은 원

이 마지막 세 가지 문헌에는 기독교를 유대교에서 멀어지게 하려는 욕구가 분명히 보이며 초기 유대교에 속한 기독교의 기원과 기독교의 유대적인 성격을 인정하려는 실제적인 의사가 전혀 없다.

g. 순교자 유스티누스[308]

유스티누스의 「트리포와의 대화」의 증거는 훨씬 더 흥미롭다. 유스티누스는 유대인들이 그들의 회상에서 그리스도와 그리스도인들을 저주한다고 자주 증언하며[309] 유대인들이 기독교인을 박해할 권한이 있을 때 기독교인을 박해한 일에 대해 그들을 책망한다.[310] 그러나 유스티누스 역시 어떤 유대인들이 예수가 "순전히 인간적인 기원을 지닌 인간이었다고"(*Dial.* 48.4; 참고. 49.1) 말하지만 그가 그리스도임을 인정한다는 사실을 알고 있다. 그리고 그는 계속해서 유대인처럼 실천하는 유대인 신자들은 구원을 받겠지만, 이방인 신자들에게 율법에 따라 살도록 설득하려 하지 않을 경우에만 구원받을 것이라고 확신한다(46.1-47.3; 120.2). 그러나 주목할 만하게도 유스티누스는 또한 "모세 율법에 따라 삶을 영위한 자들도 똑같이 구원을 받아야 하며" "그들보다 먼저 있었던 의인들인 노아, 에녹, 야곱과 똑같이…이 그리스도를 하나님의 아들로 인정하는 이들과 더불어 부활 속에서 우리의 이 그리스도를 통해 구원을 받아야" 한다고

시 정통주의와 마르키온 사이의 어느 지점에 서 있다." 그러나 Bird는 「디오그네투스에게 보내는 편지」를 바울에 대한 영지주의적인 해석과 멀어지게 하는—마르키온보다 「바나바 서신」과 더 비슷한—몇 가지 특징을 언급한다(88-90).

308 앞의 §40.2e을 보라.

309 *Dial.* 16.4; 47.4; 93.4; 95.4; 96.2; 108.3; 123.6; 133.6; 137.2. 앞의 §46.4b을 보라.

310 *Dial.* 16.4; 95.4; 110.5; 131.2; 133.6; *1 Apol.* 31.5-6; 36.3도 함께 보라; 참고. *M. Polyc.* 13.1; 17.2; 18.1; *Diogn.* 5.17. Horbury는 "사도들의 설교에 대한 유대인의 조직적인 반박"과 "기독교에 대한 유대인의 집단적 거부"에 대해 말한다('Barnabas', 341-43).

단언한다(45.3-4).[311]

흥미롭게도 또 다른 구절에서 유스티누스는 "명목상 그리스도인인 사람들"[312]과 "소위 그리스도인들"을 언급하며 곧바로 연이어 (암묵적으로) "소위 유대인"도 언급하면서 "입술로는 하나님을 인정하지만 마음은 하나님과 멀리 떨어져 있는"[313] 일곱 개의 (이단적인) 분파—사두개파, 게니스타파, 메리스타파, 갈릴리파, 헬라파, 바리새파, 세례파—를 열거한다. 이는 유스티누스가 유대인과 기독교인을 같은 조건에서 생각했음을 암시한다. 그것은 또한 2세기 유대교의 다양성에 대한 인식과 아마도 대체로 로마 제국 안에서의 디아스포라 유대교에 대한 경험을 통해 알게 된 유대교에 대한 다소 혼란스러운 이해를 시사한다. 그는 70인역이 회당 예배에서 낭독되었다는 사실을 알고 있다(72.3).[314] 우리는 랍비 유대교가 팔레스타인에서 점점 더 확고하게 자리를 잡았을 때 서방 디아스포라로 그 권한을 확대하기 시작했고, 예를 들면 유대인에게 유스티누스와 같은 자들과 대화를 나누지 말도록 경고했다고 추론할 수 있다(38.1). 그러나 트리포 같은 이들은 이러한 충고를 무시한 것처럼 보이고, 초기 랍비 기독교 내의 할라카에 관한 논쟁에서 나타나고 있는 종류의 관심사에 대한 유스티누스의 인식은 제한된 것처럼 보이기 때문에(112.4; 117.2-4),[315] 우리는 (서방의) 디아스포라 유대교가 시리아-팔레스타인 지역의

---

311 117.1에서와 같은 유대인의 관행에 대한 그의 비판은 그 이전 예언자들의 비판(이 경우에는 말 1:10-12)에 의존하고 있다.

312 아마도 최소한 마르키온(그들은 "아브라함의 하나님을 모독한다")과 영지주의자들(그들은 "죽은 자의 부활은 없다"고 말한다)이 이런 이들일 것이다.

313 사 29:13을 암시하는 *Dial.* 80.3-4.

314 유대교에 대한 (그리고 기독교에 대한) 유스티누스의 지식이 얼마나 그가 사마리아에서 받은 교육(§40.2e)에서 나왔는지는 불분명하다. Kraft가 지적하듯이 "안타깝게도 우리는 그의 고향이 그의 기독교 사상의 발전에서 (역할을 했다면) 어떤 역할을 했는지 말할 수 없다"(*Barnabas and the Didache*, 50).

315 앞의 n. 73도 함께 보라. Williams는 *Justin Martyr*, xxx-xxxiv, and Shotwell, *Justin Martyr*,

랍비들보다 아직 예수에 대한 기독교의 주장에 대해 훨씬 더 관대했다고 추론할 수 있다. 많은 유대인들이 그리스도의 제자가 되어가고 있었다(39.2).

유스티누스 자신은 아무 거리낌 없이 기독교인이 곧 참된 이스라엘이라고 주장한다. "우리는 참되고 영적인 이스라엘과 같은 민족이며 유다와 야곱과 이삭과 아브라함의 종족이다.…"(11.5).[316] 그러나 그는 "이스라엘"이라는 호칭을 그의 유대인 대화 상대자들에게서 빼앗지는 않는다. 그의 비판은 더 정확히 말하면 그들이 "마치 너희들만이 이스라엘인 것처럼"(123.6) 자신을 속이고 있다는 것이다. 그의 주장은 더 정확히 말하면 "너희 민족 전체가 야곱과 이스라엘로 불리는 것처럼 그리스도의 계명을 지키는 우리도 우리를 하나님께 낳아주신 그리스도 덕분에 야곱이자 이스라엘이자 유다이자 요셉이자 다윗이자 참된 하나님의 자녀"(123.9)라는 것이다.[317] 창세기 29-30장에 나오는 야곱의 두 아내에 대한 그의 모형론적인 설명에 따르면 "레아는 너희 민족이고 회당이지만 라헬은 우리 교회다. 그리고 그리스도는 여전히 이 두 사람과 그 둘에 속한 그의 종들을 위해 섬기신다"(134.3). 그의 기대감에 찬 소망은 "그리스

71-93에서 팔레스타인 유대교에 대한 유스티누스의 지식은 보다 광범위했다고 주장한다. "유스티누스는 최소한 성경 시대 이후의 유대교에 대한 상당한 실용적인 지식을 갖고 있었다"(Williams, xxxiii). Shotwell은 "유대 전승에 대한 광범위한 지식…(a) 동시대의 유대 사상에 대한 놀라운 지식…을 암시하는 증거의 거대한 체계"에 대해 이야기한다(88-89). 그러나 Horner는 "트리포와 유대교의 관계는 우리가 아는 바와 같은 랍비들의 기록된 전승에 대한 강한 애착을 보여주지 않는다"고 논평하며, "기원후 2세기 동안 이는 놀라운 현상이 아니며 그것은 정통 유대인으로서의 트리포의 지위를 약화시키지 않을 것"이라고 덧붙여 말한다(*Listening to Trypho*, 145).

316 119.5; 130.3-4도 함께 보라. "이스라엘은 그분(그리스도)을 통해 아버지께로 피신하는 모든 이들을 의미한다"(125.5); "이스라엘은 또한 그리스도다"(134.6–135.3); 참고. 110.4; 119.3-5; 122.6.

317 "유다의 두 씨앗과 두 종족이 하나는 혈과 육으로부터 나고 다른 하나는 믿음과 성령으로부터 난 야곱의 두 집으로" 존재하고 있었다(135.6).

도 예수가 사람들의 흩어짐을 돌이키실 것"이라는 것이다(113.3).[318]

당연하게도 유스티누스는 할례가 정말로 필요하다는 데 이의를 제기한다(19.3). 그러나 그의 실제적인 요점은 육체의 할례가 "참된 할례의 모형"이라는 것이다(41.4). 두 번째 할례인 마음의 할례는 예수의 말씀을 통해 발생한다(113.6; 114.4). 앞에서의 다른 문제들과 마찬가지로 이 점에 있어서도 유대인의 관행에 대한 유스티누스의 비판은 예언자들의 비판과 별로 다르지 않다. 또한 "이스라엘"은 이방인 신자들도 포함할 만큼 넓어졌으며 이방인 신자들은 할례를 받을 필요도 없고 율법의 계명들을 지킬 필요도 없다는 그의 주장은 바울의 비슷한 주장들과 직접적인 연속선상에 있다. 유스티누스의 「트리포와의 대화」는 분명 (이방인) 기독교인과 전통주의적인 유대인 사이의 주목할 만한 분리의 정도를 보여준다. 그러나 그것은 또한 그리스도는 한 인간에 불과했다고 믿은 이들, 이방인 신자들은 율법을 지켜야 한다고 주장한 이들, 아마도 그리스도를 믿는 이방인 신자들과 섞여 자유롭게 함께 예배한 이들 등 예수를 믿는 유대인 신자들의 상당히 넓은 범위를 증언한다.[319] 그리고 「바나바 서신」이나 「디오그네투스에게 보내는 편지」와 대조적으로 「트리포와의 대화」 그 자체가 잘 보여주듯이 전통주의적인 유대인에 대한 관대함과, 하나님이 에녹과 노아와 모세 이전의 사람들을 높이셨듯이 의를 행하는 유대인들을 높이실 것임을 인정하는 유스티누스 편에서의 관대함을 보여주는 분명한 증거가 있다.

요컨대 유스티누스는 주로 이방인들로 이루어진 기독교와 서방 디아스포라의 유대교 사이의 점점 커져가는 분리를 증언하지만, 또한 예수

318 사 11:12; 43:5, 6, 17; 64:11; 욜 2:13; 슥 2:6; 12:10-12을 활용하고 있는 *1 Apol.* 52.10-12도 주목해 보라.

319 앞의 §45.8a과 e도 함께 보라.

가 그리스도임을 다양하게 인정한 유대인들 안에 있는 여전히 상당한 공통점과 이스라엘의 성경과 유산에 대한 여러 주장의 범위를 아우르는 지속적인 대화도 증언한다.[320]

h. 사르디스의 멜리토[321]

「유월절에 대하여」에서 멜리토는 모형론을 사용하는 데 있어 「바나바 서신」(7.3-8.1)과 유스티누스의 글[322]을 따르지만, 모형론을 자신의 변증의 핵심으로 삼는다.[323] 멜리토는 특이하지만 소중하게도 자신이 이 단어를 사용하는 개략적인 이유를 제시한다. 모든 것에는 패턴, 예시, 모델이 필요하다는 것이다(35-37). "존재하게 될 것은 그것의 특징을 나타내는 모델을 통해 관찰되는 것이 아닌가?"(36) 그런데 그 필연적인 결과는 분명하다. 일단 모델이 미리 보여준 것이 생겨나면 모델 그 자체는 그 역할을 다한 것이며 사라질 수 있다.

따라서 모델이 만들어진 대상이 생겨날 때마다 그 미래의 것의 형상을 지닌

---

320 MacLennan는 「트리포와의 대화」를 "유스티누스가 이해한 바와 같은 기독교 주장들에 비추어 이스라엘의 전통의 의미를 논하는 두 사람 사이의 '우호적인 의견 교환'"으로 묘사한다(*Early Christian Texts*, 85). G. N. Stanton은 'Justin Martyr's Dialogue with Trypho: Group Boundaries, "Proselytes" and "God-fearers"', in Stanton and Stroumsa, *Tolerance and Intolerance*, 263-78에서 "유스티누스의 「트리포와의 대화」는 2세기 중엽에 유대교와 기독교가 모두 엄격한 경계를 유지하는 일에 관심이 있었다"는 점을 보여주지만, 또한 "양쪽 경계선을 가로지르는 움직임도 존재한다"는 점을 보여준다고 결론짓는다(274).

321 앞의 §40.2j을 보라.

322 *Dial.* 40.1("유월절은 그리스도의 모형이었다"); 41.1, 4; 42.4; 90.2; 91.2, 3, 4; 111.1, 2; 114.1; 120.5; 131.4; 134.3; 140.1.

323 "모형"은 *Peri Pascha* 1-58에서 약 15회 등장한다. "본"이라는 그에 가까운 동의어는 36-40장에서, "이미지"는 37, 38, 42장에서 집중적으로 사용된다.

것은 더 이상 소용이 없는 것으로 파괴된다. 그것은 본질적으로 참된 것으로 자신의 유사성을 전달했기 때문이다. 그러므로 한때 소중했던 것은 진정으로 소중한 것이 나타났기 때문에 이제 가치가 없다. 각각의 것에는 그 나름의 시간이 있기 때문이다. 모형에는 구별된 시간이 있고 재료에도 구별된 시간이 있으며 진리에도 구별된 시간이 있다. 당신은 모델을 만든다. 당신이 이것을 원하는 것은 당신이 그 안에서 미래 작품의 형상을 보기 때문이다. 당신은 그 모델을 위한 재료를 얻는다. 당신이 이것을 원하는 것은 그것으로 인해 생겨나게 될 것 때문이다. 당신은 작품을 완성하고 그것만을 소중히 여긴다. 그것 안에서만 당신은 모형과 진리를 함께 보기 때문이다(37-38).

멜리토의 주된 주제에 적용되는 도식은 분명하다. 유월절 어린양은 그리스도의 죽음의 모형이지만(1-10, 32-33) 모형의 실현 내지 성취와 더불어 그리스도의 죽음 속에서 모형 그 자체는 더 이상 가치가 없다(44).[324] 다른 경우에도 마찬가지다.

교회가 무대 위에 등장하기 전에는 그 백성에게 가치가 있었고 복음이 밝히 드러나기 전에 율법은 놀라운 것이었다. 그러나 교회가 무대 위에 등장하고 복음이 제시되었을 때 모형은 그 의미를 진리에 내어줌으로써 그 가치를 잃었고 율법은 그 의미를 복음에 내어줌으로써 성취되었다. 모형이 본질적으로 참인 것에 그 형상을 내어줌으로써 그 의미를 잃었듯이…진실로 율법도 복음이 밝히 드러났을 때 성취되었고 교회가 무대 위에 등장했을 때 그 백성

324 멜리토는 또한 그리스도를 다른 모형들과 동일시한다. "이 분은 아벨 안에서 죽임 당하신 분이다…"(69). 그가 모형을 모형이 예시하는 것에 비해 상대적으로 평가절하함에도 불구하고, 모형은 그것이 하나의 모형이라는 (그리고 계속해서 그러하다는) 점에서 여전히 가치를 지니고 있다.

은 그들의 의미를 상실했으며 주님이 나타나셨을 때 모형은 파괴되었다. 그러므로 한때는 가치가 있었던 것들이 오늘날은 가치가 없다. 참된 가치를 지닌 것들이 나타났기 때문이다.…여기 하늘 아래에 있는 성전은 한때는 소중했지만, 이제는 위로부터 오신 그리스도 때문에 가치가 없다. 여기 하늘 아래에 있는 예루살렘은 한때는 소중했지만, 이제는 위로부터 온 예루살렘 때문에 가치가 없다(41-45).

여전히 존재한 이스라엘에 대한 멜리토의 관점에서 핵심적인 지표들은 분명하다. 성취가 도래했을 때 "모델은 더 이상 소용없는 것으로 파괴"되고 한때 소중했던 것은 더 이상 가치가 없다(37). 율법과 백성은 복음과 교회가 도래했으므로 그 의미를 상실했고(42-43) "주님이 나타나셨을 때 모형은 파괴되었다"(43). 그러나 멜리토가 보기에 분명해 보이는 것을 지적할 때의 어조는 그다지 비난의 어조가 아니다. 실체가 이미 존재하게 되었을 때 누가 모델에 집착하기를 원하겠는가? 진리 그 자체가 드러나고 성취가 그토록 완전하게 실현되었을 때 누가 모형을 고수하기를 원하겠는가?[325]

멜리토의 신학적인 논리는 갈라디아서에서의 바울의 논리와 비슷하다. 율법의 역할은 그리스도가 오실 때까지 일시적이고 시대적으로 제한된 역할이었다(갈 3:23-25). 현재의 예루살렘은 위에 있는 예루살렘에 의해 버려졌다(4:25-26).[326] 그러나 바울은 결코 이스라엘이 핵심적인 중요

325 "유대교와 그것이 나타내는 모든 것은 기능을 상실했다. 긍정적인 평가는 오로지 이스라엘의 과거에만 해당되며 부정적인 평가는 그들의 현재에 해당된다"(Wilson, *Related Strangers*, 246; 및 추가적으로 241-56).

326 19세기와 20세기에 제2성전기 유대교를 지칭하는 데 사용된 독일어 단어 *Spätjudentum*("말기 유대교")도 주목해 보라. 그것이 "말기 유대교"인 이유는 그 역할이 오직 예수와 기독교를 준비하는 역할로 간주되었기 때문이다. 따라서 사실상 "말기 유대

성을 지닌 것으로 중시한 것은 무가치하며 "파괴"되어야 한다고 추론함으로써 자신의 요점을 표현하지 않았다. 로마서 9:4-5과 11:29에서 그의 태도는 훨씬 더 긍정적이다. 이스라엘 종교의 기초에 대한 멜리토의 태도는 히브리서의 태도에 더 가까우며, 멜리토의 모형론은 천상의 이상에 대한 지상의 모형이라는 히브리서의 플라톤주의적인 세계관을 대체한다.[327] 그러나 이스라엘이 주님을 부인하고 버리고 죽인 데 대한 그의 맹렬한 비난(그는 결코 "유대인"에 대해 말하지 않는다)은 분노보다는 슬픔으로 표현되며[328] 그보다 앞선 몇몇 비판자들보다 덜 격렬하게, 덜 경멸적으로 표현된다.[329] 멜리토에게 깊은 상처를 준 것은 바로 하나님의 맏아들을 인식하지 못한 이스라엘의 무지함, 과거에 그들을 돌보셨고 사역 중에 수많은 이들을 고치셨던 분에 대한 이스라엘의 배은망덕이었다.

> 오, 무법한 이스라엘이여! 너는 왜 너의 주님—너의 주인, 너를 지으신 분, 너를 만드신 분, 너를 명예롭게 하신 분, 너를 이스라엘이라고 부르신 분—을 새로운 고난 속에 내던지는 이 엄청난 범죄를 저질렀느냐?(81)

> 오, 배은망덕한 이스라엘이여! 이리 와서 너의 배은망덕에 대하여 내 앞에서 심판을 받으라(87).

교"는 하나님의 목적 안에서 더 이상의 역할이 없으므로 마지막 유대교와 같다.

327 앞의 §39 n. 245을 보라. "구약에 대한 멜리토의 관심은 고대 성경의 기원 및 권위에 관한 마르키온파 및 영지주의 집단들과의 논쟁에서 비롯되었다는 점에는 의심의 여지가 별로 없다. 멜리토는 성경의 권위를 긍정하며 그와 동시에 유대주의에 대한 어떤 혐의도 벗어버리기를 바랐을 것이다"(Hall, *Melito*, xli).

328 *Peri Pascha* 73-81, 86, 92-93, 96, 99.

329 「설교」는 사르디스의 유대인이나 구체적으로 다른 어떤 유대인 집단을 겨냥한 것이 아니라 성경의 이스라엘과 대비하여 자기 자신을 정의한 기독교인들에게 쓴 저작이다"(MacLennan, *Early Christian Texts*, 112; 151도 함께 보라).

멜리토는 "너는 사실 이스라엘이 아닌 것으로 드러났다. 너는 하나님을 보지 못했기 때문이다"(82)라고 말할 때조차 필론이 "하나님을 보는 사람"(Is[사람]-ra[보는]-el[하나님])이라고 해석한 "이스라엘"의 의미를 사용하는데,[330] 이 의미는 그 뒤로 알렉산드리아의 클레멘스와 다른 교부들에 의해 받아들여졌다.[331] 멜리토에게 그와 같은 곤혹감과 괴로움을 초래한 것은 바로 그리스도 안에서 하나님을 보지 못한 이스라엘의 실패였다. 바울과 달리 멜리토는 이스라엘에 대해 아무런 소망도 보지 못한 것으로 보인다. 두 번의 유대인 봉기가 가져온 재앙은 모형을 파괴해 버렸다. "너는 주님을 땅바닥에 내던졌다. 너 또한 땅바닥에 내던져졌고 완전히 죽어 있다"(99). 그러한 태도가 특히 회당이 도시 생활에서 그처럼 눈에 띄는 위치를 차지한 한 도시에서[332] 어떻게 멜리토 시대의 유대인들에 대한 그의 태도와 그들과의 상호 작용 속에 반영되었는지는 여전히 오리무중이다.[333]

i. 이레나이우스

이레나이우스로 시선을 돌리면 분위기는 사뭇 달라진다. 「바나바의 편지」와 멜리토의 비난은 사라진다. "유대인"은 자주 언급되지만 경멸적으

330 LCL, *Philo* 10.234; 예컨대 *Abr.* 57-58; *Legat.* 4을 보라.

331 *PGL* 678.

332 Trebilco는 (개인적인 편지에서) J. Magnes, 'The Date of the Sardis Synagogue in Light of Numismatic Evidence', *American Journal of Archaeology* 109 (2005), 443-75을 특별히 언급하면서 사르디스의 회당이 건축된 시기에 관한 논쟁이 계속되고 있음을 지적한다. Magnes는 회당이 건축된 시기가 6세기 중엽이라고 주장한다.

333 외경에 속한 여러 「행전」에는 반유대주의의 증거가 매우 적게 남아 있다. 가장 눈에 띄는 사례는 예수가 "무법한 유대인들"에게 체포당했고 "그들은 무법한 뱀에게서 그들의 법을 받았다"는 「요한행전」의 언급이다(94).

로 언급되는 경우는 거의 없다. 유대인들은 심지어 이제 하나님의 이름을 불러 귀신을 달아나게 한다(*adv. haer.* 2.6.2). 예수는 유대인의 관습에 따라 행동하셨다(2.22.3). 이레나이우스는 "둘 다 유대인 개종자"인 테오도티온과 아퀼라의 번역과 대비하여 이사야 7:14에 대한 70인역의 무결함을 변호하면서 70인역은 유대인들이 그리스도가 태어나시기 훨씬 전에 한 번역이므로 기독교의 70인역 본문 사용에 영향받지 않았다는 점을 지적한다(3.21.1). 유대인들에 대한 교육은 어렵지 않은 일이었다. 유대인들은 모세와 선지자들의 말씀을 듣는 습관이 있었기 때문이다(4.24.1).[334]

Adv. haev. 3.12에서 이레나이우스는 시몬 마구스와 마르키온의 추종자들에게 기독교의 하나님에 대한 믿음은 전적으로 창조자 하나님에 대한 모세의 가르침과 일치했다는 점을 공들여 지적한다. 사도들은 유대인들에게 "또 다른 더 위대하거나 더 완벽한 아버지"를 전파한 것이 아니었다. 베드로는 유대인의 하나님과 기독교인의 하나님은 별개의 신이라고 설교하지 않았다. 그들은 유대인과 헬라인에게 똑같은 메시지—한 하나님과 그분의 아들 예수 그리스도—를 전파했다.

Adv. haev. 4.9-12에서 이레나이우스는 자신이 보기에 옛 법과 새 법의 창조자는 오직 한 분뿐이라는 점을 분명히 밝힌다. 하나님의 목적은 연이은 언약들을 통해 사람들을 완전한 구원에 이르도록 인도하는 것이었다. 이레나이우스는 자연법(십계명)을 모세 율법과 구분한다. 특히 마태복음 5장에 따르면 그리스도는 자연스러운 율법의 교훈을 폐하신 것이

334 이레나이우스의 논박의 90퍼센트가 발렌티누스주의자와 마르키온주의자 및 시몬 마구스에게서 비롯된 기타 견해들을 겨냥하고 있다는 점은 주목할 만하다. 에비온파에 대한 언급은 그보다 훨씬 적고 지나가는 말로 언급한 경우가 더 많으며 독설로 가득한 경우도 더 적다(*adv. haer.* 1.26.2; 3.15.1; 3.21.1-8[사 7:14에 대한 보다 신뢰할 만한 번역으로서의 70인역에 대한 언급]; 4.33.4; 5.1.3). 이레나이우스는 분명 "유대 기독교"를 주류 교회에 대한 심각한 위협으로 간주하지 않았다.

아니라 그 교훈을 성취하고 확대하셨다(4.13).[335] "참되신 하나님(예수)은 율법의 계명이 하나님의 말씀임을 시인하셨고 자신의 아버지 외에는 다른 누구도 하나님이라고 부르지 않으셨다"(4.9.3). 성막과 성전에 관한 율법에 대해 말하자면 "모형을 통해 그들은 하나님을 경외하고 하나님을 섬기는 일에 계속 헌신하는 법을 배웠다"(4.14.3). 다른 율법들은 "그들 마음의 완악함으로 인해" 추가되었다(4.15.2). 그러나 "율법은 결코 그들[이스라엘]이 하나님의 아들을 믿는 것을 방해하지 않았다"(4.2.7; 및 4.8.2-3).

유대인들은 "주님을 죽인 자들"로 정죄되지만(3.12.6; 4.28.3), 이는 정죄라기보다는 유감에 더 가깝다. 제사에 관한 한 교회는 "그 손이 피로 가득한" 유대인들과 달리 정결한 헌물을 드린다. "유대인들은 헌물이 하나님께 드려지는 통로가 되는 말씀을 받아들이지 않았기 때문이다"(4.18.4). 이 뒷부분의 발언은 이레나이우스의 주된 고발의 내용이다. 즉 유대인들은 자유의 말씀을 받아들이지 않고 율법이 요구하는 관례를 넘어선 관례로 예배드리는 체하며 그리스도의 강림을 깨닫지 못한다는 것이다(4.33.1). 유대인들은 주의 강림과 더불어 새 언약이 도래했음을 깨닫지 못한다(4.34.4). 이러한 비판은 고린도후서 3장에서의 바울의 비판과 매우 흡사하다. "율법이 유대인들에게 낭독될 때 그것은 마치 우화와 같다. 그들에게는 하나님의 아들의 강림과 관련된 모든 것들에 대한 설명이 없기 때문이다.…그러나 율법이 기독교인들에게 낭독될 때 그것은 진실로 밭에 감춰졌으나 그리스도의 십자가를 통해 빛을 보게 된 보물이다"(4.26.1). 이레나이우스는 로마서 9-11장의 논증을 연상시키면서 이스라엘 역사에서 그와 비슷한 한 예를 든다. "그들[유대인들]이 이집트인들

335 4.13의 논증은 갈 3장에서의 바울의 논증을 상기시키며, 4.19의 논증은 히브리서의 논증을 상기시킨다.

의 맹목으로 인해 구원을 받은 것처럼 우리도 유대인들의 맹목으로 인해 구원을 받는다"(4.28.3; 참고. 4.30.1, 3).

요컨대 이레나이우스의 글에서 강조점은 분명 연속성에 있지 불연속성에 있는 것이 결코 아니다. 시몬 마구스, 마르키온 및 기타 "이단들"에 직면하여 주 예수 그리스도의 아버지이신 하나님이 모세가 선포한 하나님이라는 사실은 그에게 엄청나게 중요했고, 율법과 선지자들의 글이 하나님의 말씀이라는 점도 무척 중요했으며, 유대인의 역사에 대한 그의 회고가 부정적인 면보다는 긍정적인 면에 더 집중하는 것도 상당히 중요했다. 그리스도와 복음에 대한 유대인들의 거부는 심히 유감스러운 일이었지만, 이레나이우스는 바울과 같은 마음에서 아마도 그리스도의 재림이 성취할 일에 대한 소망을 버리지 않았다. 「바나바 서신」과 멜리토가 대체론의 대변자라면 유스티누스와 이레나이우스는 보다 긍정적인 대화를 소망한다.[336]

따라서 이런저런 형태로 보존된 2세기 기독교 문헌에는 기독교를 유대인의 종교와 구별하고 그것과 거리를 둠으로써, 이스라엘 민족이 여전히 하나님의 택함 받은 백성임을 부정함으로써, 그리고 이스라엘의 유산이 자신들의 것이라고 주장함으로써 기독교의 정체성을 정의하려는 기독교 지도자들의 반복된 시도가 있었다는 분명한 증거가 있다. 그러나 그런 태도는 결코 획일적이지 않았다. 대체론자들은 그 유산이 자신들의 소유라는 유대교의 주장을 일축했지만, 이스라엘이 그 고유의 유산이 지닌 특성을 제대로 인식하지 못한 데 대한 유감 표현과 그러한 실패를 저지

---

336 이레나이우스는 명실상부하게 화평케 하는 자였다는 "에우세비오스"의 주장은 단순히 언어유희가 아니라 이레나이우스의 생애와 저작이 입증하는 사실(*HE* 5.23-25)이라는 Osborn의 논평(*Irenaeus*, 5)은, 보다 광범위하게 "십사일파(十四日派)" 논쟁에서 그가 중재자 역할을 수행했다는 사실에도 적용된다.

른 이스라엘에 대한 전통적인 유형의 예언자적 책망도 있었다.

더 중요한 것은 가장 가까운 형제(2세기 유대교)와의 구별하기와 거리두기를 통한 자기 정의, 아마도 (심리-사회학적으로 말하자면) 필연적이었을 "타자"와의 구별하기와 거리두기를 결코 사건의 전말이나 모든 기독교인에게 해당되는 사실로 받아들여선 안 된다는 점이다. 여기서 필자는 또다시 앞의 §38.3a에서 요약한 내용, 즉 기독교인 지도자들이 기독교와 유대교의 분명한 분리를 주장한 것은 바로 그 분리가 분명하지 않았기 때문이며, 분리가 있어야 한다는 것조차 분명치 않았다는 점을 간단히 언급할 필요가 있다. 토요일에 정기적으로 회당에 참석하고 전통적인 유대인의 절기와 풍습을 지키는 유대인과 이방인 기독교인들, 예수를 믿는 유대인 신자들과 유대화된 예수 믿는 이방인 신자들이 있었다.[337] 이는 오로지 이 예수 믿는 신자들이 그들의 믿음을 한 하나님, (예수 그리스도가 보이지 않는 하나님을 눈에 보이게 하셨다는 점을 제외하고는) 형상화할 수 없는 하나님, 높은 도덕적 기준과 가난한 이들에 대한 보살핌 등을 포함한 보다 광범위한 유대인 유산의 일부로 간주했기 때문에 가능한 일이었다. 자기 자신을 여전히 유대인으로 간주한 많은 유대 그리스도인들과 자신들은 매우 숭엄한 유대인의 종교의 한 갈래에 입문하고 있다고 생각한 많은 이방인 개종자들이 있었던 것이 분명하다. 이 두 길은 경건하게 되는 대안적인 두 길이 아니라, 서로 뒤섞였고 중첩되었다. §38.3a에서 간략하게 검토한 증거는 2세기를 훨씬 넘어선다. 그러나 지도자들과 교회 회의에 관한 문제가 4세기까지 이어졌다면, 그러한 중첩은 2세기 내내 확고부동했고 일반적이었음이 분명하다. 이그나티오스나 멜리토 같은 이들의 말만 듣는다면 우리는 기독교와 유대교의 길은 이미 갈라졌다고—더 정확히 말하

---

337 Broadhead, *Jewish Ways*, 10장도 함께 보라.

자면 그 둘은 그러한 분리를 강화하기를 원했다고—말해야 할 것이다. 그러나 그러한 목소리들이 사실상 그 두 길은 갈라졌다고 가장 크고 가장 줄기차게 주장하는 이유는, 바로 그 두 길이 아직 갈라지지 않았기 때문이라고 결론짓는 것이 거의 확실히 더 정확하다.[338] 우리는 어떤 목소리를 더 주의 깊게 들어야 하는가?

46.7 결론

이 마지막 두 장을 통해 다음과 같은 몇 가지 결론은 분명해졌다.

- 초기 기독교에 있어서 주된 "타자"는 초기 유대교였고 초기 유대교에 있어서 주된 "타자"는 초기 기독교였다.
- 기독교와 (랍비) 유대교는 모두 그들 자신의 정체성을 정의하기 위해 이스라엘의 성경과 토대가 되는 믿음에 전적으로 의존했다.
- 랍비 유대교는 로마에 대항한 두 번의 유대인 봉기의 재앙에 대해 그들의 토라에 대한 독특한 초점과 더 이상 조화되지 않는 제2성전기 유대교의 표현들을 사실상 버림으로써 대처한 반면, 기독교는 제2성전기 유대교의 더 폭넓은 표현을 유지하고 이를 기반으로 삼았다.
- 1차 유대인 봉기에도 불구하고 유대교는 고대의 한 민족 종교로 널리 인식되고 존중받았으며 회당은 지중해의 여러 도시에서 보

338 Pritz는 "분리 과정은 결코 갑작스런 분열이 아니라 서서히 일어난 결별이었다"고 평한다. 그러나 그는 이렇게 결론짓는다. "분열은 2세기 중엽에 이르러 완료되었을 것이다"(*Nazarene Jewish Christianity*, 58-62, 102, 109).

통 눈에 띄는 지위를 차지했다는 점을 잊어선 안 된다. 이와 대조적으로 기독교의 가정 모임들과 공동 주택 교회들은 이 시기 내내 사실상 주도로 위에서가 아니라 뒷골목에서 활동하는—그리고 아마도 (특히 동방에서 생겨난 자발적 결사체와 신흥 종교에 대한 로마의 의심에 직면하여) 최소한 어느 정도는 유대인과 그들의 회당에 부여된 지위의 상대적인 보호 아래 은신하고 있는—소수파였다.

• 예수를 믿는 유대인 신자들은 몇 세대 동안 계속 시리아와 팔레스타인에 있는 유대인 공동체의 일부였고, 이는 아마도 랍비와 기독교 지도자 모두에게 난처하고 당황스러운 문제였을 것이다.

• 점점 더 이방인들이 지배한 "주류 교회"와 신생 랍비 유대교의 주요 인물들은 아마도 바르 코크바 반란이 실패한 뒤부터 그들의 중요한 "타자"로부터 구별하고 거리를 두는 경계선을 그어 그들의 종교를 규정하고 정의하려는 시도를 점점 더 많이 했을 것이다.

• 다소 놀랍게도 주류 교회 내에서 발전해온 기독론은 처음에는 훗날에서처럼 그런 분명한 경계선이 아니었고, 이그나티오스나 멜리토 같은 이들은 훗날 그들이 간주된 것처럼 그렇게 기독교적인 특징을 띠는 인물들이 아니었으며 하나님에 대한 유대인의 사고와도 크게 동떨어져 있지 않았다.[339]

• 그와 동시에 지도자들이 그렇게 정의하려 했던 영역 안에 속한 많은 이들은, 분명히 구별되는 두 개의 종교적 운동이라는 관점에서 생각한 것이 아니라, 그들 자신을 이스라엘의 족장들에게까지 거슬러 올라가는 한 유산의 일부이자 유대인과 기독교인이 그러한 유산을 함께 공유하는 한 영역 속에서 살아가는 존재로 간주했

339 다시 앞의 §38.3a을 보라.

다.[340] 이레나이우스는 앞으로 나아갈 수 있는 보다 긍정적인 길을 제시한다.

이러한 사실들은 2세기의 어느 시점에서도 많은 디아스포라 유대인과 이방인 기독교인들이 보기에 기독교와 유대교는 분명히 구별되지 않았으며, 아마도 콘스탄티누스의 결정이 유대교가 더불어 경쟁할 수 없는 우월감과 기득권의 지위를 기독교에 부여했을 때까지도 그러했을 것이라는 이 연구의 첫머리(§38.3a)에서 검토한 증거를 단순히 뒷받침한다. 그러나 그때에도 이 둘 사이에 놓인 공통 기반은 보다 담대한 이들로 하여금 경계선을 넘어 같은 신앙인으로서의 친족 의식을 찾아 나서게 하지 않을 수 없었다. 물론 기성 기독교의 주류가 보통 맹렬한 반유대인 정책을 펼쳐왔고 그것이 20세기에 끔찍한 결과를 가져온 것은 사실이다. 그러나 "기독교인과 유대인을 위한 협의회"(영국)와 같은 발전 및 유대 기독교가 흐릿하게 기억되어 여러 세기가 지난 뒤에 메시아를 신봉하는 유대인과 예수를 믿는 유대인이 다시 나타났다는 사실은, 그러한 유대 관계가 많은 이들에게 있어서 경계선보다 더욱 중요하고 더 지속적이라는 점을 상기시키는 것이다.

340 Skarsaune는 다수의 유대 그리스도인과 이방 그리스도인에게는 기독교와 유대교 사이의 분명한 경계에 대한 의식이 없었다는 견해를 잘 요약해준다('Jewish Believers in Jesus in Antiquity', 8).

NEITHER JEW NOR GREEK

제13부

바울과 베드로의 지속적인 영향

47장

바울

47.1 서론

1세대 기독교의 형성에 있어서 세 명의 주요 인물 중 가장 지속적인 영향을 끼친 인물은 바울이다. 야고보는 우리가 살펴본 바대로 주류 교회에 의해 대체로 무시되었다. 야고보는 에우세비오스의 사후적 판단에 따르면 초대 예루살렘 주교라는 교회적 역할을 편리하게 충족시킨 일 말고는, 유대교와 거리를 둠으로써, 따라서 야고보가 가장 좋은 본보기를 보여준 유대 기독교의 형태와도 거리를 둠으로써, 기독교의 정체성을 정의할 필요가 있다고 생각한 2세기 지도자들에 의해 사실상 퇴출되었다. 그리고 발전해가는 범기독교의 초점이었던 베드로도 신약 문헌에는 별로 분명한 영향을 끼치지 못한 것으로 보인다. 그러나 신약 문헌은 우리 시대를 통해 꾸준히 기독교의 정체성을 정의하는 데 있어서 핵심적인 것으로 점점 더 소중하게 여겨졌다. 우리는 §48을 베드로의 지속적인 영향력에 대한 고찰에 할애해야 할 것이다. 그러나 기독교의 1세대 지도자들 때부터 가장 강한 인상을 남긴 이는 바울이었다. "기독교의 제2의 창시자"[1]라는 묘사는 바울이 받기에 부당하지 않은 찬사다.

바울의 영향력을 그토록 결정적으로 만든 것은 단순히 점점 더 많은 수의 이방인들을 끌어들이기 위해 유대 메시아 분파의 매력을 확대시킨—따라서 그의 최선의 의도에도 불구하고 유대교와 기독교의 유대적인 뿌리에서 멀어지는 기독교의 발전 과정을 가속시킨—그의 역할이 아니었다. 에베소서는 우리가 §37.1에서 본 것처럼 복음을 이방인들에게 전해주는 데 있어 바울의 역할의 핵심적인 중요성을 잘 요약해주었다(엡 3:1-10). 그리고 야고보가 이끄는 유대 메시아 분파가 2세기에 점점 더 독자적인 종교, 이방인과 유대인의 종교, 그러나 구성원 면에서는 점점 더 이방인이 많아지고 2세기에는 이미 이방인 위주로 변해간 종교로 발전해간 것은 의심할 여지 없이 주로 바울 때문이었다.

그뿐 아니라 신약이 된 문헌들의 형성 과정에서 바울의 영향력을 무시하기도 거의 불가능하다. 신약을 구성하는 27편의 문헌 중에서 13편 이상이 바울의 저작으로 간주된다. 이 문헌들 중에 7편이 순수한 바울의 저작이라는 점을 반박하는 이는 사실 아무도 없으며,[2] 또 다른 두 편에 대해서는 견해가 대체로 반반으로 나뉜다.[3] 그러나 나머지 네 편의 문헌도 신약 정경에 포함된 이유는 바로 이 문헌들이 바울의 저작으로 간주되었기 때문이다.[4] 그리고 히브리서가 다른 면에서는 논란이 되었지만 신약

---

1 필자의 *Beginning from Jerusalem*, §29 n. 8을 보라.

2 로마서, 고린도전서, 고린도후서, 갈라디아서, 빌립보서, 데살로니가전서, 빌레몬서. 이 편지들에 대한 논의를 보려면 필자의 *Beginning from Jerusalem*, 32, 33, 34장을 보라.

3 골로새서와 데살로니가후서. 필자는 이 두 편지를 바울이 썼거나 바울의 승인을 받은 것으로 간주한다(*Beginning from Jerusalem*, §31.6과 §34.6).

4 에베소서는 본질적으로 바울 문헌으로 묘사할 수 있다(*Beginning from Jerusalem*, §37.1). 목회 서신(디모데전후서와 디도서)에 대해서는 앞의 §39.3b과 이하 §47.2a을 보라.

정경 속에 한 자리를 차지한 것도 주로 히브리서 또한 바울이 썼다는 믿음이 확고해졌기 때문이다(39.3c). 이보다 더 설득력 있는 것은 사도행전이 사실은 주로 바울행전이며 바울이 지배적인 인물이자(행 9, 13-28절) 그 역사의 주된 주인공이라는 사실이다. 거기에 마가복음이 바울의 영향을 크게 받은 것 같은 강한 인상을 더해 보라. 바울의 전문 용어인 "복음"을 취해 이를 바울의 복음과 직접적으로 부합되는 방식으로 예수의 죽음과 부활로 점점 나아가 절정에 이르는 예수의 사명에 대한 기록인 "복음서"로 바꾸어 놓은 이가 바로 마가다.[5] 요한복음까지 포함해서(§41.4) 모든 정경 복음서들이 마가복음의 본을 따라 바울의 복음 형식으로 복음을 진술하고 있으므로 정경 복음서의 형식을 결정한 것은 특히 바울의 영향력이었다고 말해도 무방할 것이다. 마지막으로 우리는 신약의 나머지 편지들 중 베드로전서가 언어와 성격에 있어서 매우 바울적인 편지로 널리 간주된다는 점을 덧붙여 말해야 할 것이다.[6] 야고보서는 어느 정도 바울에 의해 촉발된 것으로 간주할 수 있지만(약 2:18-26),[7] 베드로전서는 바울의 영향을 받았던 것으로 보인다! 이 짧은 고찰만으로도 신약의 약 4분의 3을 포괄하므로 세 명의 1세대 기독교 지도자들 중 신약 문헌 형성 과

---

5 앞의 §§41.1-2과 추가적으로 §42.2을 보라. 마가와 바울의 관계는 전승 속에 깊이 뿌리를 두고 있다(행 13:5; 골 4:10; 딤후 4:11; 몬 24).

6 *Beginning from Jerusalem*, 1150-51; Brown and Meier, *Antioch and Rome*, 134-39에 나오는 Brown의 글도 함께 보라.

7 *Beginning from Jerusalem*, 1141-44. 다음 글도 함께 보라. D. C. Allison, 'Jas 2:14-26: Polemic against Paul, Apology for James', *Ancient Perspectives on Paul* (ed. Nicklas et al.), 123-49. Allison은 야고보가 유대 기독교인 청중을 염두에 두고 바울의 가르침을 반박할 뿐만 아니라 "그가 몇몇 외부인들 사이에서 통용되는 것으로 알고 있던 기독교에 대한 잘못된 해석을 바로잡으려 했던 것 같고"(147) 따라서 기독교인이 아닌 유대인들이 읽었을 때 "2:14-26은 변증으로 기능했을 것"이라고, 즉 바울에 대한 논박이라기보다는 "야고보의 유대 기독교에 대한 올바른 인식과 호의적인 이해"(148)의 기능을 했을 것이라고 결론짓는다.

정에서 가장 지배적으로 영향을 끼친 인물은 바울이라고 결론지어도 무방할 것이다.[8]

그렇다면 우리는 2세대와 기독교의 두 번째 세기를 통해 바울이 끼친 지속적인 영향력을 어떻게 기술하고 평가해야 하는가? 이 문제는 1세대의 영향력 있는 처음 두 인물의 경우와 잘 융화되지 않아서 예상보다 더 까다롭다. 바울 자신이 예수 전승에 직접적으로 의존하며 예수 전승과 상호작용한다는 점은 적당하게만 드러나며 논증이 필요한 점이다. 또한 바울은 우리가 §45과 §46에서 살펴본 것처럼 예수를 믿는 유대인들에 의해 적대적이고 부정적인 세력으로 자주 간주되었다. 따라서 핵심적인 질문은 바울이 2세기에 어떻게 회고되었고 그의 공헌이 어떻게 평가되었는가 하는 것이다. 믿는 (기독교인) 유대인들은 바울에 대해 매우 뒤섞인 감정을 가졌지만, 기독교의 발전하는 다른 형태들 속에서 바울은 어떻게 간주되었는가? 그의 편지들은 얼마나 귀중하게 평가되었는가? 그의 영향력은 전체 교회의 발전에 있어서도 신약의 발전에 있어서만큼 중요했는가? 바울은 훨씬 더 급진적인 형태의 기독교의 선례이자 선동자로 간주되었는가?

다음으로 우리는 바울이 제시된 방식과 두 번째 세대에 그의 사도로서의 중요성이 확고하게 확립된 방식(목회 서신, 사도행전)을 살펴볼 것이다(§47.2a). 바울의 편지들이 사용된 정도와 이미 사실상 기본적인 정경이었던 바울의 편지 모음집의 발전은 입증하고 논의해야 할 문제다(§47.3). 바울 전승의 발전과 그가 영지주의 집단에 끼친 영향도 주목을 요한다(§

---

8 그러나 J. D. Tabor는 *Paul and Jesus: How the Apostle Transformed Christianity*(New York: Simon & Schuster, 2012)에서 "신약 정경 안에서 바울 친화적인 문헌들이 우세"하고 "심지어 신약 책들의 순서와 배열도 바울의 관점의 우위를 반영하며" "신약 정경 전체가 대체로 바울 이후의 바울 친화적인 산물"이라는 지나친 주장을 한다(7, 19).

47.4). 마르키온이 가장 바울적인 바울의 추종자였는가 하는 문제도 간과할 수 없다(§47.5). 이레나이우스는 주류 교회를 위해 바울을 구해냈는가? 아니면 그 영향력이 그때까지 더 논란의 여지가 많았던 한 결정적인 신학적 천재를 인정한 것인가(§47.6)?

47.2 2세대 신약 문헌에서 묘사된 바울

우리는 아마도 바울 이후 최초의 바울 서신이었을 문헌—에베소서—에서 바울을 표현하는 방식을 이미 살펴보았다(§37.1). 그것은 아마도 바울 자신이 희망했을 만한 정도보다 약간 더 허영심 있게 묘사한 것 같지만, 우리가 알기에 바울 자신의 우선순위였던 것을 잘 요약한 표현이었다. 그러나 바울은 디모데와 디도에게 보낸 목회 서신에서도 묘사되며 사도행전에서 누가에 의해서도 묘사된다. 이런 문헌들은 바울이 어떻게 인식되었으며 1세기 후반에 그의 공헌이 어떻게 평가되었는지에 대해 우리에게 말해준다.

a. 목회 서신

목회 서신을 바울의 제자나 지인이었던 사람이 썼으며 그의 목표가 자기 세대를 위해 바울의 영향을 "현대화"하거나 증진시키는 것이었다고 가정하면(39.3a-b), 문제는 그가 어떻게 바울을 1세기 마지막 수십 년간의 발전하는 상황에 적합하거나 그 상황에 (사도로서) 기여한 인물로 보았는가 하는 것이다. 바울에 대한 존경은 분명하다. 바울의 회심은 복음의 능력과 특성을 표현했으며(딤전 1:12-17), 그는 평생에 걸친 헌신된 섬김의 모델이자 본으로 분명히 제시될 수 있는 영웅적인 인물이었다(딤후 4:6-8). 바울의 이전 편지들에서도 낯설지 않은 그의 제자도에 대한 촉구, 자신을 저버린 이들에 대한 일축, 거짓된 가르침에 대한 경고는 엄격한 규율주의자로서의 그의 이미지와 기독교 공동체들이 그 조직과 정체성을 수호하는 데 필요한 엄격함을 강화하기 위해 상기될 수 있었다.[9]

그러나 가장 눈에 띄는 특징은 §39.3b에서 이미 짧게 언급했듯이 목회 서신의 특징을 가장 분명하게 나타내는 특징들, 즉 "점증하는 제도화"와 "일정한 형태로의 신앙의 결정화(結晶化)"다. 둘 다 제2세대 운동을 암시하는 특징이며, 제2세대의 운동에서는 카리스마적인 선구자가 새로운 형식과 표현을 가지고 창조하고 실험할 수 있는 자유가 첫 세대에서 가장 효과적인 것으로 입증된 형식과 표현을 점점 더 위협하는 요소로 간주되게 되며, 새롭게 탐구하는 것보다는 보존하는 것이 더 중요해진다. 이는 16세기의 종교 개혁과 20세기의 오순절 운동이 잘 보여주듯이 이후 여러 세기에 일어난 영적 갱신 운동의 보편적인 경험이 되었고, 목회 서신은 이와 동일한 사회학적 발전 과정의 분명한 예다.[10]

(1) 교회 조직에 관한 한 가장 분명한 차이는 목회 서신과 고린도전서의 차이다. 바울은 고린도전서를 쓰면서 자기 수양과 선한 질서의 심각한 부재에 직면해 있음을 충분히 인식했다. 그러나 어느 때에도 바울은 권위를 행사하고 무질서에 질서를 부여하기 위해 "장로"나 "감독"이나 "집사"에게 호소하지 않는다. 바울은 고린도인들의 양심에 호소하고(고전 5장) 지혜의 은사가 허락되고 발휘되기를 소망하며(고전 6:5) 솔선수범하여 섬기는 이들을 존경할 것을 촉구한다(고전 16:15-18). 그러나 바울은

---

9 딤전 1:19-20; 4:1-3; 5:1-16; 6:20-21; 딤후 1:15; 2:14-18; 3:1-9; 4:3-4, 14; 딛 1:10-16.

10 특히 MacDonald, *The Pauline Churches*을 보라.

장로들이나 지도자들을 세워야 한다고 생각하지는 않는다(비교. 행 14:23). 바울의 "교회 질서"에 대한 개념은 성령의 지시와 능력 주심의 직접성에 의존하는, 훨씬 더 은사주의적인 개념처럼 보인다(고전 12, 14장).[11]

물론 고린도전서는 바울의 선교사 경력에서 비교적 초기에 기록되었고 특히 고린도 교회의 경험은 바울로 하여금 교회에서 더 많은 징계를 실행하며 더 많은 질서를 요구해야 함을 깨닫게 했다고 주장할 수도 있다. 그러나 바울은 고린도전서를 썼을 때 이미 약 20년 동안 사도로서 선교 활동에 참여하고 있었다. 그리고 그는 그 후 10년 안에 처형되었다. 또한 바울의 후기 서신에도 그가 고린도 교회의 위기에 교회 안에 더 큰 조직을 요구하겠다는 결심으로 대응했음을 암시하는 징표는 없다. 목회 서신은 오히려 은사주의적인 자유, 그것이 과도해졌을 때조차 바울이 그토록 소중히 여긴 그 자유를 축소시키거나 중지시키려고 결심한 바울의 제자들의 관점에서 기록된 것으로 읽힌다. 따라서 디모데와 디도의 역할은 바울은 한 번도 행사한 적 없는[12] 성직자를 임명하고 세울 수 있는 권한(딤전 5:22; 딛 1:5)을 가진, 바울보다 더 권위 있는 역할로 제시된다. 은사(*charisma*)는 더 이상 은혜로운 선물이자 그리스도의 몸의 모든 지체들에게 능력을 주는 것(롬 12장; 고전 12장)이 아니라 직분을 위한 공식적인 권한 부여(딤전 4:14; 딤후 1:6)로 간주되었다.[13] 또한 공식적으로 인정된 "장로들"과 공식적으로 임명된 감독자들과 집사들은 교회 구조에 있어서

11 필자의 *Jesus and the Spirit*, 9장을 보라.

12 바울은 심지어 자신이 회심시킨 이들에게 세례를 베푸는 일에 너무 깊게 관여하는 것조차 망설였다(고전 1:14-16).

13 "바울 신학에 비춰 볼 때 아마도 목회 서신의 가장 분명한 결함은, 목회 서신은 공동체 내의 살아 있는 성령의 임재를 더 이상 고려하지 않는다는 점에서 찾을 수 있을 것이다. 성령의 사역은 직분 담당자에게만 국한된 것으로 보이며, 직분자에게는 안수를 동반한 성직 수여를 통해 그 사역이 부여되었다"(J. Roloff, *Der erste Brief an Timotheus* [EKK XV; Zürich: Benziger, 1988], 381).

필수불가결하다.[14]

어떤 이들은 여전히 훗날 바울 자신이 교회를 은사적인 그리스도의 몸으로 보는 교회에 대한 이전의 관점을 멀리하고 수정했다고 주장할 수도 있을 것이다. 그러나 문체상의 차이와 반영된 상황을 고려하면 사실상 바울이라면 이런 변화된 상황에 어떻게 대처했을지, 또는 대처해야 했을지 추측하며 글을 쓴 후대의 저자를 상상하는 것이 더 그럴듯하다. 어느 쪽이 옳든 목회 서신의 바울은 그 이전의 바울보다 선한 질서를 위한 교회 구조에 훨씬 더 많은 관심을 가진 인물로 표현된다. 그는 혁신적 사도인 바울과는 상당히 다른 모범적인 성직자 바울이 되었다.[15]

(2) 신앙의 결정화에 관해서도 구도는 유사하다. 즉 보다 객관화된 정체성을 공고히 하고 확보하려는 지배적인 열망이 존재한다. 신앙은 각 사람이 하나님과 의사소통하며 살아가는 생생한 수단이라기보다는 신자들이 믿는 수단이 되었다.[16] 이제 믿어야 할 것은 "그 믿음"이며, 이는 "바른 교훈의 기준"(딤후 1:13),[17] 즉 과거에 맡겨졌고 이제 "비방을 받지" 않도록(딤전 6:1) "지켜야"[18] 할 기탁물이다. 바울은 여전히 복음의 전파자로 간주되지만,[19] 디모데후서 4:5을 제외하면 디모데와 다른 지도자들은 "신실한 말씀"과 "건전한 말"을 가르치는 자로 묘사된다.[20] 재림의 임박성에 대한 바울의 확신[21]과는 매우 다른 관점을 잘 보여주는 것은 교훈이 전해

---

14 딤전 3:1-7, 8-13; 5:(1), 17, 19; 딛 1:5, 7-9.

15 참고. Marshall, *Pastoral Epistles*, 94.

16 예. 갈 2:20; 롬 14:23.

17 딤전 1:19; 3:9; 4:1, 6; 5:8; 6:10, 12, 21; 딤후 3:8; 4:7; 딛 1:13; 2:2.

18 딤전 6:20; 딤후 1:14.

19 딤전 1:11; 딤후 1:8; 2:8.

20 딤전 4:9-11, 13, 16; 5:17; 6:3; 딛 1:9. "교훈"(*didaskalia*)은 로마서에서 2회, 에베소서와 골로새서에서 각 한 번씩 등장하는 것과 비교되게 목회 서신에서는 15회나 등장하며 전형적으로 "바른" 교훈으로 묘사된다(딤전 1:10; 6:3; 딤후 1:13; 4:3; 딛 1:9, 13; 2:1, 2).

21 예. 살전 4:15-17; 고전 7:29-31; 빌 4:5.

질 긴 기간을 예상하는 디모데를 향한 명령이다. "네가 많은 증인 앞에서 내게 들은 바를 충성된 사람들에게 부탁하라. 그들이 또 다른 사람들을 가르칠 수 있으리라"(딤후 2:2). 레이먼드 브라운(Raymond Brown)이 바르게 지적했듯이 "목회 서신은 2세기에서 4세기까지 점점 더 기독교의 특징이 될 특성, 즉 바른 행위(orthopraxy)와 결합된 정통 교리(orthodoxy, 정확한 믿음의 내용)에 대한 점점 선명해지는 강조를 반영하고 있다."[22]

이러한 신앙의 공고화가 신앙 그 자체에 대해 의미하는 바는 우리가 기대할 만한 수준보다 덜 분명하다. 우리는 이미 바울 자신의 시대에 매우 크게 부각되었던 문제들은 사라진 것처럼 보인다는 점을 언급한 바 있다(§45.4b). 유대인과 이방인의 긴장 관계에 대한 언급은 바울을 실존적으로 그토록 괴롭힌 생생한 문제라기보다는 특성상 정형화된 과거의 흔적에 더 가까워 보인다. 또한 대안적인 교훈들에 대한 언급은 바울이 반박해야 했던 교훈들보다 내용 면에서 보다 일반화되고 모호해진 것처럼 보인다(예를 들면 "나이든 여자들이 말하는 것과 같은 어리석은 이야기"[딤전 4:7]). "믿음"이 보다 확고하게 정의될수록 대안적인 교훈들은 싸잡아 무시하는 말로 보다 쉽게 일축된다.

그러나 분명하게 정의된 신앙에 관한 유일한 항목은 기독론이다. 그리고 여기서 우리는 발전하고 있지만 기독교가 그 안에서 성숙에 이른 유대교의 일신론 안에, 또는 그와 관련해서 여전히 유지되고 있는 신앙의 매력적인 특징을 발견한다. 전통적 신앙은 여전히 확고했지만, 그 신앙에 있어서 매우 근본적인 그리스도에 대한 믿음은 그 전통적인 표현을 확대하고 있었다. 따라서 한편으로 우리는 특히 디모데전서의 한 특징인 유대교의 일신론에 대한 눈에 띄게 분명한 재확인을 볼 수 있다.

22 Brown, *Introduction*, 649-50.

• 1:17—"영원하신 왕 곧 썩지 아니하고 보이지 아니하고 홀로 하나이신 하나님께 존귀와 영광이 영원무궁하도록 있을지어다."[23]
• 2:5—"하나님은 한 분이시오."[24] "사람이신 그리스도 예수"의 한 중보자 직분은 이 점을 약화시키는 것이 아니라 오히려 확증하고 강화시킨다.
• 6:15-16—"하나님은 복되시고 유일하신 주권자이시며 만왕의 왕이시며 만주의 주시오, 오직 그에게만 죽지 아니함이 있고 가까이 가지 못할 빛에 거하시고 어떤 사람도 보지 못하였고 또 볼 수 없는 이시니."[25]

그와 동시에 목회 서신의 기독론은 이러한 일신론을 상당한 정도로 침해하는 것처럼 보인다. 한 가지 애용되는 표현은 "우리의 구주이신 하나님"이다.[26] 이 표현이 유대교의 일신론의 하나님을 의미한다는 점은 분명하다.[27] 그러나 구주의 역할은 이제 그리스도에 의해 공유되며,[28] 더 인상적인 것은 그리스도가 이제 "우리의 크신 하나님"이신 "구주"의 "영광"(딛 2:13)[29]이자 아마도 "우리 구주 하나님의 자비와 사람 사랑하심"(딛 3:4)[30]

23 예를 들면 렘 10:10; 2 Macc. 1.24-25; *Ep. Arist.* 132을 참고하라. 추가적으로 G. Delling, '*MONOS THEOS*', *TLZ* 77 (1952), 469-76을 보라.

24 유대인의 핵심적 신앙고백인 "쉐마"(신 6:4).

25 예를 들면 출 33:20; 신 10:17; 2 Macc. 12.15; 3 Macc. 5.35을 참고하라. 추가적으로 Roloff, *Erste Brief an Timotheus*, 355-57을 보라.

26 딤전 1:1; 2:3; 4:10; 딛 1:3; 2:10; 3:4.

27 예. 신 32:15; 시 24:5; 미 7:7; Wis. 16.7; 1 Macc. 4.30; 추가적으로 G. Fohrer and W. Foerster, *TDNT* 7.975-78, 1012-14.

28 딤후 1:10; 딛 2:13; 3:6.

29 V. Hasler, 'Epiphanie und Christologie in des Pastoralbriefen', *TLZ* 33 (1977), 193-209; G. D. Fee, *Pauline Christology: An Exegetical-Theological Study* (Peabody: Hendrickson, 2007), 442-46을 보라.

30 "기독론은 신현의 관점에서 새롭게 표현된다"(Marshall, *Pastoral Epistles*, 78) — 딤전

으로 이해된다는 점이다. 45.4b의 마지막 부분과 46.4c에서 지적하고 논의한 긴장 관계를 고려하면 목회 서신이 이그나티오스처럼 예수를 절대적으로 "하나님"이라고 부르지 않고 예수에 대한 믿음을 로고스 신학—하나님의 영광의 화신이자 하나님의 구원하는 능력의 결정적 표현인 예수—의 관점이라고 불러도 무방한 관점에서 재확인된 일신론의 유산 속에 엮어 넣는다는 점은 주목할 만하다.

따라서 여기에 기독론적 주장들이 어떻게 한 하나님에 대한 유대인의 신앙에 직접적으로 의존하면서도 그러한 이전의 신앙에 대해 어떤 어색한 느낌이나 긴장감도 없이 발전해 왔는지를 보여주는 한 인상적인 예가 나타난다. 이것이 저자(들)가 이방인이었기에 그들에게 있어서 일신론적인 확언은 단순히 구주이신 예수에 대한 그들의 회심과 함께 받아들여진 기독교의 유대적인 유산의 일부였는지, 아니면 이것이 고기독론이 보다 전통적인 유대인들(과 예수 믿는 유대인 신자들)에게 매우 큰 논쟁거리가 되기 이전의 전통적인 유대인의 확신 있는 목소리인지는 알 수 없다. 어느 쪽이 옳든 기독교 신앙을 공고화하려는 이러한 최초의 분명한 시도가 그 지속적인 유대적 특성과, 예수에 대한 믿음과 한 하나님에 대한 믿음의 통합을 지속적으로 중요하고 당연한 것으로 강조하기 위해 애쓰고 있다는 점은 인상적이다.

따라서 이것이 곧 목회 서신에서 제시된 바울의 모습—신앙을 공고화하고 그 신앙을 단호히 수호하며 신실하게 전수하는 일을 우선순위로 삼은 바울—이다. 이것이 곧 바울의 제자(들)가 분명히 기억되기를 바라는 모습의 바울—교회들로 하여금 위협적이고 쉽지 않은 미래에 대비하도록 준비시키는 바울—이었다. 기독론이 정적인 실체이거나 단순히 미

6:14; 딤후 1:10; 4:1, 8; 딛 2:13을 언급한다.

쁜 말씀에 대한 기억이 아니라 그 자체가 발전하는 새로운 표현이었다는 점은, 아마도 교회의 위계 구조의 발전과 더불어 (에게해의) 2세대 교회들이 2세기로 접어들었을 때 그 교회들의 가장 분명한 표지가 된 것이 바로 그리스도에 대한 점증하는 경외심이었음을 시사한다.

b. 사도행전의 바울

바울이 기독교의 시초에 대한 누가의 역사서에서 주된 주인공이라는 점에는 사실 별다른 의문이 없다.[31] 이미 언급했듯이 바울의 회심과 그 이후의 선교 활동에 대한 누가의 기록은 사도행전의 절반 이상을 차지한다. 또한 누가는 비록 바울과 달리 바울을 열두 사도와 동등한 사도로 평가하는 데는 약간 주저하는 것처럼 보이지만, 이방인을 향한 선교사로서의 바울의 소명에 대해 부여하는 중요성에 있어서는 바울 자신의 자기 평가와 전적으로 일치한다.[32] 누가가 왜 바울의 편지들을 언급하지 않았으며 왜 바울이 사로잡혀 로마에 입성하기 전 이미 로마에 있었던 기독교인들의 존재를 거의 전적으로 무시했는가 하는 것은 풀리지 않는 수수께끼다. 그러나 누가가 바울의 최종적 성공—재판과 환난에도 불구하고 바울은 복음을 로마 제국의 심장부로 전하는 데 성공한다—을 자신의 기록의 절정으로 삼으려 한 것은 이해할 만한 일일 것이다.

하지만 사도행전의 지면에 등장하는 바울은 특히 모교회인 예루살

31 J. C. Lentz, *Luke's Portrait of Paul*(SNTSMS 77; Cambridge University, 1993)은 누가가 바울을 사회적 지위가 있는 사람으로 묘사한다고 주장한다. "누가는 바울의 사회적 자격과 고결한 품성이 그를 엘리트층에 속한 사람, 즉 단순히 '서민적인' 시민이 아니라 쉽게 일축하거나 유감없이 벌할 수 없는 개인으로 보여준다는 점을 강조하려고 했다"(104, 138).

32 *Beginning from Jerusalem*, 361-63, 437.

렘 교회와의 관계에 있어서 우리가 오로지 바울 자신의 편지의 증언에만 의존했을 경우 드러나는 듯한 모습에 비해 훨씬 더 평화적인 인물이다. 우리는 『초기 교회의 기원』에서 나타난 다음과 같은 몇 가지 눈에 띄는 특징들을 떠올려볼 수 있을 것이다.

- 바울은 다메섹에서 회심한 지 얼마 안 되어 예루살렘으로 올라가 사도들과 만난다(행 9:23-27). 이와 대조적으로 바울 자신은 그와 같은 취지의 기록을 명시적으로 힘주어 부정하는 것처럼 보인다. 그는 곧바로 예루살렘으로 올라가 자신보다 먼저 사도가 된 이들에게 찾아가지 않았고 3년 뒤 예루살렘으로 갔을 때는 베드로와 함께 있었으며 그 외에는 "주의 형제 야고보"만 보았다고 한다(갈 1:17-20).[33]
- 이미 언급했듯이 누가는 바울이 그의 초기 회중들 속에서 장로들을 세우는 모습을 묘사하지만, 바울 문헌에서 디모데전서와 디도서 이전에는 장로들이 한 번도 언급되지 않는다(행 14:23).[34] 그와 반대로 바울은 아가야에서 얻은 최초의 개종자들인 스데바나와 그의 가족을 (그들이 지도자로서의 분명한 가능성을 보여주었음에도 불구하고) 지도자의 자리에 앉혔거나 앉혔을 것이라는 어떤 암시도 주지 않는다(고전 16:15-16).
- 믿는 이방인들에게 할례를 주어야 하는지에 관한 논쟁에서 결정적인 증언은 베드로의 증언이며(행 15:6-11) 최종 판결은 야고보

33 추가적으로 필자의 'The Relationship between Paul and Jerusalem according to Galatians 1 and 2', *New Testament Studies*, 28 (1982), 461-78과 *Beginning from Jerusalem*, 362-69을 보라.

34 딤전 5:(1-2), 17, 19; 딛 1:5.

의 판결이다(15:13-21). 그리고 야고보는 바울이 당시 바울 자신과 바나바가 그 이전에 세운(15:23, 30-31; 16:4) (갈라디아의) 교회들에 전달한 "사도들의 결정"(15:20, 29)의 배경이 되는 주된 원동력이다. 이와 대조적으로 이 문제의 해결에 대한 바울의 설명에서 결정적이었던 것은 바울의 증언과 논증이며(갈 2:1-9) 그 이후 바울은 "사도들의 결정"을 한 번도 언급하지 않는다.[35]

- 누가는 안디옥 사건을 전혀 언급하지 않는데, 이 사건은 예루살렘의 야고보에게서 온 대표단에 의해 초래되었고 그 과정에서 바울은 베드로를 비난했다(갈 2:11-14). 아마도 바나바가 이 사건에서 바울을 지지하지 않은 결과인 듯한 바울과 바나바의 결별을 누가는 마가가 선교팀에 적합한지에 관한 보다 개인적이고 다소 사소한 논쟁으로 격하시킨다(행 15:36-39).
- 누가는 갈라디아, 고린도, 빌립보에서 바울의 선교를 방해한 유대 그리스도인들의 개입에 대해 아무 말도 하지 않지만, 이러한 개입은 아마도 예루살렘에서 영감을 얻었을 것이고, 바울은 여기에 약간의 독설로 응수한다.[36] 이와 대조적으로 누가는 베드로와 바울의 유사점을 도출하고[37] 그들을 같은 메시지를 전파하는 이들로 묘사하려[38] 애쓰는 것처럼 보인다.

---

35 *Beginning from Jerusalem*, §27.3.

36 갈 1:6-9; 5:1-12; 고후 2:17–3:1; 11:3-6, 12-15; 빌 3:2. 추가적으로 *Beginning from Jerusalem*, §31.7, §32.7b과 g, §34.4f을 보라.

37

베드로		바울
3:1-10	못 걷는 이를 고침	14:8-10
5:15	기적적인 치유	19:12
8:14-24	사기꾼들을 맹렬히 비난함	13:6-12
9:36-41	죽은 사람을 되살림	20:9-12

38 행 2:22-40; 13:26-41. 베드로와 바울에 대한 누가의 비교는 M. Scheckenburger, *Über den Zweck der Apostelgeschichte*(Bern, 1841)에 의해 처음으로 발견되었다.

• 누가는 기꺼이 "율법 없는 자와 같이" 행동하려는 바울의 태도(고전 9:21)는 전혀 암시하지 않지만, 바울이 디모데에게 기꺼이 할례를 받게 하려 한 일(행 16:3), 예루살렘으로 가는 길에 나실인의 서원을 한 일(18:18-23), 그가 이방인 신자들에게 율법을 지키지 말라고 가르쳤다는 소문을 반박하기 위해 성전에서 정결 예식을 치르라는 야고보의 권고를 기꺼이 따른 일(21:21-26)은 애써 언급한다. 바울은 아마도 이 모든 일을 했겠지만,[39] 누가가 바울이 로마서 14장과 고린도전서 10장에서 제시하는 종류의 조언도 무시하면서 바울의 율법에 대한 순종을 애써 이야기한다는 사실은 누가가 편향적인 동기를 가졌음을 강하게 암시한다.

• 이와 유사하게 바울이 예루살렘으로 마지막 여행을 한 동기—헌금 전달(롬 15:25-28)—나 헌금을 예루살렘의 지도자들이 받아들이지 않을지도 모른다는 바울의 두려움(15:31)에 대해 누가가 명확하게 기록하지 않는다는 점도 무언가를 숨기고 있음을 암시한다. 예루살렘과의 불화를 치유하려는 바울의 이러한 시도가 성공했다면, 누가는 그 사실을 무시하지 않았을 것이다. 누가가 이를 무시했다는 점은 헌금이 바울이 기대한 바를 성취하지 못했음을 강하게 암시한다. 누가가 크게 존경받은 야고보를 포함한 예루살렘의 지도자들이 바울이 2년 동안 옥에 갇혀 있을 때 바울을 지지했다는 어떤 언급도 하지 않는다는 점은 아마도 그러한 불화가 해소되지 않았다는 증거일 것이다. 누가는 바울과 예루살렘의 관계에 대한 자신의 기록을 부정적인 어조로 끝내기보다는 아마도 아

39 *Beginning from Jerusalem*, 663-64, 751-52, 961-62.

무 말도 하지 않기로 결심했을 것이다.[40]

따라서 누가는 이러한 사건들 전체 또는 대부분에 대해 예루살렘의 시각을 따랐을 가능성이 크다.[41] 누가가 초기 기독교의 갈라지는 두 가지 흐름(예루살렘과 바울의 기독교)을 종합하기 위해 의도적으로 자신의 기록을 훼손하고 왜곡시켰다고 주장할 필요는 없다.[42] 바우어 이래로 이는 누가의 기록의 그러한 흥미로운 점들에 대한 일반적인 설명 방식이었다.[43] 그러나 누가가 단순히 이 사건들에 대한 예루살렘의 시각을 따랐더라도, 그 자체가 바울에 대한 누가의 묘사가 바울을 야고보의 지도에 따르는 것으로 묘사하고, 바울의 선교가 베드로의 선교와 매우 유사하며, 바울과 예루살렘의 관계는 단절되지 않은 것으로 묘사하려는 강한 바람에 의해 조절되었다는 점을 강조하기에 충분하다.

따라서 핵심은, 목회 서신과 더불어 아마도 이러한 문헌들을 받아들이고 통용시킨 교회들의 관점을 전형적으로 보여주거나 지배한 것이 바로 바울에 대한 누가의 묘사였다는 것이다. 두 번째 세대의 바울은 그 이전 편지들의 바울과는 사뭇 다른 인물이었다. 목회 서신과 사도행전은 바

40 *Beginning from Jerusalem*, 970-72.

41 S. Walton et al., eds., *Reading Acts Today: Essays in Honour of L. C. A. Alexander* (LNTS 427; London: T & T Clark, 2011), 120-36에 실린 필자의 'Luke's Jerusalem Perspective'를 보라. J. Jervell, *The Unknown Paul: Essays on Luke-Acts and Early Christian History* (Minneapolis: Augsburg, 1984), 4장도 함께 보라. Jervell은 유대인 바울이 "사도행전의 배경에 놓인 구전 전승 속에서 보존되었다"고 주장한다(59).

42 A. J. Thompson은 *One Lord, One People: The Unity of the Church in Acts in Its Literary Setting*(LNTS 359; London: T & T Clark, 2008)에서 이 주제의 배경을 다른 고대 문헌에서 입증되는 바와 같은 통일성에 대한 관심에서 찾는다.

43 예를 들어 W. W. Gasque, *A History of the Criticism of the Acts of the Apostles* (Grand Rapids: Eerdmans, 1975), 2장과 5장을 보라. 누가의 바울에 대한 묘사를 더 폭넓게 연구한 S. E. Porter, 'The Portrait of Paul in Acts', in S. Westerholm, ed., *The Blackwell Companion to Paul* (Chichester: Wiley-Blackwell, 2011), 124-38을 보라.

울을 기독교를 신생 랍비 유대교와 차별화하면서도 기독교의 신앙과 질서를 공고화하고 기독교의 유대적인 성격을 유지하기 위해 애쓰는 기독교 지도자들의 안전지대로 데려다 놓았다. 바울은 더 이상 노골적이고 경계선을 밀쳐내며 변화되는 상황에 혁신적으로 대처하는 논쟁적인 인물이 아니었다. 그는 안전한 바울, 곧 성직자 바울이었다.

c. 베드로후서

이 점에 대한 베드로후서의 증언이 지닌 가장 놀라운 특징은 베드로후서가 바울의 편지들을 성경으로 간주한다는 점이다.

> 3:15-16 — "…또 우리 주의 오래 참으심이 구원이 될 줄로 여기라. 우리가 사랑하는 형제 바울도 그 받은 지혜대로 너희에게 이같이 썼고 또 그 모든 편지에도 이런 일에 관하여 말하였으되, 그중에 알기 어려운 것이 더러 있으니 무식한 자들과 굳세지 못한 자들이 다른 성경과 같이 그것도 억지로 풀다가 스스로 멸망에 이르느니라."

이 구절이 매우 인상적인 이유는 이미 언급한 대로 그와 같은 지위(성경)가 다른 경우에는 「클레멘스2서」와 유스티누스에 이르러서야 비로소 신약 문헌에 부여되기 때문이다.[44]

그러나 다른 두 가지 특징도 놓쳐선 안 된다. 하나는 베드로후서의 저자가 바울의 여러 편지에 친숙했고("그 모든 편지") 그 편지들을 "다른 성경", 즉 아마도 주로 이미 성경으로 간주된 구약/70인역 문헌들과 같은

---

44 앞의 §44.2i과 §44.3b을 보라.

반열에 있는 것으로 간주했다는 점이다.[45] 이는 이미 ("모든"=많은/대부분의) 바울의 편지들이 바울에 대한 기억을 소중히 간직한 교회들 사이에서(이 경우에는 로마에서?) 보다 널리 수집되고 통용되었음을 암시한다. 또 다른 특징은 이 편지들을 베드로후서가 "무식한 자들과 굳세지 못한 자들"로 간주한 이들, 아마도 2:1에서 언급된 "거짓 선생들"이 받아들이고 있었다는 점이다. 안타깝게도 바울 서신의 어떤 주제나 강조점들이 그렇게 "억지로" 풀리고 있었는지는 전혀 분명치 않다. 아마도 율법으로부터의 자유에 대한 바울의 가르침에서 반율법주의적인 결론을 도출하거나(참고. 벧후 2장, 특히 2:19) 바울의 종말론을 왜곡하는(참고. 벧후 3장) 일이 벌어졌을 것이다.[46]

따라서 이미 베드로후서에서 아마도 2세기 초에 두 가지 경향, 즉 바울에 대한 점증하는 경외심과 바울의 편지들이 주류 교회 지도자들이 받아들일 수 있는 것으로 여긴 것보다 더 넓은 범위의 가르침과 행위를 자극했거나 그에 대한 자료를 제공했다는 사실이 분명해진다. 이 두 경향 모두 이어지는 지면에서 그 좋은 본보기가 제시될 것이다.

47.3 2세기에서 바울 수용

우리는 이미 바울이 2세기의 그리스도를 믿는 유대인 신자 집단 사이에서 어떻게 간주되었는지 알고 있다. 에비온파는 바울을 야고보와 날카

45 각주 44에서 지적했듯이 정경 복음서들은 「클레멘스2서」와 유스티누스의 시대에 이르러서는 "성경"으로 간주되었다. 베드로후서에서 어떤 편지들을 염두에 두었을지에 대해서는 Bauckham, *Jude, 2 Peter*, 330-31의 짧은 논의를 보라.

46 다시 Bauckham, *Jude, 2 Peter*, 332-33을 보라.

롭게 대비시키는 경향이 있었지만,[47] 나사렛파의 경향은 바울과 가장 관련이 깊은 이방인의 확대에 대해 보다 호의적이거나 수용적이었던 것으로 보인다(§45.8b).[48] 사도 교부 문헌 중에서 가장 유대 기독교적인 문헌인 「디다케」가 바울의 영향을 가장 적게 보여주는 것은 아마도 놀랄 일이 아닐 것이다.[49] 또한 헤르마스의 「목자서」가 그에 못지않게 바울에 대한 관심이나 바울에게서 받은 영향을 적게 보여주는 것도 아마 그리 놀랄 일이 아닐 것이다. 「목자서」의 사고의 특징은 바울과 매우 다르며 유대 전승과 야고보에게서 받은 영향은 보다 쉽게 논증할 수 있기 때문이다.[50] 그러나 다른 곳에서 결국 보다 주류 집단이 된 집단들은 바울을 어떻게 간주했고 바울의 편지들을 어떻게 받아들였는가?

a. 「클레멘스1서」

클레멘스는 바울을 매우 높이 평가했고 그 점에 대해서는 의심의 여지가 없다.

---

47 앞의 §§45.2c, 45.8a, d을 보라.

48 Willitts는 반(反)바울주의는 "2세기에 유대 기독교의 정체성에 있어서 핵심적인 요소가 아니었고 심지어 핵심에 근접한 요소도 아니었다"는 주장을 너무 강하게 밀어붙인다('Paul and Jewish Christians in the Second Century', 165, 167-68).

49 Tuckett, '*Didache*', 91-93.

50 "그의 생각은 기독교 밖에서, 특히 유대인의 전승과 표현으로부터 결정된다. 율법은 교훈으로 (간주되고), 따라서 유대교와 기독교의 관계라는 문제가 관련된 문제로 등장하지 않은 채, 하나님 앞에서 규범을 창출하는 강력한 구원으로 간주된다. 신학에 있어서 바울에 대한 긍정적인 수용의 표시는 바울에 대한 저자의 비판적 접근의 징표와 마찬가지로 부족하다"(A. Lindemann, *Paulus im ältesten Christentum* [Tübingen: Mohr Siebeck, 1979], 289-90). 바울과의 유일한 그럴듯한 대화는 *Mand.* 4.4.1-2이다(참고. 고전 7:39-40)(Verheyden, 'The *Shepherd of Hermas*', 324-29; 그 또한 "「목자서」는 바울의 논증의 절묘한 점들에 대해 아무런 관심도 보이지 않는다"고 지적한다—219). 개연성 있는 야고보서 흔적에 대해서는 J. Drummond, *NTAF*, 108-13을 보라. Osiek, *Hermas*, 24-27도 함께 보라.

1 Clem. 5.5-7—"질투와 다툼 때문에 바울은 인내에 대한 상급에 이르는 길을 보여 주였다. 바울은 일곱 번 사슬에 매였다. 그는 유배 보내졌고 돌로 치는 벌을 받았다. 그는 동방과 서방 모두에서 전령이 되었다. 그리고 그는 그의 믿음으로 인해 존귀한 명성을 얻었다. 그는 온 세상에 의를 가르쳤고 서방 끝까지 갔으며 통치자들 앞에서 증언했다. 그래서 그는 이 세상에서 풀려나 인내의 가장 위대한 본보기가 되어 거룩한 곳으로 이끌려갔다."

이 본문은 1세기 말 무렵 로마에서의 바울에 대한 분명한 인상, 바울의 가르침과 선교사로서의 생애와 그의 죽음에 대한 약간의 지식에 기초한 인상을 반영하고 있다. "인내"(*hypomonē*)에 대한 강조는 아마도 바울 자신이 이 단어를 자주 사용한 사실을 반영할 것이다.[51] 또한 "의"(*dikaiosynē*)에 대한 바울의 가르침의 초점은 아마도 바울에게 있어 특히 그의 로마서에서 이 단어가 가진 중요성을 반영할 것이다.[52] 이는 클레멘스가 바울의 가르침에 대한 생생한 기억을 활용할 수 있었음을 암시한다. 그와 비슷하게 바울의 고난에 대한 정보는 고린도후서 11:23-27에 나오는 바울의 자기 증언과 어느 정도는 중첩되지만 분명 거기서 도출된 것은 아니다. 마찬가지로 "통치자들 앞"에서의 바울의 증언과 그의 죽음에 대한 언급은 아마도 바울의 편지에서 접할 수 없는 정보를 전제로 하며, 따라서 로마에서 바울이 보낸 말년에 대한 기억에서 비롯되었을 것이다.[53]

바울의 편지들에 대한 직접적인 지식 역시 분명히 드러난다. 클레멘

---

51 *Hypomonē*는 바울 문헌에서 16회 등장한다.

52 *Dikaiosynē*는 로마서에서 33회 사용된다. Hagner는 「클레멘스1서」가 로마서를 잘 알고 있다는 증거는 "부정할 수 없는" 것이라고 생각한다(*Use*, 220). Brown and Meier, *Antioch and Rome*, 166-67에 나오는 Brown의 글도 함께 보라.

53 바울이 "서방 끝까지 갔다"는 증언에 대해서는 *Beginning from Jerusalem*, 1055-56을 보라.

스가 직접적으로 언급하는 고린도전서에서 가장 눈에 띄게 분명히 드러난다.

> *1 Clem.* 47.1-3 — "복되신 사도 바울의 편지를 펼쳐 보라. 바울이 복음 선포의 첫머리에서 당신에게 가장 먼저 무엇을 썼는가? 바울은 진정으로 성령의 영감을 받아 당신에게 바울 자신과 게바와 아볼로에 관하여 썼다. 그때에도 당신이 당파적인 분쟁에 참여했기 때문이다."

이는 분명 고린도전서 1-4장에 대한 지식과 이 편지가 고린도와 로마에서 모두 잘 알려져 있었다는 점을 암시한다. 그것은 바울이 특정한 교회들에 보낸 편지들이 다른 교회들에 유포되었다는 또 다른 암시이자 아마도 바울을 존경한 교회들 사이에서 초기 단계에 세워진 관행이었을 것이다(참고. 골 4:16).

그 외에도 증거를 보면 전승이나 구두로 전해진 기억이 공유되었을 가능성이 보다 크다. 그러나 클레멘스가 고린도전서를 분명히 잘 알고 있었다는 사실은 고린도전서와 「클레멘스1서」에 나오는 그와 비슷한 본문이나 흔적을 클레멘스가 고린도전서에서 고린도 교회의 파벌주의를 다루면서 제시한 선례에 비추어 「클레멘스1서」를 쓴 것으로 설명할 가능성을 증대시킨다. 게다가 클레멘스는 고린도전서뿐만 아니라 로마서도 알고 있었고[54] 아마도 갈라디아서, 빌립보서, 골로새서, 에베소서도 알고 있었을 것이라는 상당한 정도의 일치된 견해가 있다.[55]

---

54 A. J. Carlyle in *NTAF*, 37-44; Lindemann, *Paulus*, 177-99; Gregory, '1 Clement', 144-51; 및 E. Dassmann, *Der Stachel im Fleisch: Paulus in der frühchristlichen Literatur bis Irenäus* (Münster: Aschendorff, 1979), 79-91.

55 Carlyle, 51-54과 특히 Hagner, *Use*, 221-29을 보라. 그러나 "아마도 그[클레멘스]는 바울 문헌의 전체는 아니더라도 보다 많은 부분을 알고 있었을 것이고 염두에 두고 있었을

「클레멘스1서」	확실함	가능성 매우 큼	꽤 그럴듯함
13.1		고전 1:31	
24:1		고전 15:20, 23	
24.4-5			고전 15:36-37
34.8		고전 2:9	
37.5-38.2		고전 12:20-26	
47.1-3	고전 1:12		
49.5		고전 13:4-7	
32.2			롬 9:5
32.4-33.1			롬 5:21-6:2
35.5-6		롬 1:29-32	
50.6-7			롬 4:7-9

특히 흥미로운 것은 클레멘스가 목회 서신도 사용할 수 있었을 가능성이다. 클레멘스는 목회 서신의 특징적인 여러 단어를 사용하며[56] 공통된 주제들도 여럿 있다.[57] 예를 들면 장로에 대한 관심과 여자들의 행실,[58] 선행을 할 준비가 된 자세,[59] 바울에 대한 묘사,[60] 하나님이 인정하시는 일,[61] 거짓말하지 않으시는 하나님[62] 등이 공통된 주제다. 이것이 목회 서신에

것"이라는 Hagner의 결론(237)은 지나치게 대담하다.

56 "신약의 나머지 문헌에는 없지만 목회 서신에는 나오는 175개의 단어들 중 16개가 「클레멘스1서」에서 나타난다"(Lona, *erste Clemensbrief*, 50).

57 Lona, *erste Clemensbrief*, 50.

58 참고. *1 Clem.* 1.3과 딤전 5:17 및 딛 2:4-5(*NTAF*, 50-51).

59 참고. *1 Clem.* 2.7과 딛 3:1 및 딤후 2:21.

60 참고. *1 Clem.* 5.6과 딤전 2.7 및 딤후 1:11.

61 참고. *1 Clem.* 7.3과 딤전 2:3.

62 참고. *1 Clem.* 27.2과 딛 1:2.

대한 지식을 암시하는지, 아니면 단순히 초기 교회들의 공통된 권면상의 관심사를 암시하는지는 중요한 문제가 아닐 것이다. 보다 중요한 것은 「클레멘스1서」가 교회들을 더 많이 규율하고 더 긴밀하게 조직할 필요가 있다는 교회 제도상의 깊은 확신을 목회 서신과 공유하고 있다는 점이다. 이는 「클레멘스1서」를 그보다 앞선 고린도전서의 은사적 관점과 나란히 놓았을 때 눈에 띄는 특징이다. 클레멘스는 사도행전(14:23)보다 한 걸음 더 나아가 사도들이 "그들의 사역의 첫 열매들을 주교와 집사로" 세운 것으로 묘사한다(*1 Clem.* 42.1-5). 또한 그는 목회 서신보다도 한 걸음 더 나아가서 사제와 평신도의 구별로 되돌아가 주교를 제사를 드리는 제사장으로 묘사한다(*1 Clem.* 40-41; 44.1-4). 따라서 바울에게서 받은 영향이 존재하는 한에 있어서 이는 보통 이해되고 조직되고 실행된 바와 같은 종교의 패턴에 순응하는 바울 내지 바울의 유산이었다.[63]

b. 이그나티오스

「클레멘스1서」와 마찬가지로 이그나티오스도 사도 바울을 존경한 것이 분명하다.

> *Eph.* 12.2 — "너희는 바울과 더불어 입교한 자들이다. 바울은 거룩하게 되었고 증명되었으며 마땅히 복을 받았다. 나는 하나님께 이를 때 그의 발자취 가운데서 발견되기를 바라며 그는 모든 편지에서 너희를 그리스도 예수 안에서 언급한다."

---

63 Lindemann은 이렇게 결론짓는다. "「클레멘스1서」의 저자는 명백한 '바울 사상'의 대표자가 아니다. 그러나 그의 편지는 바울과 바울의 편지들이 1세기 말에 로마에서 신학과 교회에 끼친 상당한 영향에 대한 중요한 증거다"(*Paulus*, 199).

Rom. 4.3 — "나는 너희에게 베드로나 바울과 같이 명령하지 않는다. 그들은 사도였지만 나는 죄수다. 그들은 자유인이었지만 나는 지금까지 노예였다."

비록 에베소의 기독교인들이 모든 편지에서 언급되었다는 주장은 다소 과장된 주장이라 하더라도, 여기서 또다시 베드로후서 3:16과 마찬가지로 바울이 몇몇 편지를 썼다는 입증된 지식뿐만 아니라 그가 그 편지들에서 쓴 내용에 대한 지식도 등장한다.[64] 이는 바울의 편지들이 이미 2세기의 처음 20년 사이에 이미 꽤 광범위하게(이그나티오스는 수리아 안디옥에서 이 편지들을 알았을 것이다) 십중팔구 바울의 편지 모음집으로 유포되었을 것이라는 인상을 강화시킨다.

이그나티오스가 이러한 편지들을 여러 편 알고 있었다는 점은 그 자신의 편지들을 보면 충분히 드러난다. *1 Clem.* 47.1-3에서와 같은 직접 인용이나 언급은 없지만, 바울 문헌의 언어와 어구의 흔적들은 이그나티오스가 바울의 몇몇 편지를 알고 있었고 사용했다는 주장을 뒷받침하기에 충분할 만큼 흔하다.[65]

이그나티오스	거의 확실한 흔적	가능성 있는 흔적
Eph. 8.2	롬 8:5, 고전 3:1-3	
10.1		살전 5:17

64 에베소는 고전 15:32; 16:8; 엡 1:1(이문); 딤전 1:3; 딤후 1:18; 4:12에만 언급되어 있다. 그러나 아시아에 있는 교회들에 대한 언급은, (고후 11:28에서와 같이; 참고. 롬 16:4; 고전 7:17; 11:16; 14:33-34; 고후 12:13; 살후 1:4) 교회들을 위하는 마음에 대한 바울의 언급이 일반적으로 여기에 포함될 수 있는 것처럼, 여기에 포함될 수 있을 것이다(고전 16:19; 딤후 1:15; 참고. 롬 16:5; 고후 1:8; 8:18-19, 23-24). Dassmann, *Stachel*, 129-32도 함께 보라.

65 W. R. Inge in *NTAF*, 64-75; Lindemann, *Paulus*, 199-221; Dassmann, *Stachel*, 132-49; Foster, 'Ignatius', 164-72.

15.3		고전 3:16
16.1		고전 6:9–10
18.1	고전 1:18, 20, 23	
18.2; 20.2	롬 1:3–4	
19.3		롬 6:4
Magn. 10.2		고전 5:7–8
Trall. 9–10		고전 15:12–14, 32
12.3		고전 9:27
Rom. 5.1	고전 4:4	
6.1		고전 9:15
7.2		갈 6:14
9.2	고전 15:8–9	
Philad. 3.3		고전 6:9–10
7.1		고전 2:10
Smyrn. inscrip.		고전 1:7
10.2		딤후 1:16
11.3		빌 3:15
Polyc. 1.2		엡 4:2
5.1		엡 5:25, 29
6.2		딤후 2:4, 엡 6:14–17

물론 우리는 자신을 체포한 자들에게 매여 있는 이그나티오스가 바울 서신의 사본들이 담긴 두루마리 모음집을 가지고 다니며 인용할 수 있었을 것이라고 생각하기 어렵다. 그러나 이그나티오스가 바울 서신의 용어와

표현들을 자연스럽게 인용하는 모습[66]은 그가 안디옥에서 사역하는 동안 최소한 바울의 몇몇 편지들을 연구하고 묵상했음을 강하게 암시한다.[67] 의미심장하게도 이그나티오스가 특히 잘 알고 있었던 것은 역시 고린도전서인 것으로 보인다.[68] 이는 바울의 이 편지가 아마도 그(바울)가 자신에게 제기된 다양한 목회적인 문제들을 다룬 방식으로 인해 이 수십 년간 특히 귀중하게 여겨졌음을 뜻한다. 그러나 이그나티오스가 바울의 편지를 너무나 탐독해서 그 자신의 생각과 관심사가 아마도 무의식적으로 바울의 언어와 이미지에 의해 형성된 듯한 인상을 피하기 어렵다.

이는 두 가지 이유에서 더욱더 흥미롭다. 하나는 이그나티오스가 신학 면에서 바울주의자였는지는 전혀 분명치 않다는 것이다.[69] 그러나 이그나티오스의 강조점들은 바울 신학에서 비롯된 이해될 만한 발전을 표현한다고 꽤 수월하게 주장할 수 있다.[70] 이는 특히 기독론과 관련해서 사

---

66 특히 분명한 것은 *Eph*. 18.1에 나오는 고전 1:20의 흔적("지혜 있는 자가 어디 있느냐?…변론가가 어디 있느냐?")과 *Rom*. 9.2에서 *ektromā*("낙태")라는 단어(고전 15:8)가 사용된 점이다.

67 Foster는 이그나티오스가 가능성이 큰 순서대로 고린도전서, 에베소서, 디모데전서, 디모데후서의 네 편의 서신을 사용했다는 강력한 근거가 있다고 결론짓는다('Ignatius', 172). 필자는 여기에 로마서를 덧붙이고 싶다. Schoedel은 A. E. Barnett이 *Paul Becomes a Literary Influence* (Chicago: Chicago University, 1941), 107에서 고린도전서, 로마서, 에베소서에 대해 그같이 확신했고 이그나티오스가 갈라디아서, 빌립보서, 골로새서도 알고 있었을 가능성이 크다고 생각했다고 지적한다(*Ignatius*, 9-10). Jefford는 "이그나티오스 주교가 바울의 편지들의 영향을 크게 받았다는 점은 특히 그가 에베소와 로마에 보낸 편지들이 바울 사도의 편지들을 매우 흡사하게 모방하고 있으므로 분명하다"고 지적한다(*Apostolic Fathers*, 12).

68 Inge는 "이그나티오스가 이 편지[고린도전서]를 거의 외웠을 것이 틀림없다"고 추론한다(*NTAF* 67).

69 "이그나티오스는 분명히 바울을 그리스도의 십자가와 부활로 선포된 구원을 가장 참되게 이해한 신학자로 간주한다." "바울 서신에 대한 많은 암시는 이그나티오스가 지침과 교훈을 찾기 위해 바울 서신들을 거듭해서 참고했음을 입증한다"(Koester, *Introduction*, 2.283, 284). 이그나티오스의 글에 바울의 칭의 교리에 관한 언급이 없다는 점은 자연히 관심을 사로잡는다(Lindemann, *Paulus*, 217-18).

70 참고. C. B. Smith, 'Ministry, Martyrdom and Other Mysteries: Pauline Influence on

실일 것이다. 예수가 참된 하나님이자 참된 인간(육체)인 성육신한 하나님이라는 주장[71]은 가현설의 출현에 직면하여 발달된 바울 서신의 그리스도에 대한 이해로 쉽게 설명할 수 있다.[72] 그리스도의 부활은 "육체의" 부활이기도 했다는 이그나티오스의 주장(*Smyrn.* 3.1)은 고린도전서 15:35-50에 나오는 부활에 대한 개념화에 있어서 육체와 몸에 대한 바울의 구별을 간과한다.[73] 마찬가지로 단일 감독제를 줄기차게 주장하는 이그나티오스의 교회론[74]도 목회 서신에서 정해진 경향을 계속 이어가는 것으로 볼 수 있다. 하지만 주교가 인정한 성찬만이 유효하다는 그의 주장(*Smyrn.* 8.1-2)은 십중팔구 바울과 차이를 보였을 것이다. 다른 한편으로 그가 기독교와 유대교를 강하게 분리하고 그 둘을 분명히 구별해야 한다고 주장한 것(§46.6a)은 아마도 바울이 여전히 견지한 이스라엘에 대한 소망(롬 11장)에 큰 타격을 입혔을 것이다.

바울이 이그나티오스에게 끼친 영향이 그토록 흥미로운 또 다른 이유는 유대 지방의 교회들 이후 아마도 시리아의 교회들이 바울과 가장 거리가 멀고 바울의 관점에서 실행된 바울의 이방인 선교에 대해 가장 비판적이었기 때문이다.[75] 물론 이그나티오스가 안디옥 전통을 공유했고 그 전통 역시 바울의 사상을 형성하는 데 도움이 된 것이 사실일 수도 있다.[76] 그러나 바울의 편지들을 안디옥 교회의 예배와 가르침에 도입한 장

Ignatius of Antioch', in Bird and Dodson, eds., *Paul and the Second Century*, 37-56.

71 특히 *Eph.* 7.2; 18.2; 19.3; *Rom.* Inscrip.; 6.3.

72 *Trall.* 10; *Smyrn.* 2; 4.2; 5.2.

73 *Beginning from Jerusalem*, 827-29.

74 예를 들면 *Eph.* 2.2; 4.1; 5.3; 6.1; *Magn.* 6.1-2; 7.1; 13.2; *Trall.* 2.1-2; 3.1; 7.2; 13.2; *Philad.* 3.2; 7.1-2; *Smyrn.* 8.1-2; 9.1; *Polyc.* 6.1.

75 예루살렘과의 불화에는 아마도 안디옥과의 불화도 포함되었을 것이다(*Beginning from Jerusalem*, §27.6).

76 다시 *Beginning from Jerusalem*, §24.9을 보라.

본인은 바로 이그나티오스 자신이었을 것이다.[77] 또한 이그나티오스가 아마도 바울 자신이 모두 세웠거나 바울이 에베소에서 아시아의 다른 도시들로 보낸 선교팀이 세웠을 교회들에 편지를 썼다는 점도 잊어선 안 된다. 어쨌든 이그나티오스를 바울의 추종자로 묘사하는 것이 곧 증거를 지나치게 확대해석하는 일은 아닐 것이다.[78]

c. 폴리카르포스

폴리카르포스도 「빌립보인에게 보내는 편지」에서 마찬가지로 바울을 추앙했다.

> *Phil.* 3.2 — "저나 저와 비슷한 어느 누구도 복되고 영광스러운 바울의 지혜에 도달할 수는 없습니다. 바울이 그 당시에 사람들 앞에서 여러분과 함께 있었을 때 그는 진리의 말씀을 정확하고 신뢰할 만하게 가르쳤습니다. 그리고 그는 함께 있지 않았을 때 여러분에게 편지를 썼습니다. 여러분이 그 편지들을 자세히 살펴보면 여러분에게 주어진 신앙 안에서 굳게 세워질 수 있을 것입니다"(9.1; 11.2-3도 함께 보라).

클레멘스와 마찬가지로 폴리카르포스도 바울이 빌립보에 써 보낸 편지(들)를 잘 알고 있었다.[79] 이는 또다시 바울의 편지들이 아마도 모음집으

---

77 Lindemann, *Paulus*, 221.

78 Smith, 'Ministry', 56.

79 "편지들"이라는 복수형(3.2)은 바울이 빌립보에 한 번 이상 편지를 썼음을 의미할 수도 있다(*Phil.* 2.19-30은 바울과 그곳의 교회 사이의 여러 번의 접촉을 암시한다). 또는 그것이 빌립보서가 한 편 이상의 편지로 구성되어 있다는 꽤 인기 있는 가설을 뒷받침할 수

로 다른 교회들에 유포되었고 잘 알려져 있었음을 암시한다(폴리카르포스는 아시아에서 마케도니아로 편지를 쓰고 있었다). 바울의 사역에 대한 직접적인 언급과 편지를 통한 언급(3.2; 9.1; 11.3)도 바울과 빌립보의 관계에 대한 폴리카르포스의 지식이 빌립보서에서만 얻어진 것이 아니라 아마도 바울의 에게해 선교를 통해서나 그 결과로 세워진 교회들 사이에 유포되었을 바울의 사역에 관한 구전 전승에서도 얻어진 것임을 암시한다.

폴리카르포스도 이그나티오스처럼 바울 서신의 정서에 몰입했다는 증거들은 여러 가지다. 필자는 아래에서 보다 가능성이 큰 경우들만 언급할 것이다.[80]

폴리카르포스, *Philippians*	**거의 확실한 흔적**	**가능성 있는 흔적**
1.3	엡 2:5, 8-9	
2.2		고후 4:14
3.3		갈 4:26, 고전 13:13
4.1	딤전 6:7, 10	
5.1	갈 6:7	
5.3	고전 6:9-10	
6.2		롬 14:10, 12, 고후 5:10
9:2		빌 2:16, 딤후 4:10

도 있다(*Beginning from Jerusalem*, 1011-12). 그러나 폴리카르포스가 빌립보인들에게 "그의[바울의] 편지의 시작"에 대해 언급한다는 점에도 주목해야 하며(*Phil.* 11.3), 이는 3.2에서의 복수형이 폴리카르포스가 실수로 잘못 쓴 것일 가능성을 똑같이 암시할 수 있다. Holmes, 'Polycarp's *Letter to the Philippians*', 201-2 n. 55에 실린 이 논의에 대한 짧은 논평을 보라.

80 P. V. M. Benecke, *NTAF*, 85-86, 89-98, 101(50개 구절 인용); Lindemann, *Paulus*, 221-32; Dassmann, *Stachel*, 149-58; K. Berding, *Polycarp and Paul* (Leiden: Brill, 2002), 33-125, 191-206; Holmes, 'Polycarp's *Letter to the Philippians*', 201-18; Hartog, *Polycarp's Epistle*, 65-68도 함께 보라.

11.2	고전 6:2	
12.1	엡 4:26	
12.3		빌 3:18

특히 주목할 만한 것은 *Phil.* 11.2에 나오는 고린도전서 6:2의 직접 인용구처럼 보이는 부분이다.

> 고전 6:2 — "성도가 세상을 판단할 것을 너희가 알지 못하느냐?"
>
> *Phil.* 11.2 — "바울이 가르치는 대로 '성도가 세상을 판단할 것을 우리가 알지 못합니까?'"

아마도 어떤 것들은 최소한 의식적이고 의도적으로 사용되었겠지만 나머지 구절들은 흔적에 더 가깝다. 이와 똑같이 주목할 만한 것은 폴리카르포스가 에베소서 4:26을 성경으로 언급하는 것처럼 보인다는 사실이다. "이 성경에 기록된 것처럼 '노하여도 죄를 짓지 말며', '해가 지도록 분을 품지 마십시오'"(*Phil.* 12.1). 첫 번째 인용구는 시편 4:4에서 인용한 것일 수도 있지만, 기록된 성경에서 나온 인용구(들)로 주어진 이 두 인용구가 에베소서 4:26이 아닌 다른 곳에서 인용되었을 리는 거의 없다.[81] 고린도전서가 잘 알려져 있었다는 점은 클레멘스와 이그나티오스 이후에는 별로 놀랄 일이 아니다. 그러나 폴리카르포스도 일반적으로 바울 이후의 편

---

81 참고. M. F. Wiles, *The Divine Apostle: The Interpretation of St Paul's Epistles in the Early Church* (Cambridge University, 1967), 4; Lindemann, *Paulus*, 227-28; M. W. Holmes, 'Paul and Polycarp', in Bird and Dodson, eds., *Paul and the Second Century*, 57-69 (여기서는 61).

지들로 간주되는 편지들(에베소서와 디모데전서)[82]을 포함해서 바울의 다른 몇몇 편지들을 알고 있었을 가능성[83]은 바울 이후의 저자들이 한 일[84]이 허용되었음에 대한 눈에 띄는 증거다.

그 의미는 분명하다. 한 가지 의미는, 2세기의 처음 몇십 년 동안에 이미 상당수의 바울 서신들이 에게해 지역의 교회들 사이에 유포되었고 아마도 바울의 에게해 선교 덕분에 생겨난 교회들이 이 편지들을 귀중히 여겼다는 것이다. 이미 언급했듯이 그러한 유포는 바울 자신의 의도에 부합되었을 것이고 따라서 처음부터 실행되었다(골 4:16). 그러나 이 일이 처음에는 불규칙적으로 산만하게 이루어졌더라도(어떤 것들은 유실되었다), 이 관행은 이그나티오스와 폴리카르포스의 시대에 이르러서는 규칙적이고 보다 조직적으로 변했을 것이며, 이 편지들은 이미 교회들의 교육과 설교를 위해 새로운 교회들에 쉽게 배포할 수 있도록 일종의 모음집으로 한 데 모아졌을 것이다.[85]

첫 번째 의미를 뒷받침해주기도 하는 또 다른 의미는, 바울에 대한 기억과 바울의 명성이 신성화되었을 뿐만 아니라 바울의 편지들도 매우 높이 평가되어서 바울의 편지들이 성경처럼 언급될 때 그것이 놀라움이

---

82 Hartog, *Philippians*, 61. "폴리카르포스에게 있어서 바울 외에 다른 사도적 권위자는 없으며, 그 편지는 주교가 그리스도의 교회의 일들을 지휘하고 명령하는 자신의 직분을 어떻게 바울의 정신으로, 즉 목회 서신의 정신으로 수행할 수 있는지를 보여준다"(Koester, *Introduction*, 2.307). Jefford는 언어와 문체에서 "폴리카르포스와 신약의 목회 서신의 가까운 관계"를 발견하며 폴리카르포스가 목회 서신을 편집했을지도 모른다는 von Campenhausen의 주장에 흥미를 느끼지만 설득되지는 않는다(*Apostolic Fathers*, 15 및 n. 15).

83 Holmes는 폴리카르포스가 고린도전서, 에베소서, 디모데전후서를 사용했을 가능성이 "매우 크고" 로마서, 갈라디아서, 빌립보서를 사용했을 가능성도 "크다"고 결론짓는다('Polycarp's *Letter to the Philippians*', 226). 그의 'Paul and Polycarp', 59-61도 함께 보라.

84 또는 허위 저자 이름 붙이기를 기만적이고 속이려는 의도가 있다고 받아들인다면, 그들의 기만이 성공했음에 대한 증거가 될 것이다. 그러나 앞의 §39.3a을 보라.

85 참고. Holmes, 'Polycarp's *Letter to the Philippians*', 226-27.

나 반대를 초래하지 않았다는 것이다. 또다시 이는 바울이 순교한 지 겨우 50년쯤 뒤인 2세기 초에 이미 일어나고 있었던 일이라는 점을 강조하지 않을 수 없다. 바울은 논란이 많은 인물이 아니었으며,[86] 예수를 믿는 유대인 신자 집단에서 나온 증거와는 대조적으로, 비록 그 핵심 강조점 중에 일부가 강화되지는 않았더라도, 바울의 유산에 이의가 제기되었다는 증거는 없다는 점도 유의해야 한다.[87]

d.「바나바 서신」

매우 유대 기독교적인「디다케」가 바울에게서 받은 실제적인 영향을 전혀 보여주지 않는다는 점을 고려하면,「바나바 서신」도 바울에게 받은 영향이나 바울 서신에 대한 활용을 거의 반영하고 있지 않은 것처럼 보인다는 점은 더 놀랍다.[88] 이것이 놀라운 이유는 이스라엘과 이스라엘이 할례를 강조하는 것에 대한 바울의 비판이, 마르키온이 극단적으로 입증한 것처럼,「바나바 서신」의 반유대교적인 경향에 맞는 좋은 소재가 되었을 것이라고 생각될 수 있기 때문이다.

그러나 가장 그럴듯한 흔적은「바나바 서신」이 바울을 잠재적 우군

86 이레나이우스가 "폴리카르포스의 벗"(Eusebius, *HE* 3.39.1)으로 간주한 파피아스가 바울을 언급하거나 바울의 말을 인용하지 않는다는 사실을 (Lindemann이 *Paulus*, 291-92에서 인용한 C. M. Nielsen의 글 'Papias: Polemicist against Whom?', *TS* 35 [1974] 529-35에서 주장하듯이) 바울에 대해서나 바울이 사용되고 있는 방식에 대한 어떤 반대의 표시로 받아들여선 안 된다. 파피아스에게서 따온 인용구들은 그렇게 광범위한 결론을 도출하기에는 너무 단편적이고 예수 전승과 복음서 저자들에 초점이 맞춰져 있다(§44.2j).

87 다음 참고문헌들을 보라. Lindemann, *Paulus*, 230-32; Berding, *Polycarp and Paul*, 5장; Holmes, 'Paul and Polycarp', 66-69: "폴리카르포스는 바울의 신학보다 바울의 권고("권면")에 더 분명하게 영향을 받았다고 말한다면 이는 부정확한 말은 아닐 것이다"(69).

88 J. V. Bartlet, 'The Epistle of Barnabas', *NTAF*, 3-6, 11-14; Lindemann, *Paulus*, 274-82; Paget, '*Barnabas*', 239-45.

으로 활용하지 못한 이유를 설명하는 데 도움이 될 수 있을 것이다. *Barn.* 13.7에는 다음과 같은 주님의 말씀이 인용된다. "아브라함아, 보라. 네가 할례받지 않았을 때 내가 너를 하나님을 믿는 열방의 조상으로 삼았노라." 이 구절은 창세기 17:4에 대한 암시가 충분히 분명하게 드러나기는 하지만 창세기 17:4의 인용구가 아니다. 그러나 이 구절은 로마서 4:9-17에 나오는 아브라함이 받은 동일한 언약의 약속에 대한 바울의 설명을 매우 많이 모방하고 있다. 차이점은, 바울은 할례받지 않은 이방인도 할례받은 자들과 함께 포함된다는 주장을 강조하는 반면(4:11-12), 「바나바 서신」은 할례받은 이스라엘이 이제 언약에서 제외된다는 반대되는 주장을 강조한다는 점이다(*Barn.* 4.6-8, 14; 13:1; 14.1, 4-5).[89] 따라서 「바나바 서신」이 그 이전의 한 구절에서 바울이 할례를 (언약의) "인"으로 언급하는 것을 반영했을 수도 있다는 점은 아마도 의미심장하겠지만(*Barn.* 9.6; 롬 4:11), 「바나바 서신」의 저자는 단지 이 생각을 다소 경멸적으로 취급하기 위해 그렇게 한다. "모든 시리아인과 아랍인과 모든 우상의 제사장들도 할례를" 받았기 때문이다. "그렇다면 그들은 그들[이스라엘]의 언약에 속해 있는가?"(*Barn.* 9.6) 따라서 「바나바 서신」은 단지 바울의 논법을 반박하기 위해서만 바울을 모방하고 있다. 그러므로 아마도 「바나바 서신」이 바울과 바울의 편지들을 알고 있는 한, 그런 주장은 바울이 유대인뿐만 아니라 이방인에 대해서도 훨씬 더 포용적이었음을 인식하고 있거나, 또는 「바나바 서신」이 아마도 그렇게 인식한 것처럼, 바울이 이방인뿐만 아니라 유대인에 대해서도 포용적임을 인식하고 있었다. 이것은 「바나바 서신」이 받아들일 수 없을 만큼 너무 포용적이었다.[90] 「바나바 서

89 Paget, '*Barnabas*', 240.

90 *Barn.* 13.2-3과 롬 9:7-13에서 창 25:21-23을 사용한 것을 참고하라. "바나바는 이 구절 속에서 그리스도인에 대한 예언을 발견하는 반면, 바울은 이 구절을 단지 주권적 선택

신」은 명시적인 방식으로 바울과 대결하는 대신 바울을 거의 전적으로 무시하는 쪽을 선택했다.[91] 이는 그 자체로 2세기에 유대인과 기독교인 사이의 긍정적인 관계를 장려한다는 점에서 바울의 지속적인 영향력을 증언하는 것일지도 모른다. 그것은 「바나바 서신」이 그 영향력을 침묵시킴으로써만 입증할 수 있는 영향력이었다. 그러나 그 자체는 물론 침묵을 근거로 한 논증이다.

e. 「클레멘스2서」

「클레멘스2서」는 논의를 진척시키는 데 전혀 도움이 되지 않는다. 가능성 있는 바울 서신의 흔적 중에 어느 것도 앞의 "가능한" 범주로 분류될 수 없기 때문이다. 그레고리(Gregory)와 터킷(Tuckett)은 그들 자신의 연구 결과를 다음과 같이 요약한다.

> "클레멘스"는 바울이 사용한 이미지를 사용했지만, 그럼에도 불구하고 증거는 그가 어디서도 바울이나 바울 문헌을 의식적으로나 의도적으로 언급하지 않았고 바울 서신에 대한 어떤 직접 인용이나 언급도 「클레멘스2서」에서 발견할 수 없다는 것을 암시한다는 폭넓은 의견 일치가 이제 있다. 이것이 반드시 그가 바울 전승을 전혀 알지 못했다는 의미일 필요는 없다…그러나 그가 보여주는 그러한 "바울 서신의" 병행 본문들은 그것이 바울에게서 비롯되었을 가능성이 크든 그렇지 않든 관계없이 이미 초기 기독교의 공통된 담

의 원리를 위해 인용한다"(Bartlett, *NTAF*, 4).

91 Paget, *Epistle of Barnabas*, 207-14의 추가적인 논의; 「바나바 서신」이 바울 사상을 대표했다는 그 이전의 견해와 비교해 보라(207).

론의 일부였을 수도 있다.[92]

가장 그럴듯한 자취들[93]은 다음과 같다.

「클레멘스2서」

1.8	롬 4:17
2.1	갈 4:27
7.1	고전 9:24-25
8.2	롬 9:21
9.3	고전 3:16, 6:19
11.7	고전 2:9
13.2	롬 2:24
14.2	엡 5:23

바울에 대한 관심과 바울에게서 받은 영향이 그토록 부족한 것은 「클레멘스1서」와 「클레멘스2서」의 가까운 관계(§40.1h)를 고려한다면 다소 놀랍다. 다른 한편으로 우리는 바울에 대한 명시적인 언급이 그러한 편지의 진실성이나 권위를 위해 필요한 근거로 간주되었다고 가정해선 안 된

---

92 Tuckett, '*2 Clement*', 279; 이는 Lindemann, *Paulus*, 270-71의 견해와 일치한다. 「클레멘스2서」에서 *antimisthia*("보상, 교환" — *2 Clem.* 1.3, 5; 9.7; 11.6; 15.2)를 강조하는 것을 바울의 가르침과 대비시키는 것은 Pratscher가 암시하듯이—"*antimisthia*에 대한 이야기는 이미 업적에 대한 사고가 지배하는 종교적 자기 이해를 전제로 한다"(*zweite Clemensbrief*, 237)—불공평한 일일 것이다. 바울은 자신이 회심시킨 이들이 "선행"을 하고(고후 9:8; 골 1:10) 스스로가 주님께 합당한 자들임을 입증하는 일(골 1:10; 살전 2:12)에도 관심이 있었고, 그들의 삶에서 "의의 수확 내지 열매"를 기대했기 때문이다(고후 9:9-10; 빌 1:11).

93 J. V. Bartlet, *NTAF* 126-27, 128-29; Donfried, *Second Clement*, 특히 192-200; Lindemann, *Paulus*, 265-69; Tuckett, '*2 Clement*', 280-89.

다. 신약의 서신서 저자들이 예수의 가르침을 명시적으로 그의 가르침으로 밝힐 필요가 있다고 생각하지 않고 단순히 예수 전승을 그들 자신의 권면 속에 흡수했다면,[94] 바울에게서 받은 영향이 반드시 그렇게 명시적으로 언급되지는 않지만 그럼에도 불구하고 바울에 대한 기억을 흠모한 교회들의 설교와 가르침 속에 그와 비슷하게 흡수되었다 해도 별로 놀랄 일은 아닐 것이다. 그러나 그러한 논증은 침묵을 근거로 한 논증보다 약간 더 나은 것에 불과하다.

f. 「솔로몬의 송시」(*Odes of Solomon*)

「솔로몬의 송시」에 관해서는 *Odes* 11.1-3에 나오는 바울의 가장 분명한 흔적만 주목해 보면 된다.

> 내 마음은 다듬어졌고 그 꽃이 나타났다.
> 그러자 은혜가 그 속에서 솟아 나왔다.
> 그리고 그것은 주님을 위해 열매를 내었다.
> 지존하신 분이 그의 성령으로 내게 할례를 베푸셨기 때문이다.
> 그러고 나서 그는 나의 내적 존재를 그분께로 드러내셨다.
> 그리고 나를 그분의 사랑으로 채우셨다.
> 그가 내게 할례를 베푸신 일은 나의 구원이 되었고
> 나는 그의 평안 가운데 그 길로 달려갔다.
> 진리의 길로.

94 앞의 §44 n. 1을 보라.

"은혜"에 대한 바울의 강조,[95] 신자들은 성령에 의해 그들의 마음에 할례를 받았다는 바울의 주장,[96] 성령의 열매에 대한 바울의 말(갈 5:22), 성령을 통해 신자들의 마음속에 부어진 하나님의 사랑(롬 5:5) 등의 자취는 우연의 일치라기보다는 바울 서신들을 양식과 음료로 삼은 어떤 송시의 저자와 공동체의 존재를 암시할 수 있다.

g. 아리스티데스

변증가들로 화제를 돌리자면 아리스티데스는 짧게 언급할 만한 가치가 있을 것이다. 우상숭배와 그리스의 종교에 대한 그의 논박에는 바울의 논박의 자취가 담겨 있을 수도 있다(참고. *Apol.* 3.2, 8.2과 롬 1:25, 22).[97] "나는 무지하여 이런 일들을 했다"고 고백하는 그리스인 회심자에 대한 그의 언급(*Apol.* 17.4)은 디모데전서 1:13의 자취로 간주될 수 있다. 그리고 왕이 스스로 읽었을지도 모르는 기독교 "문헌"에 대한 언급(*Apol.* 16.5 시리아어)은 아마도 최소한 바울 서신의 일부를 포함하는 언급일 것이다.[98] 그러나 비록 전통적인 종교들에 대한 그의 한결같은 비판은 유대적이고 철학적 비판인 그와 같은 이전의 비판들의 절정으로 간주될 수 있지만, 아리스티데스는 분명 자신이 이전의 문헌들에 의존하고 있음을 보여주는 데 관심이 없었다(또는 아마도 더 낫게 표현하자면, 보여주지 않으려고 했다). 바울은 그의 가장 중요한 선배 기독교인이었지만 그가 바울에게 의존하지 않았다는 점은 바울이 2세기의 기독교 사상에 끼친 영향에 대해서보다는

95 *Odes* 4.6; 5.3; 6.6; 7.10, 22, 26; 9.5 등.
96 롬 2:29; 빌 3:3.
97 동성애에 대한 적대를 포함하여(앞의 §40 n. 114을 보라).
98 Lindemann, *Paulus*, 351–52.

아리스티데스에 대해 더 많은 것을 말해주는 듯하다.

h. 「디오그네투스에게 보내는 편지」

「디오그네투스에게 보내는 편지」는 이 점에 보다 관심이 많다. 가장 최근의 연구는 바울에게서 나온 분명한 인용구를 지적하며 일련의 암시와 흔적의 존재를 주장하는데, 그중에서 가장 설득력 있는 내용은 언급할 필요가 있다.[99]

Diognetus	인용	암시	흔적
2.1		엡 4:23-24	
4.1, 5		골 2:16	
5.8-9		롬 8:12-13; 빌 3:20	
6.5			갈 5:17
7.2		골 1:16	
8.10-11		롬 16:25; 엡 3:5	
9.2-5			고후 5:21
10.4		엡 5:1	
10.7		고전 2:1, 4:1	
11.1, 3		딤전 2:7, 3:16	
12.5	고전 8:1		

99 Bird, 'The Reception of Paul in the *Epistle of Diognetus*'. *Diogn.* 10.6/갈 6:2도 추가할 수 있을 것이다.

바울 문헌에 대한 암시와 흔적은 분명하다.

- "새 사람"에 대한 이야기(2.1)
- 할례, 안식일에 대한 강조, 절기에 관한 분쟁 등에 관한 경고(4.1, 4-5)
- 육체의 위험(5.8-9; 6.5)
- 창조의 대리자이며 하나님을 알려주는 아들이신 그리스도를 보내심(7.2, 4; 8.1, 5-6)
- 오래도록 감추어졌으나 이제 드러난 신비(8.10-11; 10.7; 11.2)
- 무법자를 의롭다 하시기 위해 주신 바 된 의로운 아들(9.2-5)

바울이 "변증가의 신학에서 분명히 가장 많은 영향을 끼친 지적인 힘"[100] 이었다는 결론을 뒷받침할 증거는 충분히 강력하다. 바울이 한 번도 언급되지 않는다는 점은, 그 이전에 예수 전승에서 예수 자신에 대한 언급이 부족한 것과 마찬가지로, 바울의 가르침이 보통 말하는 바울 문헌과는 독립적으로 2세기 중엽의 교리문답과 설교의 단골 메뉴가 된 나머지 그와 같은 어떤 언급도 바울의 가르침에 무게감을 더하는 데 꼭 필요한 것으로 여겨지지 않았음을 보여줄지도 모른다.

i. 순교자 유스티누스

순교자 유스티누스는 지각할 수 있는 바울의 영향에 관한 한 2세기 중엽의 변증가들 중에서 가장 수수께끼 같은 인물이다. 그는 바울을 한 번도

---

100 Bird, 'Reception', 87.

언급하지 않으며[101] 바울의 가르침의 흔적은 대부분 다소 희미하기 때문이다. 이 사실이 놀라운 까닭은 유스티누스가 신약 복음서들이 기독교인 회중들 속에서 이미 확고히 자리 잡았다는 사실에 대한 매우 확실한 증언을 제시하기 때문이다(§44.3b). 그리고 「클레멘스1서」가 지침이 된다면, 분명 유스티누스가 정착한 로마에서 바울은 이미 50년 동안 알려져 왔고 존경받아 왔을 것이다. 게다가 혹자는 바울이 유대인과 예수 믿는 신자들 사이의 대화를 위한 주요 모델로서 유스티누스의 주요 저작인 「트리포와의 대화」에 상당한 소재를 제공했을 것이라고 생각했을 것이다. 그러나 「트리포와의 대화」에 존재할 가능성이 있는 바울의 흔적을 조사해보면 전반적으로 실망스러운 결과를 얻게 된다.[102]

한 가지 예외는 아마도 할례에 대한 유스티누스의 잦은 언급, 즉 육체의 할례는 유대인의 근본적인 정체성 표지이며(*Dial.* 16, 18-19) "징표",[103] 더 정확히 말해 "당신들(유대인)이 다른 민족들 및 우리와 분리되어야 한다는 징표"(12.2)로서의 할례라는 전적인 인정, 아브라함은 "할례받지 않았을 때"(23.4; 92.3) 믿음으로 의롭다 함을 받았으며 (따라서) 할례는 더 이상 필요하지 않다는 단언(24.1; 29.1), 그리스도인들은 "두 번째" 할례 내지 "참된 할례"인 마음의 할례를 받았다는 주장이다.[104] 이러한 언급들은 기독교의 유대인과의 논의 또는 유대인에 관한 논의에서 표준적인 전략이 되었을 가능성이 매우 크다. 그러나 그 사고방식이 로마

---

101 베드로는 *Dial.* 100.3과 106.3에서, 요한은 81.5에서, 세베대의 아들들도 106.3에서 언급된다.

102 Lindemann, *Paulus*, 353-67; Massaux, *Influence*, 3.96-100; Skarsaune, *Proof from Prophecy*, 92-100; P. Foster, 'Justin and Paul', in Bird and Dodson, eds., *Paul and the Second Century*, 108-25.

103 *Dial.* 23.4; 28.4; 137.1.

104 *Dial.* 12.3; 18.2; 41.4; 43.2; 92.4; 113.6-7; 114.4.

서 2:28-29, 4:10-11이나 골로새서 2:11과 같은 본문에서 비롯된 것이라는 점은 의심하기 어렵다.[105] 따라서 당연하게도 우리(이방인들)는 같은 믿음을 공유하기 때문에 아브라함의 자손이라는 유스티누스의 단언(*Dial.* 119.5-6)은 갈라디아서 3:6-7의 흔적처럼 보인다.

그러나 그 외에는 흔적들이 희미해진다. 율법의 저주에 대한 언급(*Dial.* 95.1)과 신명기 21:23에 따라 십자가에 못 박힌 사람은 저주받은 사람이라는 언급(*Dial.* 89.2; 96.1)은 갈라디아서 3:10-13[106]의 흔적일 수도 있고, 유스티누스가 바울의 갈라디아서를 알고 있고 거기에 영향을 받았을 가능성을 높여준다. *Dial.* 27.3에 연속해서 나타나는 시편과 이사야서의 본문들은 바울이 알고 있었던 그 이전의 한 모음집[107]에서 나온 것일 수도 있지만, 로마서 3:13-17[108]에서 인용된 것처럼 보인다. 또한 시편 68:18을 그리스도의 승천에 대한 언급으로 보는 해석도 에베소서 4:8의 흔적일 수도 있다(*Dial.* 39.4; 87.6). 그러나 어떤 기독교인들이 우상의 음식(*eidōlothyton*)을 무해한 음식으로 먹는다는 트리포의 발언(*Dial.* 35.1)은 고린도전서 8장에 대한 암시로 간주되는가?[109] *Dial.* 55.3에 있는 이사야 1:9에 대한 언급을 로마서 9:29의 영향으로 간주해야 하는가? 그리스

---

105 참고. Massaux, *Influence*, 3.97-98; Foster, 'Justin and Paul', 117-19.

106 Lindemann, *Paulus*, 365-66; Skarsaune, *Proof from Prophecy*, 94; 그러나 Massaux는 유스티누스가 트리포의 입을 빌어 반론을 제기하는 것은 그것이 유대인들 사이에서의 전통적인 반론이었음을 시사하는 것일지도 모른다고 타당하게 지적한다(*Influence*, 3.98).

107 참고. L. E. Keck, 'The Function of Romans 3:10-18 — Observations and Suggestions', in J. Jervell and W. A. Meeks, eds., *God's Christ and His People* (Oslo-Bergen Tromsö: Universitetsforlaget, 1977), 141-57.

108 Lindemann, *Paulus*, 360. Lindemann은 또한 *Dial.* 39.1에 나오는 왕상 19장의 인용구가 70인역의 표현보다는 롬 11:3에서 사용된 표현과 더 비슷하다고 지적한다. 그의 견해에 따르면 "유스티누스가 이 인용구를 롬 11장에서 직접 가져왔다는 점에는 의심의 여지가 있을 수 없다"(*Paulus*, 362). Massaux, *Influence*, 3.96의 견해도 마찬가지다.

109 Lindemann, *Paulus*, 360.

도는 "모든 피조물 중 처음 태어난 이"[110]라는 언급을 골로새서 1:15에서 비롯된 것으로 간주해야 하는가? 그리스도가 정사와 권세에 복종하셨다는 언급[111]은 고린도전서 12:24과 골로새서 2;15에서 비롯된 것으로 간주해야 하는가?[112]

따라서 유스티누스가 최소한 바울의 편지를 몇 편 알고 있었거나 최소한 그 가르침의 영향을 받았다는 데 동의할 수는 있다.[113] 그러나 그 증거는 여전히 놀랍도록 빈약하며 다음과 같은 질문을 제기한다. 왜 유스티누스는 복음과 유대인에 관한 논증을 위해 확실하게 사용할 수 있는 유대인으로 바울을 내세우지 않는가? 한 가지 가능한 대답은 그가 바울의 편지들을 구약과 예수 전승/복음서보다 낮게 평가했다는 것이지만,[114] 베드로후서 3:16에서 표현된 태도가 보다 널리 퍼져 있었다면 이는 다소 놀라운 일일 것이다. 다른 한편으로 아마도 유스티누스는 바울이 할례받지 않은 이방인 신자들이 그럼에도 불구하고 아브라함의 씨에 포함될 수

---

110 *Dial.* 84.2; 85.2; 100.2; 116.3; 125.3; 138.2. 다음 구절들도 함께 보라. *1 Apol.* 23.2; 33.6; 46.2; 53.2; 63.15.

111 *Dial.* 41.1; 49.8; 111.2; 121.3; 131.5.

112 유스티누스의 *Apologies*의 흔적일지도 모르는 구절들에 대해서는 Lindemann, *Paulus*, 355–58; Foster, 'Justin and Paul', 113–17을 보라. Massaux는 자신의 연구 결과에 있어서 보기 드물게 부정적이다. "단 하나의 본문도 확실히 문자적으로 사도에게 의존하고 있는 것처럼 보이지 않는다"(*Influence*, 3.48). Foster, 117의 견해도 이와 비슷하다.

113 Lindemann, *Paulus*, 366과 Skarsaune, *Proof from Prophecy*, 100은 유스티누스가 특히 로마서와 갈라디아서를 알고 있었고 사용했다는 데 동의한다. 주목할 만한 것은 L. W. Barnard, *Justin Martyr: His Life and Thought*(Cambridge University, 1967)의 견해다: "그는 로고스에 대한 해석을 통해 기독교 사상의 지적 전통에 뛰어난 공헌을 했다. 더구나 그는 기독교에서 보편주의적인 요소를 파악하고 문명사 전체를 그리스도 안에서 완성되는 것으로 대담하게 한 방에 요약한 바울 이후의 최초의 사상가였다"(169).

114 "「호교론」과 「트리포와의 대화」는 교회 전통에 대한 유스티누스의 원칙에 입각한 무관심을 보여준다. 그가 보기에는 구약(70인역)과 예수의 가르침이라는 오직 두 가지의 전거만이 존재했다"(Lindemann, *Paulus*, 363). Foster, 'Justin and Paul', 124의 견해도 이와 비슷하다.

있다고 주장했지만(롬 4장; 갈 3장), 자신은 하나님 앞에서 유대인의 지위에 대해 훨씬 더 부정적이었음을 의식했을 것이다(§46.6g). 자기 민족에 대한 바울의 상대적으로 긍정적인 태도는 아마도 유스티누스에게는 다소 당혹스런 점이었을 것이다.[115] 또 다른 가능성은 유스티누스가 마르키온과 영지주의 집단들이 바울을 악용하고 있음(§47.5)을 너무나 잘 알았고 바울을 실패작으로 간주했을 가능성이다.[116] 결과적으로 유스티누스는 2세기의 바울에 대한 존경과 바울 문헌의 영향력에 대한 강력한 증인으로 간주될 수는 없지만, 그렇다고 해서 같은 점에 대한 부정적인 증언으로 간주될 수도 없으며, 바울이 기독교 전통에서 위험한 선례로 간주되었다는 증거는 더더욱 아니다.

j. 다른 변증가들

앞의 장들에 기여한 나머지 변증가들을 길게 논하느라 시간을 낭비할 필요는 없을 것이다. 타티아노스의 「그리스인을 향한 말」(*Address*)에는 바울의 흔적일 수도 있는 몇 가지 구절이 있지만, 더 중요한 것은 이레나이우스, 알렉산드리아의 클레멘스, 히에로니무스 등이 타티아노스에 대해 언급한 구절들인데, 여기서 그들은 타티아노스가 바울 서신의 다양한 본문들을 (잘못) 해석한 것으로 그들이 이해했다는 점을 분명히 밝혀준다.[117]

---

115 이와 다른 해석으로 Matthew Thomas는 유스티누스가 바울이 그의 동료 유대인들에게 너무나 당혹스런 존재였고 자기 민족을 배신한 사람으로 간주되었다는 사실을 잘 알고 있었다고 주장한다. "트리포가 보기에 그는 해로운 반(反)권위자였다"(개인적 편지).

116 "따라서 바울 사도를 이방인들에게 명시적으로 언급했다면 유스티누스와 마르키온의 관계가 너무 가까워져서 유대인과의 대화가 더 어려워졌을 것이다"(Luedemann, *Opposition to Paul*, 153).

117 Irenaeus, *adv. haer.* 3.23.8(고전 15:22); Clement of Alexandria, *Strom.* 3.12.81(고전 7:5); Jerome, *Com. in Ep. ad Gal.* 6(갈 6:8). Massaux, *Influence*, 3.113-14을 보라. "어떤 이들

부활에 대한 아테나고라스의 이해는 고린도전서 15장에서 직접적으로 도출되었다고 보는 것도 분명 가능하다.[118] 테오필로스는 「아우토리쿠스에게 보내는 변증」(*Autolycus*)에서 바울 서신의 몇몇 구절을 인용하고 암시한다.[119] 사르디스의 멜리토는 「유월절에 대하여」에서 자신의 논증에 유월절 어린양으로서의 그리스도(*Peri Pascha* 65)를 포함했기에 특별히 바울에 의존하지는 않았겠지만, 엄밀한 의미에서 바울을 흉내 내는 것처럼 보이지는 않는다.[120] 바울이 발단이 된 서신서의 구성(§40.5)에 대해서는 더 말할 필요가 별로 없지만, 「사도들의 편지」(*Epistula Apostolorum*)는 바울을 이방인의 설교자로 중시하고 바울의 회심에 대한 사도행전의 기록에 크게 의존하면서도 바울 자신의 기록에 대한 분명한 지식도 갖고 있다는 점은 언급하지 않을 수 없다.[121]

요약하자면 2세기의 바울에 대한 관심과 바울의 편지들에 대한 지식과 사용을 살펴보면 다음과 같은 다소 엇갈리는 결과가 나온다.

- 「클레멘스1서」, 이그나티오스, 폴리카르포스가 2세기 초에 보여주는 바울에 대한 강한 존경심은 그 이후의 문헌에는 많이 반영되지 않는다. 이는 바울이 약간 어색하거나 당혹스런 인물이 되었기 때문인가? 바울을 인용하고 아무 의문 없이 명시적으로 바울에게 의

은 타티아노스처럼 실제적으로는 그들 자신의 가르침을 설명하면서 바울 문헌에 의존하면서도 '바울의 어떤 편지들'은 배격했다"(Wiles, *Divine Apostle*, 5).

118 *Plea* 31(고전 15:44); *Resurrection* 18(고전 15:53에서 인용함); Massaux, *Influence*, 3.130-31.

119 *Autolycus* 1.14(롬 2:7-9과 고전 2:9); *Autolycus* 3.14(롬 13:7-8과 딤전 2:2); Massaux, *Influence*, 3.140-41. 추가적으로 R. M. Grant, 'The Bible of Theophilus of Antioch', *JBL* 66 (1947), 173-96을 보라.

120 이 주제와 관련해서 Dassmann, *Stachel*, 286-92을 보라.

121 *Ep.Apost.* 31, 33 — 갈 1:13, 16, 23; 빌 3:5. 이레나이우스에 대해서는 이하 §47.6을 보라.

존하기에는 그가 예수 믿는 유대인 신자들의 여러 집단에게는 배교자나 반역자로 간주되었고 마르키온과 영지주의 집단들에게는 너무 열광적으로 받아들여졌는가?

• 바나바, 「클레멘스2서」, 아리스티데스, 멜리토가 바울을 상대적으로 무시하거나 바울의 글을 명시적으로 사용하지 않은 것은 방금 언급한 방향을 가리키는 힌트일지도 모른다. 그와 동시에 그들이 바울에 관해 상대적으로 침묵한 것을 바울에 대한 무시나 바울이 알려지지 않았거나 영향력이 없었다는 증거로 해석해선 안 된다. 각 경우에 바울의 특징적인 논증이나 가르침을 이용하려는 마음이나 동기가 충분히 없었을지도 모르기 때문이다.

• 「클레멘스1서」, 이그나티오스, 폴리카르포스, 「솔로몬의 송시」 및 대부분의 변증가들로부터 받는 더 강한 인상은 바울 서신들이 대부분 기독교인들의 모임에서 알려졌고 사용되었으며 아마도 낭독되었을 것이고 교육과 교리문답에 사용되었으며, 이미 하나 혹은 그 이상의 모음집, 필사본으로 존재했을 가능성이 매우 크다는 것이다. 그 증거는 로마에서부터 소아시아를 거쳐 안디옥까지 걸쳐 있고, 특히 이방인 기독교의 중심지였던 곳에서 바울 서신들의 점증하는 영향력을 암시한다.

• 인용구와 직접적인 암시는 비교적 적지만 개연성 있는 암시와 흔적 전체는 대부분의 바울 서신과 바울이 쓴 것으로 간주되는 기타 편지들에 걸쳐 나타난다. 바울이 모방의 대상이 된 가르침이나 교훈의 전거로 자주 언급되지 않는다는 사실은, 바울에 대한 경시를 의미하는 것이 아니라 오히려 바울의 가르침이 교회들의 특징적인 가르침 속에 깊이 뒤섞인 나머지 바울이 출처임을 밝히는 일이 필요 없는 일로 여겨졌음을 보여주는 것일 수도 있다. 이미 암시했

듯이 여기에는 1세기와 2세기 초의 편지들 속에 나오는 예수 전승과 유사점이 한 가지 있을 수도 있다. 즉 바울의 가르침이 기독교 공동체의 핏속 깊숙이 들어갔기 때문에 그 가르침에 구체적인 권위를 부여하기 위해 바울이 그 출처임을 명시적으로 밝힐 필요는 없었다는 것이다.

마지막으로 가장 두드러진 2세기 기독교 문헌에 나오는 개연성 있는 바울의 흔적을 정리한 아래의 표는 그 시기 동안 바울이 끼친 영향을 유용하게 요약할 것이다.

	롬	고전	고후	갈	엡	빌	골	살전	살후	딤전	딤후	딛	몬
「클레멘스1서」	×	×		?	?	?	?			×	×	×	
이그나티오스	×	×		?	×	?	?	?		×	×		
폴리카르포스	?	×	?	×	×	?				×			
바나바	×												
「클레멘스2서」	?	?		?	?								
「솔로몬의 송시」													
아리스티데스	?									?			
「디오그네투스에게 보내는 편지」	×	×			×	×	×			?			
유스티누스	×			×	×		×						
타티아노스		×		×									

아테나고라스		×											
테오필로스	×	×								×			
멜리토													

47.4 전설상의 바울

바울에 대한 언급과 바울의 가르침의 흔적 내지 그에 대한 암시뿐만 아니라 바울의 생애와 가르침이 추측과 가상적 재구성의 주제가 되는 것도 꽤 자연스러운 일이었다. 바울은 어쨌든 기독교의 발전 과정에서 너무나 중심적인 인물이었으므로, 특히 바울의 생애 중에서 전승이 다소 빈약한 부분과 바울의 가르침 중 추가적인 사고를 자극하는 측면들에 대해 호기심이 필연적으로 생겨났을 것이다. 예수와 야고보의 경우와 마찬가지로 바울에 관한 문헌이나 바울의 저작으로 간주된 문헌은 필연적으로 더 많이 나타났다.

a. 「바울행전」

바울의 여행에 대한 이야기를 담고 있는 「바울행전」(§40.6a)은 사도행전에서 증언하는 바울의 선교 일정을 의식하고 있는 것처럼 보인다. 이 단편들은 다메섹 밖에서의 바울의 회심과 다메섹으로 가라는 바울에게 주어진 명령, 그다음에는 예루살렘으로 가라는 명령으로 시작된다.[122] 바울의 다음번 활동 중심지는 안디옥이고 그다음은 테클라를 처음으로 만나게 되는 곳인 이고니온이며 그 다음은 무라, 시돈, 두로, 에베소, 빌립보, 고린도, 로마다. 이 모든 곳들은 사도행전에서도 언급되며, 같은 순서로 되어 있지는 않지만, 바울의 1차 선교 여행(행 13-14장)과 그 뒤로 에게해 선교 이전 지중해 동부 해안 지방으로 돌아갈 때의 이동 경로를 반영한 것일 수도 있다. 바울이 안디옥에서 돌을 맞고 추방되는 것(*ActPaul* 2)은 그와 비슷하게 그가 루스드라에서 돌을 맞고 추방된 사건(행 14:19-20)을 상기시킨다. 신약 사도행전의 또 다른 흔적은 "바울의 말을 더 주의해서 들을 수 있는 시간이 날 때까지" 바울을 투옥하겠다는 이고니온 총독의 결정인데, 이는 가이사랴에서 벨릭스가 바울을 다룬 방식과 닮았다(행 24:25-26). 바울이 우상숭배를 공격하는 데 대한 에베소의 금 세공인들의 격분한 반응(*ActsPaul* 7)은 바울의 설교가 계기가 되었고 은 세공인들에 의해 촉발된 에베소에서의 비슷한 폭동(행 19:23-41)을 분명히 떠올리게 한다. 또한 바울이 에베소의 원형 경기장에서 맹수와 마주치는 것은 아마도 고린도전서 15:32을 바탕으로 한 것 같다.[123] 같은 일화는 얼마나 많은 여자들이 바울의 설교에 매료되었는지를 강조하는데, 이는 사도행전에 대한 또 다른 흔적을 제시한다.[124] 빌립보에서의 일화에서 클레오비우스의 예언과 그로 인한 비탄(*ActsPaul* 9)은 그에 상응하는 사도행전 21:10-

122 Bauckham은 한 가지 분명하게 겹치는 부분(바울의 회심 이야기)에 초점을 맞춤으로써 「바울행전」이 사도행전에 의존했을 가능성이라는 문제로 되돌아간다(§40 n. 277)— 'The *Acts of Paul*: Replacement of Acts or Sequel to Acts', in Stoops, ed., *Semeia* 80 (1997), 159-68.

123 Klauck, *Apocryphal Acts*, 64-67도 함께 보라.

124 행 16:13-15; 17:4, 12, 34.

14의 아가보의 예언과 그와 비슷한 비탄을 떠올리게 한다.[125] 「바울의 순교」는 네로의 술 따르는 자인 파트로클루스가 바울의 말을 듣기 위해 높이 달린 창문 위에 앉아 있다가 떨어져 죽었으나 바울이 그 자리에 있었던 사람들에게 그 소년이 살아나도록 그리스도께 간절히 기도하라고 권면하여 실제로 그 소년이 살아나는 일화를 담고 있다(*ActsPaul* 11.1). 이는 사도행전 20:7-12에 나오는 유두고 일화의 흔적임이 매우 분명하다. 이러한 흔적들 중에 어느 것도 양질의 역사적 정보를 제공하는 것으로 간주될 수 없지만, 이런 흔적들은 분명 다른 방식으로는 우리에게 알려지지 않은 구전 전승을 통해 보완되었을 가능성이 매우 큰 누가의 사도행전에 대한 지식을 보여준다.[126]

이와 똑같이 흥미로운 것은 「바울과 테클라 행전」에서 거짓 제자들이 데마와 허모게네라는 이름으로 곧바로 소개되고(*ActsPaul* 3.1, 4, 12, 14, 16) 오네시보로(바울은 그의 집에서 테클라를 만난다)와 디도(3.2-5, 7, 15, 23-26)라는 이름의 신실한 지지자들과 대조된다는 점이다. 네 사람은 모두 디모데후서에 그와 비슷하게 부정적이고 긍정적인 논평과 함께 언급되어 있으므로(1:15-16; 4:10, 19) 이 이름들은 십중팔구 디모데후서에서 나

125 바울을 로마로 데려간 선장에게 주어진 이름인 아르테몬(*Artemōn*)은 아마도 행 27:40에 나오는 *artemōn*("앞 돛"?)에 대한 언급으로 인해 암시되었을 것이다.

126 Schneemelcher, *NTA*, 2.232(전체 논의는 218-33); MacDonald, *Legend*, 19-26; Klauck, *Apocryphal Acts*, 74. 테클라와 알려진 역사적 인물인 트리파이나 여왕에 대해 MacDonald는 사도행전의 이야기들의 배후에 "이 두 존경 받은 아나톨리아 지방의 여자들에 대한 기억"이 있는지 궁금해하며, "교회의 첫 천 년 동안 나온 어떤 저자도 테클라의 존재를 결코 의심하지 않았다"고 지적한다(*Legend*, 21). Burrus는 기독교인 여자들이 기독교인 여자들을 위해 말했고 구전 자료에 어느 정도 뿌리를 두고 있는 원래 이야기의 존재를 가정한다(*Chastity as Autonomy*, 58, 98, 108). 다음 참고문헌들도 함께 보라. W. Rordorf, 'Tradition and Composition in the *Acts of Thecla:* The State of the Question', in D. R. MacDonald, ed., *Semeia*, 38: *The Apocryphal Acts of Apostles* (1986), 44-52.

왔거나 디모데후서로 흘러들어간 전승에서 나왔을 것이다.[127] "부활이 이미 일어났다"는 가르침은 데마와 허모게네에게서 비롯된 것으로 간주되는데, 이는 또다시 디모데후서 2:18에서 차용한 것처럼 보인다. 「바울의 순교」에서 디도와 누가는 디모데후서 4:10-11에서와 다소 비슷하게 함께 부각된다.

「바울행전」 안에 포함된 「고린도3서」에는 고린도전서의 강한 흔적이 남아 있다.

> 고린도전서 15:3 — "내가 받은 것을 먼저 너희에게 전하였노니 이는 성경대로 그리스도께서 우리 죄를 위하여 죽으시고"

> *ActsPaul* 8.3.4 — "나는 너희에게 무엇보다 먼저 내가 사도들에게 받은 것을 전했다."

"입양"의 이미지가 사용되는 것과 "그리스도의 영"에 대한 언급(*ActsPaul* 8.3.8, 10)은 로마서 8:9, 10의 흔적을 포함하고 있는지도 모른다. 「고린도3서」에 있는 바울 서신들의 다른 흔적들은 "나는 그리스도를 얻기 위해 이 굴레를 뒤집어썼고 죽은 자의 부활에 이르기 위해 그분의 흔적을 지니고 있다"는 문장에서 발견할 수 있다(*ActsPaul* 8.3.35). 필자가 언급하는 구절은 갈라디아서 6:17과 빌립보서 3:8, 11이다.[128]

그와 동시에 바울의 가르침이 극단적으로, 바울이 달갑게 여기지 않

---

127 허모게네는 "구리 세공업자"로 묘사되지만(*ActsPaul*, 3.1) 디모데후서에서 "구리 세공업자"는 그와 똑같이 적대적인 알렉산더다(딤후 4:14).

128 P. Herczeg, 'New Testament Parallels to the Apocryphal Acta Pauli Documents', in Bremmer, ed., *Apocryphal Acts of Paul*, 144-9도 함께 보라.

왔을 방식으로 받아들여진 것은 분명하다. 특히 바울과 테클라의 이야기를 지배하는 순결에 대한 가르침은 결혼에 대한 바울의 유보적인 태도에서 영감을 얻었을 수도 있다.

> 고린도전서 7:29 — "형제들아, 내가 이 말을 하노니 그때가 단축하여진 고로 이후부터 아내 있는 자들은 없는 자같이 하며"

> *ActsPaul* 3.5 — "아내가 있으나 아내가 없는 것과 같은 자들은 복이 있다."

그러나 바울은 결혼하고 싶은 욕구와 혼인 관계 안에서의 적극적인 성관계를 훨씬 더 잘 이해하고 그에 대해 호의적이다(고전 7:3-5, 9, 36-38). 「고린도3서」에서 부활에 관한 가르침은 사도들에게서 받은 것으로 고린도전서 15장을 상기시키지만(*ActsPaul* 8.3.4), 부활이 육체의 부활이 될 것이라는 주장(8.3.6, 24)은 부활한 몸은 "하나님 나라를 이어받을 수" 없는 혈과 육이 아닌 "신령한" 몸이 될 것이라는 바울의 주장(고전 15:44, 50)을 폐기한다. 지금 뿌려진 것은 장차 존재할 몸이 아니라는 바울의 논증(15:37)은 하나님이 "뿌려진 몸"을 일으키신다는 반대되는 주장으로 반박된다(*ActsPaul* 8.3.27). 여기서 그리스도인의 소망이 육체의 부활에 대한 소망이라는 이그나티오스의 글에서 처음 나타나는 주장(Ignatius, *Smyrn.* 3.1)은 바울이 도입한 "몸"과 "육체"의 미묘한 구별을 버린 것이다.[129] 이그나티오스와 마찬가지로 이는 의심할 여지 없이 그리스도가 육체로 오셨음을 부정한 가현설의 기독론에 대한 반발 내지 더 정확히 말하면 과잉 반응이었다. 그러나 이는 결과적으로 육체적이고 성적인 역할에 대한

---

129 *Beginning from Jerusalem*, §32.5i을 보라.

교부 시대와 그 이후 기독교의 평가에 있어서 큰 해가 되었다.

그럼에도 불구하고 바울은 사도, 교사, 기적을 행하는 자, 순교자로서 존경을 받았고, 바울의 선교와 여행에 대한 최초의 기록(사도행전)은 잘 알려져 있었으며, 바울의 편지들은 때때로 바울 자신의 의도와 반대되더라도 잘 알려지고 사용되었다는 점은 「바울행전」을 볼 때 분명하다. 바울의 선교에 관한 과장은 도를 넘지 않으며—테클라의 기적적인 구원도 바울에게서 비롯된 일로 간주되지 않는다—가르침을 통해 다양한 여성들을 사로잡은 인물이라는 바울에 대한 묘사는 여자 혐오자라는 바울에 대한 보다 전형적인 전통적 관점에 대한 환영받는 대안이다.[130] 바울의 선교와 신약 사도행전의 유대인에 대한 부정적인 언급에 있어서 매우 핵심적이었던 유대인과 이방인의 문제가 전설상의 「바울행전」에서는 매우 희미한 흔적만 남기고 있다는 점도 약간 흥미롭다(*ActsPaul* 6; 8.3.9-10). 여기서 칭송받고 있는 인물은 이방인의 사도 바울이 아니라 유명한 설교자이자 교사인 바울이다.[131]

「바울행전」과 목회 서신에서 바울을 표현하는 방식을 비교해 보는 것도 적절하다. 이 둘은 각기 일부는 바울의 사역의 특징들을 근거로 하고 일부는 서로 다른 특징들을 소개하는, 극단적으로 편파적인 바울의 모습을 제시하기 때문이다. 목회 서신은 결혼에 대한 긍정적 관점을 제시하고[132] 음식에 대한 바울의 진보적인 태도를 반영하지만,[133] 예배와 리더십

---

130 고전 7장에 대한 오해(*Beginning from Jerusalem*, §32.5d을 보라)는 바울에 대한 대부분의 평가에서 고질적인 문제였던 것으로 보인다.

131 "바울은 신학적으로 평가받는 것이 아니라 대중적 신앙으로 인해 칭찬 일색으로 받아들여진다"(Dassmann, *Stachel*, 279).

132 결혼의 바람직함에 대한 바울의 우유부단한 태도(고전 7:28-38)와는 대조적으로 교회 지도자들은 결혼해야 한다(딤전 3:2, 12; 딛 1:6).

133 딤전 4:3-4과 딤 1:15을 롬 14:14과 고전 10:26-27과 함께 참고하라.

에 있어서 여성의 역할에 대한 비교적 긍정적인 바울의 태도를 숨기며[134] 전적으로 남성적인 위계질서를 강조하기도 한다. 이와 대조적으로 「바울행전」은 처녀성과 독신 생활을 바울보다 훨씬 더 높이 평가하지만, 바울처럼 은사적인 (비공식적인) 사역, 특히 여성의 사역에 중요성을 부여한다. 테클라에게 "가서 하나님의 말씀을 가르치라"고 사명을 맡기는 사람이 바로 바울이다(3.41).[135] 「바울(과 테클라)행전」이 고대 말기와 중세 시대의 교회에서 칭송을 받았던 것과 매우 흡사하게, 시대를 풍미하고 기독교 교회론에 가장 효과적이고 지속적인 영향을 끼친 것은 목회 서신의 바울이었다는 점은 분명하다.[136]

b. 「베드로행전」

「베드로행전」(§40.6b)도 여기서 언급하지 않을 수 없다. 베르첼리 사본(Codex Vercellensis)은 바울이 로마에서 스페인 선교를 준비하며 스페인으

---

134 고전 14:34-36이 딤전 2:11-12과 연결된다는 사실로 인해 *Beginning from Jerusalem*, 633-35에서 언급한 나머지 자료들을 침묵시켜선 안 된다.

135 "테클라를 근거로 삼으며 테르툴리아누스의 분노에 불을 붙인 기독교인 여성들은 분명 저자의 의도 중 한 가지를 정확하게 이해했다"(Klauck, *Apocryphal Acts*, 75). 다음 참고문헌들도 함께 보라. S. L. Davies, *The Revolt of the Widows: The Social World of the Apocryphal Acts* (Southern Illinois University, 1980); P. N. Hogan, 'Paul and Women in Second-Century Christianity', in Bird and Dodson, eds., *Paul and the Second Century*, 226-43; S. J. Davis, *The Cult of St. Thecla: A Tradition of Women's Piety in Late Antiquity* (Oxford University, 2001).

136 MacDonald는 「바울행전」이 "나이든 부인들의 이야기"(딤전 4:7), 주로 가족이 없는 독신 여성들이 하는 이야기들로 이루어져 있으며(*Legend*, 2장, 여기서는 53), 딤전 4:7의 언급은 목회 서신이 그러한 통속적인 전설들을 반박하기 위해 기록되었음을 암시한다고 주장한다(3장). 그러나 이 명제가 개연성 있게 되기 위해 목회 서신이 사역과 리더십에 있어서 여성들을 더욱 격려한 바울의 선교에 대한 기억에 반발하고 있다는 점을 입증할 필요는 없다.

로 가는 장면에서 시작되기 때문이다(*ActsPeter* 1-3, 6).[137] 바울이 스페인으로 떠난 뒤에야 비로소 시몬 마구스가 로마에 도착하고 시몬을 반박하기 위해 주님이 보내신 베드로가 그 뒤를 이어 도착한다. 베드로를 로마에 방문한 최초의 사도로 묘사하려는 시도는 전혀 이루어지지 않으며, 그를 로마에 있는 기독교인 공동체의 설립자로 묘사하려는 시도는 더 말할 것도 없다는 점에 주목해야 한다. 오히려 그들의 믿음은 그들에게 "바울이 전파한 분"에 대한 믿음이다(4). 그들에게 베드로를 천거한 사람이 바로 바울이다(6). 바울은 베드로의 "동료 사도"(10)로 묘사되며, 놀랍게도 사도행전 8장의 사마리아에서의 일화에는 바울이 전혀 등장하지 않음에도 불구하고 베드로는 시몬 마구스에게 그가 어떻게 자신의 발과 "바울의 발"(23) 앞에 엎드렸는지 기억해 보라고 도전한다. 또한「베드로행전」은 베드로가 죽은 뒤에 바울이 로마로 돌아올 것이라는 기대와 함께 끝난다(40).「베드로행전」에서 수미상관 구조를 형성하는 것은 처음과 끝에 있는 바울에 대한 언급이라는 점은 다소 흥미롭다. 베드로의 기적적인 선교에 대한 이야기는 베드로가 바울보다 탁월함을 나타낼 기회를 제공하는 것과 거리가 멀고, 그 의도는 오히려 똑같은 믿음을 전파하고 똑같은 복음의 변질에 대항하는 그들의 협력 관계를 강조하려는 것처럼 보인다.[138] 그러나 이 이야기가 그 두 사람을 동시에 같은 장소에서 개인적으로 만나 협력하는 모습으로 묘사하는 것을 피하면서도 그러한 의도를 성취하고 있다는 점은 의미심장하며, 이는 바울과 베드로가 항상 의견이 일치한 것은 아니라는 인식의 흔적일 수도 있다.

---

137 여기에는 바울이 "네로 치하에서" "완전"해질(순교할) 것이라는 약속이 포함되어 있다(1).

138 그러나 이는 후대의 관점인가(앞의 §40 n. 302을 보라)? 베드로를 로마 교회의 설립자로 묘사하지 않는 것은 바울이 이 문헌에 삽입된 것이 후대의 일이라면 더더욱 의미심장하다.

바울의 저작으로 간주되었지만 2세기 이후에 기록된 다른 문헌들도 바울의 편지들이 어떻게 받아들여졌고 바울이 고대 후기에 어떻게 평가되었는지 그 일면을 보여주기 때문에 최소한 언급은 해야 한다. 이 문헌들은 우리가 초점을 맞춘 시기에 해당되지는 않지만, 이 문헌들의 성격과 내용은 이후 시기에만 국한된 것이 아니며 아마도 바울이 2세기 말부터 어떻게 인식되었는지를 잘 보여주는 것으로 간주될 수 있을 것이다.

c. 「라오디게아인에게 보내는 편지」

바울이 쓴 것으로 추정된 편지인 「라오디게아인에게 보내는 편지」(§ 40.5b)는 실망스럽다. 사실 가장 흥미로운 점은 이 편지가 매우 재미가 없다는 점이다. 이 편지는 어떤 특정한 방향으로도 전개되지 않으며 단순히 바울의 감정과 관심사를 되풀이해 말할 뿐이다.[139] 이 편지는 바울의 선교나 신학이나 바울 서신의 수용이 지닌 어떤 측면도 새롭게 조명해주지 않으며 단순히 바울 서신에 대한 분명한 지식과 더불어 사도와 그가 자신의 동기와 소망으로 기록한 내용에 대한 경외심만을 보여줄 뿐이다. 또한 그러한 경외심이 아마도 사람들을 속이거나 바울에 대한 극단적 견해를 촉진하려는 어떤 시도보다도 충분한 집필 동기였을 것이라는 결론이 도출된다.

139 앞의 §40 n. 259을 보라.

d. 바울과 세네카의 편지

바울과 세네카의 편지(§40.5c)는 대단히 흥미로운 문헌은 아니지만,[140] 열한 번째 편지에 나오는 로마 화재와 네로의 박해에 대한 묘사는 다른 곳에서는 우리에게 알려지지 않은 어떤 출처나 구전 전승을 반영하고 있는지도 모른다.[141] 창작과 관련된 영감은 바울이 아테네에서 에피쿠로스 학파 및 스토아 학파의 철학자들과 만난 일에 대한 사도행전의 기록(행 17장)에서 나왔을 것이다. 단순히 바울과 세네카의 만남뿐만 아니라 세네카가 바울에 대해 감탄하듯이 말하고(열두 번째 편지)[142] 네로에게 바울의 편지들을 기꺼이 보여주어 네로의 동정심을 불러일으키는 등(일곱 번째 편지) 그들 사이의 우정까지 상상한다는 것은 실제로 기독교에 우호적인 황제가 등장했을 때인 4세기의 기독교인들에게는 틀림없이 매력적이었을 것이다. 어쨌든 이 편지는 바울에 대한 관심과 존경을 보여주며 최소한 바울의 도덕적 권면(첫 번째 편지)은 가장 수준 높은 철학자 집단에서도 긍정적인 반향을 불러일으킬 수 있다는 확신을 수반하고 있다.

e. 「바울의 묵시록」

「바울의 묵시록」(§40.7c)에서 우리에게 흥미로운 것은 바울에 대해 보여주는 높은 관심이다. 지옥의 영혼들은 "하나님의 사랑을 받은 자인 바울 때문에 주일에 하루 동안 밤낮으로 [그들의 고통에서] 쉼을 얻는 큰 은혜"

---

140 "당대의 이 두 탁월한 인물들의 철학은 단 하나의 문장으로 표현되지" 않지만(Römer, *NTA*, 2.46), 열네 번째 편지에는 바울의 언어의 흔적이 약간 있다.

141 아마도 바울은 이미 처형되었을 것이다(*Beginning from Jerusalem*, §34.7).

142 하지만 세네카는 바울의 문체를 향상시키기를 원하는 것으로 묘사된다(9번째, 13번째 편지).

를 받으며(44), 바울은 동정녀 마리아, 모세, 노아 등에게 환영을 받고, 바울과 바울을 통해 믿음에 이른 세대와 민족에게 축복이 임한다(46, 48-51).[143] 이는 바울이 열방을 향한 위대한 사도로 기억되었고, 그의 선교의 매우 큰 특징이었던 (유대인과 이방인의) 긴장 관계가 전혀 남아 있지 않았거나 그에 대한 어떤 해결책도 제시되지 않았다는 점을 확증한다.

바울에 관한, 또는 바울의 저작으로 간주된 네 편의 묵시록 저작의 공통된 특징은 이 문헌들이 바울의 알려진 선교의 여러 측면(그의 여성에 대한 사역과 여성과 함께한 사역, 그의 고전 철학과의 대결)과 바울에 대해 알려진 사실 사이의 공백을 메우려는 욕구(라오디게아인에게 보낸 바울의 유실된 편지, 그의 천상의 여행)에서 영감을 얻었다는 점이다. 물론 바울이 교부 시대에 받은 존경에 대한 더 충분한 묘사는 위대한 교부 시대 인물들—암브로시아스테르, 아우구스티누스 등—에게서 얻는 것이 더 낫지만, 바울과 관련된 묵시 문헌은 바울에 대한 사도행전의 기록과 바울의 편지들에 뿌리를 두고 있었고 바울은 매우 큰 존경과 애정을 가지고 기억되었다는 사실은 바울이 끼친 지속적인 영향에 대한 찬사다.

47.5 "이단자들의 사도"?

테르툴리아누스는 마르키온에 대한 광범위한 논박에서 바울을 이런 식으로 언급한다.[144] 마르키온이 그의 체계의 근거를 주로 바울 서신에 두었다는 인상이 이미 널리 퍼져 있었기 때문이다. 그러나 마르키온뿐만 아니

143 T. Nicklas, 'Gute Werke, rechter Glaube: Paulusrezeption in der *Apokalypse des Paulus?*', *Ancient Perspectives on Paul* (Nicklas at al., ed.), 150-69도 함께 보라.

144 Tertullian, *adv. Marc.* 3.5('haereticorum apostolus'); *adv. haer.* 23-24도 함께 보라.

라 다양한 영지주의 체계들, 특히 발렌티누스주의도 바울에게 크게 의존했다. 그런 현상이 너무 심해서 한 세기 전 종교사학파의 신약 연구의 전성기이자 기독교 이전 영지주의 연구의 초창기[145]에 리하르트 라이첸슈타인(Richard Reitzenstein)은 바울을 아마도 "모든 영지주의자들 중에서 가장 위대한 인물"이라고 부를 정도였다.[146] 예수를 믿는 대다수의 유대인 신자들은 아마도 바울을 의심의 눈초리로 바라보고 바울의 이방인 선교를 일이 잘못되기 시작한 단계로 간주한 반면, 바울에게서 자신들이 받아들일 수 있는 많은 내용을 발견한 다른 종교적 이념 내지 체계도 있었다. 실제로 이 문제는 피해갈 수 없는 문제다. 바울에 대한 이 두 가지 반응, 바울이 받아들여지고 2세기에 바울의 영향력이 발휘된 서로 다른 방식은 사실 서로 관련이 있었을 것이다. "영지주의자 바울"이라는 말은 바울이 신생 기독교를 제2성전기 유대교 속에 있는 그 뿌리에서 너무 멀리 떨어진 방향으로 인도했으므로 그의 동료 유대인 신자들이 그에게 등을 돌린 것은 옳은 일이었다는 증거였는가? 달리 표현하자면 유대 기독교 "분파"에 대한 주류 교회의 점증하는 거부는 기독교가 그리스-로마 세계의 지배적인 문화 속에서 진정으로 국제적인 종교로 확립되려면 유대교와 다른 종류의 종교가 되어야 한다는 사실상의 단언이었는가?

그러면 우리는 먼저 일반적으로 영지주의자로 간주된 이들이 바울을 받아들이고 이용한 방식을 살펴보고 그다음으로 마르키온을 살펴볼 것이다.

---

145 *Beginning from Jerusalem*, 36-42.

146 R. Reitzenstein, *The Hellenistic Mystery-Religions* (³1927; ET Pittsburgh: Pickwick, 1978), 84.

a. 영지주의자 바울

바울의 글 가운데 많은 내용이 많은 영지주의자들에게 그토록 매력적이었다는 점은 다소 불편한 사실이라고까지 할 수는 없지만 흥미로운 사실이다.[147] 실제로 적지 않은 대목에서 바울은 "정통" 교부들보다 "이단적인" 영지주의자들에게 더 호감을 산 견해들을 주장했다.[148] 실제로 알렉산드리아의 클레멘스에 따르면 발렌티누스의 제자들은 발렌티누스가 바울의 제자인 테우다스에게 가르침을 받았다고 주장했고(*Strom.* 7.17), 바울은 심지어 "보혜사의 형상으로" 존재한다고 일컬어졌다(*Exc. ex Theod.* 23.2).[149] 나그함마디 문헌은 영지주의 문헌의 다수의 저자들에게 있어 바울이 단순히 "그 사도" 또는 "위대한 사도"였음을 확인하고,[150] 「실바누스의 가르침」은 "그리스도처럼 된"(108.30-32) 바울의 진술을 암시한다.

---

147 "따라서 영지주의가 기독교에 대해 느끼는 진정한 매력은 예수라는 인물이 아니었다. 그것은 바울의 신학이었고 그 신학에는 '그 자체의 경건에 대한 기본적인 관점'이 담겨 있었다"(King, *Gnosticism*, 99, Bousset의 말을 인용하며). 이런 견해는 나그함마디 문헌, 특히 「도마복음」으로 인해 크게 줄어 들었다.

148 E. H. Pagels, *The Gnostic Paul* (Philadelphia: Fortress, 1975), 1-12은 이 점을 강력하게 주장한다: "발렌티누스 자신이 종종 바울을 넌지시 언급한다.…그의 제자들인 프톨레마이오스, 헤라클레온, 테오도투스는 이레나이우스, 테르툴리아누스, 클레멘스에 못지않게 바울을 존경하고 바울의 말을 단순히 '그 사도'의 말로 인용한다"(2). 그녀는 첫 장을 다음과 같은 이의 제기로 마무리한다. "바울 사도가 그처럼 명백하게 반영지주의적이었다면 어떻게 영지주의자들이 그를 자신들의 위대한 영적인 스승이라고 주장할 수 있었겠는가?"(10). Dassmann, *Stachel*, 196-222도 함께 보라.

149 Lindemann, *Paulus*, 98. 추가적으로 J. L. Kovacs, 'Grace and Works: Clement of Alexandria's Response to Valentinian Exegesis of Paul', *Ancient Perspectives on Paul* (ed. Nicklas et al.), 191-210을 보라.

150 *Treat. Res.* 45.25-28은 롬 8:17과 엡 2:6을 떠오르게 하며 46.25-27은 롬 8:27을 떠오르게 한다. *Hypost. Archons* 86.20은 엡 6:12과 골 1:13을 인용한다. *Exeg. Soul* 131.2-13은 "고린도인들에게 편지를 쓰는 바울"의 말을 인용하고, 고전 5:9-10과 엡 6:12을 인용하며, 134.1-2에서는 고후 3:6을 상기시킨다(*NHL*, 194, 196). 「빌립복음」은 고전 15:50을 암시하고(56.31-34) 롬 7:14-19을 모방하며(83.25-29) 「구주의 대화」 역시 많이 모방된 고전 2:9을 모방한다는 점(140.1-4)에도 주목하라(*NHL*, 144, 155, 158, 252).

나그함마디 문헌에는 "바울의 편지들에…큰 빚을 진" 짧은 「사도 바울의 기도」[151]와 콥트어로 된 「바울의 묵시록」[152]이 포함되어 있다.

특히 의미심장한 것은 바울이 그의 복음에 있어서 그가 그 이전의 사도들과 예루살렘의 지도자들에게 의존하고 있다는 주장을 부정했다는 사실이다. 자신의 복음은 "사람에게서 받은 것도 아니요 배운 것도 아니요"(갈 1:11-12) 하나님의 직접 계시를 통해 자신에게 임했다는 바울의 주장은, 이단 연구가들의 교회 전통과는 구별되며 부활하신 그리스도가 계시하신 은밀한 내용을 주장하는 이들에게 더 매력적이었을 것이다.[153] 클레멘스의 「설교집」[154]에서 예수를 믿는 많은 유대인 신자들에게 매우 거슬렸던 것은 바울을 영지주의자들에게 매력적이 되게 한 바로 그것이었다. 히폴리투스에 따르면 나아센파(Naasenes)는 고린도후서 12:4과 고린도전서 2:13-14을 은밀하고 더 고상한 지혜에 대한 그들의 주장의 선례로 이용할 수 있었다(*Ref.* 5.3).[155] 에피파니우스는 가인파(Cainites)가 바

151 D. Mueller, *NHL*, 27-28. "기도의 주요 모티프는 영지주의의 상투어다"(H. W. Attridge, 'Paul, Prayer of the Apostle', *ABD* 5.205).

152 이를 「바울의 묵시록」과 혼동해선 안 된다. §40.7c과 d을 보라.

153 Pagels, *Paul*, 102. 예수가 부활 이후에 나타나셨을 때 제자들에게 은밀한 가르침을 주셨다는 전형적인 주장—이 나타나심이 550일 동안 지속되었음을 보여주는 *Apocryphon of James* (*Apoc. James* 2.19-21 — *NHL*, 30); 이와 비슷하게 Ptolmaeus (Irenaeus, *adv.haer.* 1.3.2)—은 물론 누가가 주장한 40일간의 현현(행 1:1-11)보다 훨씬 뒤에 바울에게 예수의 부활한 모습이 나타났을 여지(고전 15:8)를 더 많이 만들어 주었다.

154 앞의 §45.2c에서 인용한 Ps.Clem., *Hom.* 17.18-19.

155 발렌티누스주의자들은 바울이 "그의 편지에서 글을 아는 사람이면 누구나 충분히 분명하게 알 수 있도록 그들 체계의 기본 개념들을 사용했고…발렌티누스의 가르침은 바울의 편지들이 없으면 (제4복음서의 서언이 없는 경우와 마찬가지로) 생각할 수 없으며, 모든 발렌티누스주의자들이 바울을 가장 분명하게 말하는 숨겨진 지혜의 설교자로 선호하는 것은 우연이 아니다"라고 주장했다(Bauer, *Orthodoxy*, 224-25에서 인용한 T. Zahn의 말). Wiles도 이와 비슷하게 (Irenaeus, *adv. haer.* 1.8.3과 Hippolytus, *Elenchus* 7.26.3을 인용하며) 발렌티누스와 바실리데스는 바울의 편지에서 "인간의 본성과 은밀한 지식에 관한 그들 사상의 귀중한 증거"를 발견했고 (다시 Hippolytus, *Elenchus* 7.26.3을 인용하며) 바실리데스는 고전 2:13을 "성경"으로 인용한 것으로 전해진다고 지적한다(*Divine Apostle*,

울이 셋째 하늘로 여행하는 동안 들었다고 주장한 "말로 표현할 수 없는 말"(고후 12:4)을 표현한, 그들 스스로 『바울의 승천』(*Ascent of Paul*)이라고 부르는 책을 날조해냈다고 말한다(*Pan.* 38.2.5). 발렌티누스주의 성경 해석자들은 영에 속한 사람, 혼에 속한 사람, 육에 속한 사람이라는 그들의 세 가지 구별에 대한 바울의 지지를 얻어내기 위해 고린도전서 2:13-14과 15:48을 인용할 수 있었다.[156] 바울이 1세기 중엽의 선교 기간에 영지주의를 접했다는 견해의 가장 두드러진 옹호자인 W. 슈미탈스(Schmithals)가 자신의 명제를 뒷받침하면서 갈라디아서와 고린도전서의 두 본문을 이용할 수 있었다는 것은 별로 놀랄 일이 아니다.

> [갈라디아서 1:12의] 논증은 진정으로 영지주의적이다. 이 영지주의적인 사도는 연쇄적인 전승을 통해, 사도적 계승에 의해서가 아니라 직접적인 영적 소명에 의해 확인된다.[157]

> [고린도전서] 2:6-3:1에서 발견되는 것은 한 영지주의자에 대한 정확한 설명일 수도 있다.[158]

이와 유사하게 발렌티누스주의자들은 에베소서를 "영적인 구속의 신비"를 펼쳐 보이는 책으로 평가했고,[159] 영체(aeons)에 대한 그들의 추론의 근

5-6, 4).

156 이 구별에 대해서는 앞의 §38 n. 116을 보라. 발렌티누스주의자들은 로마서에 나오는 유대인과 이방인에 대한 바울의 논의를 풍유적으로 서로 다른 그리스도인 집단, 즉 각기 혼에 속한 자와 영에 속한 자를 가리키는 것으로 해석했다(Pagels, *Paul*, 6, 19-21).

157 W. Schmithals, *Paul and the Gnostics* (ET Nashville: Abingdon, 1972), 29.

158 W. Schmithals, *Gnosticism in Corinth* (^{3}1969; ET Nashville: Abingdon, 1971), 151.

159 Pagels, *Paul*, 115; Rudolph, *Gnosis*, 300-2도 함께 보라.

거를 에베소서와 골로새서에서 나온 것으로 간주한 것처럼 보인다.[160] 이레나이우스는 "이 세상의 신"은 하나님과 다르다고 주장하기 위해 고린도후서 4:4을 사용하는 것에 대해 경멸적인 반응을 보인다(*adv. haer.* 3.7.1).[161]

물론 이러한 논쟁은 양쪽(혹은 모두)에 있어서 대부분 극단적이었다. 바울은 자신의 복음을 오로지, 또는 전적으로 다메섹 도상에서의 그리스도와의 만남에서 얻었다고 주장하지 않았다. 바울은 자신이 전파한 복음은 이미 그리스도를 믿었던 이들이 자신에게 전해준 것이라고 거리낌 없이 단언한다(고전 15:3). 바울이 부활하신 그리스도에게서 비롯된 것으로 간주했고(갈 1:15-16) 몇 년 뒤에 예루살렘의 지도자들에게 인정받기를 갈망했던(갈 2:2) 것은 오히려 그가 그 복음을 유대인이 아닌 이들을 위한 것으로도 "받아들인" 것(진정으로 "그의 복음"), 그 복음에 대한 그의 해석이었다. 그러한 계시는 후대의 영지주의자들이 주장한 계시와는 매우 달랐다. 우리는 이미 바울이 하늘로 여행하는 중에 들었던 말로 표현할 수 없는 말(고후 12:1-4)이 어떻게 영지주의에 의해 날조될 수 있을 뿐만 아니라(§40.7c, d) 그와 똑같이 "주류 교회" 내에서도 상상에 의해 창조될 수 있었는지를 지적했다(*Apoc. Paul*). 해석학적으로는 둘 다 타당하지 않다.

이와 비슷하게 "비밀"이라는 바울 문헌의 용어도 창조와 구속에 대한 영지주의의 이야기를 지칭하는 하나의 방식으로 바뀌기에 매우 적

160 Bauer, *Orthodoxy*, 234. 예를 들어 Irenaeus, *adv. haer.* 1.3.4; Clem. Alex., *Exc. Theod.* 43.2; Hippolytus, *Ref.* 6.29과 추가적으로 Zahn, *Geschichte des Neutestamentlichen Kanon*, 1.751-53도 함께 보라.

161 마르키온이 고후 4:4을 사용한 것에 대한 테르툴리아누스의 응답도 이와 비슷하다(Tertullian, *adv. Marc.* 5.11). 다음 참고문헌들도 함께 보라. Lindemann, *Paulus*, 384-5; N. Perrin, 'Paul and Valentinian Interpretation', in Bird and Dodson, eds., *Paul and the Second Century*, 126-39(여기서는 129-32).

합했다.[162] 그러나 일부 일상적인 용법을 제외하면[163] 바울이 이 용어에 부여한 신학적 중요성의 큰 비중은 유대인뿐만 아니라 이방인의 구원에 대한 하나님의 목적, 즉 만세 전부터 오래도록 감추어졌다가 이제야 드러난 목적을 가리키는 이 단어의 용도에 있었다.[164] 또한 "프뉴마티코이"(*pneumatikoi*), "프쉬키코이"(*psychikoi*), "사르키노이/사르키코이"(*sarkinoi/sarkikoi*)에 대한 바울의 용법도 발렌티누스주의의 세 가지 용법으로 바꿀 수 없는 것이다. 바울은 고린도인들을 그들의 주어진 성품에 대한 언급이 아닌 그들의 파벌주의에 대한 책망으로서 "육신에 속한 자"(*sarkinoi/sarkikoi*)라고 책망한다(고전 3:1-4). 바울은 자기 자신이 "육신에 속하여"(*sarkinos*) 있다고 탄식한다(롬 7:14). 그리고 고린도전서 15장에서 제시되는 소망은 육의 몸(*sōma psychikon*)이 신령한 몸(*sōma pneumatikon*)으로 변화될 것이라는 소망이다(고전 15:44, 46).[165]

다른 한편으로 창조와 구속이라는 영지주의의 이원론은 부활한 몸을 "신령한 몸"으로 보는 바울의 개념에서 힘을 얻을 수 있었다고 주장할 수도 있을 것이다. 아마도 교부들은 이 점을 인식했기 때문에 부활할 것은 바로 **육체**라고 강하게 주장했을 것이다. 이미 이그나티오스는 이렇게 주장한다. "나는 예수가 부활 이후에도 육체 가운데 계셨음을 알고 있고 믿는다"(*Smyrn.* 3.1). 이 주장은 누가복음 24:39을 근거로 하되 바울에 근거한 것은 아닐 수도 있다. 이레나이우스와 테르툴리아누스는 그들의 대

162 참고. 고전 15:51; 엡 5:32.

163 고전 13:2; 14:2.

164 롬 11:25; (16:25); 골 1:26-27; 엡 3:3-10에 의해 잘 표현됨. 이는 다른 언급들—고전 2:1, 7; 4:1; 골 2:2; 4:3; 엡 1:9; 6:19—의 배경에 있는 일차적인 사고였을 것이다.

165 또한 주목해야 할 것은 오리게네스에 따르면 바실리데스가 바울의 "나는 죽었도다"(롬 7:9)를 환생에 대한 언급으로 해석했다는 점이다(Pearson, 'Basilides the Gnostic', 18을 보라).

적들이 고린도전서 15:50("혈과 육은 하나님 나라를 이어받을 수 없고")에서 활용할 수 있었던 자산에 분명히 관심이 있었지만,[166] 이 구절에서 그들에게 유리한 의미를 끌어내려는 그들의 시도는 별로 설득력이 없다.[167] 에피파니우스는 이 대목에서 다소 재미있게 다음과 같은 말로 발렌티누스주의자들을 꾸짖는다. "그들은 죽은 자의 부활을 부정하면서 부활하는 것은 이 몸이 아니며 몸에서 또 다른 것이 부활한다는 불가사의하고 우스꽝스런 말을 하고 그 또 다른 것을 영적인 몸이라고 부른다"(*Pan.* 31.7.6). 그러나 바울이 실제로 부활의 몸을 "신령한" 몸, 땅속으로 들어가는 몸과 다르며(고전 15:37) 죽고 썩어 없어질 수 있는 혈과 육으로 된 죽는 몸(고전 15:42-50)과 다른 몸을 상상했다는 것은 분명하다.[168]

여기서 간과된 것은 "(부활한 자들이) 어떠한 몸으로 오느냐?"(15:35)는 질문에 대한 바울의 해답의 깔끔함이다. 즉 그의 "몸"과 "육체"의 구별이다. 부활의 **몸**에 대한 믿음을 유지함으로써 바울은 하나님이 만드신 선한 물질적 창조세계에 대한 히브리적인 이해를 유지하면서 그와 동시에 사실상 보다 전형적인 헬레니즘의 물질적인 것에 대한 반감을 육체에 대한 그 나름의 경고, 심지어 육체에 대한 반감이라고 할 만한 것으로 전

---

166 Irenaeus, *adv. haer.* 1.30.13(Foerster, *Gnosis*, 1.93)과 *Gospel of Philip* 23b(*NTA*, 1.191) = 56.32-34(*NTL*, 144)에 나오는 오피스파가 했듯이 말이다. 이레나이우스는 "이것은 모든 이단자들이 자신들의 어리석음의 근거로 제시하는 본문"이라고 한탄한다(5.9.1).

167 Irenaeus, *adv. haer.* 5.9-14; Tertullian, *de res. carn.* 48-50. 이하 §47.6 및 Wiles, *Divine Apostle*, 44; Pagels, *Paul*, 85-86을 보라.

168 *Beginning from Jerusalem*, 827–30에서 지적했듯이 바울이 고전 15:42-54에서 제시하는 일련의 긴 두 개의 대립적인 항목에서 "혈과 육"은 "썩을 것"(15:42, 50), "욕된 것"(15:43), "약한 것"(15:43), "육의 몸"(15:44-46), "흙에 속한 자"(15:47-49), "죽은 자들"(15:52), "썩을 것"(15:53-54), "죽을 것"(15:54)과 함께 (부정적인) 항목에 속하며, 이는 "썩지 아니할 것", "영광", "영광스러운 것", "강한 것", "신령한 몸", "하늘에 속한 이", "썩지 아니할 것", "썩지 아니함", "죽지 아니함"으로 구성되는 (긍정적인) 항목과 대립적으로 대비된다.

환시켰다.[169] 그러한 구별을 무시하고 잃어버리는 것은 곧 부활에 대한 바울의 논의의 절묘함을 놓치고 그것이 영지주의자들에게 응답이 될 수 있는 가능성을 상실하는 것이다.

이와 대조적으로 초기 교부들은 바울의 구별을 무시하고 몸과 육체에 대한 보다 그리스적인 식별로 되돌아감으로써, 육체적이고 물질적인 것을 경멸한 영지주의를 논박했을지도 모른다.[170] 그러나 그와 동시에 육체와 몸에 대한 바울의 구별을 버림으로써 그들은 육체에 따라 사는 것에 대한 바울의 경고를 몸과 하나님의 창조세계의 유형적 특성이 지닌 자연적 기능에 대한 반감으로 이해될 수 있는 가능성을 열었다. 특히 후기 교부들인 아우구스티누스와 히에로니무스의 경우 성적인 역할은 육체적이고 부정적이며 원죄를 전달하는 수단이 되어버렸고, 처녀성과 독신 생활은 (하나님이 남자와 여자를 서로를 위해 만드셨다는) 보다 성경적인 창조 신학에서는 결코 허용될 수 없을 정도로 칭송받았다.[171]

따라서 주류 교회는 바울의 인간학과 부활의 몸에 대한 개념의 절묘함을 지나치게 단순화함으로써 바울을 영지주의 "이단"에 맞선 "정통"의 대변자로 보존했고, 이는 성생활에 대한 기독교적 평가에 있어서 해로운 장기적 효과를 초래했다. 바울을 영지주의자들에 맞선 위대한 투사로 끌어들이는 것은 상처뿐인 승리나 마찬가지였다.[172]

169 예를 들면 롬 7:18; 8:7; 갈 5:16-17; 6:8에서와 같이. 추가적으로 *Theology of Paul*, §§ 3.2-3.4을 보라.

170 참고. Wiles, *Divine Apostle*, 26-29.

171 아이러니하게도 그들은 일반적인 성적 역할에 대한 반감을 대부분의 영지주의자들과 공유했다.

172 혹자는 교부시대 교회의 양성 기독론이 영지주의적인 이원론적 세계관과 비슷한 것을 반영하는가 하는 질문을 던져볼 수도 있을 것이다(참고. Rudolph, *Gnosis*, 372).

b. 마르키온—급진적 바울주의자

우리가 마르키온을 지금까지 남겨둔 이유는 그를 "주류 교회"와 "주류 교회"의 사도라는 바울의 지속적인 지위에 그토록 도전과 위협이 되게 만든 것이 특히 그가 바울을 사용한 용도였기 때문이다.[173] 하르나크는 심지어 바울을 "최초의 개신교도"로 묘사하기까지 했다.[174] 스티븐 윌슨(Stephen Wilson)은 "마르키온파 교회는 2세기의 전성기 동안 기독교의 지배적인 형태들 중 하나였다"고 지적한다.[175]

마르키온은 처음에는 케르도(Cerdo)의 제자로 기억되며, 케르도는 이레나이우스에 따르면 "시몬의 추종자들에게서 그의 체계를 가져왔고" "율법과 예언자들이 선포하는 하나님은 우리 주 예수 그리스도의 아버지가 아니며…전자는 의롭지만 후자는 자비롭다고 가르쳤다"(Irenaeus, *adv. haer.* 1.27.1).[176] 마르키온은 명백히 케르도의 가르침을 받아들여 발전시켰

---

173 J. Knox는 Theodor Zahn의 다음과 같은 말을 인용함으로써 그의 책 *Marcion and the New Testament*(University of Chicago, 1942, reprinted 1980)의 앞머리를 장식한다. "2세기의 어떤 기독교인 교사도 교회 정경의 역사에서 이단자 마르키온만큼 그렇게 중요한 자리를 차지하지 못한다"(vii). Hoffmann은 (이 말이 지나친 단순화임을 인정하면서) "마르키온에게 있어서 바울은 교황의 권위를 차지하며 유일하게 오류가 없는 교사"라고 결론짓는다(*Marcion*, 308).

174 King, *Gnosticism*, 66. Harnack는 마르키온을 2세기의 루터로 간주한다는 이유로 종종 비판받았다. 예를 들면 T. D. Still, 'Shadow and Light: Marcion's (Mis)construal of the Apostle Paul', in Bird and Dodson, eds., *Paul and the Second Century*, 91-107(여기서는 95과 n. 23)을 보라.

175 Wilson, *Related Strangers*, 208; Wilson은 마르키온의 가르침에 대한 유용한 분석을 제공한다(211-12).

176 Eusebius, *HE* 4.11.2에 의해서도 인용됨. Justin Martyr, *1 Apol.* 26.5도 이와 비슷한데 이레나이우스는 아마도 그의 말을 인용했을 것이다(*adv. haer.* 4.6.2). 더 자세히 말하자면 테르툴리아누스에 따르면 케르도는 "두 가지의 제1원인, 즉 하나는 선하고 다른 하나는 잔인한 두 하나님을 도입하는데, 선한 하나님이 더 우월하고 후자인 잔인한 하나님은 세상의 창조자이다. 케르도는 예언과 율법을 거부하고 창조자 하나님을 포기하며, 오신 그리스도는 우월한 하나님의 아들이라고 주장하고, 그는 육체의 본질 가운데 있지 않았다고

다. 즉 율법과 예언자들이 선포한 하나님은 전쟁을 기뻐하는 악의 창시자였다는 것이다.[177] 그러나 "세상을 창조한 하나님보다 높은 그 아버지에게서 나온" 예수는 "유대 지방에서 사는 사람들에게 인간의 모습으로 나타나 예언자와 율법과 세상을 만드신 그 하나님의 모든 역사를 폐했다"(1.27.2).

테르툴리아누스에 따르면 케르도는 또한 축소된 누가복음과 "모든 편지도 아니고 온전한 형태로 있는 것도 아닌" 바울의 몇몇 편지만 받아들였고 사도행전과 요한계시록은 거부했다(*adv. haer.* 6). 그렇다면 이는 마르키온 역시 누가복음을 "훼손"하고 우주의 창조자가 자신의 아버지라고 고백하는 예수의 가르침을 제외시켰으며 바울의 편지들을 비슷한 방식으로 분해하고 바울이 예언서에서 인용한 구절들을 전부 제거했다는 이레나이우스의 기록(Irenaeus, *adv. haer.* 1.27.2)을 설명하는 데 도움이 될 것이다.

마르키온이 바울에게서 직접 영감을 얻었든 단순히 케르도에게서 받은 유산을 정교하게 다듬었든[178] 바울이 마르키온의 가르침과 사실상

단언하며, 그는 단지 환영의 형태로만 존재했고 실제로 고난을 받은 것이 아니라 고난과 유사한 것을 겪었고, 처녀에게서 태어난 것이 아니며 사실은 전혀 태어난 적이 없다고 진술한다"(Tertullian, *adv. haer.* 6).

177 Tertullian, *adv. Marc.* 1.2도 함께 보라(마르키온은 사 45:7을 인용했다). Still, 'Shadow and Light', 96-99도 함께 보라. 마르키온은 아마도 영지주의자로 묘사될 수 없을 것이다. 그는 창조자인 데미우르고스를 열등한 두 번째 하나님으로 보는 영지주의의 개념을 차용했거나 거기에 동의했고 예수를 가현설적인 관점에서 생각했다. 그러나 그는 (물질적인) 세상이 어떻게 창조되었는지에 관한 영지주의의 이원론적인 추론에 동조하지 않았고 구원 얻는 영지(gnosis)를 대단히 강조하지도 않았다(Hoffmann, *Marcion*, 175-79). 이 문제에 대한 논의는 Lindemann, *Paulus*, 387-79에서 간략하게 검토하고 있다. 앞의 § 38 n. 157도 함께 보라. "마르키온은 새로운 계시를 선포하는 예언자가 되기를 원하지 않았으며, 바울이라는 가명 아래 위서로 자신의 생각을 발표하려 한 적도 없다"(Koester, *Introduction*, 2.330).

178 Moll은 마르키온이 케르도의 제자였다는 주장을 반박한다(*Marcion*, 41-43). Räisänen도 마르키온이 케르도와 가까운 관계였다는 주장은 의심스럽다고 생각한다('Marcion', 104).

자신이 바울의 가장 참된 추종자라는 그의 주장의 일차적인 전거를 제공했다는 사실은 변치 않는다.[179] 테르툴리아누스는 실제로 마르키온이 어떤 저자도 그의 복음서의 출처로 간주하지 않았지만 "그 문헌의 단 하나의 전거인 성 바울 자신의 이름으로 자신의 복음서를 펴냈을"지도 모른다고 지적한다(*adv. Marc.* 4.2).[180] 마르키온의 출발점은 아마도 율법과 복음의 대립이었을 것인데, 이를 그는 바울에게서 꽤 쉽게 도출할 수 있었고,[181] 이는 명백히 그러한 기본적인 대립의 결과들을 이용하고 산출하도록 의도된 「대조표」를 쓰기 위한 기초가 되었다.[182] 여기서 중요한 것은 마르키온이 바울의 갈라디아서, 즉 바울 서신 중에서 복음과 율법의 대립이 가장 분명하게 표현되는 가장 지속적으로 논쟁적인 편지를 그의 바울 서신 모음집의 맨 앞에 배치한 것으로 보인다는 사실이다(Tertullian, *adv. Marc.* 5.2).[183] 율법은 구약의 특징이 되었으므로 구약 그 자체는 이 대

179 마르키온이 초기 교회로 하여금 대체로 알려지지 않은 바울이라는 인물을 인식하게 했다는 Harnack의 견해(*Marcion*, 12)에 대해 이 장에서 이미 검토한 증거는 그와 다르게 말하고 있다. "마르키온은 바울을 전거로 삼은 것이 아니라 바울의 권위를 이용했다"(Moll, *Marcion*, 86). "바울의 편지들이 당시 존재한 기독교 세계의 여러 지역에서 이미 인정받은 지위를 갖지 않았다면 마르키온의 급진화된 바울주의가 거둔 성공을 거둘 수 있었을지 의문이다"(Räisänen, 'Marcion', 116).

180 "마르키온의 바울주의"에 대해서는 Hoffmann, *Marcion*, 7장도 함께 보라.

181 예를 들면 롬 3:20; 7:4-6; 고후 3:6; 갈 2:19; 3:13; 5:1; 골 2:20-23 그리고 갈라디아서, 고후 3, 10-13장, 빌 3장에서 "유대주의자들"로 보통 언급되는 자들과 바울과의 반복적인 대립이 전형적으로 보여주는 것처럼 말이다. 루터교가 대체로 그와 같은 율법과 복음의 대립을 중심으로 그 나름의 체계를 구축했다는 점을 상기하는 것은 우리를 다소 불안하게 한다.

182 Tertullian, *adv. Marc.* 1.19; 4.1. Moll은 「대조표」(*Antitheses*)가 마르키온파의 일종의 교리문답 역할을 한, 구약과 신약에서 뽑은 모순적인 본문들의 다소 짧은 모음집이었다고 생각한다. 그것은 광범위한 주석이 아니었고 이전의 연구에서 과대평가되었다(*Marcion*, 107-14, 120). E. W. Scherbenske는 *Canonizing Paul: Ancient Editorial Practice and the Corpus Paulinum*(Oxford University, 2013)에서 「대조표」는 성경 본문의 독자들을 올바른 해석으로 인도하기 위한 입문서였다고 주장한다 (74-85).

183 Hoffmann, *Marcion*, 75-76.

럽의 부정적인 쪽에 해당되었고 구약의 하나님도 마찬가지였다.[184] 같은 논리로 구약에 의존하거나 구약에서 비롯된 모든 것은 복음과 분리시켜야 한다. 거기에는 구약 그 자체와 신약의 모든 구약 인용구 및 구약에 의존하는 부분들이 포함되었다. "이 사람은 감히 노골적으로 성경을 훼손한 유일한 사람"이라는 이레나이우스의 선언(*adv. haer.* 1.27.4)이 나온 것은 바로 이 때문이다. 테르툴리아누스가 "마르키온이 노골적이고 공개적으로 펜이 아니라 칼을 사용한 것은 그가 그와 같이 잘라낸 성경을 자기만의 주제에 적합한 것으로 만들었기 때문"이라는 신랄한 발언(*de praescr. haer.* 38)을 한 것도 그 때문이다. 따라서 마르키온은 전통적으로 바울의 추종자인 누가의 훼손된 복음서에만 의존했고 다른 사도들(과 그들에게서 비롯된 복음서들)은 신뢰할 가치가 없음을 암시하기 위해 갈라디아서(갈 2:6-9, 13-14)와 고린도후서 11:13을 사용했으면서도[185] 자신이 바울 서신의 본문에 추가된 불순물로 간주한 것은 제거했다(Tertullian, *adv. Marc.* 4.2-5).[186]

마르키온의 복음서에는 매력적인 단순성—구약의 형벌적인 하나님과 예수와 바울의 은혜로운 하나님 사이의 끝없는 긴장에 대한 해결—이 있었다. 이처럼 명쾌하면서도 그 같은 긴장이 제거된 신앙을 원하는 이들에게 마르키온이 그토록 영향력이 있었던 것은 놀랄 일이 아니다.[187] 그러한 지나치게 단순한 믿음에 있어서 (고후 3장에서와 같은) 옛 언약과 새 언약, "문자"와 "성령"에 대한 바울의 대조의 예리함은 하나의 종교적 체계

---

184 Ehrman, *Lost Christianities*, 104-7. 그러나 앞의 §38 n. 160을 보라.

185 Hoffmann, *Marcion*, 101-5, 135-39, 146-53도 함께 보라.

186 Still, 'Shadow and Light', 102. 추가적으로 U. Schmid, *Marcion und sein Apostolos* (Berlin: de Gruyter, 1995)를 보라. Scherbenske는 마르키온의 "본문상의 조작"의 예들을 논한다(*Canonizing Paul*, 94-115).

187 앞의 §38 n. 161을 보라.

전체에 열쇠를 제공하는 것으로서 매력이 없을 수가 없었다. 유대인 메시아 분파 지도자들과 바울의 이방인 선교 사이의 긴장은 결코 그렇게 급진적으로 활용되지 않았다.[188] 이것이 정말로 바울과 그의 선교에 대해 적대적이었던 유대 그리스도인들이 두려워했던 것인가? 이것이 태동기의 기독교를 그 유대적인 모체로부터 해방시키려는 한 운동의 필연적인 결말이었는가? 마르키온은 그러한 궤적이 바울에게서 나올 수 있음을 입증했고 마르키온을 일축한 이들이 바울을 훨씬 더 잘 이해했는지는 전적으로 분명치 않다.[189]

물론 훼손된 바울 서신과 불순물이 섞인 누가복음을 기반으로 한 체계는 분명한 도전에 취약했다.[190] 테르툴리아누스는 마르키온의 주장을 약화시키는 데 별 어려움이 없었다.[191] 바울은 비록 하나님의 옛 율법 중 일부를 폐기했지만 어떤 새로운 하나님도 전파하지 않았다. 그리스도가 계시하신 하나님은 창조자였다(*adv. Marc.* 1.21). (그리스도의 육체에 대한 부정으로 인해) 그리스도의 고난과 죽음의 실재성을 부정하는 것은 곧 그리스도의 부활을 부정하는 것이고 따라서 고린도전서 15:12-19에서의 바울의 논증을 뒤집는 것이었다(*adv. Marc.* 3.8). 바울과 베드로 간의 갈등(갈 2:13-14)은 과장되어선 안 된다. 베드로는 단순히 여러 사람에게 여러 모습이 되겠다는 바울 자신의 원칙(고전 9:22)에 따라 행동한 것일지

---

188 Knox는 의심할 여지가 없는 "바울과 유대주의자들의 갈등…과 마르키온과 로마 교회의 갈등 사이의 역사적 연속성"을 발견한다(*Marcion*, 15).

189 Wiles는 "E. Hoffmann-Aleith가 크리소스토모스의 바울 해석에 대한 연구[*ZNW* 38 (1939), 138]를 크리소스토모스는 초기 교회의 신학자들이 바울에 대한 흠모를 바울에 대한 무의식적인 몰이해와 어떻게 결합시켰는지를 보여주는 인상적인 한 예라고 밝히면서 마무리한다"고 지적한다(*Divine Apostle*, 3). Wilson, *Related Strangers*, 218-21도 함께 보라.

190 Moll은 마르키온이 누가복음에서 삭제한 부분들의 목록을 제공한다(*Marcion*, 92-98).

191 A. M. Bain, 'Tertullian: Paul as Teacher of the Gentile Churches', in Bird and Dodson, eds., *Paul and the Second Century*, 207-25(여기서는 209-15)도 함께 보라.

도 모르기 때문이다(*adv. Marc.* 4.3). 누가복음과 마찬가지로 이제 복음서에 대한 "주의 깊은 해석"이라고 부를 만한 해석을 통해 테르툴리아누스는 그리스도와 창조자의 관계는 분명하게 관찰될 수 있다고 효과적으로 주장할 수 있었다(*adv. Marc.* 4.13-43). 그리고 제5권에서 테르툴리아누스는 바울 서신에 대해서도 똑같은 일을 한다. 즉 "그 편지들은 구약 문헌들과 완벽하게 일치했고 따라서 창조자가 유일한 하나님이며 주 예수는 그분의 그리스도임을 증언했다"는 점을 입증한다.[192] 예를 들면 마르키온의 가르침은 고린도전서 1:18-25(*adv. Marc.* 5.5)이나 우리의 유월절이신 그리스도(고전 5:7; *adv. Marc.* 5.7)를 전혀 이해하지 못한다. 마르키온은 고린도전서 15:45의 "마지막 아담"을 "마지막 주님"으로 바꿔놓는다. "마지막 아담"은 그리스도를 첫 아담의 창조자와 연결시키기 때문이다(*adv. Marc.* 5.10). 고린도후서 3장은 두 하나님을 상상하는 것으로 이해될 수 없다(*adv. Marc.* 5.11). 마르키온이 로마서를 훼손하는 정도는 마르키온의 복음이 얼마나 바울과 다른지를 보여준다(*adv. Marc.* 5.13). 로마서 8:3의 "죄 있는 육신의 모양으로" 보내진 예수는 가현설적인 관점에서는 이해될 수 없다. "모양"은 "육신"이 아니라 "죄 있는"과 관련이 있기 때문이다(*adv. Marc.* 5.14). 그리고 골로새서 1:15-17은 분명 그리스도를 창조와 긴밀히 관련되어 있고 창조자를 볼 수 있게 만드는 분으로 묘사하고 있다(*adv. Marc.* 5.19).[193]

따라서 바울에 대한 마르키온의 설명은 비판에 취약하지만,[194] 마르키온이 바울의 문제를 날카롭게 폭로하고 있다는 불편한 사실은 그대로

---

192 *ANF* 3.429.

193 Still, 'Shadow and Light', 105-6도 함께 보라.

194 "그의 로마서 편집은 모든 로마서 편집 중에 가장 극단적인 것이었다"(Wilson, *Related Strangers*, 214). 그러나 J. M. Lieu, '"As much my apostle as Christ is mine": the Dispute over Paul between Tertullian and Marcion', *Early Christianity* 1 (2010), 41-59도 함께 보라.

남는다. 문제는 "이단"뿐만 아니라 "정통"에 의해서도 너무 자주 불균형적인 방식으로 "해결"되는 바울 신학의 복잡성과 미묘함이었다.[195] 이 문제가 발생한 까닭은 바울이 스스로 그 이전의 계시로 간주한 것(이스라엘의 종교와 이스라엘의 성경)과 그를 발견하고 변화시킨 그리스도를 통한, 그리스도에 대한 새로운 계시를 일관된 방식으로 종합하려 애썼기 때문이다. 바울은 독특한 유대인의 신앙을 광범위한 비유대인 청중에게 선포하기 위해 애쓰고 있었다. 그는 오래된 말들을 새로운 언어로 번역하고 그 이전에 한 번도 언급된 적 없는 말을 이해하기 쉽게 말해야 할 필요성을 의식했다. 베드로후서에서 "그[바울의 편지들] 중에 알기" 어렵고 왜곡하기 쉬운 것이 "더러" 있음을 발견한 것(3:16)은 당연한 일이다. 오늘날까지도 여전히 주석가와 신학자들은 바울을 일관되지 못하다고 생각하거나 바울 신학의 특별히 중요한 특징 하나를 취하여 그것을 전체를 해석하는 열쇠로 삼고 다른 모든 특징은 선택된 특징의 분명하고 단순한 통찰을 혼란스럽게 만들기 때문에 그 하나에 종속시키거나 없애버린다.[196] 마르키온의 바울주의는 보다 복잡한 체계의 한 측면과 강조점이 그 체계에서 추출되어 하나의 극단으로 치닫게 되는 모습의 고전적인 예다.[197] 테르툴리아누스와 그 밖의 사람들이 입증한 것처럼 바울의 신학과

195 참고. Wiles, *Divine Apostle*, 132-39.

196 예를 들어 바울의 율법에 대한 태도와 행위가 아닌 믿음에 의한 칭의에 관한 그의 가르침 및 행위에 따른 심판에 관한 그의 가르침 사이의 긴장을 일관되게 이해하는 데 있어서의 지속적인 문제점들은 이 점을 너무나 잘 보여준다. 예를 들면 다음 참고문헌들을 보라. H. Räisänen, *Paul and the Law* (WUNT 29; Tübingen: Mohr Siebeck, 1983); Dunn, ed., *Paul and the Mosaic Law*; J. D. G. Dunn, 'If Paul could believe both in Justification by Faith and Judgment according to Works, why should that be a problem for us?', in A. P. Stanley, ed., *Four Views on the Role of Works at the Final Judgment* (Grand Rapids: Zondervan, 2013), 119-41.

197 이는 마니교도의 경우에도 마찬가지다. 마니교는 많은 이들에게 "바울 신학의 이단"으로 간주되었다(*ODCC* 1027).

같이 심오한 신학을 그처럼 지나치게 단순화하는 것은 곧 그 신학에 충실하지 못하고 그 신학을 실질적으로 파괴하는 것이었다. 그러나 그와 동시에 기독교 변증가들과 신학자들로 하여금 단순히 바울의 말을 인용하거나 암시하기만 하는 것이 아니라 바울과 깊이 씨름하고 바울의 신학을 면밀히 조사하게 한 인물은 아마도 마르키온이었을 것이다.[198]

47.6 바울과 이레나이우스

이레나이우스는 바울과의 진지한 대결의 시초, 즉 "바울에 대한 최초의 위대한 해설자"였다.[199] 그는 명백히 바울 문헌 전체에 매우 친숙했고 바울의 편지들을 자주 쉽게 인용했다.[200] 따라서 이레나이우스는 2세기 말에 이르면 바울의 편지들이 이미 모아졌고 널리 유포되었으며 (이레나이우스는 갈리아 지방에 기반을 두고 있었다) 잘 알려지고 사용되고 있었다는 반박할 수 없는 증거를 제공한다. 특히 그의 책 제1권에서 분명히 드러나듯이, 그는 발렌티누스주의자들과 마르키온[201]도 그들의 체계를 구축하면서 바울을 이용했다는 것을 분명히 알고 있었다. 그러나 그는 자신이 그들 용법의 혼란함과 무가치함을 입증할 수 있다고 전적으로 확신했다. 그의 대적들이 바울에 관해서 어떤 주장을 하든 그런 주장들에도 불구하고

198 Lindemann, *Paulus*, 395.

199 Osborn, *Irenaeus*, 189.

200 이레나이우스는 빌레몬서를 제외하고 바울의 저작으로 간주된 모든 편지, 특히 로마서와 고린도전서를 인용하거나 분명하게 이용했고, 고린도후서, 갈라디아서, 에베소서, 빌립보서, 골로새서에 대해서도 그와 비슷하게 친숙했다. B. C. Blackwell, 'Paul and Irenaeus', in Bird and Dodson, eds., *Paul and the Second Century*, 190-206(여기서는 192-93)을 보라.

201 마르키온주의자들은 "바울만이 진리를 알았고 그에게 계시를 통해 비밀이 드러났다고 주장한다"(*adv. haer.* 3.13.1).

이레나이우스가 보기에 바울이 그 가르침으로 주류 교회의 신앙을 확립한 "그 사도"라는 점에는 의심의 여지가 없었다.

더구나 이레나이우스는 바울과 대결했고 바울과 함께 그리고 바울을 통해 신학을 연구했다. 이레나이우스는 마치 "이단자들"의 오해를 입증하는 데는 단순한 인용 하나면 충분한 것처럼 단순히 바울 서신의 구절들을 인용만 한 것이 아니었다. 예를 들어 *adv. haer.* 3.7.1-2에서 이레나이우스는 고린도후서 4:4, 갈라디아서 3:19, 데살로니가후서 2:8에 대한 주의 깊은 해석에 몰두한다. 제4권에 나오는 일련의 구절들에서 그는 갈라디아서 3:5-9(4.21.1), 로마서 9:10-13(4.21.2), 로마서 4장(4.25.1-3), 고린도후서 3장(4.26.1)에 있는 바울의 논증에 대한 분명한 이해를 보여준다. 바울에 대한 그의 의존은 제4권의 마지막 문단(4.41.4)에서 강조된다. 특히 흥미로운 것은 그가 고린도전서 15:50—"혈과 육은 하나님 나라를 이어받을 수 없고"(5.9-14)—에 대한 악용과 오해로 간주하는 해석을 "혈과 육"을 "그들 자신 안에 하나님의 영이 없는 이들"로 해석함으로써(5.9.1) 반박하려는 제5권에서의 장황한 시도다. "육체는 하나님의 영이 결핍되면 생명이 없는 죽은 것이며 하나님 나라를 소유할 수 없다"(5.9.3). "성령이 없는 사람은 하나님 나라를 상속받을 수 없다"(5.10).

그러나 이레나이우스는 그의 총괄갱신(recapitulation)에 대한 명제, 즉 말씀이자 하나님의 아들이신 그리스도가 그분 안에서 아담을 재현했다는 명제에 있어 스스로 바울을 근거로 자기 나름의 신학을 구축한 바울주의자였음을 가장 분명하게 입증한다.[202] 이레나이우스는 특히 로마서 5:14과 고린도전서 15:20-22을 근거로 삼는다(3.22.3, 4). 그리스도 안에서 한 하나님은 "인류를 재형성하셨다"(4.24.1). 말씀은 "아담을 형성

202 *adv. haer.* 3.21.10-23.8; 4.24. 1; 6.1.2; 14.1-3; 20.2; 21.1-3.

한 옛 실체와 하나가 된 뒤 자연적인 것[아담] 안에서 우리가 모두 죽은 것처럼 영적인 것 안에서 우리가 모두 살아나게 하시기 위해 인간을 완벽한 아버지를 받아들이는 살아있고 완전한 존재로 만드셨다"(5.1.2). 그는 "자신의 몸 안에 인간의 본성을 압축해서 보여주시고…자신 안에서…아버지의 원래의 작품을 재현하셨다"(5.14.2).[203] 이로 인해 이레나이우스는 아담의 구원을 부정한 이들을 반박할 수 있게 되었다. "인간이 구원을 받는 한, 원래의 인간으로 창조된 자는 구원을 받는 것이 적절하다." "아담은 그의 행동으로 자신의 회개를 보여주었기 때문이다." "그러므로 주님이 인간, 즉 아담에게 생명을 주실 때 죽음은 그와 동시에 소멸된다"(3.23.2, 5, 7).[204] 그러나 더 중요한 것은 이레나이우스의 총괄갱신에 관한 명제가 발렌티누스주의자들과 마르키온의 구원론에 대한 그의 반박의 핵심이었다는 점이다. 아담을 만드시고 자기 아들을 보내신 분은 동일한 한 하나님이었다. 구원은 육체와 결합된 말씀을 통해 성취되었다. 육체의 부활을 보증하는 것은 그 아들이 육체를 입으신 일이다. "육체가 구원받을 위치에 있지 않았다면 하나님의 말씀은 결코 육체가 되지 않았을 것이다"(5.14.1).[205] 총괄갱신의 신학 안에서 바울의 아담 기독론과 요한의 성육신 기독론을 성공적으로 조합하여 진정으로 성경적인 신학을 제시

203 이레나이우스는 이렇게 해서 바울의 기독론에서 긴장이 발생하는 지점 중 하나를 해결했다. 즉 예수는 단순히 시 110:1에 의해서만이 아니라 시 8:4-6의 성취를 통해서도 주님이라는 것이었다. 바울의 사상에서 이 두 역할이 통합되었다는 점은 시 8:6과 시 110:1의 마지막 시행들이 똑같은 것을 말했다는 사실에 의해 나타난다(*Beginning from Jerusalem*, 897-98 n. 165).

204 이는 아담의 구원을 부정하는 타티아노스의 입장에 대한 반응이었다(*adv. haer.* 1.28.1, 앞에서 §40.2f에서 인용됨).

205 "이레나이우스에게 있어서 성육신은 인간을 죽음과 부패에서 구원하기 위해 물리적으로 필요했다"; "하나님과 인간은 그리스도 안에서 연합되며, 그리스도 안에서는 아담의 죄가 뒤집어지고 그리스도의 온전함이 성취된다"(Osborn, *Irenaeus*, 101, 110-11; 추가적으로 5장을 보라). Blackwell, 'Paul and Irenaeus', 200-4도 함께 보라.

한 것은 특히 이레나이우스의 천재성이었다.[206]

그로 인한 한 가지 사소하지 않은 필연적 결과는, 그리스도의 죽음이 여전히 이레나이우스와 그의 영지주의자 논적들 사이의 갈등의 중심점이지만 죄를 위한 속죄의 제사로서의 십자가에 대한 바울의 강조점이 결다리로 밀려난다는 것이다. 강조점은 오히려 바울이 로마서 5:12-21에서 암시한 것처럼(2.20.3; 3.18.7) 죽음의 소멸로서의 그리스도의 죽음의 실재성과 그로 인한 아담의 부패의 역전에 있다.[207] 그러나 더 중요한 것은 이레나이우스가 목회 서신과 사도행전을 통해 바울을 해석하는 주류 교회의 관점에 굴복하지 않았다는 점이다. 이레나이우스의 신학은 바울의 주요 서신, 특히 로마서와 고린도전서와의 직접적인 상호작용을 통해 형성되었고 바울의 신학과 바울에 대한 신학적 논의가 그 이후의 기독교에 있어서 생산적인 원동력을 형성하게 했다.

따라서 바울을 기독교 신학의 핵심에 놓은 이는 바로 이레나이우스이므로 이레나이우스 이후 테르툴리아누스와 오리게네스부터 시작해서 어느 정도 시차를 두고 크리소스토모스와 몹수에스티아의 테오도레, 서방에서는 마리우스 빅토리누스, 암브로시아스테르, 히에로니무스, 아우구스티누스 등이 뒤를 이으며 바울 서신들에 대한 해석학적 주석과 해설을 지속적으로 쓴 것은 결코 놀랄 일이 아니다. 그리고 그 이후 바울의 해설자들인 오리게네스와 그의 계승자들에 의해 바울이 과도한 칭찬을 얻

206 "R. Seeberg는 이레나이우스를 최초의 위대한 성서주의의 대표자로 규정했다. 그러나 이는 전혀 사실이 아니다. 이레나이우스는 대부분의 신학자들보다 성경의 신학을 더 엄밀하게 분석하기 때문이다. 이레나이우스의 고유한 신학은 바울과 요한을 증거 본문을 초월하며 심오한 이해에 바탕을 두는 방식으로 조합하고 있다"(Osborn, *Irenaeus*, 172). 이하 § 49 n. 69도 함께 보라.

207 참고. Osborn, *Irenaeus*, 118-21; "요한은 바울이 십자가에 못 박힌 그리스도에게 부여하는 핵심적 위치에 반대하는 것이 아니라 성육신으로 거기에 동참한다"(186).

게 한 이가 아마도 이레나이우스일 것이다.[208]

47.7 요약

사실 바울은 기독교 역사 안에서 여전히 다른 이들과 상반되고 까다로운 인물이며 그의 편지들은 확신을 주는 만큼이나 도발적이다. 그러나 그의 편지들이 그토록 소중한 신약 정경의 일부가 된 이유는 바로 그 때문이다. 바울은 (예수처럼) 신약 정경을 인정하는 기독교가 너무 자기만족적이고 순응적이며 편안한 정체성이나 매우 논리 정연한 신학이나 실천의 체계에 지나치게 만족하는 것을 막아준다. 예수를 믿는 유대인 신자가 바울을 배교자라고 비난하거나 발렌티누스나 마르키온이 바울을 그들의 서로 다른 체계에 그토록 영감을 주는 인물로 여길 수 있었다는 사실은, 극히 단순하게 일관된 신학이나 지나치게 안일한 교회는 바울을 잃어버린 것이라는 끊임없는 경고가 되어야 한다. 그와 동시에 바울이 이레나이우스, 아우구스티누스, 루터 같은 인물들에게 영감을 줄 수 있었다는 사실도 충분한 답변이 되어야 한다. 바울이 말한 것과 같은 유형의 교회나 신학은 언제나 내적 긴장이 있고 다소 거칠며 다양한 형태와 표현을 허용하거나 장려할 것이다. 그것이 곧 전제와 추정에 도전하고 모든 세대의 교회(들)에게 문제의 핵심은 언제나 주 예수 그리스도의 아버지이신 하나님의 은혜와 자비에 대한 순전한 신뢰임을 상기시켜 주

---

208 M. W. Elliott, 'The Triumph of Paulinism by the Mid-Third Century', in Bird and Dodson, eds., *Paul and the Second Century*, 244-56도 함께 보라. 3세기부터 계속된 바울에 대한 존경은 Wiles, *Divine Apostle*, 19-25에서 실증하고 있다. King, *Gnosticism*, 99-100도 함께 보라.

는 바울의 원래 역할이었다. 그것은 바울이 여전히 수행하고 있는 역할이다.

베드로

48.1 서론

1세대(태동기) 기독교의 세 명의 주요 인물이 끼친 지속적인 영향을 평가하는 일에 관한 한 베드로는 가장 흥미로운 인물임을 알 수 있다. 바울의 지속적인 영향에 대해서는 그가 소아시아와 그 밖의 곳에 세운 교회들의 성장에 있어서나 그가 사실상 기독교에 물려주어 기독교의 특성과 신학을 그토록 예리하게 규정한 편지들에 있어서나 의심의 여지가 별로 없다. 심지어 야고보의 경우에도 사도행전에서와 바울의 편지를 근거로 한 추론을 통해 암시되는 바와 같은 첫 세대에서의 그의 중요성과 그(야고보)의 저작으로 간주된 편지와 특히 유대 기독교 문헌에서 암시되는 바와 같은 토대를 형성한 인물로서의 그의 지속적인 영향력에 대한 분명한 인상은 명백하다. 그러나 베드로의 경우에는 1세기와 2세기의 안개가 더 짙게 끼어 있어서 가장 두드러진 특징을 가려내기가 매우 어려워진다.

첫 세대에 이미 통용되었던 복음서 전승에서 보면 베드로/게바가 첫 번째로 이름이 거론되는 인물, 열두 제자의 지도자이자 대변인,[1] 예수의 가장 친밀한 세 제자(베드로, 야고보 요한) 중에 첫 번째로 언급되는 인물[2]로 기억되었다는 점은 분명하다. 바울은 부활하신 예수가 먼저 게바에게 나타나셨다는 신앙고백적 전승(고전 15:5)을 공인된 전승으로 인용한다. 부활하신 예수의 첫 번째 현현은 명예의 표시이자 현재 높임을 받으신 예수께 특별한 총애를 받는 관계의 증거로 명백히 인정받는 것이었다.[3] 그리고 누가는 베드로가 예루살렘 교회로 정착된 공동체의 최초의 지도자였다는 취지의 타당한 전승을 틀림없이 이용할 수 있었을 것이다(행 1-5장; 갈 1:18).[4]

그러나 그 이후에는 안개가 더 짙게 끼기 시작한다. 누가는 베드로가 최초의 사마리아 선교를 강화하는 활동을 했고(행 8장) 유대 해안 지방의 신자 집단들 사이에서 적극적인 (치유) 사역을 했으며(행 9:32-43) 특히 복음을 비유대인에게 개방하는 일에 뜻하지 않게 앞장섰다고 보고한다(행 10-11장). 그러나 그 이후 그의 움직임은 불분명해진다. 헤롯 아그립바에

1 막 3:16-19 및 병행 본문; 8:29, 32 및 병행 본문; 9:5 및 병행 본문; 10:28 및 병행 본문; 11:21; 14:29 및 병행 본문; 16:7.

2 막 5:37 및 병행 본문; 9:2 및 병행 본문; 13:3; 14:33 및 병행 본문. O. Cullmann은 *Peter: Disciple, Apostle, Martyr*(London: SCM, 21962)에서 "이 가장 핵심적인 구성원들 안에서도 전면에 서 있는 사람은 거의 언제나 베드로"라고 지적한다(25과 25-28). 다음 책의 견해도 마찬가지다. P. Perkins, *Peter: Apostle for the Whole Church* (1994; Minneapolis: Fortress, 2000), 72, 102. M. Bockmuehl은 *Simon Peter in Scripture and Memory*(Grand Rapids: Baker Academic, 2012)에서 "베드로는 예수가 사복음서 전체에서 이름으로 부르는 유일한 제자"라고 지적한다(25).

3 하지만 우리는 또한 §45.2에서 고전 15:3-7은 예수가 야고보에게 처음으로 나타나셨거나, 또는 그에게 특별히 은총을 베풀며 나타나셨다는 사실을 기억하는 이와 경쟁 관계에 있는 한 이야기(고전 15:7)를 통합한 것일 수도 있다고 지적했다. 그것은 예수 믿는 유대인 신자 집단이 소중히 여긴 전승이었다.

4 Hengel은 베드로가 다양한 이름(베드로, 시몬, 게바)으로 공관복음에서 75회, 요한복음에서 35회 등장한다고 지적한다. 신약에서 전체적으로 그는 직접 181회 언급되는 반면 바울/사울은 177회 언급된다(*Der unterschätzte Petrus*, 16).

의한 박해가 벌어지는 동안 베드로는 예루살렘에서 “다른 곳”(12:17)으로 사라지며 그곳의 정체는 한 번도 밝혀지지 않는다.[5]

바울과 누가는 둘 다 베드로가 이방인 신자들의 유입에 관한 예루살렘 공회에 참여한 일과 그가 이방인 신자들은 할례를 받을 필요가 없다는 최종 방침에 동의한 일을 다양하게 기록한다(갈 2:1-10; 행 15장). 사도행전의 기록이 그 논의와 결정에 대한 예루살렘의 시각을 반영한다면, 결정적인 주장은 베드로가 제기했지만 최종 결정은 야고보가 내렸다는 점에 주목하는 것이 중요하다. 바울에 따르면 야고보는 실로 동료 중 제1인자였지만(갈 2:9),[6] 베드로의 책임은 그 모임에서 결정된 것처럼 동료 유대인을 향한 선교에 매진하는 것이었다(갈 2:8-9). 그 후 베드로가 안디옥에서 한 행동(이방인 신자들과의 식탁 교제를 피한 일—갈 2:12)에서 도출할 수 있는 가장 분명한 추론은, 베드로가 (할례받은 이들을 향한) 자신의 일차적인 선교적 책임을 지나치게 의식했고 그에 따라 불필요하게 동료 유대인들의 심기를 건드리지 않고 싶어 했다는 것이다.[7] 그렇다면 베드로는 이방인 신자들과의 온전한 교제와 관련하여 야고보와 같은 편에 서서 보다 엄격한 방침(틀림없이 “사도 교령”으로 일컬어졌을 방침)을 취한 것으로 보인다.[8]

그 외에도 우리는 바울을 통해 베드로(게바)가 아내를 데리고 선교를 떠났다는 사실(고전 9:5)과 비록 베드로가 고린도를 방문했거나 고린도 교회에서 시간을 보냈다는 확실한 증거는 없지만 베드로의 영향력이

5 *Beginning from Jerusalem*, §26 n. 130을 보라.

6 하지만 D 사본은 순서를 바꾸어 갈 2:9에서 베드로를 야고보 앞에 놓는데, 이는 아마도 베드로가 셋 중에서 가장 유명한 인물이었을 것이라는 서방의 가정을 반영한 것일 것이라는 점에 유의해야 한다(Metzger, *Textual Commentary*, 592도 함께 보라).

7 *Beginning from Jerusalem*, §27.4-6을 보라.

8 다시 *Beginning from Jerusalem*, 461-69을 보라.

고린도 교회의 잠재적 파벌주의의 한 요소였다는 점(고전 1:12; 3:22)을 알 수 있다.[9] 물론 베드로가 고린도를 방문하지 않았다면 그의 이름이 고린도에 있는 어떤 이들에게 슬로건이 되었다는 사실 그 자체가 그가 개인적으로 사역한 지역을 넘어 보다 폭넓게 존경을 받았다는 증거다.[10]

따라서 베드로와 그의 영향력에 관한 1세대의 자료에서 얻을 수 있는 증거는 기껏해야 드문드문하며 모호한 그림만 남겨놓는다. 특히 첫 번째 세대를 가장 분열시킨 문제—이방인 신자들을 언약 백성의 핵심적인 정체성 표지가 된 것들(할례, 정결과 부정에 관한 율법)을 받아들이지 않고도 온전히 종말론적인 하나님의 백성의 일부가 된 것으로 간주해야 하는가 하는 문제—에 대해 베드로는 어떤 입장을 취했는가? 베드로는 야고보와 바울 사이 어딘가에 자신의 위치를 정했고 사실상 최소한 그 첫 번째 세대에게 있어서는 자신의 위상과 방침을 통해 (때로는 한쪽을 지원하고 때로는 다른 한쪽의 뒤를 따르며) 그들을 하나로 결속시켰는가? 베드로가 사도행전 뒷부분에 등장하지 않는다는 사실은 기원후 70년의 대재앙에 이르는 과정에서 베드로를 감싸고 있는 음모의 느낌을 한없이 고조시킨다. 베드로는 바울이 가져온 헌금을 받아들이도록 조언했을까? 아니면 예루살렘의 신자들이 아마도 그렇게 했을 법하듯이 바울과 관계를 끊었을까?[11] 아니면 어떻게 했을까?

베드로가 2세기에 끼친 지속적인 영향을 더 자세히 조사하려면 신약에 있는 베드로의 편지들, 다른 2세대 신약 문헌에 반영된 베드로의 중요성에 관한 증거, 이제는 친숙해진 사도 교부들과 변증가들을 통한 경로, 외경상의 베드로, 전술한 증거들만큼이나 친숙한 유대 기독교와 영지

---

9 이하 n. 86도 함께 보라.

10 Perkins, *Peter*, 114, 118.

11 다시 *Beginning from Jerusalem*, 970-78을 보라.

주의 문헌상의 베드로와 전설상의 베드로를 통한 경로 등 우리에게 이용 가능한 증거가 무엇인지 살펴볼 필요가 있다.

48.2 베드로의 편지들

베드로의 저작으로 간주된 편지들인 베드로전서와 베드로후서는 우리가 기대한 만큼 충분한 출발점을 제공해주지 않는다. 바울의 경우에는 여러 편지들, 최소한 일곱 편의 편지가 있고 이 편지들은 거의 보편적으로 바울 자신이 썼거나 그 자신의 말에서 비롯된 것으로 받아들여진다. 따라서 우리는 바울의 움직임에 대한 분명한 정보와 바울의 생각에 대한 분명한 통찰을 얻는다. 야고보의 경우에는 그의 저작으로 간주된 편지가 내용과 문체 모두에 있어 그의 가르침을 정확하게 표현했을 가능성이 충분히 크므로 그 편지를 야고보가 어떻게 기억되었고 그의 가르침이 계속해서 얼마나 영향력이 있었는지에 관한 분명한 표지를 제시하는 것으로 정당하게 간주할 수 있다. 야고보라는 인물 자신과의 관계가 덜 확실하더라도 어쨌든 그 편지는 70년 이후 시기에 예수를 믿는 유대인 신자들 사이에서 영향력이 있었을 것이 분명한, 확연하게 유대적인 예수에 대한 믿음을 표현하고 있다.

그러나 베드로의 저작으로 간주된 편지들에 대해서는 상황이 매우 다르다.

a. 베드로전서

베드로전서에 대한 불만은 꽤 크다. 필자는 37장에서 베드로전서를 베드로의 유산에 포함시키며 이 편지가 베드로와 관련해서 에베소서가 바울에게, 야고보서가 야고보에게 한 역할과 같은 역할을 했음을 암시했다. 그러나 이 세 편지 중에서 베드로전서는 그 저자로 간주된 사람의 특징적인 가르침을 표현한 편지로서는 가장 설득력이 떨어진다는 인상을 준다. 에베소서는 우리가 바울의 자기 이해와 선교의 특징으로 알고 있는 것을 분명히 잘 표현했다. 또한 야고보서의 독특함은 아마도 야고보의 가르침의 독특한 특성을 반영한 것일 것이다. 그러나 우리가 다른 신약 문헌을 통해 알게 된 베드로의 설교와 가르침의 독특한 점은 너무 적어서 베드로전서를 베드로의 독특성을 표현하는 것으로 간주할 수 있을지도 여전히 불분명하다.[12]

그러나 아마도 그것이 이 편지가 집필되고 베드로의 저작으로 간주된 이유에 대한 하나의 단서일 것이다. 아마도 그것은 바로 이 편지가 최초의 교회들 사이에서 귀중하게 여겨진 가르침의 범위 내에서 독특하지 **않았기** 때문일 것이다. 베드로전서는 기독교 신앙의 필수적 부분인 예수에 대한 믿음을 표현했고 광범위한 로마의 속주들 전체에 걸쳐 신자들을 결속시켰다.[13] 베드로전서는 적대적인 세상 속에서의 삶을 의식하며 박해를 당하기 쉬운 기독교인들을 향해 말했을 뿐만 아니라 그들을 대변했

---

12 "이 편지에서의 베드로에 대한 묘사는 이 편지가 베드로의 어떤 특별한 특권도 가정하거나 주장하지 않는다는 점에서 특히 인상적이다.… 베드로전서를 특징짓는 것은 초기 기독교 문헌 안에서의 이 편지의 독특성이라기보다는 이 편지의 기본적인 **양립 가능성**과 보편성이다"(Bockmuehl, *Simon Peter*, 130).

13 *Beginning from Jerusalem*, 1154-55.

고 신자들이 어떻게 교회가 되어야 하는지에 관한 모델을 제시했다.[14] 이 편지는 베드로가 70년 이후 시대에 어떤 인물로—자기 파벌의 독특한 강조점을 강조하는 한 파벌의 지도자가 아니라 기독교의 신앙과 실천의 독특한 특징들, 신자들이 공유했고 그들을 함께 묶어준 특징들을 강조한 인물로—간주되었는지를 보여주는가?[15] 그와 같은 추론은 잠정적으로만 도출될 수 있지만, 이 편지의 다른 두 가지 특징을 통해 뒷받침될 수도 있을 것이다.

그중 하나는 이 편지가 유대인 신자들을 향해 기록되었는지, 아니면 이방인 신자들을 향해 기록되었는지에 관한 수수께끼다.[16] 전자라면 이는 베드로의 일차적인 사명이 동료 유대인을 향한 사명이었다는 그 이전의 전승과 서로 관련이 있을 것이다. 그럴 경우 베드로전서는 베드로가 아마도 이방인 선교가 초기 기독교의 주된 표지가 되었을 지역(본도, 갈라디아, 갑바도기아, 아시아, 비두니아)에서 사는 유대인 신자들에게 힘을 북돋아준 인물로 기억되었다는 증거가 될 것이다. 게다가 이 편지는 다른 신자들과의 긴장이나 파벌주의의 징후를 전혀 보이지 않으므로, 아마도 베드로전서가 귀중하게 여겨진 이유는 특히 이 지역의 신자들을 서로 다른 방향으로 분열시켰을지도 모르는 다양성보다는 그들의 공통점에 대한 이 편지의 강조 때문이라고 추론할 수 있을 것이다.

그와 달리 만일 베드로전서가 이방인 신자들을 염두에 두고 기록되

---

14 다시 *Beginning from Jerusalem*, 1160-66을 보라.

15 비록 "베드로전서는 베드로의 모범에 직접적으로 호소"하지는 않지만(121), "베드로전서는 베드로를 교회 전체를 위한 지도자로 보편화한 데 대한 증거로 간주해야 한다"(Perkins, *Peter*, 120). L. Goppelt, *Der erste Petrusbrief* (KEK; Göttingen: Vandenhoeck, 1978), 30-37도 함께 보라.

16 필자는 전자의 대안에 찬성하지만, 이 점에 있어서는 소수파에 속한다(*Beginning from Jerusalem*, 1158-60).

었다면, 이 편지의 가장 눈에 띄는 특징은 편지의 수신자들을 묘사하기 위해 이스라엘 특유의 모티프—특히 "택하신 족속이요 왕 같은 제사장들이요 거룩한 나라요 그의 소유가 된 백성"(벧전 2:9)[17]—를 사용한다는 점이다. 여기 이 편지에 나타나는 유대인의 (구약) 언어와 사상의 큰 영향과 예수에 의해 성취된 구약 예언에 대한 강조를 덧붙이면,[18] 이 편지가 이방인 신자들을 유대인의 특징적인 신앙의 패턴으로 인도하기 위해 기록되었다는 분명한 추론이 또다시 도출된다. 이 편지는 매우 평화 지향적이었을 것이고, 또다시 말하지만 다른 (유대인) 신자들과의 파벌적인 긴장에 대한 암시가 전혀 없으므로, 또다시 베드로전서는 이방인 신자들로 하여금 매우 독특한 유대적 특징들을 지닌 이 새로운 종교적 운동에 온전한 소속감을 느끼게 할 수 있는 능력 때문에 높이 평가받았다는 추론을 도출할 수 있다. 만일 그렇다면 다시 한번 베드로는 야고보와 바울에 대한 평판이 숨기지 않은 것과 같은 분열적인 인물이 아니라 하나가 되게 하는 인물로 기억되었고 그의 영향력도 여전히 그렇게 느껴졌다.

이 점에서 베드로전서의 또 다른 흥미로운 특징은 매우 바울적인 이 편지의 특성이다. 예를 들면 "그리스도 안에서"라는 표현,[19] 은사는 공동체의 섬김과 말에 관한 선물이라는 "은사"에 대한 동일한 이해(4:10-11), 그리스도의 고난에 동참한다는 동일한 개념(4:13)[20] 등이다. 이러한 특징의 두드러진 특성을 경시해선 안 된다. 이 특징은 바울과 베드로가 설교와 가르침에서 강조한 점들이 서로 상충된다는 갈라디아서 2:12나 고린

17 출 19:6; 사 43:20-21; 말 3:17을 인용한다. 추가적으로 *Beginning from Jerusalem*, 1158을 보라. 흥미롭게도 이레나이우스는 아마도 벧전 2:5, 9을 염두에 두고 이렇게 주장한다. "모든 의인은 사제의 지위를 갖는다. 주님의 모든 사도는 제사장들이다"(*adv. haer.* 4.8.3).

18 *Beginning from Jerusalem*, 1153, 1160과 앞의 §45 nn. 123, 124.

19 벧전 3:16; 5:10, 14.

20 *Beginning from Jerusalem*, 1150-51, 1161.

도전서 1:12 같은 구절들에서 도출될 만한 추론과 어긋나기 때문이다. 이는 아마도 의도적으로 그렇게 한 것일 것이다. 즉 동료 유대인들을 향한 사도적 사역을 위해 구별된 베드로는 실제로 이방인을 위한 사도적 사역을 위해 구별된 바울과 같은 언어를 구사한다! 더구나 베드로전서가 바울처럼 예수 전승을 자신의 권면 속에 뒤섞어 놓았다는 사실[21]은, 베드로전서가 잠재적으로 갈라질 가능성이 있는 유대인 선교와 이방인 선교의 흐름을 토대가 되는 예수의 영향력과 강력하게 함께 묶어주었기 때문에 내세워지고 중시되었음을 더욱 암시한다. 또한 이 하나로 묶는 편지의 저자로 간주된 베드로는 그렇게 해서 또다시 예수에 대한 믿음을 공유한 다양한 집단들을 결속시키는 통합적인 인물로 묘사된다.

b. 베드로후서

베드로후서를 정확히 어떻게 이해할 것인지는 전혀 분명치 않다. 모든 진지한 학자들은 이 편지가 위명 서신이라는 점을 대체로 당연하게 받아들이며, 이 편지가 2세기에 알려지고 사용되었다는 증거는 없다.[22] 따라서 이 편지가 2세기의 베드로에 대한 관심과 그의 영향력에 대해 우리에게 말해주는 것은 기껏해야 추론과 추측에 의한 것에 불과하다. 그럼에도 불구하고 베드로후서가 2세기 전반기의 어느 시점에 기록되었을 가능성은 여전히 매우 크다. 이 편지가 결국 공인된 신약 정경에 포함되기에 충분할 만큼 높이 평가되었다는 사실은 이 편지가 늦은 시기에 기록되었을 가능성을 분명히 배제한다. 어떤 경우에든 이 편지는 여전히 우리에게 베

21 *Beginning from Jerusalem*, 1154.
22 §39 n. 284.

드로가 2세기에 누린 존경에 관해 무언가를 말해준다.

여기서 베드로와 예수의 가까운 관계에 대한 초기 전승, 즉 개인적 증언으로서 베드로가 (야고보, 요한과 더불어) 예수의 변화산 사건을 경험했다는 공관복음 전승[23]과 역시 개인적 증언으로서 베드로의 죽음을 예언하는 부활하신 예수에 대한 요한복음 전승[24]을 기억을 더듬어 상기시키는 것에 주목해야 한다. 두 전승 모두 특히 베드로의 믿음 없음과 예수를 부인한 일에 대한 다른 전승들[25]을 이와 함께 또는 그 대신 떠올릴 수 있었을 경우에는 존경의 뜻이 매우 담긴 회상이다. 이 두 전승을 상기시키는 베드로후서의 내용은 베드로에 대한 보다 부정적인 평판을 반박해야 했음을 의미하는 것이 아니다. 그것은 오히려 베드로가 존경을 받은 것은 바로 (복음서 전승 속에 보존된 베드로에 대한 부끄러운 회상에도 불구하고) 베드로와 예수의 관계의 친밀함과 그러한 친밀한 대화 속에서 예수가 베드로에게 부여한 영예가 베드로를 돋보이게 하고, 또한 베드로후서에 그 관점이 표현되거나 반영된 예수 믿는 신자들이 그를 그토록 높이 존경하도록 했기 때문임을 암시한다.

주목할 만한 두 번째 특징은 베드로후서가 그 구성에서 유다서의 매우 많은 부분을 포함했다는 눈에 띄는 사실이다(§39.3f). 유다서는 예수의 형제이자 야고보의 형제인 인물이 그 저자로 간주되었기 때문에 높이 평가되었을 것이다. 유다서와 유다의 관계는 아마도 야고보서와 야고보의 관계와 같을 것이다. 즉 유다서는 최소한 어느 정도 유다의 가르침에 대

23 벧후 1:17-18: "이 소리는 우리가 그[예수]와 함께 거룩한 산에 있을 때에 하늘로부터 난 것을 들은 것이라." 이는 (17:5-6과 관련하여) 마 17:1-9 및 병행 본문을 사용한 것이다.

24 벧후 1:14: "이는 우리 주 예수 그리스도께서 내게 지시하신 것 같이 나도 나의 장막을 벗어날 것이 임박한 줄을 앎이라." 이는 요 21:8-19을 사용한 것이다.

25 마 14:29-31; 막 14:66-72 및 병행 본문.

한 신뢰할 만한 회상을 포함하고 있다(§39.3e). 이로 인해 베드로후서는 예수의 가족과 확고하게 결합되었을 것이다. 예루살렘의 신자들은 70년 이전 시기에는 예수의 가족을 중심으로 모였고 70년 이후 시기에는 예수의 가족을 중심으로 결집한 것으로 보인다.[26] 이 점은 또한 베드로가 유대 그리스도인들의 초기 지도자들과 가까운 관계를 지속하고 신뢰의 끈을 유지한 것으로 기억되었다는 점을 확증해 주었을 것이다. 유다서와 베드로후서의 권면이 지닌 묵시적 특성은 전형적인 유대적 특성이며 실제로 로마에 대항한 두 차례 봉기의 실패가 가져온 이중적 재앙에 뒤이은 팔레스타인의 유대인 신자들의 반응 중 일부를 반영하고 있는지도 모른다.

세 번째 의미 있는 특징은 바울이 받는 존경—"우리가 사랑하는 형제 바울"(벧후 3;15)—이다. 그뿐만 아니라 바울의 편지들도 분명히 설교와 가르침을 위한 권위 있는 본문으로, 즉 "성경"으로 간주된다(3:16). 바울의 대부분의 편지에서 그토록 분명하게 표현된 복음과 신학의 강조점들에 대해 베드로후서의 배후에 있거나 베드로후서를 소중히 여긴 집단이 적대적인 시선은 말할 것도 없고 의심의 시선이라도 보냈다면 이런 특징은 나타나지 않았을 것이다. 그와 반대로 바울의 편지들을 성경으로 간주한 집단이라면 이방인을 향한 바울의 선교와 바울이 그 선교를 수행한 조건을 인정했을 것이 분명하다. 그와 동시에 바울의 편지들이 "거짓 선생들"(2:1; 3:16)에 의해 잘못 해석되고 있다는 인식은 초기 영지주의 집단이나 영지주의를 수용하는 집단, 또는 심지어 마르키온의 바울 서신 악용에 대한 의식을 나타낼지도 모른다(§47.5). 여기서 베드로후서는 바울을 자신의 대변인 중 한 명으로 유지하고 영지주의를 수용하는 보다 급진적인 경향에 바울을 빼앗기지 않으려는 주류 교회의 목소리로 들릴 수

26 앞의 §45.3을 보라.

있다. **베드로**에게서 비롯된 것으로 간주되는 **바울**에 대한 그러한 칭송이 갖는 의미를 간과해선 안 된다. 만일 바울 자신의 급진주의를 정통의 범위 안에 (기독교의 "성경"으로) 간직하게 된 데 대해 베드로후서에 약간의 공로를 인정할 수 있다면, 기독교가 베드로후서에 지고 있는 빚이 베드로후서의 자리를 신약 정경 안에 확보하기에 충분했을 것이다.

따라서 베드로전서와 베드로후서의 차이점에도 불구하고 베드로후서는 베드로전서와 비슷한 역할을 하며 베드로가 2세기에 이미 첫 번째 세대로부터 유래한 형성기의 다른 세 가지 영향—예수 전승, 야고보, 바울—을 하나로 묶으며 가교를 놓은 인물(대사제!)로 간주되었다는 인상을 강화시킨다.[27] 나머지 셋은 각기 기생적인 이념이나 서로 멀어지게 하는 세력에 의해 서로 분리되어가고 있었다. 그러나 베드로는 그렇지 않았거나 최소한으로만 그러했다. 이는 아마도 베드로에 관한 상대적 침묵의 주된 이유일 것이다. 베드로, 또는 더 정확히 말해 베드로의 영향력은 안정시키는 힘이었고 그다지 논쟁적이지 않기 때문에 그다지 흥미롭지 않았으며, 이는 주류 교회를 구성한 사슬이 강경파 유대 기독교와 영지주의 기독교로 더욱 갈라지는 것을 방지하는 데 도움이 된 연결고리였다. 그러나 이는 또한 단순히 베드로의 편지들에 대한 연구에서만 도출하기에는

---

27 필자는 베드로가 주류 교회의 연합의 초점이 된 이유를 설명하기 위한 연구서인 *Unity and Diversity in the New Testament*(1977, ³2006)에 등장하는 한 가지 생각을 여기에 반영했다. "베드로는 아마도 실제로 1세기 기독교의 다양성을 하나로 묶는 데 누구보다 많은 공헌을 한 다리 놓는 사람(최고 사제!)이었다"(430). 예를 들면 Perkins 등이 이 주장을 받아들인다. "교회의 중도파인 베드로"(*Peter*, 9-14). "베드로가 살아 있었을 때 그의 교회적 유용성의 핵심은 바울에게서 사도로 인정받으면서도 야고보의 보다 보수적인 지지자들을 소외시키지 않는, 기독교적인 중간 지대를 유지하는 그의 능력이었을 것이다"(Brown in Brown and Meier, *Antioch and Rome*, 210). Markus Bockmuehl, *The Remembered Peter*(WUNT 262; Tübingen: Mohr Siebeck, 2010)는 필자가 *Christianity in the Making*의 처음 두 권에서 필자의 1977년도의 사고(58-60)를 끝까지 견지하지 않았다며 완곡하게 비판한다.

너무 엄청난 결론이기도 하다. 우리는 더 자세히 조사해야 한다.

48.3 나머지 신약에서의 베드로

(시몬) 베드로/게바는 (베드로전서와 베드로후서 외에) 신약의 다른 곳에서는 사복음서, 사도행전, 바울 서신(고린도전서와 갈라디아서)에서만 언급된다. 마지막 정보는 이미 언급한 바 있지만, 다음과 같은 사실을 상기시키는 것은 적절한 일일 것이다.

- 바울은 베드로가 복음의 확립에 있어서 확실한 우월성을 부여받았다는 점을 사실상 인정했다(고전 15:5).
- 바울은 베드로의 권위에 호소함으로써(갈 1:18) 사실상 예수의 첫 제자들의 지도자인 베드로의 역할을 인정했고, 따라서 아마도 베드로가 예수의 사명에 관한 바울의 재교육을 위한 최고의 자원임을 인정했을 것이다.
- 바울은 또한 선교에 있어서 베드로의 역할을 기꺼이 인정했다.[28]
- 베드로에 대한 바울의 존경은 분명 그 정체가 정확히 무엇이었건 간에 안디옥에서의 그들의 의견 불일치(갈 2:12-16)와 그 후 고린도에서의 긴장 관계로 인해 심각하게, 또는 지속적으로 손상되지는 않았다.[29]

---

28 갈 2:7-9; 고전 9:5.

29 *Beginning from Jerusalem*, §32 n. 170과 §35.1c.

그러나 이제 우리는 복음서들과 사도행전의 증언에 주목할 필요가 있다.

a. 마가복음

여기서 우리는 마가가 베드로의 통역자였다는 파피아스의 전승을 상기해야 한다(§39.2a(i)). 이 전승 자체가 2세기 초에 예수의 선교에 대한 이야기와 그의 가르침의 기록에 대한 한 증인, 더 정확히 말해 일차적 증인으로서 베드로에게 부여된 중요성을 입증한다. 마가 자신이 이에 대한 어떤 암시도 하지 않는다는 사실은 베드로에 대한 그의 의존 관계가 강조하기에는 너무 잘 알려져 있었기 때문일지도 모른다. 그러나 그러한 의존성은 거의 틀림없이 마가가 베드로를 처음과 마지막에 언급함으로써(막 1:16; 16:7) **수미상관 구조**를 형성하는[30] 그의 내러티브[31]에서 베드로에게 부여하는 중요성에 반영되어 있다. 마가복음의 거의 마지막 말이 명백히 천사가 베드로에게 한 말이라는 점("가서 그의 제자들과 베드로에게 이르기를 '예수께서 너희보다 먼저 갈릴리로 가시나니 전에 너희에게 말씀하신 대로 너희가 거기서 뵈오리라' 하라")은 독자/청중에게 예수에 대한 베드로의 부인이 베드로를 비난하기 위해 제시된 것도 아니고 열두 제자 가운데 그의 지도자로서의 지위를 약화시키지도 않았다는 점을 재확인시켜준다.

물론 만일 실제로 마가가 베드로에 대한 묘사를 베드로에게서 직접적으로 얻었다면, 이 또한 베드로 자신이 예수의 이야기를 전파하고 다시

30 Bauckham, *Jesus and the Eyewitnesses*, 124-27.

31 앞의 각주 1과 2을 보라. 마가가 주로 "베드로의 관점에서" 이 관점을 전달하기 위해 마가복음의 이야기를 진술했다는 주장은 Bauckham에 의해 제기된다(*Jesus and the Eyewitnesses*, 7장). Bockmuehl은 "마가복음은 그 도시에서의 베드로와 마가의 실제 관계에 대한 기억을 손상시키는 것이 아니라 상호 강화할 정도로 베드로와 비슷한 이야기를 내포하고 있다"(*Simon Peter*, 141)는 보다 온건한 주장을 펼친다.

말하는 그 자신의 역할에 중요성을 부여했다는 다소 매력적이지 못한 필연적 귀결을 수반했을 수도 있었겠지만,[32] 마가는 역시 베드로의 실수(특히 베드로의 예수에 대한 부인)를 숨기지는 않았을 것이다. 마가복음의 출처가 무엇이었든—예수의 한 제자(베드로)였든, 아니면 보다 광범위한 예수의 첫 제자들 사이에서 그들에 의해 이미 확립되었고 서로 다른 진술의 다양성에도 불구하고 일관되게 확고한 성격을 지닌 구전 전승이었든[33]—그 증언과 전승 안에서 그로부터 나타나는 가장 두드러진 특징은 베드로가 예수의 제자들(열두 제자) 중에 가장 눈에 띄었다는 점이다.[34] 이러한 부각이 다른 곳에서는 베드로와 바울 둘 다와의 관계로 인해 기억되는[35] 마가에게서 비롯된 것으로 간주된다는 점은, 베드로가 이 경우에는 마가를 통해 화해를 가져오는 인물로 밝혀지고 그렇게 기억되었을 가능성에 또 다른 흥미로운 요소를 더해준다.

b. 마태복음

베드로에 관한 다른 증언에 다소 엇갈리는 특성이 있다는 점을 감안하면, 진정으로 베드로의 위상을 확립시키고 예수의 첫 제자들 사이에서 베드로의 우월성을 보증한 것은 아마도 마태복음일 것이다.[36] 빌립보 가이사

32 예수 전승에서 베드로의 현저함은 베드로 자신의 증언으로 인한 것인가? 아니면 단순히 누군가가 말했든 대체로 처음부터 베드로가 실제로 최초의 제자들 중에 가장 두드러졌다는 공통된 기억을 반영하는 예수 전승의 한 확고한 특징이었는가?

33 이는 필자가 *Jesus Remembered*에서 제시한 논지다.

34 역시 §48의 처음 두 각주에서 이미 지적한 것처럼.

35 벧전 5:13—"내 아들 마가"; 골 4:10; 딤후 4:11—"나의 일에 유익하니라."

36 하지만 마태는 용감하게 물 위를 걸으면서도 믿음의 담대함보다는 "작은 믿음"을 보여주는 베드로의 이야기도 포함시킨다(마 14:28-31). R. E. Brown, K. P. Donfried와 J. Reumann이 *Peter in the New Testament*(London: Geoffrey Chapman, 1974)에서 지적하듯이 "베드로는 강점과 약점 모두에 있어서 그리스도인 제자들에게 하나의 교훈이다"(83).

랴에서 있었던 예수에 대한 베드로의 신앙고백을 진술한 더 자세한 기록은 마태복음에서만 발견되기 때문이다. 마가복음 8:29에는 (눅 9:20과 비슷하게) 베드로가 "주는 그리스도시니이다"라고 고백했다는 가장 기본적인 기록만 있다. 그러나 마태복음 16:16-19에는 이렇게 나와 있다.

> 시몬 베드로가 대답하여 이르되 "주는 그리스도시요 살아 계신 하나님의 아들이시니이다." 예수께서 대답하여 이르시되 "바요나 시몬아, 네가 복이 있도다. 이를 네게 알게 한 이는 혈육이 아니요 하늘에 계신 내 아버지시니라. 또 내가 네게 이르노니, 너는 베드로라 내가 이 반석 위에 내 교회를 세우리니 음부의 권세가 이기지 못하리라. 내가 천국 열쇠를 네게 주리니 네가 땅에서 무엇이든지 매면 하늘에서도 매일 것이요, 네가 땅에서 무엇이든지 풀면 하늘에서도 풀리리라" 하시고.

여기서 베드로는 "반석"으로 지칭된다. 그리스어 본문상의 언어유희는 자명하다(*Petros, petra*). 그러나 이 언어유희가 아람어에서도 똑같이 유효했다는 점을 잊어선 안 된다(*Cephas, kepha'*="반석"). 베드로가 게바("바위/바위로 된")라는 별명으로 잘 알려져 있었다는 점은 바울이 잘 증언하고 있고 요한도 확인해주는 바다.[37] 따라서 베드로는 첫 세대 동안 그렇게 불렸을 것이 분명하며, 처음으로 그를 그렇게 불렀거나 그의 이름을 가지고 언어유희를 한 이가 예수였다는 점을 의심할 이유는 없다. 요한복음 1:42은 베드로의 별명을 짓는 장면을 베드로의 제자 생활이 시작되는 시점에 마태가 제시한 상황과 관계없이 배치한다. 그러나 두 번째 세대부터 그 이름과 그것의 의미를 밝힌 것은 틀림없이 어떻게 베드로에게 그 별명이

---

37 고전 1:12; 3:22; 9:5; 15:5; 갈 1:18; 2:9, 11; 요 1:42.

주어졌는지에 대한 마태의 기록일 것이다.

이 핵심 본문에서 베드로/게바는 예수께 교회의 토대가 되는 반석이라는 지위를 받는다.[38] "교회"(*ekklesia*)라는 말의 사용은 (바울 서신에서 이미 친숙한) 그 이후의 교회론적 어휘를 반영하는 것이 거의 확실하다는 사실이 이 기본적인 이미지의 효과를 바꾸어놓지는 않는다. 있을 수 있는 고린도전서 3:11("이 터는 곧 예수 그리스도라")과의 충돌도 과장해선 안 된다. 에베소서 2:20에서 그 터는 "사도들과 선지자들"이며 "그리스도 예수께서 친히 모퉁잇돌이" 되신다. 그리고 (바울은 교회들에 대해 더 많이 생각한 반면) 보편적 교회의 개념을 암시하는 단수형이 사용된 것은 우리로 하여금 첫 세대 이후의 시대를 염두에 두게 한다(하지만 골 1:18을 주목해 보라). 그러나 전반적인 효과는 마태복음 본문의 유효성, 즉 마태복음 16:18이 자신이 예수의 첫 번째 제자, 곧 제1이라는 베드로의 주장과 그리스도의 교회가 세워지는 기초로서의 베드로라는 인물을 확증했다는 점을 강조하는 것이다.

---

38 이 언어유희(*Cephas*, *kepha'*, *Petros*, *petra*)는 특히 로마 가톨릭의 성경 해석에 대한 개신교의 반론이 된 대안적 견해, 즉 마 16:18의 "반석"은 마태가 베드로 자신보다는 베드로의 신앙고백을 가리키기 위해 한 말이라는 견해를 배제하는 것처럼 보일 것이다. Cullmann의 *Peter*는 그러한 반응의 종말을 나타냈다. "*Petros*와 *Petra* 사이에는 의미상 아무런 본질적인 차이가 없다"(*Peter*, 20-21). 추가적으로 2부, 특히 토대가 되는 "반석"은 베드로의 계승자들에게 적용된다는 개념이 전혀 없이 오직 베드로에게만 적용된다는 논증을 포함하고 있는 212-17쪽을 보라. Brown and Meier, *Antioch and Rome*, 66-68에 나오는 Meier의 글도 함께 보라. 또한 그는 마태가 그의 교회를 위협하고 있는 일종의 갓 생겨난 "성직주의"에 대해 분명히 우려했다(마 23:1-12)고 지적한다(70-71). Gnilka, *Matthäusevangelium*, 2.63-65; Davies and Allison, *Matthew*, 2.626-27; Luz, *Matthäus*, 2.472-83; Bockmuehl도 이와 비슷하게 베드로의 임명을 "군주제적이거나 독재적인 관점에서" 잘못 해석하지 않는 것의 중요성을 언급한다(*Simon Peter*, 76; 85-86, 181-83도 함께 보라). 그러나 Hengel은 *Petrus*, 30-39에서 야고보도, 바울도, 요한도 교회의 미래를 위한 그와 같은 "근본적인" 역할을 가진 사람으로 간주되지 않으며, 이 기본적인 역할은 첫 세대의 초기 사도 시대에 이미, 더 정확히 말하면 부활절 이전에 베드로에게 부여되었다는 점을 우리에게 상기시킨다(50, 52).

게다가 같은 본문에서 예수는 "천국 열쇠"를 베드로에게 주신다. 그 뒤의 권한 부여("네가 땅에서 무엇이든지 매면 하늘에서도 매일 것이요, 네가 땅에서 무엇이든지 풀면 하늘에서도 풀리리라")는 훗날 예수의 제자들 전체에게 주어지는 것이 사실이며(마 18:18), 이는 베드로를 단 한 명의 권력자보다는 동료 중 제1인자에 더 가까운 존재로 만든다.[39] 그러나 "열쇠의 권세"는 베드로에게 사명이 맡겨질 때만 언급되며, 매고 푸는 권세는 열쇠의 권세에 대한 설명으로 의도된 표현이지만, 그럼에도 불구하고 열쇠의 권세와 책임이 오직 베드로에게만 명시적으로 주어졌다는 점은 의미심장한 점이었을 것이다.[40]

마태복음 16:16-19이 70년 이후의 그리스도인 집단에서 베드로의 중요성에 얼마나 큰 비중을 부여했는지가 분명해지는 때는 바로 우리가 마태복음이 2세기에 가장 영향력이 있었다는 점(§44.8b)을 상기할 때다. 태동기의 기독교 안에서 서로 다른 파벌들이 야고보와 바울을 어떻게 추앙했든 간에, 마태복음은 그 자체로 베드로가 야고보와 바울을 능가하는 중요성과 위상을 부여받았다는 점을 보증하기에 충분했을 것이다.

---

39 베드로를 예수의 한 명의 또는 유일한 대표적인 제자로 묘사한 마태복음의 묘사에 대해서는 *Beginning from Jerusalem*, 1066을 보라. "마 16:18 이하의 관점에는 아마도 교회 전체를 대표하지만 교회의 정점을 대표하는 것은 아닌 베드로의 직분이 놓여 있는 듯하다(Luz, *Matthäus*, 2.482).

40 "[사 22:22과 관련해서] 다윗 왕국의 열쇠가 지닌 권세는 여닫는 권세, 즉 왕궁 출입을 허락하거나 거부할 수 있는 재상의 권세이며 여기에는 왕에게 나아갈 수 있는 권한이 포함된다.…마태는 자신이 속한 공동체의 유대 기독교인들에게 교회 출입을 허락하거나 교회에서 배제할 수 있는 (매고 푸는) 권세가, 이방인들을 허락하는 결정의 배후에 있는 베드로에게 주어졌다는 점을 상기시켜야 하는가?"(Brown-Donfried-Reumann, *Peter*, 97, 99-100).

c. 누가복음-사도행전

누가는 마가의 뒤를 이어 예수의 제자들 사이에서 베드로의 주도적인 역할을 강조한다. 그러나 누가에게는 베드로에게 상당히 예리하게 초점을 맞춘 자기 나름의 독특한 강조점이 있다. 마가와 마태는 예수가 시몬 베드로와 안드레, 야고보와 요한을 부르신 일을 진술함으로써 예수의 사명에 대한 그들의 이야기를 시작하는 반면,[41] 누가는 예수의 한 기적(기적적인 어획량)을 배경으로 베드로의 소명에 대한 이야기만 진술하는데(눅 5:1-11) 거기서 절정은 "주여 나를 떠나소서 나는 죄인이로소이다"라는 예수 앞에서의 베드로의 겸손한 고백이다(5:8).[42] 야고보와 요한은 그다음으로 소개되지만, 그 뒤에 이어지는 사명 위임은 오직 시몬에게만 해당된다. "이제 후로는 네가 사람을 취하리라."[43]

누가가 예언된 베드로의 부인에 대한 기록에서 나머지 복음서에 추가로 덧붙인 본문도 의미심장하다. 예수는 베드로에게 이렇게 말씀하신다(눅 22:31-32).

> 시몬아, 시몬아, 보라! 사탄이 너희를 밀 까부르듯 하려고 요구하였으나 그러나 내가 너를 위하여 네 믿음이 떨어지지 않기를 기도하였노니 너는 돌이킨 후에 네 형제를 굳게 하라.

누가의 청중이 부활 이후의 사역으로 인식했을 사역에 대한 이러한 사

41 막 1:16-20/마 4:18-22.

42 다음 책도 함께 보라. Bockmuehl, *Simon Peter*, 115-17.

43 눅 5:10; 참고. 막 1:17/마 4:19. "이처럼 베드로가 사도로 파송된 일과 그가 선교 활동에서 거둔 성공(이에 대해서는 사도행전에 나와 있다)은 부활 이전에 예수가 의도한 것에 근거한다"(Brown-Donfried-Reumann, *Peter*, 119).

명 위임[44]은 예수의 양 떼의 목자 역할을 하라는 사명 위임, 즉 요한복음에 나오는 베드로에게 보다 명시적으로 주어진 부활 이후의 사명 위임(요 21:15-17)[45]에 대한 다소 으스스한 보충 설명이다.[46]

또한 누가는 베드로가 예수를 부인했던 사건에 대한 기록에 "주께서 돌이켜 베드로를 보시니"라는 말을 덧붙이면서 베드로가 자신을 세 번 부인할 것이라는 예수의 예언에 대한 베드로의 회상을 촉발시키며 그로 하여금 심히 통곡하게 한다(눅 22:61-62). 여기에 함축된 의미는 다시 한번 예수와 베드로의 특별한 유대 관계에 관한 것이다. 그리고 매우 인상적이게도 최초의 부활절 주일에 대한 기록 속에 누가는 "주께서 과연 살아나시고 시몬에게 보이셨다"는 전언을 포함시킨다(눅 24:34). 누가복음은 부활하신 예수가 시몬 베드로에게 처음으로 나타나셨다는 점(고전 15:5)을 확인시켜주는 유일한 복음서다. 예수의 사명에 대한 누가의 기록의 처음과 끝에서 베드로에게 그와 같은 독특한 중요성이 부여되는 것(눅 5:8; 24:34)은 마가복음에서 볼 수 있는 것(막 1:16; 16:7)보다 더 인상적인 수미상관 구조(*inclusio*)다.[47] 이 두 수미상관 구조 모두 반드시 이 베드로에 관한 전승이 베드로 자신에게 직접적으로 의존해 있음을 나타내는 것은 아니다. 그러나 둘 다 확실히 베드로가 예수 다음으로, 특히 예수와의 관계의 친밀함 때문에, 예수의 제자들 중에 가장 두드러지고 가장 중요한

---

44 Fitzmyer, *Luke*, 2.1422-23도 함께 보고 특히 Brown-Donfried-Reumann *Peter*, 121-25을 보라.

45 "누가복음과 요한복음의 중첩된 부분 역시 아무리 다양하게 표현되었더라도 주님께 부활 이후의 사역을 유일무이하게 위임받은 베드로에 대한 그러한 기억의 지속성을 확증하는 역할을 한다"(Bockmuehl, *Simon Peter*, 122). 그러나 Perkins는 또한 다음과 같이 지적한다. "누가도 요한도 베드로는 다른 사도들과는 다른 방식으로 목자나 예수의 계승자라는 주장을 뒷받침할 증거를 제시하지 않는다"(*Peter*, 103).

46 이는 누가의 독특한 전승에 대한 요한의 지식을 보여주는 또 다른 징표일 수도 있고 그 반대일 수도 있다(참고. 눅 24:22-24 및 요 20:1-10).

47 다시 Bauckham, *Jesus and the Eyewitnesses*, 126을 참고하라.

인물로 기억되었음을 보여준다.

사도행전에서는 베드로의 리더십에 주어진 강조가 유지되고 부각된다.[48] 베드로와 요한은 3-5장과 8장에서 가까운 동료로 연관지어지지만, 요한은 그림자에 가려진 인물인 반면 베드로는 집중 조명을 받는다.[49] 더 흥미로운 것은 누가가 다음과 같이 바울과 베드로의 선교를 나란히 배치한다는 점에서 최초의 신자들 사이에서 알려지지 않았을 리가 거의 없는 바울과 게바/베드로 사이의 긴장 관계[50]를 사실상 반박하고 있다는 사실이다.[51]

- 그들은 같은 메시지를 전파한다 — 2:22-39, 13:26-41.
- 그들 둘 다 다리를 저는 사람을 치유한다 — 3:1-10, 14:8-11.
- 그들의 복음 전파는 성령의 영감을 받는다 — 4:8, 13:9.
- 그들 둘 다 속임수에 단호히 대처한다 — 5:1-11, 13:6-12.
- 둘 다 놀라운 치유의 능력을 갖고 있다 — 5:15, 19:12.
- 이 둘을 통해 성령이 임한다 — 8:17, 19:6.
- 그들 둘 다 마법사들에게 승리한다 — 8:18-24, 19:13-20.
- 그들 둘 다 침상에 누워 있는 이들을 고쳐준다 — 9:32-34, 28:8.
- 그들 둘 다 죽은 사람을 소생시킨다 — 9:36-41, 20:9-12.
- 그들 둘 다 그들에게 경배하려 하는 사람들을 말려야 했다 — 10:25, 14:11-13, 28:6.

---

48 행 1:15; 2:14, 38.

49 행 3:4, 6, 12; 4:8; 5:3, 8-9, 29; 8:20.

50 갈 2:11-16; 참고. 고전 1:12.

51 M. Schneckenburger, *Über den Zweck der Apostelgeschichte*(Bern, 1841)에 의해 처음으로 지적되었듯이 말이다. *Beginning from Jerusalem*, §21 n. 119과 추가로 Keener, *Acts*, 561-74을 보라.

• 그들 둘 다 기적적으로 옥에서 풀려난다 — 12:6-11, 16:25-34.

누가가 보기에 분명히 베드로와 바울은 적대자가 아니라 사실상 공통된 선교의 동반자였다. 이 점은 바울이 누가의 내러티브의 절반 이상을 지배하면서 베드로를 압도하는 것처럼 보인다는 사실을 고려하면 더욱더 인상적이다. 그러나 누가는 베드로와 바울을 대체로 같은 여정을 따랐고 똑같이 효과적으로 사역한 것으로 묘사하려고 어느 정도 애쓴 것으로 보인다. 따라서 베드로가 지금과 같은 정도로 사도행전에서 사라진다는 사실에 너무 많은 중요성을 부여해선 안 된다. 사실 누가가 그들의 공통된 사명에 대해 그려내는 평행 사변형은 아마도 바울이 베드로를 무색하게 만들었다는 인상을 방지하기 위해 의도된 것일 것이다.

물론 무엇보다 가장 인상적인 것은 누가가 바울이 부활하신 그리스도께 복음을 이방인에게 전하는 특별한 사명을 받았다는 점을 충분히 인식하면서도[52] 이방인을 향한 복음의 돌파구를 베드로에게서 비롯된 것으로 으레 간주한다는 점이다(10-11장). 에티오피아 내시에게 복음을 전하는 빌립의 선례는 비교적 짧게 넘어간다(8:35-38). 그리고 안디옥에서의 큰 발전에 대한 진술은 베드로가 고넬료와 만날 때까지 미루어졌다가 다시 비교적 짧게 다루어진다(11:19-26). 그러나 베드로가 가이사랴에서 거둔 성공에는 대여섯 배 더 많은 관심이 주어진다. 그뿐만 아니라 이방인 선교의 성공으로 인해 제기된 문제가 해결된 중요한 예루살렘 회의에서 누가는 베드로에게 결정적인 공을 돌리면서 그가 가이사랴에서 거둔 성공을 언급하는데(15:7-11), 거기서 바나바와 바울은 (순서에 주목하라) 거드는 역할만 한다(15:12). 바울은 이 중요한 논쟁을 그런 식으로 회상하지

52 행 9:15; 22:21; 26:17-18.

않는다(갈 2:1-10). 그러나 사도행전의 기록은 아마도 베드로와 바울에 대한 다른 강조점들처럼 바울이 사도행전의 후반부를 지배하는 것에 대해 균형을 맞추려는 의도를 지녔던 듯하다.[53] 사도행전은 초기 기독교 역사를 지배한 서로 대립하는 두 당인 베드로 당과 바울 당을 화해시키려는 의도를 지닌 후대의 저작이었다는 바우어의 오래된 명제는 너무 극단적이었다. 그러나 그 뿌리 중 하나는 근거가 충분했다. 즉 사도행전은 베드로와 바울 사이의 역사적 긴장 위에 베일을 씌우려 했고, 기독교의 성장과 팽창에 관한 한 베드로와 바울을 거의 일란성 쌍둥이처럼 묘사함으로써 그렇게 했다는 것이다.

누가복음-사도행전은 2세기에 마태복음만큼 영향력이 있었던 것은 아닌 것으로 보인다. 그러나 이 두 책은 합쳐서든 따로따로든 아마도 널리 알려졌고 영향력이 있었을 것이다. 누가의 사도행전은 2-3세기의 「바울행전」 등(40.6)에 가장 분명한 영감을 주었다. 따라서 누가복음-사도행전이 2세기에 접어들었을 때 다음과 같이 베드로의 겉모습에 상당한 무게를 더해주었을 것이라고 추론하는 것은 꽤 적절하다.

- 특히 예수와 가까운 예수의 주요 제자.
- 예루살렘 교회의 첫 번째 지도자.
- 바울 못지않게 비유대인을 포용하기 위해 기독교를 팔레스타인 너머로 확장시킨 선구자.
- 분열을 일으키는 힘보다는 화해시키는 힘에 훨씬 더 가까운 인물.
- 예수의 사명과 기독교의 출발 사이, 신생 기독교의 갈라질 가능성

53 *Beginning from Jerusalem*, 461-69에 나오는 예루살렘 회의에 대한 분석은 이 기록에 의해 제기된 역사적인 문제들에 초점을 맞추었다. 여기서의 관심사는 누가의 목적과 그의 기록이 2세기에 끼친 영향에 관한 것이다.

이 있는 두 가지 주된 흐름 사이에 가교를 놓는 베드로의 역할(대사제)은 더욱 강화된다.

d. 요한복음

예수의 제자들에 대한 요한복음의 묘사에 관해 말하자면, 요한의 일차적인 관심사는 예수와의 가까운 관계("그가 사랑하시는 자"—요 13:23, 25)라는 면에서 예수의 가장 중요한 증인인 베드로의 우선성이라는 다른 곳에서의 지배적인 주제에 대해 균형추를 제공하는 일이었던 것으로 보인다.[54] 또한 무시하지 말아야 할 것은 막달라 마리아에게 주어진 사도들의 사도(*apostolos apostolorum*)로서의 주된 역할이다(요 20:1-18). 이는 「마리아복음」에서(*Gosp.Mary* 17.7-18.21)에서 특히 베드로와의 관계에서 마리아에게 부여되고, 예를 들어 「바울행전」과 몬타누스주의 운동에서(§49.8) 여성들의 사역에 부여된 중요성에 대한 흥미로운 예시다. 그러나 요한이 베드로에게 중요성을 부여하는 것은 여전히 사실이다. 안드레는 먼저 언급되지만 "[잘 알려진] 시몬 베드로의 형제"로 소개된다(요 1:40).[55] 요한만이 예수와 베드로의 첫 만남에서 예수가 시몬(베드로)을 게바("반석")로 개명하는 것으로 묘사한다(1:42). 그리고 요한복음에서 예수는 메시아라는 신앙고백에 상응하는 "주는 하나님의 거룩하신 자"(요 6:68)라는 고백을 하는 이

---

54 앞의 §39 n. 141과 이하 §49 n. 22을 보라. 하지만 Cullmann은 그 사랑받은 제자에 대한 강조가 다른 곳에서의 베드로의 중요성에 대한 약간의 반발이었다면 그것은 베드로의 "특별히 대표적인 지위"에 대한 간접적인 확증이라고 지적한다(*Peter*, 31). Brown-Donfried-Reumann, *Peter*, 134-39 및 K. Quast, *Peter and the Beloved Disciple: Figures for a Community in Crisis*(JSNTS 32; Sheffield: JSOT, 1989)를 보라.

55 "베드로의 지위는 처음부터 당연한 것으로 받아들일 수 있는 평가의 기준이다.…제4복음서 저자는 시몬 베드로를 심지어 내러티브가 시작되기 전부터 친숙한 인물로 간주한다"(Bockmuehl, *Simon Peter*, 58).

는 베드로다. 다른 한편으로 베드로가 예수께서 자기 발을 씻도록 내버려두지 않으려 하고 상징적 의미에 대해 오해하는 장면(13:4-10), 예수를 지키려는 베드로의 허영심 강한 시도(18:10-11) 등을 묘사하는 이는 바로 요한이다. 최후의 만찬 강화에서 베드로는 도마, 빌립, 유다와 마찬가지로(14:5 8, 22) 예수의 대화 상대 중 한 사람일 뿐이며(13:36-37), 그의 역할은 단지 이 강화의 추진력을 유지하는 것이다. 베드로의 부인에 대한 기사는 다소 자세하지만 사실상 공관복음의 기사들과 전혀 다르지 않다(18:15-18, 25-27).

진정으로 흥미로운 부분은 부활 내러티브에 있다. 누가복음 24:12에서도 증언하듯이, 요한은 베드로가 예수의 비어있는 무덤에 대한 최초의 증인이었다고 기록하지만, 베드로가 부활한 예수를 본 최초의 인물이었다는 점을 확증하지는 않는다. 여기서 등장하는 것은 아마도 요한복음의 부록이었을 본문(21장) 속에 나오는, 예수가 갈릴리에 있는 한 무리의 제자들에게 나타나신 사건에 대한 이야기인데, 그때 제자들은 물고기 잡는 일을 다시 하고 있었다. 물고기가 기적적으로 많이 잡힌 이야기는 누가복음 5:1-11과 비슷하지만, 요한은 이 기회를 활용하여 베드로가 예수와 특별히 가까운 관계를 맺었다는 주제를 전개하지 않는다(요 21:5-8).[56] 그러나 그 후에 베드로는 부활하신 예수의 집중적인 관심을 받는다. 예수는 베드로에게서 예수를 사랑하는 그의 마음에 대한 세 번의 고백을 이끌어내며, 그때마다 예수의 대답은 "내 양을 먹이라", "내 양을 먹이라", "내 양을 먹이라"는 사명 위임이다(21:15-17). 여기서 베드로는, 예수가 그에 대해 10장에서 매우 감동적으로 말한, 아마도 목자장인 예수 아래 있

56 "시몬 베드로는 여전히 중요하지만, 진정으로 예수와 마음이 합한 사람은 아니다" (Brown-Donfried-Reumann, *Peter*, 141).

는 양떼의 목자로 세워진다.[57] 그 후 예수는 베드로가 겪게 될 죽음의 형태를 예언하는데(21:18-19), 이는 베드로 자신의 십자가형에 관한 전승을 암시하는 말일 수도 있다.[58] 그러나 어쨌든 이 말은 예수가 베드로를 특별히 세우시고 총애하셨다는 의미를 더해준다. "[예수께서] 이 말씀을 하시고 베드로에게 이르시되 '나를 따르라' 하시니"라는 마지막 구절(21:19)은 예수의 걸출한 제자인 베드로에게 알맞은 슬로건이다.[59]

48.4 사도 교부들과 변증가들의 문헌 속에서의 베드로

베드로에 대한 묘사는 신약 복음서 전체에 걸쳐 그처럼 지속적으로 높은 수준에서 유지되고 있으므로, 거기에 담긴 의미는 베드로의 명망이 1세기의 70년 이후 예수 믿는 신자들의 모임 가운데서도 매우 높았다는 것이다. 베드로가 사실상 2세기 전반의 주류 기독교를 가장 대표했거나 그렇게 간주되게 된 문헌들에서 동일한 수준의 존경과 함께 계속해서 높이 평가되고 자주 언급되었다고 추론하는 것은 가장 자연스러운 귀결일 것이다. 그런데 놀랍게도 사실은 그렇지 않다. 베드로 자신에 대한 언급은

---

57 벧전 5:1-5은 그러한 역할이 자화자찬이나 자의적인 권력 행사의 기회는 아니라고 경고한다. 수신자들은 그리스도 자신이 목자장이시며(5:4) 그들 자신을 목자장의 수하에 있는 목자들에 불과한 존재로 생각해야 한다. Bockmuehl은 "여기에는 베드로가 **유일한** 참된 목자라는 암시가 전혀 없으며 그렇게 규정된 베드로의 사역의 계승에 대한 암시도 전혀 없다"고 지적한다(*Simon Peter*, 65; 그러나 66-67도 주목해 보라). 그러나 문헌적 의존성의 관점에서는 거의 설명할 수 없는 요 21:15-17과 벧전 5:1-5의 유사점은 아마도 베드로의 목자적인 역할에 대한 하나의 일반적인 전승을 암시할 것이다(Brown-Donfried-Reumann, *Peter*, 154; Perkins, *Peter*, 37의 견해도 이와 비슷하다).

58 *Beginning from Jerusalem*, 1074 n. 55.

59 "사복음서 전체에서 베드로의 주도적인 역할은 처음부터 교회 전체를 위한 '반석 같은 인물'의 중요성에 상응한다"(Hengel, *Petrus*, 73).

(파피아스를 제외하면) 바울에 대한 언급보다 적으며[60] 베드로전서에 대한 암시의 증거는 (물론 더 많은) 바울 서신에 대한 암시와 비교해 보면 훨씬 더 불확실하다.

a. 베드로에 대한 언급

사도 교부 문헌에서의 그러한 언급들에 대한 조사는 시작하기는 좋지만 곧 실망감을 안겨준다.

「클레멘스1서」에는 베드로에 대한 언급이 한 번밖에 없다.

> 우리는 우리 세대의 고귀한 본보기들을 살펴봐야 한다. 시기와 질투 때문에 가장 위대하고 가장 올바른 기둥들이 박해를 받았고 그들은 죽기까지 고군분투했다. 우리는 선한 사도들을 우리 눈앞에 두어야 한다. 거기에는 베드로가 있다. 그는 부당한 질투 때문에 단지 한두 번이 아니라 여러 번 고난을 견뎠고, 그렇게 증언한 뒤 그에게 합당한 영광의 장소로 갔다. 질투와 갈등으로 인해 바울은 인내에 대한 상을 얻는 길을 보여주었다…(*1 Clem.* 5.1-5).

여기서 가장 주목할 만한 특징은 두 가지다. 단 두 사람만 골라 "가장 위대하고 가장 올바른 기둥들"—베드로와 바울—로 거론했다는 점과 클레멘스가 근거로 삼고 있는 로마와 고린도의 연관 관계는 바울에 의해 확립되었는데도 베드로가 먼저 언급된다는 점이다.[61] 이는 우리에게 이미 1

---

60 "2세기 말과 그 이후부터, 대체로 침묵하는 것처럼 보이는 그 이전 수십 년보다, ["베드로를 다루는"] 훨씬 더 많은 문헌이 있는 것처럼 보인다"(Bockmuehl, *Remembered Peter*, 75). 이 말은 C. Grappe, *Images de Pierre aux deux premiers siècles* (Paris: Universitaires de France, 1995), 19-20의 내용을 상기시킨다.

61 5.4의 "여러 번"은 오늘날 우리가 접할 수 있는 것보다 훨씬 더 자세한 베드로의 개인사

세기 말 이전에 베드로가 로마에서 지도적인 사도이자 가장 높은 권위를 지닌 인물로 간주되었음을 말해준다.[62]

이그나티오스는 그의 편지에서 베드로를 두 번 언급하는데, 첫 번째 언급은 바울과 관련해서 이미 인용한 바 있다(§47.3b).

> *Rom.* 4.3—나는 여러분에게 베드로와 바울처럼 명령하지 않습니다. 그들은 사도였지만 나는 죄인입니다. 그들은 자유로웠지만 나는 지금까지도 노예입니다.

> *Smyrn.* 3.2-3—그[부활하신 예수]는 베드로와 함께 있는 이들에게 오셨을 때 이렇게 말씀하셨습니다. "손을 뻗어 나를 만져보고 내가 몸이 없는 귀신이 아니라는 것을 알라"[참고. 눅 24:39]. 그러자 그들은 즉시 그를 만졌고 그의 육체와 영혼과 뒤섞여 그를 믿었습니다. 이런 이유로 그들도 죽음을 경멸했습니다. 그들은 죽음 너머에 있는 것으로 발견되었기 때문입니다. 그는 영적으로 아버지와 하나가 되셨지만 부활하신 뒤 육체적인 존재로서 그들과 함께 먹고 마셨습니다[참고. 행 1:4].

비록 이그나티오스의 여행 경로와 일련의 편지들과 그가 기대하는 바는 바울의 그것과 더 밀접하게 닮았지만, 여기서도 그가 베드로를 먼저 언급

에 대한 지식을 암시하는가?

62 "이 두 사도가 서로 화해했고 함께 언급된다는 점은 교회 정치적 상황에 있어서 하나의 중요한 발전을 반영한다"(Koester, *Introduction*, 2.290). 베드로와 바울이 로마 교회(들) 안의 내부적 경쟁 관계에서 겪은 "질투"에 대한 이중의 언급이 지닌 의미에 대해서는 Cullmann, *Peter*, 91-110; Brown in Brown and Meier, *Antioch and Rome*, 124-25을 보라. 로마에서의 베드로의 사역(과 죽음)에 대한 *1 Clem.* 5의 생생한 기억 속의 증언과 관련된 논의는 Bockmuehl, *Remembered Peter*, 124-30을 보라.

한다는 점은 어느 정도 의미가 있다. 그가 예수께서 "베드로와 함께/주위에(*peri*) 있는 이들"에게 나타나신 일—베드로는 나머지 사람들에게 둘러싸인 중심인물이다—을 묘사한다는 사실도 무의미하지 않다.[63] 이와 똑같이 중요한 것은 이그나티오스가 예수의 부활 후 현현에 대한 누가의 기사(눅 24:39)를 암시하면서, 비록 베드로가 이 장면에 대한 누가의 기록에서 언급되지는 않지만, 제자들이 베드로를 중심으로 모였다는 점을 당연한 것으로 여긴다는 사실이다. 이는 누가복음의 내러티브가 촉발시켰을 그런 종류의 가정이다. 따라서 이것이 사도 교부 문헌에서 발견할 수 있는 그러한 가정의 유일한 예라는 점은 다소 놀랍다.

사도 교부 문헌에서 베드로에 대한 유일한 다른 명시적 언급은 에우세비오스와 그 밖의 저자들이 인용하는 파피아스에게서 나온 발췌문에서 찾아볼 수 있다. 파피아스는 물론 이미 §39.2a에서 언급했듯이 마가가 베드로의 해석자(또는 통역자)였다는 유명한 전승을 남겼다.[64] 그러나 흥미로운 것은 파피아스가 다른 전승들의 출처와 전거들을 열거하면서 베드로를 특별히 부각시키려는 어떤 시도도 하지 않는다는 사실이다: "안드레나 베드로가 했던 말이나, 빌립이나 도마가 했던 말이나, 야고보나 요한이나 마태나 주님의 제자들 중 누군가가 했던 말이나, 주님의 제자들인 아리스티온과 장로 요한이 했던 말"(*HE* 3.39.4).[65] 파피아스는 물론 개

63 Bockmuehl은 다소 강하게 다음과 같이 결론짓는다. "시몬 베드로는 명백히 초기 교회의 다른 어떤 인물과도 다르게 복음 전승의 핵심을 대표한다"(*Simon Peter*, 48). *Remembered Peter*, 90-91의 견해도 이와 비슷하다.

64 Eusebius, *HE* 3.39.15-16; 그리고 추가적으로 앞의 §39 n. 20을 보라.

65 Eusebius, *HE* 3.39.4; Jerome, *Lives of Illustrious Men* 18. 시데의 빌립의 「교회사」에서는 사도들을 열거하는 파피아스의 말을 인용한다. "그는 베드로와 요한, 빌립과 도마와 마태 다음에 아리스티온과 그 또한 장로라고 부른 또 다른 요한이 주님의 제자였음을 언급했다."

인적으로 사도 요한이 한 말을 들은 인물로 기억되며,[66] 그것은 베드로에 관한 그의 증언보다 더 높이 평가받은 것으로 보인다. 그러나 파피아스가 자신이 사용한 권위 있는 일련의 전승을 확립하면서 베드로의 중요성을 강조한 인물로 기억되지 않는다는 점은 여전히 다소 놀랍다.[67]

변증가들은 베드로의 지위와 권위를 이용하지 못한 것처럼 보인다. 그들에게는 그렇게 할 어떤 특별한 이유나 계기가 없었다. 한 가지 예외는 순교자 유스티누스인데, 그는 「트리포와의 대화」에서 예수가 베드로라는 별명을 붙여주신 시몬을 두 번 언급한다(100.3; 106.3). 주목할 만한 것은 유스티누스가 분명 예수에 대한 베드로의 신앙고백을 진술한 마태의 기록을 염두에 두었다는 점이다("그[시몬]가 그분을 성부의 계시에 따라 하나님의 아들, 곧 그리스도로 인식했을 때 그분[그리스도]은 [그에게] 베드로라는 별명을 붙여주셨다." 참고. 마 16:16-17). 이 구절은 예수가 베드로(*Petros*)에게 그 위에 자신의 교회를 세울 "반석"(*petra*)이라는 이름을 주시는 구절이며, 유스티누스가 그것을 암시한다는 사실은 이 구절이 베드로의 지위에 대한 증거로서 2세기에 알려져 있었고 반영되었을 것이라는 점을 확증해준다.[68] 그렇지 않다면 유스티누스가 로마에서의 베드로의 거주나 순교를 전혀 언급하지 않는다는 것은 다소 놀랍다.

이레나이우스가 베드로를 거의 언급하지 않는다는 점은 주목할 만하다. 유스티누스와 마찬가지로 이레나이우스는 마태복음 16:17을 두 차례 상기하지만[69] 다른 경우의 언급은 베드로를 바울과 함께 언급한 것이

---

66 Irenaeus, *adv. haer.* 5.33.4; Eusebius, *HE* 3.39.1.

67 Bauckham, *Jesus and the Eyewitnesses*의 주요 명제와 약간 대조된다.

68 Bockmuehl은 (신약) 복음서가 "사도들의 회고록"이라는 유스티누스의 묘사(위 §44 n. 168을 보라)에서 유스티누스가 마가복음을 베드로의 회고록이라고 여겼을 것이라고 정당하게 추론한다(*Simon Peter*, 45-46).

69 *adv. haer.* 3.13.2; 3.21.8.

며,[70] 이레나이우스가 보기에 탁월한 "그 사도"는 바로 바울이다. 이레나이우스는 베드로의 이야기에서 사도행전 10장의 중요성을 인식하고, 이를 베드로는 분명 유대인의 하나님과 기독교인의 하나님은 별개라고 설교하지 않았다는, 자주 등장하는 반(反)마르키온적인 주장을 펴는 데 사용한다(*adv. haer.* 3.12.7).[71] 오리게네스의 『켈수스에 대한 반론』 1, 2, 6권에 나오는 베드로에 대한 여러 언급 중에서(그는 베드로를 "말하자면 사도들의 첫 열매"라고 지칭한다—2.65) 가장 흥미로운 것은 "베드로는 아직 예수께 율법의 글자로부터 율법에 대한 영적인 해석으로 올라가는 법을 배우지 못했기 때문에 오랫동안 모세 율법의 관습을 지켜온 것으로 보인다"(2.1-2)는, 사도행전 10장 본문[72]을 동일하게 근거로 한 그의 주장이다. 이는 "예수 믿는 유대인 신자들은 그들의 조상들의 율법을 떠나지 않았다"(2.1)는 **켈수스와 반대되는** 오리게네스의 인식의 일부이며, 베드로 또는 최소한 그의 이전의 개인사는 그러한 유대인 신자들과의 연결고리가 된다.

에우세비오스의 *HE* 3.30.2에서 인용된 알렉산드리아의 클레멘스의 *Stromata* 7에서 나온 다른 한 가지 증언도 언급하지 않을 수 없다.

> 그들은 복되신 베드로가 자기 아내가 먼저 죽는 모습을 보았을 때 아내의 소천과 아내가 본향으로 돌아가는 것을 기뻐했고, 큰 소리로 아내에게 참된 경

---

70 *adv. haer.* 1.13.6; 1.25.2; 3.3.2; 3.13.1-3; 4.35.2; 하지만 3.12.1-7은 행 1-5장과 10장에서 발췌한 광범위한 인용구로 구성되어 있으며 거기서는 베드로가 당연히 두드러지게 등장한다.

71 Bockmuehl은 2세기에 여전히 나타난 1세대의 "생생한 기억"에 관한 논지(*Remembered Peter*, 15-30)에서 (폴리카르포스를 통해 요한과 연결되는) 이레나이우스가 그러한 개인적인 기억의 최종 단계를 나타낸다고 주장한다(23-27). "기독교인의 기억은 다양하고 심지어 서로 경쟁하는 기독교인 집단들 속에서 150년 동안 시몬 베드로의 공적인 '외적 인격'(*persona*)에 대한 중요한 판단 기준이었다"(76-77).

72 행 10:9-15 및 갈 2:12.

고와 위로의 말을 건네면서 그녀의 이름을 부르며 "주님을 기억하시오"라고 말했다고 한다. 복된 자들의 결혼과 그들에게 가장 소중한 이들에 대한 완벽한 성향은 그와 같았다.[73]

이 기록의 출처와 가능한 역사성에 대해서는 신경 쓰지 않더라도 여전히 흥미로운 것은 "복되신 베드로"와 그의 결혼이 따라야 할 모범—그 이후의 성인전(聖人傳)의 첫 번째 유형—으로 제시되고 있었다는 점이다.

b. 베드로전서의 개연성 있는 흔적들

베드로전서에 대한 지식과 의존을 가장 강하게 암시하는 징표는 폴리카르포스의 「빌립보인에게 보내는 편지」에서 찾을 수 있다. 에우세비오스는 실제로 폴리카르포스가 빌립보인에게 보낸 편지에서 "베드로전서의 몇 구절을 인용했다"고 전한다(*HE* 4.14.9). 그리고 이 점은 다음 세 개의 분명한 사례를 통해 입증된다.[74]

Phil. 1.3	벧전 1:8, 12
Phil. 8.1	벧전 2:21-24

73 에우세비오스는 이 구절을 *Stromata* 7에서 발췌한 것으로 인용하지만, *ANF* 2.541에서 이 구절은 *Stromata* 11에서 나타난다. 같은 구절에서 에우세비오스는 베드로의 자녀들을 언급하는 클레멘스의 말을 인용한다(*HE* 3.30.1). Hengel, *Petrus*, 207-17도 함께 보라.

74 *NTAF*, 86-89; Massaux, *Influence*, 2.42-5(이들은 또한 둘 다 다른 개연성 있는 네 개의 경우를 열거한다—*Phil.* 2.1/벧전 1:13; *Phil.* 2.2/벧전 3:9; *Phil.* 5.3/벧전 2:11; *Phil.* 7.2/벧전 4:7); J. H. Elliott, *1 Peter* (AB 37B; New York: Doubleday, 2000), 143(그는 다른 17개의 "사실상 확실한 인용구"를 열거한다); Holmes, 'Polycarp's *Letter to the Philippians*', 220-22. *Mart. Polyc.* 10.2에도 벧전 2:13의 흔적이 포함되어 있을지 모른다. Elliott, *1 Peter*, 144을 다시 보라.

Phil. 10.2	벧전 2:12

다른 곳의 증거는 기껏해야 설득력이 없으며, 주제나 어휘상 적당히 겹치는 부분은 아마도 구체적인 베드로전서에 대한 지식보다는 공동체의 예전적, 교리 교육적인 관례를 더 많이 암시하는 것일 것이다. 「클레멘스1서」에서 베드로전서의 몇몇 개연성 있는 흔적이나 베드로전서에 암시적으로 의존한 듯한 몇몇 구절들이 언급되었지만 설득력 있는 것은 아무것도 없다.[75] 이그나티오스의 경우에도 이와 비슷하게 베드로전서를 모방했거나 의존했을 가능성이 있는 구절들은 「클레멘스1서」의 경우에서만큼이나 감질날 정도로 희박하다.[76] 클레멘스와 이그나티오스가 베드로전서를 알았든 몰랐든 그들의 편지가 보여주는 증거는 이 점에 대해 거의 또는 전혀 확신을 주지 못한다. 바울과 달리 베드로의 평판은 베드로가 쓴 글에 두드러지게 의존하지 않았다. 베드로전서가 「디다케」[77]나 「바나바

---

75 필자는 *NTAF*, 55-57; Massaux, *Influence*, 1.38-39에서 자료를 뽑았다. 다음 책들도 함께 보라. Brown in Brown and Meier, *Antioch and Rome*, 166-69; Elliott, *1 Peter*, 139-40. Gregory는 '1 Clement'에서 어떤 예도 고려하지 않는다.

「클레멘스1서」	베드로전서	「클레멘스1서」	베드로전서	「클레멘스1서」	베드로전서
1.3	3:1-4	7.7	2:25	36.2	2:9
2.2	4:19	21.7	3:1-5	49.5	4:8
2.4	2:17; 5:9	30.1	1:15-16; 2:1	57.1	5:5
5.7	2:21			59.2	2:9
7.2, 4	1:18-19	30.2	5:5	61.3	2:25

76 또다시 필자는 엡 5:3만 실제 가능성 있는 구절로 언급하는 *NTAF*, 76과 별 성의 없이 자료를 정리한 Massaux, *Influence*, 1.117-18에서 자료를 뽑았다. Foster는 'The Epistles of Ignatius of Antioch'에서 어떤 예도 고려하지 않는다.

이그나티오스	베드로전서	이그나티오스	베드로전서
Eph. 5.3	5:5	*Magn.* 9.2	3:19; 4:6
Eph. 9.1	2:5	*Trall.* 9.2; *Smyrn.* 7.1	1:21
Magn. 8.2; *Philad.* 5.2	1:10	*Rom.* 9.1	2:25; 5:2
		Polyc. 5.2	4:11

77 *Did.* 1.4/벧전 2:11; *Did.* 4.11/벧전 2:18 — *NTAF*, 33-34; Massaux, *Influence*, 3.177-

서신」[78]이나 헤르마스의 「목자서」[79]나 「클레멘스2서」[80]에 문예적 영향을 끼쳤을 가능성이 있는 사례들 중에 믿을 수 있을 만큼 설득력 있는 것은 아무것도 없다. 변증가들의 경우에는 더더욱 그렇다.[81] 베드로전서에서 나온 최초의 명시적인 인용구는 이레나이우스의 글에 나온다.[82]

결과적으로 우리는 베드로전서가 아마도 베드로의 편지로 알려지고 받아들여졌을 것이며 2세기 교회들의 예전과 권면의 언어에 어느 정도 기여했을 것이라고 결론지을 수 있다. 그러나 우리는 베드로전서가 그와 같이 자주 언급되거나 인용되었다는 확신은 고사하고 잘 사용되었다는 확신도 거의 가질 수 없으며, 따라서 존재하는 증거는 베드로가 어떻게 간주되었는지, 그에 대한 존경이 2세기 내내 계속해서 커져갔는지에 대한 우리의 이해에 거의 또는 전혀 보탬이 되지 않는다.

78; Tuckett, 'The *Didache*', 90-91.

78 *Barn.* 4.12/벧전 1:17; *Barn.* 5.1/벧전 1:2; *Barn.* 5.5, 6; 6.7/벧전 1:10-11; *Barn.* 6.2-4/벧전 2:6-8; *Barn.* 16.10/벧전 2:5 — *NTAF*, 9, 11-12, 14-16; Massaux, *Influence*, 1.80-81; Paget, 'The *Epistle of Barnabas*', 248(관련 구절들은 분명치 않다).

79 *Vis.* 3.3.5/벧전 3:20-21; *Vis.* 3.11.3/벧전 5:7; *Vis.* 4.3.4/벧전 1:7; *Sim.* 9.12.2-3/벧전 1:20; *Sim.* 9.14.6과 9.28.5/벧전 4:13-16; *Sim.* 9.29.1, 3/벧전 2:1-2 — *NTAF*, 115-17; Massaux, *Influence*, 2.159-61; Verheyden, 'The *Shepherd of Hermas*', 297-98.

80 *2 Clem.* 14.2/벧전 1:20; *2 Clem.* 16.4/벧전 4:8(그러나 「클레멘스2서」는 *1 Clem.* 49.5의 어구를 인용한 것일 수도 있다) — *NTAF*, 56, 128; Massaux, *Influence*, 2.22-23; Gregory and Tuckett, '*2 Clement*', 291과 n. 143.

81 그러나 Elliott, *1 Peter*, 144-46을 보라.

82 벧전 1:8(*adv. haer.* 4.9.2; 5.7.2); 벧전 2:16(*adv. haer.* 4.16.5; 4.37.4); 벧전 2:23(*adv. haer.* 3.16.9; 4.20.2). 벧전 1:12은 *adv. haer.* 2.17.9, 4.34.1과 5.36.3에서, 벧전 3:20은 *adv. haer.* 1.18.3에서, 벧전 4:14은 *adv. haer.* 4.33.9에서도 사용된다.

48.5 유대 기독교의 베드로

여기서 우리는 매우 자연스럽게 위-클레멘스 문서에 관심을 돌린다. 우리는 이미 「설교집」의 맨 처음에 등장하는, 베드로가 야고보에게 보낸 편지에서 베드로에 대한 묘사가 지닌 몇 가지 특징을 언급한 바 있다.

- 베드로는 "거룩한 교회의 존귀한 주교"인 야고보에게 편지를 쓰면서(*Epistula Petri* 1.1) 그의 도움을 구한다. 베드로는 이처럼 야고보에 비해 종속적인 역할로 묘사된다.
- 그는 자신의 성경 해석(1:3-5)을 포함해서 자신의 설교가 이방인들에게 오해를 받을까 우려하지만(1:2; 2:3), 특히 자신(베드로)이 "율법의 소멸"을 가르치는 인물로 표현되고 있다는 점을 우려한다. 율법의 소멸은 베드로가 단호히 반박하는 견해다(2.5-6). 이는 베드로가 그의 죽음 후에 다소 모호한 인물로 간주되었고, 이방인 신자들이 그가 율법 준수보다 덜 엄격한 헌신을 지지하는 인물이라고 주장했음을 시사한다. 따라서 이 편지는 예수 믿는 유대인 신자들이 베드로를 율법에 대해 일관되게 신실하고 야고보가 교회를 이끄는 것을 인정하는 인물로 되찾으려는 시도나 마찬가지일 것이다. 야고보의 응답(4)이 지닌 함의는, 베드로의 설교를 담고 있는 책들이 아마도 전통주의적인 유대인 신자들이 이해한 바와 같이 기독교의 경계선을 너무 멀리까지 확대한 것으로 간주되었고 따라서 그 유포를 엄격히 제한해야 할 것으로 간주되었다는 것이다.
- 바울에 대한 언급이 거의 확실한 "나의 원수인 사람"(2.3)이라는 말도 같은 취지의 표현이다. 바울이 베드로의 주적인 시몬 마구스

의 모습과 합쳐지는 *Homilies* 17.18-19과의 유사점(§45.2c에서 언급함)[83]은, 초기 기독교 전승에서 상상할 수 있을 만큼 최대한 예리하게 베드로와 바울을 구별하는 역할을 한다. 바울은 또한 아마도 *Recog.* 1.69.8-1.71.4에서 야고보를 공격하는 "적대적인 사람"으로 밝혀질 인물이므로(§45.2c), 베드로와 야고보를 바울에 반대하여 긴밀히 유대하는 관계로 설정하는 효과는 훨씬 더 강하다.

클레멘스가 야고보에게 보낸 편지는 주로 목회 서신과 이그나티오스를 떠올리게 하는 관점에서 베드로가 클레멘스에게 사명을 위임하는 내용으로 이루어져 있다. 그러나 이 편지의 도입부에는 베드로에 대한 찬양으로 가득한 언급이 담겨 있다.

> 참된 믿음과 가장 안전한 가르침의 기초로 인해 교회의 초석으로 세워졌고, 거짓말을 하실 수 없는 예수의 입으로 바로 그 이유 때문에 베드로라는 별명을 얻은 시몬[마 16:17-18], 우리 주님의 첫 열매, 성부께서 그의 아들을 처음 드러내시고[고전 15:5] 그리스도가 타당한 이유로 "복된 자"라고 부르신 사도들 중 첫 번째 사도, 부르심 받고 택함 받은 자, 식탁의 벗이자 동료 여행자, 모든 제자 중에 가장 유능한 제자로서 세상의 가장 어두운 부분인 서방 지역을 깨우치라는 명령을 받았고[참고. *1 Clem.* 5.7] 이 일을 성취할 능력을

83 「설교집」과 「인식」에서 진술된 이야기의 많은 부분은 시몬을 대적하거나 시몬과 논쟁하는 베드로의 설교에 관한 이야기로서 이 전승이 베드로에 관해 퍼진 전설 가운데서 얼마나 인기가 있었는지를 보여준다. Klauck는 시몬 마구스가 "어떤 장면에서는 바울에 대한 암호로 해석될 수 있지만, 모든 구절에서 그런 것은 확실히" 아니라고 지적하며 "시몬의 배후에서 마르키온의 모습과 가르침의 윤곽"을 어렴풋이 감지한다(*Apocryphal Acts*, 227). Bockmuehl은 대세에 역행하여 시몬과 바울의 동일시가 건전한 것인지 질문한다(*Remembered Peter*, 101-13).

부여받은 선하고 검증된 제자…(*Epistula Clem.* 1.2-3).

베드로는 이어서 클레멘스를 주교로 세우고 그에게 자신의 가르치는 지위를 맡긴다. "그는 처음부터 끝까지 나와 동행했고 따라서 나의 모든 설교를 들었다." 베드로는 그에게 "교회의 정경을 아는 자로서…그가 땅 위에서 명하는 모든 것이 하늘에서 명해지도록 매고 푸는 권세"를 전달한다.[84] 클레멘스는 계속해서 「설교집」에서 베드로의 설교를 들려주지만 「클레멘스의 편지」의 이 첫 단락에 나오는 베드로에 관한 두 가지 주장은 다음 두 가지 흥미로운 가능성을 제기한다. 첫째는 위-클레멘스 문서가 대표하는 이들이 어둠 속에 사는 이방인들에게 빛을 전해주는(행 26:18) 바울의 사명을 베드로의 공으로 간주하기를 원했을 가능성이다. *1 Clem.* 5.7에서 서쪽 끝에 도달했다고 일컬어진 이는 바로 바울이었다. 또 다른 가능성은 베드로가 바울을 대신했듯이 클레멘스도 사실상 마가를 대신한 인물로 표현되었을 가능성이다. 베드로의 신실한 벗이자 베드로의 가르침을 기록했던 사람은 (파피아스에 의하면 마가가 아니라)[85] 바로 클레멘스였다. 다시 말해서 여기서도 또다시 베드로는 신생 기독교에 대한 유대인의 보다 전통주의적인 이해를 위해 언급되었다.

그러나 베드로가 받은 존경이 또다시 보다 지속적인 것으로 보이는 것은 마태복음 16:17-19이 증언하는 바와 같이 주로 특별히 혜택받은 그의 지위 때문이다. 베드로가 클레멘스에게 주는 가르침으로 인해 클레멘스는 목회 서신과 이그나티오스를 통해 "주류 교회"로 흘러들어가는 흐름 속에 확고하게 자리 잡게 된다. 로마 주교 클레멘스를 베드로가 세

---

84 *Epist. Clem.* 2.2-4; 마 16:19; 요 20:23.
85 앞의 §39.2a(i)을 보라.

웠다는 강력한 주장은 사도적 계승과 베드로의 계승자로서의 교황이라는 교의적 전통의 수립을 향한 중요한 진전이다. 같은 맥락에서 신약과 외경에 속한 여러 행전에 나타나는 바울과의 흥미로운 차이도 "베드로의 제자들이나 베드로가 세운 교회의 직분 담당자 중에는 여자가 없다"는 점에서 주목할 만하다.[86] 많은 수의 라틴어 사본들에서 드러나는 위-클레멘스 문헌의 인기를 고려하면, 이 문서의 영향력은 주류 교회의 교회론에서 베드로의 우월성을 확고히 하는 데 있어 중요했을 것이 분명하다.

48.6 외경상의 베드로

제목에 베드로가 들어간 문헌들의 범위는 언뜻 보면 의구심을 불러일으킨다. 그런 제목을 붙인 동기는 "복음서와 행전과 묵시록을 다른 이들의 저작으로 간주하게 되었다면, 베드로에게도 그런 저작이 있어야 한다"는 것이었기 때문이다. 그것이 정말로 사실이라면, 물론 이는 베드로가 기독교의 기초를 세운 이들 중에서 너무나 두드러진 인물로 간주되어, 많은 이들이 보기에 그러한 문헌들이 그의 저작으로 간주되는 것 역시 단지 영예의 문제였음을 의미할 것이다. 그럴 경우 이는 이 문헌들의 내용이 베드로 자신의 믿음과 가르침을 반영했는가 하는 문제라기보다는 어떤 가르침이 베드로의 이름을 가지기에 적절한 것으로 여겨졌는가 하는 문제이며, **그것**이 2세기 내내 베드로가 예수 믿는 신자들의 집단에 의해 받은 존경에 대해 우리에게 무엇을 말해주는가 하는 문제다.

---

86 Klauck, *Apocryphal Acts*, 228.

a. 「베드로의 설교」

흥미로운 「베드로의 설교」부터 살펴보자. 앞서 말한 것처럼 오리게네스는 이 문헌에 의문을 제기했지만[87] 무비판적인 인물로 악명 높은 알렉산드리아의 클레멘스는 그것을 베드로의 설교에 대한 참된 기록이라고 생각했다. 클레멘스가 인용한 발췌문에서 베드로는 분명 선교사로 묘사되며 주님(예수)이 그의 제자들에게 그의 이름으로, 로마서 10:14-18을 떠올리게 하는 언어로 이스라엘에 복음을 전파하는 사명을 맡기셨다는 점을 상기시킨다(*Strom.* 6.5.43). 그러나 6.6.48에서 예수는 열두 제자에게 그리스도에 대한 믿음뿐만 아니라 하나님은 한 분뿐이라는 믿음에 이르도록 사람들을 설득하는 (마 28:19의) 보편적인 사명을 맡겨 보낸다. 그리고 §46.6e에서 분명하게 드러났듯이 「베드로의 설교」에서 베드로는 "제3의 인종"인 기독교인을 그리스인과 유대인 둘 다와 분리시키며(6.5.41) 유대인의 종교를 이방인의 우상숭배와 마찬가지로 경멸적으로 대한다. "자신들만 하나님을 안다고 생각하는 그들은 하나님을 알지 못하며 천사들과 천사장들, 절기와 월삭을 섬긴다"(6.5). 따라서 동료 유대인 선교에 대한 베드로의 책임은 그 정도만큼 상기되지만 사실상 방기되었고, 베드로는 이제 이방인 및 유대인과 모두 구별되어 자신의 정체성을 발견하는 보편적 선교를 상징한다. 「베드로의 설교」가 실제로 2세기의 처음 몇십 년 동안에 출현했다면(§40.2c), 그것은 베드로를 그의 유대적인 배경에서 떼어내어 스스로 의식적으로 헬레니즘 세계 안에서 독립적인 입장을 취하고

---

87 앞의 §40.2c과 n. 118을 보라. 또한 오리게네스는 스스로 「베드로의 교리」라고 부르는 책도 언급하면서 이 책을 "베드로도, 하나님의 영의 영감을 받은 다른 어느 누구도 쓰지 않은" 책으로 치부하지만(*de Principiis*, praef. 8), 이 두 책이 같은 책인지는 불분명하다(Schneemelcher, *NTA*, 2.36-37).

있는 기독교에 더 확고하게 일치시키는, 베드로가 지닌 의미의 꽤 극적인 구조적 변경이었다. 예수 자신의 주요 제자인 베드로를 그러한 입장의 대변자로 확보하는 것은 그 자체로 일종의 쿠데타였고 "제3의 인종"의 기독교가 베드로를 그 대변자로 제시하는 일에 명백히 부여한 중요성을 보여주었다.

b. 「베드로복음」

「베드로복음」(§40.4d)에는 베드로에 관한 아무런 추가적인 정보도 담겨 있지 않다. 예수의 처형과 부활에 대한 기록은 베드로 자신에 의한 1인칭 증언으로 제시된다(*Gospel.Pet.* 26, 60—"그러나 나 시몬 베드로와 내 형제 안드레는…"). 그러나 그 기록 자체는 두 개의 일인칭(베드로) 본문—*Gosp.Pet.* 26(요 20:19)과 *Gosp.Pet.* 60(요 21:1-2)—을 포함해서 분명히 그 이전의 (신약) 복음서들에서 비롯되었고 그것들을 설명한 것이다.[88] 특히 이 기록은 베드로를 빈 무덤 이야기에서 제외시키며,[89] 베드로를 부활하신 주님의 제자나 증인으로 홍보하는 일에는 분명 아무런 관심이 없었다.[90] 「베드로복음」이 십중팔구 제한적으로 유포되었을 것이라는 점을 감안하면 이 문헌은 베드로가 그러한 소설적인 내용에서 자연스럽게 화자로 선택된 것으로 여겨졌다는 사실—아마도 베드로가 저자로 여겨진 점으로 인해 세라피온은 「베드로복음」을 처음에 교회에서 사용할 수 있는 문헌

88 앞의 §44.7a을 보라.

89 막 16:7; 눅 24:12; 요 20:3-10.

90 J. Verheyden, 'Some Reflections on Determining the Purpose of the "Gospel of Peter"', in Kraus and Nicklas, ed., *Evangelium nach Petrus*, 281-99; 앞의 관련 구절에 대해서는 285-86을 보라.

으로 간주했을 것이다[91]—외에는 베드로가 2세기 후반에 시리아 서부에서 받은 존경에 관해 우리에게 어떤 의미 있는 내용도 알려주지 않는다. 보다 중요한 것은 세라피온에 의해 입증되는 베드로에 대한 높은 관심이다. "우리는 베드로와 나머지 사도들을 그리스도와 같이 받아들인다"(Eusebius, *HE* 6.12.3)[92]

c. 「베드로행전」

「베드로행전」(§40.6b)도 베드로에 대한 우리의 지식에 무언가 보탬이 되기에는 미흡하다. 이 문헌은 베드로가 시몬을 유대 지방에서 "추방"한 일을 상기함으로써 새로운 대립을 도입하고 있기는 하지만, 분명 베드로가 시몬 마구스를 맹비난한 일—이 문헌의 핵심—에 대한 사도행전 8장의 전승을 사용하고 있다(*ActsPet.* 5 및 12, 28).[93] 이 문헌은 또한 베드로가 물 위를 걸은 경험을 상기하는 것으로 묘사하는데(7), 그 사건에서 베드로가 믿음을 잃은 것(마 14:25-33)은 시몬에 의해서만 상기된다(*ActsPet.* 10). 또한 베드로는 예수를 부인한 일을 기억하고(*ActsPet.* 7) "나의 동료 제자이자 동료 사도인 유다"를 언급하며(8) 예수와의 첫 번째 만남에서 "나는 죄인이로소이다"라고 말한 일을 떠올리게 한다(28; 참고. 눅 5:8). *ActsPet.* 9, 12장에 나오는 말하는 개는 아마도 발람의 이야기(민 22장)에 나오는 말하는 당나귀에 대한 베드로전서 2:16의 언급에서 연상한 내용일 것이

91 앞의 §40.4d을 보라.

92 "필자는 약 200년경까지는 이 진술이 안디옥에서의 생생한 개인적·공동체적 기억의 힘을 여전히 어느 정도 지니고 있다고 가정하는 것이 타당하다고 주장하고 싶다"(Bockmuehl, *Remembered Peter*, 82; 추가적으로 78-83과 *Simon Peter*, 43-4을 보라).

93 위-클레멘스 문서인 *Recognitions* 2, 3과 *Homilies* 2-4, 16-20에서는 베드로와 시몬의 대립을 광범위한 신학적 논의의 기회로 사용한다. 앞의 각주 74도 함께 보라.

다.[94] *ActsPet*. 20장에서는 베드로후서 1:17-18과 다소 비슷하게 베드로가 "거룩한 산 위에서" 그리스도의 위엄을 목격한 경험을 언급한다. "그러나 나는 세베대의 아들들과 함께 그분의 광채를 보았을 때 그분의 발 앞에 죽은 것처럼 엎드려 눈을 감고 형언할 수 없는 그분의 음성을 들었다." 역시 *ActsPet*. 20장에 나오는 이사야 53:4의 인용구는 아마도 베드로전서 2:22-25에서 영감을 얻은 것일 것이다. 그리고 같은 본문은 요한복음을 흉내 내는 것처럼 보인다. "그분은 아버지 안에 있고 아버지는 그분 안에 있다." "형제여, 이 예수를 너희가 가졌으니 문이요, 빛이요, 길이요, 빵이요, 물이요, 생명이요, 부활이라.…"

우리는 이미 「베드로행전」에 의도적으로 도입된 것으로 보이는 베드로와 바울의 몇 가지 유사점들을 언급한 바 있다(§47.4b). 우리는 「바울행전」에도 이러한 동기가 있음에 주목해야 한다. 특히 바울이 이탈리아로 호송되기 위해 올라탄 배의 선장인 아르테몬은 베드로에게 세례를 받았는데(*ActsPaul* 10),[95] 이는 유대인을 넘어 뻗어가는 선교에 있어서 이 두 위대한 사도들 사이의 더 깊은 관계를 암시한다. *ActsPaul* 10장에 나오는 그 뒤의 사건에서 주 예수는 바울을 격려하기 위해 바다 위로 걸어오시는데—아마도 마태복음 14:25-33에 나오는 베드로에 관한 전승이자 베드로도 *ActsPet*. 7장에서 상기하는 사건의 흔적—이는 또다시 사실상 베드로와 바울을 나란히 배치한 것이다. 두 행전 모두 이 두 사도에 대한 경외심이 함께 커지고 있었음을 보여준다. 이 점이 더더욱 중요한 까닭은, 베드로는 바울의 경우처럼 이단에게 좋은 먹잇감을 제공했다고 여겨진 적

---

94 흥미롭게도 *ActsPet*. 17의 유불라(Eubula)는 *ActsPaul* 7의 유불라를 떠올리게 한다.

95 참고. *ActsPet*. 5. 여기서 베드로는 이탈리아로 가는 길에 조타수 테온에게 세례를 베푼다. *ActsPet*. 5에서 테온이 베드로에게 베푼 친절한 대접은 로마의 백부장이 로마로 가는 길에 바울에게 베푼 그와 비슷한 친절한 대접을 상기시킨다(행 27-28장).

이 한 번도 없기 때문이다. 둘의 차이는, 베드로는 이단의 우두머리인 시몬 마구스에게 거둔 승리가 입증하듯이 탁월한 이단 연구가였던 반면, 바울의 가르침은 너무나 쉽게 왜곡되었다는 것이다. 아이러니하게도 베드로가 바울보다 위험한 해석으로부터 더 안전하다는 점을 보증해준 것은 바로 베드로의 가르치는 자로서의 역할이 특별히 기억되지 않았다는 사실이었다. 그러나 그들은 여전히 가장 기반이 되는 두 사도로 함께 기억되었다.

「베드로행전」은 "위경"이라는 지위에도 불구하고 주류 교회에서 오랫동안 널리 사용된 것으로 보이며[96] 특히 몇몇 중동 지역 번역본으로 알려진 「베드로의 순교」와 이 문헌에 부여된 가치는 베드로가 받은 존경과 존중을 반영하고 있는 것이 틀림없다.

d. 「베드로와 열두 사도의 행전」

「베드로와 열두 사도의 행전」(§40.6f)은 베드로가 열두 사도의 지도자이자 그들의 주요 대변인으로 간주되고 존경받았다는 점을 확증한다는 점에 있어서만 우리의 목적과 관련하여 가치 있다. *NHL*, V.1.9에서의 마태복음 16:16, 18(예수가 베드로의 이름을 부르신 일)에 대한 암시도 그 구절이 이미 베드로에게 부여된 지위에 있어서 핵심적인 역할을 했다는 점을 확증한다.

---

96 Schneemelcher, *NTA*, 2.277, 278; Stoops, *ABD* 5.268; Klauck, *Apocryphal Acts*, 82.

e. 「베드로 묵시록」

「베드로 묵시록」(§40.7e)에서 베드로는 마태복음 24장에서 인용된 예수와의 대화에서 주된 인물이며(*Apoc.Pet.* 1-2), 이 대화는 마지막 심판과 죄인들이 받는 다양한 형벌에 대한 긴 묘사를 소개한다. 아크밈(Akhmim) 문헌에서 이 묘사는 베드로의 개인적 증언으로 시작된다. 가장 인상적인 것은 베드로가 개인적으로 주 예수 그리스도에게 받은, "서쪽의 도시(로마?)로 가서" 그리스도의 "복음을 온 세상에 평안히" 전파하는 사명이다(14.4-6). 여기서 또다시 특히 신약의 사도행전과 바울 서신에서 바울의 사명으로 간주된 사명이 바울에 대한 아무런 언급이나 암시도 없이 베드로에게로 옮겨진다.[97] 이 단락이 예수의 변화산 사건에 대한 마태의 기록(마 17:1-8)에서 베드로의 역할에 대한 자세한 설명으로 마무리된다는 사실은, 마태복음의 이 본문이 마태복음 16:17-19과 더불어 베드로에게 초점이 맞춰진 발전하는 성인전에서 하나의 주된 요인이었다는 또 다른 징표다(참고. 벧후 1:16-18).[98]

콥트어로 된 「베드로 묵시록」(§40.7f)은 베드로를 영지주의의 인간론과 기독론의 옹호자들의 대열에 합류시킨다는 사실 외에는 우리의 탐구에 아무런 보탬이 되지 않는다. 베드로는 기독교의 정체성에 있어서 매우 핵심적이었으므로, 예수의 죽음에 대한 참된 이해나 표현, 기독교의 핵심 전승에 대한 어떤 주장도—그 묘사가 처음부터 끝까지 공상적이었더라

---

97 'Apocalypse of Peter', 246-53도 함께 보라. 하지만 베드로의 순교에 대한 암시는 매우 적다.

98 R. Bauckham은 '2 Peter and the Apocalypse of Peter', *The Fate of the Dead: Studies on the Jewish and Christian Apocalypses* (Leiden: Brill, 1998), 290-303에서 이 두 문헌 사이의 공통점들을 조사한 뒤 「베드로 묵시록」의 변화산 사건 내러티브가 마태복음에 의존하고 있지만 베드로후서의 이야기에 의해 영향을 받았다고 결론짓는다(302-3).

도―베드로가 그것의 주창자라고 주장하지 않고는 제기될 수 없었다.

f. 「빌립에게 보낸 베드로의 편지」

「빌립에게 보낸 베드로의 편지」(§40.4c)는 뚜렷하게 기독교적이라기보다는 영지주의적인 또 다른 "계시적 대화"로서, 기독교의 전승에 매력을 느낀 이들 사이에서 베드로가 권위 있는 인물이었고 구원의 메시지(그것을 어떻게 생각하든)를 그에게서 비롯된 것으로 간주하는 것이 매우 중요했다는 인식을 추가로 보여준다는 점을 제외하면, 베드로의 지속적인 영향력과 2세기에 그를 대한 태도에 대한 우리의 지식에 아무런 보탬이 안 된다. 한 가지 흥미로운 것은 결론인데, 거기서 "사도들은 복음을 전파하기 위해 네 개의 말씀으로 서로 갈라졌고"(140.23-26) 거기서 "네 개의 말씀"은 사복음서에 대한 간접적 언급으로 이해될 수 있다.[99] 이 경우에 이 언급은 동등한 가치를 지닌 다른 복음서가 있거나 심지어 사도들의 메시지를 전달하는 "네 개의 말씀" 이상의 것이 있을지도 모른다는 점을 암시하지 않고 기독교의 성경을 구성하는 것으로 이미 널리 인정된 사복음서를 언급한다는 점은 의미심장하다.

g. 「야고보의 비록」

또한 우리는 나그함마디 문헌인 「야고보의 비록」(44.5b)에서 야고보가 이어질 내용을 "주님이 나와 베드로에게 계시하신 은밀한 책"으로 규정한

99 Meyer, *NHL*, 432.

다는 점을 상기해야 한다(*Apocryphon James.* I.1.10-12).[100] 이미 언급했듯이(§45.2d), 베드로를 야고보와 연관시키는 것은 야고보에게서 비롯된 것으로 간주된 계시에 베드로의 추가적이고 비중 있는 권위를 부여하려는 시도를 암시한다.

h. 바실리데스

또 주목해야 할 것은 알렉산드리아의 클레멘스에 따르면(*Strom.* 7.17) 자신의 스승은 "베드로의 해석자"인 글라우키아스였다는 바실리데스의 주장이다. 이는 아마도 "알렉산드리아의 성직자 진영에서 통용된 베드로-마가 전승에 대한 바실리데스의 반격"으로 간주해야 할 것이다.[101]

i. 「사도들의 편지」

「사도들의 편지」(§40.5d)에서 베드로를 언급하는 두 본문은 약간 흥미롭다. 첫 번째 본문(*Ep.Apost.* 2)은 사도들을 "요한, 도마, 베드로, 안드레, 야고보, 빌립, 바돌로매, 마태, 나다나엘, 열심당원 유다, 게바"로 열거한다. 여기서는 의미심장하게도(?) 베드로가 요한과 도마 뒤에 열거될 뿐만 아니라 게바와 구별되는데, 이는 갈라디아서 2:11-14의 게바를 베드로와 구별하고 싶어 한 이들에게 약간의 여지를 주는 흥미로운 사실이다. 두 번째 본문(*Ep.Apost.* 11)은 베드로가 예수를 세 번 부인한 일을 상기시키지만, 또한 부활하신 예수를 베드로에게는 자기 손의 못 자국에, 도마에게

100 이를 「야보고 묵시록」과 혼동해선 안 된다(앞의 §§40.7a, b을 보라).

101 Pearson, 'Basilides the Gnostic', 4 및 n. 16.

는 자신의 옆구리에 손가락을 넣어 보라고 권유하시는 모습으로 묘사한다. 베드로가 "의심하는 사람들"(마 28:17) 속에 포함되었다는 점은 아마도 그가 부활하신 예수의 몸을 만져봄으로써 "그가 육체로 부활"하신 경배 받으실 분(12)임을 의심할 여지 없이 확신하게 된 이들의 대표자였음을 의미할 것이다.

j. 베드로와 로마

베드로가 로마에 교회를 세웠다는 전승, 또는 보다 전형적으로 베드로와 바울이 로마 교회를 세운 사도들이라는 전승으로 묘사할 수 있는 내용에 대해서도 언급하지 않을 수 없다. 이 전승은 이레나이우스에 의해 처음 증언된 것으로 보이는데, 그는 "가장 영광스러운 두 사도인 베드로와 바울이 로마에서 세우고 조직한 매우 위대하고 매우 오래되고 보편적으로 알려진 교회"의 탁월성을 강조한다(*adv. haer.* 3.3.2). 그러나 우리는 (바울의 로마서가 입증하듯이) 바울이 로마에 도착하기 전 로마에 기독교인들의 모임이 있었다는 사실을 알고 있다. 만일 베드로가 바울보다 먼저 그곳에 있었다면 바울은 분명 그 점을 암시했을 것이다. 사실 바울과 베드로 이전에 로마에 있었던 모임과 관련해서 언급되는 유일한 사도들은 안드로니고와 유니아다(롬 16:7).[102] 따라서 베드로가 로마에서 순교했을 역사적 가능성은 꽤 크지만,[103] 로마 교회 설립의 공을 베드로에게 돌리는 것은

102 바울이 "남의 터 위에 건축"(롬 15:20; 참고. 고후 10:13-16)하기를 꺼리는 태도는 베드로가 로마의 터를 닦은 사도였다는 인식을 숨기고 있는 것이 아니다.

103 *Beginning from Jerusalem*, §35.3을 보라. 이그나티오스도 로마인들에게 가르침을 주는 베드로와 바울을 간접적으로 언급했을 수도 있다(*Rom.* 4.3)는 사실은 바울뿐만 아니라 베드로도 로마에서 어느 정도 시간을 보내며 가르쳤다는 그의 인식을 암시한다(Bockmuehl, *Simon Peter*, 48). 그러나 이그나티오스가 군주제적인 감독제를 강하게 옹호함에도 불구하

베드로가 고린도 교회를 세운 사도였다는 디오니시우스의 주장[104]과 베드로가 초대 안디옥 주교였다는 후대의 주장[105]에 따라붙는 의구심과 같은 역사에 관한 의구심을 가지고 평가해야 한다.

마지막으로 우리는 다른 집단들이 주류 교회 안에서 베드로에게 부여되고 있는 우월성을 약화시키거나 거기에 도전할 필요성을 인식하거나 최소한 그럴 기회를 잡은 것처럼 보인다는 사실에서 베드로가 주류 기독교로 분명하게 나타난 집단 안에서 가장 중시되는 인물이었다는 또 다른 증거에 주목해야 한다.[106] §48.5에서 살펴본 것처럼 위-클레멘스 문서들은 베드로를 사실상 야고보에게 지지를 요청하는 인물로 묘사한다. 그 전에 우리는 *Gosp. Thom.* 13장(§43.2c(1))에서 예수에 대한 베드로의 신앙고백이 매우 경시되고 있는 것을 살펴보았다.[107] 마태복음 16:17에서 베드로는 자신에게 주어진 계시로 인해 축하를 받는 반면, *Gosp. Thom.* 13

고, 베드로가 로마의 (초대) 주교였다고 주장하는 것은 고사하고 로마 주교도 언급하지 않는다는 점도 주목해 볼 만하다. 베드로전서가 로마의 상황을 반영하고 있다면 이 편지는 감독하는(*episkopountes*) 역할이 있는 장로들에 대해서만 말하고 있다(5:1-2). Brown도 헤르마스는 복수형인 장로들(*Vis.* 2.4.2)과 주교들(*Sim.* 9.27.2)에 대해 말하고 있고, 이레나이우스에 따르면(Eusebius, *HE* 5.24.14) (사도적 계승의 계보상 열한 번째인) 소테르 이전에는 장로들이 로마 교회를 관장했다는 점을 지적한다. 그러나 그는 또한 「클레멘스1서」에 나타난 로마 교회가 "아마도 고린도와 같은 선교적인 교회들에 방향을 제시하면서 스스로를 예루살렘의 사도적 교회의 계승자로 간주했을 것"이라고 주장한다(Brown and Meier, *Antioch and Rome*, 163-64, 175-76).

104 170년경의 고린도 주교 디오니시우스(Eusebius, *HE* 2.25.8). 그러나 이 주장은 자신이 고린도 교회의 유일한 창시자라는 바울의 자기 증언(고전 3:6; 4:15; 참고. 행 18:1-18)과 어긋난다.

105 Eusebius, *HE* 3.36.2. 그러나 만일 안디옥 교회가 그곳에서 벌어진 논쟁(갈 2:11-17)에서 그렇게 보이는 것처럼 바울에 맞서 베드로의 편을 들었다면, 안디옥 교회가 베드로가 그곳에 오기 훨씬 전에 세워졌고(행 11:19-26) 베드로가 교회의 최초의 지도자들 가운데 포함되어 있지 않더라도(행 13:1), 안디옥 교회에서 베드로를 교회를 세운 사도들 중에 한 명이라고 주장하는 것이 더 쉽게 이해된다.

106 앞의 각주 38도 함께 보라.

107 베드로는 예수가 "의로운 천사와 같다"고 대답한다.

장에서 전해주기에는 너무 위험한 특별하고 은밀한 계시를 받는 사람은 바로 도마다. 특히 「마리아복음」에서 베드로는 구주가 마리아에게 은밀한 가르침을 전해줄 수 있음을 의심했다는 이유로 책망을 받으며 구주가 "우리보다 그녀를 더 사랑했다"는 사실을 떠올린다.[108] 만일 다른 집단들이 베드로의 권위, 그에게 주어진 계시, 그와 예수의 특별한 관계와 관련해서 그렇게 베드로의 지위에 도전할 필요가 있다고 생각했다면, 우리는 아마도 베드로가 주류 교회 안에서 높이 평가받았을 뿐만 아니라 주류 교회의 주장의 뿌리가 베드로에게 부여된 지위에 있었다고 타당하게 추론할 수 있을 것이다.

48.7 결론

이 모든 것을 고려해볼 때 1900년 동안 대체로 베드로가 초대 로마 주교, 범(凡)기독교의 초대 교황으로 추앙받았다는 점을 망각하기란 물론 불가능하다. 베드로는 사도적 계승에 대한 신학의 정점에 서 있고, 예수 자신과의 가장 직접적인 역사적 연결고리이며, 거의 예수 자신만큼이나 기독교회 설립의 중추다. 역사가가 베드로를 로마에 있었던 최초의 신자 모임의 사도적 설립자로 간주할 수 없는 것은 역사적으로 안디옥이나 고린도에서 기독교를 수립한 공을 베드로에게 돌릴 수 없는 것과 마찬가지라는 사실은 분명 중요하지 않다. 과거에나 지금에나 중요한 것은 특별히 마태

108 *Gosp.Mary* 17.16–18.15; 참고. *Gosp.Thom.* 114. Peterson은 또한 요 1:40-42에 근거하여 9세기에는 안드레가 "사도들의 왕" 베드로에 맞서 "사도들 중에 최초로 부르심 받은 자"로 세워졌고 "베드로가 초대 로마 주교라는 로마교회의 주장에 정면으로 맞서 비잔틴 총대주교 교구의 설립자"로 상상되었다고 지적한다. 이는 그리스와 시리아의 교회들만 인정한 주장이다(*Andrew*, 47).

복음 16:17-19에서 베드로에게 부여된 지위, 교회의 터가 되는 반석으로서의 베드로다. 그것은 베드로가 1세기가 지나가기 전에 이미 받은 높은 평가를 입증한다. 그리고 우리가 앞에서 살펴본 내용은 그의 영향력이 매우 강력했고, 아마도 2세기에 나타난 기독교 내의 불일치하는 부분들을 함께 하나로 묶고 그의 계승자들이 예수 전승의 핵심적 유산과 특히 바울이 분명하게 표현한 복음에 계속해서 충실하도록 돕는 데 결정적인 역할을 했을 것이라는 점을 확증해준다.[109]

요컨대 야고보나 바울이 아닌 베드로의 관점에서 "정체성 논쟁"에 대한 해답은, 베드로와 그가 첫 세대의 논쟁에서 수행한 역할 및 그 이후 그의 영향력이 지닌 "가교 건설"적인 특징에 역사적 분석에서 분명하게 식별할 수 있는 정도보다 훨씬 더 많은 빚을 지고 있을지도 모른다. 신학과 신학적 영향력에 있어서는 베드로가 바울에게 승리를 양보해야 할 것이다. 그러나 교회론과 교회적 영향력에 있어서는 베드로는 타의 추종을 불허한다.

109 Bockmuehl은 동방과 서방에서의 베드로에 대한 "생생한 기억"을 추적하는 데 초점을 맞춘 결과 "기억 속에 남은 베드로의 모습은 때때로 주장되어 왔듯이 양극화를 초래하거나 갈팡질팡하기는커녕 바울의 급진적인 선교와 예루살렘 기독교의 이스라엘 선교 사이의 긴장 관계를 해소할 수 있는 능력을 지닌 것으로 보인다"고 결론짓는다(*Simon Peter*, 150).

제14부

첫 세대를 넘어

49장

요한

49.1 서론

지금까지 우리의 전략은 가장 두드러진 유력한 영향들—예수 전승(11부), 예수의 형제 야고보(12부), 바울과 베드로(13부)—이 첫 세대의 기독교에 끼친 지속적인 영향을 살펴보는 것이었다. 그러나 그러한 전략은 신약에 친숙한 사람이면 누구에게나 분명한 공백을 남겨놓는다. 누군가가 빠져 있는 것이다. 신약에서 가장 주요한 문헌 중 하나는 요한복음이다. 거기에 세 편의 요한 서신과 아마도 요한계시록까지 덧붙일 경우 제1차 유대인 봉기가 실패한 뒤 약 100년간 『생성기의 기독교』의 전체 이야기를 추적하려면 해야 할 말이 분명 훨씬 더 많다.

물론 우리가 말하는 "요한"은 주로 세배대의 아들이자 야고보의 형제인 인물을 가리키며, 그는 베드로, 야고보와 더불어 예수의 열두 제자

중에서 예수와 가장 가까운 사이였던 것으로 보인다.[1] 그러나 요한이 기독교의 초창기에 영향력 있는 인물이었는가 하는 질문을 던지면 문제가 생기기 시작한다. 공관복음에서 그(와 야고보)는 베드로와 같은 탁월함이 전혀 없다. 마가복음과 마태복음에서 세베대 가문의 형제들이 언급될 때 요한은 언제나 두 번째로, 보통은 "야고보의 형제"로 언급되는데,[2] 이는 아마도 야고보가 보다 중요한 인물로 기억되었고 요한은 (단순히) 야고보의 형제로 알려졌음을 시사하는 듯하다. 요한은 어느 때에는 예수에게 "귀신을 내쫓는" "어떤 자"(막 9:38/눅 9:49)에 관하여 질문하는 모습으로 기억되지만, 다른 경우에는 야고보와 요한이 영광 중에 예수의 좌우편에 앉는 가장 높은 영예에 대해 예수에게 질문하는 다소 당혹스러운 일화로만 기억된다(막 10:35-37).[3] 사도행전에서 요한은 한동안 베드로의 신실한 분신처럼 등장하지만, 그다음에는 무대에서 완전히 사라진다.[4] 심지어 요한의 형제 야고보가 처형된 뒤(행 12:2) 보다 두드러진 형제(?)의 죽음으로 인해 요한이 더 전면에 나설 수 있게 되었을 것이라는 생각이 들 만한 때에도 그가 보이지 않는다는 점은 더욱더 주목할 만하다. 요한은 심지어 예루살렘 공의회가 열리는 상황에서도 언급되지 않는다(행 15장). 바로 그 상황에서 요한에 대한 바울의 유일한 언급(갈 2:9)은 최소한 예루살렘에 있는 "기둥" 같은 사도들 중 한 명으로서의 요한의 지위를 확증해주지만,

---

1 "베드로와 야고보와 야고보의 형제 요한"—막 5:37; 막 9:2/마 17:1; 막 13:3; 막 14:33/(마 26:37); "베드로와 요한과 야고보"—눅 8:51; 9:28; 행 1:13.

2 막 1:19, 29; 3:17; 5:37; 9:2; 10:35, 41; 마 4:21; 10:2; 17:1; 또한 눅 5:10; 6:14; 9:54. 눅 8:51 과 9:28에서만 요한이 먼저 언급된다. 행 12:2에서 누가는 요한의 형제 야고보가 처형된 사건을 기록한다.

3 마태는 세베대 집안의 형제들의 어머니로 하여금 이 요청을 하게 함으로써 당혹감을 완화(?)시킨다(마 20:20-21). 그러나 마태는 나머지 열 명의 제자들이 이 소식을 듣고 그 두 형제에게 화를 내는 뒷이야기를 기록한다는 점에서는 마가의 뒤를 따른다(막 10:41/마 20:24).

4 행 3:3, 4, 11; 4:13, 19; 8:14 및 눅 22:8.

이는 요한이 다른 두 "기둥"인 베드로 및 (다른) 야고보(예수의 형제)와 비교해 볼 때 눈에 띄거나 유력한 인물이었음을 의미하는 것은 아니다.

신약에 있는 요한 문헌을 들춰 봐도 이런 문제점들은 줄어들지 않는다. 요한복음이나 요한 서신에는 "요한"이 한 번도 언급되지 않기 때문이다. 요한복음에 나오는 "그 사랑하시는 제자"를 세베대의 아들 요한과 동일시해야 하는가 하는 문제는 39.2d(i)에서 논의했지만, 분명한 해답이나 최소한 광범위한 동의를 얻을 수 있는 해답은 나타나지 않았다. 요한복음의 "요한"은 세베대의 아들 요한인가? 장로 요한인가? 아니면 다른 사람인가? 이런 상황은 또다시 "요한"이라는 이름이 등장하지 않는 요한 서신에 있어서도 전혀 더 분명해지지 않는다. 요한계시록의 경우에도 "요한", "선견자 요한"을 확신 있게 사도 요한과 동일시하기는 어렵다(§39.3h(i)).

그러나 모든 것을 고려해 볼 때 요한복음이 기독교의 두 번째 세대인 70년 이후에 하늘에서 뚝 떨어졌다고 가정할 수는 없다. 요한복음이 첫 세대의 예수 전승과의 상호 작용을 보여주는 정도(예. §43.1a(iii))와 요한복음이 예수와 그의 첫 제자들에 관해 공관복음 전승에서 알 수 있는 정보를 보완해주는 중요한 역사적 정보를 제공한다는 사실(§43.1a(ii))은, 분명 처음 40년 동안에는 (완전히) 꽃을 피우지 못했겠지만, 그 이후에는 확실히 꽃을 피운 첫 세대 기독교 내의 강력한 요소 한 가지를 보여준다. 이레나이우스가 폴리카르포스와 파피아스를 요한과 연결시켜주는 전승에 부여한 중요성[5]은 요한이 제공한 것이 바로 사도 시대와의 그러한 연결고리였다는 점을 확증해준다. 따라서 야고보, 바울, 베드로의 뒤를 이어 이처럼 요한에게 초점을 맞추는 것은 지금까지의 전략에서 크게 벗어

5 Irenaeus, *adv. haer.* 3.3.4; 5.33.4; 앞의 §40 n. 28, 92, 93 및 §48 n. 71을 보라.

나는 것이 아니다. 결국 "요한"의 역할은 기독교의 형성에 있어서 가장 강력한 영향 중 하나임이 드러났기 때문이다.

49.2 개괄

사실 요한은 본 연구의 앞부분에서 부재하지는 않았다. 지금까지는 보통 다른 문제들, 특히 예수 전승의 발전(§43.1)과 "유대 기독교"의 문제(§ 45.4a, 46.5c)에 있어서 요한복음의 역할을 추적할 때 요한을 언급했다. 그러나 강조점은 요한복음이 공관복음 전승에서 입증되는 그 이전의 예수 전승에 얼마나 충실했는지를 입증하고, 예수에 대한 요한의 표현의 유대적인 특성을 입증해야 할 보다 보수적인 필요성에 있었다. 그 두 측면에 있어서 엄청난 발전이 있었지만, 우리가 초점을 맞춘 것은 바로 연속성이었다. 즉 그 발전은 예수 전승의 경우에 「도마복음」에서와 같이 외부에서 부과된 발전이라기보다는 내부로부터의 발전이었다. 그리고 "유대 기독교"의 경우에는 제2성전기 유대교에서 이미 통용되었던 하나님에 대한 모티프와 사고방식의 발전이었다.

이러한 연구 결과에서 손을 떼지 않는다면 이제 요한복음을 다른 복음서들처럼 단지 또 하나의 정경 복음서로만 바라보는 것이 아니라, 그 나름의 방식으로 바라보고 "요한을 요한답게"[6] 볼 필요가 있다. 요한복음이 출현하고 그것이 의존해 있는 기반과의 연속성에 초점을 맞출 때 요한복음과 그 이전의 복음서들 사이의 차이점, 즉 긴장감이 도는 지점을

6 이는 필자의 'Let John Be John — A Gospel for Its Time', in *The Gospel and the Gospels*, ed. P. Stuhlmacher (Grand Rapids: Eerdmans, 1991), 293-322을 넌지시 언급한 것이다.

무시하기가 너무 쉽고 신약 안에서 요한복음의 독특성을 잊어버리고 경시하기가 너무 쉽기 때문이다. 우리는 §43.1a의 첫머리에서 언급한 요한복음과 공관복음서들 사이에 있는 차이점들의 목록을 반복해서 언급할 필요는 없다. 요한복음에는 §43과 §§45, 46에서 자세히 설명한 연속성보다 더 많은 내용이 있는 것이 분명하기 때문이다.

그럼에도 불구하고 우리는 이미 다시 살펴볼 필요가 있는 많은 기반을 다루었고, 단지 이 요한이 특히 요한복음에 더했거나 그의 공으로 간주된 공헌에 대해 우리가 이미 얼마나 많은 것을 배웠는지를 상기함으로써 이 장을 시작하는 것이 아마도 가장 유용할 것이다.

a. 보수적인 요한

우리는 요한복음의 뿌리가 분명 예수의 사역과 그 사역을 눈과 귀로 보고 들은 목격자 증언으로 소급될 수 있다는 점을 언급했다. 우리가—사랑받은 제자, 세베대의 아들 요한, 장로 요한, 또는 그 누구든—이러한 뿌리들의 출처를 확인할 수는 없다. 그러나 우리는 요한이 예를 들면 세례 요한의 몇몇 제자들을 예수가 불러 모으신 일, 예수의 유대 사역 등을 포함하여 예수의 첫 사역과 세례 요한의 사역이 중첩되는 부분에 대한 개인적이고 전문적인 지식을 활용할 수 있었을 큰 가능성을 무시할 수도 없다. 이 전승은 공관복음 전승이 유포되던 시기와 같은 시기에 구전으로 유포되고 있었던 것이 분명하다. 우리는 공관복음 전승이 최소한 요한복음에서 발견되는 독특한 정보의 일부를 무시한 이유—특히 이 전승들이 세례 요한과 예수의 겹치는 부분보다 양자의 사역의 괴리를 나타내는 것에 더 관심이 많았다는 점—를 추측할 수 있다.[7] 그러나 그 외의 경우 공관복음 전승을 소중히 여긴 공동체/회중이 요한복음 전승을 소중히 여긴 공동체/회중과 상당히 분리되어 있었다고 추론하기에는 겹치는 부분이 너무 많다. 공관복음 전승이 요한복음의 몇몇 세부적인 내용을 간과하는 것은 그 원인을 무지로 돌리기에는 너무 의도적으로 보인다. 그리고 우리가 §43에서 살펴보았듯이, 요한복음의 발전은 아무리 봐도 공관복음 저자들이 알지 못한 전승이 아니라 공유된 전승의 발전으로 보인다. 따라서 우리는 현재 우리가 알 수 있는 것보다 더 풍부한 축적된 전승을 가진 다양한 공동체/회중과, 그 범위 안에서 예수의 이야기에 대한 요한복음 특유의 재진술로 귀결되도록 예수 전승을 묵상하고 자세히 설명하기 시작한 어떤 이들을 상상해야 한다.

아마도 이런 일은 유대/팔레스타인 지방에서 이미 일어나고 있었을 것이다. 초기 기독교의 발전 과정에서 이른 시기의 사마리아와 관련된 단계를 반영하며[8] "유대인"에 대한 적대적 언급을 설명하는 데 도움이 될만한 사마리아적인 내용이 존재했는가?[9] 요한복음의 이원론이 그 이후의 영지주의의 이원론보다 사해 두루마리 사본의 이원론에 더 가깝다는 사실[10]도, 비록 요한복음이 쿰란 문헌을 잘 알았거나 이를 이용했다는 분명한 증거는 없지만, 메시아 예수에 대한 믿음으로 돌아선 쿰란이

7 앞의 §43.1a(ii)을 보라.

8 앞의 §43 n. 118을 보라.

9 Brown, *Community*, 36-40. 필자는 Brown이 제안한 요한복음적인 기독교의 초기 역사에 대한 재구성을 지금도 30년 전에 처음 읽었을 때만큼 설득력이 있다고 느꼈고 앞으로 분명해지겠지만 대체로 그의 논의를 따를 것이다. 그의 *Introduction*, 373-76; J. L. Martyn, 'Glimpses into the History of the Johannine Community' (1977), *The Gospel of John in Christian History* (New York: Paulist, 1979), 3장; Ashton, *Understanding*, 166-74도 함께 보라.

10 이는 사해 두루마리 사본에 대한 더 면밀한 조사를 통해 분명해진, Bultmann에 대한 비판적인 응답 중 하나다. 예를 들면 Schnackenburg, *John*, 1.124-49의 긴 논의를 보라.

나 기타 에세네파로부터 받은 어느 정도의 영향을 암시할 수 있다.[11] 그리고 비록 우리가 사도행전 19:1-7에 따르면 세례 요한의 영향력이 에베소까지 이르렀고 전승도 에베소를 요한과 연결시킨다는 사실을 망각하기는 어렵지만, 세례 요한의 제자들과의 논쟁이라는 요소[12]는 유대/팔레스타인 지방의 분위기 속에서 가장 격렬한 논쟁을 암시한다. 가장 인상적인 것은, "유대인"에 의한, 그리고 "유대인"에 대한 맹렬한 반대는 요한복음이 결정적으로 형성된 상황이 곧 유대 회당이 강력한 지역적 영향력을 가진 상황이었음을 암시한다는 점이다. 요한복음이 두 가지 차원에서 작동하며 예수 사역의 역사적 상황과 아마도 70년 이후 시기의 요한복음 공동체/회중의 상황을 함께 반영한다는 주장은 매우 타당성이 있다.[13] 그러나 이 일은 시리아에서 발생하고 있었고, 이는 70년 이후 요한 공동체 신자들이 팔레스타인을 떠났음을 의미하는가? 그리고 우리는 요한복음에 이르는 과정에서 훨씬 더 많은 층위를 상상해야 하며 아마도 마지막 층위들은 요한의 신자들/회중들이 에베소로 더 많이 옮겨간 것을 반영하고 있는가?[14] 우리가 시간과 거리를 예수의 갈릴리와 유대에서의 사역 너머로 더 많이 확대할수록 예수에 대한 요한복음의 기록의 발전을 설명할 때 다른 요소들을 허용해야 할 가능성은 더 커진다.

---

11 Brown, *Community*, 30.

12 앞의 §43 n. 116을 보라.

13 Martyn, *History and Theology in the Fourth Gospel*에서 특히 영향력 있게 그렇게 주장한다—"두 가지 차원의 드라마."

14 앞의 §39.2d(ii)을 보라.

b. 유대적인 요한

여기서는 단지 요한의 기독론에 관한 연구 결과를 상기할 필요가 있을 것이다(43.1c). 요한은 분명 "예수께서 하나님의 아들 그리스도"(요 20:31)라는 자신의 메시지를 요한복음의 핵심적 주장으로 간주했다. 예수의 메시아 되심의 독특성은 메시아에 대한 유대인의 기대에 그 뿌리를 두고 있었고 독특하게 유대적인 주제를 중심으로 구성되어 있다. 그럼에도 불구하고 하나님의 아들로서의 예수의 독특성은 한 예언자의 사명 위임에 대한 자세한 설명이었고, 인자이신 예수라는 표현은 그것이 유대인 집단에서 하나의 개념으로서 놀라움을 별로 초래하지 않을 만큼 다니엘 7:13-14의 인간의 형상에 대한 유대인의 사고와 충분히 비슷했다. 마찬가지로 하나님의 내재성에 대한 유대인의 사고에서 친숙한 관점에서 예수를 지혜이자 말씀으로 묘사하는 것은 유대인들의 귀에 의미 있고 호의적으로 울려 퍼졌을 언어였다.[15] 요컨대 예수를 모세와 토라와 예언자를 포함하는 이전의 모든 잠재적 대안들을 능가하는 방식과 정도로 이스라엘의 소망을 성취하신 분으로 제시하려는 의도적이고 한결같은 전략이 있었다.

물론 동료 유대인들을 향한 요한의 전략은 실패하고 있었거나 이미 실패했던 것이 사실이다. "유대인"은 너무나 자주 적대적인 관점에서 언급되며, 요한을 따르는 자들이 회당에서 쫓겨났다는 분명한 징표[16]는 그 문제를 논쟁의 여지가 없게 만든다. 그러나 요한은 자신이 복음을 표현한

---

15 예수의 주장은 "유대 전승 안에서 나온 것이며 **다른 어떤 방식으로도 설명될 수 없다**"(Ashton, *Understanding*, 141; 추가적으로 148-50); "(예수에 대한 주장 중에서) 가장 놀라운 주장은 우선 그 주장을 가능케 했고 계속해서 그 주장을 이해할 수 있게 하는 종교적 전통 안에서 제기되었다"(159).

16 앞의 §46.5c을 보라.

관점을 가장 잘 이해할 수 있는 이들이 자신의 복음을 듣고 받아들일 것이라는 소망을 여전히 간직했던 것으로 보인다. 요한은 니고데모와 맹인(요 9장)처럼 은밀히 믿었지만 공개적으로 빛 속으로 나아가 자신의 믿음을 밝힐 필요가 있는 이들이 존재하기를 바랐다. 그리고 변증가들이 요한의 로고스 신학과 랍비 유대교 내의 두 권세 이단을 사용하는 것이, 사실상 아직도 최종적으로 해결되지 않은 논쟁인 신생 기독교와 신생 유대교 사이의 지속적인 논쟁의 양쪽 측면을 반영할 가능성이 있다.[17]

요약하자면 요한복음 본문의 저자 요한은 아마도 메시아 예수에 대한 자신의 묘사를 유대인 성경과 제2성전기 유대교 안에서의 성경에 대한 묵상에 의해 정해진 경계선 안에 전적으로 속한 것으로 간주했을 것이다.[18] 요한은 바울이 이방인을 위한 유대인의 복음이라는 관점에서 경계선을 확대한 것과 매우 비슷하게 그러한 경계선을 기독론의 관점에서 확대했다. 그리고 앞으로 살펴보게 되겠지만 요한은 예수의 복음에 대해 다양하고 의심스러운 해석의 가능성을 열어두었다. 그러나 요한은 이스라엘의 유산을 규정한 경계선을 자신이 무시하거나 위반하고 있다는 주장은 부정하려 했을 것이다.

c. 독특한 요한

지금까지 우리의 연구는 또한 우리로 하여금 첫 세대의 다른 주요 유력 인물들과 관련해서, 기껏해야 혼란스럽고 다른 문제들을 제기하는 결과들을 가지고, 요한의 독특성을 표현할 수 있게 한다.

---

17 앞의 §46.4c을 보라.

18 필자의 'Let John Be John'(앞의 n. 6); Lincoln, *John*, 70-81을 보라.

- 우리는 요한이 그 이전의 예수 전승에 어떤 식으로 반응했는지를 살펴보며 그 전승에 대해 깊이 생각해 보면 그것이 끼친 영향의 뿌리가 매우 깊다는 점을 확인했다. 그러나 그와 동시에 공관복음에 나오는 예수에 대한 전형적인 묘사에서 우리로 하여금 요한복음에 나오는 예수 전승에 대한 특징적인 변형을 예상할 수 있게 해주는 내용은 매우 적다. §43.1a에서 언급했듯이[19] 한 가지 눈에 띄는 특징은 공관복음에 나타난 예수의 하나님 나라 전파에 있어서 그 나라의 이미 활동하는 실재와 아직 오지 않은 실재 사이의 균형이 요한복음에서 실현된 종말론에 대한 일관된 강조로 변형된 방식이다.[20]
- 갈라디아서 2:9에 나오는 공통의 기둥과 같은 사도의 직분에 대한 언급 외에는 엄밀한 의미에서 요한과 예수의 형제 야고보를 연결해주는 것이 아무것도 없다. 그러나 요한은 의식적으로 (아마도 요 6:60-66, 7:3-5, 8:31과 같은 본문에서 암시된 것처럼) 보다 전통적인 (야고보의) 유대 그리스도인들을 넘어서려고 했고, 반쯤 설득된 신자들뿐만 아니라 그들도 (아마도 요 4:39-42, 9:35-39과 같은 본문에서 암시된 것처럼) 그다음 단계로 나아가도록 설득하려 애썼는가?[21]
- 바울과의 상호 작용의 문제는 요한을 바울의 주된 선교 중심지 중 하나이자 바울이 교회를 세운 에베소와 결부시키는 전승을 고려

19 §43 n. 190-192을 보라.

20 M. Theobald, 'Futurische versus präsentisches Eschatologie', *Studien*, 22장도 함께 보라.

21 특히 Brown이 *Community*, 71-81에서 이렇게 주장한다. 예를 들어 요 7:3-5에 대해 Brown은 이렇게 지적한다. "예수의 형제들이…진정으로 예수를 믿지 않았다는 요한의 주장은 처음에 예수의 가족 중 몇이 예수의 사역에 잘 반응하지 않았다는 단순한 역사적 기억으로 손쉽게 일축될 수 없다(막 3:21, 34-35; 6:4을 보라).…필자는 그 형제들에 대한 요한의 적대적인 묘사는 오래 지속되는 의미를 갖도록 의도된 것이라고 주장하고 싶다"(75-76).

해 볼 때 보다 흥미롭다. 그러나 앞으로 보게 되겠지만, 요한은 함께 비교해 보면 바울 기독론의 보다 잠정적인 탐구처럼 보이는 것을 뛰어넘을 만반의 준비가 되어 있는 것처럼 보인다.

• 그보다 훨씬 더 흥미로운 것은 요한과 베드로의 관계인데, 베드로는 사도행전의 초반부에서 요한과 관련된 유일한 인물이다. 그들이 요한복음 20:1-10과 21:20-23이 암시하는 것처럼 어떤 의미에서는 서로 경쟁하는 인물들이자 경쟁하는 유력자들로 간주되었을 가능성도 무시할 수 없기 때문이다.[22]

따라서 예수 전승의 서로 경쟁하는 두 가지(또는 그보다 많은) 흐름이 존재했는가 하는 질문(§43.1에서는 그럴 가능성이 별로 없음을 보여주었다)보다는 공유된 예수 전승 안에서 서로 경쟁하는 흐름들이 존재했는가 하는 질문이 제기된다. 만일 필자가 §43.1e에서 주장한 대로 요한복음의 기독교가 일종의 비밀 집회적인 기독교라면 그것은 목회 서신과 이그나티오스가 가리키는 방향으로 움직이고 있었던 베드로의 교회론에 대한 어느 정도의 반발을 나타낼 수도 있었을 것이다.[23] 여기서 요한이 (요한복음에서도, 요한서신에서도) 예수의 제자들을 "사도들"이라고 부를 기회를 거절하고, 놀랍게도 예수의 세례나 성만찬의 제정에 대해 분명하게 기술하는 일을 등

22 앞의 §39 nn. 142-143을 보라. Brown은 "베드로와 요한 공동체의 주인공인 그 사랑받은 제자 사이의 일관되고 의도적인 대조"를 언급하면서 요 13:23-26; 18:15-16; 19:26-27; 21:7도 함께 언급한다(*Community*, 82-3). 요한이 (요 13:16에도 불구하고) 예수의 제자들을 한 번도 "사도들"이라고 부르지 않는다는 사실도 여기서 의미심장하다.

23 "요한 공동체는 그들의 영웅을 열두 제자 중 가장 유명한 제자와 대비시키면서 상징적으로 스스로를 베드로와 열두 제자를 숭상하는 교회들… '주류 교회'…와 대비시키고 있다. 그 사랑받은 제자가 대변하는 요한 공동체의 기독교인들은 분명 그들 자신을 사도적 교회의 기독교인들보다 예수와 더 가깝고 더 통찰력 있는 존재로 간주한다"(Brown, *Community*, 83-84). 요한3서에 대한 이하의 내용(§49.4c)도 함께 보라.

한시하며, 제도적인 관점보다는 영적인 관점에서 하나님이 찾으시는 예배를 묘사하고(요 4:23-24), (성만찬의) 육은 무익하다고 경고하는 것("살리는 것은 영이니"—6:63)은 모두 요한 공동체의 기독교가 1세기 말 기독교의 범위 안에 있는 하나의 독특한 경로를 나타내고 있었다는 점을 확증해준다.[24]

그와 동시에 우리는 요한복음이 2세기에 알려지고 사용되고 존중받았다는 우리의 다른 연구 결과를 상기해야 한다(§44.8d). 요한과 야고보나 요한과 바울, 또는 요한과 베드로 사이에 지속적인 경쟁 관계가 있었다는 증거는 없다. 원시 정통 교회들이 요한복음을 무시하거나 의심의 눈초리로 바라보았다는 증거[25]도—20세기의 일반적인 견해[26]와 달리—없다. 이 점에 대해서는 앞으로 살펴볼 것처럼 할 말이 더 남아 있지만, 야고보와 바울과 베드로가 대표하는 기독교의 여러 갈래에서 요한을 제거하려는 어떤 시도도 지금까지 검토한 증거 속에는 뒷받침할 근거가 없다.

그렇다면 요한의 독특성은 무엇으로 이루어진 것인가? 필자는 가장 분명한 특징—요한의 기독론—에 초점을 맞추면서 그것이 어떻게 요한이라면 인정하지 않았을 법한 해석들을 가능하게 해준 것처럼 보이는지도 지적할 것이다.

---

24 특히 Schweizer, *Church Order in the New Testament*, 11장을 보라. "제4복음서는 (요한에게 있어서) 진정으로 본질적인 것, 즉 보혜사를 통해 그리스도인 안에 있는 예수의 살아 있는 임재를 강조함으로써 그와 같은 발전[사도적 계승, 교회 직분, 성례적 관행]에 내재해 있는 위험성에 대해 경고의 목소리를 내는 것으로 해석하는 것이 가장 바람직하다. 어떤 제도나 구조도 그것을 대체할 수는 없다"(Brown, *Community*, 88).

25 Brown은 또한 요한 공동체를 "분파적인" 공동체로 묘사해야 하는지에 대해 논하면서(*Community*, 14-16, 61-62, 89-91), 기독교적 연합을 위한 위대한 기도는 요한 공동체의 기독교와 사도적 기독교의 하나 됨을 위한 것이며 주류 교회는 결코 요한복음을 분파적인 것으로 간주하지 않았다는 점을 지적한다(90-91).

26 그러나 특히 Hill, *The Johannine Corpus in the Early Church*를 다시 보라.

49.3 요한을 있는 그대로 보라

그리스도에 대한 요한의 묘사를 고찰할 때, 그 모든 것이 유대인과 초기 기독교의 신학 연구에 확고하게 근거하며 그런 연구와 연속성이 있다는 사실로 인해, 요한이 그리스도에 대한 그의 묘사에서 도모하는 급진적인 변화에 대한 인식을 간과하거나 축소해선 안 된다.

a. 성육신한 말씀

요한이 특히 요한복음 서언에서 사용했지만 다른 곳에서도 사용한 지혜와 로고스의 언어와 이미지를 단순히 지적하는 것만으로는 충분치 않다(§43.1c). 요한이 제기한 주장은 로고스/지혜가 "육신이 되었다"는 것이었다(요 1:14). 즉 단지 신적인 행동을 묘사하는 시적인 비유 속에 나타난 것도 아니고,[27] (필론의 글에서와 같이) 단지 이스라엘의 남녀 영웅들의 특성 속에서 상징적으로 표현된 것도 아니며,[28] 단지 인간의 모습을 한 메시지를 전하는 천사와 같은 뜻밖의 방문객으로 나타난 것도 아니고, "육신이 **되셨다**"는 것, 1세기 팔레스타인에서 날 때부터 죽을 때까지 삶 전체를 산 한 인간이 **되셨다**는 것이다.[29]

요한은 자신이 하고 있는 주장이 얼마나 엄청난 주장인지를 잘 알고

---

27 Wisd. 10-11과 18.14-16에서와 같이.

28 특히 사라(*Leg. All.* 2.82; *Cher.* 9-10, 45, 49-50; *Det.* 124; *Congr.* 9, 13, 22, 79-80, 129; *Mut.* 79-80, 151-153; *Abr.* 100).

29 야곱/이스라엘이 자신을 "하나님이 생명을 주시는 모든 생물 중에 처음 태어난 것", "주님의 권능의 천사장이자 하나님의 아들들 중에 우두머리", "하나님의 면전에 있는 첫 번째 시종"이라고 지칭하는 모습으로 표현되는 「요셉의 기도」(기원후 1세기?)는 요 1:14의 선례라기보다는 이스라엘이라는 이름의 기원이 된 족장을 통해 이스라엘을 찬양하는 한 방식에 더 가깝다.

있었다. 요한은 그 주장을 골로새서 2:9에서의 바울처럼 다양한 해석이 가능한 방식으로 소개하지 않았다. 그는 이를 마태복음 11:2, 19에 나오는 마태의 지혜 기독론에 대해 그렇게 말할 수 있는 것처럼 암시적으로 언급하지 않았다. 요한은 로고스를 후대의 영지주의 체계에서와 같이 하나님과 다소 동떨어진 일종의 유출로서 하나님과 구별하려 하지 않았다. 로고스는 태초에 하나님과 함께 계셨을 뿐만 아니라 곧 하나님이었다(요 1:1). 요한은 로고스가 변해서 된 존재의 실체를 완곡하게 표현하려고 하지 않았다. "육으로 난 것은 육이요"(3:6). "육은 무익하니라"(6:63). 그러나 로고스는 그 자신과 정반대인 "**육신**이 되셨다."[30] 요한복음 서언은 하나님이 혈과 육을 가진 인간, 죽게 될 인간이 되실 수도 있고 창조자와 피조물 사이의 무한한 간극이 그런 식으로 연결될 수도 있다는 역설을 즐긴다. 그것은 요한 당대의 사려 깊은 사람들이라면 대부분 모순적이고 말도 안 되고 상상할 수도 없는 일로 간주했을 법한 역설이었다. 헬라인들은 잠시 변장한 모습으로 지상에 나타나는 신들을 상상할 수 있었다. 그들은 반인반신, 인간을 통해 낳은 신의 자손, 또는 신격화된 인간을 상상할 수는 있었다. 그러나 신이 물질적이고 부패할 수 있는 육신인 인간이 되어 완전한 인간의 삶을 산다는 것은 상상도 못할 일이었다. 이스라엘의 현자들은 신적인 지혜와 토라[31]—성경에 기록된 지혜—를 동일시하는 것은 적절하고도 필요한 일이라고 느꼈다. 그러나 지혜/로고스가 어떤 특정한 인간의 모습이 **되었다**—성육신했다—고 주장하는 것은 어불성설이었다.[32] 후대의 영지주의 체계에서는 창조자와 피조물 사이의 간극이, 피

30 참고. J. F. McHugh, *John 1-4* (ICC; London: T & T Clark, 2009), 51-53.

31 Sir. 24.23; Bar. 4.1.

32 유대인의 억측은 메르카바 신비주의를 통해 다른 방향으로 전개된다. 예를 들어 다음 책들을 보라. I. Gruenwald, *Apocalyptic and Merkavah Mysticism* (AGJU 14; Leiden: Brill, 1980); D. J. Halperin, *The Faces of the Chariot: Early Jewish Responses to Ezekiel's Vision*

조물에 가까울수록 신성을 적게 가진 일련의 영체들을 통해 메워지는 것을 상상할 수 있을 뿐이었다. 그러나 요한복음 서언은 그 간극을 "말씀이 육신이 되는"(1:14) 하나의 단계로 메워지는 것으로 간주한다.[33]

요한복음 서언이 취한 단계는 하나님과 인간의 관계에 대한 신학을 새로운 영역으로 진입시켰다. 구원의 복음에 대한 심도 있는 표현에 있어서 그것은 전체 판도를 바꾸는 엄청난 중요성을 지닌 신학이었다. 요한의 대담한 독자성, 즉 육신이 되신 하나님이라는 개념을 너무 멀리 나간 조치로 간주하고, 로고스-그리스도의 육신이라는 실체를 부정함으로써 하나님과 인간 사이의 본질적인 차이와 거리를 거듭 주장해야 하는가? 아니면 요한의 성육신 개념의 논리를 더 끝까지 밀어붙여 성육신에는 완전한 구원론적 의미, 즉 육신을 하나님(신성) 안으로 끌어들임으로써 육신 자체가 구속받았다는 신성화(theosis)로서의 성육신—십자가와 부활은 일종의 나중에 추가된 개념이 된다—의 의미도 있으며, 죄를 해결하는 방법으로 더 이상 몸을 찢고 피를 흘리는 것이 아니라 인자의 살을 먹고 피를 마심으로써 구원을 얻었다고(요 6:53-58) 주장해야 하는가? 이러한 문제들에 있어서 요한의 의도가 무엇이든 주사위는 던져졌고 신학적 논의는 다른 차원으로 넘어갔다.

(Tübingen: Mohr Siebeck, 1988); A. A. Orlov, *Heavenly Priesthood in the Apocalypse of Abraham* (Cambridge University Press 2013).

33 Schnelle, *Antidocetic Christology in the Gospel of John*, 특히 221-22; "여기서 *sarx*는 단순히 어떤 관련성 없는 요소나 필요한 매개체로 이해될 수 없다"(227). Schnelle의 주요 명제는 요한복음이 요한1서에 반영된 갈등을 전제하고 있고(요한1서가 요한복음보다 시기상 앞선다) 따라서 요한복음 자체를 "가현설과의 포괄적인 신학적 싸움"에 참여한 것으로 이해해야 한다는 것이다(228-29).

b. 보냄 받은 아들과 내려온 인자

그에 못지않게 의도적인 것은 그 이전의 기독론적인 논쟁을 변형시키는 한 방법으로서 예수를 하나님의 아들로 묘사하는 요한의 표현이었다. 요한복음의 목적(요 20:31)을 기술할 때 메시아와 "하나님의 아들"의 확고한 동일시는 요한복음에 여전히 반영된 논쟁인 예수가 메시아인지에 관한 오래된 논쟁을 변형시켰다. 더욱 더 인상적인 것은 요한복음 서언이 육신이 된 로고스에 관한 주장을 분명 그와 똑같은 중요성을 지닌, 성육신한 로고스를 하나님의 아들로 보는 생각과 연결시키기 위해 비상한 노력을 한 방식이다. 성육신한 로고스 속에 나타난 영광은 "아버지의 독생자"(1:14), "아버지 품속에 있는 독생하신(*monogenēs*) 하나님"[34](1:18)이었다. 요한복음 서언의 독특한 로고스 기독론과 아들 기독론의 이러한 조합은 로고스 기독론을 예수 자신의 영성에 굳게 뿌리박은 기독론과 긴밀하게 결합시켰을 뿐만 아니라[35] 아들 기독론에 새로운 차원을 부여했다.

아버지에 대해 계시해주는 로고스-아들과 아버지 간의 친밀함이라는 이러한 개념은 강력한 이미지였던 것을 훨씬 더 강력한 것으로 변형시킨다. "하나님의 아들"은 더 이상 단순히 누군가가 하나님께 특별히 은총을 받았음을 가리키는 하나의 표현 방식이 아니다.[36] 하나님이 "보내셨다"는 것은 더 이상 단순히 하나님께 부여받은 권한을 지칭하는 한 방식이 아니었다.[37] 요한이 즐겨 사용하는 예수의 사명에 대한 표현 방식 중

---

34 "하나님"은 요 1:18에 대한 더 확실하게 입증된 해석이다. 예를 들어 다음 책들을 보라. Barrett, *John*, 169; Metzger, *Textual Commentary*, 198; Ehrman, *Orthodox Corruption*, 78-82; McHugh, *John 1-4* (69-70); 앞의 §43 n. 137도 함께 보라.

35 *Jesus Remembered*, §16.2을 보라.

36 *Christology in the Making*, §3을 보라.

37 특히 Bühner, *Der Gesandte und sein Weg im 4. Evangelium*을 보라.

하나인 "나를 보내신 아버지"라는 표현에서, 하늘에서 내려온 권한 부여는 하늘에서 내려온 사명으로 변형되었다. 아들은 하늘에서 내려왔다(6:38). 여기에 니케아 신조의 "그가 하늘에서 내려오셨다"는 구절의 출처가 있다. 로마서 8:3과 갈라디아서 4:4, 또는 빌립보서 2:6-7과 같은 구절들에서 분명하게 표현되지 않았던 것이 이제 숨김없이 표현되었고 그 전체적인 논리적 귀결, 즉 아들이 아버지의 목적을 상세하게 알았을 뿐만 아니라 말 그대로 아버지의 전권 대사 역할을 했다는 결론이 도출되었다. "독생자"(*monogenēs*)와 "하나님이시며 육신이 되신 로고스"는 요한에게 있어서 동전의 양면이다.

요한이 인자의 내려감과 올라감이라는 개념(3:13; 6:62)을 덧붙임으로써 이전의 인자 기독론을 제기한 것도 틀림없이 같은 맥락이다. 하늘로 가든 하늘에서 오든 "하늘 구름을 타고 오는" 그리스도의 승리에 대한 묵시적 이미지였던 것이 이제 그리스도가 처음 하늘에서 내려오는 것을 말하는 또 다른 표현 방식이 된다. 3:13의 다소 놀라운 단언—"하늘에서 내려온 자 곧 인자 외에는 하늘에 올라간 자가 없느니라"—은 이미 언급했듯이 실은 족장들과 예언자들을 사실상 하나님이 하시는 말씀을 (직접) 듣기 위해 하늘로 올라간 이들로 묘사하는 것을 겨냥한 말일 수도 있다.[38] 여기서 또다시 보냄 받은 자, 즉 하나님께 권한을 위임받은 자로서의 예언자라는 개념은 예수가 로고스-아들로서 실제로 욥기 1-2장에서 상상한 것과 같은 천상의 총회에 실제로 참석하신 유일한 분이라는 주장으로 변형되었다. 요한복음을 새로운 지평으로 옮겨놓는 것은 바로 천상의 실재에 대한 이러한 공개다. 그것은 천상의 여행을 통해서 해석하는 천사의 도움을 받아 공개하는 것이라기보다는, 받아들일 준비가 되어 있는 이들

38 앞의 §43 n. 141을 보라.

에게 지상에서 예수 안에서 예수를 통해 공개하는 것이다.

c. 계시자

요한에게 있어서 예수는 성육신한 말씀, 보이지 않는 하나님을 볼 수 있게 만든 분이므로 그에게는 바로 이 사실에 담긴 진리를 청중에게 절실히 깨닫게 하는 것이 핵심적인 관심사였다. 루돌프 불트만은 요한복음에서 계시자로서 예수의 역할을 재치있게 강조했는데, 예수가 계시하는 것은 단지 자신이 그 계시자라는 것이다![39] 그것은 요한의 목적에 대한 불충분한 요약이었다. 성육신한 말씀이자 지혜이신 예수가 과거에 말씀과 지혜에 대한 제2성전 시대의 사고에서 채웠던 역할—특히 계시자로서의 역할—을 성취하는 것은 물론 사실이다. 그러나 신적인 계시자로서의 예수가 요한에게 갖는 의미는 예수가 **하나님**을 계시했고, 아들이 **아버지**를 계시했으며, 밖으로 발해진 "말씀"이 말씀을 발하신 이를 계시했다는 것이다. 이 사실을 아는 것은 곧 예수의 실체를 아는 것이고 따라서 하나님 아버지를 아는 것이었다. "영생은 곧 유일하신 참 하나님과 그가 보내신 자 예수 그리스도를 아는 것이니이다"(17:3).

하나님의 참된 실재를 계시하는 이로서의 예수에 대한 이러한 강조

---

39 Bultmann, *Theology*, 2.66 — "하나님의 계시자로서의 예수는 **자신이 계시자라는 사실 외에는 아무것도 계시하지 않는다**"(강조는 원저자의 것임); "그의 복음서에서 (요한은) 계시의 내용(*ihr Was*)을 기술하지 않은 채 계시의 사실(*das Dass*)만을 제시한다." Bultmann의 제자 Ernst Käsemann이 이 명제를 다시 표현한 책인 *The Testament of Jesus* (1966; ET London: SCM, 1968)— "예수는 오직 계시자일 뿐이며…예수는 하나님의 유일한 계시자이고 따라서 지상에 있는 동안에도 전적으로 하나님 편에만 속해 있다"(11)—는 요한복음에 대한 Käsemann의 잘못된 해석의 전형을 보여준다(앞의 §43 n. 172도 함께 보라). Ashton은 Bultmann의 *blosses Dass*("적나라한 '그것'")에 대해 길게 숙고한 뒤 이렇게 결론짓는다. "매체가 곧 메시지다"(*Understanding*, 14장 및 553).

는 요한이 복음을 보다 대담하고 도전적인 것으로 변형시키는 데 있어서 또 다른 핵심적인 요소다. 그리스도는 하나님의 말씀을 전달했을 뿐만 아니라—전형적인 예언자의 말로 표현하면 "여호와께서 이같이 말씀하시되"—그가 곧 말씀이다. 그는 아버지로부터 계시를 가져왔을 뿐 아니라 그가 **곧** 계시다. "하나님을 본 사람이 없으되…독생하신 하나님[40]이 나타내셨느니라"(1:18). "나를 보는 자는 나를 보내신 이를 보는 것이니라"(12:45). "나를 본 자는 아버지를 보았거늘"(14:9). 그와 아버지는 하나다(10:30). 그는 "나는 ~이다"라는 식의 신적인 말씀을 하신다.[41] 그것은 예수를 마침내 모세나 무함마드와 동격으로 간주될 수도 있는 인물의 지위에서 끌어올린 주장이자, 종교 간 대화에서 기독교의 주장들을 무척 과격하게 보이게 만드는 주장이다. 그러나 이 주장은 그럼에도 불구하고 요한의 예수에 대한 표현의 핵심이다.

그 필연적 결과로서 요한이 (5:19에서와 같이) 아버지에 대한 아들의 의존성에 대해 이야기하면서 삼위일체의 두 위격의 관계에 대한 후대의 논쟁에 이미 사로잡혀 있었다고 추정해선 안 된다. 오히려 요점[42]은 14:28("아버지는 나보다 크심이라")에 "종속설적 기독론"이라는 꼬리표를 붙이면 요한복음을 1세기보다 훨씬 후대의 신학적 토론을 배경으로 해석하는 셈이 된다는 것이다. 요한이 사용한 언어는 아버지와 아들 사이의 연속성, 아버지에 대한 아들의 계시의 권위와 결정적 특성, 아버지의 자기표현(로고스)으로서의 아들을 표현하는 한 방식으로서 그의 로고스 기독론의 한 표현에 더 가까웠다. 이것이 바로 요한이 자신은 하나님의 말씀(3:34), 하나님께 들은 것(8:26), 아버지가 자신에게 말하라고 명하신 것

40 앞의 각주 34을 보라.

41 특히 8:28, 58; 13:19.

42 §43 n. 169에서 이미 진술한.

(12:49)을 말한다고 단언하는 예수의 모습을 묘사할 때 전달하기를 원했던 것이다. 아들은 스스로 오신 것이 아니라(7:28; 8:42) 아버지를 계시하기 위해 보냄 받은 아들로 오신 것이다. 로고스는 일차적으로 연속성과 하나 됨을 표현하는 것이지 차이를 표현하는 것이 아니다.[43]

d. 영지주의의 관점에서 본 요한의 기독론

요한이 성취한 기독론상의 변화는 매우 급진적이어서 도가 지나친 것이 아닌가 하는 의문을 불러일으켰다. 더 구체적으로 말하자면, 요한은 복음을 영지주의화한 것이 아닌가? 아버지가 보내신 아들로서의 예수, 땅으로 내려오는 인자에 대한 표현은 후대 영지주의의 구속자 신화와 눈에 띄는 유사점이 있었고, 어떤 이들이 Bar. 3.37과 *1 Enoch* 42에 나타난 지혜 신화에서도 암시되어 있다고 생각한 것처럼 그러한 신화가 이미 만개했음을 의미할 수도 있었다. 마찬가지로 진리를 전달하는 신적인 계시자로서의 예수에 대한 요한의 강조[44]와 요한복음의 특징적인 빛과 어둠의 이원론[45]은 자연스럽게 구원은 새로운 지식에 의해 사라지는 무지,[46] 보지 못하는 자들이 볼 수 있게 되는 것(특히 9장)[47]이라는 논리적 귀결을 수반했고, 거의 필연적으로 그러한 앎, 그러한 조명이 구원의 핵심이라는 것을 의미했다. 이 문제는 20세기에 불트만이 그가 보기에 자명한 결론, 즉 요한의 기독론은 사실 (기독교 이전의) 영지주의의 구속자 신화에 의해

43 앞의 §43 n. 170도 함께 보라.
44 앞의 §43 n. 194과 예컨대 요 1:14, 17; 8:32; 14:6을 보라.
45 특히 요 1:4-5; 3:19-21; 8;12; 12:36, 46.
46 참고. 요 8:32; 14:7; 17:3.
47 앞의 §43 n. 193을 보라. 하지만 우리는 요한이 "그노시스"(*gnōsis*)라는 명사 자체를 사용하는 것은 아니라는 사실을 기억하고 있다.

형성되었다는 결론을 도출하면서 첨예화되었다.[48] 그의 결론에 대한 요약은 이 주장을 다음과 같이 분명하게 표현했다.[49]

> 요한복음에서 예수의 모습은, 이미 바울 이전의 헬라화된 기독교의 기독론적인 사상에 영향을 끼쳤고 그다음에는 요한에게 영향을 끼친 영지주의의 구속자 신화가 제시하는 형태로 묘사된다. 이 신화의 우주론적인 모티프들, 특히 "사신"이 가져오는 구속은 아래에 있는 이 세상에서 귀신의 세력에게 포로로 잡혀 있는 선재한 빛의 불꽃이 해방되는 것이라는 개념이 요한복음에는 빠져 있는 것이 사실이다. 그러나 다른 면에서는 예수가 이 영지주의 신화에서와 같이 아버지가 권위의 옷을 입혀 세상으로 보낸 선재하신 하나님의 아들로 나타난다.

불트만의 가장 중요한 제자인 에른스트 케제만(Ernst Käsemann)은 요한복음의 이원론과 더 비슷한 사례를 사해 두루마리 사본에서 찾아볼 수 있다는 사실을 충분히 잘 알고 있었지만,[50] 여전히 요한복음이 이미 영지주의적인 관점에서 예수를 묘사하는 방향으로 가고 있었다는 결론을 피하기는 불가능하다고 생각했다.[51]

---

48 Bultmann, 'The History of Religions Background of the Prologue to the Gospel of John'. Bultmann은 주로 자신이 요한복음에 나오는 예수의 강화들의 밑바탕에 깔려 있다고 생각한 계시-강화 자료에서 요한이 영지주의 신화에 의존하고 있다는 증거를 발견했다(*Theology*, 2.13). 앞의 §43 n. 161도 함께 보라.

49 Bultmann, *Theology*, 2.12-13; 저자의 배경은 유대교였지만 "정통" 유대교가 아니라 "영지주의화된 유대교"였다(13).

50 Bultmann은 아직 초기의 사해 두루마리 사본에 대한 반응으로 이 사본 속에서 팔레스타인에 이미 존재한 "기독교 이전의 영지주의적인 유대교"의 증거를 발견했다(*Theology*, 2.13 n).

51 Käsemann, *The Testament of Jesus*, 26. 당연하게도 Käsemann은 요한복음이 교회의 정경으로 수용된 것은 인간의 오류였지만 신적인 섭리에 의한 일이라고 결론지었다. "역사적 관

그[요한]의 영광의 기독론이 지닌 위험성, 즉 가현설의 위험성은 인식하지 못할 수가 없다. 그러한 위험성은 아직 순진무구하고 숙고되지 않은 형태로 존재하며, 복음서 저자나 그의 공동체는 아직 그 위험성을 인식하지 못했다.

케제만의 견해는 여전히 20세기 후반을 특징지은 스펙트럼의 한쪽 극단에 위치해 있었지만,[52] 요한의 기독론이 노출되어 있었던 위험성에 대한 그의 묘사는 요한복음이 다양한 영지주의 집단, 특히 발렌티누스주의자들 사이에서 누린 인기에 의해 확증되는 것처럼 보인다. 헤라클레온(160-180년경)은 요한복음에 대한 최초의 주석을 썼다.[53] 우리는 이레나이우스와 에피파니우스를 통해 프톨레마이오스가 요한복음 서언에 대한 광범

점에서 보면 교회는 요한복음이 정통임을 선언했을 때 오류를 저질렀다." 그러나 그는 제4복음서가 정경 속에 수용된 것을 "원래는 상충했던 개념들과 전승들이 교회적 전승으로 통합된 가장 명료하고 중요한 예"이자 신약 정경은 기독교의 통일성을 위한 기초라기보다는 기독교의 다양성을 위한 기초라는 자신의 명제에 대한 증거로 간주했다(*Testament*, 74-76). 다시 앞의 §43 n. 172을 보라.

52 Bultmann의 급진적 견해로부터의 변화는 요한이 "그리스도인들에게 예수가 참된 계시자임을 보여주기 위해 영지의 언어에 대한 권리를 주장"한다고 말하는 Kümmel(*Introduction*, 218-28, 여기서는 230)과 요한은 구원에 대한 영지주의적인 이해를 거부한다고 강하게 주장하는 Koester(Bultmann의 마지막 제자)가 잘 보여주고 있다(*Ancient Christian Gospels*, 263-67). 이 논쟁에 대해서는 다음 책들을 보라. Schnackenburg, *St John*, 135-49; Brown, *John*, 1.lii-lvi; Barrett, *John*, 81-2; 특히 Schnelle, *Antidocetic Christology in the Gospel of John* 및 *History*, 504-9에 담긴 그의 보다 최근의 논평; L. R. Zelyck, *John Among the Other Gospels: The Reception of the Fourth Gospel in the Extra-Canonical Gospels* (WUNT 2.347; Tübingen: Mohr Siebeck, 2013). 영국 학계에서는 요한복음의 그리스/헬레니즘적인 배경에 대한 지배적인 관심에서 주로 요한복음의 유대적 배경에 대한 주목으로의 변화가 Dodd의 *Interpretation of the Fourth Gospel*(1953)에서 Barrett의 *John*(1955)으로의 변화를 통해 나타났다. 이 점에 대한 Barrett 자신의 발언(*Gospel of John and Judaism*, 63-64)을 보라. J. H. Charlesworth, 'The Dead Sea Scrolls and the Gospel according to John', in Culpepper and Black, eds., *Exploring the Gospel of John*, 65-97도 함께 보라.

53 E. H. Pagels, *The Johannine Gospel in Gnostic Exegesis: Heracleon's Commentary on John* (Nashville: Abingdon, 1973)을 보라.

위한 주해를 제시했다는 사실을 알 수 있다.[54] 이레나이우스도 발렌티누스의 추종자들이 요한복음을 풍부하게 사용한다는 것을 잘 알고 있었다(*adv. haer.* 3.11.7). 그리고 나그함마디 사본들은 요한복음에서 받은 영향을 여러 대목에서 보여준다.[55] 한 가지 흥미로운 것은 기원후 170년경에 소아시아에서 번성했던 기독교의 한 분파인 반(反)로고스 신성파(Alogoi)(그런 이름이 붙은 것은 그들이 로고스 기독론에 반대했기 때문이다)가 요한복음을 케린투스의 저작으로 간주했다는 점이다(Epiphanius, *Pan.* 51.3-4).

그러나 (최소한 이레나이우스, 알렉산드리아의 클레멘스, 히폴리투스의 글에서 접할 수 있는) 발렌티누스주의자들의 요한복음 주해를 찾아보면 거기서 발견되는 것은 그들이 로고스가 "육신이 되었다"는 요한의 명시적인 주장, 하나님과 물리적인 세계의 그와 같은 직접적인 결합이 있을 수 있다는 생각에서 뒷걸음질을 친다는 점이다.[56] 더 정확히 말해서 그들은 신적인 영

---

54 Irenaeus, *adv. haer.* 1.1.1-8; Epiphanius, *Pan.* 31.9.1-27; Foerster, *Gnosis*, 1.127-45에 나오는 광범위한 발췌문.

55 예를 들어 Brown의 다음과 같은 말을 보라. "「세 논문」(*Tripartite Tractate*)에는 말씀(로고스) 기독론이 있고 「야고보의 두 번째 묵시록」(*Second Apocalypse of James*) 및 「천둥: 온전한 정신」(*The Thunder: the Perfect Mind*)과 「삼형 프로텐노이아」(*Trimorphic Protennoia*; 여기서는 기독론이 예수의 죽음에 대한 가현설적인 설명과 결합되어 있다)에는 '나는 ~이다' 기독론이 있다"(*Community*, 147-48). 그러나 요한복음이 「야고보의 두 번째 묵시록」에 끼친 영향은 미미하다(예를 들어 *NHL*, 5.49.5-6과 5.58.2-8을 참고하라). 또한 「천둥: 온전한 정신」은 요한복음의 "나는 ~이다"보다는 "지혜 여인"(Lady Wisdom)의 자기 선언(Sir. 24)을 더 많이 상기시키되 정보를 주기보다는 어리둥절하게 만드는 일련의 대립적이고 역설적인 대조를 통해 상기시킨다(*NHL*, 295-303). 이하의 「요한행전」을 참고하라. Culpepper, *John*, 114-19도 함께 보라.

56 "영지주의 비평 학자들은 '다수'의 기본적인 오류에는 예수의 역사적 실재에 대한 그들의 선입관이 포함되어 있다고 주장한다"(Pagels, *Johannine Gospel*, 11). 만일 요한이 George van Kooten이 2014년에 케임브리지 대학에서 제출한 한 논문('Between Mythology and Philosophy: Rereading John's Notion of Being Begotten from God in A Greek Context — Engaging with C. H. Dodd's "The Interpretation of the Fourth Gospel [1953]" Sixty Years On')에서 주장하듯이 (에베소에서?) 보다 폭넓은 그리스 신화와의 논쟁에 관여했다면(참고. 요 7:35; 12:20-26), 요 1:14도 똑같이 결정적인 본문일 것이다.

역은 유대인의 유일신론에서 인정하는 수준보다 훨씬 더 복잡하며[57] 신에서 인간으로의 변화는 요한복음 1:3[58]과 1:14[59]에 대한 피상적인 해석이 허용하는 수준보다 훨씬 더 고통스럽다는 가정을 요한복음 서언에 대한 해석에 적용한다. 따라서 프톨레마이오스는 요한복음 1:1-2을 하나님과 태초와 로고스라는 세 존재를 구별하는 것으로 해석한다. 또한 1:3-4과 14절을 끌어들이면 이 본문은 첫 번째 4주신(아버지, 은혜, 독생자, 진리)을 구별하는 것이 된다. 이 4주신은 두 번째 4주신(로고스와 생명, 인간과 교회)과 연결되어 "모든 영체의 어머니"인 오그도아드(Ogdoad)를 구성한다.[60] 또한 헤라클레온은 "그의 안에서 지어진 것은 생명이었다"(요 1:3-4)는 구절을 읽을 때 "그의 안에서"를 "영적인 사람들을 위해서"라는 의미로 이해했다.[61] 즉 요한의 말 속에 인류는 영적인 사람, 혼적인 사람, 육적인 사람이라는 세 부류로 나누어진다는 발렌티누스주의의 가정을 끌어들여 해석했다.[62] 다른 예를 들자면, 요한복음 2:13-20,[63] 4:1-42(영적 본질에 대한 깨달음), 4:46-54(데미우르고스가 자신이 창조한 인간이 막 죽게 되었을 때 구주에게 도움을 요청하는 장면) 등에 대한 헤라클레온의 풍유적 해석

57 프톨레마이오스는 사 45:5을 "영적인 것을 알기에는 너무 연약하고 자신이 곧 유일한 하나님이라고 (상상하는)" 데미우르고스로 해석한다(Irenaeus, *adv. haer.* 1.5.4).

58 특히 물질의 유래가 된 부조리한 욕정에 굴복하는 "지혜"(Irenaeus, *adv. haer.* 1.2.2; 1.4.1; 1.5.1-6).

59 프톨레마이오스는 그리스도가 "혼적인 실체를 지닌 몸을 타고났고…물질은 구원을 받을 수 없기 때문에…그는 어떤 물질적인 것도 받지 않았다"고 주장했다(*adv. haer.* 1.6.1).

60 Irenaeus, *adv. haer.* 1.1.8.5; 및 1.1.1-3(Foerster, *Gnosis*, 1.144-45). Clement of Alexandria, *Exc. Theod.* 1.6(Foerster, *Gnosis*, 1.223)과 「세 논문」(*Tripartite Tractate*)도 이와 비슷하다.

61 Origen, *in Joh.* 2.21에 나오는 헤라클레온의 단편; Foerster, *Gnosis*, 1.163. 다음 문헌도 함께 보라. Clem. Alex., *Exc. Theod.* 1.7; 1.41.3-4.

62 앞의 §38 n. 119을 보라. Irenaeus, *adv. haer.* 1.5.1; 1.6.1도 함께 보라.

63 Foerster, *Gnosis*, 1.166-68; 하지만 Pagels가 우리에게 상기시켜 주듯이 오리게네스도 "영적 해석"을 행했다(*Johannine Gospel*, 66-67).

을 언급할 수 있을 것이다.[64] 프톨레마이오스는 요한복음 10:30과 14:6에 나오는 예수의 고백이 예수가 "자신이 생각한 것과 다른" 존재였음을 나타내고, 요한복음 19:34은 "욕정의 유출"을 나타내며 수난 예언에 나오는 인자에 대한 언급에서 "그는 또 다른 사람, 즉 수난을 경험하는 사람에 대해 말하고 있는 것처럼 보인다"[65]고 주장한다. 「삼형 프로텐노이아」(*Trimorphic Protennoia*)에서 "나"는 "말씀"으로 세상에 내려왔고 "그들의 형태로 가장하여 나 자신을 드러냈다"고 자주 말한다(*NHL*, 13.47.15-16). "나에 관하여 말하자면 나는 예수를 가장했다. 나는 저주받은 나무에서 그를 짊어졌고 그의 아버지의 거처에 그를 세웠다."[66]

요한복음에 대한 그러한 해석들은 이레나이우스와 알렉산드리아의 클레멘스가 전해주는 영지주의적인 성경 해석의 전형적인 예로서, 정해진 입장에 이의를 제기할 만한 어떤 것이 아니라 정해진 입장을 뒷받침할 논리를 찾는 사고방식—오늘날에는 성경 해석(exegesis)이 아니라 자의적 해석(eisegesis)으로 간주되는 것—의 특징을 나타낸다.[67] 본문을 통해 그들이 밑바탕에 깔려 있는 개요라고 가정한 것을 읽어냄으로써 해석 그 자체가 세련되고, 단순한 해석보다 매력적으로 절묘하게 보일 수 있었다.[68] 이레나이우스는 요한복음 1:14에 대한 훨씬 더 단순한 해석을 통해 그러한 자의적 해석을 반박할 수 있었다. 육신이 된 것은 바로 하나님의

---

64 Dunderberg, 'School of Valentinus', 80.

65 Clem. Alex., *Exc. Theod.* 61.1-4. 우리는 요한복음에 암시된 세상으로부터의 소외감(Brown, *Community*, 63-66)이 아마도 영지주의의 특징적인 소외감과 조응했을 것이라고 덧붙여 말할 수 있을 것이다(§38 n. 148).

66 *NHL*, 13.50.12-15; 참고. 요 14:2.

67 이레나이우스는 다른 신약 본문들에 대한 프톨레마이오스의 해석의 좋은 예들을 제시한다(*adv. haer.* 1.8.2-4).

68 §44 n. 328도 함께 보라. 이와 대조적으로 변증가들의 로고스 기독론은 요한복음 서언에 훨씬 더 가깝고 보다 공감적인 해석이었다(§40.2e, f, i; §44 n. 329).

말씀, 유일하신 하나님의 독생자였다. "사도는 분명 다른 누군가에 관해서, 또는 어떤 오그도아드에 관해서 말하고 있는 것이 아니라 우리 주 예수 그리스도에 대해 말하고 있다.…육신은 하나님이 아담을 위해 오래전에 흙으로 만드신 것이며, 요한은 하나님의 말씀이 바로 이것이 되었다고 선포한다."[69]

케제만의 논증은 사실상 프톨레마이오스의 논증과 비슷했고, 실은 많은 발렌티누스주의자들의 해석상의 논리였던 것이 분명한 논리를 반영하고 있다고 말해도 무방할 것이다.[70]

> "말씀이 육신이 되어"라는 진술은 실제로 그가 인간의 세상으로 내려왔고, 거기서 지상의 존재와 접촉했으며, 따라서 그와의 만남이 가능해졌다는 의미보다 더 많은 것을 의미하는가? 이 진술은 "우리가 그의 영광을 보니"라는 고백에 완전히 가려졌고, 그래서 그 고백에서 의미를 얻은 것이 아닌가?…그의 초라함의 특징들은…사람들 사이에서 그들 중 한 사람처럼 보이지만 스스로는 세속적 상황에 종속되지 않으면서 잠시 거주했던 사람을 위해 계획된 의상의 절대적 최소치를 표현하는 것이 아닌가?

그러나 케제만도 요한복음을 똑같이 불공평하게 다루었다. 요한이 보기에 "말씀이 육신이 되어"는 "'우리가 그의 영광을 보니'라는 고백에 완전히 가려"지지 **않았다**. 요한이 주장한 것은 바로 그 영광이 육신 안에서 육신으로 나타났다는 것이었다.[71] "영광"은 선재한 말씀이나 승천하신 그

69 Irenaeus, *adv. haer.* 1.9.3; 다음 구절들도 함께 보라. 3.11.2-3("어떤 이단자의 견해를 따르더라도 하나님의 말씀은 육신이 되지 않았다"); 3.16.2, 5-8; 3.17.4; 3.18.1, 7; 3.19.1; 5.18.2-3.

70 *Testament*, 9-10.

71 Bultmann도 그와 비슷하게 "그의 성육신은 그가 가져오는 계시에 대한 **수단**일 뿐 계시

리스도의 영광이 아니라 예수가 십자가 처형으로 영화롭게 되는 것이다. 요한은 마가가 복음서에 부여한 구조를 유지한다.[72] 확실히 요한은 아슬아슬한 경로를 따랐지만, 결코 정상 경로에서 벗어나지는 않았다. 영지주의의 자의적 해석은 육신과 영광, 육신 안에서의 영광을 모두 부정하고 죽음과 부활을 모두 부정해야만 자신들의 주장에 대한 근거가 요한복음에 있다고 주장할 수 있었다. 요한은 요한복음 1:14에서 그러한 결합의 직접성과 완전함을 강조하면서 자신을 영지주의 진영으로 끌어들이려는 모든 시도를 뒤엎었다.[73] 이레나이우스와 알렉산드리아의 클레멘스가 영지주의자들은 요한복음을 남용했다고 주장하고 요한복음을 기독교 신앙의 근본적인 표현으로 남게 한 것은 옳은 일이었다.

그와 동시에 케제만이 요한이 아슬아슬한 외줄타기를 했다는 점을 강조하고 요한복음의 정경적 권위에 대한 교회의 인정은, 전제와 세계관이 바뀌어가는 세대에게 복음이 효과적으로 전달되려면, 복음 선포가 때로는 위험할 정도로 창의적이고 독창적이어야 한다는 사실에 대한 인정이나 다름없다는 논리적 귀결을 도출한 것도 옳았다. 따라서 이레나이우스가 요한과 요한복음 서언을 자신들의 소유라고 주장하려는 발렌티누스파 영지주의자들의 시도를 확실히 성공하지 못하게 하는 데 성공한 것이 축복인 동시에 불행인 까닭은, 신약 정경 안에서 예수에 대한 선포에 있어서 큰 변화 없이 단순히 오래된 복음의 이야기를 다시 말하는 것을 선호하는 이들을 일반적으로 불안하게 할 어느 정도의 각색과 독창성을

그 자체는 아니다"라는 주장에서 이 점을 간과했다(*John*, 65).

72 앞의 §41.4을 보라. 특히 놀랍게도 "미리 수난을 암시하는 몇 마디 말을 제외하면 수난은 요한복음에서 맨 마지막에만 시야에 들어온다"고 주장하는 Käsemann과 비교해 보라(*Testament*, 7).

73 Thompson, *The Humanity of Jesus in the Fourth Gospel*, 2장('Incarnation and Flesh')도 함께 보라.

요한복음이 포함하고 있기 때문이다.

마지막으로 주목하지 않으면 안 될 아이러니가 있다. 기독교 신학에 가장 지속적인 영향을 끼친 것은 바로 요한의 기독론인 반면 요한복음의 교회론은 재빨리 무시되었고 군주제적인 감독제와 사도적 계승의 엄격한 교리가 지배하는 기독교를 벗어난 주변부[74]에서만 살아남거나 부활했다는 아이러니다.

49.4 요한 1, 2, 3서

우리는 요한 서신 세 편이 요한복음과 거의 같은 시기에 같은 공동체 내지 학파에서 나왔다고 추정할 수 있다(§39.3g). 아마도 이 세 요한 문헌의 서로에 대한 관계를 알 수 있는 가장 중요한 단서는 이 세 편지에 "유대인"에 대한 언급이 전혀 없다는 점이다. "유대인"은 요한복음의 구조에서 결정적인 상호작용적 특징을 형성했고, 제2성전기 유대교 안에서의 예수의 사역이라는 배경으로 거슬러 올라가는 연속성의 파괴를 반영하는 말일 것이다(§46.5c). "유대인"이 완전히 실종된 요한 1-3서와 요한복음의 차이를 감안하면, 이 세 편지는 요한복음 9:22에 반영된 회당과의 결별 이후에 기록되었다고 추정하는 것이 가장 타당하다. 그 당시 요한 공동체는 대체로 그들의 유대적인 기반에서 독립하여 제 발로 일어서려고 애쓰고 있었다.[75] "네 이웃을 사랑하라"는 계명이 "네 형제를 사랑하라"는 계명에 주로 집중된 점(§43.1e)은 일반적으로 적대적인 세상에 직면하여 단

74 예를 들어 이하 §49.8을 보라.

75 Brown, *Community*, 94-97에서와 같이; Schnelle의 견해와는 반대다(앞의 n. 33을 보라).

결해야 할 필요성을 크게 의식하는 한 집단의 관점을 암시한다.[76] 과거에 회당 공동체에 대한 소속감이 가져다준 큰 안도감은 더 이상 그들의 것이 아니었다. 그들의 안도감은 이제 오로지 그리스도와 서로에 대한 그들의 공통된 헌신에서 나왔다(요일 1:3-7).

a. 요한1서

우리는 요한1서 2:19이야말로 회당과의 결별 이후로 새로이 전개된 상황에 대한 필수적인 단서가 되는 바로 그 대목이라고 추정할 수 있다. 이 문헌(이것은 사실 편지가 아니다)은 이 구절로 수렴된다. 이 글은 독자들에게 그들의 안도감의 근거—용서, 씻음, 속죄를 보증하는 그리스도의 피(1:7-2:2)—를 재확인시키면서 시작된다. 이 글은 그리스도를 안다고 주장하지만 그리스도의 계명에 순종하지 않고(2:3-6), 빛에 속해 있다고 주장하면서도 형제를 미워하며(2:7-11), 세상과 세상에 속한 것들을 사랑하는(2:15-17) 자들이 있음을 암시한다. 그다음으로 다음과 같은 맹렬한 비난이 노골적으로 나온다(2:18-21).

> 아이들아! 지금은 마지막 때라. 적그리스도가 오리라는 말을 너희가 들은 것과 같이 지금도 많은 적그리스도가 일어났으니, 그러므로 우리가 마지막 때인 줄 아노라. 그들이 우리에게서 나갔으나 우리에게 속하지 아니하였나니, 만일 우리에게 속하였더라면 우리와 함께 거하였으려니와, 그들이 나간 것은 다 우리에게 속하지 아니함을 나타내려 함이니라. 너희는 거룩하신 자에게서 기름 부음을 받고 모든 것을 아느니라. 내가 너희에게 쓰는 것은 너희

76 앞의 §43 n. 229과 앞의 nn. 24, 65을 보라.

가 진리를 알지 못하기 때문이 아니라 알기 때문이요, 또 모든 거짓은 진리에서 나지 않기 때문이라.

무슨 일이 일어났는지는 분명하다. 공동체, 즉 예수 그리스도를 믿는 신자 집단 안에 분열이 있었다. 단지 한두 사람이 공동체를 떠난 것이 아니라 그 집단 자체가 갈라졌다. 요한1서의 말씀은 처음에 집단 전체를 결속시킨 원래의 메시지[77]—원래의 (요한의) 복음, "생명의 말씀"(1:1-3), 그들이 받아들이고 믿은[78] "진리"[79]—에 여전히 충실했던 이들에게 전해진다. 저자의 불만은 밖으로 나도는 무리가 그 원래의 메시지에 더 이상 충실하지 않았다는 것이다. 이 밖으로 나도는 무리는 거짓말쟁이들이고 어둠 속에서 행하고 있다는 암묵적인 문책(2:4, 11)은 단지 글쓴이가 자신에게 동의하지 않는 자들을 묘사하는 방식이다. 이는 틀림없이 주로 그들이 그와 "처음부터" 있었던 메시지에 대한 그의 이해에 (강력하게) 동의하지 않았고, 따라서 이러한 의견 불일치가 그들을 거짓말하는 자들이자 어둠 속에서 행하는 자들로 만들었기 때문일 것이다.[80]

의견 불일치가 무엇으로 귀결되는지도 꽤 분명하다. "거짓말하는 자"는 "예수께서 그리스도이심을 부인"한다(2:22). 적그리스도의 영(2:18)은 예수를, 즉 "예수 그리스도께서 육체로 오신 것"을 시인하지 않는다(4:2-3). 신실한 무리는 예수가 하나님의 아들임을 시인한다(4:15;

77 요한1서의 한 가지 주목할 만한 특징은 "처음부터"(*ap' archēs*)라는 어구가 반복된다는 점이다. "태초부터 있는"(1:1); "너희가 처음부터 가진 옛 계명"(2:7); "너희가 태초부터 계신 이를 알았음이요"(2:13-14); "너희는 처음부터 들은 것을"(2.24; 3.11).

78 "믿다" — 요일 3:23; 4:16; 5:1, 5, 10, 13.

79 또 다른 핵심 단어: *alētheia*, "진리" — 요일 1:6, 8; 2:4, 21; 3:18-19; 4:6; 5:6; *pseustēs*, "거짓말하는 이" — 1:10; 2.4, 22; 4:20; 5:10; *pseudos*, "거짓말" — 2:21, 27.

80 의를 행하지 않고(3:10) 사랑하지 않고 미워하고 살인하며(3:11-15, 23) 형제를 사랑하지 않는다(4:20-21)는 암묵적인 비난도 이와 비슷하다.

5:5). 그들은 "하나님께서 그 아들에 대하여 증언하신 증거"를 믿는다(5:10). 여기서 주목할 만한 것은 글쓴이가 사실상 요한복음에서 전달된 메시지, 즉 요한복음에 기록된 대로 하나님이 증언하신 예수는 그리스도이며 하나님의 아들이라는 메시지(요 20:31)를 매우 확고하게 고수한다는 점이다. 이는 말씀이 육신이 되었고(1:14) 그들은 그리스도의 살을 먹음으로써 영원한 생명을 얻고 그리스도 안에 거하며 그리스도는 그들 안에 거한다는(6:54-58) 핵심적인 주장을 포함한다. 요한1서의 신실한 무리가 자신들이 그리스도 안에 거한다고 확신할 수 있는[81] 것은 바로 이 때문이다. 즉 그들은 그들이 처음부터 들었던 메시지, 예수 그리스도가 육체로 오셨다는 메시지를 믿었기 때문이다(요일 2:24).

글쓴이가 경고하는 대상은 분명 어떤 새롭거나 대안적인 가르침이었고, 그 가르침은 매력적인 세련미가 있었지만 글쓴이는 이를 단호하게 부정한다. (성령의) 기름 부음을 받은 이들은 이미 진리를 알고 있다(2:20, 27). 그들이 받은 성령은 그들이 "처음부터"(요 15:26-27) 들은 것을 확증해주고 그들을 모든 진리로 인도할(16:13-15) 복음서에 약속된 진리의 영이다. 이분은 그의 재확인(요일 3:24; 4:13)이 예수 그리스도는 육체로 오셨다는 고백(4:1-3, 6)과 밀접한 관계가 있는 성령이다.[82]

이를 새로운 가르침이라고 말하는 것은 아마도 오해의 소지가 있는 말일 것이다. 요한1서에서 공격받은 이들도 십중팔구 요한복음, 즉 요한 공동체의 공통적인 기초였던 복음서 전승에서 그들의 가르침을 얻었을 것이다.[83] 따라서 우리는 요한1서에서 비난받은 이들은 요한복음 1:14에

81 요일 2:6, 24, 27, 28; 3:17, 24; 4:13, 15, 16.

82 Von Wahlde는 신자들에게 부어진 성령과 그 의미에 대한 다양한 견해는 요한 공동체를 분열시킨 위기의 한 주요 요인이었다고 주장한다(*Gospel and Letters*, 345-54).

83 Brown, *Community*, 103-9.

대한 단순한 해석에 대해 반발하고 있었고, 이것이 바로 요한이 전달하고자 한 의미였다고 추론할 수 있다. 즉 말씀이 **육신이 되었다**는 것이다. 예수가 그리스도, 하나님의 아들이라고 믿는 것은 바로 그것을 믿는 것이고,[84] 따라서 인자의 살을 먹음으로써[85] 생명을 얻는 것이다(20:31). 요한복음 1:14에 대한 반응이 정확히 무엇이었는지는 분명하지 않지만, 요한복음 6:63("살리는 것은 영이니 육은 무익하니라")에 호소하는 것은 틀림없이 1:14에 대한 쉬운 해석을 불가능하게 만드는 것으로 해석되었을 것이다.[86] 그렇다면 이는 말씀이 육신이 될 수 있고 예수가 곧 육신이 된 말씀이라고 믿으려 하지 않는 유대인들의 태도였는가?[87] 신적인 존재가 인간이 **될 수 없다**는 것—그리스도는 "단지 겉모습으로만 고난을 받았다"[88]거나 그리스도는 예수와 구별되며 십자가에서 죽지 않았다[89]는 것—은

84 테르툴리아누스가 분명히 인식한 것처럼 "그리스도가 육체로 오신 것을 부인하는 자는 분명 적그리스도다. 성경은 그의 육체가 단순히 절대적으로 참된 육체라고 선언함으로써, 그리고 그 자체의 본질에 대한 분명한 의미로 받아들일 경우, 그 안에서 구별을 짓는 모든 이들에게 타격을 가하는 것을 목표로 삼는다"(*Carn. Chr.* 24).

85 앞의 §43 n. 178을 보라.

86 von Wahlde, *Gospel and Letters*, 3.142.

87 D. R. Street은 *"They Went Out from Us": The Identity of the Opponents in First John*(BZNW 177; Berlin: de Gruyter, 2011)에서 2:22에 있는 핵심적인 단서를 발견한다. 대적들은 "예수가 그리스도"임을 부인했다. 그들은 예수가 곧 메시아라는 초기 기독교 운동의 근본적인 주장을 거부한 배교한 유대인들이었다. 그러나 "육체로 오신 그리스도"(4:2)에 대한 언급은 논쟁적이지 않은 언급이라고 주장하려는 그의 시도(204-18)는 (요 3:6이나 6:63에서와 같이) "육체"에 대한 요한의 언급 속에 담긴 부정적인 함의를 무시한다. "이미 2:16에서와 같이 *sarx*라는 단어는 부정적인 의미로 사용되어 왔다.…거짓 선생들은 예수의 육체적 존재를 부인한다"(G. Strecker, *Die Johannesbriefe* [KEK 14; Göttingen: Vandenhoeck, 1989], 211-12; 및 추가적으로 131-39).

88 Ignatius, *Smyrn.* 2.1; 4.2; 5.2; 7.1. 역시 서머나(의 주교) 출신인 폴리카르포스도 요일 4:2-3을 명시적으로 인용하면서(*Phil.* 7.1) 자신도 그리스도 가현설과 싸우고 있었음을 강하게 암시하고 아마도 요한1서도 가현설과 싸웠을 것이라고 추정했다는 사실은 의미심장하다. 요일 4:3의 이문("예수를 풀어주는/분리시키는 영마다")에 대해서는 Brown, *Epistles*, 494-96과 Ehrman, *Orthodox Corruption*, 125-35 사이의 논쟁을 보라.

89 또는 우리가 영체에 대한 혼란 속에서 요한의 예리함을 무디게 하려 함으로써, **육신**이

초기 영지주의의 관점이었는가? 아니면 케제만이 사실상 예상했거나 더 정확히 말해 상기시킨 대로 분리주의자들이 요한복음 1:14의 실제 강조점은 육신이 된 말씀에서 나타난 영광에 있었다고—육신의 유일한 의미는 그 안에서 그것을 통해 영광이 나타나게 된 장소와 수단이라고—주장했는가? 예수 그리스도는 단지 물만이 아니라(가현설 신봉자들은 예수가 요단강에서 성령의 기름 부음을 받은 것을 그리스도가 인간 예수 위에 임한 것으로 해석할 수 있었다) 물과 피로 임하셨다는(요 19:34) 요한1서의 대답이 나오는 것은 바로 이 때문이다. 그는 정말로 죽으셨다(요일 5:6).[90]

요한 공동체들 안에서 분열이 발생한 실제 이유가 무엇이든 그 분열은 성격상 기독론적이며 그리스도에 대한 최초의 기독교적 주장을 그처럼 담대하고 솔직한 관점에서—인간이 된 로고스-하나님을 인간의 구원에 있어서 결정적인 것으로—다시 상상하려는 요한의 시도에 대한 일부 그리스도인들 사이의 반응에서 비롯된 것으로 보인다.[91] 이 분쟁과 분열이 요한복음을 자신들의 전유물로 주장하려는 후대의 발렌티누스주의자들의 시도를 미리 암시한다면, 요한1서는 "처음부터" 들은 메시지에 대한 그러한 해석의 존립 가능성과 정당성을 이미 반박한 것으로 간

되는 말씀이라는 직설적인 표현을 피하려는 (앞에서와 같은) 초기 발렌티누스주의 유형의 시도를 상상할 수 있는가? Street에게는 실례지만, 영지주의적 관점의 다양성에 (*exc. Theod.* 1.1; *Gosp. Philip* 72c에서와 같이) 육체로 오거나 육체를 입은 로고스에 대한 생각이 포함될 수 있다는 사실(*They Went Out*, 198-202) 때문에 이그나티오스와 그 밖의 사람들이 반박하려 한 가현설적인 관점이 존재했다는 사실에서 주의를 돌려선 안 된다.

90 Brown, *Community*, 109-23. 하지만 그는 분리주의자들의 생각에 대한 자신의 재구성이 가현설 신봉자들이나 케린투스주의자들의 생각과 정확히 들어맞지는 않는다는 점을 강조한다(105). 추가적으로 *Epistles*, 47-86을 보라. Street, *They Went Out*, 284-94은 이런 견해를 반박한다. Ehrman, *Orthodox Corruption*, 182-83도 함께 보라.

91 분리주의자들의 관점에 대한 유일하게 분명한 표징은 기독론에 관한 것이다. Brown이 주장한 나머지 논쟁들—윤리학, 종말론, 성령론(*Community*, 123-44)—은 단지 수사적인 논쟁일 수도 있다. 요한복음의 복음에 대해 대안적인 관점을 갖는 것은 그 자체로 분리주의자들을 그와 같은 다른 비판에 노출시켰다.

주할 수 있다. 이레나이우스는 예수와 그리스도를 서로 구별되는 존재로 간주하려는 일체의 시도를 반박하기 위해 요한1서와 요한2서를 사용하면서 이 점을 인식했다(*adv. haer.* 3.16.8). 요한복음에 있는 것과 같은 원래의 말씀과 어긋나는 "진리"를 제시하기 위해 요한복음 16:13-15을 사용하려는 어떠한 시도도 사람들의 관심을 얻기 전에 차단되었다. 요한1서 4:1-2은 이미 예수 그리스도가 육체로 오신 것을 시인하는 영만이 하나님께로부터 온 영이라는 점을 분명히 밝혔다(3.16.8). 이 경우에 요한복음의 필연적 귀결로서의 요한1서의 역할은, 요한1서가 요한복음 1:14을 요한이 그토록 분명하게 의도한 바와 다른 의미로 해석하려는 어떤 시도도 무효화했다는 점에서, 대단히 중요했을 것이다.[92]

요한복음의 "유대인"과의 대립으로부터 출현했을 공동체의 성격 또한 흥미롭다. 우리는 §43.1e에서 요한의 "개인주의"를 언급했고, 요한1서는 교회적으로 요한 공동체들이 비밀 집회적인 성격을 가졌다는 인상을 강화시킨다. 요한1서의 강조점은 하나님 및 그리스도와 맺는 관계의 직접성과 즉시성, 그들이 "하나님에게서 났고",[93] "하나님을 알고"[94] 그분 안에 "거한다"[95]는 점에 있다. 우리는 성부와 성자의 교제(요일 1:3, 6, 7)와 같은 그들 서로 간의 "교제"(*koinōnia*)라는 면에서 요한 공동체의 교회(들)에 대한 묘사에 가장 근접하게 된다. "형제"는 다른 신자들에 대한 통상적인 언급이다.[96] 저자는 독자/청중을 "나의 자녀들",[97] "사랑하는 자

---

92 "요한 문헌의 역사에서 요한1서 저자의 궁극적인 공헌은 아마도 교회를 위해 제4복음서를 구해낸 일이었을 것이다"(Brown, *Community*, 150).

93 요일 2:29; 3:9; 4:7; 5:1, 4, 18; 및 3.19-22.

94 요일 2:3-5, 14; 3:6, 24; 4:6-8, 13; 5:20; 및 2:23과 5:12.

95 요일 2:6, 24, 27, 28; 3:6, 9, 24; 4:12, 13, 15-16.

96 요일 2:9-11; 3:10, 12-17; 4:20-21; 5:16.

97 "자녀들"(*teknia*) — 요일 2:1, (12), 28; 3:7, 18; 4:4; 5:21; "자녀들"(*paidia*) — 2:(13), 18; "하나님의 자녀(*tekna*)" — 3:1, 2, 10; 5:2, (19).

들"(2:7)[98]이라고 부르지만, 그들에 대한 그의 관계—사도 또는 권면하는 자?—는 불분명하다. 그 외의 경우 성직 위계 제도에 대한 암시는 전혀 없다. 주교의 권위를 반복적으로 강화하는 이그나티오스와의 차이점이 눈에 띈다.[99] 저자는 그들이 성령의 기름 부음을 통해 그들에게 필요한 모든 지식을 가졌고 다른 스승은 필요하지 않다고 말할 수도 있다(2:20, 27). 이러한 대조는 물론 저자가 맞서 싸우는 거짓된 가르침과의 대조지만, 그럼에도 불구하고 저자가 그들이 성령에 대한 자신들의 경험에서 확신을 얻는다는 데 꽤 만족한다는 점은 주목할 만하다.[100] 엄밀한 의미에서의 예언자는 교회에서 중요한 사역자로 한 번도 언급되지 않으며 유일한 언급은 "거짓 선지자"에 대한 경고다(4:1-3). 이와 대조적으로 저자는 그들의 담보물은 ("처음부터" 있었던) 원래의 메시지라고 충고한다.[101]

요컨대 요한복음과의 연속성의 흐름은 (특히 아버지와 아들, 서로 거함, 성령에 대한 강조에서) 분명하다. 요한복음에 나오는 예수에 대한 발달된 묘사는 강하게 확증된다. 이는 "처음부터"라는 말이며, 속죄의 제사(*hilasmos*—2:2)라는 그리스도의 죽음에 대한 더 오래된 이미지를 포함한다. 그러나 예수는 성육신한 말씀이었고 예수 그리스도는 육신으로 오셨다는 주장에서 후퇴하는 것은 배제된다. 그 결과로 발생한 공동체는 하나님이 세상을 사랑하신다고 단언했지만(2:2; 4:9, 14) 세상을 전적으로 경

98 *Agapētos* — 요일 2:7; 3:2, 21; 4:1, 7, 11.

99 Barrett는 이그나티오스에게 있어서 예수의 육체적 실재를 보증하는 것은 바로 교회의 사역(*Magn.* 6.1; *Trall.* 3.1; *Philad.* 7 등)이라고 통찰력 있게 지적한다(*John*, 64).

100 요일 3:24; 4:13; 5:6.

101 흥미롭게도 "처음부터" 있었던 원래의 메시지에는 아마도 요한이 틀림없이 성령에게서 비롯된 일로 간주했을 예수의 복음에 대한 요한복음의 재편(요 14:26; 16:12-13)이 포함되었을 것이다(앞의 §43 n. 101을 보라). 요한 공동체는 요한복음이 원래의 메시지였다고 당황하지 않고 주장할 수 있었다.

계했고,[102] 그들 자신의 내적인 분열과 씨름할 때 아마도 주로 내향적이었을 것이다. 요한복음과의 연결고리는 분명하지만 같은 시기에 출현하고 있었던 다른 형태의 기독교와의 연결고리는 매우 적다. 2세기에 정체성 논란을 겪는 상황에서 요한1서는 교회론 면에서는 외톨이지만 요한복음을 통해 표현된 기독론과 신학을 확증해준다.

b. 요한2서

요한2서는 요한1서에 보태는 것이 거의 없지만 편지로서의 성격을 좀 더 강하게 띠고 있다. 우리가 이 글의 저자가 "장로"(장로 요한?)임을 밝힐 수 있더라도 그것으로 인해 우리가 한 걸음이라도 앞으로 더 나아가지는 못한다.[103] "택하심을 받은 부녀와 그의 자녀들"(요이 1, 4-5)에게 하는 인사와 "택하심을 받은 네 자매의 자녀들"(13절)이 보내는 인사는 도움이 되기보다는 수수께끼에 더 가깝다.[104] 그러나 "진리"(1-4절)와 계명을 지키는 것으로 측정되는 "사랑"(3, 6절)과 "처음부터" 받은 메시지에 충실한 것(5-6절)에 대한 강조는 요한2서를 요한1서와 같은 진영에 속한 것으로 부각시킨다. 요한2서가 반대하는 거짓 가르침은 또다시 "예수 그리스도께서 육체로 오심"(7절)을 부인하는 적그리스도의 가르침이다.[105] (그렇게)

---

102 요일 2:15-17; 3:1, 13; 4:3-5; 5:4-5, 19.

103 "장로"라는 직함은 보다 전통적인 교회론을 암시할 수도 있지만(행 14:23; 20:17, 28-30; 딤전 3:1-7; 5:17-22; 딛 1:5-11; 약 5:14; 벧전 5:1; *1 Clem.* 44.5; 47.6; 54.2; 57.1), 그 용법이 파피아스의 그것과 더 비슷해서 권위 면에서 사도와 증인에 버금가는 사람을 가리킬 가능성이 더 크다. 추가적으로 Klauck, *Der zweite und dritte Johannesbriefe*, 29-33과 앞의 §39.3g을 보라.

104 Lieu, *Epistles*, 65-67; Klauck, *zweite Johannesbrief*, 33-37에서 이를 논한다.

105 요일 4:2의 흔적이지만 여기서 현재 시제("오심")를 사용하는 것에 대해서는 Lieu, *Epistles*, 84-87을 보라.

한계선을 넘어 그리스도의 가르침에 거하지 않는 모든 자에게는 하나님이 없다(9절). 그들의 거짓 가르침은 "악한 일"이 되며, 이런 가르침을 가지고 찾아오는 자는 누구든 환영하고 환대하기를 거부해야 한다(10-11절). 반대되거나 대안적인 관점을 논파할 수 있는 능력에 대한 확신이 거의 없는 방어적인 변증이 이 대목에서 드러난다.

c. 요한3서

요한3서는 보다 흥미롭다. 요한3서는 저자가 한 특정 인물(요삼 1—가이오)에게 편지를 쓰고, 수신자를 위한 보다 일반적인 기도(2절)와 수신자가 계속해서 "진리 안에서 행한다"는 소식에 대한 기쁨의 표현(3-4절)으로 시작하며, 가이오를 곧 보고 싶다는 바람으로 끝나고(14절), 가이오의 교회에서 일어난 사태 변화에 대해 염려하는(9-10절) 한에 있어서는 신약의 다른 어떤 서신보다도 바울 서신에 더 가깝다. 여기에 담긴 언외의 의미는 그 교회에 어떤 파벌로 인한 의견 충돌이나 갈등이 있다는 것이다. 장로 요한은 이전에 그 교회에 편지를 썼지만, 그의 편지는 무시되었다(9절). 그래서 그는 가이오에게 "주의 이름을 위하여"(5-8절) 선교하려는 목적으로 가이오의 교회에 찾아온 형제들을 환영하고 지원하도록 권면하기 위해 편지를 쓰고 있다.[106] 이 여러(아시아 지방의?) 교회들은 서로 고립되어 있지 않았고 상당수의 신자들이 이 교회들 사이의 관계를 유지하는 일(과 책임)을 떠맡았다는(참고. *Did.* 11-12) 언외의 의미를 무시해선 안 된다. 우리는 이 "형제들"이 장로 요한의 파벌에 속해 있었다고 가정할 수

---

106 이 선교사들이 "이방인(*ethnikoi*)에게 아무것도 받지" 않았다는 것(7절)은 예수 믿는 유대인 신자들과의 지속적인 관계를 암시한다.

도 있을 것이다.[107] 데메드리오(12절)는 같은 파벌에 속했고 아마도 선교하는 형제들 중에서 주도적인 인물이었을 것이다. "데메드리오는 뭇 사람에게도, 진리에게서도 (우호적인) 증거를 받았으매 우리도 증언하노니 너는 우리의 증언이 참된 줄을 아느니라"(12절). 이 구절에 나타나는 요한복음 21:24의 인상적인 흔적은 장로 요한이 요한복음 21장의 저자이기도 하며 그가 자신이 옹호하는 "진리"를 요한복음의 진리와 전적으로 일치하는 것으로 간주했다는 견해를 뒷받침한다.

장로 요한과 그의 파벌에게 있어서 문제는 "으뜸 되기를 좋아하는" 디오드레베가 가이오의 교회에서 주도적인 역할을 떠맡았다는 점이었다. 디오드레베는 아마도 우리의 권위를 인정하기를 거부한다는 의미에서 "우리를 맞아들이지 아니"하며(9절)[108] "악한 말로 우리를 비방"한다(10절). 그는 말만으로는 성에 안 차서 형제들을 맞아들이지도 않고[109] 맞아들이고자 하는 이들을 방해하며 교회에서 내쫓는다(10절).

그렇다면 디오드레베는 누구이며 이 심각한 불화의 원인은 무엇이었는가? 가장 분명한 추론은 장로가 복음에 대한 요한 문헌적인 이해의 옹호자라는 것이다. 요한1서와 요한2서의 "처음부터"라는 형식 어구는 사용되지 않는다. 그러나 "진리"(*alētheia*)에 대한 호소는 요한3서에서도 요한1서와 2서 못지않게 뚜렷한 주제이며,[110] 가장 자연스럽게 가정할 수 있는 점은 그 진리가 요한 전승에 의해 인식되고 주장되며 그 안에 속한 "진리"라는 것이다. 그러나 이 경우에 불화는 요한1서와 요한2서에서 암시된 것과 같은 신학이나 기독론을 둘러싼 불화처럼 보이지 않는다. 요한

107 "형제들" — 요삼 3, 5, 10; "여러 친구" — 15.

108 Brown, *Epistles*, 718.

109 아이러니하게도 디오드레베는 요이 10절에서 조언하는 교회의 권징을 따르고 있었다.

110 요삼 1, 3, 4, 8, 12.

3서에서의 문제는 성격 차이로 인한 충돌, 디오드레베와 장로 요한 사이의 다툼과 같은 권력 다툼에 더 가까워 보인다.[111] 이 경우에 가장 흥미로운 주장은 디오드레베가 이그나티오스가 가장 분명하게 대표하는 성직 제도의 발전의 흐름을 따라가고 있었다는 주장이다. 즉 디오드레베가 이그나티오스가 지역의 주교에게 부여하고자 했던 권한을 행사하려 했다는 것이다.[112] 요한복음의 개인주의와 요한의 회중들이 그들 자신을 훗날 "비밀 집회"로 알려지게 된 모임으로 보았을 가능성, 즉 성직자 없이 예배와 교제를 위해 함께 모이는 신자들의 집단으로 간주했을 가능성을 감안하면, 요한3서는 그 이후 주류 교회의 교회론에 관한 규범이 된 군주제적 감독제에 대한 최초의 항의였을 가능성이 다분히 있다.[113] 확실히 디오드레베에 대한 항의는 훗날 기독교 지도자들의 역사를 어지럽히는 오만과 권력 남용의 혐의를 불안하게도 미리 맛보여준다.

이 서신에 무언가 놀라운 점이 있다면 그것은 요한3서가 신약 정경에 겨우 포함되었다는 사실에 대한 일종의 경이감이다.[114] 아마도 디오드레베는 이그나티오스가 그토록 추천한 경향의 불량한 예였을 것이고, 그래서 그가 가졌던 것과 같은 영향력은 요한3서가 보존되는 것을 막는 데 아무 소용이 없었을 것이다. 파피아스와 그 밖의 사람들이 인식한 요한 전승의 강력한 흐름을 대변하는 장로 요한의 영향력은 이 편지가 요한

111 Klauck, *dritte Johannesbrief*, 106-9은 해석의 역사를 간략하게 검토하고 있다.

112 Käsemann은 'Ketzer und Zeuge: zum johanneischen Verfasserproblem'에서 디오드레베가 편지를 받은 공동체의 "정통" 지도자로 군주제적인 주교의 역할을 했으며 "기독교 영지주의자"인 장로에 맞서 자신의 공동체를 수호하고 있었다는 도발적인 주장을 했다.

113 이 이론을 표현한 한 글에서는 이 이론을 "초기 가톨릭 신앙"에 대한 경건주의적이고 반(反)제도주의적인 반발의 관점에서 표현했다(Dunn, *Unity and Diversity*, 392). 참고. Lieu, *Epistles*, 154-64.

114 Lieu, *Epistles* 1장(앞의 §39 n. 299도 함께 보라). 간략하게는 Culpepper, *John*, 92-93을 보라.

문헌 안에 남아있게 할 만큼 강했을 가능성이 더 크다. 어쨌든 이 편지는 신생 기독교 안에 있었던 다양한 파벌과 첫 세대 지도자들의 계승자들을 다양한 방향으로 잡아당기는 기독론적인 긴장 및 성직을 둘러싼 긴장에 대한 중요한 암시다. 요한 문헌의 기독론이 주류 교회의 더 넓은 흐름 속으로 흘러들어갔다고 추론할 수 있다면, 우리는 아마도 요한 문헌의 비밀 집회적인 형태의 기독교를 계승한 이들이 점점 더 지배적으로 변해가는 감독제 형태의 기독교에 점진적으로 융화되었다고 추론할 수도 있을 것이다.[115]

49.5 요한계시록

요한계시록을 구성하는 환상들을 본 선견자 요한이 야고보의 형제 요한, 사도 요한, 또는 장로 요한과 관계가 있는가 하는 풀리지 않은/풀 수 없는 문제(§39.3h) 때문에 요한계시록을 요한이 2세기에 끼친 영향에 대한 고찰에서 제외시켜선 안 된다. 이 문제에 관한 혼란은 단지 "요한 문헌의 영향력"에 다소 분명치 않지만 겉으로 보기에는 모두 아시아 속주나 특히 에베소에서 비롯된 특성이 있었음을 보여줄 수도 있기 때문이다. 선견자 요한이 실제로 누구였든 요한계시록이 2세기에 파피아스와 그 밖의

115 Brown, *Community*, 151-62; *Epistles*, 106-8에서 Brown은 장로 요한이 "요한 문헌 순수주의자"였고 "디오드레베와 같은 인물들은 분리주의적인 경향에 맞서 요한 전승의 내용을 보존할 수 있는 유일한 실제적 방식에 대해 보다 통찰력이 있었을 것"이라고 주장한다. "그와 같은 이론이 정확하다면, 요한 공동체의 남은 자들을 주류 교회로 인도할 책임이 있었던 사람은 요한 서신의 장로인 저자가 아니라 디오드레베와 같은 새로 떠오르는 요한 공동체의 교회 지도자였다"(738-39도 마찬가지). Klauck는 이러한 견해에 동의한다(*dritte Johannesbrief*, 109-10). 앞의 §44.8d도 함께 보라.

사람들의 천년왕국설 형성에 끼친 영향은 잘 알려져 있다(§40.7). 요한복음이 지속적인 기독교 종말론의 보다 안전한 토대를 제공했음에도 불구하고 요한계시록은 요한복음의 실현된 종말론에 대한 표현이 결코 필적할 수 없는 매력을 제공했다. 요한계시록에 대한 해석이 기독교의 초창기 몇백 년 동안 초래한—지금도 여전히 초래하는![116]—문제들에도 불구하고 요한계시록이 결국 신약 정경 속에 받아들여졌다는 사실은 초기 기독교의 다양한 형태들에 있어서 우주적인 영적 차원이 얼마나 중요했으며 묵시록 장르가 얼마나 위험할 만큼 폭발력이 있었는지를 (그리고 지금도 그러한지를) 상기시킨다.[117]

a. 요한계시록의 기독론

요한복음과 요한 서신의 주요 특징이자 발전하는 기독교 신학에 요한 문헌이 끼친 가장 지속적인 영향으로서 먼저 주목할 필요가 있었던 것은 그리스도에 대한 새로운 상상이었다. 따라서 우리는 자연히 처음에는 요한계시록의 기독론에 초점을 맞추는 일에 착수할 것이다.

요한계시록의 기독론은 비록 그 나름의 독특한 관점에서 제시되기는 하지만 대부분 예상할 수 있을 만한 것이다. 이 문헌은 "예수 그리스도의 계시(*apokalypsis*)"로 소개된다. 예언자는 "하나님의 말씀과 예수 그리스도의 증거"를 증언했다(1:2). 서두의 축복은 "이제도 계시고 전에도 계

116 Hal Lindsey의 *The Late Great Planet Earth* (Grand Rapids: Zondervan, 1970)와 Tim LaHaye의 연작 소설 *Left Behind*(Wheaton: Tyndale House, 1995-2007)만 언급해도 충분할 것이다.

117 H. H. Rowley, *The Relevance of Apocalyptic*(London: Lutterworth, 1944, ³1963)도 함께 보라.

셨고 장차 오실 이와 그의 보좌 앞에 있는 일곱 영[118]과 또 충성된 증인으로 죽은 자들 가운데에서 먼저 나시고 땅의 임금들의 머리가 되신 예수 그리스도로" 말미암은 것이다(1:4-5). 하늘에 올라 하나님과 함께 다스리며(시 110:1) 보좌에 앉아 심판하는 그리스도에 대한 개념은 그가 곧 다시 오시는 것과 마찬가지로 당연한 것으로 받아들여진다(22:7, 12, 20).[119]

높임 받은 그리스도에 대한 지배적인 언급은 "어린양"[120]이라는 언급이다. 이 말이 "죽임을 당한" 어린양과 관련해서 처음 등장한다는 점(5:6) 및 "죽임을 당하신 어린양"(5:12)에게 예배가 드려진다는 점은 매우 의미심장하다. 어린양은 일차적으로 제사용 어린양이다.[121] 이런 식으로 선견자 요한은 바울의 기독론과 신약 복음서 기독론 모두의 강조점을 유지한다. 그리스도가 우주를 다스리시는 하나님과 아무리 많이 관련되어 있어도 기독론에서 일차적인 초점은 여전히 그리스도가 죽으셨다는 사실에 있었다.[122] 묵시록에서는 아마도 뜻밖의 일은 아니겠지만 높아지신 그리스도께 부여된 우주적 중요성은, 그리스도나 로고스의 선재성에 대한 이야기를 통해서가 아니라, (죽임 당한) 어린양을 미래를 드러내고 결정

---

118 "일곱 영"에 대해서는 Aune, *Revelation*, 1.33-35을 보라.

119 계 11:15; 12:10; 20:4,6; 다음 구절들도 함께 보라. 1:18; 3:21; 6:16; 17:14; 19:11-13. 흥미롭게도 그리스도는 신약의 다른 복음서 이외의 문헌들보다 요한계시록에서 더 자주 "예수"—아홉 번인데 그중에 여섯 번은 "예수의 증거"(1:9; 12:17; 17:6; 19:10(2); 20:4; 14:12["예수에 대한 믿음"]도 주목해 보라)—라고 언급된다. 그러나 "예수의 죽음을 제외하면 그(예언자)는 역사적 예수에 대해 별 관심이 없다"(Satake, *Offenbarung*, 81).

120 *Arnion*("어린양")은 요한계시록에서 29회 등장하며 다른 곳에서는 단 한 번(예수의 제자들을 "어린양"이라고 부르는 요 21:15) 등장한다.

121 배경에 대해서는 Aune, *Revelation*, 1.367-73; Satake, *Offenbarung*, 208-10을 보라.

122 "어린양"에 해당하는 단어는 요 1:29에서 사용된 단어(*amnos*)와 다르지만, 그 이미지는 계 7:14이 확증하듯이 유사하게 속죄제사의 이미지다. 성도들은 "어린양의 피로…그들의 옷을 씻었다." 이는 이스라엘의 제사 의식에서 비롯된 정결케 하는 피의 이미지다(예를 들어 레 14:52; 히 9:14, 22; 그리고 특히 요일 1:7을 참고하라)(Aune, *Revelation*, 2.475).

하는 이로 묘사함으로써 표현된다(5:1-6:1 이하).[123]

그러나 요한계시록의 기독론이 지닌 가장 눈에 띄는 특징은 선견자 요한이 그 이전의 기독론들의 한계를 확대하는 방식이다. 즉 요한계시록의 기독론은 혁신의 정도에 있어서 요한복음과 요한 서신의 기독론만큼 눈에 띄지만 그와는 현저하게 다르며, 묵시록의 상징적 표현을 사용하기에 분명하게 파악하기가 더 어렵다.[124]

시선을 즉시 사로잡는 것은 높아지신 예수에 대한 선견자의 첫 환상(계 1:12-16)이다.

> 몸을 돌이켜 나에게 말한 음성을 알아보려고 돌이킬 때에 일곱 금 촛대를 보았는데, 촛대 사이에 인자 같은 이가 발에 끌리는 옷을 입고 가슴에 금띠를 띠고, 그의 머리와 털의 희기가 흰 양털 같고 눈 같으며 그의 눈은 불꽃 같고 그의 발은 풀무불에 단련한 빛난 주석 같고, 그의 음성은 많은 물소리와 같으며 그의 오른손에 일곱 별이 있고 그의 입에서 좌우에 날선 검이 나오고 그 얼굴은 해가 힘있게 비치는 것 같더라.

유대 묵시 문헌에 친숙한 사람이라면 누구나 요한의 환상 속의 여러 요소들이 에스겔과 다니엘의 비슷한 환상에서 직접적으로 뽑아낸 것임을 인식할 것이다.[125] 여기서 매우 인상적인 것은 선견자가 하나님 자신의 모습과 영광스런 천사들에 대한 환상을 함께 이용한다는 점이다. 예수는 눈에 띄게, 그리고 아마도 충격적으로 다니엘 7:9, 13에서 인자뿐만 아니

123 Satake, *Offenbarung*, 79-87; "그는 선재하는 이를 묘사하는 데는 관심을 두지 않는다"(80); "그리스도 사건은 역사의 전환점이다"(82).

124 이어지는 내용에서는 필자의 *Partings*, §11.4을 이용했다.

125 이는 앞의 §45.4c(iii)에서 이미 전문을 인용한 에스겔서와 다니엘서의 구절들을 가리켜 말한 것이다.

라 옛적부터 계신 이에 대해서도 사용된 단어들로 묘사된다.[126] 이는 영광스러운 천사적인 인물에 대한 묵시 전승에 속하며 묵시 전승에서는 이와 비슷하거나 동일한 묘사적 특징이 두드러진다.[127] 이 전승의 가장 흥미로운 특징은 그 천사적인 인물이 너무나 쉽게 하나님으로 오인되거나 하나님과 혼동될 수 있다는 점이다.[128] 예를 들면 *Apoc. Ab.* 10.3에서 천사의 정체는 아마도 야웨와 엘이 결합된 듯한 야호엘로 밝혀지며 이는 출애굽기 23:20-21에 나오는 하나님의 이름을 지닌 이스라엘의 수호천사에 대한 암시임이 매우 분명하다. 묵시적 환상의 영광스런 천사에 대한 이런 해석은 아마도 하나님과 쉽게 혼동되는 천사적 메신저인 "주의 천사"에 대한 더 오래된 전승에서 나왔을 것이다.[129] 그러나 묵시 전승에서 주목할 만한 것은 묵시록 저자들이 천사를 향한 예배를 단호히 거부하거나[130] 환상을 보는 자와 함께 예배에 동참함으로써 환상을 보는 자가 영광스런 천사와 하나님을 혼동하지 않도록 어느 정도 주의했다는 사실이다(*Apoc. Ab.* 17.2). 이와 유사하게 *Asc. Isa.* 8.4-5에서 영광스런 천사는 "나의 주님"이라고 불리기를 거부한다. "나는 너의 주님이 아니라 너의 친구다."[131]

---

126 "저자는 사실상 이 두 인물을 동일시했다"(Aune, *Revelation*, 1.116). 동일시의 정도는 LXX 단 7:13의 몇몇 형태("그는 인자처럼, 옛적부터 항상 계신 이처럼 왔다")에서 예견되었을지도 모른다. 추가적으로 Aune, 1.90-92을 보라.

127 예. *Apoc. Zeph.* 6.11-15; *Apoc. Ab.* 11.1-4; *Joseph and Asenath* 14.9.

128 앞의 §45 n. 136도 함께 보라.

129 주의 천사가 하갈과 이스마엘에게 나타난 뒤(창 16:7-12) 하갈은 이렇게 묻는다. "내가 어떻게 여기서 나를 살피시는 하나님을 뵈었는고?"(16:13) 창 21:17-18에서 천사는 하나님처럼 1인칭으로 말한다. 창 31:11-13에서 천사는 "나는 벧엘의 하나님이라"고 말한다. 그리고 출 3:2-14에서 불타는 떨기나무 가운데서 말하는 천사는 "나는 스스로 있는 자이니라"고 말한다.

130 *Apoc. Zeph.* 6.15; *Asc. Isa.* 7.21; 다음 문헌도 함께 보라. Tob. 12.16-20.

131 추가적으로 다음 참고문헌들을 보라. R. Bauckham, 'The Worship of Jesus', *Climax of Prophecy*, 118-49; L. T. Stuckenbruck, *Angel Veneration and Christology* (WUNT 2.70; Tübingen: Mohr Siebeck, 1995).

선견자 요한은 바로 이 지점에서 그와 유사한 묵시록 저자들과 결별했다. 요한은 자신의 환상을 해석하는 천사가 경배를 받아서는 안 된다는 점을 분명히 강조하는 데 있어서는 그들을 따랐다. "나는 너와…같이 된 종이니 삼가 그리하지 말고 오직 하나님께 경배하라"(계 19:10; 22:8-9). 그러나 **예수**는 요한계시록에서 신약의 다른 어떤 곳에서보다도 분명하게 경배를 받는다. 5장에 나오는 어린양을 향한 찬송은 성격상 4장에 나오는 하나님을 향한 찬송과 전혀 다르지 않다. "우리를 사랑하사 그의 피로 우리 죄에서 우리를 해방"하신 이를 향한 첫머리의 송영도 주목해 보라(1:5-6).[132] 5:13이나 7:10과 같은 본문에서 어린양은 공통된 경배의 말 속에서 하나님과 연결된다. 다시 말해 선견자 요한은 다른 묵시록 저자들과 마찬가지로 환상을 해석해주는 영광스런 천사를 향한 경배는 금지했지만, 높임 받은 그리스도, 하나님의 어린양의 경우에는 그런 금지를 폐기했다.

이는 분명 선견자가 환상 속에서 보이는 하나님과 영광스런 천사들에 대한 에스겔서와 다니엘서의 묘사를 결합시킨 것이 결코 우연이 아니었음을 의미한다. 그의 의도는 바로 높임 받은 예수가 단지 영광스런 천사가 **아니거나** 천사와 혼동되어선 안 된다고 말하려는 것이었다. 영광스런 천사는 경배를 받아선 안 되었다. 그러나 높임 받은 그리스도는 경배를 받아야 했다! 이는 하나님과 높임 받은 그리스도가 둘 다 "나는 알파

---

132 추가적으로, 그리고 요한계시록의 기독론에 대한 이하의 검토에 대해 O. Hofius, 'Das Zeugnis der Johannesoffenbarung von der Gottheit Jesu Christi', in H. Lichtenberger, ed., *Frühes Christentum* (M. Hengel FS vol. III; Tübingen: Mohr Siebeck, 1996), 511-28을 보라. Satake, *Offenbarung*, 87-91도 함께 보라. 그 글에서 Hofius는 이렇게 지적한다. "송영은 원래 오직 **하나님**에 대해서만 유효하다. 송영이 그리스도에게도 드려질 때 그것은 일반적으로 그가 하나님 자신과 똑같은 찬양을 받기에 합당하다는 전제 아래서만 일어날 수 있는 일이다"(512-13). 이 말은 Satake에 의해서도 인용되었다(89 n. 124).

와 오메가라"[133]고 말하신다는 사실(요한이 분명 의도했을 것이다)과 부합된다. 요한은 아무 망설임 없이 높임 받은 그리스도를 "거룩하신 이",[134] "만주의 주시요 만왕의 왕"이라고 부른다(17:14; 19:16).[135] 그리고 선견자의 환상에서 높임 받은 그리스도와 보좌의 관계에 대한 몇몇 묘사는 어린양이 하나님의 보좌에 앉아 있었음을 의미하는 것처럼 보인다(3:21; 7:17). 그 보좌는 "하나님과 그 어린양의 보좌"다(22:1, 3). 이는 아마도 요한이 하나님의 인격, 위엄, 권위를 체현한 하나님의 천사적 대리자들에 관한 친숙한 묵시 전통 안에서 자신의 보다 전통적인 유일신론을 버리지 않으면서도, 하나님과 관련하여 그리스도의 중요성과 지위를 최대한 인정하는 방법 중 하나로 간주해야 할 것이다.[136]

어쨌든 우리는 요한계시록에서 바울을 포함한 그 이전의 기독교 저자들로 하여금 높임 받은 그리스도를 "하나님"이라고 부르고 예수에 대한 경배를 거리낌 없이 말하는 것을 망설이게 만들었을 억압이 깨졌음을 인식해야 한다. 다른 요한(들)도 비록 다른 측면에서이긴 하지만 이와 비슷하게 획기적인 발전을 이루었고,[137] 아마도 그들은 함께 1세기 말에 예

---

133 계 1:8; 21:6; 22:13.

134 계 3:7; 참고. 6:10. "'거룩하신 이'는 70인역에서 하나님에 대해 자주 사용되며 '이스라엘의 거룩하신 이'라는 표현으로 종종 사용되는데, 이 표현은 이사야서에서만 29회 등장한다"(Aune, *Revelation*, 2.407). 선견자는 계 15:4과 16:5에서 하나님에 대해 이 표현을 사용한다.

135 하나님에 대한 한 호칭으로서 특히 단 4:37과 추가적으로 Aune, *Revelation*, 3.953-54을 보라.

136 Stuckenbruck은 이렇게 결론짓는다. "하나님과 더불어 예배를 받는 대상이라는 그리스도의 높아진 지위는 유일신론의 파기로 의도된 것이 아니었다. 요한계시록은 '외부인들'에게 이신론(二神論)적인 신학이 담긴 글로 해석되었을지도 모르지만, 언어적·주제적으로 고찰해보면 저자가 그와 같은 개념을 억제하기 위한 의도적인 조치를 취했음을 알 수 있다"(*Angel Veneration*, 272).

137 요 1:1, 18; 20:28; 요일 5:20. 요일 5:20에 대해서는 R. E. Brown, *Jesus God and Man* (London: Chapman, 1968), 18-19; 및 *Epistles*, 625-26을 보라.

수의 중요성을 주장하는 데 있었던 기독교적 자기 확신의 발전을 보여줄 것이다. 그것은 이그나티오스가 이미 당연하게 여겼고 더욱 거리낌 없이 자주 표현한 주장이었다.[138] 우리가 이를 요한 문헌이 기독교 사상에 미친 영향으로 묘사하든 별개의 두 요소로 묘사하든 간에, 요한 문헌의 로고스/창조 신학과 묵시적 신학이 둘 다 신(神)-기독론에 대한 그와 같은 거리낌 없는 긍정 속에 하나로 합쳐졌다는 것은 의미심장하다.

b. 요한계시록의 교회들

아마도 우리에게 있어 요한계시록의 가장 중요한 또 다른 특징은 선견자 요한이 계시적 권위를 가지고 아시아의 일곱 교회에 편지를 쓸 수 있었다는 암시일 것이다(계 2-3장). 이와 똑같이 가치 있는 것은 이 편지들이 어떤 특정한 관점에서 본 일곱 교회에 대한 짧은 묘사를 제공하고 따라서 아시아 안에 정착했거나 번성한 기독교의 특성에 대한 짧은 묘사도 제공한다는 사실이다. 특히 이 교회들은, 비록 서로 다른 상황과 도전에 직면해 있지만, 모두 서로 다르게 보인다.

아마도 가장 눈에 띄는 것은 일찍이 바울 때부터 에베소에서부터 선교를 통해 개척된 교회일 가능성이 꽤 높은, 확고하게 자리 잡은 교회들에 대한 인상일 것이다.

- 에베소 교회—처음 언급된 모교회(?)—는 그 "처음 사랑"을 버렸고, 회개하고 "처음 행위"를 가질 것을 요구받는다(계 2:4-5).
- 사데 교회는 평판은 좋지만 사실 "죽은" 교회다. 저자는 이 교회에

138 앞의 §40 n. 25을 보라.

처음 받고 들은 것을 상기시키며 마찬가지로 회개할 것을 요구한다(3:1-3).[139]

- 라오디게아 교회는 "뜨겁지도 아니하고 차지도" 않으며 토해 내기에나 알맞은, 훨씬 더 절망적인 상태에 있는 것으로 보인다. 주된 문제는 이 교회가 너무 자기만족에 빠져서 스스로 부유하고 번영하여 아무것도 필요하지 않다고 생각하지만, 실상은 "곤고"하고 "가련"하며 "가난"하고 "눈" 멀고 "벌거벗은" 상태라는 것이다(3:15-17).

여기에는 기독교 역사에서 몇 번이고 거듭 반복될 친숙한 이야기—처음에는 열정과 헌신으로 세워지지만 너무 빨리 지나친 자기만족에 빠지고 헌신이 약화되며 처음의 증언이 지녔던 독특함이 희미해지는 교회들에 관한 이야기—가 들어있다.

특히 흥미로운 것은 지역 회당과의 긴장 관계에 대한 암시다.

- 서머나 교회는 "자칭 유대인이라" 말하지만 "실상은 유대인이 아니요 사탄의 회당"인 자들의 비방을 경험하고 있다(2:9).
- 빌라델비아 교회도 마찬가지로 "사탄의 회당 곧 자칭 유대인이라 하나 그렇지 아니하고 거짓말하는 자들"에 직면해 있다(3:9).[140]

---

139 이와 대조적으로 두아디라 교회의 "나중 행위"는 "처음" 행위보다 많으며, 빌라델비아 교회는 처음에 그리스도가 그들에게 주신 "말씀"을 지켰다(3:8, 10).

140 앞의 §46 n. 171을 보라. 사탄에 대한 다른 언급들—버가모에 있는 사탄의 권좌(2:13)와 "사탄의 깊은 것"(2:24)—이 2:9과 3:9에서 언급된 "사탄의 회당"과 어떻게 서로 관련되는지는 불분명하다. 아마도 선견자 요한의 전형적인 특징은 그가 자신의 핵심적인 메시지와 반대되는 것으로 간주한 모든 것을 사탄의 통치의 증거로 보았다는 점일 것이다(참고. 2:10; 12:9, 12; 20:2, 10). Paul Trebilco는 어떤 학자들은 이런 언급들이 이방인 출신 기독교 유대주의자들을 가리킨다고 생각한다는 점을 지적한다. 특히 M. Murray, *Playing*

이 두 경우의 긴장 관계는 "마귀의 자식"(요 8:44)이라는 "유대인"에 대한 맹렬한 비난[141]을 반영하지만, 지역 회당 공동체에 "유대인"이라는 호칭을 붙이기를 거부하는 것은 아마도 오히려 "유대인"을 민족적 용어가 아닌 영적인 용어[142]로 간직하려는 바울 문헌의 관심사를 반영하거나 최소한 바울에게 더 많은 영향을 받은 이방인 신자들이 이해한 것처럼 지역의 유대인들이 그들의 이상과 사명에 미치지 못했다는 주장을 반영한 것이다.[143]

더 심각한 것은 분명 이 교회들을 내부로부터 위협하고 있는 위험 요소들—교회 안에 수용된 가르침과 관행—이었다.

- 에베소 교회는 처음 사랑을 버렸음에도 불구하고 예수(와 요한)도 미워한 "니골라 당의 행위"를 미워했다(2:6).
- 버가모 교회의 교인들 중 어떤 이들은 "발람의 교훈"을 지키며 우상에게 바쳐진 음식을 먹고 음행을 저질렀는데, 이는 "니골라 당의 교훈"과 동일시된다(2:14-15).

---

a Jewish Game: Gentile Christian Judaizing in the First and Second Centuries CE (Waterloo: Wilfrid Laurier University, 2004), 73-74, 99을 주목해 보라.

141 "사탄의 회당"이라는 유대인 공동체에 대한 묘사는 유대인에 대한 크리소스토모스와 루터의 통렬한 비난에 선례를 제공했다.

142 롬 2:28-29; 빌 3:3.

143 또 다른 한 가지 측면은 유대인 봉기 이래로 유대인의 민족적 정체성이 더 이상 어떤 영토 안에서 인식되지 않았으므로—하드리아누스 시대의 한 비문에서는 그들을 "과거 유대인들"(*hoi pote Ioudaioi*)이라고 부른다(*CIJ* 742)—서머나 지역의 유대인들은 그들의 유대인으로서의 정체성을 도전적으로 유지했을 수도 있다는 점이다(Hemer, *Letters*, 66-67). 그러나 Trebilco는 (개인적인 편지에서) 그 비문이 W. Ameling, *Inscriptiones Judaicae Orientis*. vol. II: *Kleinasien* (TSAJ 99; Tübingen: Mohr Siebeck, 2004), No. 40(177-79)과 관련해서 상당히 논란거리라는 점을 지적한다. Hemer는 서머나 교회에 보낸 편지를 "그 도시에 상당한 규모의 유대인 공동체가 존재했음에도 불구하고 일곱 편지 중에 가장 유대적인 요소가 적은" 편지로 묘사한다(67).

- 설상가상으로 두아디라 교회는 "자칭 선지자라 하는 여자 이세벨을" "용납"했고, "내 종들을 가르쳐 꾀어 행음하게 하고 우상의 제물을 먹게" 했다(2:20).

여기서 우리는 선견자 요한이 바울이 장려한 자유(고전 10:25-30)에 있어서 바울보다 더 확고하게 엄격했던 것으로 보인다는 점을 제외하면 바울이 고린도전서 5-10장에서 다루어야 했던 종류의 문제들을 다시 접하게 된다.[144] 그와 동시에 이러한 관심사들—그리스 사회에서 사회적으로 용인될 수 있었던 음행(*porneia*)과 우상의 제물을 먹는 일을 불가피하게 수반한 우상숭배를 피하는 것—이 유대인의 우선순위와 역사 속에 뿌리 깊게 자리 잡고 있었다는 점도 간과해선 안 된다. 선견자 요한이 "자칭 유대인이라" 하지만 "실상은 유대인이" 아닌 자들보다 자신이 더 유대인답다고 주장하고 있었던 것이 아니더라도, 최소한 그는 실천에 있어서는 유대인답지 못하게 행동하지 않기로 결심했다.[145]

거짓 가르침은 내부에서 나올 수도 있다는 인식도 이러한 관심사에 해당된다.

- "자칭 사도라 하되 아닌 자들"—그들을 시험하여 그들이 가짜 사도임을 알아낸 일로 인해 칭찬받은 에베소 교회(2:2).
- 스스로를 예언자라고 부른 이세벨과 그를 용납한 두아디라 교회

144 Hemer는 니골라 당에 대한 연구를 끝맺으면서, 그들은 아마도 "그 선례의 기원을 바울 문헌의 자유를 잘못 설명한 데까지 거슬러 추적할 수 있는 반(反)율법주의 운동"이었을 것이라고 말한다(*Letters*, 94). 참고. Schüssler Fiorenza, *Book of Revelation*, 4장; Satake, *Offenbarung*, 175-76; Aune, *Revelation*, 148-49도 함께 보라.

145 앞의 §46 n. 171을 다시 보라.

(2:20).[146]

이는 고린도후서 11:5, 13과 *Did.* 11.3-6에서 (거짓) 사도들이라고 불리는 자들 및 다른 곳에서의 거짓 예언의 위험성에 대한 인식과 분명한 유사점이 있다.[147] 이는 에게해 지역의 초기 교회들이 분명한 한계와 경계선이 전혀 없었고, 다양한 배경을 가진 사도들과 예언자들의 방문을 허용했을 것이 거의 확실하며, 구성원들이 바뀌고 있었다는 점을 확증한다.

교회론에 관한 한 다양한 단서들이 바울과 요한 사이 어딘가에 있는 성직자의 지위를 암시한다. 이 대목에서도 특히 (시간적으로나 지리적으로) 별로 멀리 떨어져 있지 않은 목회 서신과 이그나티오스의 동시대인들과 비교해보면 위계와 직분에 대한 개념의 부재가 눈에 띈다. 모든 신자는 왕이자 제사장이고(1:6; 5:10; 20:6) 모두가 하나님의 종이다(7:3). 바울 서신에서와 같이 "성도"는 신자 일반을 가리킨다.[148] 사도들은 (2:2을 제외하면) 긍정적으로 언급되지만, 기독교의 초창기에 속한 이들로 언급된다(21:14; 참고. 18:20). 장로들은 천상의 알현실에서 등장하지만,[149] 만일 그들이 (구약에 나오는 야웨의 어전 회의가 아니라) 천사와 짝을 이루는 인간을 대표한다면, 그들은 단지 특정한 직분 담당자들이 아닌 모든 신자일 것이고 그중에 열둘은 아마도 옛 시대의 하나님의 이스라엘을 상징하고 다른 열둘은 기독교, 즉 새 이스라엘을 상징할 것이다.[150] 마찬가지로 1:20과

146 이세벨에 대한 언급은 어린양에 초점을 맞춘 신앙이 혼합주의적인 믿음과 관행(왕상 16:31)으로 인해 희석되거나 왜곡될지도 모른다는 우려를 내포한다.

147 요일 4:1-3, *Did.* 11.7-12과 Hermas, *Mand.* 11.

148 이 점은 마지막 축복 기도에서 가장 분명하게 드러난다(계 22:21 — 어떤 사본들은 "성도"라는 단어를 생략했지만 그것이 아마도 가장 나은 독법일 것이다. Aune, *Revelation*, 3.1239을 보라). "성도"(*hoi hagioi*)는 요한계시록에서 14번 언급된다.

149 계 4:4, 10; 5:8; 11:16; 19:4; 7:4과 21:12도 함께 보라.

150 Beale, *Revelation*, 322-26. 그러나 Satake는 이 24명이 어디서도 12명으로 이루어진 두 집

2-3장에서 교회의 "사자"들도 주교(감독)나 특정 지도자들을 상징하는 것으로 받아들여선 안 된다. 각 사자를 대상으로 한 말씀은 분명 각 교회 전체에 적용되므로 천사들은 다양한 교회들에 상응하는 천상의 존재로 받아들이는 것이 가장 바람직하다.[151] 어쨌든 요한계시록에는 주교, 집사, 교사, 또는 목사에 대한 언급이 전혀 없으며, "제사장들"과 "장로들"은 그리스도인 공동체 전체를 가리키는 명칭이다.

선견자가 언급한 유일하게 독특한 사역은 **예언자**[152]와 **증인** 또는 순교자[153]의 사역이다. 이런 단어들은 때때로 교회 안에 있는 특정한 사람들을 가리키는 것처럼 보이지만,[154] 11:3, 10에서 두 증인 내지 예언자로 상징화된 것은 아마도 그리스도인 공동체 전체일 것이다. "선지자들과 성도들"[155]이라는 단어쌍이 앞의 경우와 똑같이 공동체 전체를 가리키는지, 아니면 (아마도 18:20에서와 같이) 예언자/순교자와 나머지 성도들을 구분하는 것인지는 불분명하다. 그러나 예언자적 서열에 대한 암시는 분명 존재하지 않으며, 모든 신자들이 예수를 증언하도록 요청받는 한 모두가 예언의 영을 경험한다.[156] 여기서 바울의 사역에 대한 개념과 유사한 것이 등장한다. 비록 어떤 이들은 다른 이들보다 더 전적으로 그 사역을 수행

단으로 이해되지 않는다는 점을 지적하며 대상 25:9-31이 그 배경을 제공한다고 주장한다(*Offenbarung*, 198). Aune, *Revelation*, 1.287-92의 자세한 논의와 제시된 근거를 보라.

151 Aune, *Revelation*, 1.108-12; Beale, *Revelation*, 217-19; Satake, *Offenbarung*, 147-48의 논의를 보라.

152 계 2:20; 10:7; 11:10, 18; 16:6; 18:20, 24; 22:6, 9. "따라서 교회 전체가 최소한 이 본문[19:10]에서는 원칙적으로 예언자들의 교회로 이해된다. 따라서 여기서는 순교자들에 대해서와 마찬가지로 예언자들에 대해서도 똑같은 사실이 적용된다.… 다른 성직은 없다.… 따라서 결국에는 모두가 부르심을 받지 않을 수 없는 오직 하나의 사역—증인과 예언자의 사역—이 존재한다"(Schweizer, *Church Order*, 135-36).

153 계 2:13; 11:3; 17:6; 참고. 1:2, 9; 6:9; 11:7; 12:11, 17; 19:10; 20:4.

154 계 2:13, 20; 22:9.

155 계 11:18; 16:6; 17:6; 18:24.

156 계 12:11, 17; 19:10; 참고. 6:9-11; 20:4.

하도록 요구받지만, 원칙적으로 모든 성도는 증인이자 예언자다. 요한계시록의 선견자는 때때로 유일무이한 권위를 주장하는 인물로 지목되지만,[157] 이는 단지 어떤 예언자든 자신의 예언 속에 들어 있다고 믿었을 예언적 영감의 권위다. 또한 22:18-19은 저자의 원문이 충실하게 전달되게 하기 위한 문학적 관습에 불과하다.[158] 선견자 요한은 자신을 수신자들과 구별하여 스스로를 증인이나 예언자로 보려는 시도를 전혀 하지 않았다(1:2, 9; 19:10). 요컨대 교회론, 성직, 예배에 관한 한 요한계시록은 예언을 통해, 예언으로 말미암아 살아간 교회들을 묘사하거나 가정한다.[159]

따라서 이것은 요한계시록이 요한복음 및 요한 서신과 나란히 고려될 수 있는 또 다른 이유다. 이 세 문헌 모두 이그나티오스가 특히 열렬히 지지했고 주류 교회의 패턴이 된 발전하는 성직 서열 체계와 어느 정도 상충되거나 긴장 관계에 있었던 교회의 형태들을 상상하고 있기 때문이다. 이러한 경우에 언제나 그렇듯이 정경적 해석학에 의해서든 다른 무엇에 의해서든 이 요한 문헌의 대안들을, 초기 바울 문헌의 교회론처럼, 단순히 목회 서신의 교회론에 에누리 없이 포함시켜야 한다는 생각을 당연한 것으로 받아들여선 안 된다.

---

157 계 1:3; 21:5; 22:6, 18-19.

158 참고. 예. 신 4:2; *Ep. Arist.* 310-11; *1 Enoch* 104.11; *Did.* 4.13; Eusebius, *HE* 5.20.2(이레나이우스를 인용함). 다음 책들도 함께 보라. Aune, *Revelation*, 3.1229-32; Beale, *Revelation*, 1150-54.

159 추가적으로 A. Satake, *Die Gemeindeordnung in der Johannesapokalypse* (Neukirchen: Neukirchener, 1966) 및 *Offenbarung*, 101-4을 보라.

49.6 「솔로몬의 송시」(*Odes of Solomon*)[160]

2세기의 요한의 영향력의 궤적을 추적하려는 모든 시도에는 「솔로몬의 송시」가 포함되어야 할 것이다. 이 문헌에는 반복적으로 등장하는 요한복음의 흔적이 담겨 있다.

- 3.10 — "이는 주의 영이며 주의 영은 거짓되지 않고 사람의 아들들이 그분의 도를 알도록 가르치신다." 참고. 요 14:26.
- 7.6 — "그는 내가 그를 이해할 수 있도록 나의 본성과 같이 되셨고 내가 그에게서 돌아서지 않도록 나의 형상과 같이 되셨다." 참고. 요 1:14.
- 7.12 — "그는 그를 그의 소유인 자들에게 나타나게 하셨다." 참고. 요 1:11.
- 11.7 — "그래서 나는 죽지 않는 살아 있는 물을 마셨고 그 물에 취했다." 참고. 요 4:14.
- 12.12 — "말씀의 거처는 인간이기 때문이다." 참고. 요 1:14.
- 16.19 — "세상들은 그의 말씀으로 지어진다." 참고. 요 1:3.
- 18.6 — "빛이 어둠에게 정복당하거나 진리가 거짓에게서 달아나지 않게 하라." 참고. 요 1:5.
- 30.1-2 — "너희 스스로 살아 있는 주님의 샘에서 물을 가득 채우라.…그리고 너희 목마른 자들은 다 와서 마시라.…" 참고. 요 4:10; 7:37-38.
- 32.2 — "그리고 스스로 발생한 진리에서 나온 말씀." 참고. 요

160 앞의 §40.1j과 §47.3f을 보라.

1:14.[161]

게다가 그리스도가 1인칭의 관점에서 말하는 본문들도 요한복음의 "나는 ~이다"라는 형식의 말씀들이 끼친 영향을 암시할 수 있다.[162]

우리는 사실 「솔로몬의 송시」의 위치를 요한복음부터 요한1서, 2서까지 이어지는 동일한 궤적 위에서, 그리고 요한복음처럼 영지주의 영성에 동일한 매력을 어느 정도 느꼈을 뿐만 아니라 (성육신의 물질성에 대해 요한 문헌만큼 명시적으로 주장하지는 않더라도) 요한복음 서언이 자신들의 기독론과 구원론에 대해 갖는 중요성도 반영하는, 이러한 요한 공동체들로부터 멀지 않은 곳에서 찾아야 할 것이다(하지만 *Odes* 7.4-6과 19.6-10을 보라).

49.7 영지주의 문헌상의 요한

우리는 발렌티누스파 영지주의자들이 요한을 어떻게 해석했는지 살펴보았고(§49.3d) 「진리의 복음」에 대해서도 §44.6b에서 충분히 말했다. 그러나 요한이 우리에게 전해 내려온 영지주의 사상에 어떻게 영향을 끼쳤을

161 *Odes* 41.11-14도 함께 보라.
"그리고 그의 말씀은 우리의 모든 길에 우리와 함께 계신다.
그는 생명을 주셨고 우리를 거절하지 않으시는 구주이시다.
자신을 낮춘 사람…
지극히 높으신 분의 아들이 나타나셨다.…
그리고 그 말씀으로부터 빛이 밝아왔다.
그것은 시간 이전에 그의 안에 있었다."

162 다음 참고문헌들도 함께 보라. Schnackenburg, *John*, 1.144-45; Barrett, *John*, 112-13; 특히 J. H. Charlesworth and R. A. Culpepper, 'The Odes of Solomon and the Gospel of John', *CBQ* 35 (1973), 298-322; Charlesworth, *Critical Reflections*, 232-45.

지 보여주는 다른 예들도 언급할 만한 가치가 있다.[163]

a. 「요한의 비록」(*Apocryphon of John*)

「요한의 비록」은 예수 그리스도가 아마도 부활한 뒤에 (신약 복음서에서와 같이 세베대의 아들이자 야고보의 형제로 밝혀지는) 요한에게 전달한 "불가사의한 것들과 침묵 속에 감춰진 것들에 대한" 계시다. 이레나이우스는 이 문헌을 언급하지 않지만, 이 문헌은 아마도 그가 단호히 반대한 종류의 가르침을 대표하는 좋은 예일 것이다.[164] 이 문헌은 최고 신인 보이지 않는 영으로부터 일련의 유출을 통해 일어난 쇠퇴에 대한, 영지주의의 세련된 신화를 가장 탁월하고 가장 분명하게 표현한 문헌 중 하나다. 극히 중대한 분열은 일반적으로 그렇듯이 "지혜"가 "영의 동의를 얻지 않고—그는 이를 인정하지 않았다—배우자 없이 자신으로부터 한 형상을 낳기를 원했을" 때(*NHL*, II.9.28-31) 일어나는데, 이는 아이러니하게도 처녀의 임신을 패러디한 것이다. 그녀("지혜")가 낳은 것은 얄타바오트(Yaltabaoth)이며, 그는 "나는 하나님이며 나 외에 다른 하나님은 없다",[165] "나는 질투하는 하나님이며 나 외에 다른 하나님은 없다"고 단언한다.[166] 즉 얄타바오트는 구약의 하나님과 동일시된다. 자신을 수행하는 유력한 신들에게 "오라, 하나님의 형상을 따라, 우리의 모양을 따라 인간을 창조하고 그의 형상이 우리를 위한 빛이 되게 하자"[167]고 말하며 그의 이름을 아담이라

---

163 앞의 §44.8d을 보라.

164 F. Wisse는 'The Apocryphon of John', *NHL*, 104-23d에서 "이 문헌의 주된 가르침이 기원후 185년 이전에 존재했다는 것을 확실한 사실"로 간주한다(104).

165 *NHL*, II.11.20-21; 사 45:21-22.

166 *NHL*, II.138-39; 출 20:5; 신 5:9.

167 *NHL*, II.15.1-4; 창 1:26.

고 부르는 신이 바로 최고 통치자인 얄타바오트다. 얄타바오트가 "그의 얼굴에 그의 어머니의 능력인 영을 불어넣고…그 어머니의 능력이 얄타바오트에게서 나와 자연적인 몸으로 들어갔을" 때를 묘사하는 곳에서 두 번째 창조 내러티브도 사용된다.[168] 이에 나머지 세력들이 질투하며 "그를 데려가서 모든 물질 중에서 가장 낮은 영역 속에 던져 넣었다"(*NHL* II.20.7-9).

보다 흥미로운 것은 창세기 2-3장의 나머지 부분에 대한 처리다. 아담에게 보내진 돕는 배필은 "그에게서 나오는 밝게 빛나는 에피노이아(Epinoia)이며 그녀는 생명이라고 불린다"(II.20.17-19). 그녀는 "남자의 능력에서 취해졌고…모세가 말한 것처럼 '그의 갈비뼈'가 아니다"(II.23.1-3). 그녀는 그 두 사람이 "빛의 에피노이아인 선과 악을 알게 하는 나무"의 열매를 먹은 데 대한 책임이 있으며(II.22.4-5; II.23.28-29), 이 일은 그들을 "깊은 잠에서" 깨우고 그들의 생각을 일깨운다(II.23.30-31, 34-35). 그러자 그들을 낙원에서 쫓아내는(II.24.7) 신은 바로 노아 시대에 홍수를 일으키는[169] 최고 통치자이자 자신의 천사들을 사람의 딸들에게 보내 그들과 함께 자손을 갖게 하는[170] 최고 통치자인 얄타바오트다.

창세기의 처음 몇 장에 대한 숙고의 증거와 보이지 않는 영과 창조된 물질 사이에 무한한 간극을 유지하는 데 대한 관심의 정도는 분명하고, 두 번째 창조 내러티브는 자연적인 몸 안에 붙잡힌 신적인 불꽃을 설명할 수 있는 여지를 남겨주며, 지식의 나무는 깨우침을 주는 영지를 제공하는 것으로 긍정적으로 간주된다. 그러나 요한복음에서 비롯된 영향을 보여주는 증거는 없다. 그런 증거에 가장 가까운 것은 "어둠의 영역

168 *NHL*, II.19.25-32; 창 2:7.
169 *NHL*, II.28.32-35; 창 7장.
170 *NHL*, II.29.17-20; 창 6:1-6.

속으로" 들어가고 "감옥 한가운데", "어둠 가운데, 하데스의 내부", "몸의 감옥이라는 감옥 가운데"로 들어가는 완전한 프로노이아(Pronoia)에 대한 1인칭으로 서술되는 묘사다.[171] 구원의 소망은 듣는 이들이 "깊은 잠에서 일어나" "다섯 개의 인으로 물의 빛 속에서 인침을 받을" 것이라는 소망이다(II.31.5-6, 20-24). 그러나 이는 요한 문헌이 아니다. 로고스-하나님이 육신이 되셨다는 요한 문헌의 주장은 결코 도전받지 않는다. 이 문헌의 메시지는 요한에게서 비롯된 것으로 간주되지만(II.32.1-5), 그것은 오직 세베대의 아들 요한이 기독교적 정체성에 대한 일부 소유권을 주장한 집단들 내에서 높이 존경받은 이름이자 그의 가르침을 영지주의적으로 해석하는 것도 가능한 깊은 사고를 지닌 스승이었기 때문에 있을 수 있는 일이다. 그러나 요한복음에서 받은 영향이나 요한복음에 대한 의존의 증거가 없다는 점은 요한에 대한 영지주의적 해석이 요한복음 그 자체와는 어느 정도 결정적으로 거리가 있었다는 또 다른 증거다.

b. 「삼형 프로텐노이아」(*Trimorphic Protennoia*)

「삼형 프로텐노이아」는 2세기 지중해 지역의 종교성이라는 용광로 속에서 사고가 어떻게 발전했는지를 보여주는 좋은 예를 제공해줄 수 있다. 이 문헌은 (Sir. 24에서와 같이) 유대인의 "지혜" 찬가를 어느 정도 본뜬 "세 가지 형태의 첫 번째 생각"의 자기 선언으로 시작된 것처럼 보인다. 이것은 영지주의적인 방향으로 받아들여졌다. 그녀는 잠자는 자들을 깨우며 모든 사람 안에 존재한다. 그녀를 통해 영지가 나온다. 그녀는 보이지 않는 영의 형상이다. 그녀는 바르벨로(Barbelo)다. 위대한 정령은 사클라

171 *NHL*, II.30.17-19, 25-26; II.31.3-4.

스(Saklas), 얄타바오트라고도 불린다. 그녀는 자웅 양성(兩性)을 함께 갖고 있다. 어느 시점에 완벽한 아들이자 독생하신 하나님인 그리스도가 이 혼합체와 세상으로 내려옴, 말씀, "생명의 열매를 맺고 생명의 물을 쏟아내는 감추어진 빛…하나님의 자손의 영광"에 대한 이야기 속에 도입된다(*NHL*, XIII.46.16-21). J. D. 터너(Turner)는 문헌 구성의 역사에서 세 번째 단계가 "기독교적 자료, 특히 요한 문헌의 기독교적 자료를 논쟁을 목적으로 의도적으로 포함시킨 단계"였고, 이 세 번째 단계는 "신약의 요한서신이 증언하는 제4복음서의 기독론에 대한 해석을 놓고 싸움이 벌어진 2세기의 처음 25년이나 2세기 전반"에 속한 것으로 간주해야 한다고 주장한다.[172]

c. 「요한행전」

「요한행전」은 (후기의) 요한이 에베소를 중심으로 활동했다는 전승을 강화시킨다.[173] 이 문헌은 또한 예수 주위의 베드로, 야고보, 요한이라는 핵심 제자 그룹의 일원인 요한에 대한 기억에 의존하고 있다(*ActsJohn* 88-91). 요한의 죽음에 관한 「요한행전」의 이야기(106-15)는 요한의 자연사에 관한 전승이 너무 확고하게 정착되어 보다 극적인 순교자로서의 죽음에 관한 이야기를 전개할 수 있는 여지를 전혀 남겨 놓지 않았음을 암시한다.[174] 또한 이 문헌은 요한이 자신의 죽음을 준비하면서 하나님께 "오, 이방인들 가운데서 사도 직분을 위해 우리를 택하신 하나님"(112)이라고 기도했다고 기록하고 있는데, 이는 아마도 가장 유명한 예수의 제자 가운

172 J. D. Turner, 'Trimorphic Protennoia', *NHL*, 512-13.
173 앞의 §40.6c을 보라.
174 Klauck, *Apocryphal Acts*, 38.

데 한 사람을 이방인 선교의 주요 옹호자(중에 한 명)로 포함시키고 싶어 했던 이방인 선교/교회의 관점을 드러내는 기록일 것이다.[175]

가장 인상적인 것은 기독론인데, 이는 예수의 고난을 통해 얻어진 구원에 대해서, 그러나 그러한 신체성에 대한 주장이 직관에 어긋나는 것처럼 보이는 종교적 분위기에서, 전통적인 복음에 의해 제기되는 문제들과 씨름한 결과를 표현한다. 그리스도는 여러 모양—"여러 얼굴을 가진 그의 통일성"(91)—으로 나타난다(82, 88-93).[176] 그는 "물질적이고 단단한 몸"을 가졌고 어떤 때는 "그 본질이 무형적이고 실체가 없었다." 요한은 "그의 발자국이 땅 위에 나타나는지 보고 싶었지만…한 번도 보지 못했다"(93). 그다음에 나오는 찬가는 예수 이야기의 역설과 씨름하며 "오그도아드"에 대한 언급을 포함시킨다(95). 그러나 그리스도는 또한 "아버지께로부터 보냄 받은 말씀"(96)이며 십자가의 고난을 초월해 있다(97-98). "말씀에 의해 만물을 통일시킨" 진짜 십자가는 "너희가 이곳에 내려올 때 보게 될 나무 십자가가 아니며 그 십자가 위에 있는 사람도 내가 아니다"(99). 십자가 주위에 있는 무리는 "하등한 본성", "신비의 바깥에 있는…다수"이며 무시와 경멸을 당해야 한다(100). "너희는 내가 고난을 받았다고 들었지만 나는 고난 받지 않았고, 또한 내가 고난을 받지 않았다고 들었지만 나는 고난을 받았다"(101).

> 내 안에서 로고스의 죽임 당함, 로고스의 찔림, 로고스의 피, 로고스의 상처 입음, 로고스의 매달림, 로고스의 수난, 로고스의 못 박힘, 로고스의 죽음을 인식하라. 그래서 나는 인성을 버리고 말한다. 그러므로 먼저 로고스에 대해

---

175 아르테미스 신전의 붕괴에 대한 이야기(*ActsJohn* 42)도 아마 행 19장에 나오는 바울의 사실상의 실패와 암묵적으로 대비되는 이야기로 제시되었을 것이다.

176 Klauck은 그 다양한 모습들을 표로 정리했다(*Apocryphal Acts*, 31-32).

> 생각하라. 그러면 너희는 주님을 인식하게 될 것이고 세 번째로 그 사람과 그가 겪은 일을 인식하게 될 것이다(101).

"주님은 모든 것을 상징적으로, 사람들을 향한 시혜로서, 그들의 회심과 구원을 위해 고안하셨다"(102). 결론은 "이 몸을 제외하고 인간이 되신 분을 경배하자"는 것이다(103). "사랑하는 자여! 그러므로 너희는 또한 내가 너희에게 예배하라고 설파하는 이는 인간이 아니라 변할 수 없는 하나님, 이길 수 없는 하나님, 모든 권세와 모든 권능보다 높으신 하나님…이라는 사실을 확신하라"(104).[177]

이 문헌은 간단하게 영지주의적인 관점으로 묘사될 수는 없지만,[178] 수난의 복음이 강렬한 플라톤적 세계관에 대해 제기한 종류의 지적인 문제들과 이 역설의 다양한 측면들(참고. 29장)을 하나로 묶으려는 단순하지 않은 시도를 함께 보여준다. 그러한 정도의 세련된 작품이 요한의 이름으로 제시되었다는 것은 아마도 2세기에 요한복음의 그리스도에 대한 묘사가 얼마나 존중되었고 "긴 서론을 동반한 수난 내러티브"에 대한 요한의 자세한 설명이 로고스와 지혜의 관점에서 어떻게 정교하게 다듬어졌는지를 입증하는 듯하다. 그러나 「요한행전」은 요한 서신에서 이의를 제기한, 요한복음에 대한 보다 가현설적인 해석의 추가적인 발전을 증언하는 것일 수도 있다. 「요한행전」의 기독론을 옹호하는 이들은 "우리에게

177 *ActsJohn* 43(및 82)에서 요한은 주님께 "나의 예수님, 유일한 진리의 하나님이신 당신께 영광이 있기를"이라고 기도한다.

178 이를 Koester의 다음과 같은 견해와 비교해 보라. "비록 정교한 영지주의 신화의 징표는 없지만, 이 찬가의 기본적인 영지주의적 입장(87-105)은 분명하다." "이 단락의 일차적인 목적은…가현설을 입증하는 것이다"(*Introduction*, 2.197). *ActsJohn* 97-102에는 "영지주의적인 신학이라고 판단해야 할 신학"이 있다는 Klauck의 견해(*Apocryphal Acts*, 17)와도 비교해 보라. 참고. Elliott, *ANT*, 306-7.

서 나갔으나 우리에게 속하지 아니"한 자들(요일 2:19)과 관련지어야 하는가?[179]

49.8 몬타누스주의자들

2세기에 요한 문헌이 끼친 영향에 대한 이 연구에 몬타누스주의를 포함시키는 것은 적절한 일이다. 이 운동이 다양한 단계에서 요한복음과 요한계시록의 영향을 받았다는 분명한 증거가 있기 때문이다.[180]

이 운동은 프리기아에서 150-175년 사이에 시작된 것으로 추정할 수 있다.[181] 이 운동에 참여한 이들을 프리기아인들이나 카타프리기아인들, "이른바 카타프리기아 이단"이라고 부르는 초기의 언급이 존재하는 것은 바로 이 때문이다.[182] 이 운동에서 처음 나타난 가장 두드러진 특징

---

179 Klauck, *Apocryphal Acts*, 41.

180 반(反)몬타누스주의자인 가이우스로 하여금 요한복음과 요한계시록을 둘 다 거부하게 한 것은 바로 몬타누스주의자들이 요한 문헌에 의존했다는 사실이었다(예. Culpepper, *John*, 121).

181 몬타누스주의에 대한 정보의 일차적인 원천은 Eusebius, *HE* 5.16.1-19.2과 Epiphanius, *Pan.* 48.1.4-13.8의 적대적인 기록이다. 이와 대조적으로 테르툴리아누스의 후기 저작에 나오는 간접적인 언급들은 보다 호의적이다. 훌륭한 짧은 개관은 R. E. Heine, 'Montanus, Montanism', *ABD* 4.898-902을 보라. R. M. Grant는 'Montanism', *EC* 3.640-41에서 몬타누스주의자들의 예언을 모아놓은 유용한 모음집을 제공한다. R. E. Heine, *The Montanist Oracles and Testimonia*(Macon: Mercer University, 1989)도 함께 보라. 그리고 이제 A. Marjanen, 'Montanism: Egalitarian Ecstatic "New Prophecy"', in Marjanen and Luomanen, *Companion*, 185-212도 함께 보라. 고전적인 연구서는 P. de Labriolle, *La crise montaniste*(Paris: LeRoux, 1913)이다. 몬타누스주의가 6세기까지 끼친 지속적인 영향에 대한 금석학적 증거에 대해서는 W. Tabbernee, *Montanist Inscriptions and Testimonia: Epigraphic Sources Illustrating the History of Montanism* (Macon: Mercer University, 1997)을 보라. 그리고 그의 *Prophets and Gravestones: An Imaginative History of Montanists and Other Early Christians*(Peabody, MA: Hendrickson, 2009)도 함께 보라.

182 Hippolytus, *Ref.* 8.12; Eusebius, *HE* 5.16.1.

은 황홀경에서 나오는 예언이었고,[183] 기독교 예배의 한 지속적인 특징이자 성도들을 지도하는 데 있어서 중요한 것으로서의 예언에 대한 강조는 이 운동을 "새 예언"으로 알려지게 만들었다. 이 운동의 창시자는 몬타누스라는 인물이었고,[184] 다른 수많은 경우와 같이[185] 이 운동도 그의 이름을 따라 몬타누스주의라고 명명되었다. 비록 프리기아에서 벌어지는 일들에 사람들의 이목을 집중시킨 다른 두 예언자는 프리스킬라와 막시밀라라는 두 여자였지만 말이다.[186] "새 예언"의 영향은 아시아를 넘어 퍼져 나갔고 영감 받은 말씀을 개인적으로 경험할 가능성은 20세기의 오순절주의처럼[187] 3세기에 매력적으로 느껴졌으며,[188] 그 영향력은 로마와 북아프리카에서 가장 유명해서 라틴 기독교의 아버지인 테르툴리아누스의 지지를 (그의 말년에) 얻었다. "3세기에 몬타누스주의에 대한 이해는…기독교회의 개혁 운동에서 이단으로 바뀌었다."[189]

183 에피파니우스는 특히 몬타누스주의자들이 황홀경에서 나오는 예언에 의존한다는 이유로 그들을 공격했다(Heine, *ABD* 5.899).

184 "…최근의 한 개종자가…갑자기 광란 상태에 빠져 경련을 일으켰다. 그는 황홀경에 빠져 이상하게 말하며 처음부터 교회의 전통과 계승에 속하는 관습과 반대로 예언을 하기 시작했다"(Eusebius, *HE* 5.16.7). 다음과 같은 영감에 대한 유명한 묘사는 몬타누스에게서 비롯된 것으로 간주된다. "보라! 인간은 수금과 같으며 나는 채와 같이 그의 위를 맴돈다. 사람은 잠을 자지만 나는 지켜본다. 보라! 사람들의 마음을 황홀하게 만들고 그들에게 (새로운) 마음을 주시는 분은 바로 주님이다"(Epiphanius, *Pan.* 48.4; Grant, *EC* 3.640).

185 예를 들면 발렌티누스파, 루터파, 칼빈파 등.

186 "…다른 두 여자도…몬타누스처럼 광적으로 부적절하고 이상하게 말했다"(Eusebius, *HE* 5.16.9).

187 참고. C. M. Robeck, 'Montanism and Present Day "Prophets"', *Pneuma: the Journal of the Society for Pentecostal Studies* 32 (2010), 413.

188 "다양한 교회에서 그때까지 여전히 일어나고 있었던 하나님의 은혜의 다른 많은 놀라운 역사들은 많은 이들 사이에 자신들도 예언자라는 믿음을 낳았다"(Eusebius, *HE* 5.3.4).

189 Marjanen, 'Montanism', 193은 이렇게 주장한다. "몬타누스주의 공동체들을 결국 가톨릭교회 밖에 위치하게 한 전개 과정으로 귀결된 것은 몬타누스주의자들이 예언 활동과 임박한 종말에 대한 기대에 초점을 맞추었다는 사실이 아니었다. 더 정확히 말하면 그것은 이러한 신학적 강조점들이 몬타누스주의에서 표현된 방식과 또한 그것들이 다양한 초기 기독교 공동체들 내의 권력 구조를 형성하고 그들 사이의 관계를 형성한 방식이었

요한복음이 몬타누스주의를 위한 가장 중요한 성경적 근거를 제공했다는 점은 몬타누스주의의 추종자들이 프리스킬라와 막시밀라가 보혜사 성령의 영감을 받았고 몬타누스도 마찬가지라고 주장했다는 히폴리투스의 기록(*Ref.* 8.12)에서 가장 분명하게 드러난다. 여기서 성령에 대한 언급은 분명히 요한복음 14-16장에서 약속된 보혜사에 대한 언급이다.[190] 계시는 교리적 주제에 영향을 끼치지 않았다. 몬타누스주의자들의 기독론은 흠잡을 데가 없었던 것으로 보인다.[191] 계시는 규율의 문제와 더 많은 관련이 있었다. 몬타누스주의자들은 배우자가 죽은 뒤의 재혼을 허용하지 않았다(Epiphanius, *Pan.* 48.9).[192] 새로운 금식일을 추가함으로써 보다 자주 금식했다(Hippolytus, *Ref.* 8.12). 몬타누스의 두 가지 예언은 세례 이후 저지른 죄에 대한 회개를 거부했고 순교에 대한 생각을 장려했다.[193] 이레나이우스가 바울이 고린도인들에게 예언에 대해 써 보낸 내용에 그들이 충분히 주의를 기울이지 않는다는 이유로 그들을 책망한 것은 이해할 만한 일이다(*adv. haer.* 3.11.9). 그러나 테르툴리아누스는 "로마 주교[194]가 몬타누스, 프리스카, 막시밀라의 예언의 은사를 인정했고 그러한 인

다"(195).

190 Marjanen, 'Montanism', 198-99도 함께 보라. 「솔로몬의 송시」(*Odes* 3.10; 6.7; 11.2; 13.2; 19.2, 4; 23.22; 25.8; 28.1, 8; 36.1, 3)에서 성령의 중요성은 요한복음에서 「솔로몬의 송시」에 이르는 그와 비슷한 영향을 암시한다. 몬타누스의 인용구(앞의 n. 184)는 사실 *Odes* 6.1-2("[바람이] 수금을 통과하면서 현이 울리는 것처럼 주의 영도 나의 지체들을 통해 말씀하시며 나는 그분의 사랑을 통해 말한다")에서 자극을 받은 것일지도 모른다. 14.8과 16.5도 함께 보라.

191 Tertullian, *Jejun.* 1; Epiphanius, *Pan.* 48.1.3-4.

192 추가적으로 Marjanen, 'Montanism' 200-2을 보라.

193 "교회는 죄를 용서할 수 있지만 나는 다른 이들도 죄를 짓지 않도록 죄를 용서하지 않을 것이다." "침상에서 죽기를 희망하지 말고…너희를 위하여 고난당하신 분이 영광을 받으시도록 순교하기를 희망하라"(Grant, *EC* 3.640). 다음 책도 함께 보라. Heine, *ABD* 5.899.

194 빅토르(*ANF* 3.630-31)이거나 제피리누스(Heine, *ABD* 4.900).

정의 결과로 아시아와 프리기아의 교회들에게 평화를 내려주었다"고 말한다(*adv. Prax.* 1).[195] 테르툴리아누스는 여자들이 교회에서 말하는 것을 허용하지 않는 것에 있어서 바울의 권위를 주장할 수 있었지만(*Virg. Vel.* 9),[196] 보혜사 성령은 요한 시대 이래로 침묵하신 것이 아니라 "권징, 성경의 계시, 지성의 재형성, '더 나은 것들'을 향한 진전의 방향"으로 활동하신다는 견해를 열정적으로 옹호하면서 요한복음 14:26을 자신 있게 사용했다.[197]

요한계시록의 영향도 분명했다. 방금 언급한 계시들은 바울이 예언으로 간주한 계시들과 더 비슷했다(고전 14:6, 26). 그러나 막시밀라의 예언으로 간주된 예언들은 보다 묵시적인 성격이 있었다. "전쟁과 혁명이 있을 것이다"(Eusebius, *HE* 5.16.18). "나 이후에는 예언은 더 이상 없고 종말이 있을 것이다"(Epiphanius, *Pan.* 48.2.4).[198] 가장 인상적인 것은 프리스킬라의 그리스도에 대한 환상이었다. "빛나는 옷을 입은 여자처럼 보이는 그리스도가 내게 오셨다. 그는 내 안에 지혜를 넣어주셨고 이 장소(페푸자)는 신성하며 이곳으로 예루살렘이 하늘에서부터 내려올 것이라는 사실을 내게 계시하셨다"(Epiphanius, *Pan.* 49.1).[199] 테르툴리아누스가 페푸자를 하나님이 지으신 "하늘에서" 내려오는 예루살렘(계 21:2)과 관련지어 생각했는지는 별로 분명치 않지만(*adv. Marc.* 3.25), 그가 말년에 몬타

195 이른바 반(反)로고스 신성파가 요한복음과 요한계시록을 모두 케린투스의 저작으로 간주한 것은 몬타누스주의자들이 이 두 문헌을 사용한 데 대한 반응이었을 가능성은 충분히 있다(Epiphanius, *Pan.* 51.2-3).

196 Heine, *ABD* 4.991도 함께 보라.

197 Tertullian, *Virg. Vel.* 1; 또한 *Jejun.* 12-13, 15; *Monog.* 3. 흥미롭게도 몬타누스주의에 대해 전혀 우호적이지 않은 이레나이우스도 성령과 예언을 포함한 영적인 은사들은 여전히 지속적인 기독교적 경험의 일부라고 애써 주장했다(*adv. haer.* 5.6.1; 5.8.1). 다음 책도 함께 보라. Eusebius, *HE* 5.17.4.

198 Grant, *EC* 3.640.

199 Grant, *EC* 3.641; 다음 글도 함께 보라. Marjanen, 'Montanism' 203-6.

누스주의에 대해 보인 호의는 그로 하여금 계시적인 성령의 역사에 대해 열린 마음을 갖게 했을 것이다.

아마도 가장 인상적인 것은 동시대의 교회에서 성령의 지속적인 역할에 대한 테르툴리아누스의 다음과 같은 변호일 것이다.

> 그렇다면 당신이 생각하기에 성령은 우리 가운데 어느 쪽에서 존재하시는 것으로 확인되는가? 우리 하나님이 언제나 명령하시고 인정하신 것을 성령이 명령하시거나 인정하실 때인가? 그러나 당신은 은혜에 관해서와 같이 징계에 관해서도, 은사에 관해서와 같이 의식에 관해서도 또다시 하나님께 경계표를 세웠으므로, 우리의 의식은 그분의 은혜와 마찬가지로 중단되게 되었다. 그렇게 해서 당신은 하나님이 지금도 계속해서 의무를 부과하신다는 것을 부정한다. 왜냐하면 이 경우에도 또다시 "율법과 선지자는 요한의 때까지"이기 때문이다. 그가 당신 안에 그토록 불필요하게 남아있는 한 그를 완전히 추방하는 일은 당신에게 남겨진 몫이다(*Jejun.* 11).

이처럼 테르툴리아누스는 요한이 (내부에 갇혀 있거나 "경계표"의 제약을 받지 않는) 성령의 직접성, 복음을 표현하고 그리스도인의 삶을 형성하는 데 있어서의 성령의 지속적인 역할, 성령이 성례나 성경에 국한될 위험성 등을 중요하게 여긴 것에 충실하고자 애쓰는 요한복음 해석 방법을 유지했다. 또한 테르툴리아누스의 입장에도 불구하고 사역에 있어 여성의 정당성을 인정하지 않으려는 가톨릭교회의 태도를 따르기를 거부한 것은 몬타누스주의자들의 공으로 간주할 수 있다.

49.9 결론

요한 문헌이 2세기까지 남긴 궤적에는 두 가지 뚜렷한 특징이 있었다. 하나는 변증가들이 그들의 철학적 방법 속에 받아들인 로고스 기독론의 기초를 제공하는 요한 문헌의 기독론이었다. 적대적인 세상에서 보이지 않는 아버지를 계시하신 로고스-아들에 대한 표현은 구원이란 본질적으로 영적인 사람들이 자신들의 천상의 기원과 운명에 대해 깨닫게 되는 일이라고 간주했던 영지주의적인 내러티브에 기회를 주었다. 그러나 로고스가 육신이 되었다는 요한의 주장은 구원을 육신과 이 물질 세계로부터의 해방으로 간주한 이들에게는 너무나 적은 기회를 주었다. 또한 요한복음 1:14의 순전함을 약화시키려는 시도들—겉모습으로만 변하는 것이나 로고스와 육신의 완전하지 않은 결합—은 요한 서신, 유스티누스(*1 Apol.* 63), 그리고 특히 이레나이우스에 의해 쉽게 약화되었다. 요한은 예수와 육신이 된 로고스에 대한 복음으로 영적 굶주림과 의문에 더 폭넓게 대처하기 위해 실제로 아슬아슬한 경로를 취했다. 그러나 요한이 영지주의 체계에 의해 장악되었거나 이레나이우스가 주류 교회를 위해 그를 어렵사리 구해냈다는 것은 사실이 아닐 것이다. 그와 반대로 이레나이우스가 일찍부터 인식하고 그에 합당한 중요성을 부여한 것은 바로 하나님을 가장 완전하게 최종적으로 계시하신 이의 인간적 실재에 대한 요한 자신의 주장이었다. 그리고 요한계시록과 마찬가지로 부활하신 예수와 어린양께 드려지는 예배가 제2의 신적 존재에 대한 예배가 아니라 예수 안에서 계시된 하나님께 대한 예배가 되게 한 것은 바로 요한복음이었다.

또 다른 독특한 특징은 요한이 이전에 말한 것을 생각나게 할 뿐만 아니라(요 14:26) 이전에 계시되지 않은 진리로 인도하고 그리스도에 관한 것을 (보다 완전하게) 선포함에 있어서도 보혜사 성령에 호소함으로써 예수 전승에 대해 자신이 수정한 내용을 정당화한 점이다. 성령은 옛 계시를 재확인할 뿐만 아니라 새로운 통찰로 인도하신다는 이러한 인식은 분명히 예수의 이야기를 다시 진술해야 하는 자신의 사명에 대한 요한의 이해의 기초였다. 그 점은 요한1서에는 성령의 기름 부음이 신자들에게 그들이 필요로 하는 지식과 가르침을 주었다는 단언(요일 2:20, 27)과 함께 재확인되었고, 요한계시록에서는 예언의 영에 대한 강조를 통해 재확인되었다. 이러한 요소는 영지주의를 신봉하는 요한의 동조자들에게는 덜 매력적이었지만, 「솔로몬의 송시」와 몬타누스주의에서는 공감을 얻었다.

요한이 담대하게 예수의 복음을 다시 진술한 것의 효과는 이처럼 두 가지였다. 그것은 범기독교의 기독론에 있어서 근본적인 강조점이 된 예수의 신적 중요성에 대한 통찰을 제공했다. 그러나 그것은 또한 전통적인 형식과 신조에 만족하지 않는 성령의 기독교를 위한 길을 열어 주었다. 다시 말해 요한은 신약 정경에서 바울만큼이나 잠재적으로 문제를 일으킬 한 요소를 대표한다. 두 사람의 유일한 차이점은, 정경상의 바울은 초기의 사도를 길들인 반면, 요한은 그와 같은 제도화하는 조건이 없었고, 요한계시록은 오로지 요한의 기독교의 역설을 고조시켰다는 점이다.

50장

정체성 경쟁

3부작 『생성기의 기독교』의 이 마지막 권에서의 관심사는 2세기의 대부분 기간 동안 기독교의 독특한 특성이 출현한 과정을 추적하는 것이었다. 출발점은 예루살렘과 예루살렘 성전이 파괴된 해인 70년이었고, 이 해는 사실상 제2성전기 유대교의 종말을 고한 해였다. 그 해는 유대교뿐만 아니라 제2성전기 유대교의 기반 안에서 처음으로 발전한 초기 기독교에 있어서도 결정적인 분기점이었다. 종점은 이레나이우스에 의해 표시되는데, 그는 2세기에 무슨 일이 일어났는지에 대해 분명하게 볼 수 있는 산마루와 같은 위치를 제공하며, 사실상 3세기를 거쳐 4세기 초 콘스탄티누스 시대의 승리로 진행될 기독교의 특성을 현저하게 드러낸다. 그러나 그 시점은 기독교의 정체성이 이레나이우스가 허용했을 수준보다 더욱 논란이 된 훨씬 더 복잡하고 문제가 많은 시기의 끝이었다. 우리가 3권에서 추적하려 했던 것은 바로 그런 문제들과 경쟁 속에서 서로 경쟁하는 당사자들이었다.

이 모든 경쟁 당사자들이 공유한 한 가지 주된 관심사는 그들 자신의 독특한 관점의 기원을 예수와 예수의 첫 제자들에게서 찾고 (기독교) 복음에 대한 그들의 해석을 야고보와 바울, 베드로와 요한(그리고 도마)이 지지했다고 주장하는 것이었다. 결과적으로 그 이후의 과정은 이 첫 세대 인물들의 지속적인 영향력과 그들의 지지를 받고 있다고 주장하려는 경쟁이 이 싸움에서 어떻게 핵심적인 역할을 했는지를 추적하는 것이었다. 예수 전승, 야고보(예수의 형제), 베드로, 바울은 가장 영향력 있는 특징 및 인물이었고, 그들의 사역과 가르침은 신생 기독교의 첫 세대를 형성했다.[1] 따라서 적절하고 방대한 원자료를 검토한 후(§§39, 40) 예수와 야고보, 바울, 베드로의 영향이 2세기에 그들의 유산을 물려받았다고 주장하는 이들에게 어떻게 작용했는지를 살펴보는 것은 가장 타당한 일이었다. 일종의 "신출내기"인 요한도 물론 포함되었어야 했지만, 논란의 인물인 도마도 관심을 피할 수 없었다는 점 역시 분명했다. 그들의 유산이 어떻게 논쟁거리가 되었는지를 요약한 뒤에(§50.1) 우리는 우리의 연구 결과가, 지속되어 온 기독교에 대한 우리의 관점에 어떻게 영향을 끼치는지를 숙고할 수 있다(§50.2).

1 예수 전승 그 자체가 입증하고(*Jesus Remembered*) *Beginning from Jerusalem*, 37장이 우리에게 상기시키듯이 말이다.

50.1 예수와 1세대 지도자들의 지속적인 영향

a. 예수 전승

첫 번째 연구(§41)의 가장 눈에 띄는 특징은 "복음"이라는 용어에 예수의 죽음과 부활 및 그 필연적 결과에 대한 이야기뿐만 아니라 예수의 사명과 가르침에 대한 이야기도 포함되게 된 경위였다. "복음"에서 "복음서"로의 변화는 관심을 십자가와 부활에서 멀어지게 하지 않았다. 수난 내러티브는 기록된 복음서의 절정으로 일정하게 유지되었다. 예수는 일차적으로 선생이나 현자나 기적을 일으키는 자로 기억되지 않았다. 십자가 처형과 부활을 통한 구주로서의 예수의 사명은 여전히 복음서의 절정이었다. 예수의 가르침, 구원하는 지식 또는 지혜로서의 예수가 구원의 일차적인 수단이 된 것이 아니었다. 그러나 이 초기 복음서 저자들은 명백히 구원을 초래하는 사건들을 수난 이전의 예수의 사명과 분리시키지 않는 것도 필수적이라고 보았다. 단순히 구원을 초래하는 죽음과 부활이 어떤 신화적인 맥락에서 발생했거나 그 역사적·지리적 요인들이 그와 무관한 어떤 시점에 발생한 한 사건으로 환원될 수 있어서가 아니었다. 구원을 초래하는 사건은 나사렛 예수의 죽음과 부활이었고 갈릴리와 유대에서의 예수의 사명은 그 사건과 분리될 수 없으며 그 사건의 필수적인 부분이었다. 특히 예수가 어떻게 그의 특정한 역사적·사회적 배경 속에서 진정으로 인간의 삶을 살았는가 하는 이야기는 명백히 하나님에 대한 신뢰의 삶을 어떻게 살 수 있고 살아야 하는지를 보여주는 것으로 평가되었다. 그러나 복음서에 예수의 사명에 대한 **전체** 이야기가 포함되어 있다는 인식이 그 이야기가 여러 갈래로 분류되지 않도록 막아 주었으며 진정한 고난과 죽음이 가르침 및 기적 수행과 분리되지 않게 해 주었다. 또한 그러한 인식은 2세기 내내 제기된 논쟁들과 대안들을 견뎌낸 기독교 복음의 기준과 정의를 정해주었다.

§42에서 신약의 처음 세 (공관) 복음서에 대한 연구에서 나타나는 가장 흥미로운 특징은 어떻게 예수에 대한 같은 이야기를 서로 다른 세부 내용과 강조점을 가지고 다시 진술할 수 있는지를 보여주는 분명한 증거였다. 그 이야기가 같은 이야기임은 자명하다. 거기서 나타나는 예수에 대한 묘사는 세부 내용과 강조점의 변화에도 불구하고 놀랍도록 동일하다.[2] 필자는 예수와 예수의 가르침에 대한 그와 같은 다시 말하기가 복음서가 기록되기 전 구전 시기에 예수 전승이 처음 발전하고 그 형태를 갖춘 방식이었다고 생각한다.[3] 그러나 여기서 요점은 공관복음 전승과 공관복음서들이 예수의 이야기, 예수에 대한 똑같은 이야기를 그토록 다양하게 진술할 수 있음을 입증한다는 점이다. "같으면서도 다른 것"이 구두 전승의 한 특징이든 그렇지 않든 간에 사실 이 표현은 공관복음 전승과 공관복음서의 특성을 잘 묘사한다. 바울 문헌의 "복음", 동일한 복음이 서로 다른 효과를 지닌 "할례자를 위한 복음"과 "무할례자를 위한 복음"(갈 2:7)으로 다양하게 묘사되어 (바울과 베드로와 야고보 사이의 긴장이 잘 보여주는 것처럼) 다른 결과로 이어질 수 있듯이, 복음서도 깔끔하게 조화되지 않는 차이점들을 동반하며 마가에 따라, 마태에 따라, 누가에 따라 서로 다르게 진술되고 다시 진술될 수 있었다. 그러나 핵심은 이러한 다

2 필자는 C. H. Dodd의 중요한 마지막 저작인 *The Founder of Christianity*(London: Collins, 1971)에 나오는 그의 원숙한 평가를 너무 많이 인용했지만, 그의 말은 자주 간과되었으나 여전히 관심을 가질 만한 한 가지 핵심을 지적한다. "처음 세 복음서는 너무나 일관되고 너무나 논리 정연하면서도 한편으로는 양식, 문체, 내용 면에서 너무나 독특해서 어떤 합리적인 비평가라도, 그가 개별적인 어록에 대해 어떤 의구심을 가지고 있든 관계없이, 여기에 단 한 명의 유일무이한 스승의 생각이 반영되어 있다는 점을 의심해선 안 될 하나의 어록을 전체적으로 제시한다"(21-22).

3 이는 *Jesus Remembered*의 주요 논지다.

양성이 무제한적인 것은 아니었다는 것이다. 다양성은 "긴 서론을 동반한 수난 내러티브"라는 복음/복음서의 틀 안에 확고하게 갇혀 있었다. 그리고 그 점은 2세기의 큰 특징이었던 신약과 외경 복음서들 사이의 전쟁에서 결정적으로 드러났다.

요한복음은—특히 「도마복음」과 비교했을 때(§43)—마가가 "복음"의 결정적인 정의를 제시했다는 주장에 대한 명백한 도전이 되었다. 요한복음보다 「도마복음」의 너무나 많은 부분이 공관복음 전승에 훨씬 더 가깝기 때문이다. 그러나 핵심적인 차이는 요한은 마가복음의 틀을 유지한 반면 「도마복음」은 가르침을 죽음과 부활에서 분리시켰다는 점이다. 더구나 예수의 이야기에 대한 요한의 재진술은 공관복음서 저자들보다 훨씬 더 모험적이었지만 공관복음서 저자들이 사용할 수도 있었으나 사용하지 않은 명백히 역사적인 전승을 끌어들이며,[4] 자료에 대한 그의 각색은 그 이전의 전승에 대한 각색이자 상술이다. 반면 「도마복음」은 자신에게 친숙한 공관복음과 비슷한 전승을 각색한다기보다는, 이를 인간이 처한 상황에 대한 다른 인식을 전제하는 다른 복음을 가지고 다른 이야기에 접목시킨다. 요한복음에 실린 형태의 예수 전승은 내부에서 발전하는 반면, 「도마복음」에 실린 형태의 전승은 외부로부터 그 이전의 예수 전승을 뚜렷이 다른 자료와 함께 삽입함으로써 발전한다. 요한복음의 경우에는 공관복음 전승에 의해 입증되는 바와 같이 그 이전의 예수 전승에서부터 요한의 정교해진 형태의 전승까지 직접적인 연속성의 선을 그을 수 있다. 이와 대조적으로 「도마복음」의 경우에는 자료의 대부분에 공관복음과 비슷한 성격이 있다는 사실에도 불구하고 「도마복음」 특유의 자료의 출처를 예수까지 소급할 수는 없다. 「도마복음」의 복음이 지닌 독특성은 예수

4 특히 §43.1a(ii)을 보라.

에게서 비롯된 것이 아니다. 「도마복음」이 예수에게로 소급할 수 있는 역사적 전승의 출처라는 주장은 공관복음과 비슷한 전승에만 적용된다. 그러나 「도마복음」에 그 독특한 특성을 부여하는 자료의 출처는 다른 곳에서, 즉 영지주의 체계의 핵심과 특징이 된 내용을 살펴봐야 한다.

우리가 예수 전승의 영향과 그 전승이 다루어진 방식을 조사하기 위해 2세기 자료들을 보다 직접적으로 살펴봤을 때(§44) 하나의 분명한 그림이 또다시 나타났다. 먼저 2세기 전반에는 예수 전승이 주로 구전 형태로 알려졌다는 인상이 강했다. 이는 그 자체로 중요한 결과였다. 그 당시 신약의 사복음서 모두 이미 기록되어 있었기 때문이다. 다시 말해 예수 전승의 기록된 형태로의 필사는 구전 예수 전승을 종결시키지 않았다. 2세기까지도 널리 퍼져 있었던 가정 교회들이 예수 전승을 접할 수 있는 주된 수단은 교사들과 장로들의 가르침과 교리 교육 및 예배상의 지식을 통한 것이었다. 하나 이상의 기록된 복음서가 회중 지도자들의 수중에 들어왔을 때조차 예배자들의 대다수는 그들 자신이 예수의 이야기를 읽어서 아는 것이 아니라 그 이야기가 낭독되는 것을 들어서 알았을 것이다. 그리고 필사되어 유포된 각각의 기록된 복음서에는 5백 년 동안 여러 세대의 본문비평 학자들의 학구열을 지핀 본문상의 차이가 곧바로 생겨나기 시작했을 것이다. "같으면서도 다른" 현상은 예수 전승의 기록과 함께 중단되지 않았다.

그러나 기록된 복음서의 영향은 서서히 확실하게 퍼져나갔으므로 대략 2세기 중반에 이르면 예수 전승에 대한 지식이 주로 (유스티누스가 증언하는 대로) 예배 시간에 낭독되고 (이레나이우스가 전형적인 예가 되듯이) 학식 있는 이들이 인용한 기록된 복음서를 통해 왔다는 증거는 분명하다. 한 가지 두드러진 특징은 마태복음이 가장 많이 사용되고 가장 친숙하며 가장 많이 인용되었던 것으로 보인다는 점이다. 이는 베드로에게 명예가 주어진 이유를 설명하는 데 도움이 될 것이다. 마태복음은 사실상 마가복음의 재판이었지만, 그럼에도 불구하고 마가복음은—대부분의 사람들이 Q 문서의 경우에 그랬다고 가정한 것처럼—없어지지 않았다. 여기서 또다시 마가복음이 "베드로의 비망록"이었다는 전승은 마가복음이 지속적으로 사용되기에 유리하도록 매우 중시된 것이 분명하다. 누가복음도 분명히 사용되었고 마르키온의 과장된 평가와 훼손을 견디고 살아남았다. 또한 요한복음이 발렌티누스주의자들에게 더 많이 사랑받았고 "주류 교회"의 지도자들에게는 상당히 골칫거리였다는 오래된 견해에도 불구하고 요한복음도 높이 평가받고 사용되었다는 증거는 충분히 분명하다.[5] 2세기 내내 외견상 사복음서와 동등하거나 견줄 만한 장점을 지닌 복음서들이 많았다는 어느 정도 대중적인 견해를 고려하면 더욱 인상적인 것은, 다른 어떤 복음서도 신약의 복음서들만큼 널리 존숭을 받고 사용되었다는 증거가 거의 없다는 점이다. 자신들의 가르침이 예수에게서 비롯되었다고 주장할 수 있기를 원하며 자신들의 진영 밖에서 그렇게 믿어지기를 조금이라도 희망한 이들이 보기에 널리 존중받는 유일한 복음서는 신약 복음서였다. 이레나이우스는 많은 복음서들 중에서 자의적으로 신약의 사복음서를 유일하게 권위 있는 복음서로 선택한 것이 아니었다. 사실 그는 단순히 수십 년 동안 지속되었던 상황, 즉 사복음서는 예수 전승이 취한 가장 분명한 형태였고 예수에 대한 정보와 예수의 가르침과 관련해서 믿을 수 있는 유일한 복음서였다는 점을 확인시켜준 것에 불과했다. 신약 사복음서—네 명의 서로 다른 복음서 저자에 따른 하나의 복음서—는 예수 전승의 지속적인 영향이었고, 기독교가 처음 출현하도록 한 예수의 영

5 필자는 여기서 또다시 특히 Hill, *The Johannine Corpus in the Early Church*를 참조했고 §44에서도 이 책에 크게 의존했다.

향력이 사라지지 않게 해주었다.

b. 야고보와 유대 기독교(§§45-46)

예수의 형제로 알려진 야고보(마 13:55)는 예수와 가장 직접적인 연속성을 지닌 인물이었다. 전승은 예수의 사역 기간 중에 야고보를 예수의 제자로 간주하지 않았지만, 그 이후 야고보의 회심 또는 예수에 의한 인정은 논란거리가 되지 않았고(고전 15:7), 야고보가 모교회인 예루살렘의 신자들의 지도자로 등장한 것은 그와 예수의 혈연관계를 고려할 때 아마도 필연적인 일이었을 것이다. 더 중요한 것은 야고보가 스스로를 제2성전기 유대교 내의 한 분파, 메시아적이고 종말론적인 한 분파지만 본질적으로는 유대교의 한 형태로 인식한 초기 기독교와 동의어가 되었다는 점이다. 야고보에 대한 기억과 그의 이름을 가장 숭앙한 이들이 2세기까지 이어간 것은 주로 이러한 강조점이었다. 그러한 영향의 일부—분명히 유대적인 통찰력과 추론도 반영되었고 후대의 영지주의 체계의 근거가 된 그러한 용광로의 일부—는 보다 영지주의화된 집단들로 흘러들어갔다. 그러나 영향력의 주된 방향은 자신들의 유대적인 관습을 유지하는 것이 예수에 대한 자신들의 믿음과 전적으로 일치한다고 간주한 유대 그리스도인들의 집단들에게로 직접 이어졌다. 전통적으로 유대 기독교 분파 내지 이단으로 간주된 이러한 집단들은 2세기 내내 매우 활동적이었고, 그 후 2, 3백 년간 더 살아남았다. 자신들이 야고보 및 예루살렘 모교회와 가장 직접적인 연속성을 지니고 있다는 그들의 주장은 이단 연구자들이 인정하는 것보다 부정하기가 어려웠다. 야고보 중심의 기독교는 기독교가 발전하면서 그 최초의 형태를 벗어나 성장할 때 탈피한 기독교의 첫 외피였다고 말할 수 있을 것이다. 비록 야고보가 쓴 것으로 간주된 편지가 야고보와 동일시된 많은 우선 사항과 관습을 사실상 야고보와 절연한 기독교로 전해지게 했지만, 그러한 외피를 벗는 과정에서 야고보에 대한 기억은 성직상의 합리화(예루살렘 초대 주교인 야고보)를 통해서만 간직될 수 있었을 것이다.

이 중 어느 것도 성장하는 기독교의 본질적이고 지속적으로 유대적인 성격을 은폐하거나 축소시키도록 내버려 두어선 안 된다. 그들이 예배한 하나님은 이스라엘에 처음 계시된 하나님, 구약의 하나님이었다. 이는 기독교의 하나님을 구약의 하나님과 대조하기를 원한 발렌티누스주의자들과 마르키온주의자들에 맞선 주요 방어선이 되어야 했다. 그들이 경배하고 예배한 예수는 예수 그리스도였다. 그리스도(=메시아)라는 직함의 형태는 시야에서 사라졌지만, 예수를 그리스도와 분리시키려는 이들에 맞서 예수가 그리스도이고 그리스도가 예수라고 단언하는 것은 또다시 필수적인 일이었다. 그들이 의존한 성경은 이스라엘의 성경이었고 성경에 대한 "상식적인" 해석은 주류 교회의 근본적인 믿음을 인정하고 영지주의적인 해석의 외견상 세련된 기교를 배제했다. 이스라엘의 성경을 **기독교** 성경의 일부로 지칭하는, 2세기 후반에 점점 더 많이 나타난 현상은 성경을 조금이라도 덜 이스라엘의 성경이 되게 한 것이 아니라 오히려 기독교가 이스라엘 성경의 성취라고 주장함으로써 스스로를 설명하고 변호해야 했던 기독교의 불가피한 유대적인 특성을 강화했다. 기독교는 이스라엘이었고 구약 성경은 그들의 것이었다는 배타주의적이거나 승리주의적인 주장은 그러한 주장을 한 기독교의 특성을 손상시키지 않고서는 결코 성공할 수 없었다.

이 모든 것은 기독교와 유대교를 따로 떼어놓는 일이 오래 계속된 골치 아픈 작업에 불과할 수밖에 없었음을 의미한다. 기독교와 유대교는 뚜렷이 구분되며 이미 2세기 초에 분명히 분리되었다는 자주 제기된 주장은 이그나티오스 이래로 많은 기독교 지도자들이 듣기에는 반가운 소리로 들렸을 것이다. 그러나 토요일과 일요일, 유월절과 성만찬, 할례와 세례를 같은 주제의 변주로 간주한 대다수의 평범한 신자들에게 그런 주장은 별로 말이 되지 않았을 것이다. 에세네파, 바리새파, 사두개파 사이에서와 같은 기독교인과 유대인 사이의 파벌적 논쟁과 독설은 언제 훗날 반유대주의로 변형된 반유대교로 바뀌었는가? 여기서 또다시 전통주의적인 유대 그리스도인들과 기독교인 "미님"에 의해 형성된 중간 지대는 무효 판결에 의한 1600년간의 이혼으로 인해 오랫동안 가려진 한 요소다. 기독교와 유대교 간에 가능한 한 예리하고 최종적인 분리를 주장할 필요가 있다고 생각하는 이들에게 예수의 유대인적 특성, 사도들의 유대인적 특성, 구약뿐만이 아닌 신약의 유대인적 특성은 언제나 숙제이자 문제이겠지만, 그것은 기독교 그 자체의 핵심에 자리한 숙제이자 문제다.

c. 바울(§47)

바울은 기독교의 **무서운 아이**(*enfant terrible*)다. 이 초창기의 운동이 방향까지는 아니더라도 강조점을 바꾸었던 것은 바로 바울이 너무나 많은 어색하고 당황스러운 질문, 즉 예수가 고취시킨 믿음의 유대인적 특성이 이방인을 포함할 수 있는지에 관한 질문을 던졌기 때문이었다. 바울보다 먼저 사도가 된 이들도 부정할 수 없었던 바울의 사도적 사명은 기독교로 하여금 그때까지 이스라엘과 이스라엘이 하나님과 맺은 언약을 규정했던 전통적 경계를 돌파하게 했다. 기독교 복음에 대한 바울의 정의는 마가에게 그의 복음서의 구성 방식을 제공해주었고 사실상 기독교에 있어서 결정적인 것으로 남았기에, 기독교 복음을 전한다는 다른 복음서들의 주장을 약화시킬 복음서 형식을 결정했다. 그러나 그의 **무서움**이 기독교의 주류 내에서 최대한으로 높이 평가받기 위해서는 목회 서신과 누가의 사도행전에 의해서 그렇게 되었듯이 길들여져야 했다. 사도 교부들이 발전하는 강조점과 구조를 위협하지 않고 안전하게 의존할 수 있었던 것은 바로 이런 바울이었다. 외경상의 바울은 그의 평판으로 인해 정당하다고 말할 수 있는 어떤 형태로도 변형될 수 있는 유연한 바울이었다. 그러나 바울의 편지들의 가장 골치 아픈 몇 가지 특징을 포착하고 그의 몇 가지 강조점을 그 문맥을 무시하면서 과장한 이들은 바로 발렌티누스주의자들과 마르키온이었다. 이레나이우스와 테르툴리아누스는 올바른 용법에 대한 주의 깊은 해석을 통해 그러한 악용에 대한 결정적인 대답을 충분히 제시할 수 있었지만, 신약 정경 안에서 바울이 지닌 날카로움[6]과 1세기 중엽의 상황 속에서, 특히 그의 모태가 된 종교와의 관계 속에서 자신의 사명과 복음을 설명하려는 바울 자신의 시도는, 단순히 그의 신학의 미묘함과 원숙함을 인식하지 못했음을 자인하는 오해와 선택적 강조점을 계속해서 촉발시킨다.

d. 베드로(§48)

베드로는 직접 얼굴을 마주하듯이 드러나는 일이 좀처럼 없지만, 우리 시대까지도 이어지는 긴 그림자를 드리우는 매우 수수께끼 같은 인물이다. 베드로의 중요성과 영향력은 그의 초기 역사의 세 가지 특징에 의해 입증된다. 처음 두 가지 특징은 물론 예수의 제자들의 지도자이자 대변인, 예수와 가까운 사이인 한 사람으로 분명히 기억된 그의 지위와, 초기 전

6 이 점은 달리 표현하자면 이전의 바울과 목회 서신의 바울 사이의 긴장—목회 서신을 바울 자신이 썼든 그렇지 않든 여전히 남아 있는 날카로움—으로 표현할 수 있을 것이다.

승에서 바울이 증언하는 대로, 부활한 그리스도를 처음 보고 그리스도께로부터 사명을 위임받은 그의 매우 특별한 위치다. 베드로가 예루살렘에서 예수 믿는 신자들의 최초 집단의 지도자 역할을 한 기간은 야고보의 지도자 역할로 인해 곧 가려졌다. 그러나 세 번째 결정적 특징은 베드로가 예수에 의해 예수가 그 위에 자신의 교회를 세울 "반석"으로 지명되었다는 마태가 제시하는 증언(마 16:18-19)이다. 파피아스에 따르면 베드로는 또한 마가복음의 주요 출처로 널리 간주되었다. 마태복음이 사실상 마가복음의 실질적인 재판으로서 2세기 내내 지배적인 복음서의 목소리가 된 이래로 예수가 자신의 교회를 세우실 "반석"으로서의 베드로의 명성은 마태복음이 유포된 만큼 널리 확대되었을 것이라고 분명히 추론할 수 있다. 베드로가 로마에서 순교했다는 전승은 제국의 수도에 있는 교회를 예루살렘에 있는 모교회의 자연스러운 계승자로 간주한 이들에게 자연스러운 연결고리를 제공하며 후대의 사도적 계승과 로마 교황의 지위에 대한 주장들에 대해 천우신조의 근거를 제공했다. 역사적으로 보다 실질적인 근거는 아마도 바울 서신과 사도행전에 있는 언급들과 베드로의 저작으로 간주된 주요 편지에서 생겨나는 인상일 것이다. 그 인상은 그가 야고보나 바울과는 달리 교리와 관행에 있어서 논란이 있는 점들에 대해 뚜렷하거나 비타협적인 입장을 갖고 있지 않은 인물이라는 인상이기 때문이다. 베드로는 서로 반대 방향으로 끌어당기는 파벌들을 하나로 결합시킬 수 있는 중간 지대에 있는 인물이라는 인상을 준다. 그는 공통의 기반, 즉 다른 이들이 이런저런 특정한 강조점을 요구하고 있을 때도 견지하고 있는 합의된 입장을 정의하는 인물이라는 인상을 준다. 따라서 아마도 베드로는 대부분의 개신교인들이 인정하는 것보다 더 많은 일을 했고 더 많은 것을 대표했을 것이다. 그는 최초의 기독교에서 모든 기독교인 지도자들 가운데 가장 위대한 중재자(*pontifex maximus*)였다.

e. 요한(§49)

예수와 1세대 지도자들이 2세기까지, 그리고 2세기 내내 미친 지속적인 영향력이 이처럼 자리를 잡은 것처럼 보이는 바로 그때 요한은 자신의 목소리를 들을 것을 요구하며 무대에 등장하는데, 충분히 그럴 만하다. 요한은 예수의 사명에 대한 신선한 정보를 우리 앞에 내놓기 때문이다. 그러나 요한은 또한 필연적으로 눈이 번쩍 뜨이게 하는 예수 이야기에 대한 "견해"를 제시한다. 또다시 요한은 그 이야기의 유대적인 특성에 예상 밖의 반전을 더하며 1세기 말엽에 예수 믿는 유대인 신자들이 직면한 긴장에 대한 통찰을 제공해주는데, 이는 기독교와 유대교가 함께 발전한 과정에 대해 상당히 많은 부분을 설명해준다. 그뿐만 아니라 요한은 "사랑받은 제자"와 막달라 마리아에게 초점을 맞춤으로써(요한복음이 없었다면 주류 교회는 여전히 그 둘에게 초점을 맞추지 않는 편을 선호했을 것으로 여겨진다) 예수 전승을 형성하는 데 지배적인 영향을 끼친 인물로서 베드로 이야기에 대한 대안 내지 부록을 제공한다. 무엇보다도 요한은 예수에 대한 신앙의 핵심 내용이 어떻게 발전하고 있었는지 보여준다. 요한 자신이 그 발전을 이루었든지 아니면 이미 만연했던 발전을 그가 보도하고 있었든지 말이다. 랍비들은 받아들일 수 없었지만[7] 기독교인들이 그들이 물려받은 유대교의 유일신론을 다시 정의할 수 있는 길을 열어준 것은 바로 요한의 로고스 기독론이었다. 그와 마찬가지로 이레나이우스로 하여금 영혼과 물질을 결코 조화시킬 수 없다는 영지주의의 목소리에 맞서 창조와 구원의 통합을 유지할 수 있게 한 접착제가 된 것은 바로 로고스가 육신으로 나타났을 뿐만 아니라 육신이 **되었다**는 그의 주장이었다. 아마도

7 앞의 §49 n. 32을 보라.

의도되지 않았을 그로 인한 한 가지 결과는 결정적인 강조점이 십자가와 부활에서 성육신—신이 인간의 육신을 취하는 것이 결정적인 구원 행위가 되는 것—으로 전환되었다는 것이다. 요한 자신은 그것들을 어떻게 해서든 하나로 묶었다. 요한복음은 여전히 마가의 복음 형식 안에서 기능한다. 그러나 하나님께 이르는 길을 가로막는 죄에 대한 해결책으로서의 십자가에 대한 그 이전의 신학은 신성화(theosis)의 신학, 신격화로서의 구원의 신학에서는 너무나 쉽게 실종되었다. 여기서의 긴장은 결코 만족스럽게 해결되지 않았다.

판결을 내리는 베드로의 영향력을 통해 해결되었을 수도 있는 문제들을 복잡하게 만든 요한복음의 다른 측면은 요한복음을 그와 같은 판결에 끼워 맞추기가 어렵다는 점이었다. 요한복음의 개인주의적이며 아마도 비밀 집회적인 구성 방식은 사실상 이그나티오스가 요한 이후 겨우 10년쯤 뒤에 이미 추진하고 있었던 군주제적 감독제의 제도화에 대한 반격이자 보완책이었다. 요한의 영성은 「솔로몬의 송시」가 잘 보여주는 것처럼 이 세상의 이그나티오스들이 인정할 법한 수준보다 더 광범위한 신심을 이끌어냈다. 그리고 신자들이 의지해야 할 스승으로서의 보혜사 성령에 대한 요한복음의 강조가 몬타누스주의를 초래한 것은 전혀 놀랄 일이 아니며, 몬타누스주의는 그 자체로 "영적인 기독교"라고 불려도 무방한 기독교도 보편적 기독교만큼이나 전적으로 합법적인 기독교의 한 형태라는 점을 상기시키는 2세기의 한 현상이다. 요한은 대다수의 사람들이 전통적으로 인식한 정도보다 더욱 기독교의 스펙트럼을 확산시키며, "유대 기독교"에서 몬타누스주의로 흐르는 스펙트럼을 짜내려는 시도가 언제나 정당화되었는지에 관한 질문을 불러일으킨다. 그리고 신약에서 다른 요한 문헌의 목소리를 지닌 묵시 사상을 덧붙이면 원시 기독교가 남긴 유산은 대부분의 기독교인들이 인정—또는 생각—하고 싶은 정도보다 더 복잡하고 골치 아픈 것이라는 암시를 피할 수 없다.

f. 도마

이 목록에 도마를 포함시키면 어떤 이들은 인상을 찌푸릴지도 모른다. 요한, 즉 요한복음의 요한은 사실 기독교 첫 세대의 지도적인 유력 인사 중 한 명으로 간주될 수 없지만, 그럼에도 그는 예수와 매우 가까운 한 인물이자 최초의 예루살렘 교회를 이끈 지도자들 중 한 사람이었기 때문이다. 우리가 복음서 그 자체가 기록되기 전에 요한복음적인 예수 전승의 형태가 끼친 영향에 대해 논의할 수 있든 없든 간에, 요한복음이 2세기 내내 맹위를 떨친 논쟁들에서—아마도 기독론적인 유일신론에 관한 주장을 놓고 랍비 유대교와 벌어진 논쟁에서, 그리고 신적인 것이 인간적인 것을 포함할 수 있는지에 관한 다양한 영지주의적인 분파들과의 논쟁에서 분명히—가장 영향력 있는 문헌 중 하나였다는 사실은 변함이 없다. 그러나 도마는 예수의 열두 제자의 정식 일원이었지만[8] 예수가 부활 후 두 번째로 제자들에게 나타나신 사건에 대한 요한복음 기록에서의 유명한 역할 외에는 복음서의 이야기에서 거의 등장하지 않으며[9] 그 이후에는 신약의 어떤 문헌에도 등장하지 않는다. 그런데도 그의 이름은 야고보, 바울, 베드로의 이름만큼이나 2세기 문헌과 자주 연관된다.

그렇게 된 결정적인 요인은 아마도 도마가 "디두모" 즉 "쌍둥이"라고 불렸다는 사실이었을 것이고, 이 사실은 아마도 그가 그렇게 불린 이유가 그가 실제로 예수의 쌍둥이였기 때문이라는 주장을 촉발시키기에

---

8 마 10:3; 막 3:18; 눅 6:15; 요 21:2; 행 1:13.

9 요 20:24-28; 및 11:16과 14:5.

충분했을 것이다. 2세기의 기독교가 된 성장하는 운동에서 그 모든 다양한 형태들은 창시자들에게서 비롯된 확증, 즉 이 경우에는 예수와의 친분을 주장할 수 있는지가 중요하다는 점을 당연하게 여겼다. 따라서 베드로나 요한과 같은 제자로서의 친분이나 야고보와 같은 혈연관계뿐만 아니라, 쌍둥이라는 훨씬 더 가까운 관계를 주장할 수 있는 가능성은 무시하기에는 너무나 큰 정당성을 부여하는 관계였다. 도마 문헌에 관한 이런 주장들은 서방에서는 (아마도) 영지주의적인 공동체들 외에는 별 효과가 없었다. 그러나 시리아 동부에서 도마는 기독교의 기초를 세운 사도의 지위를 부여받았고 시리아 기독교의 본질적인 구성 요소로 그 영향력이 인도에까지 이르렀다. 문제는 도마의 지위와 권위에 대한 기본적인 주장(예수의 쌍둥이)이 극도로 미심쩍은 주장이었다는 점이다. 초기의 예수 전승 속에서 「도마복음」의 기원은 (그것이 공관복음 전승과 일치하는 대목에서는) 독립적이지도 않았고, 「도마복음」의 독특한 메시지가 예수에게서 비롯되었다고 주장할 수도 없었다. 따라서 기독교적 정체성의 경쟁과 기독교적 정체성을 위한 경쟁에서 도마 문헌의 주장들은 모든 주장들 중에 가장 근거가 약했고, 시리아 기독교를 제외하면 도마는 기독교적 정체성의 형성과 그에 대한 정의에 있어서 어떤 지속적인 역할도 하지 못했다.

50.2 정의되는 과정 중의 기독교

기독교의 정체성을 놓고 벌어진 경쟁은 도덕법 및 의식법을 막론한 유대 율법이 예수 믿는 신자들에게도 여전히 구속력이 있다는 유대 기독교의 주장과 새로운 계시와 지식에 대한 영지주의 기독교의 주장을 둘 다 배제함으로써 해결되었고 그 결과는 동질적이고 일관되게 통합된 기독교였다고 생각한다면, 이는 착각일 것이다. 실제로 나타났고 지속된 정체성의 실재는 에우세비오스의 전통적인 기독교에 대한 이야기에서 묘사된 것보다 훨씬 더 복잡한 것으로 분명하게 드러났다. §38에서 언급했듯이 그 이야기 속에는 기독교를 확인시켜주고 기독교의 독특성을 정의하는 세 가지 핵심적인 요소, 즉 주교, 사제, 부제라는 세 가지 성직을 중심으로 구축된 성직 체계, 사도성에 의해 정의되고 사도성을 정의하는 신약, 신경이 공식적으로 작성되기 이전에도 사실상 사도 신경의 역할을 한 신앙 규정이 있었다. 우리의 연구는 그 이야기에 어떻게 영향을 끼치거나 도전하는가? 그런 방향으로 나아가기 전에 우리는 우리가 그 복잡성과 다양성 한가운데 있는 안정된 중심과 핵심을 발견했는지를 질문해야 한다.

a. 의미를 규정하는 중심으로서의 예수

이 연구에서 나타나는 일차적인 변별적 특징은 기독교 운동 전체의 시작점이 된 예수와의 연속성, 친밀함, 의존성이다. 신약 복음서들이 확증했고 나머지 복음서들은 그 소유권을 주장했지만 지속적으로 유지하지는 못한 것이 바로 이 특징이다. 베드로가 직접적이고 분명하게 주장했고 요한도 주장한 것이 바로 이 특징이었는데, 이는 그들에게 주류 교회의 기초를 세우는 역할을 부여했다. 다른 이들은 바로 그들의 기초를 세우는 역할 때문에 이를 이용하려 했지만, 그들만큼 명분이 있거나 성공을 거두지는 못했다. (부활하신) 예수에게서 받은 직접적인 사명 위임에 대한 똑같은 주장 및 바울의 복음이 예수의 죽음과 부활에 초점을 맞추었다는 사실은, 그 주장과 사역이 지닌 논란을 불러오는 특성에도 불구하고, 바울의 성공적인 사역을 이 새로운 운동을 산산조각낸 것이 아니라 이 새로운 운동의 발전에 필수적인 것으로 간주하게 했다. 반면 야고보는 예수의 형제로서 예수와의 직접적인 연속성을 가장 강력하게 주장할 수 있음에도 불구하고 오히려 같은 발전 과정 속에서 그리고 그로 인해 외면당했다. 그리고 도마는 예수의 쌍둥이 형제라는 주장에도 불구하고 실질적으로 기독교의 기원과의 연결고리를 상실한 기독교의 한 형태의 대변자가 되었다.

요컨대 기독교의 정체성은 그 중심에 있었던 그리스도, 갈릴리와 유대에서 사역했고 예루살렘에서 십자가에 달렸다가 다시 부활한 예수(이는 근본적인 확신으로 믿어졌다)에 의해 정의되었다. 기독교는 예수와 그의 사역, 죽음, 부활이 끼친 영향의 살아 있는 표현이자 연속이었다. 예수는 바퀴의 중심축이었고, 예수와 그의 역사적 사역과 그 즉각적인 영향에 가장 직접적으로 뿌리를 둔 바큇살들은 2세기 말에 이르러 기독교의 바퀴와 그 테두리 밖에 있는 것을 규정하기 시작한 기독교의 테두리를 떠받쳤다.

b. 기독교의 교회론

우리가 말할 수 있는 한 최초의 교회 형태는 공동체의 장로들을 중심으로 구축된 회당 형태와 예언자와 교사의 보다 은사주의적인 형태 사이에서 다양하게 존재했다. 전자의 형태는 예루살렘 교회에 대한 사도행전의 기사[10]와 예상할 수 있는 것처럼 야고보서(5:14)와 약간 의외이긴 하지만 베드로의 편지(벧전 5:1, 5) 속에 반영되어 있다. 후자의 형태는 사도행전 13:1과 초기의 바울과 관련된 교회들 속에 반영되어 있다.[11] 각 경우에

10 행 11:30; 15:2, 6, 22, 23; 16:4; 21:18.

11 예. 롬 12:6-8; 고전 12:28; 엡 4:11.

사도들의 핵심적 위치는 명시적이거나 가정되어 있지만,[12] 2세대의 사도들이 있을 수 있다는 암시나 징표는 없다.[13] 사도들의 의의는 그들이 교회를 세웠다는 점뿐만 아니라 그들이 예수와 관련된 기원으로 이어지는 필수적인 연결고리를 구성했다는 점이었다. 이런 맥락에서 바울이, 복음의 근간을 이룬 것으로 간주된, 부활 이후 예수께서 나타나신 몇몇 사건을 열거하면서 "**모든** 사도에게"(고전 15:7) 나타나신 일을 포함시킨 것은 결코 우연일 리가 없다. 예수께 직접적으로 사명을 위임받은 이들만이 교회를 세운 사도들로 간주될 수 있었다.

논란의 여지가 없는 바울의 편지에서 바울이 고린도 교회의 문제를 다루면서도 자신이 임명한 장로나 지도자를 결코 가정하거나 언급하지 않는다는 점[14]은 주목할 만하다. 따라서 디모데전서 5:17, 19과 디도서 1:5-6에 나오는 장로에 대한 언급은 유대 회당 전승과 부합되는 바울 문헌의 교회론에 대한 증거로 이해하는 것이 가장 타당할 것이다.[15] 또한 「클레멘스1서」는 장로 임명이 반드시 고린도에 바른 질서를 가져다준 것은 아니며[16] 초기의 은사적인 자유를 떠올린 보다 젊은 세대를 자극했을지도 모른다는 점을 보여준다.[17] 「디다케」(11-13)도 다른 교회들이 순회

12 예. 행 15:2, 6, 22, 23. 야고보서에는 언급되지 않았지만, 이 편지는 야고보의 저작으로 간주된다. 벧전 1:1; 고전 12:28; 엡 4:11.

13 이그나티오스는 장로들이 사도들을 대신했음을 말하려 하는 것처럼 보인다(*Magn.* 6.1).

14 행 14:23과 20:17의 반대되는 증거는, 클레멘스가 바울이 자신의 사역의 "첫 열매들"(이 경우에는 스데바나—고전 16:15)을 주교와 부제로 세웠다고 가정할 수 있었던 것처럼(*1 Clem.* 42.4), 후대의 관점에서 본 누가의 이야기 서술에서 비롯된 것으로 거의 확실하게 간주할 수 있다.

15 참고. 특히 J. T. Burtchaell, *From Synagogue to Church: Public Services and Offices in the Earliest Christian Communities* (Cambridge University, 1992).

16 *1 Clem.* 44.5; 47.6; 54.2; 57.1.

17 Burtchaell이 보기에 클레멘스(와 이그나티오스)의 논박의 표적은 "은사주의적인 사도들, 예언자들, 교사들이었을 수밖에 없다"는 것이 명백했다(*From Synagogue to Church*, 322-23).

하는 예언자들과 교사들에게 기회를 제공해주었음을 암시하며,[18] 헤르마스도 그와 비슷하게 예언자들이 교회 안에서 여전히 어떤 역할을 할 것으로 기대되었음을 암시한다(*Mand.* 11). 예언의 역할의 중요성에 대한 몬타누스주의의 재확인("새로운 예언")은 그 논적들이 그렇게 생각하기를 좋아한 것만큼 그렇게 퇴행적인 것은 아니었을지도 모른다.[19]

부제(집사)의 공식적인 역할이 바울 문헌의 교회들 안에서 일찍부터 인정되었다는 점은 로마서 16:1—처음으로 언급된 기독교인 부제(집사)인 뵈뵈라는 여성—과 빌립보서 1:1에 의해 암시된다. 이러한 "교회 직분"의 공고화는 디모데전서와 클레멘스와 이그나티오스에 의해 또다시 확인된다.[20] "에피스코포이"(*Episkopoi*, 감독)도, 비록 이 그리스어를 일정 기간 동안의 "주교"로 번역해야 하는지 아니면 보다 구체적인 (재정적인?) 감독의 역할을 가리키는 말("감독자")로 번역해야 하는지는 분명치 않지만,[21] 최소한 바울 문헌의 몇몇 교회에서는 일찍 자리를 잡았다(빌 1:1). 확실히 목회 서신의 시대로 접어들면 "감독"의 역할로 묘사할 수 있는 역할이 분명하게 눈에 띈다(딤전 3:2; 딛 1:7). 이는 *Did.* 15장에서도 (비록 「디다케」에서는 빌 1:1에서와 같이 이 단어가 복수형으로 되어 있다는 점은 주목할 만하지만) 확인되는 역할이자 "직분"이다. 이그나티오스가 각 교회의 최고의 권위이자 통일성의 초점으로서 주교가 갖는 역할의 핵심적 위치를 강조한 것처럼 이그나티오스와 더불어 단일한 "주교"를 갖는 공동체에 대한 개

---

18 「디다케」가 지닌 유대적인 특성(§45.5b)을 감안하면 장로들에 대해 아무런 언급이 없다는 점은 놀랍다. Schweizer, *Church Order*, 141-45도 함께 보라.

19 "은사적인 조직"에서 "초기 보편 교회"의 성직으로의 변화는 R. Sohm, *Kirchenrecht* (Leipzig: Duncher & Humblot, 1892)에서 인정하는 것보다 더 복잡했다. Sohm에 의해 촉발된 논쟁에 대해서는 E. Nardoni, 'Charism in the Early Church since Rudolph Sohm: An Ecumenical Challenge', *Theological Studies* 53 (1992), 646-62을 보라.

20 딤전 3:8, 12; 4:6; *1 Clem.* 42.4-5; Ignatius, *Eph.* 2.1; *Magn.* 6.1; 13.1 등.

21 예를 들어 J. Reumann, *Philippians* (AB 33B; Yale University, 2008), 86-89을 보라.

념이 분명하게 표현된다. 그가 이런 주장을 그토록 강하게 강조하지 않을 수 없었다는 점은 그가 가정하고 옹호했던 것이 소아시아의 교회들에서 오래전에, 또는 보편적으로 확립된 패턴이 아니었음을 암시한다.[22] 우리는 이그나티오스가 로마 주교를 전혀 언급하지 않는다는 사실을 기억한다. 이그나티오스가 안디옥에서의 경험에 반발하며 홀로 목소리를 냈든, 아니면 단순히 확산되기 시작하던 어떤 성직 형태를 가장 열렬히 옹호했든 간에, 각 교회가 주교를 통합과 예배 생활의 초점으로 바라보는, 이그나티오스가 옹호한 군주제적 감독제 형태가 주류 교회의 교회론의 기본적인 구조가 되었다는 사실은 변함이 없다.[23] 이레나이우스가 주교들은 사도들의 자연스러운 (본질적인) 후계자들이며 이미 마땅히 "사도적 계승"으로 묘사할 수 있는 집단을 구성한다고 그토록 경솔하게 가정할 수 있었던 것은[24] 거의 이그나티오스 덕분이었다.

가장 놀라운 발전—기독교적 사제(제사장) 제도의 출현—은 §38.2에서 이미 언급되었다. 놀라움은 그와 같은 제도가 최초의 세대에서는 전혀 알려져 있지 않았다는 사실로 인해 생겨난다. 사도행전 6:7에 따르면 유대인 제사장들은 예루살렘 교회의 최초의 회심자 내지 새 신자 속에 포함되어 있었다. 그러나 그들은 분명 예수 믿는 신자들의 회중 속에서 계속해서 제사장 역할을 하지는 않았다. 그리고 바울은 다양한 기독교 예배를 묘사하는 데 제사장의 이미지와 관련된 언어를 사용할 수 있었지만,[25]

---

22 예. Ignatius, *Eph.* 1.3; 3.2; 4.1; 6.1; *Magn.* 3; 6.1; 7.1; *Trall.* 2.1-2; 3.1; 13.2; *Philad.* 4; 7.2; *Smyrn.* 8.1-2. Schweizer, *Church Order*, 153-54도 함께 보라.

23 Barrett는 "교리의 문제를 질서의 문제와 심지어 절기의 문제에 결부시키는" 이그나티오스의 "경향"을 언급한다. "2세기 동안 발생한 기독교인 집단들에 대한 분류는 순전히 교리적인 근거에서만 수행된 것이 아니라 조직과 권력의 범주와 관련되었다"('Jews and Judaizers in the Epistles of Ignatius', 154-55).

24 *adv. haer.* 3.3; 참고. 4.26.2.

25 롬 12:1; 15:16; 빌 2:25. *Did.* 13은 이스라엘의 제사장들을 부양하는 일에 대한 규칙을

어느 곳에서도 자신이 세운 교회들에서 제사장 집단이나 제사장의 역할을 언급하지 않는다. 이는 목회 서신에 있어서도 마찬가지다. 베드로전서 2:5과 요한계시록 1:6도 이와 비슷하게 신자 일반을 (출 19:6에서와 같이) 제사장적인 백성으로 간주하며 거기에는 기독교 안에 제사장 제도가 있다는 어떤 추가적인 개념도 존재하지 않는다.[26] 가장 인상적인 것은 백성들과 그들의 하나님 사이의 중보자로서의 제사장에 의존하는 종교적 체계는 옛 언약, 즉 이스라엘의 종교의 특징이 된 것이라는 (역시 §38.2에서 이미 언급한 바와 같은) 히브리서의 전체 논지다. 그러나 이러한 체계는 유일무이하고 반복될 수 없는 제사장 직분 안에서 그리스도에 의해 전적으로 대체되었고, "아버지도 없고 어머니도 없고 족보도 없고 시작한 날도 없고 생명의 끝도" 없는(히 7:3) 인물만이 그런 직분을 얻을 자격이 있었다. 홀로 유일무이하게 자격을 갖춘 이 대제사장인 예수는 (성소와 지성소를 분리시키는) 휘장을 통해 들어가셔서 그를 따르는 자들이 그를 따라 휘장을 지나 더 이상 단지 언약궤가 있는 곳만이 아닌 하나님 자신의 천상의 임재 속으로 들어갈 수 있는 길을 여셨다. 따라서 히브리서가 제사장, 제단, 제사라는 오래된 구체적 제도들을 갈망하는 이들에게 던진 메시지는 이런 것들은 더 이상 필요하지 않다는 것이었다. 신자들은 이제 그들의 선구자인 그리스도를 따라(6:19-20) 제사장적인 중보자에 의존하지 않고 그들 스스로 하늘의 자비의 보좌로 직접 "가까이 나아갈" 수 있었다 (4:14-16).[27]

방문하는 예언자들을 어떻게 부양해야 하는지를 보여주는 말씀으로 사용하기를 주저하지 않는다.

26 "제사장이 더 이상 없는 것이 아니다. 제사장이 아닌 사람이 더 이상 없는 것이다"(Burtchaell, *From Synagogue to Church*, 323).

27 Schweizer는 히브리서의 교회에 대한 자신의 연구를 다음과 같이 요약한다. "구약의 모든 사역은 예수 그리스도 안에서 성취되며 따라서 교회를 위해 폐지된다." 그리고 다음과 같

이와 대조적으로 클레멘스는 아마도 히브리서를 알고 있었겠지만 (*1 Clem.* 36.1) 히브리서를 완전히 무시하면서 기독교 사역을 레위기의 제사장 직분의 연장으로 보고 레위기의 제사장 직분을 기독교 사역에 대한 성경적 권한 부여로 보았다(40-43). 여기에는 제단 위의 제물에 대한 이야기와 제사장과 평신도의 구별에 대한 수용이 포함된다(40.4-41.4). 이그나티오스도 망설임 없이 제사장에 대해 그와 비슷하게 말하고(*Philad.* 9.1) 주교의 사역을 설명하기 위해 제사 드리는 제단에 관한 표현(*thysiastērion*)을 사용한다.[28] 따라서 제사장 제도가 주류 교회의 기독교에서 재등장하고 성찬이 보다 더 제사장적인 제사로 간주되게 되며 공동 식사의 식탁[29]이 제단으로 간주되게 된 것은 별로 이상한 일이 아니다.[30] 아마도 이 또한 불가피한 일이었을 것이다. 그와 같은 모든 고대 종교들은 제사장들이 짐승 제사를 드리는 신성한 공간(성전)에 초점을 맞추었기 때문이다. 그러한 이해와 실천이 종교를 정의하는 대략적인 요소였다. 결과적으로 최초의 기독교 교회들은 거룩한 장소도 없고 제사장도 없고 제사도 없는 매우 이상하고 참으로 **비**종교적인 곳으로 보였을 것이 분명하다. 기독교가 단순히 하나의 종교로 인정을 받으려면 종교적 규범에 순응해야 한다

이 간결하게 결론짓는다. "히브리서는 제도적 교회와 맞서 싸운다"(*Church Order*, 116). "신약에서 제사장 직분은 오직 예수 그리스도에게만 해당된다"(173).

28 *Eph.* 5.2; *Magn.* 7.2; *Trall.* 7.1-2; *Philad.* 4.

29 앞의 §45 n. 165을 보라.

30 Lightfoot, *Philippians*, 181-269에 나오는 "기독교 사역"에 관한 글은 또다시 언급할 만한 가치가 충분히 있다. 그는 이그나티오스가 끼친 영향의 중요성을 언급한다. "기독교 문헌의 전 범위에 걸쳐 감독제에 대해 이 문헌들 속에 나타나는 것보다 더욱 단호한 옹호는 찾아볼 수 없다"(236). 그러나 그는 또한 사역에 대한 사제적 관점이 키프리아누스에게서만 나타났다고도 지적한다(240). 이 개념은 클레멘스에게는 생소한 것이었다(249). 이그나티오스는 "사역을 사제의 직분으로 결코 간주하지 않는다"(250). 유스티누스가 보기에는 "그리스도인 전체가… 대제사장의 나라가 되었다"(252). 그리고 "이레나이우스도 새 시대에 속한 신실한 이들의 무리 전체를 옛 시대에 속한 레위 자손들에 상응하는 존재로 인식한다"(253). H.-J. Klauck, 'Lord's Supper', *ABD* 4.362-72도 함께 보라.

는 압력이 엄청나게 컸을 것이 분명하며, 결국 이는 불가항력적인 압력이 되었을 것으로 보인다. 따라서 만일 감독이나 관리자가 있는 교회 제도의 출현이 질서의 필요성에 대한 자연스러운 사회적 반응이자 권위의 초점이었다면, 우리는 기독교의 사제 제도가 출현하고 성찬이 더 이상 주로 감사의 공동 식사가 아니라 사제가 하나님께 드리는 제사가 된 것은 사회적으로 불가피한 일이었다고 결론지어야 할 것이다. 승리한 것은 분명 신학, 즉 사도들이 속한 세대의 신학이 아니라 종교적 집단들이 기능하는 방식에 순응하라는 사회적 압력이었다.

이 모든 사실을 인정한 후, 신약 정경에 클레멘스와 이그나티오스의 글은 포함되지 않았지만 히브리서는 포함되어 있고 고린도전서, 요한복음, 요한계시록도 포함되어 있다는 점을 상기하는 것이 중요하다. 불편한 사실은 이제 오늘날 보다 은사주의적인 교회에서 가장 흔하게 나타나는, 이런 신약 문헌들 속에 표현된 종교의 다양한 패턴들이, 단지 규범일 뿐만 아니라 유일한 규범으로 당연히 간주되어 가톨릭 모델이 되어버린 이그나티오스의 모델을 따르는 전통적인 형태들보다 더 사도적인 공인을 받았다는 점이다. 사회적 순응이 신약 속에 압축된 교회적인 다양성을 능가했다. 에른스트 케제만이 오래전에 지적한 것처럼 "신약 정경은 엄밀한 의미에서 교회의 통일성의 토대를 구성하지 않는다. 그와 반대로 엄밀한 의미에서(즉 역사가에게 접근 가능한 측면에 있어서) 신약 정경은 신앙고백의 다양성을 위한 기초를 제공한다."[31] 이는 우리를 주류 교회의 두 번째 기둥으로 인도한다.

31 E. Käsemann, 'The New Testament Canon and the Unity of the Church', *Essays on New Testament Themes* (London: SCM, 1964), 103.

C. 신약—다양성 속의 통일성[32]

역시 §38.2에서 언급한 것처럼 신약 "정경"의 출현에 있어서 결정적인 요소는 사도성이었다. 여기서 또다시 예수 및 기독교의 시초와의 연결고리가 결정적이었다. 이러한 기준에 대한 신학적인 정당성은 우리의 연구를 통해 확인되었다. 확실히 공식적인 기준은 많은 경우에 합리화의 구실에 더 가까웠다. 사도와의 직접적인 관련성은 마가복음과 누가복음의 경우에는 전적으로 논쟁의 소지가 있었지만, 목회 서신과 베드로전서에 대한 주장들은 이 논리를 불편할 만큼 극단적으로 밀어붙였고, 그 논리는 히브리서와 베드로후서의 경우에 곧바로 무너졌다. 그러나 이 책들의 정경성에 관한 논쟁은 우리 시대 훨씬 이전부터 이어져 왔고 우리는 반복적으로 제시되어 온 신약 정경의 출현에 대한 일반적인 설명[33]이 대체로 2세기로 밝혀진 시기로 확증되었다는 점을 지적하는 데 만족해야 한다.

따라서 우리는 2세기에는 신약 사복음서가 이미 사도적인 예수 전승의 권위 있는 표현으로 확립되었다는 점을 확인할 수 있다. 이레나이우스는 이 복음서들에 결정적으로 권위 있는 지위를 부여한 최초의 인물이 아니었다. 그는 단지 이 네 편의 복음서가 어떻게 이미 실질적으로 기독교 성경으로 인정받았는지를 설명하는 수사적 미사여구를 덧붙였을 뿐이다. 우리는 또한 다른 복음서들은 결코 그 정도로 관심을 끌지 못했고 결코 그런 정도의 권위를 부여받지 못했다는 점도 확인할 수 있다. 이 점

---

32 여기서는 필자의 *Unity and Diversity in the New Testament*의 제목을 이용했다.

33 §38 n. 19에서 언급한 책들 외에 다음 책들을 보라. Kümmel, *Introduction*, 2부; B. M. Metzger, *The Canon of the New Testament* (Oxford: Clarendon, 1987); L. M. McDonald, *The Formation of the Christian Biblical Canon* (Peabody: Hendrickson, ²1995), 2부; 및 Nienhuis, *Not by Paul Alone*. 이 책의 부제는 다음과 같다. *The Formation of the Catholic Epistle Collection and the Christian Canon*.

은 다른 복음서들이 사도적 저작권 내지 기원을 주장했을 때도 사실이었다. 이는 이전 단락에서 이미 분명히 드러난 내용, 즉 사도성은 명칭의 문제라기보다는 내용의 문제였다는 점을 분명히 밝혀주는 사실이다. 「도마복음」이나 「베드로복음」과 같은 복음서들의 제목이 어떤 식으로 거기에 언급된 사도에게서 비롯된 복음서임을 표방하든 간에, 그런 복음서들을 받아들일 수 없게 만든 것은 바로 이 복음서들이 그 독특한 메시지에 대한 사도적 출처를 입증하는 데 실패했다는 점이다. 네 편의 (신약) 복음서들의 정경적 지위에 대한 이후의 선언은 이 복음서들이 그 이전에는 가지지 못했던 권위를 이 복음서들에 부여한 것이 아니라, 이 복음서들이 수십 년 동안 행사해온 권위, 곧 다른 (외경) 복음서들은 갖지 못한 권위에 대한 인정이었다.

또한 우리는 신약 정경이 된 문헌집의 또 다른 핵심적 요소인 바울 서신도 하나로 모이고 매우 널리 유포되었으며 이미 기독교 팽창의 주요 중심지에서 잘 알려져 있었고 사용되었다는 점(십중팔구 1세기 말에 그리고 분명 2세기에 더욱)을 확인할 수 있다.[34] 유대인 신자들의 다양한 집단이 바

34 A. von Harnack는 *Die Briefsammlung des Apostels Paulus* (Leipzig: Hinrichs, 1926), 1장에서 바울 서신 13편이 수집된 연대는 기원후 100년까지 거슬러 올라갈 수 있다고 주장했다. D. Trobisch는 *Paul's Letter Collection: Tracing the Origins*(Minneapolis: Fortress, 1994)에서 바울 자신이 그의 네 편의 주요 편지(로마서, 고린도전후서, 갈라디아서)를 더 널리 유포되도록 수집, 편집, 간행했으며 그렇게 해서 기독교 정경의 개념을 탄생시켰다고 주장한다. H. Y. Gamble은 *Books and Readers in the Early Church: A History of Early Christian Texts*(Yale University, 1995)에서 "분량이 많은 순서대로 배열되어 있고 동일한 공동체에 보낸 편지들을 감안하여 바울이 일곱 교회에 썼다는 점을 강조하는 열 편의 바울 서신 모음집이 있었고"(59-62) 초기 기독교에서 코덱스 형태의 사본에 대한 거의 배타적인 선호를 확립하는 데 도움이 된 것은 바로 모음집을 위한 코덱스 형태의 사본의 사용이었다고 주장한다(63; 두루마리에서 코덱스 형태의 사본으로의 변화라는 흥미로운 문제에 대해서는 그 단락 전체[49-66]를 보라). 또한 그는 바울의 편지들 중 최소한 몇 편은 그가 살아 있을 때 필사되고 유포되었으며 최초의 모음집은 1세기 말 이전에 유포되고 있었다고 주장한다(95-101).

울에게 유보적인 태도나 노골적인 적대감을 보였다는 사실은 아마도 점점 더 의문시되고 있는 기독교인 집단의 지위 속에 담긴 한 요소였을 것이다. 발렌티누스주의자들과 마르키온주의자들에게 있어 바울의 인기는 기독교 전승에서 바울의 결정적인 역할이 폭넓게 인정되었다는 점을 확인시켜준다. 그러나 그보다 훨씬 더 인상적인 것은 이레나이우스와 테르툴리아누스가 바울을 발렌티누스주의자들과 마르키온주의자들에게 양도하기를 거부했다는 사실이다. 주류 교회에 있어서도 바울의 편지들은 기독교의 정체성을 정의하는 데 있어서 필수적이고 근본적인 것이었다. 사도행전과 목회 서신의 바울이 대다수의 주류 교회 지도자들과 훨씬 더 마음이 맞았다는 점은 아마도 그들로 하여금 바울을 그만큼 훨씬 더 쉽게 긍정하게 했을 것이고 신약 정경 안에서 사도행전과 목회 서신의 위치를 확고하게 했을 것이다.

또한 인정할 필요가 있는 것은 이 **실질적인** 정경화 과정이 실제로 보편적 기독교가, 보통 인정되는 것보다, 더 자연스럽게 소중히 여긴 균일성을 더 많이 교란했을 다양성을 정경 속에 상당히 포함시켰다는 점이다. 정경에 속한 사복음서에 대한 인정이 어느 정도 마르키온이 누가복음을 중시한 데 대한 반응이었다면, 마태복음이 훨씬 더 높이 평가되었기 때문에 그랬을 수도 있었듯이 우리는 이 반응이 누가복음을 마태복음으로 대체하려는 것이 아니었다는 사실에 감사해야 한다. 또 다른 대안은 타티아노스의 「디아테사론」에서와 같이 사복음서의 조합을 주장함으로써 마르키온의 누가복음에 대응하는 것이었을 수도 있다. 아마도 (신약) 사복음서 전체의 지위는 기독교인 회중들 사이에서 일반적으로 이미 충분히 확고했을 것이므로 마르키온에 대한 유일한 대답은 사복음서 전체를 테르툴리아누스의 글에서와 같이 권위 있는 것으로 간주해야 한다는 주장이었을 것이다. 그러나 예수 그리스도의 복음이 **서로 다른** 네 가지

방식—마태, 마가, 누가, 요한에 의한 동일한 복음—으로 표현될 수 있다는 인식에는 통제하기 어려운 영향이 있었다. 처음 세 복음서 사이의 다양성이나 심지어 모순성에 대해서는 인정하기가 매우 어려웠다. 특히 대체로 베드로의 근본적인 수위성의 근거가 된 마태복음이 예수는 유대 율법을 폐하지 않으셨다고 주장하는 매우 유대적인 복음서였다는 사실(마 5:17-20)과 마태복음이 교권주의에 대해 매우 거침없이 경고했다(23:2-12)는 사실은 마태에게 모순을 일으켰고, 이는 주류 교회의 성직자들 사이에 그와 같은 강조점들을 "일축"해야만 해결할 수 있는 상당한 불안감을 초래했을 것이다.[35]

그러나 훨씬 더 골칫거리는 예수를 (신약의) 나머지 복음서들과 너무나 뚜렷이 다르게 묘사하는 요한복음이었다. 확실히 요한복음의 예수는 2세기의 발전하는 기독론과 잘 부합되었고 공관복음보다 2세기의 기독론에 훨씬 더 많은 영향을 주었다. 그러나 요한복음은 또한 예수에 대한 보다 가현설적이고 영지주의적인 묘사에 (로고스의 성육신이 지닌 육체성에 대한 요한복음의 주장은 그와 같은 잘못된 해석을 막기에 충분했지만) 너무 많은 여지를 남겨주었다. 그렇지만 예수 이야기에 대한 요한복음의 재진술이 지닌 대담함, 특히 요한복음이 주류 교회의 범위 너머에 있는 이들에게 가진 매력은 주류 교회의 적지 않은 이들에게 불안감을 주지 않을 수 없었다. 마찬가지로 요한이 자신의 재진술에 대해 보혜사 성령에 대한 언급을 통해 제시한 명분은 미래에 있을 그와 똑같이 대담하거나 그보다 훨씬 더 대담한 재진술의 선례가 되었고 테르툴리아누스가 부정할 수 없었던 몬타누스주의의 주장에 대한 명분을 제공했다. 또한 요한이 분명히 신

35 "땅에 있는 자를 아버지라 하지 말라. 너희의 아버지는 한 분이시니 곧 하늘에 계신 이시니라"(마 23:9)라는 예수의 분명한 명령을 무시하는, 아니 부정하는 데서 가장 분명하게 나타나듯이 말이다.

봉한 성직 유형은 잘 쳐줘도 사도적 계승이나 3대 성직의 교회론과 잘 어울리지 않는다.[36] 요컨대 요한복음을 포함하는 신약 정경은 단순한 순응주의적 신앙이나 성직자 직분을 요청하거나 권장하지 않는다.[37]

바울의 경우도 그와 다르지 않다. 예수 믿는 유대인 신자와 영지주의적인 신자가 모두 인정한 대로 특별 계시에 있어서 바울에게 독특하게 주어진 그의 권위의 기초(부활 후 현현과 사명 위임)는 그와 비슷한 주장에 대한 선례를 제공했다. 그의 복음(바울의 복음—갈 1:11; 2:2)을 예루살렘의 사도들이 그 독특성(갈 2:7-9)에도 불구하고 인정했다는 사실은 그의 선례를 언급한 이들에게 특별 계시에 대한 그들의 주장이 받아들일 만한 것일 수도 있다는 희망(또는 경고)을 준 것이 분명하다. 결국 그와 같은 2세기의 주장들은 바울의 주장과 같은 사도적 정통성을 주장할 수는 없었지만, 그러한 선례는 여전히 다소 불안감을 주었다. (은사적인) 그리스도의 몸에 대한 바울의 신학[38]을 목회 서신의 교회적 직분에 대한 신학과 견주어 어떻게 자리매김시켜야 하는가? 고린도전서는 디모데전서와 동등하게 (그리고 독립적으로) 정경적인 책인가? 여기서 디모데전서가 제공하는 렌즈를 통해 고린도전서를 읽을 것을 주장하는 정경비평은 성직과 관련해서는 의미가 통할지 모르지만, 바울이 기독교의 기원에 기여한 부분을 그토록 필수적이고 변혁적인 것으로 만드는 측면을 평가절하하기도 할 것이다. 목회 서신의 바울은 생기 없는 바울인 반면, 이레나이우스와 테르툴리아누스 및 그 이후의 가장 위대한 몇몇 지성적인 기독교인들에게 (바울이 종종 그들보다 더욱 신학적이었을 때조차) 영감을 불어넣은 것은 바로

36 그러나 Paul Trebilco는 (개인적인 편지에서) 필자에게 요한복음에 21장이 추가된 것은 이 점에 관한 한 매우 큰 차이를 가져왔다는 점을 상기시킨다.

37 필자의 'John and the Synoptics as a Theological Question', in Culpepper and Black, eds., *Exploring the Gospel of John*, 301-13도 함께 보라.

38 롬 12:3-8; 고전 12장.

그보다 이전 서신들의 바울이다.

따라서 (신약) 사복음서와 바울 서신을 중심으로 한 신약 정경은 이미 2세기의 대부분 기간 동안 그랬듯이 이 문헌들의 정경적 지위를 인정한 기독교인들의 성격과 정체성에 있어서 필수적인 다양성을 포함하며 정경화한다. 예수는 여전히 중심에 머물러 있으며, 또한 그 바퀴의 바큇살들과 그 둘레를 어디에 어떻게 그려야 할지를 결정한다. 그러나 그 둘레 안에 포함된 다양성은 여전히 중요하다. 따라서 하나의 교회론이나 기독교 신앙에 대한 단일하고 일관된 표현을 따라야 한다는 주장은 비정경적인 주장으로 단죄를 받는다고 말할 수 있다. 이는 우리를 주류 교회의 세 번째 기둥으로 인도한다.

d. 신앙의 규범

예수 믿는 최초의 신자들을 결속시킨 공통된 믿음이 존재했다는 점은 바울 서신을 보면 충분히 분명하게 드러난다. 바울은 로마에 있는 교회(들)에 편지를 쓸 때 예수 그리스도의 복음에 대한 초기의 신앙고백적 진술(롬 1:3-4)을 자신의 명함으로 사용했다고 많은 이들이 생각한다. 즉 바울이 전제로 삼을 수 있었던 복음에 대한 요약적 진술은 그의 편지의 수신자들에게도 친숙했을 것이다. 또한 고린도전서 15:1-7은 고린도 교인들의 신앙의 바탕이 되었고 초기의 모든 복음 전도자들이 전파한 복음의 필수 요소였던 공통된 신조에 대한 명시적인 호소다(15:11). 특히 신약의 편지들 속에 있는 초기 신조 형식에 대한 탐색은 20세기의 대부분 기간 동안 유익한 프로젝트였다.[39] 처음 400년간 초기 기독교의 공식적·공

39 예를 들어 W. Kramer, *Christ, Lord, Son of God* (1963; ET London: SCM, 1966)와 *Unity*

교회적 신조들이 출현한 과정에 대한 추적도 마찬가지다.[40] 후자의 연구는 우리를 우리 자신이 속한 시대 밖으로 데려가지만, 신약 안에 이미 있는 신조 형식, "몸이 하나요 성령도 한 분이시니…한 소망 안에서…주도 한 분이시요 믿음도 하나요 세례도 하나요 하나님도 한 분이시니 곧 만유의 아버지"라는 에베소서의 언급(엡 4:4-6), 목회 서신에서 매우 두드러진 "믿음"에 대한 언급[41]은 일치된 믿음과 일치시키는 믿음의 필요성과 바람직함에 대한 인식이 이미 우선적인 당연지사였다는 충분한 증거다.

2세기 내내 이어진 동일한 관심사의 절정은 "사도들과 그들의 제자들에게서 받은" 믿음의 통일성에 대한 이레나이우스의 강조(*adv. haer.* 1.10.1)와 테르툴리아누스가 "신앙의 규범"(*regular fidei*)이라는 핵심 어구를 만들어낸 일(*Praescript.* 13)에서 발견할 수 있다. 두 진술의 가장 두드러진 특징은 대체로 그것들이 전적으로 기독론에 초점이 맞춰져 있다는 점이었다. 테르툴리아누스의 표현에 따르면 다음과 같다.

> **오직 한 하나님…자신의 말씀을 통해 무에서 만물을 낳으신**
> **세상의 창조자가 존재하며…**
> **이 말씀은 그분의 아들이라고 불리며…**
> **마침내 성령과 성부의 능력으로 말미암아**
> **동정녀 마리아 속에 내려오시고,**
> **그녀의 태중에서 육신이 되시고, 그녀에게서 나시고,**
> **예수 그리스도로 태어나셨으며,**
> 그 이후로 그가 새로운 율법과 하늘나라에 대한 새로운 약속을 전파하셨고,

---

and Diversity, 3장에 나오는 다른 글들을 보라.

40 Kelly, *Early Christian Creeds*.

41 §39 n. 216-22을 보라. 유 3절-"성도에게 단번에 주신 믿음의 도"-도 주목해 보라.

기적을 일으키셨고,

십자가에 달리신 뒤 제3일에 다시 살아나셨고,

(그 후) 하늘로 올라가신 뒤 성부의 우편에 앉으셨고,

자기 대신 믿는 이들을 인도할 성령의 능력을 보내셨으며,

성도들과 악인들, 이 두 무리의 부활이

그들의 육신의 회복과 더불어 일어난 뒤에

성도들은 영원한 생명을 누리도록 데려가시고…

악인들은 영원한 불로 심판하시기 위해 영광 가운데 오실 것이라는 믿음.

앞으로 입증될 이 규칙은 그리스도께서 가르치셨다…

이는 §50.2a에서 이미 지적한 대로 우리의 연구 결과와 잘 부합된다.[42] 절대다수의 기독교인들을 결속시킨 신앙의 전체적인 그림을 제시하는 데 있어서 가장 분명한 영역은 기독론, 즉 그리스도 예수에 대한 그들의 믿음이었다. 이것은 "기독교인"이라는 호칭을 요구하는 이들을 다른 사람들과 분리시키며 이 호칭을 요구하는 다양한 사람들을 서로 구별지어주는 가장 결정적이면서도 분열을 초래하는 문제였다. 요한복음의 기독론은 결정적인 역할을 했다. 그것은 처음부터 분열을 초래하는 것으로 드러났다. 로고스 기독론은 이미 요한복음의 "유대인들"이 받아들일 수 없는 것으로 판명되었고, 이는 2세기 내내 동일한 로고스 기독론을 랍비들이 전통적인 유대교 유일신론에 대한 받아들일 수 없는 새로운 진술로 판단했음을 의미했다. 그러나 동정녀 탄생과 하나님의 아들 되심에 관한 기독론 또한 많은 유대 그리스도인들에게조차 너무 벅찼던 것이 사실이었

42 Kelly는 이레나이우스와 테르툴리아누스가 둘 다 기록되지 않은 "신앙 규범"(*regula fidei*)과 성경이 내용 면에서 동일하다고 믿었다는 점을 강조한다(*Early Christian Doctrines*, 36-41).

던 것으로 보인다. 그와 동시에 발렌티누스주의자들은 요한의 로고스 기독론을 뒤틀어 수많은 유출에 의해 물리적인 물질에서 분리된 신적인 영이라는 그들의 훨씬 더 정교한 신학에 끼워 맞추려 했다. 이 두 가지 도전에 맞서 변증가들과 이레나이우스는 강경 노선을 취했다. 로고스 기독론은 한 하나님에 대한 믿음—한 하나님의 자기표현으로서의 로고스—을 확고하게 했다. 그리고 로고스가 육신이 되었고 고난 받고 죽었다는 요한의 주장은 예수와 예수가 가져온 구원에 대한 이야기의 영지주의적인 새로운 진술이 먹혀들지 못하게 했다. 보이지 않는 하나님의 단일성은 신적인 존재들의 다양성을 상상하거나 신적인 존재는 결코 육신과 결합될 수 없거나 육신이 될 수 없다고 주장함으로써 뒷받침할 수 없었다. 기독교에 관한 최초의 큰 신학적 싸움은 유일신론에 관한 싸움이었다. 즉 하나님의 단일성에 대한 개념을 상실하지 않고 신과 인간, 창조자와 피조물 사이의 무한한 간극을 망각하지 않은 채 육체적인 인간을 위해 구원을 가능케 하시는 한 하나님을 어떻게 상상할 수 있느냐는 것이었다. 2세기의 기독론이 그러한 진퇴양난을 피하고 하나이신 하나님에 대한 신조적인 신앙을 유지할 수 있게 한 것은 바로 요한의 기독론이었다.

이러한 결과는 대가를 지불한 것이었지만 그 점은 결코 충분히 인식되지 않았다. 로고스가 육신이 되셨다는 단순한 주장은 언제나 너무 단순하고 극단적으로 단순화된 것으로 보였을 것이기 때문이다. 그러한 로고스 기독론에 대한 도전은 아마도 불가피하게 니케아 신조와 칼케돈 신경에서 절정에 이르는, 언제나 더 복잡해지는 신조를 초래했고, 그러한 신조에서 정의할 수 없는 것을 정의하고 표현할 수 없는 것을 표현하려는 시도는 비유와 유비가 적절히 표현할 수 있는 한계를 초월하게 만들었다. 이레나이우스는 예수의 경우에서 신과 인간의 관계에 대한 인식을 교묘히 처리하려는 발렌티누스주의자들의 세련된 시도를 타당하게 논박했다.

그러나 공교회 신조들은 정의할 수 없는 것을 정의할 수 있는 보다 만족스런 말을 찾아낼 수 있을 것이라고 생각하면서 그와 별반 다르지 않은 실수를 저질렀다. 따라서 아마도 신약 정경은, 발전된 신조들을 명확하면서도 그에 못지않게 혼란스럽다고(즉 정의된 내용이 단언하는 것이 전혀 분명치 않다고) 생각하는 이들에게 하나님은 눈에 보이지 않지만 예수는 보이지 않는 하나님을 눈에 보이게 만들었다는 1세기의 기본적인 통찰로 되돌아갈 것을 권유하는지도 모른다.[43]

또한 우리는 요한의 성육신에 대한 신학이 사실상 결정적인 구원 사건에 관해서 죄에 대한 속죄로서의 예수의 죽음에서, 인간을 자신 안에 받아들이는 하나님으로서의 예수의 탄생과 성육신으로 강조점을 전환했다고 §49.3a에서 강조한 점도 잊어선 안 된다. 복음의 핵심은 "그리스도께서 우리 죄를 위하여 죽으시고"(고전 15:3)라는 확언이었다는 바울의 주장에도 불구하고, 신조들은 초점을 속죄의 죽음에서 성육신으로 옮기고 단순히 그리스도는 십자가에 달리시고 장사되시고 죽은 자 가운데서 부활하셨다고 단언하는 데 만족하며 죄 용서를 따로 언급하거나 세례와 결부시킨다. 그 결과로 생겨난, 속죄의 죽음으로서의 구원과 신적인 존재가 되는 인간(신화)으로서의 구원 사이의 긴장은 오늘날까지 서방 기독교와 동방 기독교 사이의 긴장으로 남아있다. 또한 우리는 예수의 부활은 육체의 부활이었다는 이그나티오스의 글 속에 이미 나오는 주장이 어떻게 몸과 육신에 대한 바울 문헌의 미묘한 구별(부정적인 뉘앙스가 거의 전적으로 후자에 덧붙여졌다)을 상실했음을 기억해야 한다. 둘 다 똑같이 부정적인 표지가 붙여진 육체와 몸에 대한 그리스적 이해로 되돌아감으로써 육체성에 대한 바울의 긍정적인 인식은 시야에서 사라졌고 신체적 기능과 성적

43 골 1:15; 요 1:18.

특질을 경멸하는 기독교인이 생겨날 수 있는 길이 열렸다. 그러한 반감은 극단적 금욕주의와 여성 혐오로 그 모습을 드러냈다.

신과 인간 사이의 간극을 메우는 일이 인간의 언어로 적절히 표현할 수 있는 능력을 초월하는 일로 판명되었다면, 한 백성(이스라엘)에 대한 특별한 선택에 뿌리를 둔 믿음과 만인을 위한 복음 사이의 긴장은 사실상 견딜 수 없는 것이 되었고, 예수를 믿은 모든 이들을 결속시킬 말의 형태로 표현하기가 또다시 불가능해졌다. 바울은 최선의 노력에도 불구하고 할례자를 위한 복음과 무할례자를 위한 복음을 결합시키는 데 성공하지 못했다. 그리고 베드로도 그의 가교를 잇는 역할에도 불구하고 바울과 마찬가지로 성공적이지 못했다. 유스티누스는 지속적으로 대화하려는 의사를 나타냈을 수도 있으며 이레나이우스는 전적으로 존중하는 자세를 드러내지만, 미래를 위한 길을 닦은 이들은 이그나티오스나 멜리토와 같은 이들이었다. 예수 믿는 유대인 신자들과 이방인 기독교인들을 하나로 묶는 신앙의 규범은 결코 얻어지지 않았다. 그리고 기독교의 유대적인 특성에 대한 관심의 실종은 오늘날까지 기독교의 한 특징으로 남아있다.

50.3 결론

기독교의 정체성을 놓고 벌어지는 경쟁에 대한 해결책은 2세기에 이미 분명하게 암시되었다. 예수는 결정적인 중심이었다. 20년대 말에 갈릴리와 유대에서 사역한 나사렛 예수와 직접적으로 관련되어 있거나 그에게서 비롯되었다는 주장은 특정 자료나 전승이 기독교적인 것으로 간주되기 위한 결정적인 요인이었다.

그러나 예수를 통해 임한 것으로 인식되었고 예수 자신이었던 계시의 역사적 특수성은 너무 빨리 등한시되었다. 예수가 유대인이라는 점은 매우 중요했기 때문이다. 예수가 계시한 하나님은 이스라엘의 하나님이고 예수가 단언한 한 하나님은 또한 만물의 창조자였다는 점은 매우 중요했다. 예수가 피조물과 인류를 향한 한 하나님의 자기표현인 로고스와 동일시될 수 있다는 점은 매우 중요했다. 바로 이 예수가 고난당하고 죽었으며 죽은 자들 가운데서 살아났고 하나님의 우편으로 높임을 받았다는 점은 매우 중요했다. 이스라엘의 예언의 역사에서 친숙한 하나님의 영의 능력이 예수의 사역에 권능을 부여하는 것으로 간주되고 예수가 하늘로 올라간 뒤 예수의 사역을 계속하는 것으로 간주될 수 있다는 점은 매우 중요했다. 이 모든 것은 예수, 유대인 예수, 메시아 예수의 역사적 특수성과 긴밀하게 관련되어 있었다. 역사적 예수와의 연결고리가 느슨해지고 중심이 그 결정적인 역할을 상실했을 때는 바로 이러한 역사적 특수성이 경시되고 예수의 이야기에 영원성이 부여되거나 이야기의 초점이 예수의 (부활 이후의) 천상에서의 역할에 맞춰졌을 때였다.[44]

예수의 유대인적 특성에 대한 무시는 또한 최초의 기독교에서 무언가를 일으키고 규정하는 또 다른 커다란 원동력이었던 바울이 첫 세대의 기독교인들에게 인정받은 것보다 덜 인정받았음을 의미했다. 예수의 첫 제자들이 얼마나 유대인다웠고 신생 기독교가 어떻게 가장 단순하게 유대교의 메시아 분파로 규정되었는지가 충분히 인식되었을 때야 비로소 바울이 기여한 바가 제대로 인식될 수 있기 때문이다. 기독교의 정체성을

44 신약 본문의 역사적 특수성에 대한 보다 심도 있는 사고에 대해서는 다음 글들을 언급할 수 있을 것이다. 필자의 'The Embarrassment of History: Reflections on the Problem of "Anti-Judaism" in the Fourth Gospel', in Bieringer, et al., eds., *Anti-Judaism and the Fourth Gospel* 47-67; 'Biblical Hermeneutics and *Historical* Responsibility', in S. E. Porter and M. R. Malcolm, eds., *The Future of Biblical Interpretation: Responsible Plurality in Biblical Hermeneutics* (London: Paternoster, 2013), 65-78.

유대인뿐만 아니라 이방인도 포함하도록 확대시킨—그리고 그 두 인종과 계층 사이의 화해도 복음의 불가피한 부분으로 간주하도록 만든—사람은 바로 하나님의 은혜가 모든 믿는 자에게 값없이 주어졌다고 주장한 바울이었기 때문이다.

이 예수가 결정적인 중심이라면, 그리고 바울이 이 예수의 복음을 믿음으로 반응하는 모든 이들을 위한 것이 되게 했다면, 이런 점들은 기독교의 정체성을 이루는 핵심적인 결정 요인이다. 우리가 이러한 통일적인 정체성을 자세히 설명하기 시작하자마자 다양성은 불가피한 것이 된다. 어떤 요소들은 이러한 핵심적인 결정 요인들과 긴밀히 관련되어 있다.

- 예수가 그의 제자들에게 제시한 삶의 모델은 유대인의 정신으로 가득했고 예수의 특수성은 도덕법(과 의식법)이 어떻게 하나님 사랑과 원수를 포함한 이웃 사랑의 표현이 될 수 있으며 그렇게 되어야 하는지를 보여준다.
- 예수의 식탁 교제의 관행, 그의 "마지막 만찬", 처음부터 입교 의식으로 포함된 세례.
- 오직 십자가에 달리신 그리스도에 대한 신뢰/믿음만이 근본적인 것이며, 다른 추가적인 조건을 강요하는 것은 곧 믿음의 기본적인 복음의 원리를 파괴하는 것이라는 바울의 주장.

그러나 다양한 배경과 집단 속에서 이런 요소들이 무엇을 수반했는지를 알아낼 때—어떤 단일한 표현도 결코 적절한 것이 되지 못할 것이므로 결정적 중심에 대한 자세한 설명은 다양성을 자아낼 수밖에 없었던 것처럼—실천의 다양성은 필연적이었다.

제 역할을 하는 기독교의 요소들이 통일적인 정체성에서 훨씬 더 멀어질 때 다양성은 훨씬 더 다채로워질 것이라고 예상할 수 있을 것이다. 이 점은 교회 예배, 교단, 사역의 측면에서 가장 눈에 띄게 사실이다. 이그나티오스가 지지한 모델은 분명 2세기 내내 더 널리 받아들여지게 되었다. 그러나 신약 정경 안에 담긴 대안들은 결코 완전히 사라지지 않았고 오늘날 역동적인 형태로 다시 나타났다.

따라서 그러한 정체성의 초점과 중심이 그처럼 단순하고 제한적이며 2세기에 기독교의 정체성에 관한 경쟁에서 결정적인 것이었다면, 그 필연적인 논리적 귀결은 아마도 그러한 공통의 핵심을 둘러싼 기독교의 다양한 표현들이 이러한 다른 다양한 표현들의 정당성을 인정하고, 중심 주변에서 연합하고 협력하는 데 만족하며, 개별적인 바퀴살이 경험한 어떤 것보다도 더 많은 것을 아우르는 거대한 바퀴 안에 포함된 바퀴살이 되는 데 만족해야 한다는 점일 것이다.

약어표

AARAS	American Academy of Religion: Academy series
AB	Anchor Bible
ABD	*Anchor Bible Dictionary*. Ed. D. N. Freedman (6 vols.; New York: Doubleday, 1992)
AD	Anno domini 그리스도 서력
AGJU	Arbeiten zur Geschichte des antiken Judentums und des Urchristentum
AJEC	Ancient Judaism and Early Christianity
ANF	Ante-Nicene Fathers
ANRW	*Aufstieg und Niedergang der römischen Welt*. Ed. H. Temporini and W. Haase (Berlin: de Gruyter, 1972-)
ANT	*The Apocryphal New Testament*. Ed. J. K. Elliott (Oxford: Clarendon, 1993)
AOT	*The Apocryphal Old Testament*. Ed. H. F. D. Sparks (Oxford: Clarendon, 1984)
BBB	Bonner biblische Beiträge
BCE	기원전
BDAG	W. Bauer, *A Greek-English Lexicon of the New Testament and Other Early Christian Literature*. 3rd ed., revised by F. W. Danker (Chicago: University of Chicago, 2000)
BDB	F. Brown, S. R. Driver, and C. A. Briggs, *A Hebrew and English Lexicon of the Old Testament* (Oxford, 1907)
BETL	Bibliotheca ephemeridum theologicarum lovaniensium
BJRL	*Bulletin of the John Rylands University Library of Manchester*
BJS	Brown Judaic Studies
BNTC	Black's New Testament Commentaries

BZ	*Biblische Zeitschrift*
BZNW	Beihefte zur Zeitschrift für die neutestamentliche Wissenschaft
CBNTS	Coniectanea biblica: New Testament Series
CBQ	*Catholic Biblical Quarterly*
CE	기원후
cf.	비교
ch(s).	장(들)
CI	Corpus Inscriptionum Judaicarum
CRINT	Compendia Rerum Iudaicarum ad Novum Testamentum
DLNT	*Dictionary of the Later New Testament and Its Developments*. Ed. R. P. Martin and P. H. Davids (Downers Grove: IVP, 1997)
EB	Etudes bibliques
EC	*Encyclopedia of Christianity*, Ed. E. Fahlbusch et al. (5 vols.; Leiden: Brill/Grand Rapids: Eerdmans, 1998-2008
ed(s).	편집자(들)
e.g.	exempli gratia, 예를 들어
EKK	Evangelisch-katholischer Kommentar zum Neuen Testament
ET	영어 번역
et al.	*et alii*, 외
Eusebius, *HE*	Eusebius, *Historia Ecclesiastica*
FRLANT	Forschungen zur Religion und Literatur des Alten und Neuen Testaments
FS	Festschrift, 기념 논문집
GLAJJ	*Greek and Latin Authors on Jews and Judaism*. Ed. M. Stern (3 vols.; Jerusalem: Israel Academy of Sciences and Humanities, 1976, 1980, 1984)
HKNT	Handkommentar zum Neuen Testament
HNT	Handbuch zum Neuen Testament
HTKNT	Herders theologischer Kommentar zum Neuen Testament
HTS	Harvard Theological Studies
HUCA	*Hebrew Union College Annual*
ICC	International Critical Commentary
IVF	Inter-Varsity Fellowship

JBL — *Journal of Biblical Literature*
JECS — *Journal of Early Christian Studies*
JRS — *Journal of Roman Studies*
JSHJ — *Journal for the Study of the Historical Jesus*
JSJ — *Journal for the Study of Judaism*
JSNT — *Journal for the Study of the New Testament*
JSNTS — *JSNT* Supplement Series
JSOT — *Journal for the Study of the Old Testament*
JSP — *Journal for the Study of the Pseudepigrapha*
JSPSupp — Journal for the Study of the Pseudepigrapha Supplement Series
JTS — *Journal of Theological Studies*
KAT — Kommentar zum Alten Testament
KAV — Kommentar zu den Apostolischen Vätern
KEK — H. A. W. Meyer, Kritisch-exegetischer Kommentar über das Neue Testament
LCL — Loeb Classical Library
LNTS — Library of New Testament Studies (incorporating JSNTS)
LSJ — H. G. Liddell and R. Scott, *A Greek-English Lexicon*. Revised H. S. Jones (Oxford: Clarendon, 91940); with supplement (1968)
LXX — 칠십인역
n(n). — 각주
NCB — New Century Bible
NDIEC — *New Documents Illustrating Early Christianity* (Sydney: Macquarie University/ Grand Rapids: Eerdmans): vol. 1 (G. H. R. Horsley, 1981); vol. 2 (G. H. R. Horsley, 1982); vol. 3 (G. H. R. Horsley, 1983); vol. 4 (G. H. R. Horsley, 1987); vol. 5 (G. H. R. Horsley, 1989); vol. 6 (S. R. Llewelyn, 1992); vol. 7 (S. R. Llewelyn, 1994); vol. 8 (S. R. Llewelyn, 1998); vol. 9 (ed. S. R. Llewelyn, 2002); vol. 10 (ed. S. R. Llewelyn and J. R. Harrison, 2012)
NHL — J. M. Robinson, ed., *The Nag Hammadi Library in English* (Leiden: Brill, 1988)
NHMS — J Nag Hammadi and Manichaean Studies
NIDB — *The New Interpreter's Dictionary of the Bible*. Ed. K. D. Sakenfeld

	(Nashville: Abingdon; 4 vols. 1975-85)
NIGTC	New International Greek Testament Commentary
NovT	*Novum Testamentum*
NovTSupp	Supplement to *NovT*
NRSV	New Revised Standard Version
NT	신약
NTA	W. Schneemelcher and R. McL. Wilson, *New Testament Apocrypha*: vol. 1, *Gospels and Related Writings* (Cambridge: James Clarke, revised edition 1991); vol. 2, *Writings Related to the Apostles; Apocalypses and Related Subjects* (Cambridge: James Clarke, revised edition 1992)
NTAF	*The New Testament in the Apostolic Fathers* (Oxford: Clarendon, 1905)
NTL	New Testament Library
NTOA	Novum Testamentum et Orbis Aniquus
NTS	*New Testament Studies*
ODCC	*The Oxford Dictionary of the Christian Church*. Ed. F. L. Cross and E. A. Livingstone. 2nd edition (Oxford: Oxford University, 1983)
OT	구약
OTP	*The Old Testament Pseudepigrapha*. Ed. J. H. Charlesworth (2 vols.; London: Darton, 1983, 1985)
PGL	*Patristic Greek Lexicon*. Ed. G. W. H. Lampe (Oxford: Clarendon, 1968)
PTMS	Princeton Theological Monograph Series
RBL	*Review of Biblical Literature*
RHPR	*Revue d'histoire et de philosophie religieuses*
SB	Sources Bibliques
SBB	Stuttgart biblische Beiträge
SBL	Society of Biblical Literature
SBLDS	Society of Biblical Literature Dissertation Series
SBLMS	Society of Biblical Literature Monograph Series
SBS	Stuttgarter Bibelstudien
Schürer, *History*	E. Schürer, *The History of the Jewish People in the Age of Jesus Christ*, revised and edited by G. Vermes and F. Millar (4 vols.; Edinburgh:

T & T Clark, 1973-87)

SNTSMS	Society for New Testament Studies Monograph Series
Str-B	H. L. Strack and P. Billerbeck, *Kommentar zum Neuen Testament aus Talmud und Midrasch* (Munich, 1922-1961)
SUNT	Studien zur Umwelt des Neuen Testaments
Supp.	Supplement
TDNT	*Theological Dictionary of the New Testament*. Ed. G. Kittel and G. Friedrich (ET; Grand Rapids: Eerdmans, 1964-76)
THNT	Theologischer Handkommentar zum Neuen Testament
TLZ	Theologische Literaturzeitung
TS	Theological Studies
TSAJ	Texte und Studien zum Antiken Judentum
TynB	*Tyndale Bulletin*
UALG	Untersuchungen zur antiken Literatur und Geschichte
VC	*Vigiliae Christianae*
vol(s).	volume(s)
WBC	Word Biblical Commentary
WMANT	Wissenschaftliche Monographien zum Alten und Neuen Testament
WUNT	Wissenschaftliche Untersuchungen zum Neuen Testament
ZAC	*Zeitschrift für Antikes Christentum*
ZNW	*Zeitschrift für die neutestamentliche Wissenschaft*
ZTK	*Zeitschrift für Theologie und Kirche*

참고문헌

Aasgaard, R. *The Childhood of Jesus: Decoding the Apocryphal Infancy Gospel of Thomas.* Eugene, OR: Cascade Books, 2009.

Abramowski, L. 'Die "Erinnerungen der Apostel" bei Justin', in P. Stuhlmacher, ed., *Das Evangelium und die Evangelien,* 341-53. WUNT 28. Tübingen: Mohr Siebeck, 1983; = ET *The Gospel and the Gospels,* 323-35. Grand Rapids: Eerdmans, 1991.

Ådna, J. *Jesu Stellung zum Tempel: Die Tempelaktion und das Tempelwort als Ausdruck seiner messianischen Sendung.* WUNT. Tübingen: Mohr Siebeck, 2000.

Ådna, J., and H. Kvalbein, eds. *The Mission of the Early Church to Jews and Gentiles.* WUNT 127. Tübingen: Mohr Siebeck, 2000.

Aland, K. 'The Problem of Anonymity and Pseudonymity in Christian Literature of the First Two Centuries', in *The Authorship and Integrity of the New Testament,* 1-13. SPCK Theological Collections 4. London: SPCK, 1965.

——— *Synopsis quattuor Evangeliorum.* Stuttgart: Württembergische Bibelanstalt, [13]1984.

Aland, K. ed. *Vollständige Konkordanz zum griechischen Neuen Testament,* vol. 2. Berlin: de Gruyter, 1978.

Aland, K., and B. Aland. *The Text of the New Testament.* ET Grand Rapids: Eerdmans, [2]1989.

Alexander, L. 'The Living Voice: Scepticism towards the Written Word in Early Christianity and in Graeco-Roman Texts', in D. J. A. Clines et al., eds., *The Bible in Three Dimensions: Essays in Celebration of Forty Years of Biblical Studies in the University of Sheffield.* 221-47. Sheffield: Sheffield Academic Press, 1990.

——— *The Preface to Luke's Gospel.* SNTSMS 78. Cambridge: Cambridge University, 1993.

Alexander, P. S. '"The Parting of the Ways" from the Perspective of Rabbinic Judaism', in Dunn, ed., *Jews and Christians,* 1-25

______'Jewish Believers in Early Rabbininc Literature (2d to 5th Centuries)', in Skarsaune and Hvalvik, eds., *Jewish Believers,* 659-709

Allison, D. C. *The New Moses: A Matthean Typology.* Minneapolis: Fortress, 1993.

Alon, G. *The Jews in their Land in the Talmudic Age.* 2 vols. Jerusalem: Magnes, 1980, 1984.

Altaner, B. *Patrology.* ET Freiburg: Herder, 1960.

Anderson, P. N. *The Christology of the Fourth Gospel: Its Unity and Disunity in the Light of John 6.* Valley Forge, PA: TPI, 1996.

______ *The Fourth Gospel and the Quest for Jesus.* London: T & T Clark, 2006.

Anderson, P. N., et al., eds. *John, Jesus and History*; Vol. 1: *Critical Appraisals of Critical Views.* Atlanta: SBL Symposium Series 44; 2007.

______ *John, Jesus and History,* vol. 2, *Aspects of Historicity in the Fourth Gospel.* Atlanta: SBL, 2009.

Appold, M. L. *The Oneness Motif in the Fourth Gospel.* WUNT 2.1. Tübingen: Mohr Siebeck, 1976.

Asgeirsson, J. M., et al., eds. *Thomasine Traditions in Antiquity: The Social and Cultural World of the Gospel of Thomas.* Leiden: Brill, 2005.

Ashton, J. *Understanding the Fourth Gospel.* Oxford: Clarendon, 1991.

Ashton, J., ed. *The Interpretation of John.* Edinburgh: T & T Clark, 21997.

Audet, J.-P. *La Didache.* EB. Paris: Gabalda, 1958.

Aune, D. E. 'The Significance of the Delay of the Parousia for Early Christianity', in G. E. Hawthorne, ed., *Current Issues in Biblical and Patristic Interpretation,* 87-109 (Grand Rapids: Eerdmans, 1975).

______ 'The Odes of Solomon and Early Christian Prophecy'. *NTS* 28 (1982): 435-60.

Bacon, B. W. *Studies in Matthew.* London: Constable, 1930.

Bain, A. M. 'Tertullian: Paul as Teacher of the Gentile Churches', in Bird and Dodson, eds., *Paul and the Second Century,* 207-25.

Bal, M., J. Crewe, and L. Spitzer, eds. *Acts of Memory: Cultural Recall in the Present.* Hanover, NH: Dartmouth College, 1999.

Balch, D. L., ed. *Social History of the Matthean Community: Cross-disciplinary Approaches.* Minneapolis: Fortress, 1991.

Baldensperger, W. *Der Prolog des vierten Evangeliums: sein polemisch-apologetischer Zweck.* Tübingen: Mohr, 1898.

Barclay, J. M. G. *Jews in the Mediterranean Diaspora from Alexander to Trajan (323 BCE–*

117 CE). Edinburgh: T & T Clark, 1996.

——— '"Do We Undermine the Law?" A Study of Romans 14.1-15.6', in J. D. G. Dunn, ed., *Paul and the Mosaic Law,* 287-308. WUNT 89. Tübingen: Mohr Siebeck, 1996.

Barnard, L. W. *Studies in the Apostolic Fathers and Their Background.* Oxford: Blackwell, 1966.

——— *Justin Martyr: His Life and Thought.* Cambridge University, 1967.

Barnes, T. D. 'Legislation Against the Christians'. *JRS* 58 (1968): 32-50.

Barnett, A. E. *Paul Becomes a Literary Influence.* Chicago: University of Chicago, 1941.

Barrett, C. K. 'The Theological Vocabulary of the Fourth Gospel and of the Gospel of Truth', in W. Klassen and G. F. Snyder, eds., *Current Issues in New Testament Interpretation,* 210-23, 297-98. London: SCM, 1962; reprinted in *Essays on John,* 50-64.

——— 'The Acts and the Origins of Christianity', in *New Testament Essays,* 101-15. London: SPCK, 1972.

——— '"The Father is greater than I" (John 14.28): Subordinationist Christology in the New Testament' (1974), in *Essays on John,* 19-36.

——— *The Gospel of John and Judaism.* London: SPCK, 1975.

——— 'Christocentric or Theocentric? Observations on the Theological Method of the Fourth Gospel' (1976), in *Essays on John,* 1-18.

——— *Essays on John.* London: SPCK, 1982.

——— 'Jews and Judaizers in the Epistles of Ignatius', in *Essays on John,* 133-58.

Bartlet, J. V. 'The Epistle of Barnabas'. *NTAF* 3-6, 11-14.

Barton, S. C. *Discipleship and Family Ties in Mark and Matthew.* SNTSMS 80. Cambridge: Cambridge University, 1994.

Bauckham, R. 'The Study of Gospel Traditions Outside the Canonical Gospels: Problems and Prospects', in Wenham, *Jesus Tradition,* 369-403.

——— *Jude and the Relatives of Jesus in the Early Church.* Edinburgh: T & T Clark, 1990.

——— *The Climax of Prophecy: Studies on the Book of Revelation.* Edinburgh: T & T Clark, 1993.

——— 'The Worship of Jesus', in *Climax of Prophecy,* 118-49.

——— 'The Parting of the Ways: What Happened and Why', *Studia Theologica* 47 (1993): 135-51.

——— 'The *Acts of Paul* as a Sequel to Acts', in B. W. Winter and A. D. Clarke, eds., *The Book of Acts in Its Ancient Literary Setting,* 105-52. Grand Rapids: Eerdmans, 1993.

______ 'For Whom Were the Gospels Written?', in R. Bauckham, ed., *The Gospels for All Christians: Rethinking the Gospel Audiences.* Grand Rapids: Eerdmans, 1998.

______ 'Jews and Jewish Christians in the Land of Israel at the Time of the Bar Kochba War, with Special Reference to the *Apocalypse of Peter*', in Stanton and Stroumsa, eds., *Tolerance and Intolerance,* 228-38.

______ 'The *Acts of Paul*: Replacement of Acts or Sequel to Acts', in Stoops, ed., *Apocryphal Acts of the Apostles,* 159-68.

______ *The Fate of the Dead: Studies on the Jewish and Christian Apocalypses.* Leiden: Brill, 1998.

______ 'The Apocalypse of Peter: A Jewish Christian Apocalypse from the Time of Bar Kokhba', in *The Fate of the Dead,* 160-258.

______ '2 Peter and the Apocalypse of Peter', in *The Fate of the Dead,* 290-303.

______ *James: Wisdom of James, Disciple of Jesus the Sage.* London: Routledge, 1999.

______ 'The Origin of the Ebionites', in Tomson and Lambers-Petry, eds., *Image of Judaeo-Christians,* 162-81.

______ *Jesus and the Eyewitnesses: The Gospels as Eyewitness Testimony.* Grand Rapids: Eerdmans, 2006.

______ *The Testimony of the Beloved Disciple.* Grand Rapids: Baker, 2007.

Bauckham, R., and C. Mosser, eds. *The Gospel of John and Christian Theology.* Grand Rapids: Eerdmans, 2008.

Bauckham, R., et al., eds. *A Cloud of Witnesses: The Theology of Hebrews in Its Ancient Contexts.* LNTS 387. London: T & T Clark, 2008.

______ *The Epistle to the Hebrews and Christian Theology.* Grand Rapids: Eerdmans, 2009.

Bauer, J. B. *Die Polykarpbriefe.* KAV 5. Göttingen: Vandenhoeck, 1995.

Bauer, W. *Rechtgläubigkeit und Ketzerei im ältesten Christentum* (1934, ²1964); ET *Orthodoxy and Heresy in Earliest Christianity.* Philadelphia: Fortress, 1971.

Baur, F. C. *Paul: the Apostle of Jesus Christ* (1845); ET, 2 vols., London: Williams & Norgate, 1873, 1875.

______ *The Church History of the First Three Centuries* (1854); ET, 2 vols., London: Williams & Norgate, 1878-79.

Beasley-Murray, G. R. *Jesus and the Last Days: The Interpretation of the Olivet Discourse.* Peabody, MA: Hendrickson, 1993.

Beck, N. A. *Mature Christianity: The Recognition and Repudiation of the Anti-Jewish Polemic of the New Testament.* London/Toronto: Associated University Presses, 1985.

Becker, A. H. 'Beyond the Spatial and Temporal *Limes*', in Becker and Reed, eds., *The Ways That Never Parted,* 373-92. See further Gager, 'Did Jewish Christians See the Rise of Islam?' 361-65.

Becker, A. H., and A. Y. Reed, eds. *The Ways that Never Parted.* TSAJ 95. Tübingen: Mohr Siebeck, 2003.

Bell, H. I., and T. C. Skeat. *Fragments of an Unknown Gospel.* London: British Museum, 1935.

Bellinzoni, A. J. *The Sayings of Jesus in the Writings of Justin Martyr.* NovTSupp 17. Leiden: Brill, 1967.

Ben Zeev, M. P. *Diaspora Judaism in Turmoil 116/117 CE.* Leuven: Peeters, 2005.

Berding, K. *Polycarp and Paul.* Leiden: Brill, 2002.

Bernhard, A. E. *Other Early Christian Gospels: A Critical Edition of the Surviving Greek Manuscripts.* LNTS 315; London: T & T Clark, 2006.

Bernheim, P.-A. *James, Brother of Jesus.* London: SCM, 1997.

Bernier, J. *Aposynagōgos and the Historical Jesus in John: Rethinking the Historicity of the Johannine Expulsion Passages.* Leiden: Brill, 2013.

Best, E. *Following Jesus: Discipleship in the Gospel of Mark.* JSNTS 4. Sheffield: JSOT, 1981.

H. D. Betz, *The Sermon on the Mount* (Hermeneia; Minneapolis: Fortress, 1995)

Beutler, J. 'Synoptic Jesus Tradition in the Johannine Farewell Discourse', in Fortna and Thatcher, eds., *Jesus in the Johannine Tradition,* 165-73.

——— *Neue Studien zu den johanneischen Schriften.* BBB 167. Bonn University, 2012.

Beyschlag, K. *Clemens Romanus und der Frühkatholizismus.* Tübingen: Mohr Siebeck, 1966.

Bianchi, U. *Le origini dello Gnosticismo.* Leiden: Brill, 1967.

Biblia Patristica: Index des Citations et Allusions Bibliques dans la Littérature Patristique, des Origines à Clément d'Alexandrie et Tertullian. Vol. 1. Paris, 1975.

Bieringer, R., et al., eds. *Anti-Judaism and the Fourth Gospel.* Assen: Royal Van Gorcum, 2001.

Bird, M. F., and J. R. Dodson, eds., *Paul and the Second Century.* LNTS 412. London: T & T Clark, 2011.

Bird, M. F. 'The Reception of Paul in the *Epistle of Diognetus*', in Bird and Dodson, eds., *Paul and the Second Century,* 70-90.

Black, C. C. *The Disciples according to Mark: Markan Redaction in Current Debate* (JSNTS 27; Sheffield: Sheffield Academic, 1989, ²2012)

Blackwell, B. C. 'Paul and Irenaeus', in Bird and Dodson, eds., *Paul and the Second Century,* 190-206.

Blomberg, C. L. 'The Historical Reliability of John', in Fortna and Thatcher, eds., *Jesus in the Johannine Tradition,* 71-82.

Bockmuehl, M. 'Abraham's Faith in Hebrews 11', in Bauckham et al., eds., *The Epistle to the Hebrews and Christian Theology,* 364-73.

——— *The Remembered Peter.* WUNT 262. Tübingen: Mohr Siebeck, 2010.

——— *Simon Peter in Scripture and Memory.* Grand Rapids: Baker Academic, 2012.

Bockmuehl, M., and D. A. Hagner, eds., *The Written Gospel;* G. N. Stanton FS. Cambridge University, 2005.

Bockmuehl, M., and J. C. Paget, eds., *Redemption and Resistance: The Messianic Hopes of Jews and Christians in Antiquity.* London: T & T Clark, 2007.

Bollok, J. 'The Description of Paul in the Acta Pauli', in Bremmer, ed., *Apocryphal Acts of Paul,* 1-15.

Bolt, P. G. *Jesus' Defeat of Death: Persuading Mark's Early Readers.* SNTSMS 125. Cambridge: Cambridge University, 2003.

Bolyki, J. 'Events after the martyrdom: Missionary Transformation of an Apocalyptical Metaphor in Martyrium Pauli', in Bremmer, ed., *Apocryphal Acts of Paul,* 92-106.

Borgen, P. 'God's Agent in the Fourth Gospel' (1968), in Ashton, ed., *Interpretation of John,* 83-95.

Bornkamm, G., G. Barth, and H. J. Held, *Tradition and Interpretation in Matthew.* 1960; ET London: SCM, 1963.

Bovon, F. *Luke the Theologian.* Waco: Baylor University, 22006.

Boyarin, D. *Dying for God: Martyrdom and the Making of Judaism and Christianity.* Stanford: Stanford University, 1999.

——— 'Semantic Differences; or, "Judaism"/"Christianity"', in Becker and Reed, eds., *The Ways That Never Parted,* 74-7.

——— *Border Lines: The Partition of Judaeo-Christianity.* Philadelphia: University of Pennsylvania, 2004.

——— *The Jewish Gospels: The Story of the Jewish Christ.* New York: New Press, 2012.

Bremmer, J. N., ed. *The Apocryphal Acts of Paul.* Kampen: Kok Pharos, 1996.

Bremmer, J. N., ed. *The Apocryphal Acts of Peter: Magic, Miracles and Gnosticism.* Leuven: Peeters, 1998.

Bremmer, J. N. 'Magic, Martyrdom and Women's Liberation in the Acts of Paul and Thecla', in Bremmer, ed., *The Apocryphal Acts of Paul,* 36-59.

Breytenbach, C. *Nachfolge und Zukunftserwartung nach Markus.* Zürich: Theologischer, 1984.

Broadhead, E. K. *Teaching with Authority: Miracles and Christology in the Gospel of Mark.* JSNTS 74. Sheffield Academic, 1992.

——— *Naming Jesus: Titular Christology in the Gospel of Mark.* JSNTS 175. Sheffield Academic, 1999.

——— 'The Fourth Gospel and the Synoptic Sayings Source', in Fortna and Thatcher, eds., *Jesus in the Johannine Tradition,* 291-301.

——— *Jewish Ways of Following Jesus.* WUNT 266. Tübingen: Mohr Siebeck, 2010.

Brooks, S. H. *Matthew's Community: The Evidence of His Special Sayings Material.* JSNTS 16. Sheffield: JSOT, 1987.

Brown, R. E. 'The Gospel of Thomas and St John's Gospel'. *NTS* 9 (1962-63): 155-77.

——— *New Testament Essays.* London: Chapman, 1965.

——— *The Semitic Background of the Term 'Mystery' in the New Testament.* Philadelphia: Fortress, 1968.

——— *Jesus God and Man.* London: Chapman, 1968.

——— *The Community of the Beloved Disciple.* London: Chapman, 1979.

——— 'The *Gospel of Peter* and Canonical Gospel Priority', *NTS* 33 (1987): 321-43.

——— *The Death of the Messiah.* 2 vols. New York: Doubleday, 1994.

——— *Introduction to the New Testament.* New York: Doubleday, 1997.

Brown, R. E., K. P. Donfried and J. Reumann, *Peter in the New Testament.* London: Geoffrey Chapman, 1974.

Brown, R. E., and J. P. Meier. *Antioch and Rome: New Testament Cradles of Catholic Christianity.* London: Geoffrey Chapman, 1983.

Bryan, C. *A Preface to Mark: Notes on the Gospel in Its Literary and Cultural Settings.* Oxford: Oxford University, 1993.

Bühner, J. A. *Der Gesandte und sein Weg im 4. Evangelium.* WUNT 2.2. Tübingen: Mohr Siebeck, 1977.

Bultmann, R. 'The History of Religions Background of the Prologue to the Gospel of John' (1923). ET in Ashton, ed., *Interpretation,* 27-46.

——— *Theology of the New Testament.* 2 vols. ET London: SCM, 1952, 1955.

Burge, G. M. *The Anointed Community: The Holy Spirit in the Johannine Tradition.* Grand Rapids: Eerdmans, 1987.

Burke, T., ed. *Ancient Gospel or Modern Forgery? The Secret Gospel of Mark in Debate.* Eugene, OR: Cascade Books, 2013.

Burkitt, F. C. *Early Eastern Christianity.* London: 1904.

Burridge, R. A. *What Are the Gospels? A Comparison with Graeco-Roman Biography.* Grand Rapids: Eerdmans, 22004.

——— 'Imitating Jesus: An Inclusive Approach to the Ethics of the Historical Jesus and John's Gospel', in Anderson et al., eds., *John, Jesus and History,* vol. 2, 281-90.

Burrus, V. *Chastity as Autonomy: Women in the Stories of Apocryphal Acts.* Lewiston/Queenston: Edwin Mellen, 1987.

Burtchaell, J. T. *From Synagogue to Church: Public Services and Offices in the Earliest Christian Communities.* Cambridge University, 1992.

Byrskog, S. *Jesus the Only Teacher: Didactic Authority and Transmission in Ancient Israel, Ancient Judaism and the Matthean Community.* CBNTS 24; Stockholm: Almqvist & Wiksell, 1994.

——— *Story as History — History as Story.* WUNT123; Tübingen: Mohr Siebeck, 2000.

Cameron, R., ed. *The Other Gospels: Non-Canonical Gospel Texts.* Guildford: Lutterworth, 1983.

——— *Sayings Traditions in the Apocryphon of James*. HTS 34; Philadelphia: Fortress, 1984.

Cameron, R., and M. P. Miller. *Redescribing Christian Origins.* Atlanta: SBL, 2004.

Cancik, H.. ed. *Markus-Philologie.* WUNT 33; Tübingen: Mohr Siebeck, 1984.

Capes, D. B., et al., eds. *Israel's God and Rebecca's Children: Christology and Community in Early Judaism and Christianity;* L. W. Hurtado and A. F. Segal FS. Waco: Baylor University, 2007.

Caragounis, C. C. *Peter and the Rock.* BZNW 58. Berlin: de Gruyter, 1990.

——— 'The Kingdom of God: Common and Distinct Elements Between John and the Synoptics', in Fortna and Thatcher, eds., *Jesus in the Johannine Tradition* 125-34.

Carey, H. J. *Jesus' Cry from the Cross.* LNTS 398. London: T & T Clark, 2009.

Carlson, S. C. *The Gospel Hoax: Morton Smith's Invention of Secret Mark*. Waco: Baylor

University, 2005.
——— 'Origen's Use of the *Gospel of Thomas*', in Charlesworth et al., eds., *Sacra Scriptura,* 137-51.

Carrington, P. *Christian Apologetics of the Second Century: In Their relation to Modern Thought.* London: SPCK, 1921.

Carter, W. *Matthew and the Margins: A Socio-Political and Religious Reading.* JSNTS 204. Sheffield: Sheffield Academic, 2000.

Casey, M. *From Jewish Prophet to Gentile God.* Cambridge: James Clarke, 1991.

——— *Aramaic Sources of Mark's Gospel.* SNTSMS102. Cambridge: Cambridge University, 1998.

Catchpole, D. 'The Synoptic Divorce Material as a Traditio-Historical Problem'. *BJRL* 57 (1974): 93-127.

——— *The Quest for Q.* Edinburgh: Clark, 1993.

Chae, Y. S. *Jesus as Eschatological Davidic Shepherd.* WUNT 216. Tübingen: Mohr Siebeck, 2006.

Charlesworth, J. H. 'Christian and Jewish Self-Definition in Light of the Christian Additions to the Apocryphal Writings', in *Jewish and Christian Self-Definition,* vol. 2, *Aspects of Judaism in the Graeco-Roman Period,* ed. E. P. Sanders, 27-55. London: SCM, 1981.

——— *The Beloved Disciple.* Valley Forge, PA: TPI, 1995.

——— 'The Dead Sea Scrolls and the Gospel according to John', in Culpepper and Black, eds., *Exploring the Gospel of John,* 65-97.

——— *Critical Reflections on the Odes of Solomon:* Vol. 1. *Literary Setting, Textual Studies, Gnosticism, the Dead Sea Scrolls and the Gospel of John.* JSPSupp 22. Sheffield Academic, 1998.

——— *The First Christian Hymnbook: The Odes of Solomon.* Eugene, OR: Wipf & Stock, 2009.

Charlesworth, J. H., et al., eds. *Sacra Scriptura: How "Non-Canonical" Texts Functioned in Early Judaism and Early Christianity.* London: Bloomsbury, 2013.

Charlesworth, J. H., and R. A. Culpepper. 'The Odes of Solomon and the Gospel of John', *CBQ* 35 (1973): 298-322.

Chartrand-Burke, T. 'The *Infancy Gospel of Thomas*', in Foster, ed., *Non-Canonical Gospels,* 126-38.

Chilton, B. 'The Gospel according to Thomas as a Source of Jesus' Teaching', in Wenham, ed., *The Jesus Tradition Outside the Gospels,* 155-75.

Clark-Soles, J. 'John 13: Of Footwashing and History', in Anderson et al., eds., *John, Jesus and History,* vol. 2, 255-69.

Clarke, W. K. Lowther. *The First Epistle to the Corinthians.* London: SPCK, 1937.

Cockerill, G. L. 'Melchizedek without Speculation: Henrews 7.1-25 and Genesis 14.17-24', in Bauckham, et al., eds., *A Cloud of Witnesses,* 128-44.

Cohen, S. *The Beginnings of Jewishness: Boundaries, Varieties, Uncertainties.* Los Angeles: University of California, 1999.

Cohn, N. *The Pursuit of the Millennium.* Secker & Warburg, 1957.

Cohn-Sherbok, D. 'Modern Hebrew Christianity and Messianic Judaism', in Tomson and Lambers-Petry, eds., *The Image of the Judaeo-Christians,* 287-98.

Colpe, C. *Die religionsgeschichtliche Schule: Darstellung und Kritik ihres Bildes vom gnostischen Erlösermythus.* Göttingen: Vandenhoeck & Ruprecht, 1961.

Conzelmann, H. *The Theology of Saint Luke.* 1953, [2]1957; ET London: Faber & Faber, 1960, [2]1961.

Cook, J. G. *Roman Attitudes Towards Christians: From Claudius to Hadrian.* WUNT 261. Tübingen: Mohr Siebeck, 2010.

Corwin, V. *St. Ignatius and Christianity in Antioch.* New Haven: Yale University, 1960.

Cousland, J. R. C. 'Matthew's Earliest Interpreter: Justin Martyr on Matthew's Fulfilment Quotations', in T. R. Hatina, ed., *Biblical Interpretation in Early Christian Gospels.* Vol. 2: *The Gospel of Matthew,* 45-60. LNTS 310. London: T & T Clark, 2008.

Crossan, J. D. *Four Other Gospels.* Minneapolis: Seabury, 1985.

______ *Sayings Parallels: A Workbook for the Jesus Tradition.* Philadelphia: Fortress, 1986.

______ *The Cross That Spoke: The Origins of the Passion Narrative.* San Francisco: Harper & Row, 1988.

______ *The Historical Jesus: The Life of a Mediterranean Jewish Peasant.* San Francisco: Harper, 1991.

______ *The Birth of Christianity.* HarperSanFrancisco, 1998.

______ 'The *Gospel of Peter* and the Canonical Gospels', in Kraus and Nicklas, eds., *Evangelium nach Petrus,* 117-34.

Crossley, J. G. *The Date of Mark's Gospel: Insights from the Law in Earliest Christianity.* JSNTS 266. London: T & T Clark, 2004.

______, ed. *Judaism, Jewish Identities and the Gospel Tradition: Essays in Honour of Maurice Casey.* London and Oakville, CT: Equinox, 2010.

Crown, A. D. *The Samaritans.* Tübingen: Mohr Siebeck, 1989.
——— 'Judaism and Christianity: The Parting of the Ways', in A. J. Avery-Peck et al., eds., *When Judaism and Christianity Began,* 2.545-62. Leiden: Brill, 2004.
Cullmann, O. *Early Christian Worship.* London: SCM, 1953.
——— *Peter: Disciple, Apostle, Martyr.* London: SCM, 21962.
——— *The Johannine Circle.* London: SCM, 1976.
Culpepper, R. A. *The Johannine School.* SBLDS 26. Missoula: Scholars, 1975.
——— 'Anti-Judaism in the Fourth Gospel as a Theological Problem for Christian Interpreters', in Bieringer et al., eds., *Anti-Judaism and the Fourth Gospel,* 68-91.
——— *John: The Son of Zebedee; The Life of a Legend.* Edinburgh: T & T Clark, 2000.
——— 'Designs for the Church in the Imagery of John 21:1-14', in J. Frey et al., eds., *Imagery in the Gospel of John,* 369-402. Tübingen: Mohr Siebeck, 2006.
Culpepper, R. A., and C. C. Black, eds. *Exploring the Gospel of John: In Honor of D. Moody Smith.* Louisville: Westminster John Knox, 1996.
Daniélou, J. *A History of Early Christian Doctrine before the Council of Nicaea:* Vol. 1. *The Theology of Jewish Christianity.* London: Darton, Longman & Todd, 1964.
Das, A. A. *Solving the Romans Debate.* Minneapolis: Fortress, 2007.
Dassmann, E. *Der Stachel im Fleisch: Paulus in der frühchristlichen Literatur bis Irenäus.* Münster: Aschendorff, 1979.
Davies, S. L. *The Revolt of the Widows: The Social World of the Apocryphal Acts.* Southern Illinois University, 1980.
——— *The Gospel of Thomas and Christian Wisdom.* New York: Seabury, 1983.
Davies, W. D. 'Paul and the Dead Sea Scrolls: Flesh and Spirit', in *Christian Origins and Judaism,* 145-77. London: DLT, 1962.
——— *The Setting of the Sermon on the Mount.* Cambridge: Cambridge University, 1964.
Davis, S. J. *The Cult of St. Thecla: A Tradition of Women's Piety in Late Antiquity.* Oxford University, 2001.
de Boer, E. A. *The Gospel of Mary: Beyond a Gnostic and a Biblical Mary Magdalene.* JSNTS 260. London: T & T Clark, 2004.
——— 'Followers of Mary Magdalene and Contemporary Philosophy', in Frey and Schröter, eds., *Jesus in apokryphen Evangelienüberlieferungen,* 315-38.
de Boer, M. 'The Nazoreans: Living at the Boundary of Judaism and Christianity', in Stanton and Stroumsa, eds., *Tolerance and Intolerance,* 239-62.

de Boer, M. C. 'The Depiction of "the Jews" in John's Gospel: Matters of Behavior and Identity', Bieringer et al., eds., *Anti-Judaism,* 260-80.

de Jonge, H. J. '"The "Jews" in the Gospel of John', Bieringer et al., eds., *Anti-Judaism,* 239-59.

de Labriolle, P. *La crise montaniste.* Paris: LeRoux, 1913.

de Lange, N. *Origen and the Jews: Studies in Jewish-Christian Relations in Third-Century Palestine.* Cambridge: Cambridge University, 1976.

DeConick, A. D. *Voices of the Mystics: Early Christian Discourse in the Gospels of John and Thomas and Other Ancient Christian Literature.* JSNTS 157. Sheffield Academic, 2001.

______ 'On the Brink of the Apocalypse: A Preliminary Examination of the Earliest Speeches in the Gospel of Thomas', in Asgeirsson et al., *Thomasine Traditions in Antiquity,* 93-118.

______ *Recovering the Original Gospel of Thomas: A History of the Gospel and its Growth.* LNTS 286. London: T & T Clark, 2005.

______ *The Original Gospel of Thomas in Translation.* LNTS 287. London: T & T Clark, 2006.

______ *The Thirteenth Apostle: What the Gospel of Judas Really Says.* London: Continuum, 2007.

______ 'The Mystery of Betrayal: What Does the *Gospel of Judas* Really Say?', in Scopello, ed., *The Gospel of Judas in Context,* 239-64.

______ 'The *Gospel of Thomas*' in Foster, ed., *Non-Canonical Gospels,* 13-29.

______ 'The *Gospel of Judas*: A Parody of Apostolic Christianity', in Foster, ed., *Non-Canonical Gospels,* 96-109.

Deines, R. 'Not the Law but the Messiah: Law and Righteousness in the Gospel of Matthew — An Ongoing Debate', in D. M. Gurtner and J. Nolland, eds., *Built Upon the Rock: Studies in the Gospel of Matthew,* 53-84. Grand Rapids: Eerdmans, 2008.

Delling, G. '*MONOS THEOS*'. *TLZ* 77 (1952): 469-76.

Del Verne, M. *Didache and Judaism: Jewish Roots of an Ancient Christian-Jewish Work.* London: T & T Clark, 2004.

Denaux, A., ed. *John and the Synoptics.* Leuven: Leuven University, 1992.

Deutsch, C. *Hidden Wisdom and the Easy Yoke: Wisdom, Torah and Discipleship in Matthew 11.25-30.* JSNTS 18. Sheffield: JSOT, 1987.

Dewey, J. 'Oral Methods of Structuring Narrative in Mark'. *Interpretation* 43 (1989):

32–44.

——— 'The Gospel of Mark as an Oral–Aural Event: Implications for Interpretation', in E. S. Malbon and E. V. McKnight eds., *The New Literary Criticism and the New Testament,* 145–63. JSNTS 109. Sheffield: Sheffield Academic Press, 1994.

——— 'The Eyewitness of History: Visionary Consciousness in the Fourth Gospel', in Fortna and Thatcher, eds., *Jesus in the Johannine Tradition,* 59–70.

——— 'The Gospel of John in Its Oral–Written Media World', in Fortna and Thatcher, eds., *Jesus in Johannine Tradition,* 239–52.

Dines, J. M. *The Septuagint.* London: T & T Clark, 2004.

Dodd, C. H. *According to the Scriptures.* London: Nisbet, 1952.

——— *The Interpretation of the Fourth Gospel.* Cambridge: Cambridge University, 1953.

——— *Historical Tradition in the Fourth Gospel.* Cambridge: Cambridge University, 1963.

——— *The Founder of Christianity.* London: Collins, 1971.

Doering, L. 'First Peter as Early Christian Diaspora Letter', in K.-W. Niebuhr and R. W. Wall, eds., *Catholic Epistles and Apostolic Tradition,* 441–57. Waco: Baylor University, 2009.

Donahue, P. J. 'Jewish Christianity in the Letters of Ignatius of Antioch' *VC* 32 (1978): 81–93.

Donaldson, T. L. 'Proselytes or "Righteous Gentiles"? The Status of Gentiles in Eschatological Pilgrimage Patterns of Thought'. *JSP* 7 (1990): 3–27.

——— *Judaism and the Gentiles: Jewish Patterns of Universalism (to 135 CE).* Waco: Baylor University, 2007.

Donelson, L. R. *Pseudepigraphy and Ethical Argument in the Pastoral Epistles.* Tübingen: J. C. B. Mohr, 1986.

——— 'The Jesus Tradition in the Didache', in Wenham, ed., *Jesus Tradition,* 269–87.

Donfried, K. P. *The Setting of Second Clement in Early Christianity.* NovTSupp 38. Leiden: Brill, 1974.

Draper, J. A., ed., *The Didache in Modern Research.* Leiden: Brill, 1996.

Dschulnigg, P. *Sprache, Redaktion und Intention des Markus-Evangeliums.* SBB 11. Stuttgart: KBW, 1986.

Dunderberg, I. '*Thomas*' I-sayings and the Gospel of John', in Uro, ed., *Thomas at the Crossroads,* 33–64.

______ 'The School of Valentinus', in Marjanen and Luomanen, *Companion,* 64-99.

______ *The Beloved Disciple in Conflict? Revisiting the Gospels of John and Thomas.* Oxford: Oxford University, 2006.

Dunn, J. D. G. 'The Messianic Secret in Mark'. *TynB* 21 (1970): 92-117, reprinted in Tuckett, ed., *The Messianic Secret,* 116-31.

______ *Baptism in the Holy Spirit.* London: SCM, 1970.

______ 'John 6 — A Eucharistic Discourse?', *NTS* 17 (1971) 328-38.

______ *Jesus and the Spirit.* London: SCM, 1975.

______ *Unity and Diversity in the New Testament: An Inquiry into the Character of Earliest Christianity.* London: SCM, 1977, ²1990, ³2006.

______ 'The Relationship between Paul and Jerusalem according to Galatians 1 and 2'. *New Testament Studies* 28 (1982): 461-78.

______ 'Let John Be John', in P. Stuhlmacher, ed., *Das Evangelium und die Evangelien,* 309-39. WUNT 28. Tübingen: Mohr Siebeck, 1983 = *The Gospel and the Gospels,* 293-322. Grand Rapids: Eerdmans, 1991.

______ *Christology in the Making.* London: SCM, ²1989 = Grand Rapids: Eerdmans, 1996.

______ *Romans.* 2 vols. WBC 38. Dallas: Word, 1988.

______ 'Pharisees, Sinners and Jesus', in *Jesus, Paul and the Law,* 61-86. London: SPCK, 1990.

______ 'John and the Oral Gospel Tradition', in H. Wansbrough, ed., *Jesus and the Oral Gospel Tradition,* 351-79. JSNTS 64; Sheffield: Sheffield Academic, 1991.

______ *The Partings of the Ways between Christianity and Judaism and Their Significance for the Character of Christianity.* London: SCM, 1991, ²2006.

______ 'Matthew's Awareness of Markan Redaction', in *The Four Gospels. Festschrift for Frans Neirynck,* ed. F. Van Segbroeck, 1349-59. Leuven University Press, 1992.

______ 'Jesus, Table-Fellowship and Qumran', in J. H. Charlesworth, ed., *Jesus and the Dead Sea Scrolls,* 254-72. New York: Doubleday, 1992.

______ 'Jesus Tradition in Paul', in B. Chilton and C. A. Evans, eds., *Studying the Historical Jesus: Evaluations of the State of Current Research.* 155-78. Leiden: Brill, 1994.

______ 'Deutero-Pauline Letters', in J. Barclay and J. Sweet, eds., *Early Christian Thought in Its Jewish Context,* 130-44. Cambridge University, 1996.

______ 'Two Covenants or One? The Interdependence of Jewish and Christian Identity', in H. Lichtenberger, ed., *Geschichte-Tradition-Reflexion: III. Frühes*

Christentum; M. Hengel FS, 97-122. Tübingen: Mohr Siebeck, 1996; reprinted with some additional material in *The Partings of the Ways*[2], 339-65.

——— *The Epistles to the Colossians and to Philemon.* NIGTC. Grand Rapids: Eerdmans, 1996.

——— 'John and the Synoptics as a Theological Question', in Culpepper and Black, eds., *Exploring the Gospel of John,* 301-13.

——— '*KYRIOS* in Acts', in C. Landmesser et al., eds., *Jesus Christus als die Mitte der Schrift*, O. Hofius FS, 363-78. Berlin: de Gruyter, 1997.

——— *The Theology of Paul the Apostle.* Grand Rapids: Eerdmans, 1998.

——— 'The Question of Anti-semitism in the New Testament Writings', in Dunn, ed., *Jews and Christians,* 177-211.

——— 'The Embarrassment of History: Reflections on the Problem of "Anti-Judaism" in the Fourth Gospel', in Bieringer et al., eds., *Anti-Judaism and the Fourth Gospel,* 47-67.

——— *Christianity in the Making.* Vol. 1: *Jesus Remembered.* Grand Rapids: Eerdmans, 2003; Vol. 2: *Beginning from Jerusalem.* Grand Rapids: Eerdmans, 2009.

——— *The New Perspective on Paul: Collected Essays.* Tübingen: Mohr Siebeck, 2005/ Grand Rapids: Eerdmans, [2]2008.

——— *A New Perspective on Jesus: What the Quest for the Historical Jesus Missed.* Grand Rapids: Baker Academic/London: SPCK, 2005.

——— 'Q1 as Oral Tradition', in M. Bockmuehl and D. A. Hagner, eds., *The Written Gospel*, G. N. Stanton FS, 45-69. Cambridge: Cambridge University, 2005.

——— 'When Did the Understanding of Jesus' Death as an Atoning Sacrifice First Emerge?', in D. B. Capes et al., eds., *Israel's God and Rebecca's Children: Christology and Community in Early Judaism and Christianity*; L. W. Hurtado and A. F. Segal FS, 169-81. Waco: Baylor University, 2007.

——— 'Social Memory and the Oral Jesus Tradition', in S. C. Barton, L. T. Stuckenbruck, and B. G. Wold, eds., *Memory in the Bible and Antiquity: The Fifth Durham-Tübingen Research Symposium,* 179-94. WUNT 2.212. Tübingen: Mohr Siebeck, 2007.

——— 'Matthew as Wirkungsgeschichte', in P. Lampe et al., eds., *Neutestamentiche Exeges im Dialog: Hermeneutik — Wirkungsgeschichte — Matthäusevangelium*; U. Luz FS, 149-66. Neukirchen-Vluyn: Neukirchener, 2008.

——— 'Eyewitnessses and the Oral Jesus Tradition'. *JSHJ* 6 (2008): 85-91.

——— 'Reappreciating the Oral Jesus Tradition'. *Svensk Exegetisk Årsbok* 74 (2009):

1-17.
_____ 'The Book of Acts as Salvation History', in J. Frey, S. Krauter, and H. Lichtenberger, eds., *Heil und Geschichte: Die Geschichtsbezogenheit des Heils und das Problem der Heilsgeschichte in der biblischen Tradition und in der theologischen Deutung,* 385-401. WUNT 248; Tübingen: Mohr Siebeck, 2009.
_____ *Did the First Christians Worship Jesus? The New Testament Evidence.* London: SPCK, 2010.
_____ 'John's Gospel and the Oral Gospel Tradition', in A. Le Donne and T. Thatcher, eds., *The Fourth Gospel in First-Century Media Culture.* 157-85. LNTS 426. London: T & T Clark, 2011.
_____ 'Luke's Jerusalem Perspective', in S. Walton et al., eds., *Reading Acts Today: Essays in Honour of L. C. A. Alexander,* 120-36. LNTS 427. London: T & T Clark, 2011.
_____ 'How Did Matthew Go About Composing His Gospel?', in D. M. Gurtner, J. Willitts and R. A. Burridge, eds., *Jesus, Matthew's Gospel and Early Christianity: Studies in Memory of Graham N. Stanton,* 39-58. LNTS 435; London: T & T Clark, 2011.
_____ 'The Legal Status of the Earliest Christian Churches', in M. Zetterholm and S. Byrskog, eds., *The Making of Christianity: Conflicts, Contacts and Constructions*; Bengt Holmberg FS, 75-93. Winona Lake: Eisenbrauns, 2012.
_____ 'The Earliest Interpreters of the Jesus Tradition: A Study in Early Hermeneutics', in S. E. Porter and M. R. Malcolm, eds., *Horizons in Hermeneutics*; A. C. Thiselton FS, 119-47. Grand Rapids: Eerdmans, 2013.
_____ 'Biblical Hermeneutics and *Historical* Responsibility', in S. E. Porter and M. R. Malcolm, eds., *The Future of Biblical Interpretation: Responsible Plurality in Biblical Hermeneutics,* 65-78. London: Paternoster, 2013.
_____ *The Oral Gospel Tradition.* Grand Rapids: Eerdmans, 2013.
_____ 'If Paul Could Believe Both in Justification by Faith and Judgment according to Works, Why Should That Be a Problem for Us?', in A. P. Stanley, ed., *Four Views on the Role of Works at the Final Judgment,* 119-41. Grand Rapids: Zondervan, 2013.
_____ 'From the Crucifixion to the End of the First Century', in H. Shanks, ed., *Partings: How Judaism and Christianity Became Two,* 27-53. Washington: Biblical Archaeology Society, 2013.
_____ 'The Rise and Expansion of Christianity in the First Three Centuries C.E.:

Why and How did Embryonic Christianity Expand Beyond the Jewish People?', in C. K. Rothschild and J. Schröter, *The Rise and Expansion of Christianity in the First Three Centuries of the Common Era,* 183-203. WUNT 301. Tübingen: Mohr Siebeck, 2013.

——— 'Tertullian and Paul on the Spirit of Prophecy', in T. D. Still and D. E. Wilhite, eds., *Tertullian and Paul,* 72-8. London: Bloomsbury T & T Clark, 2013.

Dunn, J. D. G., ed. *Jews and Christians: The Parting of the Ways AD 70 to 135.* Tübingen: Mohr Siebeck, 1992/Grand Rapids: Eerdmans, 1999.

——— *Paul and the Mosaic Law.* WUNT 89; Tübingen: Mohr Siebeck, 1996.

Dunn, J. D. G., and J. W. Rogerson, eds. *Eerdmans Commentary on the Bible.* Grand Rapids: Eerdmans, 2003.

Dwyer, T. *The Motif of Wonder in the Gospel of Mark.* JSNTS 128. Sheffield: Sheffield Academic, 1996.

Edwards, J. R. 'The Markan Sandwich: The Significance of Interpolations in Markan Narratives'. *NovT* 31 (1989): 193-216.

——— *The Hebrew Gospel and the Development of the Synoptic Tradition.* Grand Rapids: Eerdmans, 2009.

Ehrman, B. D. *The Orthodox Corruption of Scripture: The Effect of Early Christological Controversies on the Text of the New Testament.* New York: Oxford University, 1993.

——— *Lost Christianities: The Battle for Scripture and the Faiths We Never Knew.* Oxford University, 2003.

——— *Lost Scriptures: Books That Did Not Make It into the New Testament.* Oxford University, 2003.

——— *The Apostolic Fathers.* LCL; 2 vols. Cambridge, MA: Harvard University, 2003.

Ehrman, B. D., and Z. Plese. *The Apocryphal Gospels: Texts and Translations.* Oxford University, 2011.

Eisele, W. *Ein unerschütterliches Reich: Die mittelplatonische Umformung des Parusiegedankens im Hebräerbrief.* BZNW 116. Berlin: de Gruyter, 2003.

——— *Welcher Thomas? Studien zur Text- und Überlieferungsgeschichte des Thomasevangeliums.* WUNT 259. Tübingen: Mohr Siebeck, 2010.

Elgvin, T. 'Jewish Editing of the Old Testament Pseudepigrapha', in Skarsaune and Hvalvik, eds., *Jewish Believers in Jesus,* 278-304.

Elliott, J. K. *The Apocryphal New Testament.* Oxford: Claredon, 1993.

______ *The Apocryphal Jesus: Legends of the Early Church.* Oxford University, 1996.

Elliott, M. W. 'The Triumph of Paulinism by the Mid-Third Century', in Bird and Dodson, eds., *Paul and the Second Century,* 244-56.

Ellis, E. E. *The Old Testament in Early Christianity.* Grand Rapids: Baker, 1992.

Epp, E. J. *The Theological Tendency of Codex Bezae Cantabrigiensis in Acts.* SNTSMS 3. Cambridge University, 1966.

______ 'The Multivalence of the Term "Original Text" in New Testament Textual Criticism', *HTR* 92 (1999): 245-81.

______ 'Anti-Judaic Tendencies in the D-Text of Acts: Forty Years of Conversation', in Nicklas and Tilly, eds., *The Book of Acts as Church History,* 111-46.

Eubank, N. *Wages of Cross-bearing and Debt of Sin: The Economy of Heaven in Matthew's Gospel.* BZNW 196. Berlin: de Gruyter, 2013.

Evans, C. A. *Word and Glory: On the Exegetical and Theological Background of John's Prologue.* JSNTS 89. Sheffield: JSOT, 1993.

______ 'The Twelve Thrones of Israel: Scripture and Politics in Luke 22:24-30', in Evans and Sanders, *Luke and Scripture,* 154-70.

______ 'Prophecy and Polemic: Jews in Luke's Scriptural Apologetic', in Evans and Sanders, *Luke and Scripture,* 171-211.

______ 'Root Causes of the Jewish-Christian Rift from Jesus to Justin', in Porter and Pearson, eds., *Christian-Jewish Relations through the Centuries,* 20-35.

______ 'The Jewish Christian Gospel Tradition', in Skarsaune and Hvalvik, eds., *Jewish Believers in Jesus,* 241-77.

Evans, C. A., and J. A. Sanders. *Luke and Scripture: The Function of Sacred Tradition in Luke-Acts.* Minneapolis: Fortress, 1993.

Evans, C. S. 'The Historical Reliability of John's Gospel: From What Perspective Should It Be Assessed?', in Bauckham and Mosser, eds., *The Gospel of John and Christian Theology,* 91-119.

Ben Ezra, D. S. '"Christians" observing "Jewish" Festivals of Autumn', in Tomson and Lambers-Petry, eds., *The Image of the Judaeo-Christians,* 53-73.

______ 'Whose Fast Is It? The Ember Day of September and Yom Kippur', in Becker and Reed, eds., *The Ways That Never Parted,* 259-82.

Fee, G. D. *Pauline Christology: An Exegetical-Theological Study.* Peabody: Hendrickson, 2007.

Feldman, L. H. *Jew and Gentile in the Ancient World.* Princeton: Princeton University, 1993.

Feldman, L. H. and G. Hatai, eds. *Josephus, Judaism and Christianity.* Leiden: Brill, 1987.

Feldmeier, R. *Die Christen als Fremde: Die Metaphor der Fremde in der antiken Welt, im Urchristentum and im ersten Petrusbrief.* WUNT 64. Tübingen: Mohr Siebeck, 1992.

Fentress, J., and C. Wickham. *Social Memory.* Oxford: Blackwell, 1992.

Foerster, W. *Gnosis: A Selection of Gnostic Texts; 1. Patristic Evidence; 2. Coptic and Mandaic Sources.* Oxford: Clarendon, 1972, 1974.

Foley, J. M. *The Singer of Tales in Performance.* Bloomington: Indiana University Press, 1995.

Fornberg, T. *An Early Church in a Pluralistic Society.* Lund: Gleerup, 1977.

Fortna, R. T. *The Gospel of Signs.* SNTSMS 11. Cambridge: Cambridge University, 1970.

——— *The Fourth Gospel and Its Predecessor.* Philadelphia: Fortress, 1988.

Fortna, R. T., and T. Thatcher, eds. *Jesus in the Johannine Tradition.* Louisville: Westminster John Knox, 2001.

Foster, P. 'The Discovery and Initial Reaction to the So-called Gospel of Peter', in Kraus and Nicklas, eds., *Evangelium nach Petrus,* 9-30.

——— 'The Epistles of Ignatius of Antioch and the Writings That Later Formed the New Testament', in Gregory and Tuckett, eds., *Reception,* 159-86.

——— 'The *Gospel of Peter*', in Foster, ed., *Non-Canonical Gospels,* 30-42.

——— 'The *Gospel of Philip*', in Foster, ed, *Non-Canonical Gospels,* 68-83.

——— 'The *Protevangelium of James*', in Foster, ed., *Non-Canonical Gospels,* 122-25.

———'Justin and Paul', in Bird and Dodson, eds., *Paul and the Second Century,* 108-25.

——— 'The Text of the New Testament in the Apostolic Fathers', in C. E. Hill and M. J. Kruger, eds., *The Early Text of the New Testament,* 282-301. Oxford University, 2012.

Foster, P., ed. *The Non-Canonical Gospels.* London: T & T Clark, 2008.

France, R. T. *Matthew — Evangelist and Teacher.* Exeter: Paternoster, 1989.

Frankfurter, D. 'Beyond "Jewish Christianity"', in Becker and Reed, eds., *The Ways that Never Parted,* 131-43.

Franklin, E. *Luke: Interpreter of Paul, Critic of Matthew.* JSNTS 92. Sheffield: Sheffield Academic, 1994.

Frend, W. H. C. *The Early Church: From the Beginnings to 461.* London: SCM, 1965,

³1991.

Frey, J. 'Die Lilien und das Gewand: *EvThom* 36 und 37 als Paradigma für das Verhältnis des *Thomasevangeliums* zur synoptischen Überlieferung', in Frey, ed., *Das Thomasevangelium,* 122-80.

______ 'Zur Vielgestaltigkeit judenchristlicher Evangelienüberlieferungen', in Frey and Schröter, eds., *Jesus in apokryphen Evangelienüberlieferungen,* 93-137.

Frey, J., et al., eds., *Das Thomasevangelium: Entstehung — Rezeption — Theologie.* BZNW 157. Berlin: de Gruyter, 2008.

Frey, J., and J. Schröter, eds. *Jesus in apokryphen Evangelienüberlieferungen.* WUNT 1.254. Tübingen: Mohr Siebeck, 2010.

Freyne, S. *Retrieving James/Yakov, the Brother of Jesus: From Legend to History.* Bard College, 2008.

Friedlander, G. *The Jewish Sources of the Sermon on the Mount.* 1911. New York: Ktav, 1969.

Fuller, M. E. *The Restoration of Israel: Israel's Re-gathering and the Fate of the Nations in Early Jewish Literature and Luke-Acts.* BZNW 138. Berlin: de Gruyter, 2006.

Funk, R. W., et al., *The Five Gospels: The Search for the Authentic Words of Jesus.* New York: Macmillan, 1993.

Gager, J. G. 'Did Jewish Christians See the Rise of Islam?' in Becker and Reed, eds., *The Ways That Never Parted,* 361-65.

Gamble, H. Y. *Books and Readers in the Early Church: A History of Early Christian Texts.* Yale University, 1995.

______ 'The New Testament Canon: Recent Research and the Status Quaestionis', in McDonald and Sanders, eds., *The Canon Debate,* 267-94.

Gardner-Smith, P. *St John and the Synoptic Gospels.* Cambridge: Cambridge University, 1938.

Garrett, S. R. *The Temptations of Jesus in Mark's Gospel.* Grand Rapids: Eerdmans, 1998.

Garrow, A. J. P. *The Gospel of Matthew's Dependence on the Didache.* JSNTS 254; London: T & T Clark, 2004.

Gärtner, B. *The Temple and the Community in Qumran and the New Testament.* SNTSMS 1. Cambridge: Cambridge University, 1965.

Gasque, W. W. *A History of the Criticism of the Acts of the Apostles.* Grand Rapids: Eerdmans, 1975.

Gathercole, S. *The Pre-existent Son: Recovering the Christologies of Matthew, Mark and Luke.* Grand Rapids: Eerdmans, 2006.

——— *The Gospel of Judas: Rewriting Early Christianity.* Oxford University, 2007.
——— 'The Influence of Paul on the *Gospel of Thomas.* §§53.3 and 17.', in J. Frey, ed., *Das Thomasevangelium,* 72-94.
——— 'The *Gospel of Judas*: An Unlikely Hero', in Foster, ed., *Non-Canonical Gospels,* 84-95.
——— *The Composition of the Gospel of Thomas: Original Language and Influences.* SNTSMS 151. Cambridge University, 2012.
Gerdmar, A. *Rethinking the Judaism-Hellenism Dichotomy: A Historiographical Case Study of Second Peter and Jude.* CBNTS 36. Stockholm: Almqvist & Wiksell, 2001.
Gerhardsson, B. *The Testing of God's Son. Matt 4:1-11 & PAR.* CB. Lund: Gleerup, 1966.
Goodacre, M. *The Case Against Q.* Harrisburg: TPI, 2002.
——— *Thomas and the Gospels: The Case for Thomas's Familiarity with the Synoptics.* Grand Rapids: Eerdmans, 2012.
Goodman, M. *State and Society in Roman Galilee, AD 132-212.* Totowa: Rowan & Allanheld, 1983.
——— 'Nerva, the *fiscus Judaicus* and Jewish Identity'. *JRS* 79.6 (1989): 40-44.
——— 'Diaspora Reactions to the Destruction of the Temple', in Dunn, ed., *Jews and Christians,* 27-38.
——— *Mission and Conversion.* Oxford University, 1994.
——— 'The Function of Minim in Early Rabbinic Literature', in P. Schäfer, ed., *Geschichte — Tradition — Reflexion; Festschrift für Martin Hengel:* Vol. I, *Judentum,* 501-10. Tübingen: Mohr Siebeck, 1996; reprinted in *Judaism in the Roman World,* 163-73.
——— 'Modeling the "Parting of the Ways"', in Becker and Reed, eds., *The Ways That Never Parted,* 119-29.
——— 'Sadducees and Essenes after 70 CE', in *Judaism in the Roman World: Collected Essays.* Leiden: Brill, 2007.
——— 'Modelling the "Parting of the Ways"', in *Judaism in the Roman World,* 175-85.
——— *Rome and Jerusalem: The Clash of Ancient Civilizations.* London: Penguin, 2007.
Goulder, M. D. *Luke: A New Paradigm.* JSNTS 20. Sheffield: Sheffield Academic, 1989.
Grant, R. M. *Second-Century Christianity: A Collection of Fragments.* London: SPCK,

1946.
______ 'The Bible of Theophilus of Antioch', *JBL* 66 (1947): 173-96.
______ *Gnosticism and Early Christianity.* New York: Columbia University, ²1966.
______ *After the New Testament.* Philadelphia: Fortress, 1967.
______ *Greek Apologists of the Second Century.* London: SCM, 1988.
Grant, R. M., ed. *Gnosticism: An Anthology.* London: Collins, 1961.
______ *Ignatius of Antioch.* Vol. 4, *The Apostolic Fathers.* London: Nelson, 1965.
Grant, R. M. and H. M. Graham, eds. *First and Second Clement.* Vol. 2, *The Apostolic Fathers.* London: Nelson, 1965.
Green, H. B., *Matthew, Poet of the Beatitudes.* JSNTS 203. Sheffield: Sheffield Academic, 2001.
Greenslade, S. L. *Schism in the Early Church.* London: SCM, 1953, 21964.
Gregory, A. *The Reception of Luke and Acts in the Period before Irenaeus.* WUNT 2.169. Tübingen: Mohr Siebeck, 2003.
______ '*1 Clement* and the Writings That Later Formed the New Testament', in Gregory and Tuckett, eds., *Reception,* 129-57.
______ 'Jewish-Christian Gospels', in Foster, ed., *Non-Canonical Gospels,* 54-67.
Gregory, A., and C. Tuckett, eds., *The Reception of the New Testament in the Apostolic Fathers.* Oxford: Clarendon, 2005.
______ *Trajectories through the New Testament and the Apostolic Fathers.* Oxford: Clarendon, 2005.
Gruen, E. S. *Diaspora: Jews amidst Greeks and Romans.* Cambridge: Harvard University, 2002.
Gruenwald, I. *Apocalyptic and Merkabah Mysticism.* Leiden: Brill, 1979.
Guelich, R. *The Sermon on the Mount: A Foundation for Understanding.* Waco: Word, 1982.
______ 'The Gospel Genre', in P. Stuhlmacher, ed., *Das Evangelium und die Evangelien,* 183-219. WUNT 28. Tübingen, Mohr Siebeck, 1983 = *The Gospel and the Gospels,* 173-208. Grand Rapids: Eerdmans, 1991.
Gundry, R. H. '*EUANGELION:* How Soon a Book?' *JBL* 115 (1996): 321-25.
Haenchen, E. 'The Book of Acts as Source Material for the History of Early Christianity', in L. E. Keck and J. L. Martyn, eds., *Studies in Luke-Acts,* 258-78. Philadelphia: Fortress, 1966.
Hagner, D. A. *The Use of the Old and New Testaments in Clement of Rome.* NovTSupp 34. Leiden: Brill, 1973.

——— 'The Sayings of Jesus in the Apostolic Fathers and Justin Martyr', in D. Wenham, ed., *Gospel Perspectives,* Vol. 5, *The Jesus Tradition Outside the Gospel,* 233-68. Sheffield: JSOT, 1985.

——— *The New Testament.* Grand Rapids: Baker Academic, 2012.

Häkkinen, S. 'Ebionites', in Marjanen and Luomanen, eds., *Companion,* 247-78.

Halbwachs, M. *On Collective Memory.* Chicago: University of Chicago, 1992.

Hall, S. G. *Melito of Sardis: On Pascha and Fragments.* Oxford: Clarendon, 1979.

Hällström, G., and O. Skarsaune. 'Cerinthus, Elxai and Other Alleged Jewish Christian Teachers or Groups', in Skarsaune and Hvalvik, eds., *Jewish Believers,* 488-502.

Hanfmann, G. M. A., ed. *Sardis from Prehistoric to Roman Times: Results of the Archaeological Exploration of Sardis 1958-1975.* Harvard University, 1983.

Hannah, D. 'The Four-Gospel "Canon" in the *Epistula Apostolorum*'. *JTS* 59 (2008): 598-633.

Harnack, A. *History of Dogma.* 31900; ET London: Constable/New York: Dover, 1961.

——— *What Is Christianity?* 1900; ET London: Williams & Norgate, 1901; 5th edition, London: Ernest Benn, 1958.

——— *The Expansion of Christianity in the First Three Centuries.* ET London: Williams & Norgate, 1904.

——— *The Mission and Expansion of Christianity in the First Three Centuries.* ET 1908; New York: Harper Torchbook, 1962.

——— *Marcion: Das Evangelium vom fremden Gott.* Leipzig: Hinrichs, 1924.

——— *Die Briefsammlung des Apostels Paulus.* Leipzig: Hinrichs, 1926.

Harrison, P. N. *The Problem of the Pastoral Epistles.* Oxford University, 1921.

Hartog, P. *Polycarp's Epistle to the Philippians and the Martyrdom of Polycarp.* Oxford University, 2013.

Hasler, V. 'Epiphanie und Christologie in des Pastoralbriefen'. *TLZ* 33 (1977): 193-209.

Hatina, T. R. *In Search of a Context: The Function of Scripture in Mark's Narrative.* JSNTS 232. London: Sheffield Academic, 2002.

Haverly, T. P. *Oral Traditional Narrative and the Composition of Mark's Gospel.* Ph.D. diss. Edinburgh, 1983.

Hawkins, J. C. *Horae Synopticae: Contributions to the Study of the Synoptic Problem.* Oxford: Clarendon, 1898, [2]1909.

Hays, R. B. *Echoes of Scripture in the Letters of Paul.* Yale University, 1989.

_____ '"Here We Have No Lasting City": New Covenantalism in Hebrews', in Bauckham et al., eds., *Hebrews and Christian Theology,* 151-73.

Head, P. M. 'Tatian's Christology and its Influence on the Composition of the Diatessaron', *TynB.* 43 (1992): 121-37.

_____ 'On the Christology of the Gospel of Peter', *VC* 46 (1992): 209-24.

_____ 'Graham Stanton and the Four-Gospel Codex: Reconsidering the Manuscript Evidence', in J. Willitts et al., eds., *Jesus, Matthew's Gospel and Early Christianity: Studies in Memory of Graham N. Stanton,* 93-101. LNTS 435. London: T & T Clark, 2011.

Heckel, T. K. *Vom Evangelium des Markus zum viergestaltigen Evangelium.* WUNT 120. Tübingen: Mohr Siebeck, 1999.

Hedrick, C. W., and P. A. Mirecki. *Gospel of the Savior: A New Ancient Gospel.* Santa Rosa, CA: Polebridge, 1999.

Heemstra, M. *The Fiscus Judaicus and the Parting of the Ways.* WUNT 2.277. Tübingen: Mohr Siebeck, 2010.

Hemer, C. J. *The Letters to the Churches of Asia in Their Local Setting.* JSNTS 11. Sheffield: JSOT, 1986.

Henaut, B. W. *Oral Tradition and the Gospels: The Problem of Mark 4.* JSNTS 82. Sheffield: Sheffield Academic, 1993.

Hengel, M. *Judaism and Hellenism.* ET 2 vols. London: SCM, 1974.

_____ *Studies in the Gospel of Mark.* London: SCM, 1985.

_____ *The Johannine Question.* ET London: SCM, 1989.

_____ *Die johanneische Frage.* WUNT 67. Tübingen: Mohr Siebeck, 1993.

_____ *The Four Gospels and the One Gospel of Jesus Christ.* London: SCM, 2000.

_____ 'Jakobus der Herrenbruder — der erste "Papst"?' (1985), in *Paulus und Jakobus: Kleine Schriften III,* 549-82. Tübingen: Mohr Siebeck, 2002.

_____ *The Septuagint as Christian Scripture.* Edinburgh: T & T Clark, 2002.

_____ *Der unterschätzte Petrus.* Tübingen: Mohr Siebeck, 2006.

_____ 'The Prologue of the Gospel of John as the Gateway to Christological Truth', in Bauckham and Mosser, eds., *John and Christian Theology,* 265-94.

_____ *Theologische, historische und biographische Skizzen: Kleine Schriften VII.* WUNT 253. Tübingen: Mohr Siebeck, 2010.

Henry, J. K. 'The Acts of Thomas as Sacred Text', in Charlesworth et al., eds., *Sacra Scriptura,* 152-70.

Herczeg, P. 'New Testament Parallels to the Apocryphal Acta Pauli Documents', in

Bremmer, ed., *Apocryphal Acts of Paul,* 144-49.

Herford, R. T. *Christianity in Talmud and Midrash.* London: Williams & Norgate, 1903.

Herron, T. J. *Clement and the Early Church of Rome: On the Dating of Clement's First Epistle to the Corinthians.* Steubenville, OH: Emmaus Road Publishing, 2008.

Heschel, S. *Abraham Geiger and the Jewish Jesus.* University of Chicago, 1998.

Higgins, A. J. B. *The Historicity of the Fourth Gospel.* London: Lutterworth, 1960.

Hilhorst, A. 'Tertullian on the Acts of Paul', in Bremmer, ed., *The Apocryphal Acts of Paul,* 150-63.

Hill, C. E. *The Johannine Corpus in the Early Church.* Oxford University, 2004.

——— *Who Chose the Gospels? Probing the Great Gospel Conspiracy.* Oxford University, 2010.

Hill, J. H. *The Earliest Life of Christ Ever Compiled from the Four Gospels Being the Diatessaron of Tatian.* Edinburgh: T & T Clark, 1894.

Hoffmann, R. J. *Marcion: On the Restitution of Christianity.* AARAS 46; Chico: Scholars, 1984.

Hofius, O. 'Das Zeugnis der Johannesoffenbarung von der Gottheit Jesu Christi', in H. Lichtenberger, hrsg., *Frühes Christentum,* 511-28. Tübingen: Mohr-Siebeck, 1996.

Hogan, P. N. 'Paul and Women in Second-Century Christianity', in Bird and Dodson, eds., *Paul and the Second Century,* 226-43.

Holmes, M. W. *The Apostolic Fathers.* Grand Rapids: Baker, 1989.

——— 'Paul and Polycarp', in Bird and Dodson, eds., *Paul and the Second Century,* 57-69.

——— 'Polycarp's *Letter to the Philippians* and the Writings that later Formed the New Testament', in Gregory and Tuckett, eds., *Reception,* 187-227.

Horbury, W. 'The Benediction of the *Minim* and Early Jewish-Christian Controversy'. *JTS* 33 (1982): 19-61.

——— 'Jewish-Christian Relations in Barnabas and Justin Martyr', in Dunn, ed., *Jews and Christians,* 315-45.

——— 'The Beginnings of the Jewish Revolt under Trajan', in P. Schäfer, ed., *Geschichte — Tradition — Reflexion: Festschrift für Martin Hengel.* Vol. I, *Judentum,* 283-304. Tübingen: Mohr Siebeck, 1996.

——— *Jews and Christians in Contact and Controversy.* Edinburgh: T & T Clark, 1998.

——— 'Messianism Among Jews and Christians in the Second Century', in

Messianism Among Jews and Christians: Twelve Biblical and Historical Studie,. 275-88. London: T & T Clark, 2003.

Horner, T. J. *Listening to Trypho: Justin Martyr's Dialogue Reconsidered.* Leuven: Peeters, 2001.

Horrell, D. G. *The Social Ethos of the Corinthian Correspondence.* Edinburgh: T & T Clark, 1996.

______ *1 Peter.* New Testament Guides. London: T & T Clark, 2008.

Horton, F. L. *The Melchizedek Tradition: A Critical Examination of the Sources to the Fifth Century a.d. and in the Epistle to the Hebrews.* SNTSMS 30. Cambridge University, 1976.

Hübner, H. 'EN ARCHĒ EGŌ EIMI', in Labahn, et al., eds., *Israel,* 107-22.

Huizenga, L. A. *The New Isaac: Tradition and Intertextuality in the Gospel of Matthew.* NovTSupp. Leiden: Brill, 2009.,

Hummel, R. *Die Auseinandersetzung zwischen Kirche und Judentum im Matthäusevangelium.* München: Kaiserm, 1966.

Hurst, L. D. *The Epistle to the Hebrews: Its Background of Thought.* SNTSMS 65. Cambridge University, 1990.

Hurtado, L. W. *One God One Lord: Early Christian Devotion and Ancient Jewish Monotheism.* Philadelphia: Fortress, 1988.

______ *Early Christian Artifacts: Manuscripts and Christian Origins.* Grand Rapids: Eerdmans, 2006.

Hvalvik, R. *The Struggle for Scripture and Covenant: The Purpose of the Epistle of Barnabas and Jewish-Christian Competition in the Second Century.* WUNT 2.82. Tübingen: Mohr Siebeck, 1996.

Incigneri, B. *The Gospel to the Romans: The Setting and Rhetoric of Mark's Gospel.* Leiden: Brill, 2003.

Isser, S. J. *The Dositheans: A Samaritan Sect in Late Antiquity.* SJLA 17. Leiden: Brill, 1976.

Iverson, K. R. *Gentiles in the Gospel of Mark.* LNTS 339; London: T & T Clark, 2007.

______ 'An Enemy of the Gospel? Anti-Paulinism and Intertextuality in the Gospel of Matthew', in Skinner and Iverson, eds., *Unity and Diversity in the Gospels and Paul,* 7-32.

James, M. R. *The Apocryphal New Testament.* Oxford: Clarendon, 1924.

Jansen, M. '"Evangelium des Zwillings?" Das *Thomasevangelium* als Thomas-Schrift', in Frey et al., eds., *Das Thomasevangelium,* 222-48.

Jefford, C. N. *The Sayings of Jesus in the Teaching of the Twelve Apostles.* Leiden: Brill, 1989.

——— *The Apostolic Fathers and the New Testament.* Peabody, MA: Hendrickson, 2006.

———*The Epistle to Diognetus (with the Fragment of Quadratus).* Oxford University, 2013.

Jeremias, J. *Unknown Sayings of Jesus.* London: SPCK, 1958, ²1964.

——— *Jesus' Promise to the Nations.* London: SCM, 1958.

——— *The Prayers of Jesus.* 1966. ET London: SCM, 1967.

Jervell, J. *Luke and the People of God: A New Look at Luke-Acts.* Minneapolis: Augsburg, 1972.

——— *The Unknown Paul : Essays on Luke-Acts and Early Christian History.* Minneapolis: Augsburg, 1984.

——— *The Theology of the Acts of the Apostles.* Cambridge: Cambridge University, 1996.

Johnson, L. T. 'The New Testament's Anti-Jewish Slander and the Conventions of Ancient Polemic' *JBL* 108 (1989): 419-41.

Jonas, H. *The Gnostic Religion: The Message of the Alien God and the Beginning of Christianity.* Boston: Beacon, 21958.

Jones, F. S. 'The Pseudo-Clementines: A History of Research', *Second Century* 2 (1982): 1-33, 63-96.

——— 'An Ancient Jewish Christian Rejoinder to Luke's Acts of the Apostles: Pseudo-Clementine *Recognitions* 1.27-71', in Stoops, ed., *Apocryphal Acts,* 223-45.

——— *An Ancient Jewish Christian Source on the History of Christianity: Pseudo-Clementine* Recognitions 1.27-71. Atlanta: Scholars, 1995.

——— 'Jewish Christianity of the *Pseudo-Clementines*', in Marjanen and Luomanen, eds., *Companion,* 315-34.

Jossa, G. *Jews or Christians? The Followers of Jesus in Search of Their Own Identity.* WUNT 202. Tübingen: Mohr Siebeck, 2006.

Judge, E. A. 'Judaism and the Rise of Christianity: A Roman Perspective', *TynB* 45 (1994): 355-68.

Judge, P. J. 'The Royal Official and the Historical Jesus', in Anderson et al., eds., *John, Jesus and History,* vol. 2, 83-92.

Kähler, M. *The So-Called Historical Jesus and the Historic Biblical Christ.* 1896; Philadelphia: Fortress, 1964.

Kaiser, U. U. 'Jesus als Kind', in Frey and Schröter, ed., *Jesus in apokryphen*

Evangelienüberlieferungen, 253-69.
Käsemann, E. 'The New Testament Canon and the Unity of the Church', in *Essays on New Testament Themes.* London: SCM, 1964.
______ *The Testament of Jesus.* ET London: SCM, 1968.
______ 'Ketzer und Zeuge', in *Exegetische Versuche und Besinnungen,* 168-87. Göttingen: Vandenhoeck, 1970.
______ *The Wandering People of God: An Investigation of the Letter to the Hebrews.* ET Minneapolis: Augsburg, 1984.
Kazmierski, C. R. *Jesus, the Son of God: A Study of the Markan Tradition and Its Redaction by the Evangelist.* Würzburg: Echter, 1979.
Keck, L. E. 'The Introduction to Mark's Gospel'. *NTS* 12 (1966): 352-70.
______ 'The Function of Romans 3:10-18 — Observations and Suggestions', in J. Jervell and W. A. Meeks, eds., *God's Christ and His People,* 141-57. Oslo: Universitetsforlaget, 1977.
Keck, L. E., and J. L. Martyn, eds. *Studies in Luke-Acts.* Nashville: Abingdon, 1966.
Kee, H. C. *Community of the New Age.* London: SCM, 1977.
Keener, C. S. *Acts: An Exegetical Commentary.* Vol. 1. Grand Rapids: Baker Academic, 2012.
Kelber, W. H. 'Mark and Oral Tradition', in N. R. Petersen, ed., *Perspectives on Mark's Gospel,* 7-55.
______ *The Oral and the Written Gospel.* Philadelphia: Fortress, 1983.
Kelhoffer, J. A. *Miracle and Mission: The Authentication of Missionaries and Their Message in the Longer Ending of Mark.* WUNT 2.112. Tübingen: Mohr Siebeck, 2000.
______ '"How Soon a Book" Revisited: *EUANGELION* as a Reference to "Gospel" Materials in the First Half of the Second Century', *ZNW* 95 (2004): 1-34.
______ '"Gospel" as a Literary Title in Early Christianity and the Question of What Is (and Is Not) a "Gospel" in Canons of Scholarly Literature', in Frey and Schröter, eds., *Jesus in apokryphen Evangelienüberlieferungen,* 399-422.
Kelly, J. N. D. *Early Christian Doctrines.* London: A & C Black, [2]1960.
______ *Early Christian Creeds.* London: Longmans, 1960.
Kenyon, F. G. *The Chester Beatty Biblical Papyri: Descriptions and Texts of Twelve Manuscripts on Papyri of the Greek Bible.* London: Emery Walker, 1933-37.
Kermode, F. *The Genesis of Secrecy.* Cambridge, MA: Harvard University, 1979.
Kerr, A. R. *The Temple of Jesus' Body: The Temple Theme in the Gospel of John.* JSNTS 220. London: Sheffield Academic, 2002.

Kilpatrick, G. D. *The Origins of the Gospel according to Saint Matthew.* Oxford: Clarendon, 1946.

King, K. L. *What Is Gnosticism?.* Harvard University, 2003.

——— 'Toward a Discussion of the Category "Gnosis"/"Gnosticism": The Case of the Epistle of Peter to Philip', in Frey and Schröter, eds., *Jesus in apokryphen Evangelienüberlieferungen,* 445-65.

Kingsbury, J. D. *Matthew: Structure, Christology, Kingdom.* Philadelphia: Fortress, 1975.

——— *The Christology of Mark's Gospel.* Philadelphia: Fortress, 1983.

Kinzig, W. 'The Nazoraeans', in Tomson and Lambers-Petry, eds., *Image of the Judaeo-Christians,* 463-87.

Kirk, A. 'Tradition and Memory in the *Gospel of Peter*', in Kraus and Nicklas, eds., *Evangelium nach Petrus,* 135-58.

Kirk and T. Thatcher, A., eds. *Memory, Tradition, and Text: Uses of the Past in Early Christianity.* Semeia Studies 52. Atlanta: Scholars, 2005.

Klauck, H. J. *The Apocryphal Acts of the Apostles: An Introduction.* 2005. ET Waco: Baylor University, 2008.

Klijn, A. F. J. *Jewish-Christian Gospel Tradition.* Leiden: Brill, 1992.

——— *The Acts of Thomas.* NovTSupp 108. Leiden: Brill, 22003.

Klijn, A. F. J., and G. J. Reinink. *Patristic Evidence for Jewish-Christian Sects.* NovTSupp 36. Leiden: Brill, 1973.

Klinzing, G. *Die Umdeutung des Kultus in der Qumrangemeinde und im NT.* Göttingen: Vandenhoeck & Ruprecht, 1971.

Kloppenborg, J. S. *Excavating Q.* Minneapolis: Fortress, 2000.

——— '*Didache* 1.1 −6.1, James, Matthew and the Torah', in Gregory and Tuckett, eds., *Trajectories,* 193-21.

Knibb, M. A. 'Christian Adoption and Transmission of Jewish-Pseudepigrapha: The Case of 1 Enoch'. *JSJ* 32 (2001): 396-415.

——— *Essays on the Book of Enoch and Other Early Jewish Texts and Traditions.* Leiden: Brill, 2008.

Knowles, M. *Jeremiah in Matthew's Gospel: The Rejected Profit Motif in Matthean Redaction.* JSNTS 68. Sheffield: JSOT, 1993.

Knox, J. *Marcion and the New Testament.* University of Chicago, 1942, reprinted 1980.

Koester, C. R. *Symbolism in the Fourth Gospel.* Minneapolis: Fortress, [2]2003.

Koester, H. *Synoptische Überlieferung bei den apostolischen Vätern.* Berlin: Akademie-

Verlag, 1957.
______ '*GNOMAI DIAPHOROI*: The Origin and Nature of Diversification in the History of Early Christianity', in Robinson and Koester, *Trajectories,* 114-57.
______ 'One Jesus and Four Primitive Gospels', Robinson and Koester, *Trajectories,* 158-204.
______ *Introduction to the New Testament:* Vol. 2. *History and Literature of Early Christianity.* Berlin: de Gruyter, 1982.
______ *Ancient Christian Gospels: Their History and Development.* London: SCM, 1990.
______ 'Written Gospels or Oral Traditions?', *JBL* 113 (1994): 293-97.
______ 'Gospels and Gospel Traditions in the Second Century', in Gregory and Tuckett, eds., *Trajectories,* 27-44.
Koester, H., ed. *Ephesos: Metropolis of Asia.* HTS 41. Harvard University, 2004.
Köhler, W. D. *Die Rezeption des Matthäusevangeliums in der Zeit vor Irenäus.* WUNT 2.24. Tübingen: Mohr Siebeck, 1987.
Konradt, M. *Israel, Kirche und die Völker im Matthäusevangelium.* WUNT 215. Tübingen: Mohr Siebeck, 2007.
Kraft, R. A. *Barnabas and the Didache*, in R. M. Grant, ed., *The Apostolic Fathers* vol. 3 (1965).
______ 'The Weighing of the Parts', in Becker and Reed, eds., *The Ways That Never Parted,* 87-94.
Kramer, W. *Christ, Lord, Son of God.* 1963. ET London: SCM, 1966.
Kraus, T. J., and T. Nicklas, eds. *Das Evangelium nach Petrus: Text, Kontexte, Intertexte.* Berlin: de Gruyter, 2007.
Krosney, H. *The Lost Gospel: The Quest for the Gospel of Judas Iscariot.* Washington: National Geographic, 2006.
Kruger, M. J. 'Papyrus Oxyrhynchus 840', in Foster, ed., *Non-Canonical Gospels,* 157-70.
Kuhn, H. W. *Ältere Sammlungen im Markusevangelium.* Göttingen: Vandenhoeck, 1971.
Kuhn, K. G. 'The Epistle to the Ephesians in the Light of the Qumran Texts', in J. Murphy-O'Connor, ed., *Paul and Qumran,* 115-31. London: Chapman, 1968.
Kümmel, W. G. *Introduction to the New Testament.* London: SCM, revised edition 1975.
Kupp, D. D. *Matthew's Emmanuel: Divine Presence and God's People in the First Gospel.*

SNTSMS 90. Cambridge: Cambridge University, 1996.

Kürzinger, J. 'Irenäus und sein Zeugnis zur Sprache des Matthäusevangeliums'. *NTS* 10 (1963-64): 108-15.

Kvalbein, H. 'Has Matthew Abandoned the Jews?', in Ådna and Kvalbein, eds., *Mission,* 45-62.

Kysar, R. 'The Dehistoricizing of the Gospel of John', in Anderson et al., eds., *John, Jesus and History*, vol. 1, 75-101.

Labahn, M. *Jesus als Lebensspender: Untersuchungen zu einer Geschichte der johanneischen Tradition anhand ihrer Wundergeschichten.* BZNW 98. Berlin: de Gruyter, 1999.

——— 'Peter's Rehabilitation. John 21:15-19. and the Adoption of Sinners: Remembering Jesus and Relecturing John', in Anderson et al., eds., *John, Jesus and History,* vol. 2, 335-48.

Labahn, M., et al., eds. *Israel und seine Heilstradition im Johannesevangelium.* Schöningh: Paderborn, 2004.

Lake, K. *The Apostolic Fathers.* 2 vols. LCL. London: Heinemann, 1913.

Lake, K., and J. E. L. Oulton. Eusebius, *The Ecclesiastical History.* 2 vols. LCL. London: Heinemann, 1926, 1932.

Lallemann, P. J. 'The Relation between the Acts of John and the Acts of Peter', in J. N. Bremmer, ed., *The Apocryphal Acts of Peter: Magic, Miracles and Gnosticism,* 161-77. Leuven: Peeters, 1998.

Lampe, P. *From Paul to Valentinus: Christians in Rome in the First Two Centuries.* Minneapolis: Fortress, 2003.

Lane, T. J. *Luke and the Gentile Mission: Gospel Anticipates Acts.* Frankfurt: Lang, 1996.

Langer, R. *Cursing the Christians? A History of the Birkat Haminim*. Oxford University, 2011.

Lapham, F. *Peter: The Myth, the Man and the Writings.* JSNTS 239. London: Sheffield Academic, 2003.

Lawlor, H. J., and J. E. L. Oulton. *Eusebius: Ecclesiastical History and the Martyrs of Palestine.* 2 vols. London: SPCK, 1954.

Lehne, S. *The New Covenant in Hebrews.* JSNTS 44. Sheffield: JSOT, 1990.

Lentz, J. C. *Luke's Portrait of Paul.* SNTSMS 77. Cambridge University, 1993.

Levine, L. I. A. 'Judaism from the Destruction of Jerusalem to the End of the Second Jewish Revolt: 70-135 C.E', in Shanks, ed., *Christianity and Rabbinic Judaism,* 139-66.

Lietzmann, H. *A History of the Early Church.* 4 vols. Cleveland and New York: Meridian, 1961.

Lieu, J. *The Second and Third Epistles of John.* Edinburgh: T & T Clark, 1986.

______ '"The Parting of the Ways": Theological Construct or Historic Reality?' *JSNT* 56 (1994): 101-19.

______ *Neither Jew nor Greek? Constructing Christian Identity.* Edinburgh: T & T Clark, 2003.

______ *Christian Identity in the Jewish and Graeco-Roman World.* Oxford University, 2004.

______ '"As much my apostle as Christ is mine": The Dispute over Paul between Tertullian and Marcion'. *Early Christianity* 1 (2010): 41-59.

Lightfoot, J. B. 'The Christian Ministry', in *Saint Paul's Epistle to the Philippians,* 181-269. London: Macmillan, 1868, 1885.

______ *Apostolic Fathers:* Part I. *S. Clement of Rome.* London: Macmillan, ^{2}1890.

______ *The Apostolic Fathers:* Part II. *S. Ignatius, S. Polycarp.* 3 vols. London: Macmillan, 1885.

______ *Essays on Supernatural Religion.* London: Macmillan, 1889.

Lincoln, A. T. 'The Use of the OT in Ephesians'. *JSNT* 14 (1982): 16-57.

______ 'The Theology of Ephesians', in A. T. Lincoln and A. J. M. Wedderburn, *The Theology of the Later Pauline Letters,* 73-166. Cambridge University, 1993.

______ *Truth on Trial.* Peabody, MA: Hendrickson, 2000.

______ '"We Know That His Testimony Is True": Johannine Truth Claims and Historicity', in Anderson, et al., eds., *John, Jesus and History,* vol. 1, 179-97.

Lindars, B. *Behind the Fourth Gospel.* London: SPCK, 1971.

______ *The Theology of the Letter to the Hebrews.* Cambridge University, 1991.

Lindemann, A. *Paulus im ältesten Christentum.* Tübingen: Mohr Siebeck, 1979.

Lona, H. E. *Der erste Clemensbrief.* KAV 2. Göttingen: Vandenhoeck, 1998.

Longenecker, R. W. *The Christology of Early Jewish Christianity.* London: SCM, 1970.

Lüdemann, G. *Opposition to Paul in Jewish Christianity.* ET Minneapolis: Fortress, 1989.

______ *Heretics: the Other Side of Early Christianity.* London: SCM, 1996.

Lührmann, D. *Die apokryph gewordenen Evangelien.* NovTSupp 112. Leiden: Brill, 2004.

Luomanen, P. 'Nazarenes', in Marjanen and Luomanen, eds., *Companion,* 279-314.

Luttikhuizen, G. 'The Apocryphal Correspondence with the Corinthians and the Acts

of Paul', in Bremmer, ed., *Apocryphal Acts of Paul,* 75-91.
——— 'Elchasaites and Their Book', in Marjanen and Luomanen, eds., *Companion,* 334-64.
Luz, U. *Studies in Matthew.* Grand Rapids: Eerdmans, 2005.
——— 'Anti-Judaism in the Gospel of Matthew as a Historical and Theological Problem: An Outline', in *Studies in Matthew,* 243-61.
Maccoby, H. *Judas Iscariot and the Myth of Jewish Evil.* London: Peter Halban, 1992.
McCullough, W. S. *A Short History of Syriac Christianity to the Rise of Islam.* Chico: Scholars, 1982.
MacDonald, D. R. *The Legend and the Apostle: The Battle for Paul in Story and Canon.* Philadelphia: Westminster, 1983.
MacDonald, D. R., ed. *The Apocryphal Acts of Apostles. Semeia* 38. Decatur, GA: Scholars, 1986.
Macdonald, J. *The Theology of the Samaritans.* London: SCM, 1964.
MacDonald, M. Y. *The Pauline Churches: A Socio-Historical Study of Institutionalization in the Pauline and Deutero-Pauline Writings.* SNTSMS 60. Cambridge University, 1988.
MacLennan, R. S. *Early Christian Texts on Jews and Judaism.* BJS 194. Atlanta: Scholars, 1990.
MacRae, G. W. 'The Jewish Background of the Gnostic Sophia Myth'. *NovT* 12 (1970): 86-101.
Malherbe, A. J. 'A Physical Description of Paul', in *Paul and the Popular Philosophers,* 165-70. Minneapolis: Fortress, 1989.
Marcus, J. 'Mark 4:10-12 and Marcan Epistemology', *JBL* 103 (1984): 557-74.
——— *The Way of the Lord: Christological Exegesis of the Old Testament in the Gospel of Mark.* Louisville: Westminster John Knox, 1992.
——— 'The Jewish War and the Sitz im Leben of Mark', *JBL* 111 (1992) 441-62.
Marguerat, D. 'The *Acts of Paul* and the Canonical Acts: A Phenomenon of Rereading', in Stoops, ed., *The Apocryphal Acts of the Apostles in Intertextual Perspectives,* 169-83.
Marjanen, A. 'Women Disciples in the *Gospel of Thomas*', in Uro, ed., *Thomas at the Crossroads,* 89-106.
——— 'Is *Thomas* a Gnostic Gospel?', in Uro, ed., *Thomas at the Crossroads,* 107-39.
——— '*Thomas* and Jewish Religious Practices', in Uro, ed., *Thomas at the Crossroads,* 163-82.

——— 'The Portrait of Jesus in the *Gospel of Thomas*', in Asgeirsson et al., eds., *Thomasine Traditions in Antiquity*, 209–19.

——— 'Montanism: Egalitarian Ecstatic "New Prophecy"', in Marjanen and Luomanen, *Companion*, 185–212.

Marjanen, A., and P. Luomanen, eds. *A Companion to Second-Century Christian 'Heretics'*. Supp.VC 76. Leiden: Brill, 2005.

Markschies, C. *Valentinus Gnosticus? Untersuchungen zur valentinianischen Gnosis mit einem Kommentar zu den Fragmenten Valentin.* WUNT 65. Tübingen: Mohr Siebeck, 1992.

——— *Gnosis: An Introduction.* London: T & T Clark, 2003.

——— 'Was wissen wir über den Sitz im Leben der apokryphen Evangelien'? in Frey and Schröter, eds., *Jesus in apokryphen Evangelienüberlieferungen*, 61–90.

Marshall, C. D. *Faith as a Theme in Mark's Narrative.* SNTSMS 64. Cambridge: Cambridge University, 1989.

Marshall, I. H. *Luke: Historian and Theologian.* Exeter: Paternoster, 1970.

Martyn, J. L. *History and Theology in the Fourth Gospel.* Nashville: Abingdon, [2]1979.

——— 'Glimpses into the History of the Johannine Community' (1977), in *The Gospel of John in Christian History*, ch. 3. New York: Paulist, 1979.

——— *Theological Issues in the Letters of Paul.* Edinburgh: T & T Clark, 1997.

Mason, S. *Josephus and the New Testament.* Peabody: Hendricksen, 22003.

Massaux, E. *The Influence of the Gospel of Saint Matthew on Christian Literature before Saint Irenaeus.* 1950. ET 3 vols. Macon, GA: Mercer University, 1990.

Matson, M. A. 'The Temple Incident: An Integral Element in the Fourth Gospel's Narrative', in Fortna and Thatcher, eds., *Jesus in the Johannine Tradition*, 145–53.

——— 'The Historical Plausibility of John's Passion Dating', in Anderson et al., eds., *John, Jesus and History*, vol. 2, 291–312.

Mayo, P. L. *"Those Who Call Themselves Jews": The Church and Judaism in the Apocalypse of John.* PTMS 60. Eugene, OR: Pickwick, 2006.

McDonald, L. M. *The Formation of the Christian Biblical Canon.* Peabody: Hendrickson, [2]1995.

——— 'The *Odes of Solomon* in Ancient Christianity: Reflections on Scripture and Canon', in Charlesworth et al., eds., *Sacra Scriptura*, 108–36.

McDonald, L. M., and J. A. Sanders, eds. *The Canon Debate.* Peabody: Hendrickson, 2002.

McGrath, J. F. *John's Apologetic Christology: Legitimation and Development in Johannine Christology.* SNTSMS 111. Cambridge: Cambridge University, 2001.

——— '"Destroy this Temple": Issues of History in John 2:13-22', in Anderson, et al., eds., *John, Jesus and History,* vol. 2, 35-43.

Meade, D. G. *Pseudonymity and Canon.* WUNT 39. Tübingen: Mohr Siebeck, 1986.

Meeks, W. A. *The Prophet-King: Moses Traditions and the Johannine Christology.* NovTSupp 14. Leiden: Brill, 1967.

——— 'The Ethics of the Fourth Evangelist', in Culpepper and Black, eds., *Exploring the Gospel of John,* 317-26.

——— 'The Man from Heaven in Johannine Sectarianism' (1972), in Ashton, ed., *Interpretation,* 169-205.

——— *The First Urban Christians: The Social World of the Apostle Paul.* Yale University, 1983.

Meeks, W. A., and R. L. Wilken. *Jews and Christians in Antioch in the First Four Centuries of the Common Era.* Missoula: Scholars, 1978.

Meier, J. P. 'The Parable of the Wicked Tenants in the Vineyard: Is the Gospel of Thomas Independent of the Synoptics?', in Skinner and Iverson, eds., *Unity and Diversity in the Gospels and Paul,* 129-45.

——— 'Matthew and Ignatius', in Balch, ed., *Social History,* 178-86.

Menken, M. J. J. 'Die jüdischen Feste im Johannesevangelium', in Labahn et al., eds., *Israel,* 269-86.

Metzger, B. M. *A Textual Commentary on the Greek New Testament.* London: United Bible Societies, 1971, 1975.

——— 'Literary Forgeries and Canonical Pseudepigrapha', *JBL* 91 (1972): 3-24.

——— *The Canon of the New Testament.* Oxford: Clarendon, 1987.

——— *The Text of the New Testament: Its Transmission, Corruption, and Restoration.* Oxford University [3]1964, [4]2005 with B. D. Ehrman.

Meyer, M. *The Gospel of Thomas: The Hidden Sayings of Jesus.* San Francisco: Harper Collins, 1992.

——— *The Gnostic Gospels of Jesus.* New York: HarperCollins, 2005.

——— 'Interpreting Judas: Ten Passages in the *Gospel of Judas*', in Scopello, ed., *Gospel of Judas,* 41-55.

Meyer, P. W. '"The Father": The Presentation of God in the Fourth Gospel', in Culpepper and Black, eds., *Exploring the Gospel of John,* 255-73.

Miller, J. D. *The Pastoral Letters as Composite Documents.* SNTSMS 93. Cambridge

University, 1997.
Miller, S. *Women in Mark's Gospel.* JSNTS 259. London: T & T Clark, 2004.
______ 'The Woman at the Well: John's Portrayal of the Samaritan Mission', in Anderson, et al., eds., *John, Jesus and History,* vol. 2, 73-81.
Mimouni, S. C. 'Pour une définition nouvelle du judéo-christianisme ancien'. *NTS* 38 (1991): 2-8.
______ *Early Judaeo-Christianity: Historical Essays.* Leuven: Peeters, 2012.
Minns, D., and P. Jarvis. *Justin, Philosopher and Martyr: Apologies.* Oxford University, 2009.
Moessner, D. P. *Lord of the Banquet: Literary and Theological Significance of the Lukan Travel Narrative.* Minneapolis: Fortress, 1989.
Moessner, D. P., ed. *Jesus and the Heritage of Israel.* Harrisburg: TPI, 1999.
Moffatt, J. *Introduction to the Literature of the New Testament.* Edinburgh: T & T Clark, [3]1918.
Moloney, F. J. *Mark: Storyteller, Interpreter, Evangelist.* Peabody: Hendrickson, 2004.
______ 'Matthew 5:17-18 and the Matthean Use of *DIKAIOSUNĒ*', in Skinner and Iverson, eds., *Unity and Diversity in the Gospels and Paul,* 33-54.
Moll, S. *The Arch-Heretic Marcion.* WUNT 250. Tübingen: Mohr Siebeck, 2010.
Montefiore, S. S. *Jerusalem: The Biography.* London: Phoenix, 2011.
Moreland, M. 'The Twenty-four Prophets of Israel Are Dead: *Gospel of Thomas* 52 as a Critique of Early Christian Hermeneutics', in J. M. Asgeirsson et al., eds., *Thomasine Traditions in Antiquity: The Social and Cultural World of the Gospel of Thomas,* 75-91. Nag Hammadi and Manichaean Studies 59. Leiden: Brill, 2006.
Moses, A. D. A. *Matthew's Transfiguration Story and Jewish-Christian Controversy.* JSNTS 122. Sheffield Academic, 1996.
Moss, C. M. *The Zechariah Tradition and the Gospel of Matthew.* BZNW 156. Berlin: de Gruyter, 2008.
Motyer, S. 'The Fourth Gospel and the Salvation of Israel: An Appeal for a New Start', in Bieringer et al., eds., *Anti-Judaism and the Fourth Gospel,* 92-110.
Moule, C. F. D. 'The Christology of Acts', in Keck and Martyn, eds., *Studies in Luke Acts,* 159-85.
______ 'The Individualism of the Fourth Gospel' (1962), in *Essays in New Testament Interpretation,* 91-109. Cambridge: Cambridge University, 1982.
Murphy, J. *The Religious World of Jesus: An Introduction to Second Temple Palestinian*

Judaism. Hoboken, NJ: Ktav, 1991.

Murphy-O'Connor, J. *Paul: A Critical Life.* Oxford University, 1996.

Murray, R. 'Defining Judaeo-Christianity'. *Heythrop Journal* 15 (1974): 303-10.

Musurillo, H., ed. *The Acts of the Christian Martyrs.* Oxford University, 1972.

Mutschler, B. 'John and His Gospel in the Mirror of Irenaeus of Lyons: Perspectives of Recent Research', in Rasimus, ed., *Legacy of John,* 319-43.

Myllyoski, M. 'Die Kraft des Herrn: Erwägungen zur Christologie des Petrusevangeliums', in Kraus and Nicklas, *Evangelium nach Petrus,* 301-26.

Nagel, P. 'Apokryphe Jesusworte in der koptischen Überlieferung', in Frey and Schröter, eds., *Jesus in apokryphen Evangelienüberlieferungen,* 495-526.

Nagel, T. *Die Rezeption des Johannesevangeliums im 2.Jahrhundert.* Leipzig, 2000.

Nardoni, E. 'Charism in the Early Church since Rudolph Sohm: An Ecumenical Challenge'. *Theological Studies* 53 (1992): 646-62.

Neale, D. A. *None but the Sinners: Religious Categories in the Gospel of Luke.* JSNTS 58. Sheffield: Sheffield Academic, 1991.

Neusner, J. *A Life of Yohanan ben Zakkai.* Leiden: Brill, 21970.

——— *First Century Judaism in Crisis.* Nashville: Abingdon, 1975.

Neusner, J., et al., eds. *Judaisms and Their Messiahs at the Turn of the Christian Era.* Cambridge: Cambridge University, 1987.

Newport, K. G. C. *The Sources and Sitz im Leben of Matthew 23.* JSNTS 117. Sheffield: Sheffield Academic, 1995.

Newsom, C. *The Songs of the Sabbath Sacrifice.* Atlanta: Scholars, 1985.

Nicklas, T. 'Papyrus Egerton 2', in Foster, ed., *Non-Canonical Gospels,* 138-49.

——— 'Das Petrusevangelium im Rahmen antiker Jesustraditionen', in Frey and Schröter, eds., *Jesus in apokryphen Evangelienüberlieferungen,* 223-52.

Nicklas, T., A. Merkt, and J. Verheyden, eds. *Ancient Perspectives on Paul.* SUNT 102. Göttingen: Vandenhoeck, 2013.

Nicklas, T., and M. Tilly, eds. *The Book of Acts as Church History.* BZNW 120. Berlin: de Gruyter, 2003.

Niebuhr, K. W. '"Judentum" und "Christentum" bei Paulus und Ignatius von Antiochien'. *ZNW* 85 (1994): 218-33.

Niederwimmer, K. 'Johannes Markus und die Frage nach dem Verfasser des zweiten Evangeliums'. *ZNW* 58 (1967): 173-88.

——— *Die Didache.* KAV. Göttingen: Vandenhoeck, ^{2}1993.

Nienhuis, D. R. *Not by Paul Alone.* Waco: Baylor University, 2007.

North, W. E. S. '"The Jews" in John's Gospel: Observations and Inferences', in J. G. Crossley, ed., *Judaism, Jewish Identities and the Gospel Tradition: Essays in Honour of Maurice Casey,* 206–26. London: Equinox, 2010.

Notovitch, N. *The Unknown Life of Jesus Christ.* Sydney: Axiom, 2007.

Novakovic, L. *Messiah, the Healer of the Sick: A Study of Jesus as the Son of David in the Gospel of Matthew.* WUNT II/170. Tübingen: Mohr Siebeck, 2003.

O'Brien, K. *The Use of Scripture in the Markan Passion Narrative.* LNTS 384. London: T & T Clark, 2010.

O'Day, G. R. 'The Gospel of John: Reading the Incarnate Words', in Fortna and Thatcher, eds., *Jesus in the Johannine Tradition,* 25–32.

Odeberg, H. *The Fourth Gospel.* Uppsala, 1929.

O'Leary, A. M. *Matthew's Judaization of Mark: Examined in the Context of the Use of Sources in Graeco-Roman Antiquity.* LNTS 323. London: T & T Clark, 2006.

O'Loughlin, T. *The Didache: A Window on the Earliest Christians.* Grand Rapids: Baker Academic, 2010.

Orton, D. E., ed. *The Composition of Mark's Gospel.* Leiden: Brill, 1999.

Osborn, C. D. 'The Christological Use of 1 Enoch 1.9 in Jude 14'. *NTS* 23 (1976–77): 334–41.

Osborn, E. *Irenaeus of Lyons.* Cambridge University, 2001.

Osiek, C. *The Shepherd of Hermas.* Hermeneia. Minneapolis: Fortress, 1999.

Overbeck, F. *Über die Auffassung des Paulus mit Petrus in Antiochien. Gal. 2, 11ff.. bei den Kirchenvätern.* 1877. Darmstadt: Wissenschaftliche Buchgesellschaft, 1968.

Overman, J. A. *Matthew's Gospel and Formative Judaism. The Social World of the Matthean Community.* Minneapolis: Fortress, 1990.

Oxford Society of Historical Theology. *The New Testament in the Apostolic Fathers.* Oxford: Clarendon, 1905.

Paffenroth, K. *The Story of Jesus according to L.* JSNTS 147. Sheffield: Sheffield Academic, 1997.

Pagels, E. H. *The Johannine Gospel in Gnostic Exegesis: Heracleon's Commentary on John.* SBLMS 17. Nashville: Abingdon, 1973.

———. *The Gnostic Paul.* Philadelphia: Fortress, 1975.

Pagels, E., and K. L. King. *Reading Judas: The Gospel of Judas and the Shaping of Christianity.* London: Allen Lane, 2007.

Paget, J. Carleton. *The Epistle of Barnabas.* WUNT 2.64. Tübingen: Mohr Siebeck, 1994.

——— 'Jewish Christianity', in W. Horbury et al., *The Cambridge History of Judaism: Vol. 3. The Early Roman Period,* 731-75. Cambridge University, 1999.

——— 'The *Epistle of Barnabas* and the Writings That Later Formed the New Testament', in Gregory and Tuckett, eds., *Reception,* 229-49.

——— 'The Definition of the Terms *Jewish Christian* and *Jewish Christianity* in the History of Research', in Skarsaune and Hvalvik, eds., *Jewish Believers in Jesus,* 22-52.

Painter, J. *Just James: The Brother of Jesus in History and Tradition.* University of South Carolina, 1997.

——— 'Memory Holds the Key: The Transformation of Memory in the Interface of History and Theology in John', in Anderson et al., eds., *Jesus, John and History,* vol. 1, 229-45.

Parker, D. C. *The Living Text of the Gospels.* Cambridge: Cambridge University, 1997.

Parkes, J. *The Conflict of the Church and the Synagogue.* Jewish Publication Society, 1934; reprinted New York: Macmillan.

Patterson, S. J. *The Gospel of Thomas and Jesus.* Sonoma, CA: Polebridge, 1993.

——— *The Gospel of Thomas and Christian Origins: Essays on the Fifth Gospel.* Leiden: Brill, 2013.

Patterson, S. J., H.-G. Bethge, and J. M. Robinson. *The Fifth Gospel: The Gospel of Thomas Comes of Age.* London: T & T Clark, 2011.

Pearson, B. A. 'Christians and Jews in First-Century Alexandria', in G. W. E. Nickelsburg and G. W. MacRae, eds., *Christians Among Jews and Gentiles*; K. Stendahl FS, 206-16. Philadelphia: Fortress, 1986.

——— 'Gnosticism as a Religion', in *Gnosticism and Christianity in Roman and Coptic Egypt,* 201-23. New York: Continuum, 2004.

Perkins, P. *Peter: Apostle for the Whole Church.* 1994. Minneapolis: Fortress, 2000.

Perrin, N. *What Is Redaction Criticism?* Philadelphia: Fortress Press, 1969.

——— *Thomas and Tatian: The Relationship between the Gospel of Thomas and the* Diatessaron. Atlanta: SBL, 2002.

——— *Thomas, the Other Gospel.* London: SPCK, 2007.

——— 'The *Diatessaron* and the Second-Century Reception of the Gospel of John', in Rasimus, ed., *Legacy of John,* 301-18.

——— 'Paul and Valentinian Interpretation', in Bird and Dodson, eds., *Paul and the Second Century,* 126-39.

Pervo, R. *Profit with Delight: The Literary Genre of the Acts of the Apostles.* Philadelphia:

Fortress, 1987.
Pesthy, M. 'Thecla among the Fathers of the Church', in Bremmer, ed., *Apocryphal Acts of Paul,* 164-78.
Petersen, N. R., ed. *Perspectives on Mark's Gospel.* Semeia 16. Missoula, NT: Scholars, 1979.
Petersen, W. L. 'The Diatessaron and the Fourfold Gospel', in C. Horton, ed., *The Earliest Gospels: The Origins and Transmission of the Earliest Christian Gospels,* 5-68. London: T & T Clark, 2004.
______ 'Tatian the Assyrian', in Marjanen and Luomanen, *Companion,* 125-58.
Peterson, P. M. *Andrew, Brother of Simon Peter.* NovTSupp 1. Leiden: Brill, 1963.
Pétrement, S. *A Separate God: The Christian Origins of Gnosticism.* San Francisco: HarperCollins, 1994.
Plisch, U.-K. 'Judasevangelium und Judasgedicht', in Frey and Schröter, eds., *Jesus in apokryphen Evangelienüberlieferungen,* 387-96.
Poirier, P.-H. 'The *Trimorphic Protennoia* (NHC XIII,1) and the Johannine Prologue: A Reconsideration', in Rasimus, ed., *Legacy of John,* 93-103.
Pokorny, P. *From the Gospel to the Gospels: History, Theology and Impact of the Biblical Term 'Euangelion'.* BZNW 195. Berlin: de Gruyter, 2013.
Popkes, E. E. 'The Image Character of Human Existence: *GThom* 83 and *GThom* 84 as Core Texts of the Anthropology of the *Gospel of Thomas*', in Frey, ed., *Das Thomasevangelium,* 416-34.
______ 'Das Thomasevangelium als *crux interpretum*: die methodischen Ursachen einer diffusen Diskussionslage', in Frey and Schröter, eds., *Jesus in apokryphen Evangelienüberlieferungen,* 271-92.
Porter, S. E. 'The Portrait of Paul in Acts', in S. Westerholm, ed., *The Blackwell Companion to Paul,* 124-38. Chichester: Wiley-Blackwell, 2011.
Porter, S. E., and B. W. R. Pearson, eds. *Christian-Jewish Relations through the Centuries.* JSNTS 192. Sheffield Academic, 2000.
Potter, C. F. *The Lost Years of Jesus Revealed.* 1958. Fawcett, 1985.
Powell, M. A. *What Is Narrative Criticism?.* Minneapolis: Fortress, 1990.
Pratscher, W. *Der Herrenbruder Jakobus und die Jakobustradition.* FRLANT 139. Göttingen: Vandenhoeck, 1987.
______ *Der zweite Clemensbrief.* KAV. Göttingen: Vandenhoeck, 2007.
Pritz, R. A. *Nazarene Jewish Christianity: From the End of the New Testament Period until Its Disappearance in the Fourth Century.* Jerusalem: Magnes, 1988.

Prostmeier, F. R. *Der Barnabasbrief.* KAV 8. Göttingen: Vandenhoeck, 1999.

Pryke, E. J. *Redactional Style in the Markan Gospel.* SNTSMS 33. Cambridge: Cambridge University, 1978.

Przybylski, B. *Righteousness in Matthew and His World of Thought.* SNTSMS 41. Cambridge: Cambridge University, 1980.

Quast, K. *Peter and the Beloved Disciple: Figures for a Community in Crisis.* JSNTS 32. Sheffield: JSOT, 1989.

Quasten, J. *Patrology.* Vol. 1: *The Beginnings of Patristic Literature.* Westminster, MD: Newman, 1962.

Räisänen, H. *Paul and the Law.* WUNT 29. Tübingen: Mohr Siebeck, 1983.

——— *The 'Messianic Secret' in Mark's Gospel.* Edinburgh: T & T Clark, 1990.

——— 'Marcion', in Marjanen and Luomanen, *Companion,* 100-24.

——— *The Rise of Christian Beliefs: The Thought-World of Early Christians.* Philadelphia: Fortress, 2009.

Rascher, A. *Schriftauslegung und Christologie im Hebräerbrief.* BZNW 153. Berlin: de Gruyter, 2007.

Rasimus, T., ed. *The Legacy of John: Second-Century Reception of the Fourth Gospel.* NovTSupp 132. Leiden: Brill, 2010.

Rau, E. 'Weder gefälscht noch authentisch?' and 'Das Geheimnis des Reiches Gottes', in Frey and Schröter, eds., *Jesus in apokryphen Evangelienüberlieferungen,* 139-86, 186-221.

Reed, A. Y. '*Euangelion:* Orality, Textuality, and the Christian Truth in Irenaeus' *Adversus Haereses*'. *VC* 56 (2002): 11-46.

——— '"Jewish Christianity" after the "Parting of the Ways"', in Becker and Reed, eds., *The Ways that Never Parted,* 189-231.

Reitzenstein, R. *The Hellenistic Mystery-Religions.* ³1927. ET Pittsburgh: Pickwick, 1978.

Rhoads, D., J. Dewey, and D. Michie. *Mark as Story: An Introduction to the Narrative of a Gospel.* Minneapolis: Fortress, ²1999.

Richardson, C. C. *Early Christian Fathers.* London: SCM, 1953.

Riches, J. K. *Conflicting Mythologies: Identity Formation in the Gospels of Mark and Matthew.* Edinburgh: T & T Clark, 2000.

Riley, G. J. *Resurrection Reconsidered: Thomas and John in Controversy.* Minneapolis: Fortress, 1995.

Ringe, S. H. *Wisdom's Friends: Community and Christology in the Fourth Gospel.*

Louisville: Westminster John Knox, 1999.

Ritschl, A. *Die Entstehung der altkatholischen Kirche.* Bonn, 1850, [2]1857.

Rius-Camps, J., and J. Read-Heimerdinger. *The Message of Acts in Codex Bezae: A Comparison with the Alexandrian Tradition.* LNTS, 4 vols. London: T & T Clark, 2004-2009.

Robbins, V. K. *Jesus the Teacher: A Socio-Rhetorical Interpretation of Mark.* Philadelphia: Fortress, 1984.

Robeck, C. M. 'Montanism and Present Day "Prophets"'. *Pneuma: the Journal of the Society for Pentecostal Studies* 32 (2010).

Roberts, C. H., and T. C. Skeat. *The Birth of the Codex.* London: British Academy, 1983.

Robinson, J. A. T. 'The Destination and Purpose of St. John's Gospel', in *Twelve New Testament Studies,* 107-25. London: SCM, 1962.

______ *Redating the New Testament.* London: SCM, 1976.

______ *The Priority of John.* London: SCM, 1985.

Robinson, J. M. 'The Sources of the *Gospel of Judas*', in Scopello, ed., *Gospel of Judas,* 59-67.

______ ed. *The Nag Hammadi Library.* Leiden: Brill, [3]1988.

Robinson, J. M., et al. *The Critical Edition of Q: Synopsis.* Leuven: Peeters, 2000.

Robinson, J. M., and H. Koester. *Trajectories through Early Christianity.* Philadelphia: Fortress, 1971.

Robinson, T. A. *Ignatius of Antioch and the Parting of the Ways: Early Jewish-Christian Relations.* Peabody: Hendrickson, 2009.

Röhl, G. *Die Rezeption des Johannesevangeliums in christlich-gnostischen Schriften aus Nag Hammadi.* Frankfurt: Europäische Hochschulschriften: Reihe 23, 1991.

Roloff, J. *Die Kirche im Neuen Testament.* Göttingen: Vandenhoeck, 1993.

Ropes, J. H. *The Text of Acts* (= Vol. III of *BCAA*, 1926), ccxliv-ccxlv.

Rordorf, W. 'Tradition and Composition in the *Acts of Thecla:* The State of the Question', in MacDonald, ed., *The Apocryphal Acts of Apostles,* 44-52.

______ 'Does the Didache Contain Jesus Tradition Independently of the Synoptic Gospels?', in H. Wansbrough, ed., *Jesus and the Oral Gospel Tradition,* 394-423. JSNTS 64. Sheffield: JSOT, 1991.

______ 'The Relation between the Acts of Peter and the Acts of Paul: State of the Question', in Bremmer, ed., *Apocryphal Acts of Peter,* 178-91.

Rowe, C. K. *Early Narrative Christology: The Lord in the Gospel of Luke.* BZNW 139.

Berlin: de Gruyter, 2006.

Rowland, C. 'The Vision of the Risen Christ in Rev. 1.13ff.: The Debt of an Early Christology to an Aspect of Jewish Angelology'. *JTS* 31 (1980): 1-11.

——— *The Open Heaven: A Study of Apocalyptic in Judaism and Christianity.* London: SPCK, 1982.

Rowley, H. H. *The Relevance of Apocalyptic.* London: Lutterworth, 1944, [3]1963.

Rudolph, D., and J. Willitts, eds. *Introduction to Messianic Judaism: Its Ecclesial Context and Biblical Foundations.* Grand Rapids: Zondervan, 2013.

Rudolph, K. *Gnosis: The Nature and History of an Ancient Religion.* Edinburgh: T & T Clark, 1983.

Ruether, R. R. *Faith and Fratricide: The Theological Roots of Anti-Semitism.* New York: Seabury, 1974.

Runia, D. T. *Philo in Early Christian Literature: A Survey.* Assen: Van Gorcum, 1993.

Safrai, S., ed. *The Literature of the Sages.* CRINT II.3.1. Assen: van Gorcum, 1987.

Saldarini, A. J. 'The Gospel of Matthew and Jewish-Christian Conflict', in Balch, ed., *Social History,* 39-61.

——— *Matthew's Christian-Jewish Community.* University of Chicago, 1994.

Salvesen, A. 'A Convergence of the Ways?', in Becker and Reed, eds., *The Ways That Never Parted,* 233-58.

Sanday, W. *The Gospels in the Second Century.* London: Macmillan, 1876.

Sanders, J. N. *The Fourth Gospel in the Early Church: Its Origin and Influence on Christian Theology up to Irenaeus.* Cambridge University, 1943.

Sanders, J. T. *The Jews in Luke-Acts.* London: SCM, 1987.

Sandmel, S. *The First Christian Century in Judaism and Christianity.* New York: Oxford University, 1969.

——— *Anti-Semitism in the New Testament.* Philadelphia: Fortress, 1978.

Satake, A. *Die Gemeindeordnung in der Johannesapokalypse.* Neukirchen: Neukirchener, 1966.

Schaberg, J. *The Father, the Son and the Holy Spirit: The Triadic Phrase in Matthew 28:19b.* SBLDS 61. Chico: Scholars, 1982.

Schäfer, P. 'Die sogenannte Synode von Jabne: Zur Trennung von Juden und Christen im ersten/zweiten Jh. N. Chr.', in *Studien zur Geschichte und Theologie des Rabbinischen Judentums,* 45-64. Leiden: Brill, 1978.

——— *Judeophobia: Attitudes toward the Jews in the Ancient World.* Cambridge: Harvard University, 1997.

______ *Die Geburt des Judentums aus dem Geist des Christentum.* Tübingen: Mohr Siebeck, 2010.

Schenck, K. 'A Celebration of the Enthroned Son: The Catena of Hebrews 1'. *JBL* 120 (2001): 469-85.

______ *Understanding the Book of Hebrews.* Louisville: Westminster John Knox, 2003.

______ *Cosmology and Eschatology in Hebrews: The Settings of the Sacrifice.* SNTSMS 143. Cambridge University, 2007.

Scherbenske, E. W. *Canonizing Paul: Ancient Editorial Practice and the Corpus Paulinum.* Oxford University, 2013.

Scherlitt, F. *Der vorjohanneische Passionsbericht: Eine historisch-kritische und theologische Untersuchung zu Joh 2,13-22; 11,47–14,31 und 18,1-20, 29.* BZNW 154. Berlin: de Gruyter, 2007.

Schiffman, L. H. *Who Was a Jew? Rabbinic and Halakhic Perspectives on Jewish-Christian Schism.* Hoboken: Ktav, 1985.

Schmidt, K. L. *Der Rahmen der Geschichte Jesus: Literarkritische Untersuchungen zur ältesten Jesusüberlieferung.* Berlin: Trowitzsch & Sohn, 1919.

Schmithals, W. *Gnosticism in Corinth.* ³1969; ET Nashville: Abingdon, 1971.

______ *Paul and the Gnostics.* ET Nashville: Abingdon, 1972.

Schneckenburger, M. *Über den Zweck der Apostelgeschichte.* Bern, 1841.

Schnelle, U. *Antidocetic Christology in the Gospel of John.* 1987. ET Minneapolis: Fortress, 1992.

______ *The History and Theology of the New Testament Writings.* 1994. ET London: SCM, 1998.

______ 'Trinitarisches Denken im Johannesevangelium', in Labahn et al., eds., *Israel,* 367-86.

______ *Theology of the New Testament.* ET Grand Rapids: Baker Academic, 2009.

Schoedel, W. R. *Polycarp, Martyrdom of Polycarp, Fragments of Papias,* in R. M. Grant, ed., *The Apostolic Fathers,* vol. 5. London: Nelson, 1967.

______ *Ignatius of Antioch.* Hermeneia; Philadelphia: Fortress, 1985.

______ 'The Apostolic Fathers', in E. J. Epp and G. W. MacRae, eds., *The New Testament and its Modern Interpreters,* 457-98. Atlanta: Scholars, 1989.

______ 'Ignatius and the Reception of the Gospel of Matthew in Antioch', in Balch, ed., *Social History,* 129-77.

Schoeps, H. J. *Theologie und Geschichte des Judenchristentums.* Tübingen, 1949.

______ *Jewish Christianity.* ET Philadelphia: Fortress, 1969.

Schreiber, J. 'Die Christologie des Markusevangeliums', *ZTK* 58 (1961).

Schremer, A. *Brothers Estranged: Heresy, Christianity and Jewish Identity in Late Antiquity.* Oxford University, 2010.

Schröter, J. *Erinnerung an Jesu Worte: Studien zur Rezeption der Logienüberlieferung in Markus, Q und Thomas.* WMANT 76. Neukirchener-Vluyn: Neukirchener, 1997.

——— 'Jesus Tradition in Matthew, James, and the Didache: Searching for Characteristic Emphases', in van de Sandt and Zangenberg, eds., *Matthew, James and Didache,* 233-55.

——— *Vom Jesus zum Neuen Testament: Studien zur urchristlichen Theologiegeschichte und zur Entstehung des neutestamentlihen Kanons.* WUNT 204. Tübingen: Mohr Siebeck, 2007.

——— 'Die Herausforderung einer theologischen Interpretation des *Thomasevangeliums*', in Frey, ed., *Das Thomasevangelium,* 435-59.

Schüssler Fiorenza, E. *The Book of Revelation: Justice and Judgment.* Philadelphia: Fortress, 1985.

Schutter, W. L. *Hermeneutic and Composition in First Peter.* WUNT 2.30. Tübingen: Mohr Siebeck, 1989.

Schweizer, E. *Church Order in the New Testament.* 1959. ET London: SCM, 1961.

——— *Matthäus und seine Gemeinde.* SBS 71. Stuttgart: KBW, 1974.

Scopello, M., ed. *The Gospel of Judas in Context.* Nag Hammadi and Manichaean Studies 62. Leiden: Brill, 2008.

Scott, J. M. C. *Sophia and the Johannine Jesus.* JSNTS 71. Sheffield: JSOT, 1992.

Segal, A. *Two Powers in Heaven: Early Rabbinic Reports about Christianity and Gnosticism.* Leiden: Brill, 1977.

——— *Rebecca's Children: Judaism and Christianity in the Roman World.* Harvard University, 1986.

——— *The Other Judaisms of Late Antiquity.* Atlanta: Scholars, 1987.

——— 'Matthew's Jewish Voice', in Balch, ed., *Social History,* 3-37.

Sellew, P. H. 'Jesus and the Voice from Beyond the Grave: *Gospel of Thomas* 42 in the Context of Funerary Epigraphy', in Asgeirsson et al., eds., *Thomasine Traditions in Antiquity,* 39-73.

Sellner, H. J. *Das Heil Gottes: Studien zur Soteriologie des lukanischen Doppelwerks.* BZNW 152. Berlin: de Gruyter, 2007.

Siegert, F. 'Unbeachtete Papiaszitate bei armenischen Schriftstellern'. *NTS* 27 (1981):

605-14.

Shanks, H., ed. *Christianity and Rabbinic Judaism: A Parallel History of Their Origins and Early Development.* Washington: Biblical Archaeology Society, 22011.

______ *Partings: How Judaism and Christianity Became Two.* Washington: Biblical Archaeology Society, 2013.

Shiner, W. *Proclaiming the Gospel: First-Century Performance of Mark.* Harrisburg: TPI, 2003.

Shiner, W. T. *Follow Me!: Disciples in Markan Rhetoric.* SBLDS 145. Atlanta: Scholars Press, 1995.

Shotwell, W. A. *The Biblical Exegesis of Justin Martyr.* London: SPCK, 1965.

Shukster, M. B., and P. Richardson. 'Barnabas, Nerva and the Yavhean Rabbis'. *JTS* 33 (1983): 31-55.

Sibinga, J. S. 'Ignatius and Matthew'. *NovT* 8 (1966): 262-83.

Sim, D. C. *The Gospel of Matthew and Christian Judaism: The History and Social Setting of the Matthean Community.* Edinburgh: T & T Clark, 1998.

Simon, M. *Verus Israel: A Study of the Relations between Christians and Jews in the Roman Empire (AD 135-425).* 1964. Oxford: Oxford University, 1986.

Simonetti, M. *Biblical Interpretation in the Early Church: A Historical Introduction to Patristic Exegesis.* Edinburgh: T & T Clark, 1994.

Skarsaune, O. *The Proof from Prophecy: A Study in Justin Martyr's Proof-Text Tradition.* NovTSupp 66. Leiden: Brill, 1987.

______ 'Jewish Believers in Jesus in Antiquity — Problems of Definition, Method and Sources', in Skarsaune and Hvalvik, eds., *Jewish Believers in Jesus,* 3-21.

______ 'The Ebionites', in Skarsaune and Hvalvik, eds., *Jewish Believers in Jesus,* 419-62.

Skarsaune, O., and R. Hvalvik, eds. *Jewish Believers in Jesus.* Peabody: Hendrickson, 2007.

Skinner, C. W., and K. R. Iverson, eds. *Unity and Diversity in the Gospels and Paul;* F. J. Matera FS. Atlanta: SBL, 2012.

Smallwood, E. M. *The Jews under Roman Rule from Pompey to Diocletian.* Leiden: Brill, 1981.

Smith, C. B. *No Longer Jews: The Search for Gnostic Origins.* Peabody: Hendrickson, 2004.

______ 'Ministry, Martyrdom and Other Mysteries: Pauline Influence on Ignatius of Antioch', in Bird and Dodson, eds., *Paul and the Second Century,* 37-56.

Smith, D. M. *The Composition and Order of the Fourth Gospel.* Yale University, 1953.

——— *Johannine Christianity.* Columbia: University of South Carolina, 1984.

——— *John Among the Gospels: The Relationship in Twentieth-Century Research.* Minneapolis: Fortress, 1992.

——— *The Fourth Gospel in Four Dimensions.* University of South Carolina, 2008.

——— 'Jesus Tradition in the Gospel of John', *The Fourth Gospel in Four Dimensions* 81-111.

——— 'John and the Apocryphal Gospels: Was John the First Apocryphal Gospel', in *The Fourth Gospel in Four Dimensions,* 156-65.

Smith, M. *Clement of Alexandria and a Secret Gospel of Mark.* Cambridge, MA: Harvard University, 1973.

——— *The Secret Gospel: The Discovery and Interpretation of the Secret Gospel according to Mark.* Clearlake, CA: Dawn Horse, 1972, 1980.

Snyder, G. F. *The Shepherd of Hermas,* in *The Apostolic Fathers,* vol. 6, ed. R. M. Grant. London: Nelson, 1968.

Soards, M. L. 'The Question of a PreMarcan Passion Narrative', in R. E. Brown, *The Death of the Messiah.* 2 vols., 1492-1524. New York: Doubleday, 1994.

Söding, T. *Glaube bei Markus.* SBB 12. Stuttgart: KBW, 21987.

Sohm, R. *Kirchenrecht.* Leipzig: Duncher & Humblot, 1892.

Spaulding, M. B. *Commemorative Identities: Jewish Social Memory and the Johannine Feast of Booths.* LNTS 396. London: T & T Clark, 2009.

Spence, S. *The Parting of the Ways: The Roman Church as a Case Study.* Leuven: Peeters, 2004.

Speyer, W. 'Religiöse Pseudepigraphie und Literarische Fälschung im Altertum'. *Jahrbuch für Antike und Christentum* 8/9 (1965-66).

Stanton, G. N. '5 Ezra and Matthean Christianity in the Second Century'. *JTS* 28 (1977): 67-83.

——— 'The Origin and Purpose of Matthew's Gospel: Matthean Scholarship from 1945 to 1980'. *ANRW* II.25.3 (1985): 1889-1951.

——— *A Gospel for a New People: Studies in Matthew.* Edinburgh: T & T Clark, 1992.

——— 'Justin Martyr's Dialogue with Trypho: Group Boundaries, "Proselytes" and "God-fearers"', in Stanton and Stroumsa, *Tolerance and Intolerance,* 263-78.

——— *Jesus and Gospel.* Cambridge University, 2004.

——— 'Jesus of Nazareth: A Magician and a False Prophet Who Deceived God's People', in *Jesus and Gospel,* 127-47.

_______ 'Jewish Christian Elements in the Pseudo-Clementine Writings', in Skarsaune and Hvalvik, eds., *Jewish Believers in Jesus,* 305-24.

Stanton, G. N., and G. G. Stroumsa, eds. *Tolerance and Intolerance in Early Judaism and Christianity.* Cambridge University, 1998.

Stein, R. H. 'The Proper Methodology for Ascertaining Markan Redaction'. *NovT* 13 (1971): 181-98.

Stendahl, K. *The School of St. Matthew and Its Use of the Old Testament.* Philadelphia: Fortress, 21968.

Sterling, G. E. '"Where Two or Three Are Gathered": The Tradition History of the Parable of the Banquet. (Matt 22:1-14/Luke 14:16-24/*GThom* 64)', in J. Frey, ed., *Das Thomasevangelium,* 95-121.

Stern, D. H. *Jewish New Testament: A Translation of the New Testament That Expresses Its Jewishness.* Jerusalem: Jewish New Testament Publications, 1989.

Still, T. D. 'Shadow and Light: Marcion's (Mis)construal of the Apostle Paul', in Bird and Dodson, eds., *Paul and the Second Century,* 91-107.

Stoops, R. F. 'Patronage in the Acts of Peter', in D. R. MacDonald, ed., *The Apocryphal Acts of Apostles,* 91-100.

_______ 'The *Acts of Peter* in Intertextual Context', in Stoops, ed., *The Apocryphal Acts of the Apostles in Intertextual Prespectives,* 57-86.

Stoops, R. F., ed. *The Apocryphal Acts of the Apostles in Intertextual Perspectives.* Semeia 80. Atlanta: Scholars, 1997.

Strecker, G. 'On the Problem of Jewish Christianity', in ET of Bauer, *Orthodoxy and Heresy,* 241-85.

_______ *Das Judenchristentum in den Pseudoklementinen.* Berlin: Akademie, 1981.

_______ *Theology of the New Testament.* 1996. Berlin: de Gruyter, 2000.

Streeter, B. H. *The Four Gospels: A Study of Origins.* London: Macmillan, 1924.

Streett, D. R. *"They Went Out from Us": The Identity of the Opponents in First John.* BZNW 177. Berlin: de Gruyter, 2011.

Stroker, W. D. *Extracanonical Sayings of Jesus.* Atlanta: Scholars, 1989.

Strotmann, A. 'Relative oder absolute Präexistenz? Zur Diskussion über die Präexistenz der frühjüdischen Weisheitsgestalt im Kontext von Joh 1,1-18', in Labahn et al., eds, *Israel,* 91-106.

Stuckenbruck, L. T. *Angel Veneration and Christology.* WUNT 2.70. Tübingen: Mohr Siebeck, 1995.

Stuhlmacher, P. *Das paulinische Evangelium.* Göttingen: Vandenhoeck, 1968.

——— *Biblische Theologie des Neuen Testaments.* 2 vols. Göttingen: Vandenhoeck, 1992, 1999.

——— 'Matt 28:16 and the Course of Mission in the Apostolic and Postapostolic Age', in Ådna and Kvalbein, eds., *The Mission of the Early Church to Jews and Gentiles,* 17-43.

Suggs, M. J. *Wisdom, Christology and Law in Matthew's Gospel.* Harvard University, 1970.

Swete, H. B. *The Akhmim Fragment of the Apocryphal Gospel of St. Peter.* London: Macmillan, 1893.

Tabbernee, W. *Montanist Inscriptions and Testimonia: Epigraphic Sources Illustrating the History of Montanism.* Macon: Mercer University, 1997.

——— *Prophets and Gravestones: An Imaginative History of Montanists and Other Early Christians.* Peabody, MA: Hendrickson, 2009.

Tabor, J. D. *Paul and Jesus: How the Apostle Transformed Christianity.* New York: Simon & Schuster, 2012.

Tannehill, R. C. 'The Gospel of Mark as Narrative Christology', in Petersen, ed., *Perspectives,* 57-95.

Taylor, J. E. 'The Phenomenon of Early Jewish Christianity: Reality or Scholarly Invention'. *VC* 44 (1990): 313-34.

Taylor, M. S. *Anti-Judaism and Early Christian Identity: A Critique of the Scholarly Consensus.* Leiden: Brill, 1995.

Taylor, V. *Behind the Third Gospel: A Study of the Proto-Luke Hypothesis.* Oxford: Oxford University, 1926.

——— *The Formation of the Gospel Tradition.* London: Macmillan, 21935.

——— *The Passion Narrative of St Luke. A Critical and Historical Investigation.* SNTSMS 19. Cambridge University, 1972.

Telford, W. R. *Writing on the Gospel of Mark.* Blandford Forum: Deo, 2009.

Thatcher, T. 'The Riddles of Jesus in the Johannine Dialogues', in Fortna and Thatcher, eds., *Jesus in the Johannine Tradition,* 263-77.

——— 'Why John Wrote a Gospel: Memory and History in an Early Christian Community', in A. Kirk and T. Thatcher, eds., *Memory, Tradition, and Text: Uses of the Past in Early Christianity,* 79-97. Semeia Studies 52. Atlanta: SBL, 2005.

——— *Why John Wrote a Gospel: Jesus — Memory — History.* Louisville: Westminster John Knox, 2006.

Theisohn, J. *Der auserwählte Richter: Untersuchungen zum traditionsgeschichtlichen Ort der Menschensohn der Bilderreden des äthipischen Henoch.* Göttingen: Vandenhoeck, 1969.

Theissen, G. *The Gospels in Context: Social and Political History in the Synoptic Tradition.* 1989. ET Minneapolis: Fortress, 1991.

Theobald, M. *Die Fleischwerdung des Logos.* Münster: Aschendorff, 1988.

______ *Studien zum Corpus Iohanneum.* WUNT 267. Tübingen: Mohr Siebeck, 2010.

______ 'Das Johannesevangelium — Zeugnis eines synagogalen "Judenchristentums"?', in *Studien,* 204-53.

______ 'Futurische versus präsentisches Eschatologie', in *Studien,* ch. 22.

Theophilos, M. *The Abomination of Desolation in Matthew 25.15.* LNTS 437. London: T & T Clark, 2012.

Thomas, J. C. *Footwashing in John 13 and the Johannnine Community.* JSNTS 61. Sheffield: JSOT Press, 1991.

Thomassen, E. 'Heracleon', in Rasimus, ed., *The Legacy of John,* 173-210.

Thompson, A. J. *One Lord, One People: The Unity of the Church in Acts in Its Literary Setting.* LNTS 359. London: T & T Clark, 2008.

Thompson, L. L. *The Book of Revelation: Apocalypse and Empire.* New York: Oxford University, 1990.

Thompson, M. M. *The Humanity of Jesus in the Fourth Gospel.* Philadelphia: Fortress, 1988.

______ 'The Historical Jesus and the Johannine Christ', in Culpepper and Black, eds., *Exploring the Gospel of John,* 21-42.

Thompson, W. G. *Matthew's Advice to a Divided Community: Mt 17,22–18,35.* AB 44. Rome Biblical Institute, 1970.

Tomson, P. J., and D. Lambers-Petry, eds. *The Image of the Judaeo-Christians in Ancient Jewish and Christian Literature.* WUNT 158. Tübingen: Mohr Siebeck, 2003.

Trakatellis, D. C. *The Pre-existence of Christ in the Writings of Justin Martyr.* Harvard Dissertations in Religion 6. Missoula: Scholars, 1976.

Trebilco, P. *Jewish Communities in Asia Minor.* SNTSMS 69. Cambridge University, 1991.

______ *The Early Christians in Ephesus from Paul to Ignatius.* WUNT 166. Tübingen: Mohr Siebeck, 2004.

Trevett, C. *A Study of Ignatius of Antioch in Syria and Asia Minor.* Lewiston: Mellen, 1992.

Trilling, W. *Das Wahre Israel: Studien zur Theologie des Matthäusevangeliums.* Leipzig: St. Benno,1962.

Trobisch, D. *Paul's Letter Collection: Tracing the Origins.* Minneapolis: Fortress, 1994.

Troeltsch, E. *The Social Teaching of the Christian Churches.* ET, vol. 1. London: Allen & Unwin, 1931.

Tuckett, C. M. *The Revival of the Griesbach Hypothesis.* SNTSMS 44. Cambridge: Cambridge University, 1983.

——— 'Mark and Q', in *The Synoptic Gospels: Source Criticism and the New Literary Criticism,* 149-75. BETL 110. Leuven: Leuven University, 1993.

——— 'The Fourth Gospel and Q', in Fortna and Thatcher, eds., *Jesus in Johannine Tradition,* 280-90.

——— *The Gospel of Mary.* Oxford University, 2007.

——— 'How Early Is "the" "Western" Text of Acts', in Nicklas and Tilly, eds., *The Book of Acts as Church History,* 69-86.

——— 'The *Didache* and the Writings That Later Formed the New Testament', in Gregory and Tuckett, eds., *Reception,* 83-127.

——— '*2 Clement* and the Writings That Later Formed the New Testament', in Gregory and Tuckett, eds., *Reception,* 251-92.

——— 'The *Gospel of Mary*', in Foster, ed., *Non-Canonical Gospels,* 43-53.

Tuckett, C. M., ed. *The Messianic Secret.* London: SPCK, 1983.

——— *Luke's Literary Achievement: Collected Essays.* JSNTS 116. Sheffield: Sheffield Academic, 1995.

Tugwell, S. *The Apostolic Fathers.* London: Geoffrey Chapman, 1989.

Turner, J. D. *Sethian Gnosticism and the Platonic Tradition.* Quebec: University of Laval, 2001.

——— 'The Place of the *Gospel of Judas* in Sethian Tradition', in Scopello, ed., *The Gospel of Judas in Context,* 187-237.

——— 'The Johannine Legacy: the Gospel and *Apocryphon of John*', in Rasimus, ed., *Legacy of John,* 105-44.

Turner, M. *Power from On High: The Spirit in Israel's Restoration and Witness in Luke-Acts.* Sheffield: Sheffield Academic, 1996.

Turner, M. L. *The Gospel according to Philip: The Sources and Coherence of an Early Christian Collection.* Nag Hammadi and Manichaean Studies 38. Leiden: Brill, 1996.

Turner, N. *A Grammar of New Testament Greek.* Edinburgh: T & T Clark, 1976.

Twelftree, G. H. 'Exorcisms in the Fourth Gospel and the Synoptics', in Fortna and Thatcher, eds., *Jesus in the Johannine Tradition,* 135-43.

Uro, R. 'The Social World of the *Gospel of Thomas*', in Asgeirsson et al., eds., *Thomasine Traditions in Antiquity,* 19-38.

______ '*Thomas* and Oral Gospel Tradition', in Uro, ed., *Thomas at the Crossroads,* 8-32.

______ 'Is *Thomas* an Encratite Gospel?', in Uro, ed., *Thomas at the Crossroads,* 140-62.

Uro, R. ed. *Thomas at the Crossroads: Essays on the* Gospel of Thomas. Edinburgh: T & T Clark, 1998.

Valantasis, R. *The Gospel of Thomas.* London: Routledge, 1997.

van de Sandt, H., ed. *Matthew and the Didache: Two Documents from the Same Jewish-Christian Milieu.* Assen: Van Gorcum, 2005.

van de Sandt, H., and D. Flusser, *The Didache: Its Jewish Sources and Its Place in Early Judaism and Christianity.* Assen: Van Gorcum, 2002.

van de Sandt, H., and J. K. Zangenberg, eds. *Matthew, James and Didache: Three Related Documents in their Jewish and Christian Settings.* Atlanta: SBL, 2008.

van der Horst, P. W. 'The Birkat ha-minim in Recent Research', *Hellenism-Judaism-Christianity: Essays on Their Interaction,* 99-111. Kampen: Pharos, 1994.

van der Watt, J. G., and R. Zimmermann, eds. *Rethinking the Ethics of John: "Implicit Ethics" in the Johannine Writings.* WUNT 291. Tübingen: Mohr Siebeck, 2012.

van Minnen, P. 'The Akhmim *Gospel of Peter*', in Kraus and Nicklas, eds., *Das Evangelium nach Petrus.*

Van Voorst, R. E. *The Ascents of James: History and Theology of a Jewish-Christian Community.* SBLDS 112. Atlanta: Scholars, 1989.

Verheyden, J. 'Epiphanius on the Ebionites', in Tomson and Lambers-Petry, eds., *The Image of the Judaeo-Christians,* 182-208.

______ 'The De-Johannification of Jesus: The Revisionist Contribution of Some Nineteenth-Century German Scholarship', in Anderson et al., eds., *John, Jesus and History,* vol. 1, 109-20.

______ '*The Shepherd of Hermas* and the Writings that later formed the New Testament', in Gregory and Tuckett, eds., *Reception,* 293-329.

______ 'Some Reflections on Determining the Purpose of the "Gospel of Peter"', in Kraus and Nicklas, eds., *Evangelium nach Petrus,* 286-90.

Vermes, G. *Jesus the Jew.* London: Collins, 1973.

——— *Christian Beginnings from Nazareth to Nicaea AD 30-325.* London: Allen Lane, 2012.

Vledder, E.-J. *Conflict in the Miracle Stories: A Socio-Exegetical Study of Matthew 8 and 9.* JSNTS 152; Sheffield: Sheffield Academic, 1997.

von Campenhausen, H. *The Formation of the Christian Bible.* London: Black, 1972.

von Wahlde, U. C. 'The Pool of Siloam: The Importance of New Discoveries...', in Anderson et al., eds., *John, Jesus and History,* vol. 2, 155-73.

Wagner, J. R. *Heralds of the Good News: Isaiah and Paul in Concert in the Letter to the Romans.* Leiden: Brill, 2002.

Wander, B. *Trennungsprozesse zwischen frühen Christentum und Judentum im 1. Jahrhundert n. Chr.* Tübingen: Mohr Siebeck, 1994.

Wassmuth, O. *Sibyllinische Orakel 1-2: Studien und Kommentar.* AJEC 76. Leiden: Brill, 2011.

Webb, R. L., and P. H. Davids, eds. *Reading Jude with New Eyes.* LNTS 383. London: T & T Clark, 2008.;

Webb, R. L., and D. F. Watson, eds. *Reading Second Peter with New Eyes.* LNTS 382. London: T & T Clark, 2010.

Wechsler, A. *Geschichtsbild und Apostelstreit: Eine forschungsgeschichtliche und exegetische Studie über den antiochenischen Zwischenfall (Gal 2,11-14).* BZNW 62. Berlin: de Gruyter, 1991.

Weeden, T. J. *Mark: Traditions in Conflict.* Philadelphia: Fortress, 1971.

Weiss, J. *Earliest Christianity.* 1937. New York: Harper Torchbook, 1959.

Wellhausen, J. *Einleitung in die drei ersten Evangelien.* Berlin: Georg Reimer, 1905.

Wengst, K. *Bedrängte Gemeinde und verherrlichter Christus: Der historische Ort des Johannesevangeliums als Schlüssel zu seiner Interpretation.* Neukirchener-Vluyn: Neukirchener, 1981.

Wenham, D., ed. *Gospel Perspectives.* Vol. 5. *The Jesus Tradition Outside the Gospels.* Sheffield: JSOT, 1984.

White, L. M. *From Jesus to Christianity.* HarperSanFrancisco, 2004.

Whitfield, B. *Joshua Traditions and the Argument of Hebrews 3 and 4.* BZNW 194. Berlin: de Gruyter, 2013.

Wiefel, W. 'The Jewish Community in Ancient Rome and the Origins of Roman Christianity'. *Judaica* 26 (1970): 65-88, reprinted in K. P. Donfried, ed., *The Romans Debate,* 85-101. Peabody, MA: Hendrickson, 1991.

Wiles, M. F. *The Divine Apostle: The Interpretation of St Paul's Epistles in the Early*

Church. Cambridge University, 1967.
Wilken, R. L. *The Myth of Christian Beginnings*. London: SCM, 1979.
______ *The Christians as the Romans Saw Them*. New Haven: Yale University Press, 2003.
Willett, M. E. *Wisdom Christology in the Fourth Gospel*. San Francisco: Mellen, 1992.
Williams, A. L. *Justin Martyr: The Dialogue with Trypho*. London: SPCK, 1930.
Williams, C. H. '"I Am" or "I Am He"? Self-Declaratory Pronouncements in the Fourth Gospel and Rabbinic Tradition', in Fortna and Thatcher, eds., *Jesus in the Johannine Tradition*, 343-52.
Williams, J. A. *Biblical Interpretation in the Gnostic Gospel of Truth from Nag Hammadi*. SBLDS 79. Atlanta: Scholars, 1988.
Williams, M. A. *Rethinking "Gnosticism": An Argument for Dismantling a Dubious Category*. Princeton University, 1996.
Williams, M. H. *The Jews among the Greeks and Romans: A Diasporan Sourcebook*. London: Duckworth, 1998.
Williamson, R. *Philo and the Epistle to the Hebrews*. Leiden: Brill, 1970.
Willitts, J. *Matthew's Messianic Shepherd-King: In Search of 'the Lost Sheep of the House of Israel'*. BZNW 147. Berlin: de Gruyter, 2007.
______ 'Paul and Jewish Christians in the Second Century', in Bird and Dobson, eds., *Paul and the Second Century*, 140-68.
Wilson, S. G. *The Gentiles and the Gentile Mission in Luke-Acts*. SNTSMS 23. Cambridge: Cambridge University, 1973.
______ *Luke and the Pastoral Epistles*. London: SPCK, 1979.
______ *Related Strangers: Jews and Christians 70-170 CE*. Minneapolis: Fortress, 1995.
Wink, W. *John the Baptist in the Gospel Tradition*. SNTSMS 7. Cambridge: Cambridge University, 1968.
Witherington, B. *John's Wisdom*. Louisville: Westminster John Knox, 1995.
Wolter, M. *Die Pastoralbriefe als Paulustradition*. FRLANT 146. Göttingen: Vandenhoeck, 1988.
Wrede, W. *Über Aufgabe und Methode der sogenannten neutestamentlichen Theologie*. Göttingen: Vandenhoeck & Ruprecht, 1897; ET 'The Task and Methods of "New Testament Theology"', in R. Morgan, *The Nature of New Testament Theology*, 68-116. London: SCM, 1973.
______ *Das Messiasgeheimnis in den Evangelien: Zugleich ein Beitrag zum Verstandnis des Markusevangeliums*. Göttingen, 1901; ET *The Messianic Secret*. Cambridge:

James Clarke, 1971.
Wright, D. F. 'Apocryphal Gospels: The "Unknown Gospel" (Pap. Egerton 2) and the Gospel of Peter', in Wenham, ed., *Jesus Tradition,* 207-32.
Wright, N. T. 'When Is a Gospel Not a Gospel?', in *Judas and the Gospel of Jesus,* 63-83. Grand Rapids: Baker, 2006.
Yarbrough, M. M. *Paul's Utilization of Preformed Traditions in 1 Timothy.* LNTS 417. London: T & T Clark, 2009.
Yieh, J. Y.-H. *One Teacher: Jesus' Teaching Role in Matthew's Gospel Report.* BZNW 124. Berlin: de Gruyter, 2004.
Young, S. E. *Jesus Tradition in the Apostolic Fathers: Their Explicit Appeals to the Words of Jesus in Light of Orality Studies.* WUNT 2.311. Tübingen: Mohr Siebeck, 2011.
Zahn, T. *Ignatius von Antiochien.* Gotha: Perthes, 1873.
——— *Geschichte des Neutestamentlichen Kanons.* 2 vols. Erlangen: Deichert, 1888, 1890.
Zelyck, L. R. *John Among the Other Gospels: The Reception of the Fourth Gospel in the Extra-Canonical Gospels.* WUNT 2.347. Tübingen: Mohr Siebeck, 2013.
Zöckler, T. *Jesu Lehren im Thomasevangelium.* NHMS 47. Leiden: Brill, 1999.
Zwierlein, O. *Petrus in Rom: die literarische Zeugnisse.* UALG 96. Berlin: de Gruyter, 2009.

마태복음

Davies, W. D., and D. C. Allison. *The Gospel according to Saint Matthew.* ICC; 3 vols. Edinburgh: T & T Clark, 1988, 1991, 1997.
Gnilka, J. *Das Matthäusevangelium.* HTKNT; 2 vols. Freiburg: Herder, 1986, 1988.
Gundry, R. H. *Matthew: A Commentary on his Literary and Theological Art.* Grand Rapids: Eerdmans, 1982.
Hagner, D. A. *Matthew.* WBC 33; 2 vols. Dallas: Word, 1993, 1995.
Luz, U. *Das Evangelium nach Matthäus.* EKK 1; 4 vols. Düsseldorf: Benziger, [5]2002, 1990, 1997, 2002)

마가복음

Boring, M. E. *Mark.* NTL. Louisville: Westminster John Knox, 2006.

Collins, A. Y. *Mark.* Hermeneia. Minneapolis: Fortress, 2007.

Evans, C. A. *Mark 8:27–16:20.* WBC 34B. Nashville: Nelson, 2001.

France, R. T. *The Gospel of Mark.* NIGTC. Grand Rapids: Eerdmans, 2002.

Gnilka, J. *Das Evangelium nach Markus.* EKK II; 2 vols. Zürich: Benziger, 1978, 1979.

Guelich, R. A. *Mark 1–8:26.* WBC 34A. Dallas: Word, 1989.

Hooker, M. D. *The Gospel according to St Mark.* BNTC. London: A & C Black, 1991.

Lührmann, D. *Das Markusevangelium.* HNT 3. Tübingen: Mohr Siebeck, 1987.

Marcus, J. *Mark 1–8.* AB 27. New York: Doubleday, 2000.

Marxsen, W. *Mark the Evangelist.* 1956, 1959; ET Nashville: Abingdon, 1969.

Pesch, R. *Das Markusevangelium.* HTKNT II; 2 vols. Freiburg: Herder, 1977.

누가복음

Bovon, F. *Das Evangelium nach Lukas.* EKK 3; 4 vols. Zürich: Benziger, 1989, 1996, 2001, 2009.

Evans, C. F. *Saint Luke.* London: SCM, 1990.

Fitzmyer, J. A. *The Gospel according to Luke.* AB 28; 2 vols. New York: Doubleday, 1981, 1985.

Klein, H. *Das Lukasevangelium.* KEK. Göttingen: Vandenhoeck, 2006.

Nolland, J. *Luke.* WBC 35; 2 vols. Dallas: Word, 1989, 1993.

요한복음

Barrett, C. K. *The Gospel according to St John.* London: SPCK, 1955, ^{2}1978.

Brown, R. E. *The Gospel according to John.* AB 29; 2 vols. New York: Doubleday, 1966.

Bultmann, R. *The Gospel of John: A Commentary.* 1941, ET Oxford: Blackwell, 1971.

Lincoln, A. T. *The Gospel according to Saint John.* BNTC. London: Continuum, 2005.

Lindars, B. *The Gospel of John.* NCB. London: Oliphants, 1972.

McHugh, J. F. *John 1-4.* ICC. London: T & T Clark, 2009.

Schnackenburg, R. *The Gospel according to St John,* vol. 1. 1965; ET New York: Herder

& Herder, 1968.
———. *Das Johannesevangelium,* part 3. HTKNT. Freiburg: Herder, [3]1979.
Thyen, H. *Das Johannesevangelium.* HNT 6. Tübingen: Mohr Siebeck, 2005.
von Wahlde, U. C. *The Gospel and Letters of John.* 3 vols. Grand Rapids: Eerdmans, 2010.

목회 서신

Barrett, C. K. *The Pastoral Epistles.* Oxford: Clarendon, 1963.
Johnson, L. T. *The First and Second Letters to Timothy.* AB 35A. New York: Doubleday, 2001.
Marshall, I. H. *The Pastoral Epistles.* ICC. Edinburgh: T & T Clark, 1999.
Mounce, W. D. *Pastoral Epistles.* WBC 46. Nashville: Nelson, 2000.
Oberlinner, L. *Die Pastoralbriefe: Erste Timotheusbrief.* HTKNT XI/2/1. Freiburg: Herder, 1994.
———. *Die Pastoralbriefe: Zweiter Timotheusbrief.* HTKNT XI/2/2. Freiburg: Herder, 1995.
Quinn, J. D. *The Letter to Titus.* AB 35. New York: Doubleday, 1990.
Roloff, J. *Der erste Brief an Timotheus.* EKK XV. Zürich: Benziger, 1988.

히브리서

Attridge, H. W. *Hebrews.* Hermeneia; Philadelphia: Fortress, 1989.
Grässer, E. *An die Hebräer.* EKK XVI. Zürich: Benziger, 1990, 1993, 1997.
Koester, C. R. *Hebrews.* AB 36. New York: Doubleday, 2001.
Lane, W. L. *Hebrews.* WBC 47; 2 vols. Dallas: Word Books, 1991.
Moffat, J. *Hebrews.* ICC. Edinburgh: T & T Clark, 1924.
Spicq, C. *Hebreux.* EB Vol. 1. Paris: Gabalda, 1952.
Weiss, H. F. *Der Brief an die Hebräer.* KEK. Göttingen: Vandenhoeck, 1991.

베드로전후서 및 유다서

Achtemeier, P. J. *1 Peter.* Hermeneia. Minneapolis: Fortress, 1996.

Bauckham, R. J. *Jude, 2 Peter.* WBC 50. Waco: Word, 1983.

Elliott, J. H. *1 Peter.* AB 37B. New York: Doubleday, 2000.

Goppelt, L. *Der erste Petrusbrief.* KEK. Göttingen: Vandenhoeck, 1978.

Mayor, J. B. *The Epistle of St. Jude and the Second Epistle of St. Peter.* London: Macmillan, 1907.

Neyrey, J. H. *2 Peter, Jude.* AB 37C. New York: Doubleday, 1993.

Schelkle, K. H. *Die Petrusbriefe Der Judabrief.* HTKNT XIII.2; Freiburg: Herder, 1976.

Watson, D. F., and T. Callan. *First and Second Peter.* Paideia; Grand Rapids: Baker Academic, 2012.

요한 1-3서

Brown, R. E. *The Epistles of John.* AB. New York: Doubleday, 1982.

Klauck, H. J. *Der erste Johannesbrief.* KEK 23/1. Zürich: Benziger, 1991.

______ *Der zweite und dritte Johannesbriefe.* KEK 23/2. Zürich: Benziger, 1992.

Strecker, G. *Die Johannesbriefe.* KEK 14. Göttingen: Vandenhoeck, 1989.

요한계시록

Aune, D. E. *Revelation.* WBC 52; 3 vols. Dallas: Word, 1997-98.

Beale, G. K. *The Book of Revelation.* NIGTC. Grand Rapids: Eerdmans, 1999.

Charles, R. H. *Revelation.* ICC; 2 vols. Edinburgh: T & T Clark, 1920.

Satake, A. *Die Offenbarung des Johannes.* KEK. Göttingen: Vandenhoeck, 2008.

Smalley, S. S. *The Revelation to John.* London: SPCK, 2005.

성경 및 고대문헌 색인

구약

창세기

출애굽기

레위기

민수기

신명기

여호수아

룻기

사무엘상

사무엘하

잠언

이사야

예레미야

마가복음

누가복음

요한복음

사도행전

로마서

고린도전서

고린도후서

갈라디아서

에베소서

빌립보서

골로새서

데살로니가전서

데살로니가후서

디모데전서

디모데후서

디도서

빌레몬서

히브리서

야고보서

베드로전서

베드로후서

요한계시록

외경

Wisdom of Solomon

Baruch

그 외 유대문헌

구약 위경

사해사본

Philo

Josephus

미쉬나, 탈무드 및 관련 문헌

교부들

2 Clement

Martyrdom of Polycarp

나그함마디 문헌

Apocryphon of James

Apocryphon of John

Dialogue of the Saviour

Gospel of Philip

Gospel of Thomas

Gospel of Truth

Letter of Peter to Philip

Second Treatise of the Great Seth

Teaching of Silvanus

Tripartite Tractate

신약 외경

Acts of Andrew

Acts of John

Acts of Paul

Acts of Peter

Acts of Philip

Acts of Pilate

Acts of Thomas

Apostolic Constitutions

Epistle of the Apostles

Epistle to the Laodiceans

Gospel of Judas

Gospel of Mary

Gospel of Peter

Gospel of the Saviour

Passion of St. Perpetua and St. Felicity

초기 그리스 및 로마 작가들

파피루스 및 단편들

형성기 기독교의 통일성과 다양성(하)

예수 전승, 유대적 요소, 제자들이
기독교의 형성에 미친 영향

1쇄 발행 2022년 1월 10일

지은이 제임스 D. G. 던
옮긴이 이용중
펴낸이 김요한
펴낸곳 새물결플러스

편 집 왕희광 정인철 노재현 한바울 정혜인
이형일 나유영 노동래 최호연
디자인 박인미 황진주 김은경
마케팅 박성민 이원혁
총 무 김명화 이성순
영 상 최정호 곽상원
아카데미 차상희

홈페이지 www.holywaveplus.com
이메일 hwpbooks@hwpbooks.com
출판등록 2008년 8월 21일 제2008-24호
주 소 (우) 04118 서울시 마포구 마포대로19길 33
전 화 02) 2652-3161
팩 스 02) 2652-3191

ISBN 979-11-6129-226-7 94230
979-11-6129-224-3 94230 (세트)

책값은 뒤표지에 있습니다